TERCEIRO REICH
NA HISTÓRIA E NA MEMÓRIA

1ª reimpressão

RICHARD J. EVANS

TERCEIRO REICH
NA HISTÓRIA E NA MEMÓRIA

Tradução
Renato Marques

CRÍTICA

Copyright © Richard J. Evans, 2015
Copyright © Editora Planeta do Brasil, 2018
Todos os direitos reservados.
Título original: *The Third Reich in History and Memory*

Preparação: Dan Duplat
Revisão: Valéria Sanalios e Nana Rodrigues
Índice remissivo: Andrea Jocys
Diagramação: Abreu's System
Coordenação editorial: Estúdio Sabiá
Capa: Compañía
Imagem da capa: FPG/ Hulton Archive/ Getty Images

DADOS INTERNACIONAIS DE CATALOGAÇÃO NA PUBLICAÇÃO (CIP)
ANGÉLICA ILACQUA CRB-8/7057

> Evans, Richard J.
> Terceiro Reich na história e na memória: novas perspectivas sobre o nazismo, seu poder político, sua intricada economia e seus efeitos na Alemanha do pós-guerra / Richard J. Evans; tradução de Renato Marques. – São Paulo: Planeta do Brasil, 2018.
> 496 p.
>
> ISBN: 978-85-422-1338-6
> Título original: The Third Reich in History and Memory
>
> 1. Guerra Mundial, 1939-1945 2. Nazismo 3. Hitler, Adolf, 1889-1945 4. Alemanha – História 4. Alemanha – Política e governo 5. Guerra e sociedade I. Título II. Marques,Renato
>
> 18-0707   CDD 943.086

 Ao escolher este livro, você está apoiando o manejo responsável das florestas do mundo

2022
Todos os direitos desta edição reservados à
EDITORA PLANETA DO BRASIL LTDA.
Rua Bela Cintra, 986 – 4o andar – Consolação
São Paulo-SP – 01415-002
www.planetadelivros.com.br
faleconosco@editoraplaneta.com.br

Sumário

Prefácio   7

1. REPÚBLICA E REICH   13
   Projeto de genocídio?   14
   Imaginando o Império   26
   A derrota de 1918   38
   Walther Rathenau   48
   Berlim na década de 1920   61
   Forasteiros sociais   73

2. POR DENTRO DA ALEMANHA NAZISTA   101
   Coerção e consentimento   102
   A "Comunidade do Povo"   134
   Hitler era doente?   159
   Adolf e Eva   167

3. A ECONOMIA NAZISTA   181
   Recuperação econômica   182
   O "Carro do Povo"   194
   As armas da Krupp   207
   O simpatizante   222

4. POLÍTICA EXTERNA   253
   O aliado de Hitler   254
   Rumo à guerra   266
   Nazistas e diplomatas   277

5. VITÓRIA E DERROTA 311
    Decisões fatídicas 312
    Engenheiros da vitória 324
    O alimento da guerra 336
    Derrota na vitória 348
    Declínio e queda 359

6. A POLÍTICA DE GENOCÍDIO 369
    Império, raça e guerra 370
    A "Solução Final" foi singular? 380
    Os campos da morte da Europa 405

7. CONSEQUÊNCIAS E DESDOBRAMENTOS 415
    O outro horror 416
    Utopias urbanas 428
    Arte em tempo de guerra 440

    Agradecimentos 457
    Notas 463
    Índice remissivo 473

Prefácio

Ao longo dos últimos quinze anos, mais ou menos desde o fim do século XX, a nossa compreensão da Alemanha nazista passou por várias transformações. Este livro oferece tanto um parecer acerca dessa transformação como um comentário crítico sobre ela. Houve diversas e consideráveis mudanças de perspectiva, que embasaram o trabalho de pesquisa deste texto e fundamentaram sua elaboração. A primeira dessas alterações de grande envergadura foi a "guinada global" nos estudos históricos que acompanhou os processos de globalização na sociedade, cultura e economia desde o período final do século XX. Invariavelmente analisado em meio ao conjunto de longo prazo de circunstâncias e inter-relações da moderna história alemã desde a unificação do país sob Bismarck no século XIX, o Terceiro Reich é agora, também e cada vez mais, entendido em um contexto internacional, até mesmo global, como parte da era do imperialismo, seu ímpeto por dominação alicerçado numa tradição mais ampla da busca germânica pela construção de um império. O negligenciado papel do abastecimento de víveres e da escassez de comida na Segunda Guerra Mundial só pode ser compreendido em nível global. As políticas e linhas de ação nazistas na Europa Oriental valeram-se tremendamente da imagem que Hitler tinha da colonização das Grandes Planícies, nos Estados Unidos. Empresas como a Krupp e a Volkswagen não eram empreendimentos apenas, ou em alguns momentos, predominantemente alemães, mas atuavam em escala global. Diversos dos ensaios deste volume examinam os dividendos que essa nova perspectiva ensejou e apontam, também, para algumas de suas limitações.

Isso está vinculado a uma mudança de percepção nos estudos históricos, que, de forma crescente, situou o Estado-nação em um contexto transacional mais amplo, examinando não apenas como ele se relacionava com outros Estados-nações, mas também de que maneira era afetado por desdobramentos de maior escopo e acontecimentos mais diversificados. O nazismo, por exemplo, aparece em obras recentes como uma ideologia que bebeu nas fontes mais variadas, de países tão díspares quanto a Rússia e a França, a Itália e a Turquia, em vez de ser a culminação de tradições intelectuais exclusivamente alemãs como se costumava julgar. Cada vez mais, historiadores passaram a ver o extermínio de judeus empreendido pelos nazistas não como um evento histórico ímpar, único ou singular, mas como um genocídio com paralelos e similaridades em outros países e em outros momentos históricos. Aqui, mais uma vez uma mudança de perspectiva trouxe à baila dividendos, mas também vem se defrontando progressivamente com problemas que alguns dos ensaios deste livro procuram identificar.

Isso é ainda mais pertinente no que diz respeito a uma terceira área das pesquisas acadêmicas recentes, o trabalho realizado na sociedade nazista. Ao longo da última década e meia, para um número cada vez maior de historiadores a Alemanha nazista acabou assumindo o feitio de um sistema político cujos alicerces eram não o terror policial e a coerção, mas sim a aprovação e o consentimento populares. Diversos ensaios deste livro atribuem importância a esse trabalho de pesquisa e argumentam que, a despeito de todos os avanços de compreensão que essa perspectiva propiciou, chegou a hora de lembrar que a Alemanha nazista, a bem da verdade, foi uma ditadura em que os direitos civis eram sufocados e não se toleravam os oponentes do regime. A repressão era levada a cabo não apenas contra forasteiros sociais, mas também contra largas fatias e amplos setores das classes operárias e seus representantes políticos. Os judeus mais destacados e proeminentes na República de Weimar, em especial Walther Rathenau, não eram figuras marginais e desprezadas, mas desfrutavam de enorme apoio e admiração do povo, expressos pelas efusivas e comovidas demonstrações de luto nacional por ocasião de sua morte. O nazismo, não se pode esquecer, era um movimento minúsculo e secundário até o finalzinho da década de 1920. Assim que ascendeu ao poder, em 1933, o regime teve de trabalhar com afinco para angariar apoio popular, e a violência desempenhou importante papel como propaganda. Hitler e a propagação de sua imagem aos alemães foram decisivos para conquistar o coração do povo, mas pesquisas recentes permitiram considerável avanço no que tange ao nosso conhecimento do homem por trás da imagem, e isso também é parte essencial da compreensão do Terceiro Reich.

Contudo, talvez a mudança mais extraordinária que veio à tona na historiografia sobre a Alemanha nazista desde o final do século XX tem sido o crescente entrelaçamento de história e memória. Agora é quase impossível escrever sobre o Terceiro Reich no período de sua existência, os anos de 1933 a 1945, sem pensar também em como a sua memória sobreviveu, amiúde de maneiras complexas e surpreendentes, nos anos do pós-guerra. Os ensaios deste livro examinam o modo como prósperos homens de negócios e destacadas empresas industriais que se envolveram nos crimes do nazismo tentaram, após a guerra, abafar a memória de sua participação – e por vezes tratava-se de um envolvimento até o pescoço. Quase sempre a transformação da memória assumiu estranhas formas, a exemplo da apropriação, por parte dos mexicanos, do Volkswagen Fusca, originalmente o carro nazista da "Força por meio da Alegria", como um ícone nacional de fins do século XX. Vez por outra, porém, a crescente necessidade de confrontar os malfeitos do nazismo e desmascarar a cumplicidade e a culpa dos que deles participaram levou a condenações brutais e generalizantes, em pontos e aspectos que deveriam ser alvo do escrutínio de historiadores para que fizessem importantes distinções e separassem o joio do trigo. A descoberta de que um abastado empresário ocultava suas atividades no Terceiro Reich levou a exageradíssimas e portentosas ilações sobre seu comprometimento nos piores crimes de guerra perpetrados pelo regime; a revelação, após décadas de meticulosos disfarces e encobrimentos da verdade, do papel desempenhado por diplomatas profissionais no desenvolvimento da política externa nazista resultou em acusações infundadas de que eles de fato arquitetaram e conduziram o extermínio dos judeus, ao invés da ideia de que atuaram meramente como facilitadores do Holocausto (o que por si é gravíssimo, mas não é a mesma coisa, além de configurar uma tese que implicitamente isenta os verdadeiros culpados).

A Alemanha nazista chegou ao apogeu e a seu mais alto grau de realizações na Segunda Guerra Mundial, quando também sofreu sua derradeira derrocada, e aqui também ocorreu uma mudança de perspectiva desde o final do século XIX. O escopo e as conexões globais da guerra foram reconhecidos; não houve duas guerras separadas, no Ocidente e no Oriente, mas sim uma única guerra com múltiplas inter-relações entre os vários teatros de operações. A história militar, conforme demonstra este volume, pode ser iluminadora em si mesma, mas também precisa ser situada em um contexto econômico e cultural mais amplo. Para onde quer que voltemos nosso olhar, seja a tomada de decisões no topo da hierarquia, sejam a inventividade, a iniciativa e a diligência de figuras subalternas do segundo escalão, fatores contextuais mais amplos continuaram sendo fundamentais.

Por fim, em anos recentes as pesquisas concentraram-se cada vez mais na Alemanha do pós-guerra, onde as continuidades subterrâneas com a era nazista tornaram-se mais e mais evidentes. A "limpeza étnica" de milhões de cidadãos indesejáveis não terminou com os nazistas, mas prosseguiu durante anos a fio após o desmoronamento do Terceiro Reich, ainda que dessa vez direcionada contra os alemães em vez de ser cometida por eles. Planejadores urbanos desenvolveram utopias que encontraram expressão na ideia nazista da cidade desurbanizada, mas também compartilharam muitos de seus pressupostos com visões da cidade em outras partes do mundo. E a crescente campanha pela devolução das obras de arte saqueadas pelos nazistas ou roubadas de seus donos originais – quase sempre judeus – gira em torno de um problema que não teve início com o Terceiro Reich e tampouco acabou quando da morte da Alemanha nazista. Mais uma vez, a perspectiva de longo prazo nos ajuda a compreender o problema à mão, que também é uma questão de dimensões globais. A extensão da pesquisa histórica sobre a era pós-guerra fortaleceu ainda mais as íntimas relações mútuas entre história e memória. Os ensaios aqui reunidos mostram, entre outras coisas, que a memória – para perdurar e resistir ao tempo – precisa ser submetida ao minucioso escrutínio da história, ao passo que as implicações da história para a memória cultural coletiva do nazismo no presente precisam ser descritas com todas as letras, pormenorizadamente, e com medidas iguais de exatidão e paixão.

Os capítulos seguintes, todos escritos nos últimos quinze anos, refletem essas alterações de grande envergadura na percepção acerca da Alemanha nazista, fato que me instigou a reuni-los em um único volume – a minha esperança é a de que, tomado como um todo, o livro seja maior do que a soma de suas partes. Muitos destes textos são resenhas ampliadas que lançam mão de um novo estudo de um ou outro aspecto do Terceiro Reich como ponto de partida para reflexões mais amplas, e por essa razão há inevitavelmente certa quantidade de sobreposições e repetições; tentei reduzi-las ao mínimo, mas algumas vezes isso foi impossível. Somente nos casos em que alguma pesquisa original está envolvida, a exemplo dos capítulos "Forasteiros sociais" e "Coerção e consentimento", ou em que o artigo foi originalmente publicado em um periódico acadêmico, como o capítulo "Nazistas e diplomatas", forneci referências em notas de rodapé; em três dos capítulos acrescentei um breve adendo – às páginas 245, 307 e 400 – respondendo a questões apontadas por críticos quando da primeira publicação do capítulo, ou indicando ao leitor leituras adicionais e mais aprofundadas discutidas no texto. Pela permissão concedida para a reprodução dos textos, sou grato aos editores dos periódicos e revistas em que estes ensaios vieram a lume pela primeira vez; detalhes completos são fornecidos na seção de agradecimentos no final deste volume. E tenho uma dívida especial de gratidão para com Victoria Harris, por ter reunido os capítulos a partir de fontes bastante díspares, e a Christine L. Corton, por ter lido as provas com olhar profissional.

Richard J. Evans
Cambridge
Março de 2014

República e Reich

1

Projeto de genocídio?

Espalhados pelo mundo, ainda existem alguns lembretes do fato de que, entre a década de 1880 e a Primeira Guerra Mundial, a Alemanha, tal qual outras grandes potências europeias, possuiu um império colonial ultramarino. Quem vai a Windhoek, na Namíbia, ainda hoje pode adquirir um exemplar do *Allgemeine Zeitung*, o jornal que entretém os residentes germanófonos remanescentes na cidade. Quem tiver vontade de fazer uma incursão ao litoral namíbio poderá visitar a cidade de Luderitz, à beira-mar, passando por estações ferroviárias em ruínas, com seus nomes ainda grafados em letras góticas, e lá desfrutará da praia de Agate, apreciando a espuma das ondas de arrebentação e de olho nos pinguins. Na Tanzânia, você pode hospedar-se às margens de um lago, na cidade de Wiedhafen. Se você é um empresário interessado em comprar grandes quantidades de óleo de palma (azeite de dendê) em Camarões, as fazendas de Woermann ainda são o fornecedor obrigatório. Em Gana, mais a leste, edificações de estilo alemão outrora pertencentes à colônia do Togo hoje são promovidas como atração turística.

De modo análogo, no Pacífico o navegante pode ziguezaguear por entre o arquipélago de Bismarck e visitar a ilha Ritter (embora lá não reste muita coisa: em 1888 a destruição causada por uma erupção vulcânica reduziu quase tudo a escombros). Mais para leste, quem visitar uma livraria em Samoa poderá comprar as obras do mais eminente poeta local, Momoe von Reiche. Nos restaurantes de comida chinesa de praticamente qualquer parte do mundo é possível pedir uma cerveja de estilo alemão Tsingtao, produzida pela primeira vez na China em 1903 pela cervejaria alemã na cidade de mesmo nome, uma colônia-modelo de administração alemã (o nome da cidade passou por nova transliteração e hoje é Qingdao).* Em Qingdao o visitante dá de cara com o

---

* Com o oportuno nome de Germania, a fábrica começou a funcionar em 1903, produzindo segundo os preceitos alemães de pureza. Três anos mais tarde, a cerveja chinesa chegou a ser premiada numa feira de cervejarias em Munique. (N. T.)

imponente edifício em estilo romanesco reavivado da Catedral de São Miguel, que a julgar pelo aspecto parece pertencer a uma grande cidade de algum canto do norte da Alemanha de um século atrás. Em certo sentido, de fato pertence.

Considerando tudo, no fim das contas não é grande coisa em comparação com os vastos resquícios – físicos, culturais e políticos – deixados por impérios europeus transoceânicos mais longevos e de maiores proporções, que, somados, cobriam a maior parte da superfície terrestre do planeta em uma época ou outra. O Império Alemão durou meras três décadas e se esfacelou ao término da Primeira Guerra Mundial, suas partes constituintes tendo sido redistribuídas entre Inglaterra, França, Bélgica, Austrália e África do Sul. Pequeno em extensão se comparado ao Império Britânico, efêmero em duração, o antigo império germânico ainda despertava alguma atenção nos anos do entreguerras, quando propagandistas coloniais faziam campanha e pressão para reavê-lo, mas mesmo os nazistas encararam com pouca seriedade a questão, preferindo em vez disso partir para conquistas na Europa, pelo menos de início.

Por muitos anos, toda a literatura histórica acerca do tema – a obra do historiador da economia anglo-alemão William Henderson era a mais destacada e privilegiada nesse sentido – tendia a concentrar-se em refutar as alegações de violência e brutalidade que haviam levado ao desmantelamento e à redistribuição do império na Conferência de Paz de Paris em 1919. Por volta da década de 1960, esses argumentos já não tinham muita relevância. Entretanto, a situação foi transformada pela obra de Helmut Bley, que em *South-West Africa under German Rule 1894-1914* [O Sudoeste Africano sob o jugo alemão 1894-1914] (1968)* reconstituiu a horrenda história da guerra dos alemães contra as tribos hererós e namas na Namíbia entre 1904 e 1907.

A história contada por Bley não é nem um pouco complicada. O ritmo crescente de confisco de terras empreendido pelo governo colonial no início do século XX levou a ataques a fazendeiros alemães, resultando na morte de cerca de 150 colonos e no envio de 14 mil soldados por Berlim, sob o comando do general Lothar von Trotha, oficial prussiano linha-dura com experiência colonial anterior. "Eu sei", disse ele, "que as tribos africanas só se rendem

---

* Sudoeste Africano ou África do Sudoeste Alemã (em africâner: *Suidwes-Afrika*; em alemão: *Südwestafrika*) é o nome pelo qual era conhecida a atual Namíbia quando foi governada pelo Império Alemão e posteriormente pela África do Sul. (N. T.)

por meio da violência. Colocar em prática essa violência com o mais brutal terrorismo e até mesmo tenebrosa crueldade foi e é a minha diretriz". Depois de derrotar um grupamento herero em Waterberg, ele anunciou que qualquer herero "encontrado no interior da fronteira alemã, com ou sem arma ou gado", seria executado. Pastores hereros capturados em combate eram assassinados na mesma hora; mulheres e crianças eram levadas deserto adentro e lá abandonadas à própria sorte para morrer de fome. O chefe do Estado-Maior em Berlim, Alfred von Schlieffen, escravo, como todos os oficiais prussianos, da doutrina supostamente clausewitziana de que o propósito de uma guerra deve ser a aniquilação total do inimigo, enalteceu a campanha de Trotha qualificando-a como "brilhante", em especial seu uso do deserto para levar a cabo o que a publicação oficial do Estado-Maior, *Der Kamp*, chamou, em tom de aprovação, de "o extermínio da nação herero".

Mas ergueram-se também vozes dissonantes e críticas; o chanceler Bernhard von Bülow desaprovou a ação, que descreveu como "anticristã", e alertou que aquilo causaria estragos para a reputação alemã no exterior. Em alto e bom som, políticos do Partido Social-Democrata da Alemanha (em alemão: *Sozialdemokratische Partei Deutschlands*, SPD) e do Partido Alemão do Centro Católico (*Deutsche Zentrumspartei*) foram veementes e sem rodeios na condenação. O governador civil da colônia, Theodor Leutwein, escanteado pelos militares por conta de sua política transigente de concessões aos hereros, levou seu protesto a Bülow e declarou que o extermínio era um "grave erro". As aflições de Leutwein foram menosprezadas, mas sua ideia de que em vez de extirpados os hereros deveriam ser recrutados como trabalhadores braçais conquistou número suficiente de adeptos para justificar e ensejar a prisão do restante da tribo, na maioria mulheres e crianças, juntamente com os membros dos namas, e seu subsequente encarceramento em "campos de concentração" (a primeira vez em que os alemães utilizaram oficialmente o termo).

Contudo, o destino dos africanos não melhorou muito. No pior desses campos de concentração, no terreno pedregoso da ilha Shark, ao largo da costa da Namíbia, os prisioneiros eram submetidos a trabalhos forçados, alimentados com rações diárias exíguas e expostos às intempéries e ventos inclementes sem a proteção de roupas adequadas; ademais, eram açoitados com correias de couro se não labutassem com o devido afinco. Todos os dias, cadáveres eram transportados até a praia e deixados ao sabor das marés, que os carregavam para as águas infestadas de tubarões. Até a imprensa sul-africana queixou-se da "horrível crueldade" do regime dos campos de concentração, que se tornaram também sítios de investigação científica, tão logo o antropólogo Eugen Fischer, mais tarde eminente higienista racial durante o Terceiro Reich, desembarcou na cidadezinha de Rehoboth com o intuito de estudar seus habitantes miscigenados (que ele chamou de "os bastardos degenerados de Rehoboth"). Fischer e seus colegas obtiveram crânios para estudos craniométricos de diferentes raças; no fim das contas, mais de trezentas dessas caixas ósseas acabaram sendo levadas para a Alemanha.

Fischer concluiu que os frutos da prole miscigenada (de bôeres ou colonos alemães com africanos negros) eram inferiores aos primeiros mas superiores aos últimos, e concluíram que eram adequados como uma espécie de classe de oficiais subalternos na polícia, funcionários do serviço postal e outros braços do Estado. Na condição de raça inferior útil, eles deveriam ser protegidos, ao contrário dos hereros e dos namas. A legislação, porém, seguiu a convicção de Trotha de que os africanos eram subumanos e seu medo quase patológico de que a mistura racial levasse à disseminação de doenças. Em 1905, os casamentos inter-raciais foram banidos por lei; dois anos mais tarde, todos os casamentos vigentes entre alemães e africanos foram anulados. Essas medidas introduziram na terminologia alemã oficial o termo *"Rassenschande"* – "degradação racial" ou "aviltamento racial", conceito que reapareceria trinta anos depois, nas Leis de Nuremberg. Aos colonos alemães era atribuído um *status* oficial que os diferenciava do restante da população e permitia que os homens hereros fossem recrutados para trabalhos forçados e obrigados a usar símbolos de identificação (outra medida mais tarde aplicada pelos nazistas).

A população herero, que antes da guerra era estimada em 80 mil pessoas, foi reduzida a 15 mil ao término do conflito, ao passo que 10 mil namas, de um total de 20 mil, foram exterminados. Dos cerca de 17 mil africanos aprisionados em campos de concentração, somente metade sobreviveu. Dadas as convicções raciais de Trotha, não resta dúvida de que se tratou do que mais tarde viria a ser chamado de genocídio. A revelação feita por Bley suscitou de forma urgente a questão da continuidade entre a Alemanha do *Kaiser* e a de Hitler. Outros regimes coloniais foram brutais, mais notadamente o jugo belga no Congo, e não hesitaram em lançar mão do assassinato em massa para sufocar rebeliões ou estabelecer seu controle, dos franceses na Argélia na década de 1870 aos italianos na Etiópia na década de 1930. A discriminação racial, a expropriação e a submissão a trabalhos forçados estavam longe de ser exclusividade alemã.

Mas somente os alemães introduziram os campos de concentração, deram-lhes esse nome específico e, de maneira deliberada, criaram condições tão severas e cruéis que seu propósito era claramente duplo: tanto exterminar seus inimigos quanto forçá-los ao trabalho escravo (caberia aos nazistas cunhar o apavorante termo "extermínio mediante o trabalho forçado", mas o efeito era o mesmo). Somente os alemães empreenderam a tentativa explícita de exterminar um povo colonizado em sua totalidade com base em alegações de ordem racial. Somente os alemães proibiram os casamentos inter-raciais em suas colônias, o que fizeram não apenas no Sudoeste Africano mas também na África Oriental Alemã (1906)* e em Samoa (1912). Somente os alemães posteriormente orquestraram uma campanha de extermínio racial em escala global que abrangeu não só os judeus da Europa mas também, potencialmente, os judeus do resto do mundo. Havia uma conexão entre os dois genocídios?

Durante décadas a fio após a publicação do livro de Bley, essa pergunta permaneceu, talvez de forma surpreendente, ignorada e sem resposta. Os historiadores críticos das décadas de 1970 e 1980 que voltaram suas atenções às continuidades entre a Alemanha imperial e o Terceiro Reich concentraram-se nas raízes domésticas do nazismo, no governo de Hitler na Alemanha e no Holocausto. O anti-imperialismo da esquerda, fomentado pela Guerra do Vietnã, e talvez parte do lastro que fundamenta a obra de Bley, arrefeceu quando as tropas americanas foram embora e as colônias europeias remanescentes obtiveram a independência. Na Alemanha Ocidental, o legado do colonialismo na vida cotidiana começou a desaparecer com a crescente modernidade econômica. Mesmo os empórios, mercadinhos e mercearias que vendiam *Kolonialwaren* – café, chá, especiarias, arroz e gêneros alimentícios secos importados – e que ainda era possível encontrar nas cidadezinhas alemãs no início da década de 1970 agora haviam sido em grande medida renomeados ou disfarçados; poucas

---

* Em alemão, *Deutsch-Ostafrika*, a colônia alemã no leste do continente africano que incluía os territórios posteriormente conhecidos como Tanganica (a porção continental do que é hoje a Tanzânia), Burundi e Ruanda. (N. T.)

pessoas que ainda hoje compram seu café numa loja da rede de supermercados Edeka, por exemplo, atinam para o fato de que o nome é a abreviação de *Einkaufsgenossenschaft der Kolonialwarenhändler* (cooperativa de consumo de comerciantes de mercadorias coloniais). As antigas colônias alemãs pareciam uma irrelevância, e foram praticamente esquecidas.

Na década de 1990 o interesse começou a reflorescer com a emergência dos estudos pós-colonialistas. À medida que agora os historiadores colocavam o racismo e a ideologia racial em vez do totalitarismo e da exploração de classes no centro de suas explicações do nacional-socialismo, a história da experiência colonial alemã já não parecia mais tão irrelevante. A renovação do interesse foi sinalizada pela publicação, em 1996, de uma edição revista em língua inglesa da já clássica obra de Bley, sob o título *Namibia under German Rule* [A Namíbia sob o jugo alemão]. Começaram a pipocar monografias e artigos sobre o discurso colonialista na Alemanha, a respeito das origens coloniais da ciência racial e acerca de representações de tópicos coloniais na literatura. O crescente interesse pela memória cultural levou a estudos de memórias e celebrações pós-coloniais na Alemanha. O sucinto livro de Sebastian Conrad sintetiza essa nova literatura e a coloca no contexto da globalização, o que resultou no reavivamento do interesse no império. Com seus muitos e excelentes mapas e ilustrações, sua bibliografia crítica anotada e sua perspicaz compreensão de tendências historiográficas, trata-se de uma obra modelar em seu gênero, propiciando um guia essencial sobre o tema e inteligentes indicações para posterior pesquisa mais aprofundada.

As origens do colonialismo alemão, conforme aponta Conrad, localizam-se em parte na história da Alemanha, em que sonhos e fantasias coloniais serviram como uma tela em branco sobre a qual os nacionalistas podiam projetar uma imagem de unidade alemã antes que ela fosse por fim alcançada. Como Wagner declarou em 1848, "navegaremos mar afora e aqui e acolá fundaremos uma nova Alemanha [...] Faremos melhor que os espanhóis, para quem o Novo Mundo tornou-se um abatedouro abarrotado de clérigos, e diferentemente dos ingleses, para quem tornou-se um valioso baú do tesouro. Faremos à maravilhosa maneira alemã". Bem mais importante foi o contexto global do capitalismo alemão, centrado em Estados mercantis como Hamburgo (terra natal de Bley). Dizia-se que os mais destacados comerciantes hamburgueses na década de 1870 tinham visitado "todas as cidadezinhas às margens do Mississippi" e haviam pernoitado "vinte vezes em Londres", mas jamais puseram os pés em Berlim. Tirando proveito do rápido crescimento da indústria e do poderio econômico alemães, os comerciantes hamburgueses vinham fazendo negócios nas áreas costeiras da África e em outras partes não colonizadas do planeta, e mantiveram 279 consulados em cidades ao redor do mundo. Cientistas, exploradores e missionários alemães, como Gerhard Rohlfs, o primeiro aventureiro europeu a cruzar a África de norte a sul (invariavelmente usando trajes muçulmanos), conquistaram um considerável séquito de fãs na Alemanha por conta de suas façanhas.

Bismarck não se mostrava muito entusiasmado ("Enquanto eu continuar no cargo de chanceler", disse ele em 1881, "nós não nos envolveremos no colonialismo"), mas em 1884 desencadeou a "disputa pela África" ao declarar como protetorados diversas áreas nas quais havia interesses econômicos alemães em jogo e ao apoiar ações similares por parte da França, na tentativa de desviar as energias dos franceses e demovê-los da ideia de vingança por conta da perda da Alsácia-Lorena na Guerra Franco-Prussiana. Talvez Bismarck quisesse também apaziguar os interesses mercantis representados pelo poderoso Partido Nacional-Liberal, de cujo apoio necessitava nas vindouras eleições nacionais. De qualquer modo, a disputa por territórios tornara-se praticamente inevitável depois que a rivalidade anglo-francesa no Norte da África chegou ao ponto crítico em 1881-82. Qualquer que fosse o motivo, à medida que a competição estendeu-se da África para o restante do planeta, a Alemanha amealhou um império de papel que por fim tornou-se o quarto mais vasto do mundo, atrás dos impérios britânico, francês e holandês.

O eclético grupo de territórios reivindicados pela Alemanha incluía a árida região escassamente povoada da atual Namíbia, onde rancheiros e criadores de gado alemães rapidamente se estabeleceram, e onde a partir de 1907 a mineração de cobre e diamantes rendeu algum lucro para a iniciativa privada; as áreas costeiras de Camarões, infestadas de malária, onde os interesses mercantis da família hamburguesa Woermann eram dominantes (borracha e óleo de palma eram produzidos por fazendas administradas por alemães no interior do país); o Togo, onde o comércio, também de óleo de palma, era em larga medida controlado por elites afro-brasileiras locais no litoral; a populosa colônia da África Oriental Alemã (a atual Tanzânia menos Zanzibar, mas incluindo Ruanda e Burundi), onde colonos alemães instalaram fazendas de cultivo de algodão e sisal; Samoa e Nova Guiné e ilhas do Pacífico adjacentes, onde os colonos alemães eram poucos e prevaleciam os interesses mercantis; e o município portuário chinês de Jiaozhou, arrendado por 99 anos em 1897 e administrado pelo ministério naval alemão, que adotou uma enérgica política de modernização e melhorias, suprindo a cidade de Qingdao com postes de iluminação elétrica e abrindo uma universidade em que estudantes chineses poderiam embeber-se da ciência e do conhecimento acadêmico alemães.

A visão de Bismarck de protetorados geridos pela iniciativa privada sem o envolvimento do Estado, nos mesmos moldes da antiga administração exercida pela Companhia das Índias Orientais no subcontinente, não durou muito tempo. Encarniçados embates com as sociedades africanas que resistiam à crescente exploração por parte de mercadores e colonos alemães logo incitaram o jugo formal de burocratas alemães, com o apoio de força militar. Isso apenas piorou as coisas, à medida que o Estado começou a lançar mão de violência para proteger fazendeiros e colonos que tinham entrado em confronto com agricultores e comerciantes nativos, o que ocasionou a resistência em escala mais ampla. A guerra genocida na África do Sudoeste Alemã foi o exemplo mais dramático, mas a violência era uma característica constante da colonização alemã. Na África Oriental, por exemplo, contínuas escaramuças militares, muitas delas instigadas pelo inescrupuloso aventureiro colonial Carl Peters, levaram o governo imperial de Berlim a assumir a administração da colônia em 1891; todavia os conflitos armados continuaram, com 61 "expedições penais" lançadas nos seis anos seguintes. Em 1905, conflitos motivados por confiscos de terras, o aumento do valor de impostos e a sujeição a trabalhos forçados serviram de estopim da Rebelião Maji-Maji, em que cerca de 80 mil africanos morreram às mãos das tropas coloniais alemãs. Em contraste com a situação na África do Sudoeste Alemã, essa luta armada não foi vista pelos alemães como uma guerra racial, e, de fato, muitas baixas foram infligidas por soldados africanos trajados com uniformes alemães, mas o número total de mortes foi imenso, com mais de 200 mil africanos perecendo em decorrência da fome causada pela destruição de campos agrícolas e vilarejos rebeldes.

A violência, que incluía a prática de açoitamentos e espancamentos públicos de africanos, era parte da vida cotidiana nas colônias alemãs: de acordo com os registros oficiais, o número de surras aplicadas em Camarões subiu de 315 em 1900 para 4.800 em 1913, certamente uma subestimativa. Os líderes camaroneses levaram o caso para o Reichstag, mas a subsequente demissão do governador teve a ver menos com a brutalidade e mais com as objeções de comerciantes e missionários à sua política de concessão de vastas porções de terras aos fazendeiros. A situação chegou ao ponto da crise no final do domínio alemão, quando um dirigente africano, que outrora exercia papel de suma importância e autoridade, foi publicamente executado por opor-se a medidas de segregação racial em Douala, a maior e mais importante cidade camaronesa. A contínua fragilidade do controle alemão era evidente. Em virtude do seu pequeno número em comparação aos africanos – havia menos de 2 mil colonos e funcionários coloniais em Camarões –, os alemães poderiam ter somente a esperança de estabelecer "ilhas de poder" em suas colônias. Em parte alguma os africanos aceitaram plenamente a soberania alemã. Sua efetiva exclusão das esferas política e pública das colônias condenou o jugo alemão a parecer alheio e forasteiro.

A bem da verdade, isso frequentemente instigava os africanos a juntarem forças para resistir; depois da Rebelião Maji-Maji, o governador da África Oriental admitiu que o que havia começado como insurreição limitada ao âmbito local e empreendida por tribos semisselvagens por fim "tornou-se uma espécie de luta nacional contra a dominação estrangeira". Às vezes as linhas de ação alemãs eram capazes de criar novas identidades, como em Ruanda, onde as autoridades coloniais, munidas de manuais etnográficos, converteram vagas diferenciações sociais entre os hutus e os tútsis em identidades raciais fixas que a partir de então tornaram-se a base para distinções legais. O resultado foi o que alguns historiadores descreveram como uma "etnogênese", que preparou o terreno para os massacres genocidas em 1994.

Nas colônias também era possível realizar experimentos científicos que teriam sido impensáveis na Alemanha. Na África Oriental, o patologista e bacteriologista Robert Koch, ganhador do Prêmio Nobel, não teve dificuldade nenhuma para injetar em mil africanos que padeciam da doença do sono doses diárias perigosamente altas de arsênico em busca de uma cura, com elevados índices de mortalidade entre as cobaias, o que era previsível. De fato, ideias de diferenciação racial e de "inferioridade" hereditária ganharam tremendo impulso por conta das investigações eugênicas levadas a cabo por cientistas como Fischer e ajudaram a gerar e popularizar as ideias raciais mais tarde colocadas em prática pelos nazistas. Exibições como a Exposição Colonial de Berlim de 1896, juntamente com a apresentação de um vilarejo africano no Tierpark Hagenbeck, zoológico particular de Hamburgo, desempenharam seu papel na construção de um senso popular de superioridade racial.

Alguns viam as colônias como laboratórios da modernidade, em que novas cidades grandes e pequenas podiam ser construídas sem a necessidade de levar em conta os direitos dos antigos proprietários de terras, onde a ciência racial poderia ser empregada em nome da criação de uma nova ordem social para substituir as antiquadas e obsoletas hierarquias europeias de *status*, e onde novas comunidades-modelo poderiam ser fundadas com base nos tradicionais princípios patriarcais que no momento vinham sendo solapados por um movimento feminista cada vez mais agressivo e ruidoso na metrópole. O vocabulário e os propósitos do trabalho missionário colonial foram reimportados para a Alemanha à medida que a "Missão Interna" protestante se dispôs a resgatar da pobreza e da ignorância os destituídos e "avessos ao trabalho" que tinham vindo do "continente negro" e viviam nos cortiços das grandes cidades. Em 1913, uma nova lei definindo a cidadania alemã com base em ascendência étnica e não no critério de residência (como era praxe no restante da Europa) estava diretamente calcada nas doutrinas raciais engendradas nas colônias. Os nacionalistas alemães começaram a pensar nos poloneses e nos "eslavos" como povos de raça inferior e a abandonar o discurso da "missão civilizadora" da Alemanha no Leste Europeu, à medida que a crença em que os poloneses poderiam ser convertidos em alemães úteis começou a dar lugar à convicção de que, por conta de seu caráter racial, assim como no caso dos africanos, eles eram irrecuperáveis, impossíveis de redimir.

Tudo isso significa que havia uma linha estabelecendo uma conexão direta entre o império colonial e o Holocausto? A despeito de todas as semelhanças óbvias entre o genocídio dos hereros e dos namas e o extermínio dos judeus na Europa menos de quarenta anos depois, havia também diferenças significativas: embora sem dúvida tenham existido campos de concentração na África do

Sudoeste Alemã, não eram como Treblinka, cujo único propósito foi assassinar membros de uma minoria racial. Aos olhos dos nazistas, os judeus pareciam uma ameaça global; os africanos, como os eslavos, eram um obstáculo local a ser subjugado ou removido de modo a abrir caminho para colonos alemães. A experiência colonial, particularmente no campo da raça, incutiu a ideologia do nacional-socialismo, mas as continuidades pessoais eram poucas, apesar dos exemplos do pai de Hermann Göring, primeiro governador da África do Sudoeste Alemã; ou Franz Ritter von Epp, que serviu com Trotha na guerra contra os hereros e mais tarde foi nomeado governador nazista da Baviera; ou Viktor Boettcher, vice-governador de Camarões e mais tarde alto dirigente estatal oficialmente encarregado de uma parte da Polônia ocupada pelos nazistas.

A guerra genocida de Trotha foi uma exceção na história colonial alemã, e se deveu mais às doutrinas militares e raciais de seu autor do que a características mais amplas do colonialismo alemão. Não houve, na Europa Oriental entre 1939 e 1945, equivalente algum da autoproclamada missão modernizadora e civilizadora tida como sagrada nas diretrizes e linhas de ação educacionais, econômicas e religiosas adotadas na fase final do jugo colonial alemão. Foi necessária a brutalizante influência da Primeira Guerra Mundial – ela própria uma parte do impacto do colonialismo na Europa – para fazer da violência política um traço endêmico da vida alemã nas décadas de 1920 e 1930 e para transformar homens como Boettcher em nazistas. O colonialismo alemão parece de fato ter sido mais sistematicamente racista em conceito e mais brutalmente violento em operação do que a dominação colonial de outras nações europeias, mas isso não quer dizer que tenha inspirado o Holocausto.

Entretanto, a guerra contra os hereros, muito mais do que qualquer outro aspecto do colonialismo, entrou na memória pública da Alemanha atual como um expressivo paralelo – e precursor – do Holocausto. E suscitou inflamados debates acerca de qual seria a melhor forma de lembrá-la. Em nenhum outro lugar essas discussões foram mais acaloradas do que na cidade mercantil de Bremen, onde, num pequeno parque atrás da principal estação ferroviária, há um elefante de tijolos de 10 metros de altura; os turistas e os passageiros que viajam entre a casa e o trabalho passam por ele todos os dias. Erguido já nos anos finais da República de Weimar, o monumento estilizado foi concebido como memorial e lembrete da história do colonialismo alemão. Tijolos de terracota foram incrustados no plinto, cada bloco com o nome de uma das antigas colônias. Discursos proferidos diante de numerosas plateias reunidas no parque para a inauguração da estátua em 6 de julho de 1932 celebraram as conquistas do colonialismo e exigiram o restabelecimento das colônias perdidas.

Contrariando as maiores probabilidades, o elefante sobreviveu ileso à Segunda Guerra Mundial, embora as várias inscrições em torno do plinto tenham sido rapidamente removidas depois de 1945. Em 1982, por ocasião do 50º aniversário de sua construção, o elefante tornou-se um constrangimento, especialmente à luz do regime de *apartheid* imposto na Namíbia pela então ainda vigente dominação sul-africana. Em 1988, a ala jovem local do sindicato dos metalúrgicos IGM (*Industriegewerkschaft Metall*) afixou um cartaz ao lado do plinto. "Pelos Direitos Humanos, contra o *apartheid*". Dois anos depois, o elefante foi oficialmente declarado "monumento anticolonial" (*Antikolonialdenkmal*), contrariando seu propósito original, por mais óbvio que fosse. Quando a Namíbia obteve a independência, o prefeito de Bremen realizou uma cerimônia oficial em torno do elefante, e em 1996 o presidente namíbio Sam Nujoma, em visita de Estado à Alemanha, inaugurou uma nova placa ornamental com a inscrição "Em memória das vítimas do jugo colonial alemão na Namíbia 1884-1914". Hoje, o elefante é mantido por uma entidade oficialmente reconhecida e dedicada à tolerância, à criatividade e ao multiculturalismo. Uma placa de bronze faz as vezes de lembrete para trazer à memória dos visitantes o passado do monumento; nos arredores, um pequeno memorial em homenagem aos hereros foi construído como uma espécie de "antimonumento".

Imaginando o Império

Há algumas décadas, historiadores em busca de raízes mais longevas da teoria e da prática do nazismo examinaram as rupturas e descontinuidades na história alemã; a malograda Revolução de 1848; a obstrução da política democrática após a unificação, em 1871; a persistente dominação das elites aristocráticas sobre uma classe média social e politicamente passiva e inerte; o entrincheirado poder da arraigadamente autoritária e beligerante tradição militar prussiana – em suma, alegavam eles, tudo o que por ocasião da deflagração da Primeira Guerra Mundial viera a distinguir a Alemanha das outras grandes potências europeias, colocando-a em um "caminho especial" rumo à modernidade que levou não à criação de um sistema político democrático e uma sociedade aberta coexistindo com uma economia industrial, mas conduziu à ascensão e ao triunfo do Terceiro Reich.

Esses argumentos caíram em descrédito na década de 1990, à medida que ficou claro que as classes médias da Alemanha imperial estavam longe de ser passivas e inertes, sua cultura política era ativa e intensamente participante, e as elites aristocráticas haviam perdido a maior parte de seu poder quando da eclosão da Primeira Guerra Mundial. Demonstrou-se que a Revolução de 1848 havia transformado a cultura política alemã, e não restaurado o antigo regime. Comparações com outros países revelaram déficits similares de abertura e mobilidade social na Inglaterra, tendências ao autoritarismo na França, dominação militar na Áustria e muito mais. Mas, se não existiu um "caminho especial" da unificação à ascensão do Terceiro Reich, onde os historiadores deveriam procurar?

No decorrer dos últimos anos, a resposta – e isso foi ficando cada vez mais claro – pode ser encontrada somente se expandirmos a nossa visão e examinarmos a história alemã não em um contexto doméstico ou mesmo europeu, mas no contexto de acontecimentos e desdobramentos globais, e sobretudo coloniais, na era vitoriana e depois. Essa concepção da história alemã talvez seja possível somente numa época em que nos tornamos acentuadamente conscientes da globalização como um fenômeno contemporâneo, mas engendrou muitas interpretações novas e essenciais e gerou uma quantidade cada vez maior de pesquisas relevantes que associam a relação da Alemanha com o mundo no século XIX à tentativa da Alemanha nazista de dominar o mundo. Agora essa pesquisa foi sumarizada em uma nova síntese, potente e persuasiva, de Shelley Baranowski, antes conhecida por estudos mais especializados, que escreveu um excelente livro sobre a organização nazista do trabalho e do lazer, *Kraft durch Freude* [A Força por meio da Alegria].

A história de Baranowski começa em meados da década de 1880, quando Bismarck concordou, relutante, com o estabelecimento de protetorados coloniais de modo a angariar o apoio dos membros dos partidos Nacional-Liberal e Conservador Livre no Reichstag. O cauteloso Bismarck receava o comprometimento financeiro e político envolvido na colonização plena, mas logo foi sobrepujado pelos entusiastas do imperialismo, por mercadores e aventureiros, e em 1890, quando se viu forçado a demitir-se do cargo de chanceler, a Alemanha tinha um império ultramarino de fato. Não era lá grande coisa, verdade seja dita, e os próprios alemães admitiam isso. A "disputa pela África" deixara para o Reich pouco mais que algumas migalhas, depois que os franceses e os ingleses serviram-se de seu quinhão: Namíbia, Camarões, Tanganica, Togo; em outras parte do planeta, Nova Guiné e um punhado de ilhas do Pacífico, como Nauru e o arquipélago de Bismarck. Uma geração mais jovem de nacionalistas, que não comungavam da noção bismarckiana da precariedade do recém-criado Reich, queixavam-se de que era um império no mesmo nível dos domínios ultramarinos de Portugal e Espanha (do final do século XIX), pouco digno de uma grande potência europeia.

Ademais, em mais de uma ocasião as colônias alemãs mostraram-se possessões especialmente difíceis de administrar. O regime colonial respondia com medidas de linha dura extrema. A doutrina militar prussiana preconizava que a destruição completa das forças inimigas era o objetivo primordial da guerra, mas nas colônias essa diretriz entremeou-se ao racismo e ao temor de ataques de guerrilha para criar uma mentalidade genocida que reagia às sublevações e revoltas com uma política de aniquilação total, por meio de métodos que incluíam deliberadas matanças por fome: 150 mil africanos da etnia *hehe* foram assassinados por inanição em Tanganica, e outras 300 mil pessoas na Rebelião Maji-Maji. Num episódio ainda mais notório, 60% dos hereros e namas foram exterminados na Namíbia, muitos deles levados para rincões do deserto e abandonados sem víveres; seus poços artesianos eram envenenados, seu gado confiscado, e assim os africanos morriam de doença e desnutrição. A vitória foi seguida pelo estabelecimento de um regime de *apartheid* com leis e regulamentos que proibiam a miscigenação racial e reduziram os africanos ao *status* de trabalhadores braçais pessimamente remunerados.

Contudo, a diretiva alemã já havia começado a dar passos no sentido de agir para a aquisição de novas colônias. De onde elas viriam? Com a premissa do *Kaiser* Guilherme II de um papel de liderança na tomada de decisões políticas, a Alemanha iniciou em 1898 a construção de uma vasta frota de combate. Privilegiando pesados couraçados de batalha no lugar de cruzadores leves, ágeis e versáteis, o criador da Marinha, o almirante Alfred von Tirpitz, estava adotando a estratégia de alto risco de avançar – ou pelo menos fazer ameaças nesse sentido – rumo a um confronto ao estilo Trafalgar no mar do Norte, que derrotaria ou debilitaria os britânicos, cujo domínio dos mares era tido como o maior dos obstáculos para a glória imperial alemã, e os forçaria a aceitar uma expansão do Império Alemão no ultramar. A Alemanha adotava agora uma agressiva "política mundial", cujo intuito era fomentar o *status* de seu império e cavar um "lugar ao sol" comparável ao de outras potências europeias. Não demorou muito para que desde a fervente vegetação rasteira começassem a irromper borbulhantes e incontroláveis entusiasmos imperialistas dos grupos de pressão política.

Esse fervor mirava com a mesma intensidade tanto a Europa quanto o exterior. Um extenso naco da Polônia, anexado no século XVIII, pertencia à Alemanha, e o governo começou a incentivar o assentamento de alemães étnicos em áreas dominadas por falantes de polonês, mas, embora 130 mil deles tenham se mudado para lá no período imperial, esse número nem de longe era suficiente para substituir os 940 mil alemães étnicos que migraram para o oeste entre 1886 e 1905 em busca de vida melhor. Insatisfeitos com a situação, nacionalistas radicais começaram a exigir uma guerra no Leste Europeu que subjugaria os eslavos e salvaria dos perigos da "russificação" e "magiarização" os milhões de germanófonos que viviam sob esse risco na Europa Oriental, incorporando-os a um Reich expandido de proporções descomunais. A influente Liga Pangermânica (*Alldeutscher Verband*, "União de Todos os Alemães") foi ainda mais longe, pressionando o governo para cogitar a anexação de Flandres, Holanda, Suíça, Luxemburgo, Romênia e o Império Habsburgo, que eles consideravam terras "germânicas", e acrescer a isso a extinção dos direitos civis da minúscula minoria judaica da Alemanha. Tão logo se concretizasse a dominação alemã da Europa, a expansão para o ultramar seria o inevitável passo seguinte.

Sob tais influências, o darwinismo social ganhava aceitação cada vez maior nos círculos governamentais, propagando uma concepção de relações internacionais determinada por uma luta entre raças – germânicos, eslavos, latinos – por sobrevivência e, em última instância, dominação. Construir um imenso império colonial era obviamente obrigação da Alemanha. Não obstante, a ideologia colonial continuava a sofrer a oposição dos dois maiores partidos políticos, o Social-Democrata, de orientação marxista, e o do Centro Católico, que condenou com veemência as atrocidades coloniais cometidas pelos alemães em 1905-6. Em 1913, esses partidos, em conjunto com os liberais esquerdistas, conseguiram bloquear a introdução de medidas antimiscigenação na Alemanha, sob a justificativa da santidade do matrimônio (para os católicos) e com base na alegação da universalidade dos direitos humanos (para os socialistas e liberais). Mesmo assim, a resultante Lei da Cidadania, de maneira singular entre as nações europeias, definiu a cidadania não pelo critério de residência mas por um de "comunidade de ascendência".

Com a ameaça de guerra em 1914, a pressão exercida pelos pangermânicos tornou pelo menos mais fácil (para dizer o mínimo) o envolvimento do governo, ao passo que as convicções social-darwinistas de alguns dos principais protagonistas enfraqueceram o desejo de encontrar uma saída pacífica da crise. Deflagrada a guerra, o governo formulou um programa secreto cujo intuito era levar a cabo uma série de aquisições territoriais de grandes proporções e a subjugação econômica e militar de boa parte da Europa, bem como o confisco das possessões francesas e portuguesas na África subsaariana. Esses objetivos iam muito além dos propósitos dos britânicos e dos franceses; os adeptos da linha dura no poder, impelidos pelo impasse militar no Ocidente, o controle dos mares pelos Aliados e a escassez de comida em âmbito doméstico, exigiam anexações ainda mais ambiciosas e gigantescas.

Nesse ínterim, o jugo alemão nas áreas ocupadas da Europa tornava-se cada vez mais severo, ao mesmo tempo que os militares endureciam sua mão de ferro e apertavam o cerco com autoridade implacável na própria Alemanha. Após a Revolução Bolchevique em 1917 e a efetiva capitulação dos russos no Tratado de Brest-Litovsk em março de 1918, mais de 2,5 milhões de quilômetros quadrados e 50 milhões de pessoas, juntamente com a maior parte dos depósitos russos de carvão, ferro e petróleo e metade da indústria do país, foram perdidos para a Alemanha e sua aliada, a Turquia. Um contingente de 1 milhão de soldados alemães ajudou a impor uma impiedosa ditadura militar na área ocupada, que se estendia da Estônia, no norte, atravessava vastas porções do interior da Rússia Branca (Bielorrússia) e da Ucrânia, a nordeste, e chegava às terras banhadas pelo mar Negro, no sul. Com a exploração econômica e a brutal repressão dos movimentos nacionalistas veio a imposição de uma nova ordem racial, em que os habitantes da região eram explicitamente tratados como cidadãos de segunda classe, antecipando o regime que seria colocado em vigor pelos nazistas um quarto de século mais tarde.

No acordo de paz que se seguiu à derrota em 1918, a Alemanha perdeu todas as colônias ultramarinas, 13% de seu território na Europa (incluindo a Alsácia-Lorena para a França, e áreas industriais, no leste, para o recém-criado Estado da Polônia) e praticamente todo o seu equipamento bélico. Suas Forças Armadas foram restritas a 100 mil homens, e o governo teve de concordar com a responsabilidade de pagar, ao longo das décadas seguintes, vultosas somas em dinheiro à guisa de indenização pelos danos e prejuízos econômicos causados pela guerra. Esses termos causaram incredulidade geral e, depois, indignação; afinal de contas, a guerra tinha acabado enquanto ainda havia tropas alemãs em solo estrangeiro, e a derrota militar estava longe de ser completa. Ademais – e esse fato é amiúde negligenciado pelos historiadores –, contingentes britânicos e franceses ocuparam a Renânia durante boa parte da década de 1920, o que constituía um lembrete constante da subjugação da Alemanha por potências estrangeiras. Em 1923, quando a Alemanha atrasou os pagamentos de reparação, os franceses despacharam uma força expedicionária para a região industrial do rio Ruhr a fim de apoderar-se de recursos essenciais, agravando ainda mais o ressentimento alemão.

No entanto, tudo isso equivalia, conforme alega Baranowski, à "colonização" da Alemanha pelos Aliados? Certamente os ataques de propaganda à ocupação do Ruhr concentraram-se sobremaneira na degradação racial simbolizada pelo fato de que os franceses usaram soldados originários de suas colônias africanas. Porém, em meados da década de 1920, os violentos confrontos entre forças revolucionárias e contrarrevolucionárias que haviam levado metralhadoras e tanques para as ruas das principais cidades da Alemanha na esteira imediata do pós-guerra tinham diminuído, e a economia se estabilizara. As habilidades de negociação de Gustav Stresemann, que durante muitos anos ocupou o cargo de ministro das Relações Exteriores, resultaram na readmissão da Alemanha no seio da comunidade internacional e levaram à renegociação do valor monetário das reparações e à retirada das tropas de ocupação. Há poucas evidências de que predominasse na população alemã algum tipo de sentimento generalizado de que o país tinha sido "colonizado"; somente entre os antissemitas extremistas havia a convicção de que a República de Weimar era controlada por uma conspiração judaica internacional, mas mesmo nesse caso é raro encontrar a linguagem da colonização, e também é preciso lembrar que o partido nazista teve desempenho tão ruim nas eleições de 1928, obtendo menos de 3% dos votos, que em pleitos posteriores refreou e reduziu o tom de seu violento antissemitismo. Os distúrbios antijudaicos dos anos pós-guerra foram menos generalizados e menos representativos da opinião pública do que Baranowski quer dar a entender.

Foi somente depois que a depressão econômica do início da década de 1930 causou a falência de um sem-número de bancos, lojas e empresas e levou ao desemprego mais de um terço da mão de obra que o nazismo obteve apoio das massas; e somente depois de serem alçados ao poder como parceiros da coalizão com as elites conservadoras – as elites buscavam legitimidade popular para levar a cabo seus planos de destruir a democracia de Weimar – é que os nazistas revelaram e propagaram mais uma vez seu visceral antissemitismo e começaram a implementar uma série de decretos e leis endossados por uma violência exacerbada e cruel contra os oponentes do nazismo, sobretudo os à esquerda. Nesse período, a ideia de um império alemão passara a ser dominada não pelas colônias de ultramar, que haviam sido a preocupação e o interesse apenas de grupos de pressão pequenos e impotentes durante os anos de Weimar, mas pela visão de um império europeu, que era baseado nas bem-sucedidas experiências da Primeira Guerra Mundial mas ia muito além delas.

No entanto, a memória do Império Alemão no exterior perdurou e foi inclusive reavivada pelos nazistas. Até que ponto a experiência colonial influenciou a política de extermínio sob Hitler? Baranowksi trata dessa questão fundamental de maneira sutil e equilibrada, evitando alguns dos excessos dos mais veementes intérpretes e defensores da tese da continuidade, mas ainda assim conservando alguns de seus elementos centrais. Na primeira metade de 1933 os nazistas instalaram centenas de campos de concentração, para os quais enviaram a maior parte de seus 100 mil adversários políticos, usando-os para trabalhos forçados e tratando-os de forma tão brutal que muitas centenas deles acabaram morrendo. Mas esses locais tinham pouca semelhança com os campos de concentração nos quais os hereros haviam morrido de fome na Namíbia, e em todo caso a ideia de concentrar populações civis em campos de prisioneiros não era de forma alguma uma invenção alemã: remontava, pelo menos, às campanhas dos Estados Unidos contra os nativos americanos na década de 1830.

A bem da verdade os nazistas viam seus campos de concentração como uma espécie de ferramentas de contrainsurgência, mas seu objetivo primordial era intimidar e "reeducar" adversários do regime, que eram brutalizados até concordarem em desistir de oferecer qualquer tipo de resistência. Em meados de 1934 quase todos os prisioneiros tinham sido libertados, quando a tarefa de repressão passou a ser de incumbência da polícia regular, dos tribunais e do sistema prisional. Se houve, porém, um precedente colonial, conforme aponta Baranowski, ele havia sido totalmente transformado e devia muito mais à popularização política da Europa após a Revolução Bolchevique – mais ou menos no mesmo período, instituições semelhantes vieram à tona na União Soviética, sem nada dever a precedentes coloniais.

Contudo, não houve na União Soviética paralelos com as políticas raciais adotadas pelos nazistas. Até que ponto a imposição da "higiene racial", as leis contra casamentos inter-raciais e relações sexuais entre judeus e não judeus e a esterilização forçada de até 400 mil alemães "hereditariamente inferiores" deveram à experiência colonial anterior da Alemanha? De acordo com a persuasiva argumentação de Baranowski, houve impressionantes precedentes nas leis antimiscigenação aprovadas na Namíbia pré-1914, na resposta segregacionista à insurreição colonial e nas diretrizes mais radicais defendidas pelos pan-alemães durante os debates acerca da Lei de Cidadania de 1913. O "imperialismo", comenta a historiadora, "vinculou as duas fobias burguesas – o socialismo e a mistura racial –, em que os trabalhadores eram imaginados mais como 'nativos'". A descolonização da Alemanha em 1919 eliminou a distinção prévia entre legislação colonial e doméstica e fomentou os temores de que "raças estrangeiras", como os judeus e os ciganos, poluiriam a raça alemã em âmbito doméstico. Os conceitos eram os mesmos: somente a prática foi radicalizada.

Havia também continuidades pessoais: o pai de Hermann Göring fora o primeiro governador colonial da Namíbia, ao passo que o eugenista Eugen Fischer usou suas pesquisas sobre grupos racialmente miscigenados no país africano para combater a mistura racial durante o Terceiro Reich, quando cientistas que haviam sido treinados em seu instituto* – caso de Josef Mengele, o médico de Auschwitz – tiveram papel decisivo na implementação de políticas de higienização. Ao fim e ao cabo, entretanto, essas continuidades foram menos importantes do que as descontinuidades enumeradas por Baranowski. Argumentando de forma persuasiva contra a tendência de boa parte da opinião histórica recente, ela insiste repetidamente na centralidade do terror e da violência na tomada do poder pelos nazistas e na prática nazista de poder, que marcaram uma ruptura crucial com relação à maneira como a administração de Weimar geria as políticas de bem-estar social e os sistemas de policiamento e manutenção da ordem. O esmagamento do movimento trabalhista, a prisão ou expatriação de funcionários judeus e liberais do alto escalão dos setores de saúde pública e bem-estar social e, ela poderia ter acrescentado, a destruição da imprensa livre e da mídia de notícias extirparam os principais obstáculos à implantação de políticas eugenistas pelo Estado, ao passo que o rápido crescimento da SS – obcecada por questões raciais e de pureza da raça –, sob o comando de Himmler, deram impulso à implementação central

---

* O Instituto de Antropologia Wilhelm Kaiser, fundado por Fischer em 1927. (N. T.)

de medidas como a esterilização em massa dos supostos doentes mentais e deficientes físicos, em uma escala sem precedentes em qualquer outro país. Também de modo singular, essa linha de ação, somada à exclusão dos judeus da vida econômica e social com base em critérios raciais, tinha como intuito pavimentar o caminho para uma guerra de expansão imperialista leste adentro, e durante a guerra propriamente dita foi transformada em uma campanha de assassinatos em massa em que 200 mil deficientes físicos e doentes mentais alemães foram mortos por médicos e cientistas nazistas.

A simbiose de política racial e guerra tornou-se ainda mais clara a partir de 1939. Fiando-se em pesquisas acadêmicas recentes, Baranowski mostra em detalhes como a invasão da Polônia foi concebida, desde o princípio, com o propósito de destruir a nação polonesa, executando poloneses e judeus aos milhares, expulsando-os de suas casas, confiscando suas propriedades ou – no caso dos poloneses – enviando-os para realizar trabalhos forçados na Alemanha. Na Polônia os alemães praticamente eliminaram a distinção entre combatentes e civis, abandonando todas as tentativas de obedecer a leis e convenções de guerra que – com raras exceções – cumpriam na Europa Ocidental. A SS e os soldados do Exército* consideravam que os poloneses eram selvagens, e viam os judeus como uma categoria de seres inferiores, uma espécie desprezível. Tudo isso se repetiu em escala ainda maior após a invasão da União Soviética em junho de 1941, refletindo-se não apenas em atitudes preconceituosas contra eslavos e "judeus orientais", que já eram disseminadas até na classe trabalhadora antes de 1914, mas também em práticas comuns entre os conquistadores europeus de territórios coloniais desde a invasão espanhola da América no século XVI.

---

* Importante ferramenta do terror nazista, o Esquadrão de Proteção (*Schutzstaffel*), conhecido como SS, a princípio formava uma guarda especial com a função de proteger Adolf Hitler e outros líderes do partido nazista em ocasiões públicas. Seus membros, que usavam camisas pretas – para diferenciá-los das camisas marrons dos membros da Seção de Assalto (ou "tropas de assalto"), a *Sturmabteilung*, ou SA), formavam uma tropa de elite, serviam como policiais auxiliares e, mais tarde, como guardas dos campos de concentração. Após 1934, a SS acabou superando a SA em importância ao tornar-se o exército particular do partido nazista. Era constituída por homens selecionados pela considerada "pureza" racial e pela fidelidade incondicional ao nazismo. Tinha como lema a frase *"Mein Ehre heißt Treue"*, "minha honra é a lealdade". De pequena unidade paramilitar, a SS tornou-se um grandioso exército, uma organização poderosa e com grande influência sobre o Terceiro Reich. (N. T.)

Contudo, conforme aponta Baranowski, "a expulsão em massa ou o assassínio de populações nativas" no cenário colonial do século XIX "invariavelmente resultava de confrontos entre colonos europeus e povos nativos pela posse de terras e recursos". Amiúde as administrações nas metrópoles imperiais tentavam refrear os colonos ávidos por terras e mão de obra, embora em última instância geralmente acabassem tolerando e por fim endossando a rapacidade. Mesmo a decisão genocida na guerra na Namíbia foi tomada em âmbito local, por um comandante militar que ignorou as reservas do governador colonial e seus superiores em Berlim, e com frequência as atrocidades coloniais suscitavam ferozes críticas na Alemanha. Os nazistas, ao contrário, desferiram sua guerra de subjugação social e extermínio no Leste Europeu sem a menor provocação e em meio à ausência de dúvidas e críticas, exceto por parte de um punhado de oficiais do Exército conservadores. Ademais, ao longo da guerra eles coordenaram e direcionaram o conflito a partir do centro, agindo em cumprimento de ordens diretas do próprio Hitler. Isso não é negar que houvesse disputas na esfera da elite nazista acerca da implementação da limpeza e da aniquilação étnicas. Mas a direção básica da diretriz política era clara, culminando no Plano Geral para o Leste, o extermínio e a morte por inanição e doença de pelo menos 30 milhões e possivelmente 45 milhões de eslavos e o repovoamento da maior porção da Europa Oriental por colonos alemães. Aqui estava, de fato, no dizer de Baranowski, o "lugar ao sol dos nazistas".

Os planos alemães para a África, ressuscitados na década de 1930 à medida que Hitler retomou mais uma vez a exigência da restituição das antigas colônias, não contemplavam política de genocídio alguma; pelo contrário, diferiam pouco, em essência, dos paradigmas europeus convencionais de desenvolvimento colonial. Os "nativos" deveriam ser separados da sociedade europeia de colonos, sem dúvida, mas cabia aos administradores alemães educar, alimentar e melhorar a condição de saúde dos africanos nativos, desenvolvendo as economias coloniais de modo a auxiliar no fornecimento de matérias-primas e víveres para a metrópole. Em parte isso acontecia porque os nazistas não viam a África como uma importante fonte de assentamento alemão, mas também porque os africanos não representavam a mesma espécie de ameaça que, a seu ver, era constituída pelos eslavos e, sobretudo, pelos judeus. A destruição de eslavos e judeus estava atrelada à tática nazista de purificação e consolidação da própria raça alemã, o que não era o caso da situação colonial. De fato, unidades da SS chegaram inclusive a percorrer o Leste Europeu em busca de crianças "racialmente valiosas", loiras e de olhos azuis, sequestrando dezenas de milhares delas e providenciando sua adoção por famílias nazistas sob novas identidades – uma iniciativa impensável na África colonial. Por fim, o plano de ação nazista no Leste Europeu foi impelido pelo menos em parte pelos imperativos imediatos de assegurar abastecimento adequado de comida para a própria Alemanha, cuja agricultura não era de forma alguma capaz de alimentar o Reich e seus Exércitos. Mais uma vez, portanto, os nazistas radicalizaram práticas imperialistas anteriores ou se afastaram delas em aspectos significativos, em vez de simplesmente dar-lhes continuidade.

De que forma o extermínio nazista dos judeus pode ser inserido no paradigma colonial? Certamente, os nacionalistas radicais pré-guerra introduziram o antissemitismo em sua visão de relações internacionais como uma luta darwiniana por sobrevivência e supremacia entre raças. As políticas de segregação, deportação e expropriação às quais os judeus da Alemanha e depois de toda a Europa foram submetidos tiveram, todas elas, seus precedentes nas colônias. Mas vasculhar deliberadamente um continente inteiro e potencialmente – conforme se depreende das minutas da conferência realizada em Wannsee para discutir a implementação da "Solução Final da Questão Judaica na Europa" – toda a superfície do planeta à procura de judeus a fim de matá-los em câmaras de gás ou fossas de fuzilamento, em campos de extermínio que seguiam o modelo de uma linha de montagem industrial, não tinha precedentes.

Com sensatez, Baranowski lança dúvida sobre o argumento alegado por alguns historiadores de que os assassinatos em massa perpetrados pelos administradores coloniais e comandantes militares alemães antes de 1914 não somente eram comparáveis aos do posterior genocídio nazista, mas inclusive criaram uma mentalidade genocida que levou diretamente ao Holocausto. Conforme aponta Baranowski, outras potências europeias empenharam-se em linhas de ação semelhantes, todas elas, inclusive as estratégias alemãs, concebidas para, sobretudo, destruir a independência econômica das populações conquistadas e convertê-las em uma mão de obra dócil ou, em áreas consideradas adequadas, expulsá-las de modo a abrir espaço para o povoamento. Algo parecido com isso era o plano que os nazistas tinham em mente para a Europa Oriental, e em alguns momentos do processo os administradores nazistas chegaram a usar mão de obra judaica também para a economia de guerra, mas a longo prazo isso foi, na definição dos próprios nazistas, apenas uma forma mais lenta de "aniquilação por meio do trabalho forçado", *Vernichtung durch Arbeit*. Enquanto o Plano Geral para o Leste indubitavelmente previa a eliminação genocida de dezenas de milhões de eslavos, foi impulsionado por imperativos ideológicos fundamentalmente distintos das imposições do Holocausto, que designava os judeus como o "inimigo global", o *Weltfeind*, não um obstáculo regional representado por selvagens, mas uma conspiração mundial engendrada por inimigos ardilosos e cruéis a fim de destruir por completo a nação alemã.

Esses argumentos serão discutidos e debatidos por muito tempo. Embora Baranowski tenha se proposto escrever um manual ou livro didático, produziu algo muito mais importante: uma síntese hábil e cuidadosamente nuançada de algumas das mais produtivas ideias surgidas no debate acerca das origens do nazismo e do extremismo nazista nos últimos anos. Refletindo preocupações atuais, essas ideias concentram-se não tanto em como ou por que os nazistas ascenderam ao poder, mas no que eles fizeram tão logo o obtiveram, sobretudo durante a guerra. A partir desse ponto de vista, as ideias de Baranowski discutem um conjunto de questões bastante diferentes daquelas apresentadas pela velha tese do "caminho especial". O livro de Baranowski, no entanto, as coloca claramente no mapa, debate com sutileza e sofisticação seus prós e contras, e deve ser lido por qualquer pessoa interessada no caminho calamitoso – e, em última instância, exterminatório – trilhado pela história alemã no século XX.

A derrota de 1918

Em novembro de 1918, depois de mais de quatro anos nas trincheiras, Adolf Hitler estava no hospital, longe da frente de batalha, acometido de cegueira temporária em decorrência de um ataque de gás. Enquanto se recuperava, recebeu a notícia da rendição da Alemanha e da derrubada do *Kaiser*. "Mais uma vez", ele escreveu mais tarde, "tudo enegreceu diante dos meus olhos".

E então tudo tinha sido em vão. Em vão todos os sacrifícios e privações; em vão a fome e a sede de meses que por vezes pareciam não ter fim; em vão as horas em que, com o medo premendo nossos corações, ainda assim cumprimos o nosso dever; e em vão a morte de 2 milhões [...] Foi para isso que rapazes de 17 anos tombaram na terra de Flandres? Era esse o sentido do sacrifício oferecido pelas mães alemãs à Pátria quando, com o coração em frangalhos, deixavam partir em marcha seus filhos amados, para nunca mais revê-los?

Como muita gente na Alemanha, Hitler pelejou para encontrar uma explicação para o colapso aparentemente súbito da Alemanha. Como tudo podia ter dado tão errado, tão rápido?

A derrota era tanto mais intrigante porque, poucos meses antes, na primavera de 1918, a vitória parecia ao alcance do *Kaiser*. Após anos de impasse, numa repentina guinada a maré da guerra virou a favor da Alemanha. No início de 1917, os alemães decidiram empreender uma guerra de submarinos irrestrita e total – atacando embarcações civis –, e os *U-boots* [*Unterseeboot*, literalmente "barco submarino"] estavam afundando uma média mensal de mais de meio milhão de toneladas de suprimentos transportados pela Marinha Mercante para a Inglaterra. Como consequência, os americanos entraram no conflito, mas sua mobilização demorou a acontecer. As tropas aliadas estavam fatigadas pela guerra, e motins generalizados, envolvendo 40 mil homens, grassavam no Exército francês, num lembrete amargo da fragilidade do estado de ânimo dos soldados. Em outubro de 1917, reforços alemães permitiram ao Exército austro-húngaro obter uma vitória de grande envergadura em Caporetto: 265 mil italianos renderam-se e 400 mil fugiram na confusão, ao passo que os contingentes em seu encalço avançaram 80 quilômetros em pouco mais de dois dias.

Fato mais importante de todos, a Revolução de Outubro e a desintegração do Exército czarista tiraram a Rússia da guerra. Graças a isso os alemães puderam mobilizar e deslocar uma imensa quantidade de tropas – as forças na Frente Ocidental aumentaram de 3,25 milhões de homens para mais de 4 milhões em abril de 1918. Paul von Hindenburg, o impassível general que efetivamente substituiu o *Kaiser* no papel de principal testa de ferro do esforço de guerra alemão depois de ter sido tirado da aposentadoria para obter vitórias espetaculares na Frente Oriental no início da guerra, e o general de infantaria Erich Ludendorff, a verdadeira força motriz por trás dessas vitórias, decidiram tirar proveito da forte posição da Alemanha desferindo um ataque derradeiro e arrasador contra os Aliados no oeste.

A chamada Operação Michael empregou uma tática de artilharia nova e altamente eficaz, uma manobra que consistia em uma ação conjunta da artilharia e da infantaria: enquanto a primeira abria fogo, a segunda avançava. Canhões e postos de comando inimigos eram atacados antes do avanço de uma "barragem rolante" que se movia à frente da infantaria; os disparos constantes e ininterruptos formavam uma grande cortina de fumaça na frente da trincheira adversária, o que confundia os inimigos e forçava os defensores a permanecerem escondidos até que, quando percebiam, já era tarde demais e os alemães estavam praticamente em cima deles. Com uma superioridade de mais de dois para um em termos de homens e canhões, os alemães desferiram seu ataque em 21 de março, disparando mais de 3 milhões de projéteis no primeiro dia. Postos de comando dos Aliados a cerca de 50 quilômetros atrás do *front* sofreram graves danos, juntamente com posições de canhões, no maior bombardeio de artilharia de toda a guerra. À medida que a infantaria alemã fervilhava sobre as trincheiras aliadas, com seu avanço oculto em meio a uma espessa névoa em diversos pontos, os britânicos e os franceses foram obrigados a recuar ao longo de um *front* de 80 quilômetros. As baixas de ambos os lados foram as mais numerosas de todo o conflito. Em 9 de abril, um segundo e igualmente bem-sucedido ataque alemão de grande envergadura mais ao norte foi seguido pelo avanço na direção de Paris, criando pânico na cidade. Em um espaço relativamente curto de tempo, o longo impasse na Frente Ocidental tinha sido rompido. O comando militar dos Aliados estava traumatizado, e no final de junho Hindenburg e Ludendorff celebraram uma série de formidáveis vitórias. Pouco mais de três meses depois disso, os líderes alemães estavam implorando pela paz. Como isso aconteceu?

Uma primeira explicação tem a ver com o uso de inteligência militar. Em 1914-18 ambos os lados usaram métodos tradicionais: coleta de informações de inteligência junto a prisioneiros de guerra, apreensão de documentos e equipamentos, manutenção de cuidadosa vigilância sobre a linha de frente inimiga e envio de espiões para recolher informações atrás das linhas inimigas. Também empregaram reconhecimento aéreo e interceptação de conversas telefônicas e, cada vez mais, de mensagens de rádio, decodificando-as se necessário. Embora não tenham conseguido antever a ofensiva de primavera, os Aliados estavam bem preparados para o derradeiro ataque alemão em 15 de julho. Em contraste, por sua vez os alemães jamais estabeleceram uma rede de espionagem eficaz atrás das linhas aliadas, não conseguiam decodificar os sinais de rádio aliados e eram presas fáceis de engodos, ardis e simulações.

Em segundo lugar, a guerra aérea agora estava sendo vencida pelos Aliados. Estendeu-se para muito além da linha de frente. Em 1916, a artilharia antiaérea levou os alemães a abandonar os raides de zepelim a Londres, mas agora enormes e pesados bombardeiros como os Gothas e, o mais extraordinário de todos, o Riesenflugzeug (Gigante), monstro com mais de 138 pés (42 metros) de envergadura de asa, de construção tão sólida que nenhum deles jamais foi abatido. Essas aeronaves causaram estragos consideráveis em 1917, e obrigavam cerca de 250 mil londrinos a buscar abrigo nas plataformas de metrô toda noite. Em maio de 1918, 43 bombardeiros alemães atacaram Londres; mas esse foi seu último raide de grandes proporções. A escassez de matérias-primas na Alemanha era tão grave que se tornou impossível construir novos aviões em número suficiente, e os que saíam da fábrica tinham péssima qualidade e invariavelmente enguiçavam. No verão, os Aliados estavam produzindo muito mais aeronaves do que os alemães: somente dezoito unidades dos caríssimos

"Gigantes" chegaram a ser construídos. Enquanto isso, britânicos e franceses tinham começado a lançar raides na Renânia, embora fossem bombardeios em escala pequena demais para serem de fato eficazes, em especial porque os alemães organizaram eficientes medidas preventivas. No último ano da guerra, os britânicos despejaram 665 toneladas de bombas, e uma elevadíssima proporção delas errou os alvos. A real importância da guerra aérea estava no *front*, tanto na Itália como na França e na Bélgica. Em meados de 1918, a superioridade aérea aliada impedia que os aviões de reconhecimento alemães descobrissem muita coisa sobre os preparativos de ataque, ao passo que os Aliados obtinham informações precisas sobre as disposições inimigas.

Houve também uma alteração na balança de poder no que dizia respeito à guerra de gás. Poucos dos dados estatísticos que David Stevenson apresenta em *With Our Backs to the Wall: Victory and Defeat in 1918* [Encurralados: Vitória e derrota em 1918], seu livro sobre a condução da guerra em 1918, são tão impressionantes quanto os que envolvem gás venenoso. Os alemães lançaram 52 mil toneladas de gás na Frente Ocidental – o dobro da quantidade usada pelos franceses e o triplo do volume de gás venenoso que os ingleses utilizaram como arma de combate –, matando ou ferindo 300 mil soldados, ao passo que, do lado alemão, apenas 70 mil combatentes foram vitimados por ataques de gás. Em 1918, os alemães produziram quase 20 milhões de cilindros de gás: pouco mais da metade dos projéteis disparados na Operação Michael eram químicos. No final da primavera, entretanto, os britânicos haviam desenvolvido uma máscara de gás eficiente, ao passo que seus novos e eficazes Projetores Livens – dispositivos de ação rápida semelhantes a morteiros e que disparavam enormes cilindros repletos de produtos químicos – causaram temor generalizado entre as tropas alemãs, cujas máscaras mostraram-se inúteis contra esses projetores de gás; de qualquer forma, as máscaras não estavam sendo produzidas em número suficiente por conta da escassez de borracha. Os Aliados vinham fabricando gás em quantidades industriais, e saber disso foi um dos fatores que levaram os alemães a buscar a paz.

No verão de 1918 os Aliados também haviam mudado a sua tática ofensiva, usando artilharia não para obliterar, mas para neutralizar posições inimigas selecionadas a dedo e localizadas com precisão e romper obstáculos de arame farpado, deitando uma cortina de fogo atrás da linha inimiga de modo a impedir o avanço de reforços adversários e acionando unidades móveis para surpreender e flanquear posições inimigas. A essa altura também vinha sendo empregado um grande número de tanques, mas os blindados se deslocavam em ritmo vagaroso e seu combustível acabava após 25 quilômetros. Aqui os alemães estavam muito atrás, incapazes de produzir blindados em quantidade suficiente. Embora os tanques volta e meia quebrassem e fossem facilmente destruídos pelo fogo de artilharia, espalharam pânico entre as tropas alemãs; em 1919, Ludendorff apontou a perspectiva de enfrentar milhares desses blindados como um dos principais motivos para ter proposto um armistício.

Do ponto de vista econômico, no fim das contas os Aliados mostraram ser mais fortes do que todo o poderio produtivo combinado da Alemanha e da Áustria-Hungria e seus parceiros Turquia e Bulgária. Os franceses produziam imensas quantidades de armamentos, fornecendo à Força Expedicionária Americana a maior parte do que ela necessitava, ao passo que os britânicos podiam contar com os recursos de seu império, bem como com sua própria base industrial. Eram os americanos, contudo, que possuíam de longe a maior economia, e provisões de comida, aço, munição e equipamentos dos EUA foram decisivas para manter os Aliados em ação.

A melhor chance para os alemães estava em destruir o transporte marítimo americano no Atlântico, responsável pelo envio de homens e suprimentos para a Europa. Os britânicos tentaram diversos métodos para proteger seus navios de transporte contra os *U-boots*, inclusive armando as embarcações da Marinha Mercante ou pintando seus navios com padrões geométricos cubistas na chamada "camuflagem *dazzle*". Porém a tática mais eficaz era, sem dúvida, o sistema de comboio: era difícil e envolvia grandes riscos afundar as embarcações que navegavam em grupos acompanhadas de balões de observação (balões-barragem) e escoltadas por contratorpedeiros armados com cargas de profundidade. Nesse período os *U-boots* não eram submarinos de fato – não tinham suprimento de oxigênio, podiam permanecer submersos somente por curtos períodos de tempo – e eram relativamente fáceis de detectar e afundar. No fim das contas, simplesmente não havia *U-boots* em número suficiente para assegurar uma vitória decisiva. Muitos enguiçavam ou sofriam avarias e precisavam arrastar-se com dificuldade de volta ao porto para consertos, e tampouco havia pessoal treinado em número adequado para guarnecer essas embarcações. Os planos para um enorme incremento na construção vieram tarde demais para fazer diferença.

O governo alemão desviou a máxima quantidade possível de recursos para a fabricação de armamentos e setores de atividade afins – negligenciando a agricultura e o abastecimento de comida. O bloqueio aliado interrompeu as importações de produtos agrícolas essenciais, e em 1918 a taxa de mortalidade entre as mulheres alemãs era quase 25% mais alta do que a que se registrava na Alemanha pré-guerra, as mulheres debilitadas pela desnutrição sucumbindo para a pneumonia e a tuberculose. As rações de comida estavam aquém do mínimo necessário para a sobrevivência, e desenvolveu-se um imenso mercado negro, ao passo que rebeliões motivadas por falta de comida encabeçadas por mulheres e crianças convulsionaram as cidades mais importantes do país no inverno de 1915-16. No inverno do ano seguinte, geralmente conhecido na Alemanha como "o inverno dos nabos" por causa do colapso das lavouras de batatas, foi ainda pior. A subnutrição resultou no declínio da produtividade nas atividades econômicas vinculadas ao esforço de guerra. Acredita-se que mais de meio milhão de civis tenham morrido de desnutrição e doenças afins durante a guerra.

As condições eram ainda piores na Áustria-Hungria, onde os soldados estavam não apenas enfraquecidos pela fome quando os italianos desferiram seu derradeiro e bem-sucedido ataque em 1918 como também chegavam ao *front* vestindo somente roupa de baixo e tinham de tirar os uniformes dos cadáveres dos companheiros mortos à sua frente. Na pior situação de todas estava a Bulgária, onde a fome em massa só foi evitada pelas remessas de grãos dos Estados Unidos após o armistício. Foi isso que levou Hitler a concluir que a conquista do "cesto de pão da Europa" na Ucrânia (e seu rico solo ideal para o cultivo de grãos) seria um objetivo de guerra fundamental para os nazistas. Na Segunda Guerra Mundial os alemães não morreram de fome como havia ocorrido na Primeira Guerra Mundial; em vez disso, eles mataram pela fome milhões de pessoas na Europa Oriental.

A desnutrição e as doenças afetaram a qualidade dos novos recrutas na fase final da guerra. Hitler relembrou que, em agosto e setembro de 1918,

> os reforços vindos da Pátria tornavam-se, rapidamente, cada vez piores, de modo que a sua chegada, em vez de produzir um aumento de inten-

sidade na nossa combatividade, tinha o efeito contrário e enfraquecia o nosso vigor. Sobretudo as tropas constituídas por soldados jovens eram na maior parte inúteis. No mais das vezes era difícil acreditar que esses reforços eram filhos da mesma nação que outrora havia mandado a sua juventude para a Batalha de Ypres.

A ofensiva de primavera alemã tinha custado vidas demais. Apenas em abril de 1918, 54 mil soldados foram contabilizados como mortos ou desaparecidos, e 445 mil, feridos ou doentes, tiveram de ser forçosamente tirados de combate. Em julho, havia no campo de batalha 883 mil homens a menos em comparação aos contingentes de março, e a maior parte das tropas estava desfalcada e desguarnecida. Uma das poucas lacunas expressivas no livro de Stevenson é sua falha no que diz respeito a tratar adequadamente do papel dos serviços médicos: febre nas trincheiras, tifo, gangrena gasosa e muitas outras infecções, quase sempre fatais, tornaram-se mais comuns à medida que a guerra avançava, e devem ter piorado a combatividade e o moral dos soldados. Teria sido interessante contar com uma estimativa que projetasse qual dos lados da guerra lidou melhor com esse aspecto.

Nos primeiros estágios da guerra, soldados de 18 a 20 anos de idade compunham 10% das baixas alemãs; em 1918, esse número chegava a quase 25%. Inexperientes e precariamente treinados, ficaram desmoralizados pelo fiasco da ofensiva de primavera. As coisas agravavam-se pela condição deplorável das rações de comida, descritas em detalhes vívidos no romance de Erich Maria Remarque *Nada de novo no front*. De maio em diante, a disciplina começou a esmorecer, e a partir de julho pipocaram as deserções e rendições coletivas – ao todo, 340 mil soldados abandonaram a guerra, quase o mesmo número de homens perdidos para a ação inimiga ou em doenças no mesmo período. Fator importante para desanimar ainda mais os combatentes eram os milhões de folhetos de propaganda despejados sobre as linhas alemãs por balões ou aviões dos Aliados, que ofereciam boa comida e alojamentos confortáveis a qualquer um que se rendesse. Em contraste, assim que conseguiram refrear pela primeira vez o avanço alemão, e a seguir os obrigaram a recuar, as forças aliadas começaram a sentir na pele um renovado otimismo, impulsionado durante o verão pela chegada de gigantescos contingentes de soldados americanos. Em novembro, o número de soldados aliados na Frente Ocidental já era quase o dobro dos combatentes das Potências Centrais.

Essa crescente disparidade numérica, somada à potencial mobilização de um vasto exército de tanques, era o que mais preocupava Ludendorff, e foi o que o incitou a lançar a ofensiva de primavera. Stevenson considera essa decisão o erro crucial do conflito, juntamente com a declaração de guerra irrestrita de submarinos pouco mais de um ano antes. Na Primeira Guerra Mundial, o ataque raramente era o melhor meio de defesa. Com uma liderança mais ousada e sofisticada, o Reich poderia ter impedido a entrada dos americanos no conflito. Mas o *Kaiser* Guilherme II era errático demais para propiciar isso, e na crise da guerra os generais haviam decidido ignorar a liderança civil e assumiram, eles próprios, o comando. Stevenson especula que, mesmo depois da entrada dos EUA na guerra, a Alemanha poderia ter sido capaz de estabelecer um tratado de paz em separado acatando os Catorze Pontos de Wilson, e, guardando firme posição na Frente Ocidental com tropas transferidas desde o leste vitorioso, forçariam os Aliados a se resignar e aceitar um acordo. Alternativamente, caso se dispusessem a atacar, talvez tivessem se saído melhor direcionando seu poder de fogo contra as linhas de abastecimento britânicas no noroeste da França em vez de organizar um ataque direto e violento no centro. Entretanto, mesmo em 1918 Ludendorff ainda perseguia a miragem da vitória total.

Stevenson atribui a culpa desses fracassos à tendência alemã a permitir "excessiva influência de formidáveis técnicos consumidos pela arrogância, inadequadamente refreados por políticos cujos julgamentos e ponderações, ainda que deficitários, eram geralmente superiores, mas que não podiam contar com o imperador". Mas Ludendorff não era apenas um técnico: era um general altamente político. Desprezava a democracia e considerava os socialistas – a maior agremiação política da Alemanha, ainda que agora estivessem divididos – traidores. Seu chefe de seção no Estado-Maior, o especialista em artilharia Max Bauer, passava seu tempo livre escrevendo um desconexo tratado em defesa da poligamia e retratando a guerra como a suprema expressão do ímpeto masculino de dominar o mundo por meio do que ele chamava de "detumescência". Ludendorff era um general moderno, mas isso se harmonizava com uma forma igualmente moderna de política que poderia muito bem ser chamada, com justeza, de protofascista.

Em agosto de 1918, durante um ataque-surpresa aliado em Amiens, soldados alemães, de acordo com observadores aliados, "renderam-se de bom grado, de livre e espontânea vontade, em profusão e sem oferecer resistência concreta". Ludendorff, conforme aponta Stevenson, começou a temer que, caso isso continuasse, "o Exército tornar-se-ia inconfiável para a repressão doméstica". Ele sentia-se "atraído pelo plano de ampliar o governo, transferindo a culpa para os que por tanto tempo haviam se agitado contra o esforço de guerra". Isso seria somente um expediente temporário, claro: tão logo o tratado de paz fosse assinado, o antigo regime retornaria ao poder. Em outubro, um governo semidemocrático liderado pelo liberal Max von Baden e apoiado pelos partidos majoritários no Reichstag tomou posse. Ludendorff declarou sua ânsia por dar continuidade à guerra de submarinos, mas o novo governo, ameaçando pedir demissão, forçou-o a renunciar – uma clara inversão da tática por meio da qual ele mesmo havia obtido o que queria das administrações anteriores. As negociações para o armistício foram devidamente iniciadas.

Quando se tornou claro que a Alemanha estava propondo a paz, seu Exército se desintegrou: soldados simplesmente começaram a ir embora para casa. Em Kiel, o comando naval ordenou que sua esquadra zarpasse – a fim de salvar sua honra, severamente arranhada pelo fato de que as belonaves haviam passado a maior parte da guerra ancoradas no cais – para um ataque final à Marinha Real Britânica. Como era de esperar, os marujos se rebelaram, prenderam seus oficiais e começaram a formar assembleias de trabalhadores e marinheiros. A revolução alemã tinha começado. Em pouco tempo ela levou à abdicação do *Kaiser* e à formação de um conselho revolucionário que após alguns meses inaugurou a República Democrática de Weimar. O novo regime, conforme a expectativa de Ludendorff, foi obrigado a assinar o Tratado de Versalhes, o que a população do país considerou uma humilhação nacional. Pouco depois, em março de 1920, o antigo regime tentou voltar, quando tropas munidas de armamentos pesados, juntamente com políticos e burocratas, ocuparam Berlim, somente para sofrerem uma derrota vexatória por conta de uma greve geral. Em 1923, Ludendorff tomou parte do igualmente fracassado *Putsch* (golpe) da Cervejaria, encabeçado por Adolf Hitler e seu incipiente partido nazista.

Nos países aliados, houve alegria geral pela vitória. Acreditava-se que o conflito tinha sido a guerra que daria fim a todas as guerras. Quem estava por dentro das coisas não tinha tanta certeza. No dia da assinatura do armistício, a filha do líder francês Georges Clemenceau disse a ele: "Papai, me diga que o senhor está feliz". "Não posso dizer isso", respondeu Clemenceau, "porque não estou. Isto tudo será inútil". E assim foi.

O relato que David Stevenson faz desses eventos é interessante, empolgante e abalizado. Contudo, trata-se também de um livro pálido, exangue. Há poucas citações, e os breves perfis biográficos que Stevenson oferece parecem saídos de obituários oficiais. Não obstante, a forma como as pessoas sentiram na pele a guerra foi de vital importância. Enquanto Hitler jazia numa cama de hospital, esforçando-se para encontrar uma explicação para a derrota da Alemanha – de acordo com seu relato em *Mein Kampf (Minha luta)* –, ele teve uma ofuscante revelação: a Alemanha não tinha sido derrotada de forma alguma. Pelo contrário, seus vitoriosos Exércitos haviam sido esfaqueados pelas costas por revolucionários judeus no *front* doméstico. Greves e manifestações, fomentadas por traidores, tinham solapado e por fim destruído o esforço de guerra. "Com judeus não se pode pactuar; com eles é vai ou racha, pró ou contra", concluiu Hitler. "De minha parte, decidi ingressar na política."

Como muitas outras coisas de *Minha luta*, essa declaração equacionava uma situação mais complexa, e houve muitas guinadas e reviravoltas antes de Hitler emergir no ano seguinte como um político de extrema direita. Porém, muito tempo antes de assumir o poder, Hitler tinha transformado em sua missão travar novamente a Primeira Guerra Mundial, desta vez com final diferente. O "espírito de 1914", a mítica comunidade nacional de todos os alemães em apoio à Pátria, seria recriado no Terceiro Reich; e os inimigos da Alemanha, os judeus, seriam destruídos. E, da próxima vez, a Alemanha continuaria lutando até o fim.

Walther Rathenau

Na manhã de 24 de junho de 1922, o ministro das Relações Exteriores alemão Walther Rathenau saiu de sua *villa* no arborizado subúrbio berlinense de Grunewald para o trabalho, como habitualmente fazia quando estava na capital alemã. Como o tempo estava bom, ele instruiu seu chofer a usar a limusine conversível. O ministro sentou-se sozinho no banco de trás. Não tomava nenhuma medida de segurança, fazia o mesmo trajeto todo dia e havia dispensado a proteção policial que lhe fora oferecida. No momento em que o carro desacelerou para fazer uma curva antes de entrar na rua principal, de uma rua paralela surgiu outro carro, maior e também aberto. No banco de trás desse veículo de passeio havia dois homens, estranhamente vestidos com longos casacos e capacetes de couro que deixavam apenas seus rostos expostos ao vento.

O carro sem capota emparelhou com o cupê e o empurrou para o outro lado da rua. Quando o ministro ergueu os olhos, alarmado, um dos homens com roupas de couro inclinou-se para a frente e sacou uma pistola automática de cano longo, ajeitou-a sob a axila e abriu fogo. Uma rápida série de disparos ecoou. O chofer de Rathenau freou e, aos berros, começou a pedir ajuda. No mesmo momento, ouviu-se uma ruidosa explosão, pois o outro assassino com roupas de couro arremessou uma granada de mão na traseira da limusine, o que fez o veículo dar um salto no ar. Uma enfermeira que passava por ali aninhou nos braços o agonizante ministro das Relações Exteriores enquanto o chofer dirigia para a delegacia mais próxima, mas ela nada pôde fazer. Os assassinos, Erwin Kern e Hermann Fischer, evadiram-se com o carro para um beco, livraram-se de suas roupas e equipamentos de couro, jogaram fora a pistola e fugiram calmamente a pé; os carros da polícia passaram por eles, zunindo em disparada rumo à cena do crime. Em pouco tempo a polícia organizou a maior caçada que a Alemanha já havia testemunhado. Cartazes de "Procurados" espalharam-se país afora, e por toda parte as forças de segurança pública receberam retratos falados dos homens. Os dois assassinos buscaram refúgio no castelo de Saaleck, na Saxônia, cujo zelador era simpatizante de sua causa. Mas a polícia os localizou e, num tiroteio, Kern acabou morrendo, ao passo que Fischer se suicidou. Ambos tinham vinte e poucos anos. O motorista, Ernst Techow, tinha apenas 21. Ele foi denunciado pelos próprios pais; no tribunal, alegou ter agido sob coação, e foi condenado a uma pena de prisão relativamente leve. Nesse ínterim, a mãe de Rathenau havia escrito uma comovida carta de perdão para a mãe de Techow, o que suscitou no rapaz um violento sentimento de culpa. Depois de sair da cadeia em 1927, ele se alistou na Legião Estrangeira francesa, e conta-se que durante a Segunda Guerra teria expiado seu crime salvando judeus em Marselha da deportação para Auschwitz.

As investigações policiais logo concluíram que os três jovens eram parte de uma conspiração muito mais ampla, envolvendo até adolescentes de 16 anos. Todos vinham de boas famílias. Entre os conspiradores estavam os filhos de um general, de um veterano chefe de polícia e de um vereador da câmara municipal de Berlim, já falecido. Todos pertenciam a organizações nacionalistas de extrema direita, e diversos deles haviam servido na famosa brigada Corporação Livre, liderada pelo capitão naval Hermann Erhardt, que havia participado da sangrenta repressão ao Soviete de Munique em 1919 e do direitista *Putsch* de Kapp,* que por um breve período ocupara Berlim numa malograda tentativa de derrubar a república no ano seguinte.

Após sua forçada dissolução, diversos de seus membros passaram a atuar na clandestinidade, formaram um grupo de resistência secreto chamado "Organização Cônsul" e levaram a cabo uma série de assassinatos, entre eles o de Matthias Erzberger, um renomado signatário do Tratado de Versalhes. Um dos homens envolvidos na tarefa de oferecer apoio logístico para o crime foi Ernst von Solomon, bancário de 19 anos de idade; depois de sair da prisão em 1927, ele escreveu um romance glorificando a Corporação Livre e a Organização Cônsul: o campeão de vendas intitulado *Die Geächtelen* (Os

---

* O Putsch de Kapp (*Kapp-Putsch*) foi uma tentativa de golpe de Estado no início da República de Weimar, entre 13 e 17 de março de 1920, conduzido pelo político nacionalista Wolfgang Kapp e pelo general Walther von Lüttwitz, comandante do maior grupo do *Reichswehr*. O episódio é muitas referido como *Putsch Kapp-Lüttwitz*. (N. T.)

desprezados) continha uma incontida celebração do extremado e violento nacionalismo do qual esses jovens tiravam inspiração.

O assassinato provocou uma onda de choque que varreu a incipiente República de Weimar. No subsequente debate no Reichstag, o chanceler do Reich causou furor ao acusar a imprensa direitista de incitar o assassinato, e, apontando para a bancada nacionalista, declarou: "Ali está o inimigo que goteja seu veneno dentro das feridas do povo... Ali está o inimigo – e disto não resta dúvida: o inimigo se encontra à direita!". Por ordem do governo, as bandeiras foram hasteadas a meio mastro nos prédios públicos, ao passo que os sindicatos convocaram manifestações em massa em protesto contra o assassinato, e o presidente do Reich imediatamente emitiu um Decreto para a Proteção da República, confirmado de forma modificada como lei aprovada por meio de manobras no Reichstag em 21 de julho. Foi um momento decisivo na história da República de Weimar. Deu fim a uma longa série de tentativas de homicídio semelhantes, entre elas um ataque com ácido ao deputado social-democrata Philipp Scheidemann, cuja proclamação da sacada do Reichstag em 9 de novembro de 1918 havia estabelecido a república (o ácido se diluíra, e a maior parte atingiu sua barba), e uma emboscada com uma barra de ferro contra o popular jornalista Maximilian Harden, que investigava e denunciava casos de corrupção e era amigo de Rathenau (Harden também sobreviveu, mas por pouco). Também pôs ponto-final à existência da Organização Cônsul [os detalhes acima são de Heinrich Hannover e Elisabeth Hannover-Druck, *Politische Justiz 1918-1933*.]

O assassinato foi um episódio central na turbulenta história da república. Por que o ministro das Relações Exteriores havia suscitado tamanho ódio a ponto de as pessoas quererem vê-lo morto? A causa imediata foi sua negociação do Tratado de Rapallo, assinado em 16 de abril de 1922, que aproximou a União Soviética e a República de Weimar, dois Estados recém-criados, inseguros e rechaçados pela comunidade internacional, em um acordo mútuo para normalizar relações diplomáticas, renunciar a reivindicações de posse territorial e iniciar cooperação econômica. Os soviéticos prometeram não exigir reparações financeiras por danos causados na guerra. O Tratado de Brest-Litovsk, de 1918, em que o governo do *Kaiser* havia forçado o nascente governo soviético a ceder vastas porções de território para a Alemanha, foi formalmente repudiado.

De um modo típico dos paradoxos de Weimar, Rapallo havia sido apoiado por Joseph Wirth, chanceler do Reich, em especial porque o acordo assegurava fortalecer os laços que já haviam sido firmados entre o Exército Vermelho e o *Reichswehr* alemão (o Exército regular de Weimar), graças aos quais os alemães vinham burlando as restrições à fabricação de armamentos e equipamentos imposta pelo Tratado de Versalhes – por exemplo, financiando a produção de aeronaves de combate em uma fábrica da Junkers* baseada na Rússia. A maior vítima do *rapprochement* alemão-soviético seria a Polônia. "A Polônia deve ser eliminada", dizia Wirth em âmbito privado, acrescentando que "Rapallo deve ser implementado [...] ao passo que os problemas militares também devem ser resolvidos, com especial referência à Polônia". [F. L. Carsten, *The Reichswehr and Politics*, 135-41].

Esse pano de fundo do tratado foi ocultado dos ultradireitistas da Organização Cônsul, que viu no acordo um ato de concessão ao bolchevismo e o abandono pusilânime dos propósitos alemães na Primeira Guerra Mundial. Na véspera do assassinato, no Reichstag o nacionalista direitista Karl Helfferich havia condenado ferozmente o Tratado de Rapallo, atacando pessoalmente o primeiro-ministro por sua política de *détente* e acusando-o de falta de patriotismo por conta de sua recusa em repudiar o Tratado de Versalhes. A bem da verdade, os jovens conspiradores haviam elaborado seus planos muito antes, mas é quase certo que o coro de vozes – de políticos direitistas e da imprensa militante de direita – que desaprovavam Rapallo tenha influenciado a decisão dos conspiradores de transformar em alvo o principal autor alemão do tratado. Em seus testemunhos e depoimentos e em sua descrição do complô de Ernst von Solomon, a ideologia dos jovens conspiradores dava a impressão de ser vaga, imatura e confusa. Rathenau, afirmou Kern, conforme é retratado em *Os desprezados*, "talvez busque o que as classes tagarelas chamam de política de cumprimento [de Versalhes]. Estamos lutando por coisas mais elevadas [...] Não estamos lutando para que o povo seja feliz, estamos lutando para forçar o povo a percorrer a trajetória a que está destinado".

---

* A Junkers & Co. foi uma empresa alemã fabricante de aviões, fundada por Hugo Junkers, bastante conhecida por seus aviões utilizados pela Luftwaffe na Segunda Guerra Mundial. (N. T.)

Salomon insistiu até o fim dos seus dias em que Rathenau tinha sido assassinado porque se empenhara em uma diretriz política de negociação em vez de promover a confrontação com a União Soviética. Contudo, no julgamento os acusados exigiram "a exclusão dos judeus" dos cargos públicos por meio de uma violenta "guerra interna". Antissemitas como esses jovens acreditavam que os judeus eram traidores da Alemanha – convicção arraigada entre as fileiras do nascente partido nazista e compartilhada por seu líder Adolf Hitler, cujas tropas de assalto* incluíam, quando de seu lançamento em 1921, muitos ex-membros da Brigada Erhardt. Esses homens opunham-se ferrenhamente ao fato de o primeiro-ministro alemão ser judeu, e viam nisso uma razão crucial para o que consideravam a traição de Rathenau à causa nacional.

Rathenau tinha orgulho de sua identidade judaica, embora houvesse, ainda relativamente jovem, se apartado de maneira formal da comunidade religiosa judaica em Berlim. Ele acreditava que os judeus, ainda que sem abandonar sua identidade em nome de uma busca equivocada de assimilação pela sociedade majoritariamente cristã, deveriam não obstante esforçar-se ao máximo para participar plenamente da cultura e instituições culturais da Alemanha. O que Rathenau queria era não o desaparecimento total da identidade judaica na Alemanha, mas que os judeus alemães absorvessem a cultura alemã de modo a que pudessem ver-se frente a frente com seus conterrâneos alemães em termos igualitários, ao mesmo tempo que continuariam sendo fundamentalmente judeus. Entretanto, isso também era irrealista. Em vez de perder força, o antissemitismo estava se tornando mais disseminado do que no tempo do *Kaiser*, e mudava de configuração, passando de uma base religiosa para uma base racial. Partidos extremistas surgiam, ainda na periferia do espectro político, mas com o potencial, conforme a República de Weimar viria a demonstrar, de deslocar-se para o centro, que queria que os direitos de igualdade civil dos judeus, concedidos em 1871, fossem revogados.

---

* A *Sturmabteilung* (Batalhão Tempestade, Destacamento Tempestade ou Seção de Assalto, SA) foi a milícia paramilitar nazista durante o período em que o nacional-socialismo exerceu o poder na Alemanha. Seu líder era Ernst Röhm, capitão do Exército notório por seu senso de organização e sua capacidade de comando. Tropa criada para a proteção dos candidatos do partido e para enfrentar as tropas dos demais partidos – a dos comunistas, por exemplo –, seus membros eram ex-combatentes da Primeira Guerra Mundial, que por causa do Tratado de Versalhes perderam sua posição no Exército alemão, limitado, nesse momento, a 100 mil soldados e proibido de ter uma força aérea. (N. T.)

A autoidentificação de Rathenau como judeu, embora intricada, foi uma dentre muitas razões pelas quais ele angariou a hostilidade de antissemitas. É justificativa suficiente para a referência à excelente biografia curta, de autoria do eminente historiador do antissemitismo judaico-alemão e alemão, o israelense Shulamit Volkov, na coleção *Jewish Lives* [Vidas judaicas], da editora da Universidade Yale. Volkov conseguiu fazer bom uso da correspondência e de escritos inéditos dos papéis privados de Rathenau descobertos no Arquivo Especial da KGB em Moscou após a queda da União Soviética e atualmente em processo de edição e publicação. É de longe a melhor e mais sofisticada biografia de Rathenau em língua inglesa.

Ao discutir a judaicidade de Rathenau, sem dúvida Volkov vai longe demais a fim de salientar a coesão social e o isolamento da comunidade judaica alemã nesse período; com efeito, no final do século a comunidade judaica estava gradualmente se dissolvendo e sendo absorvida pela cultura alemã mais ampla. O processo de assimilação vinha se fazendo cada vez mais célere: por ocasião da eclosão da Primeira Guerra Mundial, Berlim registrava 35 casamentos entre judeus e cristãos a cada cem matrimônios entre "judeus puros" – em comparação com apenas nove matrimônios inter-religiosos por volta de 1880 –, e não menos do que 73 a cada cem em Hamburgo. Entre 1880 e 1920, 20 mil judeus alemães foram batizados. Numa comunidade que mal chegava a pouco mais de meio milhão de pessoas, esses números eram significativos. As ideias ambivalentes de Rathenau acerca da identidade judaica, escritas em 1897, eram em larga medida uma reação a essas mudanças, bem como uma resposta à ascensão do antissemitismo racial.

Sua noção complexa sobre a identidade judaica era somente um dos diversos aspectos do temperamento de Rathenau que fascinavam seus contemporâneos e que, desde então, continuam a preocupar historiadores. Muita tinta já foi gasta na tentativa de explicar por que ele jamais se casou. Numa análise perspicaz e ponderada do tema, Volkov chega à conclusão de que, embora fosse sem dúvida heterossexual e ao longo da vida tenha se apaixonado por pelo menos três mulheres, Rathenau era emocionalmente reprimido e socialmente canhestro, às voltas com dificuldades para lidar com a intimidade. Ademais, era um tanto *workaholic*: polímata e compulsivo por trabalho, suas realizações não se limitavam a apenas uma área da atividade humana.

Foi como escritor que Rathenau ganhou projeção. Atraiu a atenção de intelectuais contemporâneos graças principalmente a Maximilian Harden, cujo semanário *Die Zukunft* publicou seus primeiros ensaios, que o introduziu ao *milieu* artístico e intelectual de Berlim, onde frequentou salões literários e conheceu homens como Hugo von Hoffmannsthal, Frank Wedekind e Stefan Zweig. Nascido em 1867, quando a Primeira Guerra Mundial eclodiu Rathenau já se tornara um autor conhecido, tendo publicado em 1908 dois volumes de ensaios acerca de uma gama de tópicos que iam da economia à moralidade. Em artigos sobre a arte moderna, Rathenau repudiou o que viu como o modernismo dos impressionistas franceses e defendeu o reflorescimento de uma arte alemã que expressasse as características fundamentais da alma germânica. Essas concepções são em algumas ocasiões expressas na forma de aforismos pseudonietzschianos, que, apesar de parecerem meramente pretensiosos aos olhos do leitor moderno, caíram no gosto de uma larga fatia da *intelligentsia* alemã do período e conquistaram amplo público leitor, embora tenham também suscitado a ira de Hoffmannsthal, que condenou seu "pedantismo, pretensão, esnobismo" e, sobretudo, a "ultrapassada e ardilosa germanicidade", o "alemanismo" que, a seu ver, era invariavelmente expresso pelos judeus.

Todavia, o que deixava muita gente fascinada acerca de Rathenau era o fato de que ele atuava não somente como escritor ou esteta, mas, pelo contrário, dedicava também boa parte do tempo às atividades de bem-sucedido homem de negócios. Seu pai era Emil Rathenau, o fundador da Companhia Elétrica Alemã (*Allgemeine Elektrizitäts-Gesellschaft*, ou AEG), uma das maiores empresas da Alemanha e um poderoso conglomerado fornecedor de energia elétrica. Walter Rathenau seguiu os passos do pai, envolvendo-se com inovações técnicas e ascendendo de forma meteórica na hierarquia da AEG; assegurou uma cadeira no conselho fiscal e conduziu a empresa em meio a uma série de fusões, aquisições, dissoluções e vendas de subsidiárias, sobrevivendo a violentas rivalidades com outros industriais como Hugo Stinnes; às vésperas da Primeira Guerra Mundial, Rathenau exercia papel-chave na AEG.

Por essa ocasião, a fortuna amealhada por Rathenau lhe permitiu comprar um palacete prussiano setecentista em Freienwalde e construir, a partir de um projeto arquitetônico de próprio punho e a seu gosto, uma requintada *villa* neoclássica em Berlim. Na opinião do conde Harry Kessler, um amigo próximo de Rathenau, a *villa* era insípida e esnobe, abarrotada de *"Bildung* morto, sentimentalismo banal e erotismo mirrado". Por outro lado, o romancista Joseph Roth anotou que Rathenau "vivia maravilhosamente, em meio a livros formidáveis e objetos raros, entre pinturas e cores esplendorosas". Em contraste, Rathenau ganhou fama por conta da frugalidade de seus jantares, onde, queixou-se o escritor Franz Blei, não se podia esperar nada além de "peixe, costeletas de carneiro e bolinhos [...] uma minúscula tacinha de champanhe, jamais reabastecida pelo criado [...] e um inesgotável bule de café preto, cuja intenção era manter os convidados acordados até o raiar do dia", enquanto Rathenau monopolizava a conversa proferindo discursos "tal qual um pastor ou um rabino, durante nunca menos que um quarto de hora", conforme a reclamação de Kessler. As pessoas consideravam Rathenau pomposo e teimoso. No dizer dos críticos, que mais tarde escarneceram dele, Rathenau era "um profeta envergando traje a rigor", "Jesus de fraque", "Jeová à mesa de centro". Ele brigava com todos os amigos, um a um, e rompeu com Harden por conta da furiosa condenação pública que este fez do *Kaiser* e do séquito do imperador, e por conta de seu próprio relacionamento, provavelmente jamais consumado, com Lily Deutsch, que era uma mulher casada. Com seus monólogos presunçosos e grandiloquentes e suas pretensões sociais, Rathenau afugentou Kessler – pelo menos foi o que Kessler alegou.

Foi o banqueiro Bernhard Dernburg, judeu liberal nomeado secretário colonial após o escândalo do genocídio dos hereros no Sudoeste Africano, quem atraiu Rathenau para o mundo da política ao convidá-lo para uma incursão, com o propósito de apuração de fatos, às colônias alemãs na África. Sem papas na língua, Rathenau condenou asperamente o genocídio como "a maior atrocidade jamais perpetrada pela política militarista alemã". Foi o que bastou para angariar o respeito do chanceler Bülow, ele próprio um ferrenho crítico da conduta do Exército alemão no Sudoeste Africano. Os ensaios de Rathenau passaram a tratar de temas políticos, assumindo uma postura liberal moderada acerca, por exemplo, da questão da reforma do sistema eleitoral prussiano de três classes. Ele atacou a dominação da política prussiana pela aristocracia fundiária e burocrática, à qual culpava pela exclusão dos judeus das posições de elite no Exército e nos cargos administrativos estatais. Defendia a ascensão política das classes médias industriais e financeiras, em meio às quais o preconceito contra os judeus era, a seu ver, insignificante. Somente assim a Alemanha poderia ser plenamente moderna. Publicados em 1912 com o título *Zur Kritik der Zeit* (Crítica dos tempos), esses ensaios ganharam sete edições no primeiro ano e transformaram Rathenau em uma sensação política e literária.

Entretanto, ainda assim Rathenau não mergulhou de cabeça na vida política, preferindo dar continuidade a sua atividade empresarial e a seus escritos, que incluíam um tratado filosófico volátil e pouco lido, *Zur Mechanik des Geistes* (Do mecanismo do espírito), uma coleção de poemas patrióticos, um novo e mais intenso ataque ao atraso do Estado prussiano e um apelo à unidade econômica. Foi a eclosão da guerra em 1914 que lhe conferiu papel político mais sério. Rathenau foi incumbido de chefiar a obtenção de matérias-primas depois que o bloqueio marítimo imposto pelos Aliados impediu a Alemanha de receber suprimentos e víveres de suas fontes estrangeiras. Rathenau dedicou-se com afinco a esse trabalho e obteve extraordinário sucesso, mas em âmbito privado continuava sendo crítico do Estado prussiano (conduzido por "aventureiros, tolos e pedantes") e cético com relação aos benefícios que a guerra poderia trazer para a Alemanha: "No dia em que o *Kaiser* e seus paladinos montados em seus cavalos de batalha atravessarem, vitoriosos, o Portão de Brandemburgo, a história terá perdido todo o sentido", ele escreveu. Publicado em 1919, o aforismo foi amplamente utilizado pelos inimigos de Rathenau como evidência do seu derrotismo. Todavia, ao mesmo tempo, aproveitando-se do fato de que a sua influência na AEG aumentara após a morte de seu pai em 1915, Rathenau impulsionou a fabricação de aeronaves e armamentos, até o ponto em que a produção bélica passou a compor 45% do faturamento total da empresa.

A essa altura, no entanto, Rathenau havia pedido demissão da chefia do Departamento de Matérias-Primas do Ministério da Guerra, na esperança de obter uma posição política mais prestigiosa. Mas isso o frustraria, pelo menos por ora. Suas experiências como diretor do departamento encarregado de organizar o suprimento de matérias-primas o levaram a acreditar que a economia deveria ser centralizada, e por isso ele apoiou o Programa Hindenburg, que tentou, sem sucesso, atingir esse objetivo. Rathenau estava convencido de que a vitória contra a Inglaterra era a prioridade absoluta da Alemanha, e apoiou o transporte compulsório de operários belgas para o território alemão, onde seriam forçados a trabalhar na produção de armamentos em nome do esforço de guerra, ação totalmente contrária às normas do direito internacional. Contudo, Rathenau opunha-se à introdução da guerra de submarinos irrestrita e total e queria a paz sem anexações. Dessa forma, à medida que a situação política na Alemanha se polarizava, Rathenau se viu em posição cada vez mais à margem.

A crescente atmosfera de antissemitismo fanático e furioso entre os conservadores alemães instigou Rathenau a se identificar mais claramente do que antes com as tendências dominantes do judaísmo na Alemanha e a censurar os cristãos antissemitas como pessoas desprovidas do verdadeiro espírito cristão. "Vejo o início da pior luta interna no momento em que a luta externa chegar ao fim", escreveu ele, profeticamente, em 1917. Privado de cargo público e de engajamento político, Rathenau voltou-se mais uma vez à escrita, apresentando – em um romance campeão de vendas, *Was wird werden* (Nos dias por vir) – argumentos em favor de um Estado moderno na vindoura era pós-guerra, focado economicamente mas baseado em valores espirituais. Para muitos era difícil engolir o contraste entre a riqueza pessoal de Rathenau e a condenação que ele fazia do materialismo. A insistência de Rathenau, repetida em outro sucesso editorial, *Die neue Wirtschaft* (A nova economia), acerca da necessidade de estritos controles estatais sobre a atividade econômica, afugentou seus colegas empresários, a exemplo do influente Hugo Stinnes. E sua defesa de uma reforma parlamentar limitada e cautelosa foi sobrepujada pelos eventos à medida que a guerra foi perdida, o *Kaiser* foi obrigado a abdicar e os socialistas assumiram o poder.

Rathenau era um dos muitos alemães indignados pelos termos do armistício de 1918 e do Tratado de Versalhes. Inicialmente, de fato, quando o líder militar alemão, Erich Ludendorff, pediu um cessar-fogo, Rathenau instigou o povo a continuar combatendo até que melhores termos de paz fossem obtidos. A essa altura Rathenau já tinha feito inimigos de todos os lados: esquerda, direita, empresariado, a classe operária, judeus, antissemitas. Quando, em 1919, publicou o pequeno tratado *Der Kaiser* (O *Kaiser*), provocou a antipatia não apenas dos simpatizantes da monarquia alijada mas também dos porta-vozes tanto da aristocracia como das classes médias, a quem culpava pelos desastres do reinado do imperador. Foi pouco tempo antes de mudar de ideia com relação à concepção de Harden de que primeiro era necessário que os acordos de paz fossem cumpridos para que a Alemanha fizesse por merecer a confiança internacional indispensável para a revisão consensual dos termos de paz.

Enquanto trabalhava arduamente para administrar a AEG em meio ao clima econômico inflacionário do pós-guerra, Rathenau continuou a produzir uma profusão de textos políticos, insistindo na necessidade de uma nova cultura política, mais responsável, em substituição aos extremismos violentamente polarizados da esquerda e da direita que caracterizavam o período de fundação da República de Weimar. Isso levou à aproximação com os liberais moderados do Partido Democrático (*Deutsche Demokratische Partei*, DDP), e Rathenau encontrou uma válvula de escape, um meio de dar vazão a suas ideias fazendo as vezes de orador político "veemente e até carismático", conforme aponta Volkov. Dessa maneira, após o fiasco do *Putsch* de Kapp (que Volkov data erroneamente como tendo ocorrido em março de 1919 em vez de março de 1920) Rathenau passou a atuar como consultor governamental para a socialização e, depois, nas negociações com os Aliados sobre reparações de guerra. Aqui, mais uma vez bateu de frente com Stinnes, que estava determinado a lutar contra as exigências de controle estatal sobre a indústria e reduzir ao mínimo as remessas de carvão aos franceses.

A percepção de Rathenau de que, pelo contrário, era necessário ganhar a confiança dos franceses ensejou sua aproximação com Joseph Wirth, então ministro das Finanças, que logo passou a fiar-se em Rathenau para ajudar a conduzir a Alemanha em meio ao campo minado das negociações sobre reparações de guerra. Assim que se tornou chanceler do Reich, Wirth imediatamente nomeou Rathenau seu ministro da Reconstrução, e em 2 de junho de 1921, discursando no Reichstag, Rathenau anunciou formalmente o compromisso do governo do país de seguir uma diretriz política de "cumprimento" dos termos do Tratado de Versalhes, inclusive quanto ao pagamento de reparações em dinheiro e em mercadorias. Suas tratativas com os britânicos e os franceses redundaram em uma série de concessões e ajustes sensatos e uma notável melhora nas relações. Confiante, bem preparado, habilidoso, eloquente e cada vez mais influente na política e na diplomacia, Rathenau, de acordo com Volkov, finalmente "mostrou seu valor e obteve reconhecimento e aclamação".

Em 21 de janeiro de 1922, Wirth, até então ministro das Relações Exteriores, nomeou Rathenau para o cargo. Entretanto, a essa altura ele já começava a se desiludir com o "cumprimento dos acordos" e deu início ao planejamento de uma solução mais promissora. O resultado foi Rapallo. Os objetivos de Rathenau ao negociar o tratado eram de fato bastante limitados; alarmado pelo sinais de reaproximação entre os Aliados ocidentais e os soviéticos, ele se empenhou em firmar um acordo com Moscou, especialmente com o fim de impedir qualquer possibilidade de o governo de Lênin acrescentar sua própria voz à exigência anglo-francesa de reparações. Mas a sensação causada pelo tratado simplesmente enfureceu ainda mais os seus inimigos. À medida que os ataques contra Rathenau tornavam-se mais virulentos e estridentes, ele foi ficando cada vez mais apreensivo acerca da possibilidade de ser assassinado. "Se o meu cadáver deve ser uma pedra que reveste o pavimento da ponte que leva ao entendimento com os franceses", escreveu ele, "então a minha vida não terá sido vivida em vão".

Não seria assim. Se no curto prazo o assassinato de Rathenau uniu os defensores da república, não forçou, como alega Volkov, o outro lado a escolher táticas menos violentas na cruzada para derrubá-la. A bem da verdade, as consequências dessa morte foram muito mais ambivalentes. As estipulações originais do decreto do presidente Friedrich Ebert para a proteção da república, promulgadas um dia depois do assassinato, estabeleceram um precedente perigoso, que mais tarde seria usado pelos nazistas. As resoluções do decreto prescreviam a pena de morte para qualquer pessoa condenada por conspirar para matar um membro do governo, e designavam um Tribunal Especial para julgar esses casos, abarrotado de juízes simpáticos à postura do governo e nomeados pessoalmente pelo presidente. Essa medida encontraria expressão no famoso Tribunal do Povo* da era nazista.

Após a morte de Ebert e a eleição do conservador Paul von Hindenburg para presidente do Reich, a Suprema Corte foi tomada pelos reacionários juízes nacionalistas que dominaram o sistema legal da república. Eles assumiram uma postura de leniência cada vez mais escancarada com relação aos crimes cometidos em nome da Alemanha, solapando a legitimidade pública

---

* Instituído por Adolf Hitler, o *Volksgerichtshof* ("Tribunal do Povo") foi uma corte especial de justiça – ou, mais precisamente, um tribunal político – que esteve ativo na Alemanha entre 1934 e 1945, tendo sido responsável pelo julgamento de acusados de crimes de alta traição e atentados contra a segurança do Estado praticados pela resistência alemã durante o regime nazista. (N. T.)

da república. No curtíssimo prazo, o assassinato do ministro das Relações Exteriores causou uma corrida por marcos imperiais – que passaram a ser impressos em ritmo recorde – e acelerou a depreciação da moeda, que já vinha tomando conta da Alemanha; o dinheiro sem lastro levou à hiperinflação do ano seguinte, ao colapso da economia, à invasão francesa do Ruhr e ao *"Putsch da Cervejaria"* – a tentativa de golpe de Hitler na Baviera [detalhes tirados de *Rituals of Retribution*]. O *Putsch* foi sufocado, mas a violência paramilitar não desapareceu, e em poucos anos atingiu uma escala que a república era completamente incapaz de controlar. A política de "cumprimento de acordos" de Rathenau foi retomada, com maior êxito, por Gustav Stresemann, mas isso tampouco durou muito tempo. Oito anos após a morte de Rathenau, a democracia de Weimar havia sido substituída pelo jugo autoritário; em 1933, dera lugar à ditadura nazista, em que muitos daqueles que defendiam o assassinato de Rathenau encontraram sua própria forma de satisfação.

Berlim na década de 1920

Para os liberais e os esquerdistas da Alemanha, Berlim sempre representou o lado sombrio da história alemã: capital do Estado militarista da Prússia, tornou-se o imponente centro e símbolo do Reich fundado por Bismarck em 1871, sempre culturalmente enfadonha, conservadora, tediosa e retrógrada, dominada por funcionários públicos e soldados. Não é de admirar que, quando foi estabelecida uma república democrática na esteira da revolução que derrubou o *Kaiser* após a derrota da Alemanha na Primeira Guerra Mundial, os liberais e os social-democratas vitoriosos buscaram se distanciar simbolicamente de Berlim reunindo a Assembleia Constituinte na provinciana cidade de Weimar, eternamente associada aos nomes dos dois maiores poetas e escritores alemães, Goethe e Schiller. Weimar, é claro, estava longe da turbulência revolucionária e dos combates de rua que se alastravam de uma ponta à outra da capital nos primeiros meses de 1920, mas também estava distante de suas associações com um passado que eles queriam rejeitar.

Demorou um bom tempo para que Berlim perdesse essas associações. Antes da Primeira Guerra Mundial, a cultura modernista havia florescido alhures, sobretudo na capital bávara, Munique, no sul da Alemanha, onde artistas como Vassíli Kandinski, Alexei von Jawlensky, Franz Marc e Auguste Macke desbravavam novos caminhos na arte enveredando por pinturas abstratas e semiabstratas no grupo que batizaram de *Der Blaue Reiter* ("O Cavaleiro Azul"), e com cabarés e casas noturnas radicais, pequenas revistas socialistas e anarquistas, além da profícua produção de escritores e dramaturgos esquerdistas no Schwabing, o quarteirão boêmio da cidade, o equivalente em Munique da Rive Gauche parisiense. Os radicais do Schwabing desfrutaram uma breve relevância política com o colapso da monarquia bávara no final da guerra, quando o jornalista Kurt Eisner tornou-se chefe de governo, com uma aparência boêmia dos pés à cabeça, o que incluía barba longa e hirsuta e chapéu de topo arredondado e abas largas e molengas. Quando Eisner foi assassinado por um fanático direitista, um grupo de figuras culturais do *milieu* ultraesquerdista – que contava com Ernst Toller, Erich Mühsam, Gustav Landauer e B. Traven (que mais tarde escreveria *O tesouro de Sierra Madre*) – instauraram um conselho revolucionário de pouca longevidade, bruscamente rejeitado e ignorado por comunistas linha-dura.

Esse regime tampouco teve vida longa. Na primavera de 1919, o legítimo governo social-democrata, que abandonara Munique aos revolucionários, reuniu numerosos contingentes de soldados pesadamente armados, as "corporações livres", que marcharam capital bávara adentro e derrubaram o regime comunista em um banho de sangue. Um ano depois, em 13 de março de 1920, revés semelhante ocorreu em Berlim, onde a "corporação livre" local e um grupo de ex-militares e funcionários públicos direitistas do *Kaiser* tentaram destituir o governo nacional e instalar uma ditadura no *Putsch* de Kapp (ou *Kapp-Putsch*, por causa do nome de seu líder, Wolfgang Kapp). Mas o resultado foi drasticamente distinto das consequências da contrarrevolução em Munique. Trabalhadores e sindicalistas convocaram uma greve geral e paralisaram Berlim, os golpistas acovardaram-se e o governo democrático foi restaurado. Em Munique, onde a atmosfera era bem mais conservadora, o governo social-democrata foi derrubado sob ameaça de ação militar, abrindo espaço para um gabinete direitista encabeçado por Gustav Ritter von Kahr. Kahr contava com o respaldo da polícia de Munique e recebeu o silencioso apoio da principal corrente política de orientação conservadora e católica, o Partido Popular Bávaro (*Bayerische Volkspartei*, BVP). Ele converteu Munique em um "centro de ordem", autorizando a atuação de grupos de ultradireita. Um deles era o partido nazista, liderado por Adolf Hitler, que mais tarde retribuiu o favor ordenando o assassinato de Kahr durante o expurgo da "Noite das Facas Longas", ou "Noite dos Longos Punhais", em 1934.

O radicalismo cultural, banido de Munique pelas restrições contrarrevolucionárias, deslocou-se para Berlim. Ao longo da década de 1920 a capital nacional tornou-se sinônimo de experimentação artística, antiautoritarismo, radicalismo e toda sorte de hedonismo. A cidade passou a ser um ímã para estrangeiros em busca de aventura urbana, celebrados por Isherwood em *Os destinos do senhor Norris* e *Adeus a Berlim*, subsequentemente transmutados no filme *Cabaret*. Criminalidade, assassinatos e a atuação de quadrilhas de gângsteres foram celebrados na cultura popular e transformados em arte pelas telas de Georg Grosz, o romance *Berlin Alexanderplatz*, de Alfred Döblin, e as canções de Kurt Weill e Bertolt Brecht na *Ópera dos três vinténs*. A vida nos cafés, bares e cabarés vicejava a pleno vapor, tal qual havia acontecido no distrito boêmio de Schwabing na Munique pré-guerra. Agora era em Berlim que proliferavam revistas satíricas e periódicos pacifistas, e escritores como Erich Kästner, Kurt Tucholsky e Carl von Ossietzky contribuíam com textos para o semanário berlinense *Die Weltbühne*, "o palco do mundo". Jovens mulheres celebravam a *Girlkultur*, ao passo que a prostituição e peças de teatro de revista com nudez, outros temas favoritos dos artistas (homens), revelavam o grau em que a liberação sexual poderia também significar exploração sexual.

Vista da perspectiva do "centro de ordem" bávaro na Munique pós--revolucionária, a Berlim da década de 1920 parecia a própria negação do tipo de Alemanha militarista, tradicional e conservadora a que os nacionalistas e autoritários aspiravam. Pouco se diz sobre essa história cultural mais ampla das duas cidades na narrativa escrita pelo falecido Thomas Friedrich acerca da relação entre Hitler e Berlim até a ascensão dos nazistas ao poder em 1933. Em vez disso, o autor concentra-se maciçamente nas reações pessoais de Hitler, que só podem ser de fato compreendidas no âmbito desse contexto histórico mais amplo.

Como aponta Friedrich, Hitler ficara espantado pela imponência da capital alemã em sua primeira visita à cidade, em licença médica do *front* na Primeira Guerra Mundial. Numa carta a um companheiro de regimento, Ernst Schmidt, ele descreveu Berlim como "uma cidade maravilhosa. Uma verdadeira metrópole". Em 1920 Hitler ainda alimentava a esperança de que Berlim pudesse ser o ponto de partida para a derrubada da democracia de Weimar e a criação de uma ditadura nacionalista. Ele vinha mantendo contato com os instigadores do *Putsch* no início de 1920 e pegou um avião com destino a Berlim quando o golpe foi deflagrado. Porém, ao desembarcar, deparou com trabalhadores em greve ocupando o aeroporto. Disfarçado com uma barba postiça e fingindo, com pouca credibilidade, ser um contador, Hitler conseguiu passar pelo posto de controle, mas certamente a óbvia derrota do *Putsch* antes mesmo que ele conseguisse chegar fortaleceu o desprezo dele pela capital alemã. Desiludido, denunciou o fato de que (a seu ver) "a Berlim de Frederico, o Grande foi convertida pelos judeus em um chiqueiro". Munique, em contrapartida, era pura, "alemã", uma cidade da qual essas insalubres influências haviam sido completamente expurgadas.

Em 1923 a Alemanha mergulhou no caos, à medida que a inflação monetária saía de controle numa vertiginosa espiral que levou a cambaleante economia à beira do colapso total. Parecia o momento adequado para que os amargurados oponentes nacionalistas da República de Weimar levassem a cabo outro *Putsch*. Dessa vez, certamente daria certo. Mas a malograda tentativa de Wolfgang Kapp três anos antes havia levado Hitler a crer que seria um erro depor o governo em Berlim, onde os comunistas e os social-democratas, os partidos da classe operária, dominavam o cenário. Friedrich aponta que nazistas mais fanáticos e impetuosos estavam se reunindo em preparação para uma tentativa de golpe em Berlim, mas as condições eram desfavoráveis, e as evidências de que Hitler estava pensando em aplicar um golpe de Estado por meio de ações simultâneas em ambas as cidades são escassas, conjeturais e pouco persuasivas.

Para Hitler, a essa altura, Berlim era uma cidade doente e degenerada que não oferecia esperança alguma para uma revolução nacionalista. Munique seria a base para a regeneração da Alemanha. Tão logo tomasse o poder lá, ele poderia usar o "centro de ordem" na Baviera para derrubar a República de Weimar. A muito alardeada "marcha sobre Roma" de Mussolini no ano anterior, quando a mera ameaça de deslocar seus contingentes de militantes paramilitares desde as cidades controladas pelo fascismo no norte do país a fim de tomar à força a capital, serviu como um dos modelos para Hitler enquanto planejava desferir um *Putsch* em Munique em 1923; outra inspiração foi a revolução nacionalista turca de Mustafa Kemal, que abandonara Constantinopla e havia criado uma nova e imaculada capital na distante Ancara. "Na Turquia", declarou Hitler em seu julgamento por alta traição após o fracasso do *Putsch* da Cervejaria, "a salvação não poderia vir do centro corrupto e pútrido, Constantinopla. Exatamente como no nosso caso, a cidade estava contaminada por democratas pacifistas, pessoas internacionalizadas [...]", o que queria dizer, obviamente, judeus.

Friedrich pouquíssima coisa diz sobre esse espaço de tempo extremamente negativo da relação de Hitler com Berlim, preferindo passar rapidamente por cima do frustrado *Putsch* de Munique e seguir adiante para discorrer sobre o período que vai de 1924 a 1929, quando Hitler começou a reconstruir o movimento nazista. Hitler e seus seguidores constataram que Berlim não se mostrou um terreno mais frutífero do que antes no que dizia respeito ao recrutamento de novos discípulos, e, de acordo com Friedrich, "dezoito meses após a reemergência de seu partido [...] Hitler se viu diante da completa dissolução da filial berlinense" da organização. Sua solução foi nomear Joseph Goebbels, a essa altura ainda um líder nazista regional um tanto esquerdista na Renânia, e incumbi-lo de reconstruir o partido na capital. Como outros nazistas, Goebbels considerava Berlim "um antro de iniquidade!" e um "deserto de asfalto". Porém, embora Friedrich tente negá-lo, está claro que a atitude de Goebbels era fundamentalmente muito mais positiva que a de Hitler. "Berlim", ele escreveu, "é o centro de controle. Para nós também. Uma cidade internacional".

Não demorou para que Goebbels se revelasse um talentoso propagandista, organizando marchas e comícios, despachando milicianos de suas tropas de assalto – os "camisas-pardas" – para tumultuar eventos do Partido Comunista da Alemanha (*Kommunistische Partei Deutschlands, KPD*) e implementando uma campanha de violência que culminou numa batalha campal com paramilitares comunistas na estação ferroviária do subúrbio de Lichterfelde. No rico e movimentado bulevar Kurfürstendamm, transeuntes judeus foram espancados por capangas de Goebbels. Nesse ínterim, o lado respeitável dos nazistas era ostentado com alarde por Hitler, que agora considerava suficientemente seguro voltar a Berlim, onde proferiu um cuidadoso discurso, com palavras escolhidas a dedo, no Dia do Trabalho de 1927. Nada disso conseguiu ludibriar as autoridades policiais social-democratas na cidade, que poucos dias depois dissolveram o partido e suas filiais, "porque os propósitos dessas organizações vão de encontro à lei penal".

À maneira típica da República de Weimar, esse banimento foi anulado, de início pela recusa do judiciário nacionalista ultraconservador em condenar criminalmente os milicianos das tropas de assalto detidos por atos de violência, depois pela decisão da polícia, em 31 de março de 1928, de revogar o banimento de modo a permitir que os nazistas pudessem fazer campanha para as eleições nacionais. A despeito de todo o gênio propagandístico de Goebbels, os nazistas tiveram desempenho pífio nessas eleições, obtendo menos de 3% dos votos.

Mesmo em Berlim, o poder de atração do partido era limitado – como admitiu seu principal líder, Gregor Strasser –, agradando especialmente a membros da classe média baixa. A campanha eleitoral em Berlim foi solapada pela feroz rivalidade entre Goebbels e Strasser e por constantes sinais de insatisfação dos milicianos das tropas de assalto. Contudo, os nazistas saíram do pleito fortalecidos, tendo relegado ao ostracismo os grupos de extrema direita rivais. E o semanário local *Der Angriff!* (O Ataque!), fundado por Goebbels no verão do ano anterior, vinha desferindo uma hábil campanha demagógica de propaganda que garantiu ao partido uma firme posição sob os holofotes.

As coisas melhoraram ainda mais com a campanha contra o Plano Young, um programa para o replanejamento mas não a revogação dos pagamentos devidos pela Alemanha aos antigos Aliados ocidentais à guisa de reparações por conta da Primeira Guerra Mundial, em que Hitler e Goebbels puderam somar forças com o muito mais tradicional e politicamente relevante Partido Nacionalista Alemão e usar os jornais dessa agremiação para ganhar publicidade e "vender seu peixe" aos apoiadores do partido (no fim das contas, quase todos eles debandaram para a causa nazista). O que alterou de maneira crucial os destinos do partido tanto em Berlim como em outras plagas, contudo, foi a Grande Depressão, que chegou à Alemanha pouco após a quebra da Bolsa em Wall Street em 1929. À medida que a falência de bancos e empresas e o abrupto aumento das taxas de desemprego fomentavam o descontentamento em larga escala das grandes massas com a República de Weimar e suas instituições, o povo começou a recorrer ao partido nazista, principalmente por causa da juventude do partido, sua vitalidade e sua promessa de soluções decisivas para a crise.

Em 17 de novembro de 1929 os resultados das eleições municipais mostraram que o Partido Nacional-Socialista mais do que triplicara sua participação percentual em termos de votos, conquistando principalmente o apoio dos distritos mais abastados da cidade. Pouco depois, em meados de janeiro de 1930, os comunistas entregaram nas mãos de Goebbels um presente de propaganda quando balearam um líder local dos combatentes do partido nazi (a SA), Horst Wessel, que ficou hospitalizado por algumas semanas e depois acabou falecendo em decorrência dos ferimentos; o funeral de Wessel foi convertido pela máquina de propaganda nazista em uma gigantesca celebração da disposição de jovens alemães em se transformarem em mártires a fim de salvar seu país do comunismo. A morte de Wessel tornou-se o tema de uma nova canção que foi declarada o hino oficial do movimento nazista. É uma pena que Friedrich não dedique mais atenção a esse que talvez seja o mais famoso de todos os episódios envolvendo o partido nazista na capital alemã antes da tomada do poder, um acontecimento do qual cada detalhe foi sendo modificado ao longo do tempo um sem-número de vezes pelos historiadores. O fato de que Friedrich não o faz é indicativo de seu evidente desdém pelo detalhe pessoal, pelo relato de pequenos incidentes e pelos toques de vivacidade, o que no fim das contas faz de seu livro uma obra bem mais enfadonha do que seu tema merece.

Por conta do assassinato de Wessel, Hitler se manteve afastado de Berlim durante vários meses. O líder nazista temia colocar os pés naquele baluarte dos seus rivais comunistas. Nesse ínterim, Hitler resolveu as desavenças internas do Partido Nacional-Socialista (Partido Nacional-Socialista dos Trabalhadores Alemães, *Nationalsozialistische Deutsche Arbeiterpartei*, NSDAP) expulsando da agremiação o irmão de Gregor Strasser, Otto, por ter enfatizado demais o "socialista" em detrimento do "nacional", ao passo que o próprio Gregor agora se sujeitava a andar na linha e aderir às diretrizes do partido. Durante a campanha para as eleições nacionais de 1930, Hitler obteve um estrondoso sucesso com um gigantesco comício no Sportpalast, ao passo que a sessão de abertura do recém-eleito Reichstag, em que os nazistas haviam conquistado mais de cem assentos, foi acompanhada por manifestações de rua orquestradas por nazistas em que as janelas de inúmeros estabelecimentos comerciais de judeus foram estilhaçadas. Aflitos para não afugentar potenciais eleitores, os nazistas atribuíram toda a culpa aos *provocateurs* (agentes secretos encarregados de provocar distúrbios) comunistas, ou declararam, sem rodeios, que não tinham envolvimento algum nos atos de violência.

Nesse meio-tempo, os contingentes de paramilitares nazistas não paravam de aumentar, na mesma medida em que crescia sua confiança, e esses milicianos iniciaram uma guerra de fricção local contra os comunistas, atacando suas reuniões e usando de violência engendrada a partir dos seus autoproclamados "centros de assalto" para expulsá-los dos bares e *pubs*. Teria sido interessante saber mais sobre esse processo, mas Friedrich rapidamente muda de assunto e segue adiante. Apesar do notável sucesso eleitoral, ele aponta, Hitler ainda estava achando difícil melhorar o desempenho do partido na capital. Preocupado, Goebbels confidenciou em seu diário que o líder nazista estava "dedicando pouco tempo a Berlim" e opinou que "ele deveria lançar mão de sua posição de autoridade" na luta em Berlim "com mais ênfase do que tem feito até agora". Entretanto, o chefe da propaganda foi forçado a admitir que Hitler, "a bem da verdade, não quer fazê-lo: ele detesta Berlim e ama Munique. Esse é o xis da questão. Ele se refere a Potsdam, Washington e Ancara. Mas por que Munique?". Oriundo da Renânia, Goebbels não compreendia o entusiasmo de seu chefe pela cidade bávara. Porém, ao que parece, Hitler ainda estava pensando na transferência da capital para um centro menor, mais puro e menos degenerado do que Berlim: Munique, que ele via como potencialmente semelhante à capital dos EUA, Washington, à capital turca, Ancara, ou à residência de Frederico, o Grande, Potsdam.

Assim, o quartel-general do partido nazista permaneceu onde estava, na "Casa Marrom" em Munique, onde Hitler era dono de um apartamento, embora todos os outros partidos políticos nacionais mantivessem suas sedes em Berlim; quando nessa cidade, Hitler hospedava-se em um hotel e resmungava sobre as condições; em 1931, declarou a um diplomata italiano que se tratava de uma cidade sem tradições, meio americanizada, praticamente desprovida de cultura e incapaz de lhe propiciar a paz e a tranquilidade de que ele precisava para trabalhar. Já em *Minha luta* e em alguns de seus primeiros discursos, Hitler vociferava contra a mentalidade "bestializada" da cidade grande, seu comercialismo – em suma, o que ele via como a judaicidade berlinense; em 12 de setembro de 1931 essa hostilidade ganhou brutal expressão em uma série de ataques físicos premeditados e executados por cerca de cem milicianos nazistas que investiram contra fiéis que saíam de uma sinagoga num dos mais importantes bulevares da região oeste de Berlim, o Kurfürstendamm. O *"pogrom* do Kurfürstendamm" resultou em alguns processos judiciais, mas os juízes conservadores aplicaram aos agressores as penas mais leves possível.

Enquanto isso o movimento dos paramilitares e das tropas de choque nazistas ganhava força, triplicando rapidamente seus efetivos em poucos meses no final de 1931. A violência nas ruas e em assembleias e eventos políticos se intensificou, a ponto de o governo do conservador especialista em economia Heinrich Brüning banir as milícias em 13 de abril de 1932, ordenando batidas policiais nas dependências dos "camisas-pardas" e confiscando seus equipamentos. Hitler tinha sido avisado de antemão do banimento, e suas organizações de tropas de assalto continuaram agindo, disfarçadas de agremiações esportivas. Uma vez que o nazismo contava com simpatizantes dentro da polícia, a proibição judicial que impedia a atuação da SA não era cumprida com rigor. Nesse ínterim, Brüning foi sucedido por outro conservador, mais radical, Franz von Papen, escolhido para ser o chanceler do governo do presidente Hindenburg, um marechal de campo da Primeira Guerra Mundial; Papen foi incumbido por Hindenburg de convencer os nazistas a dar apoio em massa aos planos de sua reacionária administração de revisar a Constituição de Weimar numa direção autoritária e expandir as Forças Armadas a despeito das restrições impostas pelo Tratado de Versalhes.

Papen revogou a proibição da atuação das milícias paramilitares, e a violência na ruas atingiu mais uma vez o paroxismo, com centenas de mortos ao longo de 1931 e 1932. A violência nazista não tinha como alvo apenas o Partido Comunista mas também os social-democratas, que desde o início haviam oferecido o mais sólido apoio às instituições democráticas da República de Weimar. Em 25 de junho de 1932, por exemplo, uma gangue de milicianos nazistas atacou a sede do partido no distrito de Kreuzberg, o que culminou num tiroteio em que três homens foram gravemente feridos. Todo dia, um respeitável jornal berlinense queixava-se: "Tiros deverão ser ouvidos na rua". A situação estava se tornando insuportável.

Embora sempre houvesse recorrido à violência e à ameaça para alicerçar suas negociações com outros partidos, Hitler decidira, após o fiasco do *Putsch* da Cervejaria em 1923, que em paralelo a isso deveria também trilhar a estrada eleitoral rumo ao poder. Houve um punhado de oportunidades em 1932, a começar pela eleição presidencial, em que ficou em segundo lugar, atrás de Hindenburg. Em meio a uma ampla campanha de propaganda, os nazistas ascenderam meteoricamente à proeminência nacional. Em julho, obtiveram 37,4% dos votos nas eleições gerais para o Reichstag, tornando-se o maior partido do país. Como salienta Friedrich, até certo ponto Berlim resistiu a essa tendência, com o candidato comunista Ernst Thälmann amealhando 23,6% dos votos no primeiro turno da eleição presidencial, em comparação com apenas 13,2% em âmbito nacional, e 20,7% no segundo turno comparados aos 10,2%

dos votos nacionalmente. Nas eleições para o Reichstag em julho, a votação obtida pelos nazistas aumentou drasticamente, mas ainda assim chegou a apenas 28,7%. O apoio combinado de comunistas e social-democratas na capital foi quase o dobro dos nazistas. Assim, Berlim corroborou sua reputação de baluarte da esquerda. Mais uma vez, Friedrich fornece pouquíssimos detalhes acerca da geografia social dessas eleições, de modo que ainda hoje não está claro quais foram as forças que apoiaram os nazistas nas eleições berlinenses e quem se opunha a eles.

Enquanto as negociações para a incorporação dos nazistas em um novo governo arrastavam-se, frustradas pela insistência de Hitler de que isso só seria possível caso ele fosse nomeado chanceler, os nazistas começaram a perder o fôlego e a ficar sem dinheiro. Nas eleições presidenciais de novembro de 1932 o partido perdeu 2 milhões de votos, e em Berlim o apoio aos nacional-socialistas despencou para 721 mil votos, ao passo que os comunistas abocanharam 861 votos e os social-democratas conquistaram uma sólida terceira posição com 647 mil votos. O círculo íntimo de asseclas em torno do presidente aproveitou a oportunidade do que a seu ver demonstrava a fraqueza dos nazistas e retomou as negociações com eles. Sob a ameaça da guerra civil que poderia ser desencadeada pelas violentas e enfurecidas tropas de choque, em 30 de janeiro de 1933 Hitler conseguiu obter sua nomeação como chanceler da Alemanha (*Reichskanzler*) para liderar um governo de coalizão cuja maioria era formada por conservadores, entre eles Papen, esperançosos de manter o líder nazista sob controle.

Menos de um mês depois, em 28 de fevereiro, o incêndio do edifício do Reichstag por obra da ação solitária de um anarquista holandês ensandecido propiciou a desculpa para que o governo imputasse a culpa aos comunistas e suspendesse as liberdades civis, dando início à prisão em massa de seus adversários. As eleições realizadas em março de 1933 foram insuficientes para dar a maioria completa aos nazistas, que para ultrapassar a barreira dos 50% necessitavam dos votos obtidos por seus colegas comunistas. Em Berlim os comunistas conseguiram obter um quarto dos votos, mesmo em face do terror generalizado perpetrado pelos nazistas. Mas agora tinha início, de fato e em larga escala, o ataque nazi a Berlim. Não demorou muito para que duzentos "campos de concentração improvisados" fossem instalados na capital, muitos deles pouco mais que celeiros ou depósitos, onde centenas de comunistas e social-democratas foram torturados e assassinados. A violência alicerçou a chegada dos nazistas ao poder em todos os níveis, e no verão de 1933 os outros partidos tinham sido dissolvidos, os conservadores foram colocados em segundo plano e todas as principais instituições políticas caíram nas mãos dos nazistas.

Por fim Hitler estava livre para remodelar Berlim, em conformidade com sua própria ideia de como deveria ser uma capital do mundo. Juntamente com um ataque contra a "arte degenerada", o cabaré satírico, o *jazz* e todas as outras coisas berlinenses que o haviam enojado na década de 1920, Hitler agora elaborava planos, a julgar pelo relato de seu secretário Rudolf Hess, de "converter Berlim na formidável metrópole do novo Reich Alemão", a começar pela construção de um novo e vasto complexo esportivo para sediar os Jogos Olímpicos de 1936, depois planejar os novos bulevares que entrecruzavam a cidade de norte a sul e de leste a oeste (um deles, renomeado de Rua do Dezessete de Junho em lembrança da insurreição popular contra o jugo comunista na Alemanha Oriental em 1953, ainda está lá). Um vasto arco triunfal seria erguido, juntamente com um imenso Grande Panteão e o grandioso Aeroporto de Berlim-Tempelhof (também de pé ainda hoje, embora não mais em funcionamento). Demolições em larga escala e planos de limpeza de terrenos começaram a dar vida a esses projetos; poucos projetos chegaram a ser concluídos, e boa parte dos que foram terminados, a exemplo do prédio da Chancelaria do Reich, acabou sendo destruída nos bombardeios da Segunda Guerra Mundial.

A contínua aversão de Hitler por Berlim foi demonstrada até em seu megalômano projeto de transformá-la na nova capital do mundo: pois a remodelada cidade não mais seria chamada de Berlim, mas sim "Germânia". Todos os vestígios do que o líder nazista desprezara com tanto vigor em Berlim na década de 1920 seriam eliminados. Friedrich menciona essas intenções, mas não consegue ver sua importância e significado nas relações de Hitler com Berlim. Em vez disso, o livro avança para afirmar que "Hitler se identificava com a cidade" (primeira orelha), ao passo que todas as evidências mostram que ele se identificava somente com a sua própria ideia do que a cidade realmente deveria ser.

Essa falta de verdadeiro discernimento histórico, repetida em outras partes do livro, é um dos muitos aspectos decepcionantes dessa obra. A história que ela conta é conhecida, os principais detalhes são na maioria bem conhecidos, o texto é insípido; reiteradas vezes, perde-se a oportunidade de retratar, por meio de relatos breves e citações, a personalidade e a feição da cidade e seus habitantes. Ficamos sabendo muito pouco sobre sua geografia social e política, e não se diz uma única palavra sobre a administração municipal; é sintomático e significativo que *Hitler's Berlin* [A Berlim de Hitler] não contenha nem um único mapa sequer da cidade. Trata-se menos de um livro sobre Hitler e Berlim do que uma narrativa da ascensão do nazismo em termos gerais, tal qual se deu na capital alemã, tomando por base não apenas fontes locais mas também documentos notórios, como os diários de Goebbels e discursos de Hitler. De fato, por causa do papel de Goebbels como líder do nazismo em Berlim, ele aparece com realce no livro, tendo destaque maior do que o próprio Hitler.

Ademais, nos cinco anos desde que o livro foi publicado na Alemanha, veio a lume uma considerável quantidade de pesquisas sobre Berlim, de modo que a obra ficou desatualizada e defasada mesmo antes de ser traduzida para o inglês. Friedrich trabalhava havia muitos anos como curador de museu na cidade, não era historiador profissional, e, embora faça um trabalho eficaz no que tange a apresentar fatos bem conhecidos para um público leitor mais amplo, seu livro demonstra, lamentavelmente, que ele sem dúvida não sabia como empreender uma pesquisa histórica original ou inovadora. Trata-se, em suma, de um livro decepcionante: a história completa da capital alemã durante a República de Weimar e o relacionamento de Hitler com ela ainda precisam ser contados.

Forasteiros sociais

I

Hoje existe uma literatura substancial acerca dos forasteiros sociais, as pessoas marginalizadas pelo Terceiro Reich. Boa parte é produto da compreensão de que o nazismo teve muitas categorias de "vítimas esquecidas", cujo destino até então havia sido pouco estudado por historiadores. Embora os judeus tenham indubitavelmente sofrido as piores consequências e os impactos mais severos das políticas nazistas do ódio e de destruição de várias formas de vida humana, outros grupos sofreram também. Entre eles incluíam-se os "ciganos" (de dois grupos: os *rom* ou *roma*, falantes da língua romani; e os *sinti* ou *manouch*, falantes do sintó), homossexuais, pessoas com deficiências mentais e físicas, "criminosos habituais", "associais", os "avessos ao trabalho", os mendigos, sem-teto e errantes, eslavos e outros povos subjugados (tanto nos confins da própria Alemanha, na condição de trabalhadores trazidos à força para serem submetidos a trabalhos escravos, quanto além das fronteiras do país). Todos esses grupos foram tiranizados pelos nazistas, em variadas proporções e com variados graus de severidade, de detenção a aprisionamento, brutais maus-tratos em campos de concentração, esterilização e assassinato.[1]

Os impulsos de descoberta e documentação que nortearam essa pesquisa inevitavelmente queriam dizer que ela se concentrou quase que exclusivamente nos anos de 1933 a 1945. Sem dúvida, muitos autores rastrearam as origens das diretrizes políticas dos nazistas nessa área e localizaram as raízes de pelo menos parte delas no pensamento e na prática social da República de Weimar, ou em teorias raciais e eugenistas que ganharam notoriedade na década de 1890. No entanto, em nítido contraste com a imensa literatura sobre o antissemitismo alemão, que fornece uma análise exaustiva e detalhada acerca das origens sociais, econômicas, ideológicas, culturais e políticas da perseguição nazista aos judeus desde a Idade Média, não existe praticamente investigação alguma a respeito do contexto e dos antecedentes históricos de longo prazo da perseguição nazista a outras minorias na *sociedade* alemã. As atitudes alemãs com relação aos eslavos e a história dos trabalhadores estrangeiros na Alemanha do século XIX foram bem documentadas.[2] Porém isso se deve principalmente ao impulso dado à pesquisa histórica acerca desses dois tópicos por dois problemas expressivos da política da Alemanha Ocidental nas décadas de 1970 e 1980, a saber o *status* e a condição de milhões de *Gastarbeiter** excluídos e marginalizados no país e o contínuo e onipresente desafio da coexistência pacífica com a União Soviética e o Pacto de Varsóvia. Em contraste, há poucos debates sobre a história de longo prazo de outros forasteiros sociais na Alemanha moderna.

Diante disso, é surpreendente que até agora os historiadores não tenham feito o mesmo tipo de pergunta nessa área que fizeram com relação à história dos judeus alemães e do antissemitismo. Os forasteiros sociais desempenharam um papel de grande destaque na sociedade alemã da Idade Média em diante? Os alemães eram especialmente hostis em relação a eles? Ao longo do tempo sua situação melhorou ou piorou? Temos exemplos de que eram convertidos em bodes expiatórios em períodos de crise e turbulência? No decorrer da industrialização eles se tornaram mais ou menos integrados à sociedade alemã? Os alemães liberais defenderam a causa da emancipação dos judeus durante as lutas políticas do século XIX? Que diferença a instauração da democracia de Weimar representou para seu *status* e posição? Todas essas perguntas – e muitas outras similares – que vêm à mente podem ser sintetizadas de outra forma, por meio da seguinte questão: a sociedade alemã era, como supunham alguns historiadores da cultura e das ideias, particularmente conformista, excessivamente disciplinadora, regulamentar e hostil em relação aos forasteiros? A perseguição empreendida pelos nazistas contra os judeus, em outras

---

* Termo alemão para "trabalhador convidado"; refere-se às pessoas que se mudaram para a Alemanha principalmente nos anos 1960 e 1970, procurando trabalho como parte de um programa formal de trabalhadores convidados, o *Gastarbeiterprogramm*. (N. T.)

palavras, encontrou uma resposta da população alemã pelo fato de esta última sempre ter sido hostil aos forasteiros sociais, em um nível talvez insólito em outros países?

II

Um ponto de partida pode ser o exame da substancial literatura hoje existente acerca dos forasteiros no início do período moderno, ou seja, desde aproximadamente a Reforma até a Revolução Francesa e as Guerras Napoleônicas. Nesse período a sociedade alemã era organizada em ordens baseadas em *status* ou condição social, ou *Stande*, cujos direitos e obrigações eram assegurados por leis e costumes. Todos os elementos da ordem social eram corroborados pela noção de que possuíam, em diferentes medidas e diferentes maneiras, honra social (*Ehre*).

De fora dessa intrincada estrutura de sociedade honrosa, contudo, havia o heterogêneo grupo dos "desonrosos" (*unehrliche Leute*), cujo *status* de forasteiros derivava de cinco fontes principais: poderia ser herdado, ou estar atrelado a uma ocupação ou ofício, ou poderia ser a consequência de comportamento desviante, transviado ou divergente, especialmente (sobretudo no caso das mulheres) sexual, e poderia resultar do pertencimento a uma minoria religiosa ou étnica, ou poderia resultar de uma condenação criminal. As distinções entre grupos honrosos e desonrosos eram em parte subscritas pelo Estado, mas acima de tudo eram as guildas ou corporações de ofícios que insistiam em desqualificar uma variedade de grupos sociais rotulando-os como infames, baixos ou desprezíveis.[3]

Assim, no início da Alemanha moderna os desonrosos incluíam as pessoas que exerciam ofícios que as obrigavam a entrar em contato com substâncias sujas ou profanas: moleiros, pastores, curtidores, limpadores de rua e, os mais desonrosos de todos, peleiros ou peleteiros (artesãos que preparavam e vendiam peles), carniceiros, apanhadores de toupeiras e executores públicos. Um segundo grupo, mais amplo e mais amorfo, consistia de errantes, pessoas sem moradia fixa: mascates, ciganos, artistas itinerantes (domadores de ursos, mágicos, prestidigitadores e afins), charlatães, amoladores de facas, e assim por diante. Em terceiro lugar havia as mulheres que perdiam sua honra por conta de conduta sexual indevida, acima de tudo prostitutas e mães solteiras. A infâmia e a vergonha também eram atreladas a um quarto grupo, os não cristãos, que no contexto alemão abrangia sobretudo os judeus e grupos linguístico-culturais subordinados como os vênedos. E, por fim, toda e qualquer pessoa, independentemente de sua condição prévia, que houvesse recebido uma condenação criminal e sofrido nas mãos polutas do carrasco público no pelourinho (chamado, em alemão, de *Scandpfahl*, ou pilar da vergonha), também era tido como desonroso.[4]

Para quem recebesse a marca estigmatizante de "desonroso" era impossível filiar-se a uma guilda a fim de adquirir os direitos de cidadão, comprar terras e, de modo geral, levar existência decente acima da linha da pobreza. Os membros das guildas eram tão preocupados em se distanciar dos desonrosos que o mero contato físico acidental poderia provocar graves distúrbios, como ocorreu em Berlim em 1800, quando o assistente de um carrasco moveu um artesão que assistia a uma execução pública, o que resultou em tumultos que só amainaram quando um velho vereador, portanto uma figura de autoridade extremamente honrosa, restaurou formalmente o *status* de honra do artífice espectador ao apertar a mão dele (ao mesmo tempo em que convocou um pelotão de guardas, apenas por precaução).[5] A bem da verdade, o desonroso ofício de carrasco era um dos poucos capazes de propiciar um meio de vida decente e em que se poderiam nomear substitutos para realizar os mais degradantes tipos de trabalho. Mesmo eles eram obrigados a beber na estalagem local em canecas especiais que ninguém mais tinha a permissão de tocar. Qualquer membro de guilda que se casasse com a filha de um carrasco corria o risco de ser sumariamente expulso de sua associação e se ver privado de sustento.[6]

As guildas e outros grupos "honrosos" na sociedade rural e urbana excluíam os "desonrosos" a despeito da crescente oposição do Estado territorial, que considerava tais práticas restritivas prejudiciais aos interesses da maioria e causadores de pobreza e desordem entre os que eram afetados. Foi especialmente o desejo de reduzir o poder das guildas que levou o Estado absolutista no século XVIII, em repetidas promulgações, a tentar reintegrar muitos dos desonrosos à sociedade. As principais preocupações do Estado com os forasteiros sociais no início do período moderno eram reprimir a desordem e estimular o empenho no trabalho diligente. Dessa forma, o Estado lançou mão de uma gama de estratégias repressivas contra os grupos que considerava nocivos, desordeiros ou ociosos, tais como bandoleiros, mascates, mendigos, trapaceiros e certas classes de itinerantes, a exemplo de músicos viajantes, ciganos, charlatães e domadores de ursos, mas a seu ver não era possível atribuir a ofícios de gente laboriosa, que trabalhava com afinco e contribuía com a riqueza nacional, a pecha de desonrosos.

Em 1731 o Sacro Império Romano declarou formalmente que todos os ofícios – exceto peleiro/carniceiro/carrasco (geralmente os três amalgamavam-se) – eram honrosos, e em 1772 ampliou essa provisão também ao último grupo. Em 1775, o rei Frederico II da Prússia, seguido em 1783 por José II da Áustria, reverteu a diretriz política anterior de expulsar os ciganos e em vez disso passou a tentar promover a integração deles à sociedade. Inúmeras reformas legais reduziram drasticamente o número de delitos passíveis de pena de morte, inclusive sodomia (crime pelo qual até 1730 havia registros de um jovem queimado vivo numa estaca na Prússia), e efetivamente descriminalizaram uma ampla variedade de transgressões, como bruxaria e blasfêmia. A substituição de códigos de conduta cristãos pelo racionalismo iluminista levou aos códigos legais do final do século XVIII e do início do século XIX, que de fato abandonaram as sanções contra muitos atos sexuais consensuais, como homossexualidade e bestialismo.[7]

Essas leis, como tantas das proclamações dos monarcas iluministas esclarecidos, tiveram efeito bastante limitado sobre atitudes e comportamentos sociais. Assim, os carniceiros e os carrascos continuaram excluídos da sociedade respeitável e formando dinastias endogâmicas até meados do século XIX.[8] As guildas continuaram a desafiar as autoridades e a fazer cumprir sua própria e estrita interpretação da noção de honra. Ademais, em vários sentidos as disposições legais dos éditos do final do século XVIII ordenando a integração dos ciganos à sociedade alemã acabaram representando apenas novas formas de perseguição. Os ciganos foram obrigados a encontrar residência fixa e proibidos de se casarem entre si; deveriam obedecer à ordem de entregar os filhos pequenos a camponeses alemães para que estes os criassem, e nem sequer tinham autorização para usar sua própria língua. Ao fim e ao cabo, ficou evidente que também era impossível fazer cumprir essas medidas.[9]

No início do período moderno os limites entre honra e desonra eram invariavelmente vagos e cambiáveis. Ofícios tidos como desprezíveis em algumas áreas eram, em outras, largamente aceitáveis e dignos de formar guildas. Com o passar do tempo, alguns tipos de conduta tornaram-se menos desonrosos, outros passaram a ser mais mal-afamados. Um exemplo particularmente importante deste último caso é a prostituição, que ao longo do séculos XVI e XVII sofreu discriminação e regulação estatal cada vez mais maiores. Em quase todos os casos dos primeiros tempos da sociedade moderna, a marginalização dos desonrosos era mitigada pelo fato de que eles desempenhavam uma ou outra espécie de função social útil. Numa era em que as comunicações eram precárias, as estradas escassas, péssimas ou inexistentes, os recursos limitados e as manufaturas muitas vezes localizadas a vários dias ou mesmo semanas de viagem dos vilarejos, cidadezinhas e fazendas onde residia a vasta maioria das pessoas, figuras itinerantes como amoladores de facas, mascates e afins eram uma parte necessária da economia rural. De modo diferente, carniceiros, peleteiros, moleiros e pastores também entravam em contato frequente com a população, e sua importância era geralmente reconhecida. Os artistas itinerantes, charlatães, embusteiros e tira-dentes propiciavam espetáculos e diversão nas épocas de feira.

Ademais, os deficientes físicos e mentais não eram, via de regra, motivo de desonra. A vida não era longa tampouco agradável para os idiotas da aldeia ou os retardados da cidadezinha, mas de modo geral eles permaneciam aos cuidados da família e não eram forasteiros sociais. A desordem mental do tipo violento, destrutivo e baderneiro invariavelmente levava ao confinamento no presídio municipal, onde também era mantido o pequeno número de criminosos que acabavam condenados ao aprisionamento em vez de receberem penas de açoitamento público, marcação com ferro quente ou execução. Mesmo aqui, contudo, as famílias honrosas faziam o melhor que podiam para lidar com a situação em vez de recorrerem a medida tão drástica. O duque Guilherme, o Moço, de Braunschweig-Lüneburg, por exemplo, costumava correr seminu pelas ruas de Celle distribuindo presentes e gesticulando desenfreadamente, mas foi somente quando atacou sua esposa com um par de tesouras de alfaiate que o conselho ducal concordou em confiná-lo, e ele continuou a governar, sujeito a surtos periódicos de loucura, sem ser substituído por um regente, durante mais sete anos, até sua morte em 1589.[10]

Assim como a loucura levava à exclusão total somente quando se tornava perigosa, os itinerantes só suscitavam a completa hostilidade da população quando a pobreza se convertia em privação absoluta e eles começavam a mendigar, roubar e praticar atos de bandidagem. As ocupações itinerantes propiciavam uma existência ainda mais precária do que a das pessoas estabelecidas. Não surpreende que os grandes bandos de ladrões que perambulavam por muitas partes da Alemanha durante os primeiros anos do período moderno, sobretudo em épocas de guerra, caos e turbulência, fossem formados por pessoas oriundas basicamente da classe dos párias sociais, entre elas não apenas andarilhos, mascates, mendigos e ciganos, sendo constituídos por comunidades pobres ainda que estabelecidas de forasteiros, a exemplo dos judeus. Quando vasculhava a zona rural em busca de tipos suspeitos, ladrões e criminosos, a polícia dos primórdios do Estado moderno dava especial atenção aos ofícios itinerantes. Ao estigmatizá-los dessa forma, os órgãos estatais reforçavam a marginalização desses grupos.[11]

III

No século XVIII houve não uma melhora geral na posição dos forasteiros sociais na Alemanha, mas teve início uma reestruturação da noção de quem era e não era um deles, e a proclamação – embora limitada até certo ponto – da efetiva imposição de uma nova diretriz política voltada à integração desses grupos à sociedade. Esses processos foram acelerados pela desintegração da ordem social no decurso do crescimento populacional, da mudança econômica e do impacto da industrialização britânica na Europa continental. As Guerras Revolucionárias Francesas e Napoleônicas conferiram nova urgência ao zelo reformista dos monarcas e burocratas iluministas esclarecidos que se empenhavam em modernizar seus Estados e torná-los mais eficientes em face da ameaça da França. Vinha emergindo uma esfera burguesa pública, cujos membros instruídos acreditavam na igualdade perante a lei e na disseminação de liberdades e responsabilidades cívicas em um mercado livre e em uma ordem política liberal. O aspecto mais importante de todos foi a drástica redução do poder das guildas nas primeiras décadas do século XIX, solapado pela industrialização, por um lado, e, por outro, atacado pelo Estado reformista. A transição de uma "sociedade de estamentos" estratificada para uma "sociedade de classes", de uma *Ständegesellschaft* para uma *Klassengesellschaft*, ensejou uma nova situação para os forasteiros sociais do século XIX.

Muitos grupos que tinham sido excluídos da sociedade por costume e por lei foram, gradualmente e em alguns casos de maneira imperfeita, integrados no decorrer das reformas liberais que caracterizaram as décadas de meados do século. Os judeus foram o exemplo mais óbvio, obtendo igualdade civil em 1871 e abandonando seu isolamento social e identidade religiosa de forma progressiva nos anos que antecederam a eclosão da Primeira Guerra Mundial. É claro que em termos de poder ainda estavam excluídos das posições de elite no Exército, no serviço público e na política. Contudo, ainda que continuassem a sofrer discriminação, isso não fazia deles forasteiros sociais. Antes da Primeira Guerra Mundial os judeus estavam integrados à sociedade alemã em uma ampla variedade de formas. Até o *Kaiser* Guilherme II tinha diversos amigos pessoais judeus, apesar dos ocasionais acessos de retórica antissemita. O mesmo vale para outros grupos excluídos das posições de poder na elite do governo e na sociedade dos impérios bismarckiano e guilhermino. Desses grupos, o mais numeroso era o das mulheres, desprovidas até do direito de voto, e que somente aos poucos foram adquirindo módicos direitos civis básicos durante o referido período. As feministas que tentavam tornar melhor a própria sorte eram frequentemente submetidas a mesquinhos atos de intimidação e truculência por parte da polícia. O fato mais marcante e surpreendente é que os dois maiores movimentos políticos da época, os social-democratas e o catolicismo engajado, eram marginalizados pelo aparato estatal político e administrativo e estavam sujeitos a um sem-número de mecanismos de discriminação legal e intensa e incessante perseguição policial. No fim das contas, porém, esses grupos eram uma parte desprivilegiada e desfavorecida da sociedade, não de todo excluída dela; tomados em conjunto, formavam a vasta maioria dos habitantes da Alemanha no período.

No entanto, a situação difícil em que viviam não deixa de ter relevância para a história posterior da política estatal com relação aos forasteiros sociais. Em particular, a linha de ação bismarckiana de pespegar nos social-democratas e católicos o rótulo de "inimigos do Reich" e persegui-los de diversas maneiras, do aprisionamento com base em acusações banais ou fraudulentas forjadas até o banimento indiscriminado e completo de suas atividades, estabeleceu um agourento precedente para o futuro. Em vários momentos do século XIX, a retórica conservadora colocou no mesmo rol criminosos e revolucionários, exigindo que os radicais fossem tratados como criminosos comuns. Herdeiros dessa tradição, Bismarck e seus sucessores usavam a lei criminal para combater ameaças à ordem social e política do Reich, de uma forma que ainda se fazia bastante presente na mente de muitos juízes e administradores penais que sobreviveram ao colapso da Alemanha imperial em 1918 e continuaram ocupando seus cargos durante toda a duração da República de Weimar.[12] Também em outros países alguns movimentos políticos – o mais notável deles o anarquismo, responsável por uma onda de assassinatos políticos na Europa e nos Estados Unidos no final do século XIX – também foram submetidos a repressão policial e legal, mas em poucos países a oeste da Rússia czarista essa violenta coibição foi tão ampla e tão amplamente arraigada.

A repressão policial enredou-se com a lei penal e a ação policial em uma época em que o Estado na Alemanha racionalizava sua postura com relação à exclusão social. À medida que o poder das guildas minguava, muitos ofícios, dos moleiros aos tecelões de linho, tornaram-se mais respeitáveis. Outros, como os pastores, foram perdendo força até serem relegados a uma importância marginal. A honra perdeu importância como meio de dar sustentação à ordem social, e de forma correspondente a desonra perdeu a relevância como meio de punição da lei e do Estado. Por outro lado, o trabalho estável e a residência fixa, já priorizados pelas administrações esclarecidas iluministas do século XVIII, ganharam valor mais exclusivo como critério de pertencimento social no século XIX. A industrialização e a urbanização trouxeram no bojo a comunicação rápida, a produção em massa, a distribuição em larga escala e a morte da maior parte dos ofícios itinerantes. Os remanescentes, caso dos artesãos, encontravam dificuldade cada vez maior para ganhar a vida e tinham de recorrer a algum nível de mendicância. Ao mesmo tempo, no final do século XIX, o crescimento econômico implicou alta demanda para o pesado trabalho braçal em cidades pequenas e grandes. Muitos trabalhadores percorriam o território à procura de emprego, e a instabilidade e as rápidas flutuações da produção industrial invariavelmente resultavam em períodos em que eles se viam incapazes de encontrar ocupação. Por fim, as propriedades rurais do norte e do leste passaram cada vez mais a substituir a mão de obra fixa por trabalhadores sazonais, o que por sua vez atraía numerosos grupos de trabalhadores agrícolas itinerantes (principalmente da Polônia) em busca de trabalho em várias épocas do ano.

Tudo isso contribuiu para o que os observadores sociais descreveram como um crescente problema de vadiagem no final do século XIX. Tentativas de solucionar a "vagabundagem" variaram do estabelecimento de colônias de trabalho ao início da tomada de providências legais para a criação de hospedarias e estalagens baratas para os sem-teto, custeadas por instituições de caridade, quase sempre de inspiração religiosa. Durante todo o tempo, contudo, a experiência básica dos itinerantes continuou sendo a de contínua perseguição e tormentos por parte da polícia e dos tribunais, que puniam com penas de períodos de encarceramento repetidos e curtos em casas de correção para pessoas vadias ou em prisões os que levavam uma vida de mendicância, os que levavam uma vida ociosa e errante pelas terras (*Landstreicherei*) e os que não portavam documentos.[13] Nesse período, a assistência aos pobres, sob a influência do chamado sistema de Elberfeld, mudou de questão de caridade indiscriminada para projeto de estrita supervisão dos destituídos. Com o procedimento de obrigá-los a encontrar trabalho ou em uma casa de correção ou em alguma ocupação mal remunerada, sob pena de perder seu direito. Política semelhante foi adotada com relação aos ciganos *roma* e aos *sinti*, constantemente acossados pela polícia por meio do uso de instrumentos legais como a exigência de que portassem documentos de identidade, a lei tributária que requeria que pagassem impostos, a lei contra o concubinato e a ordem que os obrigava a se registrarem junto à polícia tão logo fixassem residência em um distrito. No contexto do virtual pleno emprego e da crescente elaboração pelo Estado de medidas e provisões voluntárias para auxílio e benefício dos desempregados, a vadiagem, a mendicância e o nomadismo país afora eram vistos não como respostas ao desemprego, mas como questões de escolha pessoal dos "avessos ao trabalho" e dos desviantes. Essas estratégias e programas de ação tinham suas limitações, contudo. A inexistência de uma força de polícia nacional e a responsabilidade dos dirigentes locais acerca de tais questões significavam que com frequência as autoridades satisfaziam-se simplesmente expulsando ciganos e andarilhos de seus distritos ou delegando a outrem a responsabilidade por eles. Volta e meia, de fato, as autoridades locais emitiam certificados de legitimidade atestando que os vadios eram artesãos autênticos apenas para livrar-se deles.[14]

O mesmo tipo de linha de ação era aplicado à prostituição, que os comentaristas tendiam a ver não por aquilo que invariavelmente era – uma estratégia temporária de mulheres jovens para lidar com o desemprego e a perda de renda, ou um meio de lidar com as consequências da maternidade ilegítima e a resultante estigmatização social –, mas como a expressão de desvio social e sexual pessoal por parte de suas praticantes. Como consequência, as prostitutas continuavam sujeitas a perseguições e hostilidades por parte da polícia se resistissem à opção de se juntarem à pequena minoria que era confinada em "casas públicas" ou bordéis regulados pelo Estado. A maior parte delas, no entanto, conseguia escapar das atenções da polícia.[15] Ao mesmo tempo, o Estado mostrava-se cada vez mais insistente acerca da necessidade de submeter a cuidados específicos os deficientes físicos e mentais em instituições criadas especialmente para essa finalidade. O século XIX foi a era dos grandes hospícios, manicômios e hospitais psiquiátricos, a época em que a medicina e o direito elaboraram uma série de definições médicas do comportamento desviante. Com a urbanização e o relativo declínio da proporção da sociedade que vivia em comunidades rurais, para a maioria das famílias ficou difícil sustentar seus membros que portavam alguma deficiência física e mental. De forma progressiva, os médicos também intervinham para fazer vigorar na prática a internação dos deficientes em instituições, mesmo quando a família da pessoa envolvida se opunha.[16]

Seria equivocado ver essa intervenção médica a uma luz inteiramente negativa. Não resta dúvida de que havia alguns tipos de distúrbio mental suscetíveis de tratamento médico; e certamente não era digna de inveja a situação dos deficientes físicos e mentais nos bairros pobres das cidades grandes da Alemanha no final do século XIX e no início do século XX. A intervenção médica e a institucionalização talvez tenham prolongado a vida de alguns deles; em poucos casos, de fato, os médicos chegavam a salvar uma vida por persuadir os tribunais a evitar a aplicação da pena de morte, com base na alegação da insanidade de um assassino.[17] Contudo, o desenvolvimento e a ampliação da medicina como profissão no decorrer do século XIX sem dúvida levaram à crescente estigmatização de certos tipos de deficiência mental e física como condições de anormalidade e disfunção determinadas por critérios médicos. Multiplicavam-se os casos em que os médicos conseguiam angariar o apoio do Estado em certificações compulsórias de insanidade e incapacidade mental.

Em suma, tudo isso revela o fato de que no século XIX o desvio sexual e social não era um fenômeno que se tentava resolver a princípio por meio de planos e iniciativas governamentais, mas sim nas atividades cotidianas do que poderia ser chamado de administração e policiamento de baixo escalão. Em alguns casos aplicando decretos e ordens específicos do código penal, em outros meramente operando leis locais e mandados policiais, as forças de polícia acossavam e perseguiam ambulantes, mendigos, andarilhos, ciganos *roma* e *sinti* e prostitutas, de modo bastante semelhante à forma como acossavam e perseguiam padres católicos recalcitrantes durante a *Kulturkampf* ou ativistas social-democratas sob a *Sozialistengesetz* e também por muito tempo depois. A ilegalidade das relações sexuais masculinas (mas não femininas) com pessoas do mesmo sexo, de acordo com o Parágrafo 175 do código criminal do Reich de 1871, era um instrumento nas mãos da polícia, que o usava para acossar homens homossexuais em cidades grandes como Berlim.[18]

Os resultados eram quase previsíveis. A falta de uma política nacional coordenada, aliada a recursos policiais inadequados para lidar com o número de pessoas envolvidas, acarretou que os forasteiros sociais fossem estigmatizados como desviantes, identificados e identificáveis pelas autoridades por meio de suas numerosas condenações, e sujeitos a interferências frequentes e arbitrárias em seu estilo de vida. Era nula a chance de que a intervenção policial pudesse de fato reduzir o número de forasteiros sociais ou promover sua integração à sociedade. Pelo contrário, a perseguição e o assédio da polícia fortaleceram sua identidade de forasteiros por instigar neles o ressentimento contra a sociedade e por forçá-los a criar e robustecer suas próprias culturas protetivas. Assim, surgiu em Berlim uma subcultura homossexual, da mesma forma que se desenvolveu uma subcultura católica no sul e no oeste; uma subcultura de andarilhos, com seu próprio jargão, seus locais de encontro e sua própria linguagem de símbolos desenhados com giz nas casas e nas esquinas, análogos à subcultura organizacional da social-democracia alemã.[19] De modo semelhante, a cultura dos ciganos *roma* e *sinti*, embora pouco estudada por historiadores sérios, provavelmente foi ainda mais consolidada por essa mesquinha perseguição, irregular mas inescapável.[20]

O mesmo pode ser dito sobre a subcultura criminal na Alemanha do século XIX. À medida que o encarceramento substituía as punições físicas públicas como principal sanção penal, os analistas começaram a notar que a maioria dos detentos era formada por reincidentes que já haviam cumprido penas de prisão muitas vezes antes. Os presídios pareciam ser um veículo para a criação de criminosos, não sua correção. Impingir a essas pessoas registros, fichas e antecedentes criminais barrava-lhes o caminho para o acesso ao emprego regular que elas desejavam trilhar, ao passo que a companhia de outros prisioneiros fortalecia sua identidade criminosa. As tentativas de remediar essa situação fracassaram. O confinamento em solitárias, a regra do silêncio, a instrução religiosa e a educação prisional, defendidas por reformistas, foram implementadas de maneira esparsa, irregular e inconsistente demais para surtir efeito. As associações voluntárias para a assistência aos presos libertos eram escassas demais para terem influência mais do que apenas marginal, assim como as "casas da missão Madalena" dedicadas ao acolhimento e à correção das prostitutas, as colônias de trabalho filantrópicas e as casas de hospedagem de caridade para receber os andarilhos mal roçavam as bordas dos problemas que, respectivamente, tentavam remediar.

Com efeito, a estigmatização desses forasteiros sociais ajudou a perpetuar a ameaça social que a sociedade respeitável temia que eles representassem. Tanto para a burguesia como para a classe trabalhadora respeitável, eles serviam como um lembrete do destino que aguardava aqueles que se desviassem das normas sociais, sexuais e legais. Numa categoria um tanto diferente estavam as minorias étnicas da Prússia, e mais tarde da Alemanha imperial, principalmente os alsacianos e loreneses, dinamarqueses e, sobretudo, poloneses. Aqui também o impulso e o empenho avassaladores eram no sentido da assimilação. As autoridades locais alemãs tentaram reprimir o uso dos dialetos polonês, francês, dinamarquês e alsaciano do alemão em contextos oficiais, inclusive nas escolas públicas, apoiavam os colonos falantes de alemão e usavam a lei de diversas maneiras em detrimento das populações desfavorecidas não falantes dessa língua. O resultado era tão previsível como em outros contextos, a saber o crescimento dos movimentos nacionalistas e a emergência de uma vigorosa subcultura regional ou nacionalista que considerava os alemães pouco mais do que uma força de ocupação.[21] Por fim, os deficientes físicos e mentais estavam novamente em uma categoria diferente. É difícil avaliar até que ponto eram capazes de dar feitio a suas próprias subculturas no âmbito das instituições a que estavam confinados; isolados de suas famílias e sua comunidade e em larga medida apartados do mundo além dos muros dos hospícios, eram os mais vulneráveis de todos os forasteiros sociais da Alemanha do século XIX.

IV

A despeito dos tipos variados e cambiáveis de discriminação esboçados aqui, em vista das circunstâncias a história dos forasteiros sociais na Alemanha dos séculos XVIII e XIX não indica que a sociedade alemã era particularmente definida em termos rígidos, ou que excluía fatias mais numerosas da população do que outras sociedades faziam, ou que o Estado alemão perseguia os desviantes e os párias com crueldade mais implacável do que outros Estados. Em geral, e com algumas restrições, os processos que estavam ocorrendo na redefinição, investigação, isolamento e estigmatização de forasteiros sociais na Alemanha eram o mesmos que o historiador e filósofo francês Michel Foucault descreveu para a Inglaterra e a França.[22] Foi no final do século XIX que diferenças significativas começaram a surgir. Eugenia, "higiene racial" e a teoria e a retórica de "degeneração", ainda que cada vez mais influentes em muitos países, entre eles Itália, França e Estados Unidos, parecem ter despertado os sentimentos e afetado as emoções dos intelectuais alemães a partir da década de 1890. Às vésperas da Primeira Guerra Mundial, um número cada vez maior de forasteiros sociais alemães passara a ser analisado, por aqueles que escreviam sobre eles e acerca deles refletiam, à luz desse tipo de teoria.[23]

Isso refletia a progressiva influência da classe médica na sociedade alemã. Em uma época na qual os profissionais da medicina ganhavam imenso prestígio por conta dos triunfos de suas pesquisas acerca das causas da tuberculose, cólera, difteria e outras graves mazelas do século XIX, a medicina alemã também vinha ganhando uma influência social penetrante e impregnadora por meio da criação e da rápida expansão dos sistemas de segurança médica e social, área em que a Alemanha foi, sem sombra de dúvida, a pioneira. Os médicos alemães começaram a conceber a ambição de colocar sob sua alçada e autoridade outras áreas da sociedade.[24] Entre elas estavam a criminalidade e os desvios sociais. A escola alemã de criminologia, fundada por figuras como Franz von Liszt e desenvolvida por figuras como Gustav Aschaffenburg, gradualmente tirara das mãos dos advogados e dos moralistas o estudo dos crimes e dos desvios e o colocara na esfera de ação dos psiquiatras e eugenistas. Adaptando as ideias do criminologista italiano Cesare Lombroso, também médico, os médicos alemães argumentavam, nos primeiros anos da virada do século XX, que os criminosos persistentes eram essencialmente o produto da degeneração hereditária, ativada sob circunstâncias sociais e econômicas específicas. Outros desviados ou transviados sociais, a exemplo de alcoólatras, prostitutas, andarilhos e vagabundos, foram colocados na mesma categoria dos hereditariamente degenerados e eugenicamente vulneráveis.[25]

Subjacente a esses argumentos estava uma convicção mais amplamente difundida de que com o declínio da taxa de natalidade verificado na Alemanha na virada do século, e que era mais patente entre as classes médias e altas, membros "menos importantes e valiosos" da sociedade estavam se reproduzindo mais rapidamente do que os "plenamente importantes e valiosos". Essa linguagem de *Minderwertigkeit* e *Vollwertigkeit* tornou-se quase universal entre os médicos e outros profissionais envolvidos em discussões acerca do "problema social" às vésperas da Primeira Guerra Mundial. Por mais neutro e "científico" que possa ter parecido, inevitavelmente envolvia o juízo moral e político de que alguns seres humanos não eram totalmente humanos; a própria terminologia desfazia barreiras no sentido do abandono de princípios liberais tradicionais como a igualdade perante a lei e a liberdade do indivíduo. A eugenia podia, é claro, ser aplicada em sentido positivo, e foi um dos fatores por trás dos esforços da classe médica a fim de aperfeiçoar os padrões de higiene, nutrição, cuidados infantis e saúde pública geral; mas, quanto mais a rede institucional de providências e medidas em prol da saúde era disseminada entre a população, mais óbvio parecia a muitos dos envolvidos que a minoria que persistia em rejeitar os benefícios de uma vida regular, saudável, de trabalho árduo e incansável e pautada pela obediência às leis só poderia insistir em fazê-lo por obra de algum defeito hereditário inato, da mesma espécie daquele de que aparentemente sofriam os deficientes físicos e mentais. Assim, a eugenia negativa – a redução ou a eliminação dos setores "menos valiosos e importantes" da população – resultava de uma consequência quase inevitável da difusão da eugenia positiva – o aperfeiçoamento do estado mental e físico da população como um todo.

Às vésperas da Primeira Guerra Mundial, a linguagem da eugenia e da higiene racial estava sendo utilizada em larga escala por advogados criminalistas, promotores públicos, administradores penais e comentaristas sociais na Alemanha, bem como por todos os envolvidos na carreira profissional – em franca expansão no país – de administradores e curadores de bem-estar social. Organizações internacionais devotadas à aplicação de ideias médicas às políticas criminais e penais eram dominadas por austríacos e alemães. Muito antes da deflagração da Primeira Guerra Mundial, reformadores penais defendiam a detenção por tempo indefinido, a castração ou até a execução de infratores reincidentes cuja conduta ao longo dos anos tivesse a seu ver demonstrado degeneração hereditária e inaptidão para viver na sociedade humana ou a possibilidade de transmitir seus defeitos de caráter para a geração seguinte.[26] Em outros países, como os Estados Unidos, eugenistas aventaram opiniões e pareceres similares, mas na Alemanha era bem mais preponderante o domínio desse movimento por profissionais das áreas da medicina e da psiquiatria, que aplicavam o conceito de degeneração como ferramenta diagnóstica para uma variedade cada vez maior de forasteiros sociais, entre eles os alcoólatras, os homossexuais e as prostitutas.[27]

Mesmo antes da Primeira Guerra Mundial, essas novas ideias já vinham exercendo impacto perceptível sobre atitudes com relação aos criminosos perigosos e infratores violentos, e em uma forma popularizada foram usadas na área legal, pela imprensa e na vida política como meio de justificar a pena de morte. Mas foi somente durante a República de Weimar que elas se atrelaram a dois outros conjuntos de ideias em uma nova mistura fatídica. Em primeiro lugar, após a derrota da Alemanha na guerra a ideia da supremacia nórdica, com seu corolário, a crença na inferioridade dos judeus, eslavos e outras raças, foi adotada por um número cada vez maior de especialistas em higiene racial, sobretudo das gerações mais jovens. Os eugenistas que se opunham ao antissemitismo e ao racismo tornaram-se minoria. Ademais, o modelo médico começou a ser aplicado ao desvio de ordem política. Em meados do século XIX, as atividades e convicções revolucionárias eram tidas por muitos analistas como formas de criminalidade. A partir da Primeira Guerra Mundial, começou a ganhar aceitação e popularidade a ideia de que eram o produto de uma mente doente ou degenerada. A bem da verdade, já em 1916-18 os testemunhas de Jeová que se recusavam a prestar o serviço militar com base em princípios religiosos estavam sendo internados em hospícios depois de terem sido diagnosticados como pessoas que padeciam de "mania religiosa". Durante a República de Weimar prevaleceu na direita política a visão de que eram revolucionários frustrados, desiludidos e manipulados por judeus, com quem supostamente compartilhavam diversas crenças religiosas.[28] A própria Revolução de 1918 foi vista por um renomado criminalista como o produto de distúrbios psíquicos provocados por mudanças cósmicas e climáticas que causaram uma reversão das massas a um estado atávico de bestialidade primitiva não muito dessemelhante do que o teórico italiano Lombroso diagnosticava em criminosos.[29]

Durante a República de Weimar a higiene racial tornou-se uma disciplina acadêmica sólida e tradicional. À fundação da primeira cadeira sobre esse ramo do conhecimento, na Universidade de Munique, em 1923, seguiu-se o estabelecimento de nada menos do que quarenta cursos, em um período de nove anos, sobre a matéria em universidades alemãs em geral. Diversos institutos de pesquisa foram criados, bem como instalaram-se estações de coleta criminológico-biológica cujo intuito era compilar dados sobre a personalidade e as famílias dos criminosos; começaram a vir a lume diversas publicações sugerindo que indivíduos eugenicamente defeituosos deveriam ser eliminados porque, na condição de "escórias da existência", impunham à sociedade um fardo financeiro em uma época de crise econômica, o que dificultava a vida dos que contribuíam com a produção nacional. De fato, já durante a Primeira Guerra Mundial, a deliberada privação do fornecimento de víveres dos hospícios, manicômios e hospitais psiquiátricos havia levado a um aumento tão drástico da taxa de mortalidade entre os pacientes que não é exagero afirmar que dezenas de milhares de pessoas internadas com problemas mentais tiveram morte prematura nas mãos das autoridades responsáveis, que sabiam muito bem o que estavam fazendo e não sentiam remorsos nem escrúpulos.[30]

A elaboração dos serviços de bem-estar social e a ascensão da profissão de assistente social na República de Weimar aceleraram esse processo, em vez de refreá-lo. Quaisquer que pudessem ser os eventuais motivos de discordância, em um aspecto os trabalhadores da área de serviço social concordavam: quanto à necessidade de uma legislação que substituísse as antiquadas e defasadas medidas de policiamento e instituições obsoletas – como os asilos para pobres e as casas de correção de pessoas vadias – por locais modernos onde mendigos, andarilhos, desocupados, prostitutas e outros "associais", como agora eram geralmente chamados, poderiam ser internados por tempo ilimitado até que fossem considerados aptos para integrar-se à sociedade. Todos os partidos à direita dos comunistas concordavam com a introdução de uma lei que descriminalizasse delitos como vadiagem e prostituição e a implementação de medidas que regulamentassem o confinamento compulsório, violento e indefinido de "associais" em vários tipos de asilos e instituições seguros e administrados pelo sistema de bem-estar.[31] Teve lugar um debate paralelo acerca do caso dos infratores da lei penal habituais ou "incorrigíveis", que, de acordo com a opinião de muitos advogados, criminologistas e psiquiatras, também deveriam ser detidos em "casas de confinamento seguro" por tempo ilimitado, e mais ou menos pelas mesmas razões.[32] Assim seria possível evitar que eles se reproduzissem e colocassem em risco a futura saúde da raça alemã.

A expansão das ideias calcadas na eugenia e na higiene racial afetaram também outros forasteiros sociais na República de Weimar. Os ciganos, por exemplo, eram um desafio para o sistema de bem-estar social por representarem muitos dos mesmos problemas dos "associais". Eram nômades, esquivavam-se das leis que exigiam a instrução formal de suas crianças, envolviam-se em pequenos delitos e crimes de menor gravidade, e além disso era evidente que pertenciam a uma proveniência racial completamente distinta da dos alemães. Assim como no caso dos criminosos reincidentes e "associais", na República de Weimar a linha de ação política ainda era em larga medida uma questão de polícia, mas o crescimento do sistema de bem--estar social também exerceu impacto na consolidação da exclusão dos ciganos da vida em sociedade e instigou as entidades públicas de bem-estar social a defender com maior veemência sua integração. Para a "biologia criminal" foi fácil descrevê-los como seres humanos "primitivos" e subdesenvolvidos, racialmente inferiores aos alemães. A ideia de integrá-los à sociedade, por conseguinte, acabaria sendo substituída na mente de um número cada vez mais significativo de elaboradores de políticas públicas pela de isolá-los e apartá-los completamente dela, como prevenção de modo a evitar que contaminassem o tecido social por meio do casamento inter-racial, o que de fato estava ocorrendo numa escala progressiva nesse período. Uma lei bávara de 1926 buscou restringir os movimentos dos ciganos a locais designados, tentando impedir que formassem "bandos", e os ameaçou com penas de dois anos numa casa de correção "com base em razões de segurança pública" se não comprovassem ter emprego regular. As autoridades começaram a compilar um cadastro abrangente dos ciganos, com o intuito de rastreá-los e manter atualizadas suas informações, como grupo racial à parte, nos arquivos criminais e de bem-estar social.[33]

A influência do pensamento médico e racial-biológico também se fez sentir em discussões sobre a homossexualidade durante a República de Weimar. Já os sexólogos na virada do século haviam classificado a homossexualidade como uma desordem psicológica. À medida que a taxa de natalidade diminuía, começaram a aumentar, entre os eugenistas, as preocupações acerca da contribuição de uma possível difusão da homossexualidade a esse declínio. Isso era tido como uma desordem, na qual, na visão dos analistas médicos, a hereditariedade, por razões óbvias, desempenhava papel apenas subalterno. A intervenção médica poderia, ao menos em teoria, levar a efeito a "cura". Dessa forma, na extrema direita do espectro político passou a ser prioridade a restrição, e se possível a eliminação, da florescente subcultura homossexual de cidades como Berlim, a fim de evitar que os rapazes – que de outra forma teriam contribuído para a reprodução da raça (era isso que se pensava) – fossem corrompidos e seduzidos. No mais, criminologistas apontavam para as conexões criminais da subcultura (inevitável por conta da ilegalidade da homossexualidade masculina sob a lei penal). Por fim, eram generalizadas as preocupações acerca da "afeminação" dos homens homossexuais e o efeito que isso poderia ter – aos olhos de alguns, já vinha tendo – sobre a masculinidade dos homens alemães, em sua disposição de lutar em uma futura guerra e no vigor viril que deveriam transmitir para as futuras gerações. O sexólogo Magnus Hirschfeld, pioneiro na campanha por direitos igualitários para os homossexuais, provavelmente apenas fomentou essas ansiedades irracionais ao retratar os homens homossexuais como indivíduos nem masculinos nem femininos, mas sim um "terceiro sexo", em algum lugar intermediário entre os dois.[34]

Durante a República de Weimar a questão da exclusão social tornou-se pesadamente politizada. De um lado, contrarrevolucionários e a direita política passaram a agrupar todos os tipos de transviados sociais, políticos e religiosos em uma única categoria de subversivos, tidos como os responsáveis por solapar a raça alemã. Esse ponto de vista contava com o respaldo de pelo menos alguns eugenistas e racialistas, embora outros resistissem à apropriação política da questão pelas forças racistas e antissemíticas do nacionalismo extremista. Em termos mais amplos, o florescente aparato de bem-estar social do período de Weimar ingressou na arena política exigindo ação legislativa para tirar dos sistemas penal e de justiça criminal e levar para o terreno da institucionalização compulsória – sob supervisão médica e por período indefinido de tempo – um sem-número de minorias, dos doentes mentais aos criminosos reincidentes, dos vadios e andarilhos aos alcoólatras e drogadictos.

Alguns grupos de forasteiros sociais também tornaram-se politizados. Durante a década de 1920 os testemunhas de Jeová tiveram novo e maciço incremento na Alemanha; por volta de 1926 já havia mais membros da seita em Dresden do que em Nova York, e eles se tornaram ainda mais pacifistas, de maneira mais completa e intransigente do que durante a Primeira Guerra Mundial, quando um elevado número de seus adeptos aceitou servir nas Forças Armadas alemãs. Sua oposição sincera e veemente à ameaça do antissemitismo enfureceu a extrema direita e consolidou a convicção dos ultranacionalistas de que os testemunhas de Jeová eram fantoches dos judeus, arriscando-se para tolher o ressurgimento da raça alemã após a catástrofe de 1918.[35] Os homossexuais fizeram vigorosa campanha, de forma bem mais pública e aberta do que durante o império guilhermino, pela eliminação do Parágrafo 175 do código penal e pela legalização da homossexualidade.[36] Anarquistas como Erich Mühsam e Gregor Gorg tentaram politizar os vagabundos e andarilhos, embora a organização política *Vagabunden-Treffen*, encabeçada por Grou em Stuttgart em 1929, tenha obtido sucesso apenas limitado, e a ideia de organizar os vadios em um *Verein* [associação, clube ou organização] tenha resultado em previsível fracasso.[37]

Os forasteiros sociais também teriam função política extremamente simbólica durante a República de Weimar, quando as forças do nacionalismo extremado exigiam que todos os alemães de bem, de pensamento moralmente correto, deveriam combater o Tratado de Versalhes e lutar contra as forças subversivas que atravancavam o ressurgimento nacional. Nenhum outro grupo foi tão emblemático a esse respeito quanto os chamados "bastardos da Renânia". Ao longo da década de 1920, a margem esquerda do Reno se viu sob a ocupação militar dos Aliados, e na zona francesa isso significou a chegada de tropas coloniais do Senegal, de Madagascar e de outras partes do império ultramarino francês. Praticamente todos os partidos políticos alemães, inclusive os social-democratas, protestaram contra essa iniciativa de usar na ocupação indivíduos que eles declaravam, com todas as letras, racialmente inferiores, e em especial durante a invasão francesa do Ruhr em 1923 esse tipo de propaganda racista e chauvinista alcançou proporções histéricas, na forma de acusação dos soldados negros pelo estupro de diversas mulheres alemãs. Em *Minha luta*, de fato, Hitler atribuiu essa medida a uma conspiração judaica deliberada para degradar e corromper a raça alemã. A bem da verdade, as tropas coloniais parecem ter se comportado com cortesia e consideração, e os "bastardos da Renânia" eram a prole de relacionamentos totalmente voluntários entre soldados africanos e mulheres alemãs.* Outros assim categorizados eram filhos dos relacionamentos legítimos e mais antigos, de antes da Primeira Guerra Mundial, entre colonos alemães nos Estados Unidos com homens e mulheres americanos nativos. Essas distinções, contudo, foram ignoradas no furor por conta da ocupação francesa, e todos os alemães miscigenados foram rotulados como "bastardos da Renânia", um símbolo tão potente da ocupação alemã que em 1927 os altos funcionários do Ministério do Interior bávaro já estavam solicitando ao Reich que submetesse essa "minoria inferior" à esterilização compulsória.[38]

---

* As tropas compostas por africanos nativos eram colocadas na linha de frente, expostas a ataques de artilharia pesada e ao uso de armas químicas por parte do Exército alemão. Com o término da guerra e a rendição alemã essas tropas africanas ficaram estacionadas na Renânia; sem condições de regressar para suas comunidades natais, os soldados negros passaram a interagir com a comunidade germânica local. Mulheres de militares alemães que ficaram viúvas e desamparadas passaram a se relacionar com os africanos, resultando no nascimento de filhos que não eram considerados alemães. Os "bastardos da Renânia" também não podiam ir para a França, já que pela visão colonial francesa os negros não poderiam ser colocados no mesmo patamar de cidadania. (N. T.)

V

A despeito de todos esses acontecimentos de mau auspício e seus desdobramentos, seria errôneo entender o tratamento dado aos forasteiros sociais na República de Weimar simplesmente em termos de uma crescente discriminação e perseguição por parte do Estado. A década de 1920 também testemunhou um movimento amplo e generalizado de reforma nos aparatos penal, policial e de bem-estar social. Mesmo os que acreditavam em um forte elemento hereditário em uma ou outra espécie de desvio social geralmente consideravam que em sua maioria os desviantes ainda eram capazes de reintegração à sociedade. As ideias liberais e socialistas tiveram alguma influência, e as propostas de esterilizar os transviados ou submetê-los a uma política de "eutanásia" involuntária enfrentaram rejeição acachapante de todos os lados.

No entanto, essa situação não perdurou. A depressão econômica de 1929-33 exacerbou, de diversas maneiras, o problema dos forasteiros sociais. O desemprego em massa em escala inaudita resultou no brutal aumento no número de sem-teto, mendigos e vadios. Benefícios foram cortados, e os desempregados de longo prazo, grupo que constituía quase 1,25 milhão de pessoas entre todas as que recebiam algum tipo de auxílio no início de 1933, perderam completamente todo tipo de assistência financeira. O número de pessoas que dormiam e viviam nas ruas na Alemanha era estimado em algo entre 200 mil e 500 mil no início da década de 1930. A redução nos gastos estatais durante a crise fomentou os argumentos dos que consideravam os deficientes físicos e mentais a "escória social". A prostituição tornou-se, mais uma vez, um meio de subsistência para as moças, na maioria da classe trabalhadora, em um cenário no qual era difícil conseguir emprego regular. E, embora os índices de criminalidade não tenham aumentado tanto quanto durante a hiperinflação de 1922-23, as gangues juvenis ou "facções" tiveram atuação perceptível durante a Depressão, sendo consideradas por muitos membros das classes médias uma grave ameaça à ordem pública.[39]

Nessa situação, os limites entre a sociedade respeitável e seus párias tornou-se mais vaga e mais fluida do que nunca. Mesmo em épocas normais a prostituição, por exemplo, era geralmente um expediente temporário adotado por mulheres que depois tinham pouca dificuldade para se reintegrar à classe operária. A vadiagem era menos um estilo de vida permanente e mais um inevitável paliativo para centenas de milhares de pessoas, na maioria homens jovens, incapazes de ter condições de custear um teto sobre sua cabeça no início da década de 1930; em outras épocas a vida errante era pouco mais que uma fase para muitos dos que nela se envolviam. Furtos, fraudes e crimes de pouca gravidade eram uma tentação para muita gente em um período de desemprego em massa e falências. No longo prazo, também, uma minoria étnica como a dos bastardos da Renânia conseguia encontrar um papel na sociedade, sobretudo no ramo do circo e do entretenimento. Enquanto algumas formas de deficiência mental e física eram inegavelmente extremas e impossibilitavam que seus portadores levassem uma vida normal e integrada à sociedade em geral, outras eram vagas e dependiam dos caprichos de procedimentos de diagnóstico tão imprecisos quanto arbitrários.[40]

Em épocas normais, conforme vimos, muitas vezes os planos de ação das políticas públicas e as táticas policiais podiam engessar essas fronteiras e converter em condição mais ou menos permanente o que para muitos era um papel apenas parcial ou temporário fora da sociedade. Dessa forma, a medicalização da política penal e a ascensão do bem-estar social haviam ampliado o escopo da exclusão social, que agora levava de roldão um número cada vez maior de pessoas que anteriormente tinham conseguido escapar da rede de arrasto, ao passo que de forma alguma diminuíram o impacto da ação policial cotidiana na identificação e perpetuação do mundo dos "associais", dos delinquentes de pequena monta e dos criminosos reincidentes. A compilação de estatísticas sobre os ciganos, a criação – por obra do trabalho das "estações de coleta criminológico-biológica" – de fichas catalográficas sobre os forasteiros sociais considerados hereditariamente defeituosos e, portanto, uma ameaça para as gerações vindouras, as atividades de coleta de informações do sistema de bem-estar social, tudo isso propiciou as bases, muito antes da instauração do Terceiro Reich, para a reafirmação dos limites e fronteiras entre a sociedade e seus párias, proscritos, banidos, vagabundos e rejeitados, os quais a Depressão, de muitas maneiras, ameaçava obscurecer.[41]

O regime nazista buscou recriar essas fronteiras de forma extrema. Ao fazê-lo, fundiu todos os vários elementos que anteriormente tinham estado presentes no pensamento médico-psiquiátrico, administrativo e criminológico oficial sobre os forasteiros sociais. Dividindo seu mundo em "camaradas raciais" e "os de fora da comunidade", *Vollesgenossen* e *Gemeinschaftsfremde*, os nazistas definiram praticamente todo tipo de recusa no sentido de contribuir com seus objetivos como atitude desviante, doente, racialmente enviesada ou degenerada. Historicamente falando, talvez a sociedade alemã não fosse mais hostil para com os forasteiros do que outras sociedades europeias; mesmo na era da *Standegesellschaft* (sociedade baseada em ordens ou estratos), os limites entre os "honrosos" e os "desonrosos" tinham sido cambiáveis e fluidos, e em todo caso haviam sido em larga medida abolidos já em meados do século XIX. A sociedade industrial criara novas categorias de forasteiro social, marcadamente entre os deficientes físicos e mentais, ao mesmo tempo em que havia em parte perpetuado e em parte transformado outras, a exemplo dos errantes, mendigos e vadios. As atitudes sociais e até certo ponto oficiais com relação a atos socialmente desviantes como a sodomia e a prostituição, e a grupos de forasteiros como os ciganos, tornaram-se mais lenientes no decorrer dos séculos XVIII e XIX. Até mais ou menos a virada do século XIX o destino desses forasteiros sociais era serem acossados e molestados pela polícia. Isso talvez tenha solidificado sua identidade desviante, mas não rompeu por completo seus laços com a sociedade.

Três fatores alteraram essa situação no período de cerca de 1890 a aproximadamente 1930. O primeiro deles foi a medicalização dos programas de assistência social e do sistema penal, acoplada a uma vasta expansão do sistema de bem-estar social. De forma progressiva, e sobretudo a partir da Primeira Guerra Mundial, uma significativa proporção dos forasteiros sociais foi categorizada por aqueles que os tratavam como produto de decadência e corrupção hereditária, degenerados, uma ameaça ao futuro da raça alemã. O segundo fator correlato foi a ascensão da higiene racial, a tendência a entender em termos raciais a sociedade alemã e suas relações com outras sociedades na Europa e além. Isso levou a um gradual, ainda que assimétrico, elo entre o discurso sobre os forasteiros sociais e os discursos de antissemitismo e a aptidão da raça alemã para sobreviver na luta pela supremacia com outras raças como os latinos e os eslavos. O terceiro fator foi a crescente politização do discurso acerca dos forasteiros sociais, a bem da verdade a progressiva politização da sociedade alemã como um todo, sobretudo durante a República de

Weimar, quando, para muitos na extrema direita, remédios drásticos pareciam necessários para superar o trauma da derrota na Primeira Guerra Mundial e regenerar a nação alemã como uma entidade viril, enérgica, engajada, unida e propensa a restabelecer no cenário mundial o poder global que não havia sido capaz de agarrar em 1914-18.

Esses foram os critérios que os nazistas aplicaram aos forasteiros sociais na Alemanha de 1933 em diante. Eles invariavelmente o fizeram de duas maneiras e em igual medida: passando por cima, com desdém, das cuidadosas distinções estabelecidas pelos especialistas, e adotando as ideias dos *experts* e utilizando os dados que eles haviam compilado de forma meticulosa durante a República de Weimar. À medida que o nazismo se radicalizava, sobretudo ao longo da guerra, mais extremadas tornavam-se suas posturas e estratégias com relação aos socialmente excluídos. Nessa situação, as distinções entre desvio político, racial e social mais ou menos desapareceram. Por volta de 1944 a definição de "os de fora da comunidade" já se convertera em um instrumento totalmente arbitrário nas mãos da SS e do aparato policial. De acordo com o criminologista nazista Edmund Mezger, "um indivíduo de fora da comunidade" era "qualquer pessoa que, por sua personalidade e estilo de vida, e particularmente em função de singulares deficiências de entendimento e caráter, mostra-se incapaz, por meio de seus próprios esforços, de satisfazer às exigências mínimas da comunidade racial".[42] Isso abrangia bem mais do que as categorias de forasteiros sociais que anteriormente haviam sofrido as piores consequências e os mais pesados impactos da repressão e do extermínio nazistas. Além disso, praticamente propiciou às entidades de aplicação da lei uma carta branca para deter, encarcerar e matar qualquer pessoa que quisessem. O termo da biologia *Volksschädling* (pessoa nociva para o povo, danificador do povo "racial", ou peste da população alemã),* comumente usado na legislação nazista para crimes cometidos em tempos de guerra como a pilhagem, atestava quanto o pensamento nazista estava permeado pela metáfora biológica. Sua justeza como instrumento de limpeza eugênica foi explicitamente proclamada por juristas nazistas de proa como Roland Preisler e Otto-Georg Thierack.

---

* Na década de 1920, o termo já se tornara um codinome amplamente usado para se referir de forma pejorativa aos judeus; designava aquilo que causava mazelas ao povo alemão, mas também conotava um inseto nocivo cuja eliminação traria apenas benefícios à sociedade. (N. T.)

Esse foi o fim de uma longa estrada. Ela tinha começado não com a sobrevivência de formas pré-modernas de exclusão social herdadas da *Standegesellschaft* dos primórdios da modernidade, mas com a autonomia de longo prazo e os amplos e diversificados poderes que na maioria dos Estados alemães a polícia herdara da era do absolutismo, poderes que as forças policiais usavam para acossar e perpetuar a exclusão social de um sem-número de categorias de transviados e rejeitados. O fracasso da reforma penal no século XIX, embora longe de ser exclusivo da Alemanha, também teve papel significativo. Mas foram a erupção dos modos racistas, social-darwinistas e eugenistas de pensamento e sua penetração na administração judicial, penal e social na virada do século, a medicalização dessas áreas de pensamento e prática, e sua politização durante a República de Weimar que colocaram a Alemanha no fatídico caminho rumo ao encarceramento por tempo indeterminado, a esterilização e por fim o extermínio em massa dos grupos desviantes. De todos esses passos, somente o mais radical, o dos assassinatos em massa, provavelmente não teria sido dado caso os nazistas não tivessem chegado ao poder em 1933. Pois medidas repressivas contra inúmeros marginalizados foram tomadas também em outros países, da Suécia aos Estados Unidos, nos anos do entreguerras, em um aumento progressivo que foi se intensificando até culminar na esterilização compulsória, embora em escala muito menor do que ocorreu na Alemanha. Foi somente na Alemanha que os assassinatos em massa ganharam o *status* de política de Estado; e começou não com os judeus, mas com os deficientes físicos e mentais, em 1939.

Assim, vistos sob uma perspectiva histórica mais ampla e estendida, o confinamento, a esterilização e o extermínio de forasteiros sociais na Alemanha nazista foram o produto da modernidade, da mobilização política e do avanço científico, ou do que era considerado como tal, no meio século de 1890 a 1940.[43] O processo não foi uma regressão à barbárie. Descrevê-lo dessa forma é usar a barbárie em um sentido moral em vez de histórico, e portanto obstruir o caminho para uma compreensão abalizada e histórica acerca da natureza do extermínio nazista. Nomear a barbárie como a ferramenta conceitual central para a compreensão do Terceiro Reich é confundir pensamento e condenação moral. Por outro lado, conceber o extermínio nazista como um aspecto do fenômeno bifronte e contraditório da modernidade envolve reconhecer a possibilidade de haver um lado sombrio da modernização – como Marx e Engels viram muito tempo atrás –, admitir que a modernização poderia produzir tanto suas vítimas como seus beneficiários. Isso não significa reescrever o conceito de modernização até que seja esvaziado por completo de todas as suas conotações positivas.[44] Equivale a reconhecer que a ciência, em certos lugares e em certos momentos históricos, e talvez mais marcadamente na Alemanha entre 1890 e 1940, pôde constituir uma força em igual medida construtiva e destrutiva, e que aquilo que para alguns era tido como progresso social outros sentiam na pele como discriminação, opressão, sofrimento e morte.

2
Por dentro da Alemanha nazista

Coerção e consentimento

Nas décadas imediatamente posteriores ao término da Segunda Guerra Mundial, prevaleceu o consenso de que a Alemanha nazista era um Estado policial. Seu vasto e abrangente aparato de vigilância e controle permitia ao cidadão individual pouca liberdade de pensamento e restrita liberdade de ação. A noção de que a principal característica do Terceiro Reich era a destruição total das liberdades civis e o jugo da lei – no que o cientista político alemão Karl Dietrich Bracher chamou de "ditadura alemã" em seu clássico livro de mesmo título – andava de mãos dadas com uma ênfase hierárquica "de cima para baixo" na natureza do processo de tomada de decisões do regime nazista, situando Hitler em seu centro no que viria a ser conhecido como enfoque "intencionalista" do estudo das diretrizes políticas nazistas, de acordo com o qual as coisas aconteciam porque o líder nazista queria que acontecessem.[1] A partir da década de 1960, todavia, essa interpretação começou a ser deixada de lado, à medida que novas gerações de historiadores começaram a explorar as contradições internas e as instabilidades do sistema de governo do Terceiro Reich. Histórias locais e regionais revelaram uma variedade de atitudes populares ampla e cambiável no que dizia respeito ao Terceiro Reich e suas diretrizes políticas. Essa pesquisa enfatizou por implicação a relativa liberdade de escolha dos alemães comuns de resistir ou não resistir, e assim restaurou um elemento de voluntarismo na relação desses alemães com o regime nazista.[2]

Ao mesmo tempo, o aparato do Estado policial começou a parecer muito menos coercivo do que havia sido na década de 1950. Diversos estudos mostraram que a Gestapo (*Geheime Staatspolizei*, Polícia Secreta do Estado), outrora retratada como instituição intrusiva de vigilância e controle de alcance universal, era na verdade uma organização relativamente pequena, em especial quando comparada ao Ministério de Segurança do Estado da República Democrática Alemã (Alemanha Oriental comunista, RDA), chamado de

Stasi (abreviatura de *Staatssicherheit*, a polícia secreta).[3] E, na década de 1990, uma pesquisa de opinião – de larga escala e com sofisticação metodológica – realizada junto a alemães idosos e encabeçada pelo historiador americano Eric Johnson e o sociólogo alemão Karl-Heinz Reuband, demonstrou que a maioria dos entrevistados admitiu ter visto o nazismo com olhos "positivos" ou "extremamente positivos" em um ou outro momento do regime. Somente uma pequena minoria chegou a temer ser presa pela Gestapo. "Hitler e o nacional-socialismo", alegavam Johnson e Reuband, "desfrutavam de imensa popularidade junto à maior parte dos alemães, a tal ponto que raramente era necessário recorrer à intimidação e ao terror para inculcar neles a lealdade". A popularidade do regime também podia ser evidenciada com clareza nos resultados das eleições e plebiscitos realizados a intervalos variados durante a década de 1930. O apoio de 99% que o eleitorado deu a Hitler e seus programas políticos, de acordo com o historiador Robert Gellately, representa uma "extraordinária" evidência do "apoio popular" ao regime, opinião endossada por Hans-Ulrich Wehler, talvez o mais importante historiador alemão, que afirmou em seu estudo acerca do período que nessas ocasiões "os nazistas não levaram a cabo uma estratégia sistemática de manipulação".[4] As afirmações mais arrebatadoras a esse respeito foram feitas pelo historiador esquerdista alemão Götz Aly, que recentemente alegou que "o Terceiro Reich não foi uma ditadura mantida por meio da força". Pelo contrário, foi um regime popular, sustentado pelo entusiasmo da vasta maioria graças à façanha de ter conquistado, logo no início, prosperidade material e igualdade social. Suas estruturas de tomada de decisões não eram "de cima para baixo", mas "horizontais", propiciando a máxima oportunidade de participação na formulação e implementação de diretrizes políticas.[5]

Esses argumentos foram suscitados em especial por um sólido imperativo moral, impulsionado pela reemergência de casos de crimes de guerra desde a queda do comunismo e a instauração de ações de compensação e restituição em uma variedade de frentes, de obras de arte saqueadas a trabalho escravo. Qualquer coisa que implique restrições ao livre-arbítrio de atores históricos impõe um obstáculo potencialmente sério no que concerne ao estabelecimento de sua culpabilidade. A linguagem jurídica dos tribunais foi importada história adentro, à medida que todas as pessoas que viviam na Alemanha ou na Europa entre 1933 e 1945 são categorizadas como "autores de crimes", "circunstantes" ou, com menos frequência, "vítimas". Hans-Ulrich Wehler afirmou categoricamente que seria "equivocado caracterizar o Estado do *Führer* fundamentalmente como um regime de terror em que um bando de facínoras sob a liderança de um pária social austríaco exerceu uma espécie de jugo estrangeiro sobre a Alemanha ao qual a maioria decente mas indefesa teve de se submeter". Essa concepção, amplamente predominante na Alemanha Ocidental no imediato período pós-guerra, propiciou um álibi para a maioria, alega ele, ao passo que convenientemente ignora o fato de que havia, desde o início, um "amplo consenso" de apoio ao regime. Esse consenso, alega ele, era calcado sobretudo no carismático fascínio exercido por Hitler e por uma mistura de "pão e circo" para as massas. Em consequência, existia na Alemanha nazista um "acordo irrestrito entre o governo do *Führer* e a opinião do povo".[6] Para Wehler, a admissão de tal consenso corrobora o postulado de culpa coletiva que determina o principal fator integrador na identidade nacional da Alemanha pós-unificação. Essa identidade jamais foi inconteste, e houve reiteradas tentativas de oferecer uma alternativa, ou de solapar suas premissas retratando os alemães como vítimas da guerra e da conquista, na mesma condição de todas as demais. Não obstante, alcançou *status* hegemônico. Fia-se em uma noção de responsabilidade compartilhada com relação aos crimes do nazismo, que hoje se pode observar de uma ponta à outra da Alemanha, mas sobretudo em Berlim, onde um museu e um monumento memorial em homenagem às maiores vítimas do nazismo foram erguidos no coração da nova capital da nação.[7]

Mas a ênfase em um consenso nacional em apoio ao nazismo na década de 1930 e no início da década de 1940 não se limita às pessoas cujo principal interesse é fornecer legitimação histórica para um conceito esquerdista-liberal de nação. Hoje é opinião corrente e disseminada entre os historiadores da Alemanha nazista, qualquer que seja o país em que estejam baseados. "Em seu bem-sucedido cultivo da opinião popular", Robert Gellately escreveu, "os nazistas não precisaram recorrer à difusão do terror contra a população para estabelecer o regime". "A revolução nazista", argumenta ele, "não começou com um massacre indiscriminado contra a sociedade alemã, mas avançou em consonância com o que a vasta maioria queria ou toleraria". O terror, diz ele, foi dirigido sobretudo contra pequenos grupos de rejeitados sociais, e não ameaçou a vida da ampla maioria dos alemães comuns. De fato, em sua maioria os alemães tinham conhecimento da existência dos campos de concentração e do aparato de terror, mas sua reação não foi de medo tampouco de aprovação. Se o terror efetivamente desempenhou um papel na consolidação do regime, então foi o terror que a Gestapo e a polícia criminal exerciam contra os forasteiros sociais o que ajudou a convencer a maioria acachapante dos alemães comuns de que ao menos a lei e a ordem estavam sendo restauradas após o caos e a desordem da República de Weimar. "A maioria silenciosa, e nem tão silenciosa", afirma Gellately, "deu sustentação ao regime". Não se trata de um ponto de vista isolado. A bem da verdade, parece ter vindo à tona um novo consenso, de acordo com o qual o Terceiro Reich foi, para citar uma expressão recentemente usada por diversos historiadores, tanto alemães como não alemães, uma "ditadura por consenso", uma *Zustimmungsdiktatur*, para citar o título de um capítulo escrito por Frank Bajohr em uma recente história colaborativa de Hamburgo na era nazista.[8]

Nas páginas seguintes, farei um exame crítico acerca das proposições ou grupos de proposições nas quais se baseia esse consenso. A saber:

(1) Os nazistas não tomaram o poder, mas o obtiveram legalmente e por consentimento. Eles só aplicaram coerção sobre pequenas minorias de forasteiros sociais, e para tanto contavam com a aprovação da vasta maioria da população.

(2) A repressão nazista, exercida por meio da Gestapo e dos campos de concentração, deu-se em pequena escala e não afetou a maioria da população.

(3) A esmagadora popularidade de que o regime desfrutou desde o início é demonstrada pelos resultados impressionantemente positivos que os nazistas alcançaram nas eleições e plebiscitos nacionais, por posteriores pesquisas de opinião radiografando as lembranças que as pessoas tinham do regime, pela disposição de pessoas comuns de denunciar às autoridades qualquer indivíduo malcomportado que "saísse da linha" e pela ampla publicidade dada aos campos de concentração, que dessa maneira pareciam ser de forma geral aceitos pelo povo alemão como instituições úteis.

Ao final do capítulo retornarei para formular algumas conclusões gerais à luz dos pontos que levantei nesses comentários introdutórios.

I

O primeiro – e em muitos sentidos o mais óbvio – problema com o argumento de que a Alemanha nazista foi desde o princípio uma "ditadura por consenso" reside na natureza da ascensão dos nazistas ao poder. Claro que se tornou convencional criticar esse conceito, e salientar que Hitler não tomou o poder. Em vez disso, o poder lhe foi entregue em uma bandeja pelos representantes das elites conservadoras e do *establishment* militar que assegurou sua nomeação ao cargo de chanceler do Reich em 30 de janeiro de 1933. Wehler, com efeito, dá a sua descrição da nomeação de Hitler o título "A transferência de poder".[9] O que se seguiu foi, conforme afirma Robert Gellately, uma "revolução legal", cujas ações foram legitimadas por decretos e leis aprovadas por assembleias legislativas eleitas, inclusive o Reichstag, dessa forma reassegurando à massa populacional que tudo estava em ordem.[10] Mas é claro que os nazistas não receberam o poder em 30 de janeiro de 1933. Havia, ao contrário, o que Bracher sublinhou muito tempo atrás, um vácuo de poder na Alemanha, em que nenhum governo e nenhuma força política, nem mesmo o Exército, foi capaz de se afirmar ou angariar a legitimidade popular para suas ações. Ademais, embora Hitler tenha se tornado chefe de governo do Reich em 30 de janeiro, havia somente dois outros nazistas no gabinete, que era dominado por conservadores, liderados pelo vice-chanceler Franz von Papen, cujo objetivo era levar a melhor sobre Hitler, superando-o em manobras estratégicas, e usar seu maciço apoio de massa a fim de legitimar suas próprias diretrizes políticas no sentido de estabelecer um regime autoritário contrarrevolucionário. A apropriação do poder por parte dos nazistas não acabou em 30 de janeiro; a bem da verdade, apenas começou nesse momento.

A tomada do poder tampouco foi legal, a julgar pelo que apontou Bracher, que na verdade cunhou a expressão "revolução legal". As ações decisivas de Herman Göring como primeiro-ministro da Prússia, por exemplo, eram desprovidas de fundamento legal porque o *status* de sua nomeação foi invalidado pelo processo judicial movido pelo governo social-democrata prussiano, que havia sido ilegalmente deposto por Papen em junho do ano anterior. A Lei de Concessão de Plenos Poderes (também conhecida como Lei Habilitante ou Lei de Autorização) de 1933, que propiciou boa parte da base para os poderes legislativos de Hitler, foi aprovada de forma ilegal, porque Göring, na condição de presidente do Reichstag, infringiu a lei ao recusar-se a incluir na contagem de votos os ausentes mas legalmente eleitos deputados comunistas; foi dessa soma que ele computou a maioria de dois terços necessária para a aprovação da lei. O fato de que ela teria sido aprovada mesmo sem essa ação ilegal em nada contribuiu para legalizá-la. A nomeação, por obra de Göring, de centenas de milhares de milicianos nazistas como força policial auxiliar prussiana era de legalidade duvidosa, dada a falta de legitimidade de sua própria posição. E, mesmo se tivesse sido legítima, isso não teria de forma alguma legalizado as inúmeras agressões físicas, assassinatos, pilhagens e outros atos que os nazistas viriam a cometer ao longo da primeira metade de 1933, como atestaram de modo eloquente os muitos milhares de processos criminais instaurados contra eles por procuradores públicos no decorrer de 1933 – todos posteriormente anulados por ordens de Hitler.[11]

Contra quem era dirigida a violência dos nazistas? Gellately, em particular, alega que desde o princípio o alvo eram apenas as pequenas minorias. De acordo com ele, durante 1933 e depois os campos de concentração foram usados ostensivamente como centros de reeducação para forasteiros sociais, entre não somente os comunistas mas também os criminosos contumazes, os avessos ao trabalho, andarilhos e vagabundos, homossexuais, alcoólatras e afins. A bem da verdade, porém, em 1933 os comunistas eram de longe a categoria mais numerosa de pessoas aprisionadas nos campos. Foi somente mais tarde que os forasteiros sociais tornaram-se maioria. E só com alguma dificuldade os comunistas podem ser descritos como marginalizados, uma vez que estavam solidamente integrados às comunidades da classe operária em todas as regiões industriais da Alemanha; só eram forasteiros sociais da perspectiva das classes médias, uma perspectiva que Gellately, não raro de maneira inconsciente, adota. Tampouco os comunistas eram uma minoria insignificante em termos eleitorais: nas eleições para o Reichstag de novembro de 1932, obtiveram cem cadeiras, quase 50% a mais que os nazistas.[12]

Muito mais importante, contudo, é o fato de que a violência nazista em 1933, e sem dúvida muito antes disso, não era dirigida exclusivamente contra os comunistas mas também tinha como alvos os social-democratas, cujos representantes ocupavam conselhos e parlamentos de uma ponta à outra do país e haviam liderado não apenas a administração prussiana mas também o governo do Reich em vários momentos antes da chegada dos nazistas ao poder. Gellately desconsidera a violência social contra os social-democratas, qualificando-a como "insignificante",[13] mas mesmo um exame rápido e superficial das evidências revela a chocante intensidade e extensão dessa violência nos primeiros seis meses de 1933 à medida que os nazistas tomaram iniciativas para esmagar o que chamavam de "marxismo", termo com o qual se referiam não ao comunismo (que chamavam de "bolchevismo"), mas à social-democracia. Imediatamente após o banimento do partido em 21 de junho de 1933, 3 mil importantes seguidores social-democratas foram presos, espancados, torturados e, em muitos casos, assassinados. Uma tentativa de resistência armada no subúrbio berlinense de Köpenick resultou na detenção imediata de quinhentos social-democratas por milicianos nazistas, que ao longo da chamada "semana sangrenta de Köpenick" os torturaram com tamanha crueldade que 91 deles acabaram morrendo. Figuras políticas tarimbadas e de proa do Partido Social--Democrata, longe de ficar imunes, converteram-se em alvos específicos e estratégicos: o ministro-presidente de Mecklenburg, Johannes Stelling, foi torturado até a morte e seu corpo amarrado a um saco e atirado em um rio, de onde foi tirado pouco depois juntamente com os cadáveres de doze outros funcionários do partido mortos na mesma noite. O prefeito social-democrata de Stassfurt foi morto a tiros por nazistas já em 5 de fevereiro de 1933. Os ex--prefeito de Breslau, o ex-editor do jornal diário da cidade e o recém-demitido administrador-chefe do distrito de Berlim, todos eles social-democratas, foram detidos e aprisionados em um novo campo de concentração, inaugurado havia pouco, por Edmund Heines, líder dos milicianos nazistas, que o fez desfilar pelas ruas da cidade vestido de arlequim: Heines também sequestrou e encarcerou outro social-democrata: Paul Löbe, o ex-presidente do Reichstag, que também foi enviado para o campo de concentração.[14]

Um incidente típico ocorreu em Braunschweig em 13 de março de 1933, quando paramilitares nazistas invadiram uma sessão da câmara municipal, arrastaram de lá o prefeito social-democrata e o obrigaram a renunciar ao cargo; para marcar posição e salientar a seriedade de sua postura, uma gangue de membros da SS arrancou as roupas do prefeito, que a seguir foi espancado até perder os sentidos; por fim, despejaram um balde de água sobre sua cabeça, vestiram-no novamente e desfilaram com ele pelas ruas até o presídio da cidade. Os vereadores e as autoridades municipais social-democratas foram ameaçados de sofrer violência semelhante caso não abandonassem seus cargos; um deles se recusou e acabou sendo surrado até a morte. O principal nome social-democrata em Colônia, Wilhelm Sollmann, foi torturado na sede do partido nazista e obrigado a beber um drinque à base de óleo de rícino e urina, ao passo que o diretor do jornal social-democrata foi morto a tiros por ter se recusado a informar a uma gangue de milicianos onde era guardado o dinheiro do fundo partidário. Incidentes desse tipo repetiram-se de diferentes formas por toda a Alemanha na primavera de 1933 à medida que os nazistas agiam para assumir o controle de câmaras municipais e tomar posse de prefeituras. No fim de maio de 1933, quinhentos administradores e setenta prefeitos haviam sido forçados a sair do cargo; nem todos eles eram social-democratas, mas muitos sim.

Essas pessoas nada tinham a ver com membros de uma desprezada minoria de párias sociais. A bem da verdade, somados, os social-democratas e os comunistas haviam conquistado 13,1 milhões de votos nas eleições para o Reichstag em novembro de 1932, bem mais que os nazistas, que obtiveram somente 11,7 milhões. No sistema de representação proporcional da República de Weimar, essas cifras traduziam-se diretamente em cadeiras no parlamento, o que dava aos partidos da classe operária 221 assentos contra 196 nazistas. Os dois partidos da classe operária, é claro, apresentavam severas divisões entre si, e as muitas propostas de ação comum para refrear os nazistas jamais tiveram chances reais de sucesso. Esses partidos, em particular o Social-Democrata, tinham estreitas associações com o gigantesco movimento sindical alemão, que se tornou praticamente ineficaz por conta do desemprego em massa. Em 2 de maio de 1933, as filiais e sucursais do partido de uma ponta à outra do país foram invadidas por gangues de paramilitares; a mobília foi saqueada, os bens confiscados e seus funcionários presos e despachados para campos de concentração, onde sofreram brutais maus-tratos; na cidade industrial de

Duisburg, quatro dirigentes sindicais foram espancados até a morte nos porões do quartel-general do sindicato.[15]

Então, em 1933 a coerção escancarada foi uma estratégia abertamente aplicada sobretudo não contra as minorias de rejeitados sociais, mas sim contra a classe operária e suas organizações. Muitos autores recentes falharam ao não reconhecer esse fato decisivo e simplesmente estabeleceram uma diferenciação entre "párias sociais" e o restante, descrevendo este último como uma maioria mais ou menos uniforme de "povo", "as massas" e os "alemães", o que Wehler, por exemplo, faz com frequência. Gellately, Johnson e Reuband não conseguem distinguir as classes sociais, e deixam de reconhecer o fato de que o maior obstáculo ao regime – no sentido da geração de apoio a suas políticas e ações – tanto em 1933 como depois era a maciça fidelidade de milhões de trabalhadores aos ideais e princípios da social-democracia e do comunismo, lealdade cuja expressão formal só poderia ser quebrantada pelo terror. Não surpreende que, tão logo o regime entrou em colapso, em 1945, sindicatos, organizações partidárias social-democratas e comunistas, greves e outras expressões dessa fidelidade reapareceram quase que de imediato e numa velocidade de difusão espantosamente generalizada, atestando a incapacidade dos nazistas de angariar o apoio positivo da ampla maioria da classe operária alemã.[16]

As classes médias e o campesinato eram mais influenciáveis pela mensagem nazista, dados seu temor em relação ao comunismo e seu apoio em variados graus a uma solução autoritária para a crise política, social e econômica. Assim, bastou uma aplicação bem menos concentrada de violência e intimidação para que fossem forçadas a capitular diante do novo regime e a acatar a sua própria dissolução. Ainda assim, essa violência e intimidação era suficientemente real. Além dos nazistas, social-democratas e comunistas, o único outro partido que contava com apoio popular de massa era o Partido do Centro Católico. Seus deputados no Reichstag foram persuadidos primeiro a votar contra a Lei Habilitante e depois extinguir o partido, com algum estímulo do papado, quando a perspectiva iminente e tentadora de uma concordata entre o Vaticano e o Terceiro Reich oscilava bem diante de seus olhos. Todavia, o partido queria uma concordata especialmente por causa da implacável intimidação a que havia sido submetido desde o fim de fevereiro de 1933. Isso incluía violentos ataques aos comícios e reuniões do Partido do Centro Católico durante a campanha para as eleições de 5 de março de 1933; numa delas, em 22 de fevereiro, Adam Stegerwald, um dos políticos do Centro Católico e ex-ministro, foi gravemente espancado por paramilitares nazistas.

Na primavera e no início do verão de 1933, uma a uma as organizações católicas leigas estavam sendo forçadas a fechar as portas ou a se fundir a seus análogos nazistas; jornalistas e editores de jornal estavam sendo presos, especialmente se tivessem publicado ataques ao governo de coalizão encabeçado pelos nazistas; e líderes católicos vinham sofrendo brutais maus-tratos nas mãos da SA. Em 19 de junho de 1933, Eugen Bolz, presidente do estado de Württemberg e importante político do Centro Católico, foi detido e cruelmente surrado, sendo apenas o mais renomado entre muitos outros a sofrer esse tratamento bárbaro. Na Baviera, o novo chefe da polícia local, Heinrich Himmler, ordenou em 26 de junho de 1933 que fossem colocados sob "custódia protetiva" todos os deputados – do Reichstag e da Landtag – pertencentes ao Partido Popular Bávaro, o equivalente bávaro autônomo do Centro Católico no restante da Alemanha: de fato, ele foi ainda mais longe e decretou a prisão de todos os que haviam sido "particularmente ativos na política partidária", pouco importava a que partido pertencessem. Os sindicatos católicos sofreram o mesmo destino de seus equivalentes socialistas, e, de maneira decisiva, funcionários públicos católicos foram abertamente ameaçados de demissão a menos que se desligassem do Partido do Centro. Não é de surpreender que tenha sido o temor da completa destruição de suas organizações leigas e da anulação de todo o avanço que os leigos católicos haviam conquistado no sentido da obtenção de *status* de igualdade com os protestantes no serviço público e nas carreiras profissionais liberais nas décadas anteriores o fator que forneceu o principal ímpeto por trás do acordo por meio do qual o Centro aceitou se dissolver em troca de uma concordata em que o novo regime se comprometeria – não demoraria muito para que ficasse evidente a pouca sinceridade desse empenho – a preservar a integridade da comunidade católica e suas instituições.[17]

Somados, os partidos da classe operária e o Centro Católico representavam a maioria do eleitorado. Juntos, haviam assegurado 291 cadeiras contra 196 dos nazistas nas últimas eleições livres para o Reichstag da República de Weimar em novembro de 1932. Desde 1930 os outros partidos haviam perdido praticamente todo o apoio eleitoral e, portanto, eram um obstáculo bem menos sério. Aqui também, porém, a violência e a ameaça de violência tiveram papel significativo. Tal qual o Partido do Centro Católico, o Partido Estatal (liberal) votou a favor da Lei Habilitante, especialmente por causa do horripilante anúncio de Hitler no debate de que a decisão do partido de apoiar essa lei ou opor-se a ela era uma decisão sobre "se haveria paz ou guerra", ou, em outras palavras, caso a lei fosse rejeitada ele daria carta branca a 2,5 milhões de milicianos das tropas de assalto para que atacassem todas as pessoas que a ela fossem contrários. Ainda assim, posteriormente muitos políticos do Partido Estatal em todos os níveis – dos conselhos e câmaras municipais locais até os escalões mais altos – foram presos e o partido se viu forçado a se dissolver no fim de junho de 1933. O sucessivo e ininterrupto desligamento de membros do partido do funcionalismo público parece ter sido o principal impulso por trás da decisão do Partido Popular Alemão (*Deutsche Volkspartei*, DVP) de encerrar suas atividades, embora em muitos casos sua autoimolação pouco tenha feito para salvar seus empregos. Parceiro da coalizão com Hitler, o Partido Nacionalista – que, como o Partido Popular Nacional Alemão (*Deutschnationale Volkspartei*, DNVP) e o Partido do Centro, não tinha nenhum real comprometimento com a República de Weimar ou com a democracia a essa altura – era completamente favorável à extinção do movimento trabalhista e dos partidos da esquerda. O que essa organização política não esperava, porém, era que ela própria fosse extinta. No fim de março de 1933, o líder parlamentar do partido no Reichstag, Ernst Oberfohren, teve a casa invadida e o escritório revirado, e poucas semanas depois foi encontrado morto em circunstâncias suspeitas. O alerta era bastante claro, e foi corroborado por ameaças explícitas. Reunidos com Hitler em 30 de maio de 1933 a fim de queixar-se da violência e intimidação a que os representantes do partido estavam sendo submetidos, os líderes nacionalistas foram brindados com o que um deles chamou de "uma histérica explosão de fúria", em que o chanceler do Reich anunciou que autorizaria a SA a "abrir fogo" contra os nacionalistas e seus afiliados paramilitares e "ordenaria um banho de sangue de três dias" caso se recusassem a dissolver seu partido. Para enfatizar seu argumento, mandou prender Herbert von Bismarck, um dos principais nomes da corrente nacionalista. Em um intervalo de poucas semanas, tanto o Partido Nacionalista como as unidades paramilitares a ele associadas já não existiam mais como unidades autônomas.[18]

Esses eventos não foram suficientes para abrandar por completo os conservadores parceiros de coalizão de Hitler, cada vez mais preocupados com a violência da SA – cujos contingentes somavam, em 1934, 4,5 milhões de homens –, aflitos por conta da ambição pública e declarada de seu líder Ernst Röhm no sentido de substituir o Exército, e inquietos por causa de sua própria e progressiva marginalização política. No início do verão de 1934, a iminente perspectiva da morte do presidente do Reich (Hindenburg) suscitou no vice-chanceler Von Papen a ambição de reaver o poder substituindo-o, o que foi insinuado em discursos condenando a retórica revolucionária da SA. Hitler aplacou o desassossego da SA no fim de junho, ordenando a prisão de vários dos principais líderes da facção e determinando que fossem fuzilados por tropas da SS. Mas é importante lembrar que no chamado "Expurgo de Röhm", ou "Noite das Facas Longas", Hitler também desferiu um golpe contra a direita conservadora. Entre os mortos estavam não apenas Röhm e seus colegas, mas também o secretário de Papen, Herbert von Bose, seu redator de discursos, Edgar Jung, o líder da organização Ação Católica Erich Klausener, o ex-chanceler Kurt von Schleicher e outros, cujos nomes figuravam em uma lista compilada por Jung como possíveis membros de um governo pós-Hitler. Papen foi colocado em prisão domiciliar e seu antecessor como chanceler, o político católico Heinrich Brüning, só conseguiu escapar com vida porque não estava na Alemanha na ocasião. O alerta aos políticos conservadores e católicos para se calarem era inequívoco. Poucas vezes a aplicação da coerção em todos os níveis e escalões ficou mais clara e evidente do que na "Noite das Facas Longas".[19]

II

A violência nazista, real e ameaça iminente, foi aplicada de maneira irregular nos meses da tomada do poder de fevereiro a junho de 1933. Com tremenda ferocidade, a coerção física mirava comunistas, social-democratas e sindicalistas, e serviu como força exemplar, simbólica e discriminatória contra liberais, católicos, nacionalistas e conservadores, menos diametralmente opostos à política do emergente Terceiro Reich. Não obstante, a violência atuou em todos os níveis. Conforme apontou Richard Bessel, a violência [...] durante os primeiros meses de 1933, foi usada de forma explícita e deliberada para intimidar a oposição e a potencial oposição. Foi usada para criar uma esfera pública permeada por violência e fazia as vezes de lembrete imediato daquilo que aconteceria a *qualquer pessoa* que saísse da linha, que deixasse de demonstrar lealdade à nova ordem.[20]

Como, então, alguns historiadores foram incapazes de reconhecer esse fato e, em vez disso, afirmaram que a violência nazista era apenas contra minorias insignificantes e socialmente marginais? Isso me leva à segunda proposição ou o segundo grupo de proposições que quero discutir, a saber, que a repressão nazista foi levada a cabo por meio da Gestapo e os campos de concentração, se deu em pequena escala e não afetou a maioria da população.

Wehler mal menciona o aparato repressivo do Estado nazista, a não ser de passagem, e quando o faz é para aludir aos "instrumentos de terror: Gestapo, custódia protetiva, revogação de cidadania, campos de concentração".[21] O mais recente exemplo do ponto de vista de Gellately a respeito da questão não menciona outras sanções além da detenção por agentes da Gestapo e o confinamento em campos de concentração.[22] Aly corrobora a concepção de Gellately de que "a maior parte dos alemães simplesmente não precisava ser submetida a vigilância ou detenção" ao salientar que "em 1937 a Gestapo contava com apenas 7 mil funcionários", que, "com um contingente bem menor de forças de segurança [...] era suficiente para vigiar mais de 60 milhões de pessoas". Em 1936, ele acrescenta, "somente 4.761 pessoas – algumas das quais eram alcoólatras crônicos e criminosos de carreira – foram encarceradas nos campos de concentração do país".[23] Conjeturas similares são evidentes na afirmação de Johnson e Reuband, abarcando uma historiografia mais ampla, de que:

> À luz do numeroso grupo de indivíduos detidos pela Gestapo e temporariamente confinados em campos de concentração, e da crueldade da conduta da Gestapo – especialmente no que dizia respeito à extorsão de confissões –, muitos autores supuseram e deram como favas contadas que o medo de cair nas mãos da Gestapo era um tormento que assolava todos os indivíduos no Terceiro Reich, e concluíram que o medo e o terror foram os fatores decisivos para moldar o comportamento cotidiano

da população alemã. As evidências da nossa pesquisa, no entanto, não corroboram essa suposição e essa conclusão.[24]

Há nesses argumentos uma real circularidade, e a suposição de que a Gestapo e os campos de concentração eram os únicos agentes de controle e repressão no Terceiro Reich inevitavelmente produz a resposta – quando essa conjetura torna-se a base das perguntas da entrevista – de que não eram muito significativos, e por isso leva à avassaladora conclusão de que o controle e a repressão não eram protagonistas na vida da grande maioria dos alemães – nem sequer eram aspectos cuja presença tinha relevância.

É preciso levantar duas questões aqui. A primeira é que o principal instrumento do terror na Alemanha nazista não era o campo de concentração, mas sim a lei – para usar a terminologia de Ernst Fraenkel, não o Estado de prerrogativa mas o Estado normativo, em outras palavras, não o aparato estatal criado por Hitler, a exemplo da SS, mas o aparato já existente, que remontava a décadas ou mesmo séculos.[25] Isso não é diminuir o papel dos campos de concentração em 1933, é claro. Durante o ano de 1933, talvez 100 mil alemães em todas as partes do país tenham sido detidos sem julgamento na chamada "custódia protetiva", mas isso não significa de forma alguma que todos fossem membros dos partidos comunista e social-democrata. Estima-se que nesse período o número de mortes de pessoas sob custódia tenha chegado a seiscentos, e com quase toda a certeza foi maior que isso. Em 1935, porém, a ampla maioria desses prisioneiros já havia sido libertada por bom comportamento, e restavam menos de 4 mil detidos. Praticamente todos os primeiros campos já tinham sido fechados no fim de 1933.[26] Uma razão de grande peso para esse declínio está no fato de que o papel mais expressivo na repressão política agora estava sendo exercido pelos tribunais regulares e pelas prisões e penitenciárias estatais. Todo um novo conjunto de leis e decretos aprovado em 1933 expandiu enormemente o escopo das leis de traição e a pena de morte. Uma lei de 24 de abril de 1933, por exemplo, estabeleceu que qualquer indivíduo declarado culpado por planejar alterações na Constituição, empreender alguma tentativa de separar à força algum território do Reich alemão, ou envolver-se em conspiração com tais propósitos, seria decapitado: o conceito de "planejar" incluía escrever, imprimir e distribuir panfletos; "alterar a Constituição" incluía defender o retorno da democracia ou a deposição de Hitler como Líder; "conspirar" incluía qualquer pessoa afiliada aos partidos culpados. Uma lei de 20 de dezembro de 1934 ia ainda mais longe e aplicava a pena de morte a casos qualificados de "declarações de ódio" acerca de figurões do partido nazista ou do Estado. Outra lei tornava ilegais as "fofocas maledicentes", inclusive disseminar rumores sobre o regime ou fazer comentários depreciativos sobre seus líderes. Todo um sistema de Tribunais Especiais regionais, os *Volksgerichtshof* ("Tribunal do Povo") – encimados pelo Partido Popular em âmbito nacional –, foi criado para implementar essas e outras leis similares.[27]

É importante lembrar a extrema amplitude que caracterizou a destruição das liberdades civis durante o período da tomada nazista do poder. No Terceiro Reich era ilegal pertencer a qualquer agremiação política que não fosse o partido nazista ou, a bem da verdade, a qualquer organização não nazista de qualquer espécie, exceto as igrejas (e suas organizações auxiliares leigas) e o Exército; era ilegal contar piadas sobre Hitler; era ilegal espalhar boatos sobre o governo; era ilegal discutir alternativas ao *statu quo* político. O Decreto do Incêndio do Reichstag* (em alemão, *Reichstagsbrandverordnung*) de 28 de fevereiro de 1933 autorizou a polícia a abrir cartas e grampear telefones, e a deter pessoas por tempo indeterminado e sem mandado judicial, na chamada "custódia protetiva". O mesmo decreto revogou também as cláusulas na Constituição de Weimar que garantiam a liberdade de imprensa, a liberdade de assembleia ou o direito de reunião, a liberdade de associação e a liberdade de expressão. A Lei Habilitante permitiu ao chanceler do Reich e seu gabinete promulgar leis que violassem a Constituição de Weimar sem a necessidade de aprovação da legislatura ou do presidente eleito. O direito de apelação judicial foi efetivamente abolido para crimes que eram julgados pelos Tribunais Especiais e o Tribunal do Povo. Tudo isso acarretou enormes contingentes de infratores

---

* Portaria de defesa contra a suposta ameaça comunista, e cujo nome oficial era Decreto do Presidente do Reich para a Proteção do Povo e do Estado (*Verordnung des Reichspräsidenten zum Schutz von Volk und Staat*), foi uma norma legal emitida pelo presidente da Alemanha, Paul von Hindenburg, em resposta ao incêndio do prédio do Reichstag ocorrido um dia antes. Aprovado por pressão do chanceler alemão, Adolf Hitler, já que os nazistas ocupavam desde o início de 1933 a maioria no Parlamento, o decreto cancelou a maior parte das liberdades civis e políticas estabelecidas pela Constituição e foi a primeira legislação a abrir o caminho para o estabelecimento da política totalitária dos nazistas, por meio da eliminação de seus adversários reais ou potenciais. (N. T.)

enviados para a prisão tanto por crimes políticos como por delitos comuns. Em 1937 as cortes sancionaram nada menos que 5.255 condenações por alta traição. Essas pessoas, quando escapavam da pena de morte, iam para algum presídio estatal, não raro por longos períodos de tempo. De 1932 a 1937 a população carcerária saltou de 69 mil para 122 mil detentos. Em 1935, 23 mil dos presos que cumpriam pena em cadeias e penitenciárias estatais eram classificados como criminosos políticos. O esmagamento da resistência comunista e social-democrata assegurou que esses números caíssem bem mais que 50% no início de 1939; contudo, ainda eram bem mais expressivos do que o número de presos políticos nos campos após 1937, quando os campos tiveram nova expansão; dessa vez, realmente funcionaram como locais de confinamento mais de desviantes sociais do que de divergentes políticos.[28]

O segundo ponto a ser destacado é que a condenação legal por traição, fofoca maledicente e delitos semelhantes e detenção preventiva "semilegal" em campos de concentração eram somente as mais severas de uma vasta gama de sanções que se entranharam na sociedade alemã em nome dos esforços do regime de coibir a oposição e a divergência. Estudos locais oferecem um bom retrato das medidas coercivas que o regime impôs a seus servidores a esse respeito. Na cidadezinha de Northeim, no norte da Alemanha, por exemplo, tema de investigação de *The Nazi Seizure of Power*, o clássico estudo de William Sheridan Allen publicado em 1965, os comunistas foram presos nos primeiros meses de 1933, juntamente com alguns dos mais importantes líderes social-democratas do município; os vereadores social-democratas viram-se obrigados a pedir exoneração do cargo após comparecerem a uma sessão da câmara em que foram recebidos por uma chuva de cusparadas disparadas por um corredor polonês formado por sequazes camisas-pardas. Essa caça às bruxas resultou na demissão de 45 funcionários municipais, na maioria social-democratas que trabalhavam em instituições diversas, da usina de distribuição de gás à piscina pública local à cervejaria municipal. Em uma época de contínuo desemprego em massa, era improvável que encontrassem outros empregos. Os nazistas locais pressionaram os senhorios para que despejassem de seus apartamentos os inquilinos social-democratas, e exigiam que a polícia fizesse frequentes incursões nas casas dos social-democratas em busca de literatura subversiva.[29]

Em todos os níveis, também, o regime usava alguma espécie de coerção que não envolvia detenção ou encarceramento quando buscava implementar medidas específicas e assegurar a aparência de apoio público a elas. Membros dos partidos católico, liberal e conservador foram coagidos a juntar-se ao nazismo na primavera de 1933, e sobretudo após a Lei para o Restabelecimento do Serviço Público Profissional de 7 de abril, em decorrência da ameaça direta de perderem o emprego no serviço estatal, que na Alemanha abrangia não somente os funcionários públicos e dirigentes locais que ocupavam funções de alto nível, mas também professores de escolas primárias, o estafe universitário, promotores, policiais, administradores sociais, funcionários dos correios, supervisores do transporte público e muitos outros. Quando, alguns anos depois, tomou medidas para abolir as escolas denominacionais e obrigar os pais a matricular os filhos em instituições de ensino seculares e estatais de modo a submetê-los de forma mais completa à doutrinação nazista, o regime realizou plebiscitos locais sobre a estratégia e ameaçou os pais que se recusassem a votar a favor – demonstrando a intenção de cortar o pagamento de benefícios sociais, inclusive o auxílio-criança (ou benefício-criança). O governo empreendeu uma gigantesca campanha de propaganda contra monges e padres que atuavam em escolas privadas administradas pela Igreja Católica, acusando-os de pederastia e levando inúmeros deles aos tribunais, em julgamentos de ampla divulgação pública. A seguir, pais e até alunos foram pressionados a redigir petições e abaixo-assinados contra o fato de supostos transviados como esses trabalharem como educadores. Aqui, então, tratava-se de uma considerável fatia da população, os católicos, que compunham 40% da população total de alemães e iam muito além de meros desviantes ou párias sociais, submetida a persistente coerção e assédio quando atrapalhava uma diretriz primordial do regime.[30]

Portanto, diversas formas de coerção grassavam na Alemanha. A coação e a repressão eram particularmente evidentes na área da caridade e bem-estar social, em que milicianos das tropas de assalto batiam à porta das pessoas ou as abordavam nas ruas exigindo contribuições para o Fundo de Amparo de Inverno. Em todas as escolas, os jovens alunos que se recusassem a entrar na Juventude Hitlerista estavam suscetíveis a não receber o certificado de conclusão do curso ao seu término, o que destruía as perspectivas de arranjar uma vaga como aprendiz ou um emprego formal. Uma vez que adquiriu poderes de modo a manobrar os trabalhadores e direcioná-los para onde julgasse serem necessários, o regime nazista tinha a prerrogativa de usar a ameaça de recolocar as pessoas e realocá-las em funções vis e ocupações difíceis, como uma modalidade de sanção contra os encrenqueiros. Em 1939, mais de 1 milhão de operários alemães haviam sido reencaminhados compulsoriamente para trabalhar em fábricas de munição e setores relacionados à guerra, não raro sendo forçados a viver longe da família, e por vezes eram transportados até seu destino sob a escolta de carcereiros. De forma progressiva, à medida que o programa de rearmamento começou a criar escassez de mão de obra, trabalhadores especializados e qualificados, versados em atividades econômicas importantíssimas, passaram a ser punidos com esse tipo de sanção mais branda, em vez de serem alvo de medidas como o aprisionamento, que privaria o Estado de sua força de trabalho. Ser mandado para labutar nas fortificações do Westwall [Muro Oeste], com seus turnos de doze horas de extenuante trabalho braçal, tornou-se um instrumento favorito de coerção por parte dos empregadores – estes, por sua vez, sob a pressão do Plano Quadrienal para produzir mais e manter baixos os custos e diante de trabalhadores que exigiam maiores salários ou redução na jornada de trabalho, ou que no chão de fábrica eram entreouvidos fazendo comentários depreciativos sobre o patrão ou o regime.[31]

A ampla gama de medidas coercivas usadas pelo regime em todos os níveis era posta em prática por uma gama igualmente vasta de agentes de coerção. É um erro concentrar-se exclusivamente na Gestapo com base no pressuposto de que era o único ou mesmo o principal instrumento de controle na Alemanha nazista. Detlef Schmiechen-Ackermann, por exemplo, recentemente chamou a atenção para o "vigia de quarteirão", ou *Blockwart*, nome popular dado aos supervisores de baixo escalão do partido nazista, geralmente zeladores responsáveis por um bloco de apartamentos ou conjunto de casas, onde eram incumbidos de assegurar que as pessoas tomassem as devidas precauções antiaéreas, pendurassem bandeirolas no dia do aniversário de Hitler e em outras ocasiões similares, e não se envolvessem em atividades ilegais ou subversivas. Os vigias de quarteirão mantinham vigilância estreita sobre ex-comunistas ou social-democratas, aguçavam os ouvidos, atentos a expressões de insatisfação com o regime, e podiam punir o desvio político ou social recorrendo a uma variedade de meios que iam de interromper o pagamento de benefícios de bem-estar social a informar os nomes dos divergentes à organização distrital do partido para que fossem encaminhados à Gestapo.[32] No ambiente de trabalho, dirigentes das Frentes para o Trabalho exerciam função semelhante, e sua autoridade lhes permitia transferir operários recalcitrantes para tarefas desagradáveis ou negar-lhes promoção. A vigilância, o controle e a disciplina política eram exercidos pelos líderes da Juventude Hitlerista, normalmente um bocado mais velhos do que seus encargos. Em 1939 pertencer a ela passou a ser compulsório, e cerca de 8,7 milhões de alemães de 10 a 18 anos – de um total de 8,9 milhões – pertenciam à organização, de modo que seus efeitos não se limitavam aos desviantes ou os marginais.

Tomados em conjunto, todos esses agentes de coerção apontam para o que um historiador recentemente chamou de polimorfo, canhestro mas incisivo e onipresente sistema de controle, do qual a Gestapo formava somente uma parte pequena ainda que importante. Aqui também, claro, sua hostilidade era dirigida vigorosamente contra os ex-comunistas e social-democratas nas áreas da classe trabalhadora, mas era presente como ameaça iminente e enorme também na sociedade da classe média.[33] Não surpreende, portanto, que, a julgar pela lembrança da maior parte dos entrevistados de Johnson e Reuband, eles tinham de ser cuidadosos com o que diziam quando conversavam com pessoas desconhecidas ou sabidamente nazistas, "como os ubíquos líderes de bloco do partido nazista". Um dos entrevistados relembrou: "Com o tempo, todos ficaram cautelosos. As pessoas simplesmente não falavam mais com outras pessoas". Os alemães comuns, de acordo com a correta conclusão de Johnson e Reuband, "sabiam muito bem que comentários irrefletidos e politicamente inaceitáveis, bem como o comportamento correspondente, poderiam levar a graves punições e talvez colocassem em risco sua vida".[34] Em consequência, eles retraíram-se cada vez mais para a esfera privada. Johnson e Reuband não chegam à óbvia conclusão de que as pessoas estavam vivendo em um clima de medo, mas, mesmo tomando por base as evidências que apresentam, parece justificável concluir que estavam. Em última instância, como se depreende dos entrevistados de Johnson e Reuband, o medo que compunha o permanente pano de fundo de sua vida cotidiana não era o medo em relação à Gestapo, menos ainda de cidadãos comuns, de amigos ou de parentes, mas o medo dos nazistas ativos, dos dirigentes de baixo escalão e dos apoiadores engajados do regime: quem entabulasse conversa com uma pessoa desconhecida talvez poderia descobrir se ela pertencia a alguma dessas categorias por meio da identificação de pequenos sinais – por exemplo, se usava a saudação de Hitler; contudo, como era impossível saber ao certo, a melhor atitude era manter a circunspecção; e, para os que sabiam que o interlocutor era um nazista ativo, claro que havia a necessidade de ser cauteloso.

III

Por que era necessário tamanho aparato de coerção e controle se, conforme apontam historiadores como Wehler, Gellately, Johnson, Reuband e outros, o regime nazista era visto sob uma luz extremamente positiva pela massa do povo alemão? Isso me leva à terceira proposição ou grupo de proposições que quero examinar: a de que a avassaladora popularidade do regime desde o início é demonstrada pelos extraordinários resultados que o partido obteve em eleições nacionais, por dados de posteriores pesquisas de opinião radiografando as lembranças que as pessoas tinham do período, pela disposição de alemães comuns de denunciar às autoridades qualquer pessoa que "saísse da linha" e pelo amplo apoio e destaque dado pela imprensa nazista aos campos de concentração. Certamente, para começar com os plebiscitos e eleições que eram realizados a intervalos durante o Terceiro Reich, era habitual que o regime conquistasse mais de 90% dos votos quando submetia suas plataformas e propostas à aprovação popular. Mas esses resultados eram realmente indicadores marcantes da popularidade do regime, como alegam alguns? Uma ampla gama de estudos contemporâneos leva a crer de forma enfática que não. No plebiscito sobre a nomeação de Hitler como chefe de Estado após a morte de Hindenburg em 1934, por exemplo, bem como no plebiscito de abril de 1938 sobre a união com a Áustria e em outras ocasiões, gangues de paramilitares das tropas de assalto iam de casa em casa arrebanhando eleitores e os conduziam em marcha até as seções de votação. Não raro os eleitores viam-se obrigados a votar em público, já que em muitas seções as cabines de votação haviam sido arrancadas; em outros casos, os nazistas adornavam as cabines com os dizeres "somente traidores entram aqui"; isso ia muito além da mera retórica, já que em 1938, quando o plebiscito foi acompanhado de uma consulta para referendar um voto de confiança em Hitler, qualquer pessoa que votasse "não" estava votando contra Hitler e, portanto – como faziam questão de salientar os dirigentes e agentes de propaganda nazista –, cometendo um crime, por transgredir as leis de traição.[35]

Em todas essas eleições, as seções eleitorais eram cercadas por milicianos das tropas de assalto, cuja atitude ameaçadora deixava bem claro o que aconteceria caso alguém não agisse como mandava o figurino. Os suspeitos de serem opositores do regime recebiam cédulas de votação especialmente marcadas, e em muitos locais circulavam rumores de que todos os papéis de votação tinham uma numeração secreta, de modo que qualquer indivíduo que votasse "não" ou estragasse sua cédula poderia ser identificado e punido; com efeito, as pessoas que optavam por esse caminho ou se recusavam a votar eram espancadas pelos camisas-pardas ou arrastadas pelas ruas com cartazes de "traidor" pendurados no pescoço, ou chegavam mesmo a ser internadas em manicômios. Como estratégia para assegurar uma esmagadora porcentagem de "sim", muitos antigos comunistas, social-democratas e outros críticos do regime eram presos antes da votação e liberados somente depois do término do pleito, já garantida a vitória; em muitas sessões eleitorais as cédulas já chegavam de antemão com um X marcado na opção "sim"; em certas áreas havia relatos de que eram tantas as cédulas falsificadas com votos "sim" (substituindo votos "não" e cédulas danificadas/anuladas) que no fim o número de votos "sim" chegava a ultrapassar o total de eleitores inscritos. Nada disso significava, por óbvio, que em um plebiscito acerca de uma questão como a unificação com a Áustria o governo teria deixado de obter a maioria para endossar suas ações; mas sem dúvida é seguro afirmar que, em uma votação livre, o partido não teria chegado aos 99% de "sim" que alcançava por meio da tática de manipulação e intimidação que acabei de esboçar; no plebiscito de 1934, talvez nem sequer tivesse conquistado a maioria.[36]

Voltemos as atenções para as evidências da popularidade supostamente acachapante do regime nazista a partir de 1933, corroborada por dados de pesquisas de opinião realizadas mais tarde. Johnson e Reuband alegam que suas entrevistas com alemães idosos durante a década de 1990 mostram que "Hitler e o nacional-socialismo eram imensamente populares junto à maioria dos alemães".[37] No entanto, sua amostragem consistiu predominantemente de pessoas nascidas entre 1910 e 1928, e que portanto teriam entre 5 e 23 anos de idade no início do Terceiro Reich e entre 17 e 35 anos no fim. Na natureza das coisas, a maior parte teria nascido mais para o fim do período escolhido do que para o começo. Tudo o que sabemos sobre a Alemanha nazista, dos relatórios da *SoPaDe* – a organização do Partido Social-Democrata da Alemanha (SPD) no exílio – aos diários de pessoas como o professor judeu Victor Klemperer, salienta o fato de que a propaganda nazista era mais eficaz em meio às gerações mais jovens de alemães, que no fim das contas tiveram poucas chances de formar seus próprios valores e convicções antes do início do regime e foram submetidas a uma gigantesca e massacrante doutrinação, aplicada de maneira intensa e ininterrupta nas escolas, na Juventude Hitlerista e por meio da propaganda de mídia de massa orquestrada por Goebbels. De forma arrebatadora, foram predominantemente os jovens, por exemplo, que tomaram parte da violência antissemita na *Kristallnacht** e berravam insultos contra Klemperer nas ruas.[38] E os próprios Johnson e Reuband destacam que "os mais jovens [...] foram desproporcionalmente receptivos ao nacional-socialismo".[39] Sua pesquisa mostra que 62% dos entrevistados nascidos em Berlim entre 1923 e 1928 admitiram ter tido reação "positiva ou majoritariamente positiva" com relação ao nacional-socialismo, em comparação com apenas 35% dos nascidos entre 1911 e 1916; em Dresden, os números correspondiam a 65% e 39%; em Colônia, respectivamente 45% e 21%. Não seria extemporâneo supor que, no caso das pessoas nascidas, digamos, antes de 1890 ou 1880, os números teriam sido ainda mais baixos. Os resultados, portanto, são enviesados pelo fato de que a maior parte dos entrevistados nasceu na década de 1920.[40]

Ademais, de acordo com o que apontam os próprios autores, diante de três perguntas – se acreditavam no nacional-socialismo, se admiravam Hitler e se compartilhavam dos ideais nazistas –, somente uma minoria dos entrevistados (18%) respondeu de forma afirmativa às três perguntas, ao passo que 31% res-

---

* A Noite dos Cristais, Noite de Cristal ou Noite de Cristal do Reich, foi um pogrom contra os judeus na Alemanha nazista na noite de 9 para 10 de novembro de 1938, levado a cabo pelas forças paramilitares da SA e por civis alemães; o nome deve-se aos milhões de pedaços de vidro partidos que encheram as ruas depois de estilhaçadas as janelas das lojas, edifícios e sinagogas judaicas. (N. T.)

ponderam "sim" para duas delas. Assim, somente 49% dos que participaram da pesquisa deram um nítido "sim" a mais de uma dessas três perguntas. Apenas quando eram acrescidos aqueles cujas respostas apareciam como ambivalentes ou neutras é que se tornavam maioria. A cuidadosa e exemplarmente detalhada análise que Johnson e Reuband fazem dos dados dessa pesquisa mostra que as atitudes da maior parte dos entrevistados eram heterogêneas e irregulares: alguns alemães viam de modo positivo certos aspectos do nazismo, mas não outros, ao passo que as atitudes de muitas pessoas mudaram acentuadamente com o decorrer do tempo, um fator que vem à tona com maior clareza a partir de entrevistas mais extensas e informações mais meticulosas do que as estatísticas fornecidas pela sondagem de opinião. Todas essas variações e qualificações aparecem com todas as letras e com grau convincente de detalhamento no texto do livro de Johnson e Reuband; é uma pena que desapareçam por completo quando se trata de sintetizar e apresentar suas conclusões.[41]

O terceiro filão expressivo de evidências apresentadas por alguns historiadores em defesa da popularidade do regime é a prática de denunciar os transgressores às autoridades. Até que ponto essa prática de denuncismo revela de fato as atitudes das pessoas acerca do regime? O que ela não revela, para começo de conversa, é que a Alemanha nazista era uma "sociedade de autopoliciamento", segundo afirmou Gellately, pois as pessoas não se denunciavam umas para as outras, mas denunciavam certos indivíduos para as autoridades, como à Gestapo, e, se a Gestapo e outras agências de controle estatal e partidário não existissem para agir, legal ou extralegalmente, contra os objetos de denúncia, então a denúncia não teria sentido. Na prática, é claro, a prática da delação era extremamente rara: em Lippe, cuja população era de 176 mil habitantes durante o Terceiro Reich, por exemplo, havia apenas entre três e 51 denúncias por ano; e uma proporção relativamente alta dos denunciantes era de membros do partido nazista – 42% em Augsburgo, por exemplo. Em Düsseldorf, cerca de 26% das investigações da Gestapo foram iniciadas por delações feitas por membros da população geral; os outros três quartos tiveram como ponto de partida acusações de oficiais ou informantes da Gestapo, organizações do partido nazista, a polícia criminal e a SS e alguma ou outra autoridade estatal. Em adição, um estudo de documentos sigilosos de arquivos da Gestapo para a região de Koblenz e Trier recentemente dessegredados e divulgados ao público revelou que a Gestapo fazia ampla utilização de uma rede de informantes pagos e também mantinha um rol de informantes não remunerados, que não hesitava em usar repetidamente; cerca de um terço dessas pessoas era de membros do partido nazista ou de suas organizações afiliadas.[42]

Com relação às contravenções das Leis Raciais de Nuremberg, a proporção de casos resultantes de denúncias era um bocado mais alta, mas isso ocorria especialmente porque essa espécie de crime era cometida em larga medida em âmbito privado, e pouca gente chegava a tomar conhecimento dessas violações da lei a não ser que fossem vizinhos, conhecidos e familiares do infrator. De qualquer modo, como já apontei, em regra as pessoas eram bastante cautelosas com o que diziam para desconhecidos, de modo que a relativa predominância de familiares próximos, parentes e vizinhos como principais autores de denúncias feitas à Gestapo talvez reflita entre outras coisas o fato de que as pessoas abaixavam a guarda quando conversavam com quem fazia parte de seu círculo mais íntimo. Pelo menos nos primeiros anos do regime, os casos de "fofoca maledicente" tinham início amiúde a partir de delações feitas por estalajadeiros e beberrões de bar, onde o álcool afrouxava a língua de maneira significativa; entretanto, à medida que se tornaram claras as consequências das conversas informais e indiscretas dos donos de "línguas de trapo" e "línguas compridas", a proporção de casos de fofoca maledicente no tribunal de Augsburgo – foco de um estudo particularmente iluminador – derivados de acusações feitas em *pubs* e bares desabou de três quartos em 1933 para um décimo por ocasião da eclosão da guerra. Além disso, de acordo com Gellately, muitas denúncias apresentadas por cidadãos comuns eram baseadas em motivos pessoais, e nada diziam acerca da atitude dos denunciados com relação ao regime, as ideologias ou as diretrizes políticas do nazismo.[43]

Em muitos casos, é claro, as denúncias levavam à instauração de processos judiciais e resultavam na exigência de comparecimento diante de um Tribunal Especial, além de penas de reclusão – não em um campo de concentração, mas em um presídio estatal. Não obstante, sobretudo nos dois primeiros anos de seu governo, os nazistas fizeram questão de alardear os campos de concentração e sua função, em uma época na qual os esforços repressivos do Estado e do partido dirigiam-se principalmente contra a oposição e a divergência política. Afirmar, como faz Gellately, que os prisioneiros dos campos de concentração em 1933-34 eram "forasteiros sociais de um ou outro tipo" é simplesmente incorreto. Tampouco os comunistas eram forasteiros sociais, a menos que se queira estigmatizar toda a classe trabalhadora alemã – segundo algumas estimativas, pelo menos metade da população total da Alemanha – como marginalizados; os campos de prisioneiros, como saberá qualquer um que tenha prestado alguma atenção aos eventos de 1933, também eram destinados aos social-democratas; e os "bons cidadãos" da Alemanha em 1933, que, a julgar pela descrição de Gellately, se comprazziam com o "combate ao crime", incluíam um sem-número de social-democratas: prefeitos, vereadores, deputados, autoridades, dirigentes de alto escalão, funcionários públicos e outros. Longe de se deleitar, estavam eles próprios sujeitos a acabar em um campo de concentração.[44]

Por exemplo, artigos e até fotografias foram publicados com destaque em jornais locais quando o campo de Dachau foi aberto em 1933, alardeando o fato de que não apenas comunistas, mas também social-democratas ou "marxistas" e adversários políticos de todos os matizes, estavam sendo "reeducados". Mais uma vez, evidências locais são reveladoras e esclarecedoras a esse respeito. Em Northeim, em 1933, por exemplo, os jornais locais e regionais publicaram matérias sobre Dachau e sobre o campo nos arredores de Moringen, além de estamparem relatórios regulares sobre a prisão de cidadãos que faziam comentários depreciativos acerca do regime e seus líderes. Os guardas de Morigen eram recrutados junto à população local, e em regra os prisioneiros eram libertados depois de algumas semanas de confinamento, para que as notícias sobre o campo se espalhassem amplamente por Northeim e o distrito adjacente.[45]

Claro que tanto aqui como alhures houve variados outros tipos de contato com a população local, que se envolveu na construção do campo, trabalhava no abastecimento e na manutenção e reparos das instalações; mas isso não necessariamente indicava apoio irrestrito aos objetivos nazistas: mesmo que consertasse um vazamento nos canos no edifício da administração do campo de concentração, um encanador poderia continuar com medo do que aconteceria caso ele saísse da linha e deixasse escapar algum comentário incauto. De tempos em tempos, o regime era explícito no uso geral que fazia da ameaça de confinar as pessoas que causassem problemas: "São ameaçados de ir para o campo de concentração", declaravam as primeiras páginas dos jornais da

Alemanha no imediato rescaldo da "Noite das Facas Longas", "[...] os boateiros que espalham insultos caluniosos ao movimento e ao seu Líder". Na maioria das vezes a ameaça era implícita.⁴⁶ Todavia, era dirigida potencialmente contra qualquer pessoa, não apenas os forasteiros sociais. Foi somente após a onda de repressão inicial em 1933-34 que os campos de concentração, tendo cedido aos Tribunais Especiais sua função de "reeducação" política, tornaram-se depósitos de forasteiros sociais.

IV

Com justeza, a historiografia recente tem sido crítica acerca dos estudos mais antigos que reduzem a opinião popular no Terceiro Reich a mero produto de coerção e propaganda. Porém, diminuir o valor da primeira e ignorar os últimos, em favor de um enfoque totalmente voluntarista, não é lá muito útil como meio de explicar os mecanismos de funcionamento do Terceiro Reich. A propaganda era importante, mas é óbvio que não operava a partir de uma tábula rasa no que dizia respeito às opiniões da maioria do povo. A propaganda nazista atingiu o auge da eficácia quando se aproveitou de convicções já existentes, conforme demonstrou Ian Kershaw, anos atrás, em seu clássico estudo sobre a opinião popular na Baviera durante o Terceiro Reich.⁴⁷ Nos pontos acerca dos quais o povo, notadamente os social-democratas, comunistas e católicos, haviam formado seus valores e adotado sua postura política bem antes do início do Terceiro Reich, a propaganda foi bem menos eficiente. A máquina de propaganda também surtia efeito nos aspectos em que mostrava ao menos alguma relação com a realidade: os nazistas obtiveram ampla – ainda que por vezes relutante – aprovação, por exemplo, por conta da redução do desemprego, da restauração da ordem nas ruas e do bem-sucedido restabelecimento do prestígio internacional e da liberdade de ação da Alemanha. Na última parte da guerra, em contraste, poucos acreditaram nas bazófias de Goebbels assegurando que a vitória era iminente.

Entretanto, quanto mais o povo se aferrava a valores alternativos aos do nazismo, mais importante tornava-se o terror como meio de dominação e submissão. Os próprios nazistas foram os primeiros a admitir isso. Em 15 de março de 1933, referindo-se às eleições semilivres realizadas dez dias antes e que haviam dado ao partido nazista e seus parceiros nacionalistas de coalizão uma apertada maioria absoluta dos votos, Goebbels anunciou que o governo "não se contentará por muito tempo sabendo que tem 52% enquanto aterroriza os outros 48%, mas, pelo contrário, transformará em sua tarefa conquistar por mérito próprio também esses outros 48%". O discurso de Goebbels era extraordinário tanto por sua franca admissão do papel do terror no estabelecimento do Terceiro Reich como por sua ousada declaração da importância da obtenção do apoio ideológico de todo o povo alemão. A história dos anos seguintes é em parte a história de como, nessa empreitada, os nazistas tiveram êxito em aspectos fundamentais. No entanto, o objetivo de Goebbels de angariar o entusiasmo sincero da maioria do povo e mobilizá-lo a aderir ao nazismo só foi atingido de forma parcial. Em 1939 a liderança nazista sabia que a maior parte dos alemães apoiava apenas "da boca para fora" – em uma "aprovação fingida" – os ideais nazistas proclamados de modo mais estridente e insistente: era somente um simulacro de anuência, em que, por fora, a maior parte do povo se sujeitava e se conformava, mas, no íntimo, mantinha para si seus verdadeiros princípios. O nazismo foi bem-sucedido no que tangia a alterar as atitudes e convicções da maior parte dos alemães, particularmente nas gerações mais jovens, encaminhando-as para a direção que queria, mas não atingiu o ambicioso propósito que havia estabelecido. Essa situação, atestada sobretudo em estudos locais como *The Nazi Seizure of Power*, de Allen, era por seu turno um reflexo do fato de que, no fim, a coerção foi pelo menos tão importante quanto a propaganda em seu impacto sobre o comportamento da ampla maioria do povo que residia na Alemanha nazista.[48]

Quem operava o sistema de coerção, portanto? Quantas pessoas estavam envolvidas em sua implementação? O fato de que contava com o envolvimento de diversos agentes implica que foi posto em prática por uma gama muito maior de pessoas do que as que pertenciam à relativamente pequena organização da Gestapo. No início de 1934 a SA tinha quase 3 milhões de membros, número que sobe para 4,5 milhões se incluirmos as associações incorporadas de paramilitares e veteranos como a *Stahlhelm*. Em 1935 havia cerca de 200 mil "vigias de quarteirão"; já no início da guerra, eram nada menos que 2 milhões, incluindo seus assistentes e suplentes. Centenas de milhares de alemães ocupavam cargos oficiais em uma ou outra organização do partido nazista, como a Juventude Hitlerista, as Câmaras de Cultura, as ligas nazistas de professores e estudantes universitários, a Frente para o Trabalho e assim por diante. Particularmente importantes nesse contexto eram as profissões ligadas à atividade legal e judicial, entre elas a força policial regular e a Gestapo, cujos dirigentes já atuavam, na maioria, como policiais durante a República de Weimar. Na Prússia, somente trezentos de um total de 45 mil juízes, promotores públicos e funcionários graduados foram exonerados ou transferidos para outras funções por razões políticas pelos nazistas em 1933; o restante permaneceu no cargo e fez cumprir as leis sancionadas pelo regime, com objeções mínimas e esporádicas. Se incluirmos na conta todos os muitos outros alemães que detinham cargos e posições de responsabilidade no Estado, o número de pessoas dispostas em algum grau a desempenhar um papel no aparato coercitivo do regime certamente chegará à casa dos milhões. Ainda assim, em uma nação com população de 80 milhões de habitantes, continuavam sendo uma minoria. Igualmente importante, também, e eles bem o sabiam, era o fato de que, como todo o mundo, cairiam em desgraça no regime caso saíssem da linha: do total de pessoas que foram levadas a julgamento por "fofoca maledicente" em Augsburgo em meados da década de 1930, 22% eram membros do partido nazista. Não obstante, colocar em prática diversos tipos de coerção e violência, real ou ameaçada, que não seriam tolerados em uma sociedade democrática, tornara-se um estilo de vida para milhões de alemães quando da eclosão da guerra.[49]

Somente por meio do reconhecimento de que multidões de alemães haviam se convertido em administradores voluntários da coerção e da repressão – e de que milhões de jovens alemães receberam uma esmagadora influência da doutrinação nazista – é que somos capazes de explicar o comportamento impressionantemente selvagem das forças que invadiram a Polônia em 1939. A invasão da Polônia ocorreu sob condições favoráveis, em tempo bom, contra um inimigo que foi sobrepujado com desdenhosa facilidade. As tropas invasoras não precisaram ser convencidas por doutrinação política de que o inimigo representava uma grave ameaça ao futuro da Alemanha; é claro que os poloneses não eram ameaça. As lealdades de grupo essenciais nos escalões mais baixos do Exército permaneceram intactas; não tiveram que ser substituídas por um sistema de disciplina agressivo e pervertido que deixava de lado os valores militares tradicionais em favor de uma ideologia racial extremista.[50] Quase tudo o que aconteceria na invasão da União Soviética a partir de junho de 1941 já havia acontecido na invasão da Polônia quase dois anos antes. Desde o início, unidades da SS entraram no país, arrebanhando os politicamente indesejáveis, profissionais liberais e a *intelligentsia*, fuzilando-os ou despachando-os para os campos de concentração, massacrando judeus, prendendo moradores locais e enviando-os para trabalhos forçados na Alemanha, e tomando parte de uma política sistemática de limpeza étnica e de transferências de população – realizada com brutalidade. Desde o princípio, também, dirigentes do partido nazista, paramilitares das tropas de assalto, altos funcionários civis e em especial militares de baixa patente e soldados rasos aderiram, e no devido tempo foram seguidos por colonos alemães transferidos para a Polônia. Prisões, espancamentos e assassinatos de judeus poloneses tornaram-se lugar-comum. Igualmente impressionante era o pressuposto de todos os invasores e colonos alemães de que os bens dos poloneses estavam disponíveis como butim. O roubo e a pilhagem de propriedades de judeus por soldados alemães foi quase universal.[51]

Crueldade, agressividade, brutalidade, o uso da força e as virtudes da violência tinham sido inculcados em toda uma geração de jovens alemães a partir de 1933. Entre os soldados e oficiais mais velhos a propaganda também se aproveitou de um sentimento profundamente enraizado de que eslavos e judeus do Leste Europeu eram seres inferiores, subumanos. A violência aplicada aos poloneses e dirigida especialmente aos judeus desde o início de setembro de 1939 deu continuidade às ações e políticas já estabelecidas pelo Terceiro Reich e as intensificou. O mesmo se pode dizer da pilhagem e da expropriação a que foram submetidos, similares ao modo como os bens dos comunistas, social-democratas e sindicatos haviam sido saqueados e expropriados na Alemanha em 1933, e idênticas à maneira como os bens dos judeus foram pilhados no mesmo período e continuamente daí por diante. Foi em imitação direta do *pogrom* de novembro de 1938 na Alemanha que unidades da SS incendiaram sinagogas em algumas cidades polonesas em setembro e outubro de 1939. E a diretriz política do regime com relação aos judeus da Polônia, que caminhava rapidamente rumo à guetificação, somente pode ser entendida à luz da tática prévia *vis-à-vis* os judeus alemães, que nos seis anos e meio anteriores haviam sido demitidos de seus empregos, expropriados, privados de sua cidadania e de seus direitos e impedidos por lei de se mesclar ao restante da população.

A minoria substancial de alemães que implementaram tais políticas de coerção, terror e assassinatos em massa acostumou-se a esse tipo de coisa a partir da experiência dos seis anos anteriores na própria Alemanha. A maioria da população deu seu consentimento a tudo isso? Dick Geary salientou que falar de "consentimento" é sem sentido a menos que a anuência seja dada de livre e bom grado: "consentimento", ele escreve, "só pode ser medido em situações em que o indivíduo tem a possibilidade de escolher entre alternativas reais".[52] Vale a pena lembrar o fato de que a definição legal de "consentimento" – por exemplo, em casos de estupro – estabelece o princípio de que uma pessoa (ele ou ela) consente quando concorda por opção e tem a liberdade e a capacidade de fazer essa escolha. A lei considera que uma ameaça de violência pressupõe a exclusão do consentimento. Categorias como "consentimento tácito" ou "consentimento passivo" são, nesse contexto, pouco mais que veículos de juízo moral negativo baseado em um modelo extremo e irrealista de cidadania ativa que supõe que, se um indivíduo não protesta violentamente contra uma iniciativa, política ou medida governamental, então é porque está anuindo a elas.

Um enfoque mais sofisticado acerca da questão do consentimento na Alemanha nazista foi recentemente proposto por Peter Longerich, usando o exemplo das medidas e atitudes do regime com relação aos judeus, mas de uma forma que tem implicações em outras áreas também. Quanto mais radicais tornavam-se as políticas antissemíticas do regime, argumenta ele, menos dispostas as massas de alemães mostravam-se para anuir e "dançar conforme a música". Antes que os contatos entre alemães judeus e não judeus se tornassem em muitos aspectos ilegais com as Leis de Nuremberg de 1935, ficara evidente que era extremamente difícil persuadir a massa de alemães a excluir e ostracizar a minoria judaica. Tanto no *pogrom* de novembro de 1938 como mais tarde, durante a guerra, a maior parte do povo, longe de demonstrar indiferença, desaprovou a prática de violência e de assassinatos de judeus. Mas sentia-se incapaz de fazer algo concreto, por causa do medo de que essa violência do regime e de seus agentes se voltasse contra a própria população alemã, por causa do temor representado pela ameaça de prisão e a instauração de processos penais, além de outros tipos de sanções. Esse medo chegou ao paroxismo no último ano e meio da guerra, à medida que o regime, respaldado pelo sistema de aplicação da lei, sufocou de modo cruel e implacável o chamado "espalhamento de boatos" sobre sua decisão de exterminar os judeus da Europa. Ao mesmo tempo, a massa da população alemã, que sabia o que vinha acontecendo em Auschwitz e Treblinka, começou a sufocar esse conhecimento em face da iminente derrota, uma vez que se tornou mais líquida e certa a perspectiva de uma vingança ou retaliação dos Aliados pela matança em massa. O que parecia indiferença era, a bem da verdade, algo muito mais ativo, a saber uma busca cada vez mais desesperada por uma forma de negar a responsabilidade por ações que quase todo o mundo reconhecia como crimes. Aqui também, portanto, o medo desempenhou papel importante no que dizia respeito a moldar o comportamento do povo, influência que de fato o medo teve ao longo de toda a duração do Terceiro Reich também em outras áreas.[53]

Por fim, que implicações essa conclusão tem para a tarefa, se desejarmos empreendê-la, de chegar a um julgamento moral acerca do comportamento dessas pessoas entre 1933 e 1945? Conforme Neil Gregor recentemente apontou em uma análise crítica do que chama de "guinada voluntarista" nos estudos históricos do Terceiro Reich, chegar a um juízo moral não exige supor que todas as pessoas que viveram sob o Terceiro Reich "viam-se diante de escolhas completamente livres, cujos desdobramentos foram determinados somente por suas próprias convicções pessoais, códigos morais ou desejo de sangue".[54] "A ação humana", sublinhou Tim Mason, "é definida ou localizada, não abolida ou absolvida pelo esforço de identificar as condições não escolhidas" sob as quais é posta em prática.[55] O que temos de reconhecer nesse contexto, por mais difícil e desagradável que seja, é a absoluta centralidade da violência, da coerção e do terror na teoria e na prática do nacional-socialismo, desde o princípio. Como Richard Bessel comentou, "em seu cerne, a ideologia nazista girava em torno da violência [...] Os horrores cometidos pelo Terceiro Reich eram um reflexo do fato de que os nazistas tornaram real a sua ideologia".[56] É impossível compreender o terror que os nazistas trouxeram à tona nas regiões por eles conquistadas, especialmente no leste e no sudeste da Europa, e contra os judeus em todas as áreas ocupadas do continente, a menos que compreendamos o fato de que eles já usavam de coerção e violência contra largos setores de seu próprio povo antes de 1939: e não se tratou meramente de violência contra minorias desprezadas e diminutas de párias e rejeitados sociais, mas contra milhões de seus compatriotas e cidadãos; verdade seja dita, essa violência era desferida, em um ou outro nível, em um ou em outro grau, contra a grande maioria dos alemães.

A "Comunidade do Povo"

Por que os alemães continuaram apoiando Hitler e os nazistas até o fim da guerra? Por que não se insurgiram contra um regime que estava cometendo assassinatos em massa e atrocidades em escala inimaginável? Por que o bombardeio aliado de cidades alemãs não levou a um levante popular contra Hitler? Muitos historiadores tentaram responder a essas perguntas ao longo dos anos desde que o regime nazista entrou em colapso em 1945. Em busca de resposta, explicações mais antigas recorreram a estereótipos do caráter nacional alemão – militarismo, amor à violência, disposição de obedecer a autoridades, desejo de uma liderança firme e forte e de uma mão de ferro, passividade civil e clichês similares e de validade duvidosa. Mais recentemente, alguns historiadores argumentaram que a propaganda teve papel decisivo para, por meio de um efeito de nacionalismo exacerbado, mobilizar e aglutinar os alemães em torno da causa nazista; outros salientaram o crescente terror a que o partido nazista submetia o povo alemão, sobretudo nos últimos estágios da guerra. Anos atrás, o cientista político americano Daniel Jonah Goldhagen aventou a ideia de que em sua avassaladora maioria os alemães foram, desde o início, apoiadores fanáticos do antissemitismo nazista. Outros buscaram uma explicação no entusiasmo irracional e negligente dos alemães pela carismática liderança de Adolf Hitler.

Ao fim e ao cabo nenhuma dessas explicações mostrou-se em si muito convincente. Noções simplistas de um caráter nacional alemão – a exemplo das abrangentes generalizações de Goldhagen – fracassaram, refutadas pela contestação de que a maioria dos alemães, nos partidos social-democrata e comunista, na comunidade católica e em muitas outras partes da sociedade, recusaram-se a dar seu apoio aos nazistas nas eleições da República de Weimar, nas quais os nacional-socialistas nunca obtiveram muito mais que um terço dos votos. Há um bocado de evidências de que a propaganda nazista, embora não fosse de todo ineficaz, teve impacto limitado, em especial entre esses setores já anteriormente resistentes da população e sobretudo na segunda metade da guerra, quando a Alemanha caminhava de modo inequívoco rumo à derrota. Hitler certamente parecia imune às críticas da opinião pública, pelo menos até 1943, mas era admirado tanto por suas realizações como pela imagem que ele projetava. E o terror, embora bastante real, contínuo e, em 1944-45, rapidamente intensificado, sem dúvida não era suficiente para manter em transe uma população de 80 milhões de alemães.

Em anos recentes, no afã de encontrar uma explicação, historiadores voltaram-se para a ideia nazista da construção de uma "Comunidade do Povo" (*Volksgemeinschaft*). Após as ferrenhas divisões dos anos de Weimar, a promessa de unir todos os alemães em cooperação e harmonia, agora se argumenta, exerceu considerável fascínio junto ao povo e contou com expressiva adesão popular. As páginas seguintes examinam detidamente algumas das evidências que foram aventadas e propostas para endossar a concepção de que a "Comunidade do Povo" não era um mero estratagema de propaganda, mas um conteúdo real e amplamente respaldado em termos das atitudes alemãs acerca do regime nazista.

I

Praticamente assim que assumiram o poder na Alemanha, os nazistas fizeram da saudação *"Heil Hitler!"* parte compulsória da vida nacional. Os funcionários públicos eram obrigados por lei a assinar documentos fazendo a saudação, e qualquer pessoa que enviasse uma carta ao funcionalismo ou ao aparato burocrático oficial era aconselhada a fazer o mesmo. Ao entrar na sala de aula os professores tinham de cumprimentar a classe com o *"Heil Hitler!"* erguendo rigidamente no ar o braço direito esticado com a palma estendida para baixo na "saudação alemã"; os condutores de trem tinham de usar a saudação quando entravam nos vagões para recolher os bilhetes dos passageiros. Na rua, esperava-se que os alemães trocassem cumprimentos com *"Heil Hitler!"* em vez de "Bom dia!". Os carteiros eram instruídos a berrar *"Heil Hitler!"* para os clientes antes de lhes entregar o jornal matinal. Toda manhã as crianças da escola primária recebiam os professores com *"Heil Hitler!"*.

Em visita a sua universidade no verão de 1933, o professor de literatura judaica Victor Klemperer, escritor compulsivo de diários, começou a ver "funcionários constantemente erguendo os braços uns para os outros quando se encontravam pelos corredores". Fazer a saudação em vez de simplesmente dizer "bom dia" ou "olá" tornou-se rapidamente um sinal público e notório de apoio ao regime, visível por toda a Alemanha à medida que os nazistas iam estabelecendo o Terceiro Reich. Era também um gesto franco e quase ameaçador para a pessoa a quem era dirigido, um lembrete ou alerta implícito de que era preciso anuir retribuindo a saudação. Para um visitante de outro país que perambulasse pelas ruas das cidades grandes e pequenas da Alemanha em 1933, a impressão era a de que toda a população apoiava plenamente o novo regime.

Os fãs do filme *Dr. Fantástico*, de Stanley Kubrick,* hão de se lembrar nitidamente do enlouquecido cientista nazista interpretado por Peter Sellers, que luta em vão para conter seu braço direito em momentos de agitação e entusiasmo, pois o membro teima involuntariamente em se erguer na saudação hitlerista. O braço que se estica até atingir um ângulo de 45 graus nos lembra, em uma única imagem, não apenas que alguns cientistas militares nos Estados Unidos do pós-guerra haviam começado a carreira na Alemanha nazista, mas também que fazer essa saudação se tornara uma segunda natureza para as pessoas que apoiavam Hitler e o seu regime.

Mas o que significava exatamente o gesto? "*Heil!*" não quer dizer apenas "Salve!" no sentido de saudação ou aclamação; a palavra também carregava conotações de cura, saúde e desejo de boa sorte. "*Heil Hitler!*", portanto, envolvia implicitamente desejar ao líder nazista boa saúde, e ao mesmo tempo invocava Hitler como uma espécie de Ser Supremo que era capaz de conceder boa saúde a quem recebia o cumprimento. Em ambos os casos, toda vez que dois alemães se encontravam, Hitler era introduzido como uma terceira parte onipresente. As pessoas tinham ciência desses significados agregados, que eram alvo da zombaria de pelo menos algumas delas. Tratando "*Heil!*" como um comando imperativo e não um desejo ("cure Hitler!"), era possível res-

---

* Título original: *Dr. Strangelove or: How I Learned to Stop Worrying and Love the Bomb*, 1964. (N. T.)

ponder com um "cure-o você", dando a entender que o Líder Nazista estava fisicamente doente ou mentalmente debilitado e precisava de salvação ou cura; quem ouvia o *"Heil Hitler!"* poderia também fingir ingenuidade perguntando "O que ele tem a ver com a conversa?", insinuando assim que a saudação era desnecessária e deslocada.

Levantar com rapidez o braço direito tensionado em um ângulo de aproximadamente 45 graus na horizontal e ligeiramente na lateral exigia dar um passo para trás de modo a afastar-se do objeto de saudação a fim de evitar um acidente (dizia-se que quando o embaixador nazista em Londres, Joachim von Ribbentrop, foi apresentado à corte, deixou completamente alarmado o tímido e gago rei Jorge VI ao vociferar um *"Heil Hitler!"* acompanhado pela ágil saudação que por um triz não atingiu em cheio o nariz do perplexo monarca. Não é à toa que o embaixador grosseirão passou a ser conhecido como "Von Brickendrop" – "aquele que deixa cair tijolos", em um trocadilho com *drop*, "deixar cair", e *bricks*, "tijolos"). A distância que o gesto criava substituiu a intimidade dos apertos de mão e afastou as pessoas, unindo-as somente em sua lealdade e obediência a Hitler.

Uma vez que o *"Heil Hitler!"* era também rotineiramente descrito como a "saudação alemã", fazê-lo era um sinal de identidade nacional. A partir de 1937, com efeito, os judeus foram proibidos de usá-lo, de modo que a saudação tornou-se um emblema de suposta superioridade racial e de companheirismo e convívio social. No sul da Alemanha, predominantemente católico, onde conforme a tradição as pessoas cumprimentavam-se com as palavras *"Grüß Gott!"* – literalmente, "saudação de Deus!" –, o gesto deu ao líder nazista *status* divino, por meio da substituição de "Deus" por "Hitler". Assim, a saudação hitlerista substituiu as diferenças regionais nas fórmulas de cumprimentos – que variavam de *"Servus"* no sul a *"Moin-Moin"* no litoral norte* – por um gesto de âmbito nacional, afirmando a identidade coletiva do povo acima de tudo como alemães, uma única raça unida em uma única causa, a nazista.

---

* *Servus*, comum no sul da Alemanha e Áustria, vem do latim para "servo" e é uma versão abreviada da expressão original latina "Ao seu serviço"; no norte do país, geralmente apenas um "Moin" é utilizado como "Bom dia" e *"Moin Moin"* pode ser utilizado durante todo o dia e mesmo à noite para cumprimentar. (N. T.)

Como mostra o sociólogo Tilman Allert em *The Nazi Salute* [A saudação nazista] (2008), a "saudação nazista" incutiu o regime em todos os aspectos da vida diária. Uma vez que todos passaram a usar o gesto, as pessoas que de início talvez estivessem relutantes acabaram constatando, impotentes, que eram minoria. Por fim perceberam que não havia alternativa, e as implicações disso foram imensas. Quando feita em público, a "saudação alemã" militarizava os encontros humanos; identificava os indivíduos com um carimbo, o de membros de uma sociedade mobilizada para a guerra sob a liderança nazista; com efeito, reduzia a noção que as pessoas tinham acerca de sua própria individualidade, e assim solapava sua capacidade de assumir a responsabilidade moral por suas ações, em vez disso colocando a responsabilidade nas mãos de Hitler.

Na verdade, porém, as pessoas faziam o gesto sob coerção. Particularmente nos primeiros meses do poder nazista, quando os dissidentes e oponentes do regime corriam o risco de ser espancados por paramilitares das tropas de assalto ou enviados para campos de concentração, muitas pessoas sujeitavam-se simplesmente por puro medo. Os cartazes afixados nas ruas da Alemanha proclamando que *"Alemães* usam a *saudação alemã"* insinuavam que qualquer indivíduo que não fizesse o *"Heil Hitler!"* não poderia ser considerado parte da "comunidade nacional" de alemães, era um inadaptado, um pária, ou mesmo um inimigo. Nesse período a jornalista Charlotte Beradt ouviu de um conhecido socialista o seguinte relato: ele havia sonhado que recebera uma visita do ministro da Propaganda Joseph Goebbels em seu local de trabalho, mas teve tremenda dificuldade para erguer o braço direito de modo a saudar o ministro; depois de meia hora de tentativa, por fim conseguiu fazer o *"Heil Hitler!"*, apenas para ouvir a glacial reação de Goebbels: "Não quero a sua saudação". Aqui, em um breve e simples relato, estavam todo o medo, a angústia e a dúvida que caracterizavam muitas das atitudes dos alemães não nazistas com relação à saudação no início do Terceiro Reich.

Mesmo nessa época, contudo, e de maneira crescente à medida que o tempo passava, as pessoas muitas vezes usavam também um cumprimento convencional, como antes, complementando a saudação hitlerista com um "Bom dia" e um aperto de mãos. As pessoas passaram a considerar o *"Heil Hitler!"* como uma formalidade mais ou menos irritante, da qual tinham de se livrar logo antes de dirigir a alguém o verdadeiro cumprimento, reconectando-

-se ao amigo, parente, colega ou conhecido e restaurando os costumeiros laços de sociabilidade que haviam sido brevemente violados pelo gesto formal da saudação nazista.

Em todo caso, não demorou muito para que as pessoas *parassem* de usar a saudação hitlerista, tão logo teve fim o período inicial de violência e intimidação. Quem visitava Berlim já vinha notando em meados da década de 1930 que a saudação se tornara menos frequente do que antes. Ainda hoje uma estreita ruela em Munique é conhecida como "Beco dos Malandros Esquivos", porque as pessoas se enfiavam lá como um desvio para evitar a obrigação de fazer a saudação a um monumento nazista existente nos arredores. Em outubro de 1940, quando ficou claro que o bombardeio alemão não seria suficiente para subjugar os britânicos, o correspondente da CBS William I. Shirer observou que os moradores de Munique haviam "parado completamente de fazer o '*Heil Hitler!*'". Depois da derrota alemã na Batalha de Stalingrado, o serviço de segurança da SS relatou que as pessoas tinham deixado de usar a "saudação alemã", e, de fato, no fim da guerra ela havia praticamente desaparecido, exceto entre os fanáticos do partido nazista. Em setembro de 1941, Victor Klemperer notou que vinha ocorrendo um declínio no uso da "saudação alemã"; com o detalhismo e a exatidão que fizeram dele um precioso escritor de diários, começou a contar quando a ouvia. Em uma padaria onde fazia compras, Klemperer reparou que cinco clientes lhe disseram "Boa tarde" e dois, "*Heil Hitler!*", mas num mercadinho que ele visitou foi cumprimentado por todos os fregueses com a saudação hitlerista. "A quem devo ver?", ele se perguntou. "A quem devo dar ouvidos?"

Mesmo quando tinham de usar a saudação, os alemães podiam por vezes transformá-la em um gesto de afronta contra o regime. Em 1934, artistas de circos itinerantes foram colocados sob vigilância policial depois que as autoridades receberam relatos de que eles estavam treinando os macacos para fazer o "*Heil Hitler!*". E existe uma fotografia que mostra mineiros da cidade bávara de Penzberg reunidos para um desfile cerimonial agitando desajeitadamente os braços de um lado para o outro e ignorando o contingente de membros da Juventude Hitlerista postados atrás deles que tentam em vão mostrar-lhes a forma correta de fazer a saudação.

O fato de que as pessoas "saudavam de maneira oportunista, de modo defensivo ou mesmo para expressar resistência, embora velada e acanhada", combinado ao fato de que os alemães cada vez mais se recusavam a fazer a saudação ou a negligenciavam, ou anulavam o efeito do gesto acrescentando-lhe um cumprimento convencional, desmente e demonstra serem inverídicas as afirmações de um sociólogo que estudou a história do *"Heil Hitler!"* e asseverou que a saudação por si só ensejava uma ruptura do senso de individualidade das pessoas, "esquivava-se da responsabilidade de interação social normal, rejeitava a dádiva do contato com outros, permitia a decadência dos costumes e hábitos sociais e se recusava a reconhecer a abertura e a ambivalência inerentes aos relacionamentos humanos e ao convívio". A vida não é tão simples assim, mesmo que os sociólogos vez por outra pensem ser.

II

A pergunta de Klemperer – "Em quem devo acreditar?" – praticamente condensa um debate que tem sido ininterrupto entre historiadores desde o colapso do Terceiro Reich em maio de 1945. Até que ponto os alemães comuns apoiaram o regime de Hitler? Se não davam sustentação ao regime, então por que não se insurgiram contra o nazismo? Por que seguiram lutando até as últimas consequências? Qual era, em geral, o relacionamento entre "alemães" e "nazistas"? Ambos eram uma única e mesma coisa em 1945? A perseguição e o extermínio dos judeus fizeram alguma diferença no que tange a sua atitude acerca do regime? Se os alemães sabiam, até que ponto aprovavam? Continuaram lutando até o fim e a despeito de saberem dos crimes do nazismo, ou por saberem?

Hoje poucos historiadores aceitariam a alegação feita pela esmagadora maioria dos alemães no final da década de 1940 e no início da de 1950, de que desconheciam os crimes cometidos em seu nome durante o regime nazista. Já em março de 1942 o serviço de segurança da SS relatou que soldados que regressavam da Polônia falavam abertamente sobre os assassinatos dos judeus em larga escala. A Chancelaria do partido nazista queixou-se, em 9 de outubro de 1942, de que rumores sobre "medidas extremamente drásticas" contra os judeus estavam "sendo disseminadas por homens de licença de várias unidades mobilizadas no leste, que por sua vez tiveram a oportunidade de observar essas medidas". Com dois terços ou mais dos 13 milhões de homens alemães armados mobilizados na Frente Oriental, os informes espalharam-se rapidamente, e antes do fim do ano a maior parte dos alemães tinha plena consciência do que estava acontecendo.

No entanto, ainda hoje grassa, cheio de som e fúria, o debate sobre até que ponto os alemães comuns deram sua aprovação ao genocídio. Em anos recentes, alguns historiadores diminuíram o peso dos fatores ideológicos em favor de fatores práticos. Toda uma gama de estudos mostrou como os cidadãos participaram do projeto nazista por razões que pouco ou nada tinham a ver com ideologia: porque queriam emprego e moradia, porque queriam uma vida melhor e, mais tarde, porque simplesmente queriam sobreviver. Já se frisou que poucas pessoas chegaram a ter motivo para temer uma visita da Gestapo ou recear o aprisionamento em um campo de concentração, de modo que, portanto, o medo não era um fator de papel preponderante. Tudo isso tinha pouca relação com ideologia. Mas o apoio prático que os alemães deram ao regime constituiu, ao fim e ao cabo, uma aprovação implícita do que o regime fez.

Argumentos como esses representam o que tem sido chamado de "guinada voluntarista" na avaliação histórica do nacional-socialismo. As decisões que os alemães tomaram e as opções que fizeram foram livres e voluntárias, sem constrangimentos, é o que de maneira geral se supõe; caso contrário, como poderiam subsequentemente ser considerados responsáveis por elas? Em seu novo livro, continuação do volume anterior *German into Nazis* [De alemães a nazistas], Peter Fritzsche anuncia a intenção, no espírito da "guinada voluntarista", de analisar "o esforço que os alemães fizeram para tornar-se nazistas" e "a amplitude com que no Terceiro Reich os alemães fizeram escolhas e opções políticas deliberadas, conscientes e embasadas em conhecimento de causa". Fritzsche escreve com a verve e a elegância habituais, condensando em um volume relativamente curto uma enorme quantidade de informações. É particularmente bom na detalhada análise de fenômenos culturais pequenos mas reveladores, como por exemplo a saudação hitlerista, já discutida aqui, ou o "Certificado de Ancestralidade" que todos os alemães eram obrigados a portar a fim de demonstrar sua pureza racial. Imensamente inteligente e agradável de ler, o livro de Fritzsche usa cartas e diários para comunicar a experiência de pessoas comuns sob o nazismo de uma forma que poucos historiadores foram capazes de fazer.

Fritzsche é um historiador arguto e sutil demais para rezar o tempo todo e completamente pela cartilha da "guinada voluntarista". De modo convincente, ele explora tanto as limitações como os êxitos da nazificação. Sem dúvida está coberto de razão ao argumentar que, embora nazistas e alemães jamais tenham sido idênticos, a relação entre os dois grupos jamais foi estática. Com profusão de detalhes, Fritzsche mostra como o "processo de conversão" de nazistas em alemães foi mudando ao longo do tempo, por meio de um "processo contínuo, eivado de dúvidas". Em 1942 os alemães ainda amavam o Terceiro Reich, que lhes propiciara ordem, segurança e estabilidade econômica após o caos da República de Weimar, mas acabaram por desprezar os nazistas, que agora estavam destruindo tudo isso por conta de sua recusa em admitir a derrota. "Dessa forma, a ideia de Alemanha tinha sido dissimuladamente nazificada, bem como arianizada. A maioria dos alemães preferia vencer a guerra e manter os nazistas a perder ambos, tanto a guerra como os nazistas. Pouquíssimos desejavam a derrota da Alemanha". Duas datas, conforme Fritzsche aponta com correção, dominaram quase tudo o que os nazistas fizeram: 1914 e 1918 – o mito positivo de unidade nacional na deflagração da Primeira Guerra Mundial, que eles buscaram recriar na muito pomposa e presunçosa "comunidade nacional" de todos os alemães; e o mito negativo da "punhalada pelas costas", em que judeus subversivos da Alemanha solaparam e depois destruíram a coesão e o espírito de combate do Exército no *front*. Em 1945 não haveria "punhalada pelas costas".

Fritzsche tem plena ciência de que em muitos aspectos o projeto nazista de criar nos alemães uma consciência nacional e racial fracassou no que tangia a alcançarem seus objetivos. O regime devotou esforços hercúleos a instilar nos alemães a crença na virtude e na desejabilidade da guerra, mas a vasta maioria dos alemães permaneceu imune, demonstrando generalizada aflição à medida que o conflito armado pairava como ameaça iminente durante a crise de Munique de 1938 e chegava para valer em setembro de 1939, e mostrando correspondente grau de euforia quando a primeira foi resolvida sem derramamento de sangue e a última terminou, como eles julgavam, em poucos meses, em uma série de vitórias fáceis e rápidas. Houve uma atmosfera similar de desânimo e apreensão entre as pessoas comuns quando teve início a invasão da União Soviética em 22 de junho de 1941.

Ainda assim, Fritzsche supõe, à medida que o 22 de junho se arrastava os alemães "empenharam-se para se ajustar aos novos objetivos do nacional--socialismo" depois de ficarem sabendo da invasão, exatamente como haviam feito em ocasiões anteriores. No fim do dia predominava a sensação geral de orgulho da guerra e otimismo com relação aos resultados do conflito. Infelizmente, Fritzsche jamais consegue oferecer evidência concreta alguma que demonstre que os alemães estavam trabalhando de forma ativa para se adaptar aos propósitos do regime. Nem mesmo os diários e as cartas que ele cita demonstram tal processo de esforços de moto próprio por parte de seus autores no sentido de tornar-se nazistas. Tudo o que ele consegue oferecer são afirmações categóricas. E essas asserções são respaldadas por uma grave subestimação dos aspectos coercivos e terroristas do Terceiro Reich. Ao contrário de alguns dos expoentes mais extremistas da "guinada voluntarista", Fritzsche conhece muito bem, é claro, a enorme extensão da violência e da intimidação aplicadas pelos nazistas contra adversários reais e potenciais durante a "tomada do poder" nos seis primeiros meses de 1933. Contudo, como eles, Fritzsche segue em frente para dizer que daí em diante houve pouca violência ou coerção explícitas. A despeito das evidências de Fritzsche, as pessoas eram coagidas a doar dinheiro para o "Fundo de Amparo de Inverno", testemunhavam contínua violência antissemítica nas ruas durante a maior parte da década de 1930 e eram disciplinadas em vários tipos de campos de concentração residenciais, pelos quais em 1939 havia passado a grande maioria da população. Mas havia também outros aspectos de coerção e intimidação que ele se esquece de mencionar.

Dessa forma, como muitos oponentes da "guinada voluntarista", Fritzsche alude, por exemplo, ao fato de que em meados da década de 1930 somente cerca de 3 mil prisioneiros políticos permaneciam nos campos de concentração. Todavia, como os adversários da "guinada voluntarista", Fritzsche falha ao deixar de reconhecer que uma das principais explicações para esse baixo número era o fato de que a tarefa de repressão havia sido encampada pelos tribunais regulares e pelo sistema judicial, responsáveis por mandar para trás das grades mais de 23 mil prisioneiros políticos trancafiados em presídios e penitenciárias estatais nesse período. A alegação de Fritzsche de que após 1933 a polícia havia deixado em paz os antigos comunistas e social-democratas pode ser refutada por incontáveis exemplos locais: muitos deles eram detidos e encarcerados durante os plebiscitos manipulados e eleições fraudulentas que os nazistas organizavam de tempos em tempos; viviam sob constante vigilância e, tão logo a guerra eclodiu, corriam o risco de ser despachados para campos de concentração, tachados de potenciais "subversivos". Fritzsche não menciona a enorme expansão da legislação coerciva durante a guerra, o que praticamente tornou duas vezes maior a população carcerária e elevou o número de execuções na Alemanha para 4 mil ou 5 mil por ano. E uma das razões vitais para que as tropas continuassem lutando está no fato de que a coerção atingiu dimensões similares nas Forças Armadas, em que cerca dos 30 mil soldados encontraram a morte diante de pelotões de fuzilamento no decorrer da guerra (em comparação com meros 18 – dezoito! – durante a Primeira Guerra Mundial).

O mais importante de tudo: Fritzsche ignora a enorme gama de sanções de menor monta usadas amiúde pelo regime para impingir ao menos uma demonstração exterior e superficial de conformismo: da interrupção do pagamento de benefícios de bem-estar social ao envio dos resmungões e dissidentes para longe de casa e da família, em locais remotos onde eram incumbidos de executar tarefas difíceis e perigosas. Diários e cartas talvez não mencionassem o temor de punição, de represálias e retaliações, como aponta Fritzsche, mas acontece que seus autores eram habitualmente cautelosos quanto a dizer qualquer coisa que os pudesse colocar em maus lençóis caso os diários fossem descobertos ou as cartas abertas pela polícia ou os censores militares. O medo era generalizado no Terceiro Reich. Um exemplo óbvio pode ser encontrado nas precauções que as pessoas tomavam, durante a guerra, para evitar serem flagradas ouvindo estações de rádio estrangeiras, delito passível de prisão ou até de pena de morte. Em última instância não importava que tenha havido relativamente poucos processos judiciais. A possibilidade de serem descobertas ou denunciadas levava as pessoas a adotar estratagemas: escondiam-se com seus rádios debaixo do cobertor para ouvir a programação, ou colocavam alguém de vigia na porta do apartamento ou se trancavam no banheiro com seus aparelhos sem fio. Os casos ostensivamente alardeados de ouvintes processados e condenados a cumprir períodos de reclusão em uma penitenciária estatal não eram suficientes para refrear as pessoas – de acordo com estimativas da BBC, cerca de 15 milhões de alemães ouviam as transmissões da emissora inglesa em 1944 –, mas bastavam para incutir nelas o medo.

A menos que entendamos as verdadeiras dimensões do terror praticado pelo regime, que recrudesceu tremendamente à medida que a guerra avançava e chegou a píncaros extraordinários mais para o fim do conflito, é difícil, senão impossível, compreender a reação dos alemães comuns à deportação e ao assassinato dos judeus. Em um fascinante capítulo sobre esse tópico crucial, Fritzsche examina meticulosamente as evidências, e conclui que, se por um lado os alemães souberam dos fuzilamentos em massa de judeus perpetrados pela SS no leste tão logo a matança teve início, por outro não sabiam sobre as câmaras de gás de Auschwitz, Treblinka e outros campos da morte. Entretanto, se as fontes que ele usa – relatórios e informes do Serviço de Segurança da SS, correspondência privada e assim por diante – de fato corroboram essa alegação, Fritzsche ignora o fato de que as câmaras de gás eram mencionadas com frequência nas transmissões da BBC para a Alemanha da última parte de 1942 em diante. Os 15 milhões de ouvintes alemães da BBC não poderiam ter dúvida alguma sobre o que estava acontecendo. Aqui, como em outros segmentos do livro, Fritzsche está inclinado demais a retratar a Alemanha como um país completamente apartado das outras partes do mundo.

Especialmente por esse motivo, em 1942 os alemães comuns estavam relutantes em aceitar as confiantes garantias do ministro da Propaganda Joseph Goebbels de que era possível vencer a guerra. Eles lutavam não porque acreditavam na vitória, mas porque não viam alternativa. Embora Fritzsche diga ter havido uma resposta positiva à exortação de Goebbels no sentido de que o povo alemão se mobilizasse para a "guerra total" após a catastrófica derrota em Stalingrado no início de fevereiro de 1943, até as evidências dos relatórios do Serviço de Segurança da SS sobre o estado de ânimo popular indicam o contrário. E, quanto mais claro ficava que a Alemanha perderia, mais os alemães comuns começaram a temer a retaliação por parte dos Aliados, fomentada – e aqui a propaganda de Goebbels parece de fato ter dado frutos – por uma sede de vingança da parte dos judeus.

Fritzsche alega que "na maioria, os alemães consideravam-se vítimas inocentes dos bombardeios aliados", mas, como ele próprio mostra com algum grau de detalhamento em outra parte do livro, a reação comum era de uma espécie bem diferente: culpa por aquilo que eles haviam permitido que fosse feito com os judeus. De acordo com as informações de um relatório do Serviço de Segurança da SS, em Stuttgart, em 1944, "inúmeras pessoas de todas as classes da população" eram ouvidas dizendo: "Os soldados não relatam reiteradas vezes que os judeus da Polônia têm de cavar a própria cova? [...] Os judeus são seres humanos também. Fazendo tudo isso, mostramos aos inimigos o que eles podem fazer conosco se vencerem". Por isso, os alemães começaram a se manter em silêncio com relação aos judeus, preparando-se para negar todo o conhecimento que tinham acerca do que havia acontecido com os judeus quando os Aliados por fim viessem tirar a desforra. Assim, o medo do inimigo – e não apenas do Exército Vermelho, embora este temor fosse o primordial, e, em larga medida, justificado – foi outro fator para manter os alemães lutando até o fim.

Fritzsche não raro deixa de reconhecer o artifício e o cálculo por trás de muitos arroubos aparentemente espontâneos de aclamação popular do regime, das manifestações que saudaram a nomeação de Hitler como chanceler do Terceiro Reich em 30 de janeiro de 1933 aos comícios para celebrar a sobrevivência do *Führer* após o malogrado atentado do coronel Von Stauffenberg, que pretendia mandá-lo pelos ares em 20 de julho de 1944. Ambos foram orquestrados por Goebbels, sempre preocupado em gerar imagens de entusiasmo popular pelo Terceiro Reich.

III

Se a propaganda não foi inteiramente bem-sucedida no que tange a mobilizar o povo alemão em torno de Hitler e em apoio ao regime nazista, então talvez os incentivos materiais de persuasão tenham desempenhado papel decisivo. Em um livro surpreendente e empolgante, *Hitler's Beneficiaries* [Os beneficiários de Hitler],[57] que causou considerável alvoroço na Alemanha quando de sua primeira edição em 2005, Götz Aly propõe outra explicação. Foram, segundo Aly, fatores materiais que persuadiram uma grande massa de alemães a apoiar Hitler e os nazistas até quase o fim. A liderança nazista, alega ele, converteu os alemães em "parasitas bem nutridos. Vastos contingentes de alemães se deixaram enganar pela euforia de uma corrida do ouro [...] Enquanto o Estado era transformado em um gigantesco aparato para a pilhagem de outros, os alemães médios tornaram-se aproveitadores inescrupulosos e recebedores passivos de propinas". Já no final da década de 1930, afirma Aly, mesmo os ex-social-democratas haviam se congraçado com o regime, porque o governo nazista substituiu o desemprego em massa e a miséria econômica da Depressão por pleno emprego, prosperidade e satisfação de consumo. Durante a guerra, Aly continua, "a enxurrada de riqueza e ganhos pessoais – todos derivados de crimes contra a humanidade – [...] levaram a maioria da população a julgar que o regime era sinceramente movido pelos melhores interesses do povo".

Aly propusera essa espécie de explicação materialista antes, ao tratar do genocídio nazista, tema que ele descreveu em seu livro *"Final Solution": Nazi Population Policy and the Murder of the European Jew* ["Solução Final": A política populacional nazista e o assassinato de judeus europeus], publicado em inglês em 1999 como o resultado de processos racionais – ou talvez seja mais adequado dizer pseudorracionais – de planejamento estatal e reorganização étnica gerados nas burocracias nazista e da SS e não como produto de ódio e desilusão ideológicos. Em *Architects of Annihilation* [Arquitetos da aniquilação], publicado em inglês em 2002 (mais de dez anos após a edição original em alemão) e escrito em colaboração com Susanne Heim, Aly voltou as atenções aos planejadores, demógrafos, funcionários públicos e acadêmicos que elaboraram esses planos, e argumentou que, no afã de ajustar a proporção entre os grupos produtivos e não produtivos da população na Europa, os planejadores "defenderam o extermínio em massa articulado pelo Estado como um componente lógico e necessário da modernização social", vislumbrando no processo "não apenas uma 'Solução Final', mas genocídios em série, planejados em detalhes ao longo de diversas décadas".

Esse enfoque origina-se em uma compreensão alemã do nazismo que é particularmente de extrema esquerda e busca a cada conjuntura vinculá-lo a processos de modernização que culminam na República Federal dos dias atuais. Em *Hitler's Beneficiaries*, por exemplo, Götz Aly não perde nenhuma oportunidade de mencionar figuras de proa da Alemanha do pós-guerra que, quando jovens, eram entusiastas do Terceiro Reich. Não faz muito tempo, Aly causou rebuliço ao acusar admiradíssimos historiadores e acadêmicos alemães da década de 1950 de terem participado de maneira decisiva no planejamento ou na justificação do genocídio nazista durante o Terceiro Reich. O que faz de Aly uma figura tão incômoda para os alemães está no fato de que seus argumentos são sempre escorados por diligente, extensa e meticulosa pesquisa histórica. Sua voz pode ser a de um forasteiro, mas deve ser ouvida. Quando da publicação da primeira edição de *Hitler's Beneficiaries* em alemão, o livro suscitou furor e mal-estar ainda maiores que antes, por alegar que não era apenas o apoio das elites ao regime nazista que se baseava em fundamentos racionais e não ideológicos, mas também o da vasta massa do povo. De que modo essas novas asserções resistem a um escrutínio crítico?

Hitler's Beneficiaries, é preciso dizer, não começa bem. As páginas de abertura sobre a Alemanha nos anos anteriores à eclosão da Segunda Guerra Mundial em 1939 contêm muitas afirmações generalizantes que há muito já foram dinamitadas por pesquisas sérias. Assim, ao contrário do que Aly alega, as classes médias alemãs não empobreceram por causa da hiperinflação de 1922-23 (que foi ótima, claro, para os devedores, credores hipotecários e afins); relativamente poucos comunistas debandaram para o nazismo no início da década de 1930; o plebiscito que devolveu o Sarre (região etnicamente alemã na fronteira com a França sob o controle da Liga das Nações desde 1919) não foi uma eleição livre; e a liderança nazista não propiciou automóveis "a preços acessíveis a todos os alemães comuns". O nazismo pregava a igualdade, mas, assim como tantos aspectos da retórica nazista, a realidade era bastante diferente, e falar repetidamente – como faz Aly – do "socialismo" dos nazistas é rotular de maneira enganosa o incontestável populismo dos nazistas; os verdadeiros regimes socialistas eram muito diferentes em seu ímpeto político básico, e poucas coisas nesse livro são mais tíbias e menos convincentes do que sua tentativa de mostrar que o Terceiro Reich era um regime genuinamente redistributivo que roubava dos ricos para dar aos pobres.

Desesperado para demonstrar que desde o início a esmagadora massa de alemães aprovou com entusiasmo o nazismo, Aly oferece uma lista extremamente seletiva de exemplos de jovens, alguns dos quais seus próprios parentes, impressionados e extáticos com relação às possibilidades que o regime lhes oferecia. De maneira típica, ele cita também Hanns Martin Schleyer, que se tornou presidente da Associação dos Empregadores da Alemanha Ocidental pós-guerra, e que em 1942 escreveu, enlevado, acerca das oportunidades que o nazismo deu aos jovens: "Aprendemos desde a mais tenra idade, durante os dias de luta do movimento, a buscar desafios, em vez de esperarmos que eles viessem até nós – esses e outros constantes esforços pelo partido, mesmo depois que assumiu o poder, nos tornaram preparados para assumir responsabilidades muito antes do usual" – (negligente, Aly não menciona que Schleyer foi sequestrado e assassinado em 1977 por terroristas alemães ultraesquerdistas da Facção do Exército Vermelho, fundada por Andreas Baader e Ulrike Meinhof). Ele cita também duas anotações feitas por parentes seus – ambos do sexo masculino – no livro de visitas da família Aly durante a guerra, com *slogans* como "o amanhã a nós pertence" e "nosso país está caminhando rumo a um formidável e glorioso futuro". Mas é claro que alguém poderia citar muitos testemunhos de alemães que estavam apavorados e transtornados pelas ações do regime nazista, mesmo na década de 1930.

A liderança não desviou recursos para satisfazer aos desejos dos consumidores "em detrimento do rearmamento" – pelo contrário. Verdade seja dita, as organizações de caridade nazistas, como o Fundo de Amparo de Inverno, criado para dar assistência aos desempregados e suas famílias em uma época em que eram escassos os empregos, ou a Associação do Bem-Estar do Povo Nazista, instituição maior e mais formal cujo propósito era fazer mais ou menos a mesma coisa o ano todo, arrecadavam um bocado de dinheiro para os menos abastados, mas uma porcentagem elevada desses fundos era recolhida por meio de contribuições obtidas à base de coerção, como as deduções compulsórias dos salários da população. Os lucros oriundos da "arianização" de propriedades judaicas eram significativos para os que deles se beneficiavam, mas os judeus compunham menos de 1% da população alemã, e nem todos eles eram ricos ou viviam em boa situação financeira, de modo que a diferença que isso fazia para o padrão de vida geral da nação era mínimo, embora Alya alegue que os judeus tiveram seus bens expropriados e foram por fim exterminados principalmente para que o Estado alemão pusesse as mãos nas propriedades judaicas e as usasse a fim de aumentar o padrão de vida do povo.

Chega-se à *reductio ad absurdum* da coisa toda quando Aly afirma que o Terceiro Reich não era uma ditadura mantida pela força, citando o tamanho reduzido da Gestapo e o fato de que em 1936 havia menos de 5 mil pessoas detidas em campos de concentração; mas a Gestapo era apenas uma em meio a uma imensa gama de instituições de coerção e vigilância, que na ponta de baixo ia até os "vigias de quarteirão" incumbidos de manter a ordem em todas as quadras, e em 1936 os campos de concentração havia muito tinham dado lugar a presídios e penitenciárias, nos quais havia no período cerca de 23 mil presos políticos, lá trancafiados em virtude de toda uma série de leis draconianas que aboliram todas as liberdades civis e inclusive prescreviam a pena de morte para quem contasse piadas "execráveis" sobre Hitler. De maneira ainda mais bizarra, Aly descreve o Terceiro Reich como um governo administrado por um processo "horizontal" ou "nivelado" de tomada de decisões, dependente da iniciativa individual e não de uma hierarquia "de cima para baixo". Os milhões de pessoas da Alemanha nazista que se viram enredadas em um sistema antidemocrático, totalitário e governado pelo incisivo e generalizado "princípio de liderança" em que os comentários mais casuais de Hitler eram imediatamente traduzidos em política oficial, quase sempre com consequências devastadoras, decerto ficariam surpresas se ouvissem isso. Aly faz essas generalizações grosseiras e indiscriminadas entre outras coisas porque quase não tem familiaridade com a literatura de língua inglesa sobre a Alemanha nazista, repertório que é por demais vasto, diverso e sofisticado para ser ignorado impunemente. O leitor percebe que, como em outros aspectos, o domínio que ele tem sobre o que outros historiadores escreveram não é tão sólido nem confiável. A obra de Aly é calcada maciçamente em pesquisa documental. E aqui, quando ele vai além do relato simplista da Alemanha nazista antes da deflagração da guerra, tem algumas descobertas interessantes a apresentar.

Há muito tempo, o historiador britânico Tim Mason apontou que o ímpeto monomaníaco dos nazistas de se rearmar em preparação para uma guerra europeia afundou a economia alemã em dificuldades cada vez maiores em 1939, à medida que a crescente escassez de materiais e de mão de obra começou a impor restrições cada vez mais rigorosas à produção. Coagidos a labutar em jornadas de trabalho mais e mais longas, os operários reagiam com vertiginosas taxas de absenteísmo, e o regime contra-atacava infiltrando agentes da Gestapo nas fábricas para tentar manter os trabalhadores "suando a camisa". Nessa situação, a salvação econômica estava na conquista e na pilhagem. Aly mostra que, além de se apossar de enormes quantidades de matérias-primas no Leste Europeu e na Europa Ocidental, e por fim obrigando mais de 7 milhões de trabalhadores dos países conquistados e ocupados a trabalhar em solo alemão em troca de um salário mínimo, o regime também explorou os países que ocupava a fim de evitar que a massa da população alemã tivesse de arcar com o fardo financeiro da guerra. E fez isso, como Mason apontou anos atrás, porque Hitler e o alto escalão nazista estavam aflitos – ao ponto da paranoia – com relação à possibilidade de uma recorrência possível da "punhalada pelas costas" de 1918, quando acreditavam – e estavam redondamente enganados, é claro – que uma deterioração catastrófica das condições de vida no *front* doméstico levara a uma revolução popular de grandes proporções, fomentada por judeus subversivos, que haviam traído o de resto vitorioso Exército alemão, ensejando a derrota da Alemanha na Primeira Guerra Mundial. Enquanto os nazistas se empenhavam no encalço dessa fantasia mortífera, mais da metade dos judeus alemães era obrigada a sair do país em 1939, e os demais tiveram os bens expropriados, foram marginalizados e, a partir de 1941, deportados e assassinados. Contudo, do ponto de vista da liderança nazista, ainda restava o problema de como manter um padrão de vida decente no âmbito doméstico.

Nesse ponto da argumentação, a exposição de Aly torna-se totalmente técnica e penosa para o leitor, com uma pletora de números e cálculos de cargas tributárias e taxas de câmbio; mas em linhas gerais o esboço que ele traça dos principais aspectos é suficientemente claro. Em todos os países que ocupavam, os nazistas ou introduziam uma nova moeda corrente ou fixavam taxas de câmbio para que os soldados e os administradores alemães pudessem comprar produtos a preços baixos e enviá-los para suas famílias. A compra de mercadorias no exterior também ajudava a controlar a inflação na Alemanha. Para auxiliar nesse processo, negociavam-se acordos de crédito especiais, e os soldados alemães atuando em outros países tinham permissão de receber dinheiro enviado por suas famílias a fim de gastar em mercadorias que não conseguiam obter na Alemanha. Em favor do efeito dramático, Aly cita a correspondência de diversos soldados alemães que descreviam com entusiasmo o que estavam comprando e despachando para os familiares, entre eles o jovem Heinrich Böll, que muitos anos mais tarde ganharia o Prêmio Nobel da Literatura por seus romances e contos. "Comprei meio leitão pra vocês", anunciou ele, triunfante, para sua família pouco antes de voltar de licença para casa em 1940. Depois que o regime suspendeu as restrições quanto às quantias e quantidades que cada soldado poderia enviar para casa, o número de pacotes despachados da França para a Alemanha por correio militar ultrapassou os 3 milhões por mês. Mais para o fim de 1940 o salário dos soldados sofreu acréscimo, com o propósito explícito de ajudá-los a pagar pelas mercadorias estrangeiras de que suas famílias desesperadamente necessitavam.

Na Alemanha, os impostos cobrados da população geral eram mantidos no nível mais baixo possível a fim de evitar descontentamento, ao passo que sobre as transações comerciais recaía uma carga tributária mais pesada, com base especialmente na alegação de que isso não acarretaria a ira do povo. Intricados esquemas de pagamento de benefícios de bem-estar social foram postos em prática de modo a assegurar que as famílias não sofressem enquanto seus principais provedores estavam longe de casa cumprindo serviço militar. O fato mais importante é que o Leste Europeu ocupado estava sujeito a uma implacável política de exploração e expropriação, em que víveres eram confiscados em grandes quantidades dos silos da Ucrânia para alimentar a população na Alemanha, ao mesmo tempo que mais de 3,5 milhões de prisioneiros soviéticos eram deliberadamente deixados à míngua para morrer de doença e inanição, e os planos alemães de guerra previam que 30 milhões – em algumas versões, 50 milhões – de civis eslavos pereceriam da mesma forma. Uma política similar foi posta em prática tão logo o Exército alemão ocupou a Grécia, quando enormes quantidades de gêneros alimentícios foram despachadas para a Alemanha enquanto Atenas sucumbia a uma penúria de terríveis dimensões. Um documento importantíssimo delineando as principais diretrizes para a ocupação alemã da União Soviética em 1941 insistia na incorporação da "economia alimentar da Rússia ao arcabouço europeu", levando "à extinção" de "amplos segmentos da população", que chegavam a "dezenas de milhões". Aly cita muitos documentos semelhantes. O historiador alemão Christian Gerlach em particular argumentou que o extermínio dos judeus da região foi acelerado pelo desejo dos administradores alemães de reduzir o número de "bocas inúteis" em uma situação em que as Forças Armadas alemãs tinham de viver da terra e os estoques de víveres em solo alemão precisavam ser constantemente reabastecidos com remessas do estrangeiro. Para Aly, de fato, uma das principais razões para a decisão de Hitler de deportar os judeus remanescentes em Berlim para o leste no verão de 1941 foi a necessidade de usar suas casas para realojar os alemães desabrigados cujas casas haviam sido destruídas pelas bombas dos raides dos Aliados.

Aqui, entretanto, fica evidente uma fraqueza fundamental do enfoque de Aly. Em toda a sua obra, inclusive em seu estudo anterior *"Final Solution"*, ele aplicou uma espécie de reducionismo econômico que deixa fora da equação outros fatores – marcadamente a ideologia e a convicção. Seus argumentos são sempre estimulantes e merecem a mais estrita e pormenorizada consideração, mas de forma alguma contam a história completa, e de resto exageram de modo substancial quanto ao impacto dos fatores materiais na tomada de decisões nazistas, que era fundamentalmente irracional em seu cerne. Em uma série de cálculos complexos, Aly chega à conclusão de que nada menos que 70% das receitas do Reich alemão em tempo de guerra derivavam de países ocupados, de trabalhos forçados e do assassinato de quase 6 milhões de judeus da Europa (cujos bens e propriedades caíam nas mãos do Reich tão logo eles eram mortos). Alguém poderia defender a ideia de que Aly subestima a quantidade do butim extraído dos países ocupados, já que ele se baseia primordialmente em documentos oficiais e ignora a vasta escala da pilhagem não oficial realizada pelos soldados alemães em sua marcha de um país para outro.

Em tom de desaprovação, Heinrich Böll descreveu como, a caminho da França, seus colegas soldados arrombavam as casas vazias, pegando tudo o que queriam, por exemplo; na Polônia e no Leste Europeu, os soldados roubavam comida, prata e ouro, toda sorte de obras de arte, e muito mais das casas de campo e mosteiros que iam encontrando pelo caminho em sua vitoriosa marcha rumo a Varsóvia. A contribuição de tudo isso para o padrão de vida das famílias dos soldados na Alemanha não pode ser subestimada, ainda que seja impossível de calcular.

Mas, no geral, seguramente as cifras de Aly são tudo menos uma subestimação. Outros cálculos, em particular o de Adam Tooze em sua nova história da economia nazista *The Wages of Destruction: The Making and Breaking of the Nazi Economy* [O salário da destruição: A montagem e a quebra da economia nazista], situam o número de forma mais plausível em torno de 25%; ainda substancial, mas longe de garantir a subsistência de quase toda a população da Alemanha. Aly tem relativamente pouco em termos qualitativos a dizer sobre o padrão de vida dos alemães no *front* doméstico, e citar medidas da política social governamental não substitui isso. Não restam dúvidas de que de 1941 em diante ocorreu uma deterioração no padrão de vida geral, à medida que tiveram início interrupções constantes no fornecimento de rações, as pessoas passaram a ter de recorrer ao mercado negro, no qual os preços rapidamente se inflacionavam, e os bombardeios aéreos começaram a surtir efeito. Há, ademais, uma contradição fundamental no cerne do livro de Aly. Pois se a esmagadora massa de alemães estava absolutamente envolvida e comprometida com o Terceiro Reich – como ele alega que já ocorria antes de 1939 –, dando respaldo a uma "democracia totalitária" a partir de baixo e participando plenamente de um processo "horizontal" ou "nivelado" de tomada de decisões, então por que o regime teria julgado necessário desviar enormes volumes de recursos na tentativa de evitar o descontentamento no *front* doméstico durante a guerra? Ironicamente, também, os processos de tomada de decisão que Aly descreve, da reforma tributária e medidas de bem-estar social à regulamentação de pacotes de comida e o aumento de salário dos soldados, originaram-se com figuras e instituições centrais no regime, não em particular com Hitler e Göring propriamente, e foram implementadas em um estilo de "cima para baixo" por meio do Ministério das Finanças. Se os líderes nazistas decidissem não tolerar a pilhagem dos países ocupados e impedir os soldados de enriquecer e melhorar a vida de suas famílias, poderiam tê-lo feito, e as coisas certamente teriam tido desfecho diferente.

Um traço fundamental da ideologia e da retórica nazistas, explorado por muitos historiadores mas por razões óbvias completamente ignorado por Aly, era o culto do autossacrifício, o apelo à autoentrega em prol dos interesses da nação e da raça. Em grande medida isso vinha atrelado a promessas de que tudo ficaria melhor tão logo a guerra terminasse, mas também incluía uma clara mensagem para o presente. A Alemanha era tudo; o indivíduo, nada. Os limites desse apelo eram cristalinos: havia pessoas que precisavam de alimento, de roupas e de um teto, e na tentativa de assegurar que isso fosse feito empregou-se um hercúleo esforço de bem-estar social. Ao mesmo tempo, porém, há um bocado de evidências de que a profunda e entranhada identificação da maior parte dos alemães com a nação – seu nacionalismo, em uma palavra – foi mais importante do que qualquer outra coisa na manutenção do seu engajamento no esforço de guerra. Em 1939-40 e nos primeiros sete meses de 1941, isso produziu uma euforia quase histérica, à medida que, com rapidez e facilidade alarmantes e impressionantes, forças alemãs arrasaram territórios cuja conquista fora em grande parte frustrada em 1914-18. Do fim de 1941 até quase o término da guerra, vinculado ao crescente – e em muitos aspectos plenamente justificado – temor em face do Exército Vermelho, isso incutiu nos alemães uma determinação inflexível de preservar a nação em face do avanço de seus inimigos. Simultaneamente, a desilusão com o regime nazista se intensificava, até que em 1944 o próprio Hitler passou a ser alvo de crescentes críticas do populacho, e os relatórios regulares sobre o estado de espírito do povo produzidos pelo Serviço de Segurança da SS tiveram de ser interrompidos porque eram uma leitura por demais deprimente.

Quando o Exército Vermelho finalmente arrasou Berlim e Hitler se suicidou em seu *bunker*, qualquer resquício de fidelidade ao regime do *Führer* que ainda restava entre a maioria dos alemães comuns desmoronou. Não há dúvidas de que as condições materiais de vida do povo alemão deterioraram drasticamente em 1945-47, agora que a renda e os víveres dos países ocupados já não estavam mais disponíveis, as descomunais indústrias de armamentos e munições do país tinham deixado de existir, os membros das Forças Armadas foram desmobilizados e voltaram para casa, onde deram início à difícil busca por um emprego, milhões de refugiados e indivíduos expulsos afluíram aos borbotões desde o Leste Europeu e o próspero mercado negro impulsionou a inflação a níveis perigosos. Contudo, a despeito dessas pavorosas dificuldades materiais, não houve resistência alguma à ocupação aliada, e nenhuma tentativa séria de reavivar o nacional-socialismo após sua derrota. Se fatores materiais tinham sido tão decisivos para a criação da lealdade dos alemães ao Terceiro Reich, era de esperar que houvesse níveis bem mais altos de descontentamento após o colapso. Por assim dizer, a morte de Hitler, a figura central e integradora do nazismo, havia rompido os laços de fidelidade do povo ao movimento. E um regime que constantemente insistira na lei do mais forte e nas noções de "manda quem pode, obedece quem tem juízo" e "ao vencedor as batatas" agora provava inequivocamente do próprio veneno. Não foi apenas o fim dos bons tempos, economicamente falando, portanto, que despedaçou a fidelidade do povo alemão e o afastou dos princípios e práticas do nacional-socialismo, por mais importantes que tenham sido os fatores econômicos. A ideologia, como sempre, foi igualmente ou até mais importante. Götz Aly, mais uma vez, contribuiu para a nossa compreensão da Alemanha nazista chamando atenção para os fatores materiais, mas, como em boa parte de sua obra anterior, exagerou a importância desses fatores, e concentrar-se apenas neles é contar apenas metade da história.

IV

Em última instância, o mesmo vale para as tentativas recentes de argumentar que a alardeada "Comunidade do Povo" era uma realidade social e não um mito de propaganda. Como apontou Ian Kershaw,[58] já em meados da década de 1960 o historiador sociológico David Schoenbaum, no livro *Hitler's Social Revolution* [A revolução social de Hitler] (Londres, 1966), afirmou que os nazistas tiveram êxito em romper as barreiras sociais existentes e criar uma sociedade genuinamente igualitária. Outros, porém, inclusive o próprio Kershaw, rapidamente solaparam essa posição ao mostrar que sob a superfície retórica de igualdade perduravam antigas hierarquias sociais e divisões de classe. Contudo, a mais recente mudança da história social para a história cultural, combinada à "guinada linguística" nos estudos históricos, concentrou as atenções mais uma vez em nível de discurso, crença, psicologia coletiva e outros fatores que transcendem a divisão de classes.

Também a partir da década de 1990, o estudo da Alemanha de Hitler concentrou-se de forma progressiva no extermínio dos judeus e na atitude do povo alemão com relação às políticas antissemíticas do regime. A raça empurrou a classe para as margens como conceito organizador central da pesquisa sobre o Terceiro Reich. O colapso do comunismo e o declínio do marxismo como força intelectual enfraqueceram ainda mais o papel das diferenças e antagonismos sociais da Alemanha nazista, como aconteceu em outras áreas de interesse histórico.

A "Comunidade do Povo", muitas vezes se argumenta, teve efeito concreto sobre as perspectivas de vida da geração mais jovem de trabalhadores alemães, que no Terceiro Reich puderam melhorar de posição social por meio de organizações como "A Força por meio da Alegria". Aqui um argumento amplamente difundido é o de que os efeitos de nivelamento social do Terceiro

Reich lançaram as bases e prepararam o terreno para a "sociedade de classe média nivelada" da Alemanha Ocidental nas décadas de 1950 e 1960. Portanto, a "Comunidade do Povo", já prenunciada na declaração do *Kaiser* Guilherme II quando da eclosão da Primeira Guerra Mundial de que não reconhecia mais partidos, somente os alemães, tornou-se uma realidade na década de 1930 que teve efeito de longo prazo sobre a estrutura da sociedade alemã do pós-guerra. Essa concepção anda *pari passu* com a tendência recente e extremamente persuasiva de historiadores a enxergar o nazismo como uma força essencialmente modernizadora, e não o movimento atávico e retrógrado retratado por historiadores das décadas de 1950 e 1960. Entretanto, é muito mais plausível argumentar que o verdadeiro motor alavancando o desmoronamento das barreiras de classe na Alemanha Ocidental do pós-guerra foi o "milagre econômico", o longo *boom* de rápido crescimento que propiciou a prosperidade a pessoas de todos os níveis da sociedade, acompanhado pelo lento declínio da classe trabalhadora tradicional com suas raízes nas decadentes indústrias de ferro, aço, carvão e engenharia da era clássica da alta industrialização no final do século XIX. Certamente, os efeitos políticos do nazismo em afastar os trabalhadores mais jovens das bases institucionais da consciência de classe – os sindicatos, o Partido Social-Democrata da Alemanha, as organizações da cultura da classe operária – não podem ser negados. A "Força por meio da Alegria" era popular, mas essa popularidade não impedia os trabalhadores de se ressentir do fato de que os maiores benefícios – como os cruzeiros para a ilha da Madeira – eram reservados para os chefões do partido nazista, e tampouco de notar que o dinheiro que eles poupavam para pagar as prestações do "Carro do Povo" jamais resultou na possibilidade de comprarem e dirigirem um.

Para muitos grupos na sociedade nazista, a ideia da "Comunidade do Povo" fornecia uma justificativa para a realização de suas próprias aspirações antigas e arraigadas. Os pesquisadores médicos poderiam se desvencilhar de restrições éticas tradicionais e fazer experimentos em seres humanos no lugar de animais; engenheiros poderiam devotar seus esforços a novas tecnologias como a bomba atômica ou o motor a jato; economistas e sociólogos poderiam traçar planos para a completa reestruturação racial do Leste Europeu; planejadores poderiam arquitetar programas para novas cidades, grandes e pequenas, interligadas por ferrovias de bitola larga; e todos, inclusive os trabalhadores, poderiam se imaginar como parte de uma raça ariana nova e dominante, marginalizando os inferiores ou perigosos e participando do impulso de fazer da Alemanha a maior nação do planeta. Se aceitarmos a ideia propagada por Robert Gellately e outros de que a Alemanha nazista era uma "ditadura por consenso", então o sucesso do conceito nazista da "Comunidade do Povo" não pode nos surpreender. No entanto, pergunta-se Kershaw, "como podemos estabelecer a realidade do consenso em uma ditadura terrorista? Já é bastante difícil fazer isso em uma democracia liberal pluralista. Faz sentido falar de consenso quando todos os indivíduos que discordam da situação são trancafiados ou obrigados a permanecer em silêncio?"[59]

Certamente alguns aspectos da política nazista eram populares junto a alguns grupos de pessoas – por exemplo, a revisão do Tratado de Versalhes. Mas, em muitas áreas, relatos contemporâneos revelam generalizada insatisfação, do ataque à Igreja Católica aos problemas da economia em meados da década de 1930. Em virtude da atomização da sociedade ocasionada pelo sufocamento de qualquer espécie de iniciativa política independente, mais uma vez as pessoas ficaram à própria sorte, contando unicamente com seus próprios recursos. Além de uma minoria (muito substancial) de nazistas politicamente engajados, a maioria dos alemães acabou apoiando o regime apenas "da boca para fora", em uma "aprovação fingida". Durante a guerra, e especialmente de 1941 em diante, à medida que os bombardeios dos Aliados tornaram-se mais frequentes e mais destrutivos, as pessoas começaram a olhar para o seu próprio futuro em vez de se mobilizar em torno da comunidade nacional propagada de modo tão insistente pelo partido nazista. Em janeiro de 1941 um relatório oficial da Alta Francônia, via de regra um baluarte de apoio aos nazistas, concluiu: "Não se pode falar de uma Comunidade do Povo. Todos estão pensando apenas em sua própria vantagem pessoal". A desintegração da coesão social tornou-se cada vez mais extrema à medida que a guerra progredia, mas, na verdade, a "Comunidade do Povo" sempre foi mais um mito de propaganda do que uma realidade social.[60]

Hitler era doente?

Em maio de 1941, depois que a mídia alemã começou a publicar notícias sobre o súbito voo de Rudolf Hess, o segundo homem no comando nazista, da Alemanha até o Reino Unido, movido pelo delírio de que seria capaz de persuadir os britânicos a firmar um acordo de paz com a Alemanha hitlerista, uma piada popular se espalhou e correu à boca pequena nos *pubs* e bares de Berlim. "Então é você o sujeito que enlouqueceu", Churchill teria dito a Hess em uma conversa pessoal com o alemão. "Não", respondeu Hess, "eu sou apenas o vice dele!". A ideia da insanidade de Hitler era algo em que os alemães acabaram acreditando durante os últimos estágios da guerra, e por algum tempo depois, principalmente como maneira de se eximir da responsabilidade pelas ações do *Führer*. Se tivessem conhecimento em 1932, quando votaram nele aos milhões, do que acabaram por saber dez anos depois, certamente teriam mudado o voto, alegavam; não era culpa deles que 6 milhões de judeus tinham sido assassinados, incontáveis soviéticos e um sem-número de outros soldados e civis perderam a vida, cidades alemãs foram devastadas e a Alemanha que eles conheceram acabou destruída para todo o sempre; a culpa era do *Führer*.

A ideia da insanidade de Hitler era apenas uma entre uma imensa gama de especulações por meio das quais as pessoas tentaram, à época e mais tarde, explicar as ações do líder nazista. Hitler era antissemita porque tinha antepassados judeus, dizia-se por exemplo, ignorando todas as evidências genealógicas em contrário; porque um médico judeu havia deliberadamente ajudado a mãe de Hitler, que tinha câncer de mama, a morrer, e depois cobrou caro demais por seus serviços (a bem da verdade, o médico aplicou tratamentos convencionais pelos padrões da época, e praticamente não cobrou nada da família); ou porque, na juventude, Hitler contraíra sífilis de uma prostituta judia (mais uma vez os registros médicos sobre seu estado de saúde estranhamente não revelam os sintomas da doença). Hitler era um sadomasoquista que projetava suas perversões sexuais no palco do mundo, de acordo com o psicanalista Walter C. Langer, que durante a guerra elaborou um relatório sobre a "mente de Adolf Hitler" para o serviço secreto americano. Segundo um psico-historiador, a obsessão exterminatória de Hitler derivava do fato de que sua mãe o havia amamentado em vez de delegar a tarefa a uma ama de leite, ato de "incesto seio-boca" que tornara "Hitler inadequado para qualquer relacionamento erótico normal", embora isso aparentemente não tenha afetado nenhuma outra criança entre os bilhões delas que ao longo da história passaram pela mesma experiência no planeta.

Hitler sofria de "mania esquizofrênica", de acordo com uma tentativa alemã posterior de analisar sua personalidade, ou, numa hipótese ainda menos plausível, ele jamais despertou da hipnose a que supostamente foi submetido após a cegueira temporária e alegadamente histérica que sofreu depois de sobreviver a um ataque de gás na Frente Ocidental no fim da Primeira Guerra Mundial. Nem uma nem outra teoria são corroboradas por um único tipo de prova. O problema com muitas dessas teorias é que as evidências que elas usam são improváveis, e seu único embasamento é o mesmo tipo de rumor que circulava pelos bares da Europa e dos Estados Unidos durante a guerra, recontado, sem dúvida com adornos, por botequineiros e beberrões como Putzi Hanfstaengl, cujas anedotas forneceram boa parte das especulações de Langer.

E é claro que havia a pequena questão da genitália de Hitler. Ecoando a popular canção "Colonel Bogey"*, marcha entoada pelas tropas britânicas durante a guerra, as notas do patologista forense soviético que examinou os restos mortais de Hitler após a guerra declararam que "não foi encontrado o testículo esquerdo", embora a mesma constatação pudesse ser feita também a respeito da maior parte do corpo de Hitler, que havia sido totalmente queimado por seus ordenanças depois do suicídio do *Führer* no *bunker* de Berlim. De qualquer modo, quando os médicos de Hitler o examinaram ao longo de sua vida, encontraram tudo em perfeita ordem, o que contestava também a

---

* "Colonel Bogey March", de Kenneth J. Alford; composição de 1913, várias gravações. Entre as múltiplas variantes da zombeteira marcha, há o refrão *"Hitler has only got one ball / Göring has got two but they're small / Himmler has something sim'lar / But poor old Goe-balls [Goebbels] has no balls at all"* (Hitler tem uma bola só / Göring tem duas, mas são pequenininhas. / Com Himmler a situação é parecida / Mas o pobre coitado do Goebbels não tem bola nenhuma). (N. T.)

informação, retransmitida e difundida por diversos intermediários – a partir de um médico que supostamente teria tratado de Hitler durante a Primeira Guerra Mundial – e posteriormente aceita pelo dramaturgo Rolf Hochhuth, de que, ainda menino, Hitler tivera o pênis arrancado pela mordida de um bode. "O bode devia ser muito bom de mira", comentam solenemente os autores, "e Hitler não devia possuir reflexo nenhum para ter o pênis mordido". Quanto à letra de "Colonel Bogey", o fato de que afirmava não só que Hitler tinha um único testículo mas que "o pobre coitado do Goebbels não tem bola nenhuma", quando é público e notório que Goebbels teve nada menos de seis filhos – que ele e a esposa mataram antes de se suicidar, no fim da guerra –, indica que não era uma alegação baseada, para dizer em termos brandos, em uma avaliação sóbria e sensata de todas as evidências possíveis.

Outros, como o historiador alemão Lothar Machtan, aventaram a hipótese de que Hitler fosse homossexual, o que em tese explicaria sua decisão de mandar matar, na "Noite das Facas Longas" em 1934, homossexuais conhecidos, como Ernst Röhm, e, supostamente, qualquer pessoa que soubesse das inclinações sexuais do *Führer* ou que tivesse feito sexo com ele (a lista de possíveis parceiros sexuais de Hitler inclui os motoristas Julius Schreck e Emil Maurice, seu amigo Putzi Hanfstaengl e até Joseph Goebbels e Rudolf Hess, ainda que estranhamente nenhuma dessas pessoas tenha sido um dos alvos na carnificina de 30 de junho-1º de julho de 1934). Machtan não se dá ao trabalho de explicar exatamente como a homossexualidade ou o desejo de negá-la é capaz de explicar as ações de um assassino em massa, e a sua principal testemunha, um dos camaradas de Hitler no *front* durante a Primeira Guerra, mais tarde foi condenada por diversas acusações de falsificação e agressões sexuais contra mulheres, e alterou sua versão da história várias vezes.

A bem da verdade, apesar da preocupação de Hitler de esconder do público seus relacionamentos com mulheres, em um esforço para proteger sua imagem de autossacrifício e devoção total e exclusiva ao povo alemão, sabe-se que teve relações sexuais com diversas mulheres, e nos últimos anos de sua vida manteve um relacionamento heterossexual convencional com Eva Braun, que era consideravelmente mais jovem que ele. Esbelta, atlética e energética, Braun representava um desafio para a *performance* sexual de Hitler, o que ele tentava superar com a ajuda de seu médico Theo Morell – nas noites em que o *Führer* ia dormir com Braun, Morell aplicava-lhe injeções de testosterona e outros compostos hormonais como Prostakin (hoje, sem dúvida, seria Viagra). Tudo somado, a bem da verdade Hitler ingeriu mais drogas que Lance Armstrong. Os autores desse estudo, um historiador e um médico, listaram nada menos que 82 delas em um capítulo intitulado "Baú de remédios de Hitler": o rol incluía sedativos, analgésicos e lenitivos, estimulantes, laxativos e muitos outros mais, mas é claro que Hitler não tomava todos ao mesmo tempo, tampouco por longos períodos ou em doses excessivas.

Hitler ingeria esses medicamentos para tratar de várias enfermidades, na maioria triviais, das quais sofreu em diversos pontos de sua vida. Em uma nota mais séria, durante seu serviço na Primeira Guerra Mundial Hitler foi ferido na coxa esquerda por um estilhaço de granada, lesão que mais tarde lhe trouxe novos problemas; também padeceu de um surto de cegueira temporária e parcial em 14 de outubro de 1918, resultado de um ataque de gás mostarda. E seus constantes discursos, especialmente durante a campanha eleitoral antes de subir ao poder, impunham um considerável esforço a suas cordas vocais, o que causou uma rouquidão curada em abril de 1932 quando, por aconselhamento médico, recebeu treinamento de voz em sessões com o célebre tenor Paul Devrient; assim, curiosamente os dois mais poderosos chefes de Estado combatentes da Europa Ocidental durante a Segunda Guerra Mundial, Hitler e Jorge IV, beneficiaram-se das atenções de um terapeuta da voz, embora por razões opostas: Hitler falava demais, o rei muitas vezes tinha dificuldade para falar.

A rouquidão de Hitler voltou em 1936, o que levou o líder nazista a recear que pudesse ser cancerosa; as aflições acerca de sua própria mortalidade fizeram que ele acelerasse o ritmo de sua agressividade em relação às nações estrangeiras no decorrer dos quatro anos seguintes. Essa informação chegou ao conhecimento de Martha Dodd, que era não apenas a filha única do embaixador dos EUA na Alemanha – e portanto estava inteirada das fofocas que circulavam pelo circuito social de Berlim –, mas também ao de uma espiã soviética que regularmente enviava relatórios para Moscou. A bem da verdade, porém, a causa da rouquidão de Hitler era um pólipo, cirurgicamente removido por um especialista e que, examinado em detalhes na biópsia, mostrou-se benigno – Hitler não tinha desenvolvido câncer na garganta. O pólipo voltou em novembro de 1944 – talvez Hitler estivesse berrando demais, nessa última e desesperada fase da guerra – e foi novamente extraído, sem efeitos adversos.

Em agosto de 1941 Hitler adoeceu, acometido de disenteria, náusea e vômitos, que o deixaram acamado e fora de combate por quinze dias, privando-o do poder de tomar decisões, mas isso não afetou o andamento da guerra, já que no fim do mês ele retomou o comando das Forças Armadas e deu a fatídica ordem de desviar considerável porção dos Exércitos mobilizados no ataque a Moscou para, em vez disso, invadir a Ucrânia. Em termos mais gerais, contudo, Hitler padecia havia muito de síndrome do intestino irritável. Alguns atribuem isso à dieta vegetariana rígida e radical que ele havia adotado a partir de 1930: os autores reproduzem o cardápio do jantar de Natal em 25 de dezembro de 1944, uma refeição deplorável que consistiu em *müsli*, chá Vitamultin, sopa de macarrão, couve-flor empanada, massa folhada e purê de batata; por mais monótona que fosse a dieta de Hitler, é improvável que lhe tenha causado problemas digestivos sérios; geralmente a síndrome do intestino irritável é causada por estresse, o que parece ter sido o caso de Hitler, especialmente durante a guerra.

Eberle e Neumann discutem exaustivamente a possibilidade de que Hitler sofria de pressão alta e esclerose coronária, e reproduzem os resultados de uma bateria de eletrocardiogramas; o estresse parece ter sido um dos fatores primordiais aqui também, e os autores concluem que diversos biógrafos exageraram quanto à gravidade dessa condição de Hitler, que não representava risco de vida. Mais sério era o tremor que as pessoas começaram a perceber na mão e na perna esquerdas de Hitler em 1941, juntamente com a tendência a arrastar os pés em vez de andar; ainda que esses sintomas sejam compatíveis com a doença de Parkinson, não parecem ter afetado gravemente o *Führer* até a última etapa da guerra, já que até então nem a sua capacidade de discursar nem seus processos mentais foram prejudicados. O que de mais errado havia no corpo de Hitler eram seus dentes; o cirurgião dental Hugo Blaschke, que começou a cuidar da dentição de Hitler em 1933, diagnosticou que era lastimável a situação dos dentes do *Führer*, que tinham sido pessimamente restaurados; era muito provável que Hitler sofresse de uma forte halitose, o que resultava em hálito fétido. Eram constantes os tratamentos dentais de Blaschke, que no final de outubro de 1944 extraiu dois dentes de Hitler. A essa altura a boca do *Führer* estava repleta de obturações e pontes, algumas delas possivelmente feitas com o ouro arrancado da boca das vítimas judias dos campos de concentração – Blaschke tinha um estoque de 50 quilos de ouro em seu laboratório pessoal para usar em sua prática dentária, e, dada a quantidade, talvez também para outras finalidades.

É inquestionável que a saúde de Hitler sofreu sequelas por conta da bomba detonada na tragicamente malograda tentativa do coronel Von Stauffenberg de assassiná-lo em 20 de julho de 1944. A explosão estourou os tímpanos de Hitler, arremessou estilhaços que penetraram seu corpo, chamuscaram seu cabelo e causaram queimaduras na pele, mas isso não o impediu de reagir rapidamente e retaliar com selvagem violência contra os conspiradores, seus apoiadores e familiares. Paradoxalmente, como ele mesmo disse após o atentado, sua tremedeira "desapareceu quase que por completo como resultado do ataque – não que eu recomende esse tipo de remédio". Mais tarde, todavia, o tremor reapareceu na mão direita, e seu estado geral de saúde jamais se recuperou por completo. No início de 1945, segundo o posterior relato de Albert Speer, ministro de Armamentos e Munições nazista, "os braços e as pernas dele tremiam, ele caminhava encurvado, com passos arrastados. Até a sua voz tornou-se trêmula, perdeu sua antiga autoridade. A força de sua voz deu lugar a um modo de falar hesitante e atonal".

Era por isso que o médico pessoal de Hitler, dr. Theodor Morell, o entupia de drogas inapropriadas? Certamente, Morell era conhecido por sua entusiástica prescrição de comprimidos (nos últimos meses da guerra Hitler estava tomando 28 pílulas por dia) e injeções (Hermann Göring apelidou-o de *Reichsspritzenmeister*, "O Mestre das Injeções do Reich"). Hugh Trevor-Roper, entrevistando os sobreviventes do séquito de Hitler após a guerra, não tinha dúvidas quanto à influência maligna de Morell: "Ele era um trapaceiro [...] um charlatão [...] totalmente indiferente à ciência ou à verdade". A influência de Morell junto a Hitler, que se tornou seu paciente de 1936 em diante, derivava em especial de seus modos delicados e tranquilizadores de médico. A ascendência cada vez maior de Morell sobre o *Führer* despertou ciumeira entre os membros da comitiva de Hitler, em particular o outro médico pessoal do líder nazista, Karl Brandt; as opiniões que eles forneceram estavam eivadas de animosidade pessoal e não são dignas de confiança.

A bem da verdade, Morell era um médico qualificado, e seus remédios, perfeitamente adequados aos padrões medicinais e farmacêuticos da época. Isso vale até para seu medicamento favorito, o Vitamultin, estimulante que talvez contivesse metanfetamina (*"speed"*); decerto os relatos sobre o comportamento de Hitler durante uma reunião de cúpula com Mussolini em julho de 1934, quando o *Führer* estava "tão eufórico e verborrágico que Mussolini mal conseguiu dizer uma palavra", são uma forte indicação de que as pílulas que Morell dera a Hitler poucos minutos antes tivessem essa substância. Entretanto, nem todos os comprimidos de Vitamultin ou o chá de Vitamultin que Hitler tomava no café da manhã continham anfetaminas; aparentemente tinham cafeína como principal componente básico, e não há indício algum de que Hitler tenha se viciado nelas. Em última instância, Morell estava tentando lidar com a gradual deterioração do estado físico de Hitler durante a guerra, e há poucas evidências convincentes para corroborar a alegação de Trevor-Roper de que o médico agravou a saúde de Hitler.

Hitler jamais foi um homem exatamente saudável. Fazia poucos exercícios físicos, e quando saía de sua casa em Obersalzberg para uma caminhada nos Alpes Bávaros sempre andava morro abaixo, certificando-se de que haveria um carro de prontidão para levá-lo de volta quando chegasse ao sopé da montanha. É gritante o contraste com o obsessivo empenho do regime hitlerista em criar e treinar uma raça de arianos saudáveis por meio do programa de ginástica diária que trabalhadores, professores universitários, soldados e até professores da escola primária eram obrigados a cumprir. A elite nazista jamais se deu ao trabalho de ajustar-se à aparência ou ao comportamento que exigia de outros alemães – o "verdadeiro alemão", dizia uma piada muito popular à época, "é tão loiro como Hitler, tão ágil como Goebbels e tão esbelto quanto Göring". Contudo – ao contrário de Göring, que sem dúvida era viciado em drogas, ou Goebbels, que sofria de pé torto –, Hitler não levava uma vida tão insalubre quanto a de muitos alemães de meia-idade do período; verdade seja dita, Hitler jamais bebia álcool nem fumava cigarros, o que já o tornava bem mais saudável que a média, a despeito de sua aversão a exercícios físicos. Nesse livro os autores fazem um bom trabalho no sentido de dissipar décadas de especulações redundantes sobre o estado de saúde de Hitler. Sua resposta à pergunta apresentada no título deste capítulo – "Hitler era doente?" – é um retumbante "não"; isto é, ele era tão doente quanto a maior parte das pessoas é em um ou outro momento da vida. Certamente não era doente mental, pelo menos não em qualquer sentido conhecido pela medicina ou pela psiquiatria. Se suas ações e convicções eram racionais é outra questão, completamente distinta: irracionalidade e loucura não são a mesma coisa, e, ao analisar diversas das decisões aparentemente ilógicas que Hitler tomou durante a guerra, não têm problema nenhum para demonstrar que elas não foram afetadas por algum problema de ordem médica de que ele pudesse padecer na época. As convicções e as ambições de Hitler foram compartilhadas por milhões de alemães, e a imagem que muitos deles pintaram durante a guerra, de uma nação de ingênuos e incautos seduzidos por um louco furioso, jamais foi muito convincente.

Os diagnósticos retrospectivos de Eberle e Neumann são compactos, claros, abalizados e persuasivos; mas não são particularmente surpreendentes ou originais. Pois tudo isso já foi feito antes, pelo falecido Fritz Redlich, psiquiatra austríaco que emigrou para os EUA em 1938 e depois tornou-se reitor da Escola de Medicina da Universidade Yale. Em 1998, Redlich publicou *Hitler: Diagnosis of a Destructive Prophet* [Hitler: diagnóstico de um profeta destrutivo], em que investigou mais ou menos as mesmas evidências, dos diários de Morell a registros de eletrocardiogramas de Hitler realizados em vários momentos na década de 1930 e no início da de 1940, e chegou essencialmente às mesmas conclusões. Redlich contou com a consultoria do historiador alemão Norbert Frei e de outros renomados especialistas na história do Terceiro Reich, e é principalmente a ele que cabe o crédito por ter dado fim a tantos mitos sobre as doenças de Hitler. De forma pouco generosa, Eberle e Neumann menosprezam a obra de Redlich por ter sido baseada em fontes não confiáveis, mas, se acrescentam detalhes e precisão em alguns pontos, não conseguem lançar dúvidas sobre os pormenorizados argumentos médicos de Redlich. Ambos os livros chegam à inescapável conclusão de que Hitler não era insano ou demente, não sofria de delírios induzidos por drogas, não penava sob os efeitos de alguma doença crônica como a sífilis, tampouco agia movido por algum transe hipnótico indefinido: ao contrário, era são de acordo com qualquer definição razoável do termo, e plenamente responsável por suas ações.

Adolf e Eva

Na madrugada de 29 de abril de 1945, enquanto era possível ouvir os tanques e canhões do Exército Vermelho bombardeando o centro de Berlim, um curioso evento ocorreu no *bunker* sob o jardim da antiga Chancelaria do Reich. Tendo como testemunhas o ministro da Propaganda Joseph Goebbels e o chefe da Chancelaria do partido nazista Martin Bormann, um delegado regional do partido conduziu formalmente uma cerimônia de casamento civil entre o ditador alemão e Eva Braun, bávara de 33 anos de idade e cerca de 23 anos mais jovem que Hitler. Terminada a cerimônia, eles reuniram-se na sala de estar com um pequeno grupo de secretárias e oficiais nazistas do alto escalão para uma taça de vinho espumante e, como mais tarde registrou um dos presentes, para relembrar "alegremente os bons e velhos tempos".

Foi um casamento solenizado à sombra da morte. Pouco antes, Hitler havia ditado a uma das secretárias no *bunker* seu "testamento político". No documento, declarava que, quase no fim de sua vida terrena, decidira "casar-me com a mulher que, após vários anos de leal amizade, entrou por vontade própria na cidade já sitiada para compartilhar do meu destino. Ela ingressa na morte comigo na condição de minha esposa, segundo o meu desejo". Na tarde de 30 de abril, o casal retirou-se para os aposentos privativos de Hitler, onde a agora Eva Hitler sentou-se no sofá. Ela mordeu uma cápsula de cianeto e teve morte instantânea. Hitler fez o mesmo e, a fim de se certificar de que daria fim à própria vida, simultaneamente disparou um revólver contra a própria têmpora. Ao ouvir o barulho, alguns dos outros presentes no *bunker* entraram no aposento e organizaram a remoção dos corpos para o jardim, onde, seguindo instruções, despejaram gasolina sobre os cadáveres e os queimaram até que ficassem irreconhecíveis. Ainda em funcionamento, a máquina de propaganda nazista divulgou um comunicado afirmando que Hitler morrera lutando até o fim. Nenhuma menção foi feita a sua nova esposa. Eva morreu exatamente como havia vivido, invisível ao mundo exceto para um punhado de íntimos do *Führer*.

Quem foi Eva Braun? Por que ela vinculou seu destino de forma tão inextricável ao do ditador alemão? Por que sua existência foi mantida em segredo por tanto tempo? Ela era apenas uma jovem simplória, apolítica e ingênua, fascinada pelo carisma de Hitler? Sua relação com o ditador era meramente platônica? Em um novo livro, a primeira biografia acadêmica e séria da moça que após sua morte tornou-se uma das mulheres mais famosas do mundo, em uma cuidadosa investigação a historiadora Heike Görtemaker peneira meticulosamente a documentação disponível a fim de tentar encontrar uma resposta para essas desconcertantes questões humanas.

Há muito os historiadores sabem que Hitler dependia de um pequeno grupo de amigos íntimos e conhecidos, em quem confiava para que fizessem as coisas para ele. Longe de ter gestão profissional, o Terceiro Reich era administrado por amadores e pretensiosos. Contudo, o papel do fotógrafo pessoal do *Führer*, Heinrich Hoffmann, nessa pequena "panelinha", conforme mostra Görtemaker, foi insuficientemente reconhecido. Hoffmann foi nazista de primeira hora, tendo conhecido Hitler antes do *Putsch* da Cervejaria de 1923; para abrandar as aflições do líder nazista com relação a ser fotografado em situações pouco lisonjeiras, Hoffmann captava a imagem de Hitler da maneira mais cativante e atraente possível. Foi o trabalho de Hoffmann que assegurou que a imagem de Hitler estivesse onipresente em toda a mídia no final da década de 1920. As fotografias dele eram sempre as melhores. Hoffmann acompanhava o líder nazista praticamente por toda parte. A casa de Hoffmann propiciava a Hitler uma espécie de sucedâneo de retiro familiar. Graças a esses serviços, Hoffmann ganhou a confiança do *Führer* e mais tarde se beneficiou de uma vultosa renda e uma boa dose de poder no mundo cultural, o que incluiu a seleção de suas pinturas para a Grande Exposição de Arte Alemã de 1937, uma vitrine da arte nazista. Relativamente cedo na carreira, Hoffmann conseguiu expandir seus negócios e contratar um novo estafe. Uma dessas assistentes era Eva Braun.

Nascida em 6 de fevereiro de 1912, Eva era a segunda de três filhas de um casal da classe média baixa, Friedrich e Franziska Braun. O casamento não era feliz nem estável. De fato, em 1921 os Braun chegaram a se divorciar, apenas para se recasarem um ano e meio depois, quando a inflação galopante começava a destruir a renda de muitas pessoas como eles: era mais barato criar três filhos em uma única casa do que em duas. Assim que a economia se estabilizou em meados da década de 1920, a família, com o auxílio de uma herança, recuperou-se o suficiente a ponto de se mudar para uma casa maior, contratar uma empregada e comprar um carro. Mas a situação doméstica continuava tensa, tanto que Eva passava a maior parte do tempo vivendo com a família de uma amiga, cujos pais acabou chamando de "papai" e "mamãe". Após um período em um internato, ela respondeu a um anúncio publicado por Heinrich Hoffmann e em setembro de 1929 passou a integrar a equipe do fotógrafo, que estava em franca expansão.

A essa altura Hoffmann vinha divulgando seu estúdio como um empreendimento nazista. Friedrich Braun era apoiador entusiástico do partido e sem dúvida encorajou a filha a se candidatar ao emprego. Aos 17 anos, Eva trabalhava como vendedora e conhecia as técnicas básicas de fotografia. Uma vez que a maior parte dos trabalhos do estúdio era sob encomenda do partido nazista, não surpreende, especialmente à vista do relacionamento de amizade entre Hoffmann e Hitler, que um dos primeiros clientes com quem Eva entrou em contato tenha sido o líder do partido; certo dia, pediram a ela que buscasse comida e bebida para o *Führer* em um restaurante vizinho do ateliê. Durante a refeição, Hitler mostrou-se claramente encantado com a nova assistente do fotógrafo, tanto que, de acordo com um livro escrito no pós-guerra por um jornalista que entrevistou os familiares sobreviventes de Eva, se ofereceu para levá-la de carro para casa (nessa época ela tinha voltado a morar com os pais). Não demorou para que Hitler, em suas frequentes visitas ao estúdio, começasse a cobri-la de elogios e dar-lhe presentinhos. Ficou tão fascinado que ordenou secretamente a verificação de sua genealogia a fim de comprovar se ela era de ascendência "ariana". Seus investigadores confirmaram: ela era.

Pouco acostumada a tamanha atenção, Eva Braun começou a retribuí-la. Logo ficou evidente a verdadeira natureza de seus sentimentos. Percebendo que isso o faria cair ainda mais nas graças do líder nazista, Hoffmann passou a incentivar o flerte (suas posteriores negativas, alega Görtemaker, não são críveis). Em um espaço de tempo relativamente curto depois de terem se conhecido, Eva e Adolf iniciaram um relacionamento sexual, muito provavelmente consumado em um apartamento alugado por Hitler em Bogenhausen, distrito elegante de Munique. Görtmaker abstém-se de psicologismos e especulações nesse que é um livro rigorosamente acadêmico, mas parece razoável supor que Eva encontrou no muito mais velho Hitler um substituto para seu pai insatisfatório. Ademais, ambos vinham de origem social similar, tinham níveis comparáveis de instrução formal (uma formação educacional um tanto rudimentar) e compartilhavam uma distância em comum do *establishment* social alemão. Ambos, como notavam os que os conheciam, eram obcecados pela limpeza pessoal, mantinham a aparência impecável e contudo passaram boa parte da vida em ambientes pouco convencionais – ele no mundo boêmio da Munique e da Viena pré-guerra, ela no *milieu* artístico do ateliê fotográfico. Resta pouca dúvida de que seu relacionamento era uma expressão normal de heterossexualidade de ambos os lados. Görtemaker nem sequer se dá ao trabalho de mencionar as infundadas especulações a que se permitiam psicólogos americanos como Walter C. Langer em sua análise *The Mind of Adolf Hitler* [A mente de Adolf Hitler], relatório escrito durante a guerra, tampouco as fofocas de bar fornecidas pelo rato de boteco Ernst "Putzi" Hanfstaengl, íntimo de Hitler na década de 1920, no relatório que escreveu para o presidente americano Franklin Roosevelt (que o chamou de sua "leitura para a hora de dormir" durante a guerra), de acordo com o qual Hitler entregava-se à prática de perversões sexuais de vários tipos. Por mais difícil que possa ser aceitar, parece provável que Hitler levava uma vida sexual normal em todos os aspectos, exceto pelo fato de que era mantida em sigilo. Nem tudo o que diz respeito ao mais maléfico dos homens é necessariamente depravado ou pervertido.

O caso amoroso com Eva Braun logo começou a representar problemas para o líder nazista; problemas que só se intensificaram à medida que a relação com Eva se aprofundava. Mesmo antes de chegar ao poder, Hitler começou a evitar demonstrações francas e públicas de afeto. Havia mais de uma razão para isso. Durante algum tempo, Hitler teve um caso com Geli, filha de sua meia-irmã Angela Raubal, para quem vinha sublocando um quarto na rua Prince Regent em Munique. Em 18 de setembro de 1931, Geli matou-se com um tiro, talvez por conta da culpa de sua relação incestuosa com o meio-tio, talvez por ciúme, talvez porque não suportasse a influência restritiva e controladora em sua vida. Ela não deixou um bilhete, fato que levou alguns a duvidar de que tivesse sido suicídio. Outros aventaram, de maneira bastante implausível, que Geli foi assassinada para evitar revelações constrangedoras sobre o líder nazista.

Qualquer que seja a verdade sobre o caso com Geli, Hitler decidiu que era perigoso demais deixar sua vida privada afetar sua imagem pública, ainda mais à medida que o partido nazista vinha ascendendo rapidamente e ganhando popularidade e relevância política. Mesmo para íntimos como Goebbels, Hitler declarou que sua única preocupação era a Alemanha e que jamais se casaria. A felicidade privada tinha de ser sacrificada em prol do bem público. De agora por diante, disse ele, "eu estou casado: com o povo alemão e seu destino!". Uma vez que Hitler embarcou em um período de febril campanha política, coordenada a partir de Berlim e não de Munique, de qualquer forma dispunha de pouco tempo para cultivar seu novo relacionamento com Eva Braun. Agoniada, em agosto ou novembro de 1932 (os relatos divergem) ela pegou a pistola do pai, apontou-a para o próprio coração e apertou o gatilho.

Mas a mira de Eva Braun era péssima. Por acidente ou de propósito, a bala errou os órgãos vitais e foi facilmente removida no hospital, onde o alarmado Hitler a visitou pouco depois. Hitler disse a Hoffmann que dali por diante ele "devia ficar de olho nela"; um segundo escândalo poderia arruiná-lo. Hitler então se deu conta "de que a garota realmente o amava". O líder nazista não fez menção alguma a seus próprios sentimentos. Mas a partir desse momento sua relação com Eva tornou-se parte fixa e significativa de sua vida. Se a tentativa de suicídio de Eva tinha sido um pedido de ajuda, então deu certo. Mas ela sabia das regras segundo as quais o caso teria de ser conduzido. O relacionamento amoroso precisava ser mantido em segredo, por baixo do pano. Nem mesmo em ocasiões privadas estavam autorizadas demonstrações de afeto entre os dois quando houvesse outras pessoas presentes. O casamento estava fora de cogitação. A batalha pelo papel de "primeira-dama do Terceiro Reich" teria de ser travada entre a fanática nazista Magda Goebbels, esposa do ministro da Propaganda Joseph Goebbels, a atriz Emmy Göring, segunda mulher de Hermann Göring, o "segundo homem" do Reich, e Ilse Hess, uma engajada nazista de primeira hora casada com o vice-*Führer* Rudolf Hess.

A correspondência pessoal de Eva Braun com Hitler foi destruída por ordem do *Führer* pouco antes do fim da guerra, mas sobreviveu um diário fragmentário – embora claramente autêntico – com anotações feitas por Eva a partir de 1935, em que escreveu sobre sua tristeza quando Hitler partiu de súbito para Berlim "sem dizer adeus" depois de ter passado com ela "duas horas maravilhosas" até a meia-noite do dia anterior. Durante as semanas seguintes, em que Hitler estava preocupado com questões políticas de grande envergadura, do plebiscito do Sarre à introdução do alistamento militar obrigatório, "o amor parece não ser uma prioridade na agenda dele no momento", ela escreveu. Em uma recepção em um hotel de Munique, a expectativa de Eva por uma "palavra doce" ou "um cumprimento" foi frustrada, e ao ir embora Hitler apenas entregou-lhe "um envelope com algum dinheiro dentro, como ele já tinha feito uma vez antes". Para piorar, Hitler agora era visto em eventos sociais em Berlim na companhia de uma bela e jovem aristocrata, Sigrid von Laffert.

Diante de tamanha indiferença aparente, pela segunda vez Eva recorreu a uma tentativa de suicídio, nessa ocasião com uma overdose de soníferos, que realmente "resultariam em 'morte certa'", como ela anotou em seu diário. Na verdade, Eva sobreviveu. Mas a tática teve êxito. Ela se mudou da casa dos pais para um apartamento a cinco minutos do endereço de Hitler em Munique, com sua irmã e uma empregada doméstica. O aluguel era pago por Hitler, com Hoffmann fazendo as vezes de intermediário. Algumas semanas depois, Braun teve permissão para comparecer a um comício do partido em Nuremberg, e se sentou no palanque, para desgosto das damas mais importantes da hierarquia do partido, que até esse momento nem sequer sabiam de sua existência. Pouco depois, a meia-irmã de Hitler foi embora da Berghof, a casa de campo de Hitler nos Alpes Bávaros, depois de sete anos encarregada da administração diária da propriedade – isto é, assim que deixou bem clara sua antipatia por sua jovem rival Eva Braun. Era óbvio que Hitler não toleraria críticas à mulher que agora se tornara sua companhia permanente.

Se fosse vista com Hitler em público, em visitas à ópera ou em ocasiões esportivas e sociais, Eva tinha de ficar em segundo plano. Mas agora ela era presença frequente ao lado de Hitler, acompanhando-o em viagens ao exterior no papel de "secretária particular" ou de membro do estafe de Hoffmann. Por fim, Hitler providenciou para Braun um apartamento na antiga Chancelaria do Reich em Berlim, onde poderia ficar com ela quando estivesse na capital. E, nos bastidores, aos poucos Eva começou a se afirmar, sobretudo na Berghof, onde agora residia na maior parte do tempo. Era para lá que Hitler ia a fim de relaxar e retomar o estilo de vida boêmio de que desfrutara na década de 1920. Embora o recanto alpino de Hitler fosse administrado pelo discreto e eficiente faz-tudo Martin Bormann, no anos seguintes foi Eva Braun quem se estabeleceu como a anfitriã que orquestrava os eventos sociais realizados na casa de campo, sendo por fim reconhecida pelo círculo íntimo de Hitler – de bom grado ou não – como a dona da casa. Bormann tinha a prudência de manter boas relações com Eva Braun, certificava-se de providenciar tudo de que ela precisasse, dinheiro inclusive, e tomava medidas cautelosas para mantê-la longe do público em geral.

Por certo, uma vez que o fato de que Hitler tinha uma amante de longa data era conhecido pelas figuras do alto escalão do regime, jornalistas observadores também seriam capazes de descobrir isso – se quisessem. Para os jornalistas alemães era perigoso demais. Mas o papel de Eva Braun não passou despercebido dos repórteres estrangeiros mais perspicazes. Assim, por exemplo, em 15 de maio de 1939, ao verdadeiro estilo das colunas de fofoca do período, a revista *Time* publicou uma matéria com a manchete "Primavera no Eixo", relatando que uma jovem loira chamada Eva Braun agora residia em um apartamento providenciado por "um velho amigo de Berlim que sempre vai vê-la quando está na cidade". "Para os amigos dela", informava equivocadamente o artigo, "Eva Braun confidenciou que a sua expectativa é a de se casar com esse amigo em um ano". Com efeito, em dezembro do mesmo ano, a revista americana *Saturday Evening Post* estampou a matéria "Hitler se casou?". A jornalista alemã Bella Fromm, que em 1938 emigrou de sua terra natal para exilar-se nos Estados Unidos, também parece ter ouvido fofocas que a levaram a identificar Braun como a amante de Hitler; Fromm incluiu essa informação em seu diário *Blood and Banquets* [Sangue e banquetes], publicado em Londres em 1942, comentando que a antiga assistente de Hoffmann "Eva Helene Braun" parecia ter roubado o coração do *Führer*. Os censores nazistas, porém, cuidaram para que esses relatos jamais chegassem aos olhos do público leitor alemão.

Embora Hitler tenha considerado necessário manter em sigilo seu relacionamento antes de chegar ao poder em 1933, tão logo estabeleceu sua ditadura ele poderia, com efeito, fazer o que bem quisesse. Por que então o casal não se casou nem teve filhos? Em público, Hitler se desdobrava para demonstrar sua bondade para com as crianças e os animais, e a prole de amigos íntimos, como seu arquiteto e chefe supremo de munições Albert Speer, era sempre uma presença bem-vinda na Berghof. Ademais, a ideologia nazista enfatizava a importância de mulheres "arianas" como Eva Braun se casarem e gerarem filhos para o Reich. Próceres nazistas, caso de Goebbels com seus seis filhos ou Bormann, pai de uma impressionante dezena de rebentos, cumpriram diligentemente seu dever. Eva Braun havia tirado fotos de Hitler sentado em um sofá com as crianças pequenas de sua amiga Herta Schneider e as guardava em um álbum especial, símbolo de seu sonho de ter filhos com ele após a guerra, em um mundo de fantasia paralelo àquele evocado por Hitler enquanto inspecionava maquetes de monstruosas paisagens urbanas que ele planejava para Berlim ou Linz assim que fosse firmada a paz. Hitler, por seu turno, permitia que Eva o fotografasse com crianças, não apenas porque ela vendia as fotos para Hoffmann de modo que ele as usasse para fins de propaganda, mas também porque, supõe Görtemaker, sabia que essas imagens possibilitavam a Braun sonhar com a vida familiar que, ao lado de Hitler, não poderia ter.

A bem da verdade, Hitler evitava deliberadamente o comprometimento com a vida familiar porque desejava projetar-se a si mesmo como uma figura ostensivamente solitária a quem todos os outros deveriam respeitar, um homem que pairava acima das normas sociais do Terceiro Reich. Seu modelo era Karl Lueger, o popular prefeito antissemita de Viena – onde Hitler vivera antes da Primeira Guerra Mundial –, que se recusara a casar-se com a companheira porque, em suas palavras, precisava "das mulheres" a fim de "conquistar qualquer coisa" politicamente. "Muitas e muitas mulheres", declarou Hitler mais tarde, "estão atraídas por mim porque sou solteiro".

O Terceiro Reich era o que já foi chamado de "ditadura plebiscitária". Hitler precisava demonstrar reiteradamente, pelo menos para a opinião internacional, que seu regime contava com o apoio da massa; por isso, não poupava esforços para forjar maiorias de 99% dos votos em eleições e referendos. As mulheres eleitoras – a maioria, dado o massacre de homens alemães na Primeira Guerra Mundial – eram importante fonte de apoio eleitoral para Hitler, antes e depois de ter subido ao poder. E a seu ver as mulheres também eram fundamentais como apoiadoras do esforço de guerra, mantendo seus homens engajados e comprometidos com a causa e tomando medidas para que os soldados na frente de batalha não tivessem motivos de preocupação com as respectivas famílias. Em conversa reservada, em 1942, Hitler disse que o casamento criaria "direitos legais! Então é muito mais adequado ter uma amante. O fardo desaparece e tudo continua sendo uma dádiva". Ciente dessas opiniões, Eva era cautelosa o suficiente para não usar sua posição de modo a influenciar Hitler em questões de ordem pessoal ou política; por sua vez, Hitler reagia com repugnância às tentativas de outras pessoas de exercer influência sobre ele por intermédio de Eva. Quando Hermann Göring perdeu poder após o início da guerra, tentou reavê-lo incentivando a esposa a se tornar amiga pessoal de Eva; Hitler interrompeu bruscamente essa manobra.

A ideologia nazista retratava as mulheres como criaturas essencialmente passivas, pudicas, discretas, simples e pouco exigentes, cujo papel era o de adorar seus homens. Braun não era esse tipo de mulher. Como demonstram suas fracassadas tentativas de suicídio, ela estava preparada para fazer o que fosse preciso, sem medir esforços, a fim de conseguir o que queria. Sua posição na Berghof, em que Eva afirmou sua dominância e autoridade sobre as pretensas damas do Reich, muito mais velhas, atestava sua personalidade forte. Durante a guerra, os visitantes notaram como ela se tornou mais autoconfiante: fazia sinais para que Hitler se calasse quando ele entabulava mais um de seus intermináveis monólogos pós-jantar, ou perguntava em alto e bom som que horas eram toda vez que Hitler não parecia disposto a se recolher para a cama e dar por encerrada a reunião ou jantar. Ainda aos vinte e tantos anos, Eva tornou-se uma figura a considerar no círculo íntimo de Hitler.

Também em outros aspectos Eva deixava a desejar em termos de adequar--se ao ideal nazista de feminilidade. Um visitante a quem ela foi apresentada como "governanta" da Berghof relatou, em tom de desaprovação, o fato de que ela trocava de vestido diversas vezes ao dia. Ele também registrou, com severidade, que ela não correspondia ao "ideal de garota alemã", que deveria ter uma aparência "natural". Ela descoloria os cabelos e sempre usava maquiagem (sua marca preferida era Elizabeth Arden). Além disso, o comportamento de Eva mudava bruscamente assim que Hitler se ausentava da casa de veraneio de Berghof – ela fumava cigarros (Hitler não apenas não fumava como também proibia que fumassem perto dele), elaborava jogos e brincadeiras infantis para os amigos, assistia a filmes estrangeiros, organizava festas, fazia ginástica de maiô, tomava banho de sol nua em pelo; em suma, relaxava e se divertia sem inibição.

Na Alemanha nazista as mulheres eram desestimuladas de ter uma carreira ou de trabalhar em atividades remuneradas, mas Hitler reconhecia a pretensão de Eva de ser fotógrafa profissional – tirou um sem-número de fotos, quase sempre muito boas, que ela própria revelava e imprimia –, chamando-a de "menina da Rolleiflex". Uma das poucas lacunas nesse estudo de resto bastante abrangente é que Görtemaker não discute os longos filmes caseiros que Eva fez na Berghof; as filmagens são uma fonte expressiva e importante para o nosso conhecimento acerca dos líderes do Terceiro Reich e de suas relações interpessoais. De certa forma, o filme colorido de Braun mostrando Hitler e seu séquito é de raro imediatismo aos olhos de um espectador do século XXI, bem mais real do que filmagens em preto e branco. Parte do material foi submetido a tecnologia de leitura labial, e, em um momento particularmente apavorante, Hitler, enquanto está sendo filmado por Braun, começa a flertar com a mulher atrás da câmera, dando a quem assiste a desconfortável sensação de ser o objeto do flerte do *Führer*.

A despeito de toda a autoafirmação de Eva, ela foi retratada pela maioria dos homens do séquito de Hitler que a conheceram como uma mulherzinha despretensiosa, ignorante acerca do que acontecia no vasto mundo afora. Boa parte do que se sabe sobre ela vem de reminiscências do pós-guerra, notadamente as memórias publicadas por Albert Speer. Görtemaker mostra mais uma vez como eram pouco dignas de crédito as egocêntricas recordações de Speer, assim como eram inconfiáveis as lembranças de muitos outros que conheceram aquela que por fim seria a esposa de Hitler. Afinal de contas, era do interesse deles dar a entender que Eva não passava de uma mulher ingênua e apolítica; que a vida no lugar onde ela passava boa parte do tempo, o recanto alpino de Hitler nas montanhas bávaras de Obersalzberg, era idilicamente afastado das pressões e preocupações dos assuntos políticos e militares; que ela não discutia a perseguição e o massacre em massa dos judeus europeus, e tampouco sabia do extermínio de outros grupos que iam de prisioneiros de guerra soviéticos a deficientes mentais.

No entanto, o círculo íntimo de Hitler, inclusive Eva Braun, não vivia exclusivamente na Berghof, longe dos eventos que ocorriam nas grandes cidades como Munique e Berlim, onde também passavam boa parte do seu tempo. Eles testemunharam o *pogrom* de âmbito nacional de 9-10 de novembro de 1938, quando milhares de estabelecimentos comerciais de judeus foram destruídos por multidões de paramilitares das tropas de assalto nazistas, centenas de sinagogas incendiadas e 30 mil homens judeus foram agrupados, publicamente agredidos, maltratados e enviados para campos de concentração. Eles viram as placas afixadas nas estradas que levavam aos vilarejos das cercanias de Obersalzberg anunciando que os judeus eram "indesejados" na localidade. Eles liam os jornais, viam os cartazes e avisos nas cidadezinhas proibindo os judeus de frequentar instalações como bibliotecas municipais e piscinas públicas. Ainda que Eva tenha deixado poucos indícios concretos de suas opiniões políticas, alguns deles podem ser encontrados em seu álbum de fotografias, que incluía instantâneos de Hitler e sua comitiva durante o tenso período que antecedeu a deflagração da guerra, a que ela acrescia legendas datilografadas como "A Polônia ainda não quer negociar" ou "O *Führer* ouve um informe pelo rádio". Se Hitler ouvia boletins radiofônicos, Eva também o fazia. Não resta dúvida de que Eva Braun acompanhava atentamente os principais eventos da guerra, tampouco de que julgava que, desde o início, seu destino estava inextricavelmente ligado ao de seu companheiro. Eva Braun estava na galeria de imprensa do Reichstag quando ouviu Hitler declarar, por ocasião da eclosão da guerra: "Só tirarei o uniforme de soldado que agora estou usando após a nossa vitória, ou não viverei para ver o fim da guerra". Aos prantos, ela disse: "Se alguma coisa acontecer com ele, eu também vou morrer".

A guerra mudou o relacionamento. Hitler passava cada vez mais tempo em Berlim ou, após a invasão da União Soviética em junho de 1941, em seu quartel-general de campo atrás da Frente Oriental. É razoável supor que ele tenha avisado Eva sobre o lugar para onde estava indo antes de ordenar a invasão, e por que motivo ficaria tanto tempo lá. Certamente ele o disse a suas jovens secretárias, desmentindo a alegação posterior de que jamais falava sobre política com mulheres. As visitas de Hitler a Berghof eram agora menos frequentes, ainda que, quando a situação militar permitia, suas estadias na casa de campo pudessem durar semanas ou até meses a fio. A atmosfera ficou mais deprimente quando os Exércitos alemães sofreram a desastrosa derrota de Stalingrado no início de 1943, e bombardeiros aliados começaram a devastar cidades alemãs, entre elas Munique, não muito depois. À medida que Hitler progressivamente se retirava dos olhos do público, o papel de Eva tornou-se mais expressivo e importante, e em 25 de junho de 1943 Goebbels, o ministro da Propaganda, cujos volumosos diários agora visavam primordialmente à publicação pós-guerra, começara a mencioná-la pela primeira vez, de modo adulador, em termos carinhosos e admirativos.

A estadia de Hitler em Berghof de fevereiro a julho de 1944 foi a última. Ele só partiu quando rumores de uma tentativa de assassinato iminente o obrigaram a bater em retirada de volta a Berlim. Antes de ir embora, discutiu com Eva os arranjos e planos para a eventualidade de sua morte; a reação dela, Hitler relatou a Goebbels, foi mais uma vez reiterar que se mataria. Dado o fato de que por duas vezes ela já havia tentado fazer isso e portanto tinha alguma experiência a respeito, e sabendo que os inimigos dela, que a essa altura incluíam o cada vez mais sedento de poder Bormann, a expulsariam quando Hitler já não estivesse por perto, talvez isso não fosse algo tão surpreendente. Mas claramente refletia também uma genuína identificação emocional. Quando a tentativa de assassinato veio em 20 de julho de 1944 na forma da bomba do coronel Von Stauffenberg no quartel-general de campo de Hitler, durante horas de incerteza Eva tentou repetidamente falar com ele ao telefone; quando por fim conseguiu ouvir a voz de Hitler do outro lado da linha, ela lhe disse: "Eu te amo, que Deus te proteja!".

Em outubro de 1944 Eva redigiu seu testamento, alarmada pelas notícias de que a saúde de Hitler estava cada vez mais debilitada. Deixando tudo para os familiares e amigos, o documento de expressão do seu último desejo mais uma vez deixava implícito que se Hitler morresse, qualquer que fosse a causa, ela também pereceria. Em novembro, quando Hitler voltou para Berlim, Eva foi ficar com ele no apartamento na antiga Chancelaria do Reich. Mais tarde, assim que os constantes bombardeios e disparos dos aviões e canhões inimigos tornaram perigosa demais a vida na superfície, eles se transferiram para o *bunker* subterrâneo onde dariam fim à própria vida. Lá ela deu pleno apoio à fanática determinação de Hitler de lutar até o fim, ainda na esperança de obter a vitória em face das esmagadoras evidências de que a derrota total era apenas uma questão de poucas semanas. Quando Hitler mandou prender e condenar à morte seu médico por ter ousado enviar-lhe um relatório detalhando a catastrófica situação dos serviços médicos do Reich, Eva tomou o partido do *Führer*, a despeito de sua antiga amizade com Brandt, descrevendo a conduta do médico como tresloucada e desonrosa (Brandt conseguiu escapar de seu destino em meio ao caos das semanas finais da guerra, apenas para ser executado pelos Aliados após o término do conflito por conta dos crimes médicos que havia cometido).

Após uma breve visita de despedida à família em Munique, Eva retornou ao *bunker* em 7 de março de 1945, e algumas semanas depois escreveu a um amigo dizendo que estava "feliz por estar perto *dele*". Ela rejeitou todas as tentativas de convencê-la a persuadir Hitler a deixar Berlim. Eva não só manteve as aparências como também insistiu em que Hitler fizesse o mesmo, encorajando-o a acreditar que a situação ainda poderia ser revertida, ou pelo menos a comportar-se como se pudesse. Ao projetar essa imagem de infatigável determinação de seguir lutando, ela contribuiu para centenas de milhares de mortes nas derradeiras semanas de guerra.

Mesmo que por vezes se impacientasse, Eva dava ouvidos a muitos dos monólogos políticos de Hitler, um grande número dos quais Bormann tinha anotado para a posteridade; como ardorosa admiradora de Hitler, e com as ideias e os conceitos ainda imaturos e incipientes de um adolescente, sem dúvida ela aceitou sem questionar o racismo do *Führer*, seu antissemitismo, seu ódio assassino dos adversários, sua crença megalomaníaca na missão germânica de dominar o mundo. Muitos dos amigos e colegas de Hitler, cuja instrução e cuja maturidade estavam muito acima do nível das de Eva, também aceitaram essas coisas todas. A biografia de Heike Görtemaker, calcada em um meticuloso trabalho de pesquisa bibliográfica, descarta de uma vez por todas as posteriores alegações dos sequazes de Hitler, invariavelmente egocêntricas, de que a vida particular do *Führer*, inclusive a relação com sua companheira, era inteiramente apartada do mundo mais amplo da política e da ideologia nazistas. Assim, o livro é uma relevante contribuição para a nossa compreensão do mundo íntimo do ditador e de seu séquito e, além disso, para o nosso julgamento, de maneira geral e acerca de inumeráveis questões de detalhes, de muitas das reminiscências do pós-guerra em que buscaram se justificar.

Se Hitler vem à tona nessa história como um homem com desejos humanos normais de felicidade doméstica e satisfação sexual, isso faz que ele pareça menos maligno? Precisamos de alguma forma acreditar que as pessoas que cometem atos maléficos são malignas em todos os aspectos de sua vida? É de alguma forma mais reconfortante para nós pensar que um homem que deliberadamente causa a morte de milhões de inocentes, invariavelmente nas circunstâncias mais horrendas, em certo sentido não é na verdade humano? Um dos clichês mais conhecidos nos textos sobre o nazismo é o comandante do campo de concentração que toca Bach no violino quando volta para casa depois de um dia de assassinatos e ouve Mozart no gramofone para relaxar. Essas dicotomias estavam presentes na vida de Hitler também. A maior parte dos biógrafos de Hitler desprezou-o e depreciou-o como um homem desprovido de um caráter humano real, uma espécie de buraco negro no centro do nazismo, apartado da emoção humana normal por conta de sua criação violenta e alienante, incapaz na vida adulta de qualquer sentimento verdadeiro a não ser ódio e ambição. *Eva Braun – A vida com Hitler* mostra que essa visão é por demais simplista; e por essa razão é uma leitura profundamente perturbadora. Pois se um homem como Hitler foi capaz de sentir um amor humano comum por outra pessoa, então qual é o poder que o amor possui?

A economia nazista

Recuperação econômica

Quase duas décadas se passaram desde o fim da Guerra Fria, e viver em um mundo unipolar dominado pelos Estados Unidos começou a alterar a forma como os estudiosos e acadêmicos veem a história da Europa do século XX. Para alguém na casa dos trinta e poucos anos, a exemplo do historiador britânico Adam Tooze, a ascensão dos EUA ao *status* de superpotência de que o país desfrutou durante a maior parte da vida adulta de Tooze é um fato fundamental tanto do século passado como do atual. Já na década de 1924 a 1935, a renda nacional total dos EUA era em média três vezes maior que a da Grã-Bretanha, quase quatro vezes maior que a da Alemanha e cerca de cinco vezes maior que a da França ou a da União Soviética. As disparidades nos padrões de vida eram menos acentuadas, mas ainda impressionantes. No mesmo período, o Produto Interno Bruto *per capita* britânico correspondia a 89% da cifra americana; na França, o número chegava a 72%; o PIB alemão *per capita* equivalia a 63% do análogo americano, ao passo que na União Soviética o montante era de apenas 25%.

Os europeus contemporâneos conheciam muito bem esses fatos; e ninguém sabia mais sobre eles do que Adolf Hitler. Já em seu inédito *Segundo livro*, escrito em 1928, ele declarava que "o europeu, mesmo sem ter plena consciência disso, aplica as condições da vida americana como padrão de medida e instrumento de avaliação de sua própria vida". Para Hitler, que na infância e adolescência lia os romances de faroeste de Karl May, parecia óbvio que os EUA haviam alcançado sua vantagem industrial e seu elevado padrão de vida por meio da conquista do Oeste e do extermínio da população ameríndia nativa. Se a Alemanha, na condição de principal potência da Europa, não fizesse algo similar, a "ameaçada hegemonia global do continente norte-americano" degradaria todas as potências europeias ao nível da "Suíça e Holanda". Longe de ser a reedição de algum sonho medieval de conquista desencadeado pelo exemplo dos Cavaleiros Teutônicos, o impulso e a iniciativa de Hitler de subjugar o Leste Europeu eram baseados em um modelo bastante moderno, um modelo de colonização, escravidão e extermínio que tinha paralelos na criação de impérios europeus na África e na Austrália, ou na conquista russa da Ásia Central e da Sibéria no século XIX.

Aqui, para Hitler, estava a chave que levaria a Alemanha à dominação europeia: "No futuro", ele escreveu, "o único Estado que será capaz de fazer frente à América do Norte será aquele a ter compreendido como [...] elevar o valor de seu povo em termos raciais e moldá-los na forma de Estado mais apropriada para seu propósito". Essa forma de Estado era, é claro, a ditadura do Terceiro Reich, e, assim que chegou ao poder, Hitler se livrou dos grilhões do acordo de paz concluído no término da Primeira Guerra Mundial, que havia restringido o Exército alemão ao máximo de 100 mil homens e proibira a construção de tanques, aviões, couraçados de batalha e outros instrumentos essenciais da guerra moderna.

Adam Tooze, cuja obra até aqui concentrou-se na emergência de estatísticas econômicas na Alemanha do início do século XX, reúne uma boa quantidade de dados para demonstrar de maneira conclusiva que o rearmamento foi o motor que impulsionou a recuperação econômica alemã desde o princípio do Terceiro Reich. A Depressão levara ao desemprego mais de um terço da mão de obra, e os nazistas alardearam com grande estardalhaço supostos programas de criação de empregos como a construção de novas rodovias, as *Autobahnen*, mas na realidade esses planos serviam a propósitos militares (transportar rapidamente tropas e equipamentos através do país), e o número de empregos que efetivamente foram gerados mostrou-se muito pequeno. O desemprego continuou em níveis elevados até a introdução do alistamento militar obrigatório em larga escala, que absorveu gerações jovens a partir de 1935.

Tooze não está dizendo nada de muito novo aqui; e sua alegação de estar subvertendo uma entrincheirada ortodoxia que coloca a criação de empregos civis no centro da recuperação econômica nazista deve ser encarada com uma pitada de ceticismo. De maneira análoga, embora dê a crer que as evidências por ele apresentadas para a recuperação a partir do final do verão de 1932, seis meses antes de Hitler assumir o poder, "contradizem todos os retratos subsequentes da economia alemã sob o nacional-socialismo", o fato é que historiadores econômicos há muito sabem que os nazistas tiveram a sorte de chegar ao poder no tempo certo, assumindo a economia alemã no exato momento em que ela dava os primeiros passos para sair da Depressão. O que o livro dele oferece é um aglomerado de provas que finalmente torna insofismáveis esses argumentos. O ímpeto de Hitler de rearmar o país era tão obsessivo, tão megalomaníaco que ele estava preparado para sacrificar praticamente qualquer coisa. Os consumidores, em particular, sofreram à medida que os recursos e as operações cambiais foram desviados para os gastos em armas. As importações de algodão, por exemplo, foram severamente afetadas, e as pessoas começaram a reclamar da má qualidade das roupas de fibra sintética que eram obrigadas a usar. Aqui Tooze destrói por completo a recente alegação do historiador alemão Götz Aly de que o regime nazista deliberadamente reduzia o impacto desses problemas a fim de proteger a população civil, por receio de afugentá-la. Ao contrário do que Al dá a entender, Tooze salienta que a população da Alemanha era a que pagava os mais pesados impostos da Europa.

Na competição entre armas e manteiga, era sempre o primeiro que vencia, pelo menos no curto prazo. De fato, a manteiga estava entre os gêneros alimentícios que tiveram de ser racionados a partir de meados da década de 1930, à medida que a indústria armamentista começou a empurrar os trabalhadores para longe das fazendas rumo às cidades grandes da Alemanha; o retrógrado setor camponês-agrícola não era capaz de lidar com as demandas impostas no sentido de tornar o país autossuficiente em víveres. Hitler também tinha plena consciência do fato de que 600 mil civis alemães haviam morrido de desnutrição e doenças relacionadas à subnutrição sob o impacto do bloqueio aliado durante a Primeira Guerra Mundial, e não queria que a mesma coisa acontecesse de novo, principalmente porque considerava que a desmoralização que isso causara tinha sido um dos fatores da derrota alemã (a despeito da mítica "punhalada pelas costas" supostamente aplicada contra os Exércitos alemães por revolucionários em âmbito doméstico).

Desprovida das colônias ultramarinas e das conexões transatlânticas da Inglaterra e da França, e sem os recursos fornecidos pelo vasto império eurasiano da União Soviética, a Alemanha era forçada, Hitler acreditava, a usar o mínimo dos seus próprios recursos até ser capaz de se apossar dos campos de petróleo do Cáucaso e dos silos da Ucrânia de modo a utilizá-los para atender às suas próprias necessidades. Aí chegaria o momento em que os sacrifícios do povo alemão seriam recompensados por uma abundância muito maior do que qualquer outra coisa que ele já tivesse conhecido. Para conquistar essa opulência, como Hitler disse em inúmeras ocasiões a partir do início da década de 1930, seria necessária a conquista do leste, precedida por golpes bruscos e decisivos contra os inimigos da Alemanha no oeste (o que significava, em primeiro lugar, a França). Daí a necessidade de um Exército imenso, apoiado por uma Força Aérea que seria maior do que qualquer outra na Europa.

O afã de Hitler de rearmar o país era tão amplo que, às vésperas da guerra, correspondia a mais de um quinto dos gastos do Estado alemão. A quantidade de matéria-prima que tinha de ser importada para alimentar o Moloc da indústria armamentista era tão descomunal que graves crises cambiais atingiram o país em 1934 e novamente em 1939, o que resultou em drásticos cortes nos gastos bélicos. Entre as contribuições mais originais de Tooze está sua demonstração de que esses problemas menos conhecidos tinham raízes na recusa de Hitler em desvalorizar o marco imperial, ou *Reichsmark**, a despeito da insistência de diversos especialistas em economia, embora isso não explique realmente por que Hitler estava pouco disposto a dar esse passo. A escassez de moeda forte era tão severa que o regime chegou a solapar inclusive a sua própria diretriz de forçar os judeus da Alemanha a emigrar proibindo-os de levar consigo seus bens e economias; isso causou uma diminuição da emigração, até que a violência do *pogrom* de novembro de 1938 e a expropriação compulsória dos judeus remanescentes no país elevaram de novo os índices de pessoas desse grupo que saíam do país.

A escassez de aço – particularmente devido à falta de importação de minério de ferro adequado – tornava ridículo o intuito irracionalmente ambicioso de Hitler de mobilizar uma força aérea de 21 mil aeronaves no início da vindoura guerra europeia, e tanto o Exército como a Marinha foram igualmente incapazes

---

* O *Reichsmark* foi introduzido em 1924 para substituir o *Papiermark* devido à hiperinflação, que tinha atingido sua cota máxima no ano anterior. A mudança entre o antigo *Papiermark* e o *Reichsmark* foi de 1.000.000.000.000 para 1. Com a finalidade de estabilizar a economia e suavizar a transição entre uma moeda e outra, o Deutsche Rentenbank criou ainda uma moeda interina, o *Rentenmark*. O *Reichsmark* tornou-se a moeda oficial utilizada na Alemanha de 1924 a 20 de junho de 1948, sendo substituída pelo marco alemão (*Deutsche Mark*) na República Federal da Alemanha e pelo marco da RDA (*Mark der DDR*) na República Democrática Alemã. (N. T.)

de encontrar as matérias-primas necessárias para se equipar apropriadamente. Gangues de milicianos das tropas de assalto percorriam o país arrancando grades, cercas, balaustradas e parapeitos de ferro em parques, cemitérios e até jardins privados, que eram derretidos para a fabricação de armas e munição, e os químicos da IG Farben (Interessen-Gemeinschaft Farbenindustrie) trabalhavam 24 horas por dia na tentativa de desenvolver substitutos sintéticos para a borracha e a gasolina; mas foi tudo em vão. Sabedor desses problemas e consciente, em meados de 1939, de que a Inglaterra e a França estavam se rearmando a passos largos, Hitler decidiu desferir o golpe decisivo enquanto os armamentos alemães ainda eram superiores aos de seus potenciais inimigos. A crise de armamentos não foi, como argumentava o falecido historiador Tim Mason, uma crise geral de toda a economia que levou a uma inquietação crescente dos trabalhadores, mas mesmo assim foi suficientemente severa para fazer Hitler, como ele mesmo disse a Mussolini em março de 1940, "começar imediatamente [...] mesmo que sob o risco, dessa forma, de precipitar a guerra" com "as potências ocidentais dois ou três anos antes" do que ele sempre havia previsto.

Tooze faz uso eficaz do trabalho dos historiadores militares do decorrer dos últimos poucos anos no sentido de mostrar que a famosa estratégia da *Blitzkrieg* ou "guerra-relâmpago" – que coordenava ataques breves e decisivos da infantaria, aviação e blindados com grande velocidade e força, deslocando colunas de maneira a abrir as linhas de defesa inimiga já pulverizadas por pesados ataques aéreos da Luftwaffe – era resultado de improvisação e não de um cuidadoso planejamento concebido para minimizar o fardo da guerra sobre a população civil da Alemanha. Os planos alemães para a invasão da França originalmente previam um confronto direto e provavelmente longo entre os principais Exércitos. Foi somente a descoberta casual dos planos por parte dos Aliados que obrigou os alemães a abandoná-los e substituí-los pela célebre, ainda que extremamente arriscada, investida através das colinas das Ardenas, cobertas de vegetação, e o subsequente "corte de foice" que rompeu as linhas inimigas e destruiu os Exércitos dos Aliados na França e na Bélgica no intervalo de poucas semanas em 1940. Por ocasião da invasão da União Soviética no ano seguinte, a estratégia da *Blitzkrieg* tinha fundamento ainda mais precário. Dependia, para seu sucesso, do pressuposto racista de que um país habitado por eslavos supostamente subumanos sob a liderança de uma elite política que os nazistas consideravam exploradores "judeus-bolcheviques" sofreria um colapso e desmoronaria após a primeira derrota, bastando o Terceiro Reich recolher os cacos. Uma vez que isso não aconteceu, os nazistas se viram enredados em uma guerra que não podiam ter a esperança de vencer.

Com efeito, de uma perspectiva econômica, desde o princípio a situação era desfavorável aos alemães. Tooze talvez enfatize em excesso esse aspecto ao descrever a Alemanha, o que ele faz amiúde, como "uma potência europeia de tamanho médio"; mesmo de acordo com os dados que o próprio Tooze apresenta, a Alemanha sobrepujava todos os outros Estados europeus à exceção da Inglaterra e da União Soviética. O ponto, contudo, era que no final de 1941 a Alemanha havia arregimentado contra si o poderio combinado não somente desses dois países, juntamente com o do Império Britânico, ainda nessa época o maior que o mundo já tinha visto, mas também o dos Estados Unidos. Para resistir a isso, Hitler mais ou menos abandonou os ataques caóticos e a construção de couraçados de batalha geralmente ineficazes, para despejar recursos na campanha dos *U-boots*, com a qual esperava interromper o abastecimento de suprimentos dos britânicos através do Atlântico e forçar uma paz em separado. No entanto, o número de submarinos era pequeno demais para exercer algum impacto, especialmente contra um inimigo que organizava um sistema eficiente de comboios e tinha a vantagem, graças ao decodificador Ultra, de ser capaz de decifrar de antemão os sinais alemães, antecipando-se às operações de ataque. Mais uma vez, simplesmente inexistiam as matérias-primas necessárias para construir e abastecer uma frota de submarinos que fosse numerosa o suficiente para superar esses obstáculos.

Tooze aponta para um problema semelhante com a projetada invasão da Inglaterra no verão e outono de 1940. Independentemente de se Hitler estava de fato determinado a seguir esse rumo, ele simplesmente não dispunha dos recursos para estabelecer a superioridade aérea que era *sine qua non* para uma travessia bem-sucedida do canal da Mancha. Um terço do número total inicial de aeronaves da força aérea alemã, a Luftwaffe, tinha sido perdido na campanha ocidental na primavera. Os alemães não contavam com pilotos treinados, faltavam aviões de caça eficazes e os bombardeiros pesados que teriam sido necessários. Ademais, em pouco tempo a tentativa alemã de assegurar o controle do Oriente Médio rico em petróleo e também ameaçar o controle britânico sobre a vital artéria do Canal de Suez havia sofrido um golpe fatal quando a Inglaterra derrotou uma insurreição patrocinada pelos alemães no Iraque e tomou a Síria da França de Vichy.

A Alemanha, é claro, tinha à sua disposição os recursos dos países europeus conquistados – da França no oeste à Rússia Branca (Bielorrússia) no leste. Os nazistas não tinham escrúpulos em explorar desapiedadamente as nações derrotadas em benefício próprio. Tooze mostra que em 1944 os alemães haviam confiscado dos franceses quase 4 milhões de projéteis e granadas, mais de 5 mil peças de artilharia e mais de 2 mil tanques. Em março de 1944, quase metade de todos os canhões de artilharia que os alemães usavam não eram alemães. O estanho e o níquel de que os alemães se apropriaram após vitórias no oeste eram suficientes para cobrir as necessidades do país durante um ano; a quantidade de cobre apreendida bastava para oito meses. A França foi usurpada de todos os seus estoques de gasolina. Entretanto, essa exploração exaustiva contribuiu para o colapso da economia francesa em 1940, e os recursos confiscados não duraram muito tempo. Foi outra razão para que Hitler evitasse novas protelações no plano de prosseguir com a invasão da União Soviética.

Quando, em junho de 1941, os Exércitos alemães marcharam para dentro da Polônia controlada pelos soviéticos, logo obtiveram uma série de vitórias colossais, cercando e capturando milhões de soldados do Exército Vermelho. Aqui também a escassez de combustível e de munição não demorou a afetar os Exércitos alemães à medida que seu rápido avanço sobrecarregou suas linhas de abastecimento até o ponto de ruptura. Mais grave ainda era a situação dos víveres. De nada adiantava controlar as fazendas coletivas ucranianas se não havia gasolina para operar tratores e colheitadeiras. Era preciso alimentar milhões de soldados, e mais recursos eram necessários para sustentar a população civil na Alemanha, sem mencionar os estrangeiros que estavam sendo levados à força para o país a fim de cumprir o regime de trabalhos forçados.

Os nazistas e as Forças Armadas alemães decidiram lidar com esse problema por meio do planejamento da morte por inanição da população nativa das áreas ocupadas do Leste Europeu. Pelo menos 3,3 milhões de prisioneiros de guerra soviéticos foram deliberadamente mortos no cativeiro alemão, abandonados à própria sorte para morrer de fome, doença ou negligência, ou simplesmente fuzilados. Quase 750 mil pessoas pereceram durante o cerco alemão a Leningrado como resultado deliberado do bloqueio. Os planos alemães para a região previam a morte de até 30 milhões de seus habitantes civis no decorrer dos anos seguintes, à medida que colonos alemães eram deslocados para povoar cidades grandes e pequenas e residências senhoriais. Foi um massacre em massa numa escala histórica sem precedentes.

O antissemitismo nazista estava sendo fomentado pela crescente obsessão de Hitler por Franklin D. Roosevelt, que vinha enviando provisões americanas para a Inglaterra – e, logo, também para a União Soviética – em quantidades cada vez maiores. Em dezembro de 1941, supondo que os Estados Unidos estariam preocupados com os japoneses na esteira do ataque a Pearl Harbor, Hitler declarou guerra aos EUA. Convencido da existência de um eixo judaico a unir Stálin, Churchill e Roosevelt (ou melhor, as forças sombrias que, ele imaginava, os estavam manipulando), Hitler já dera início a uma campanha de extermínio em massa dos judeus da Europa. Aqui também, contudo, havia contradições.

Matar milhões de judeus sadios e robustos parecia longe de ser uma medida racional em uma época de escassez cada vez mais desesperadora de efetivos humanos na economia alemã. Tooze argumenta que a "aniquilação por meio do trabalho" era um acordo de meio-termo entre a SS, que queria matar todos os judeus, e líderes econômicos e políticos interessados em fazer uso dos considerados aptos para o trabalho. Na prática, é claro, estes representavam uma pequeníssima proporção do todo. Tooze dá a entender que na Conferência de Wannsee, realizada no início de 1942 para coordenar a logística e discutir os detalhes operacionais da "Solução Final da Questão Judaica na Europa", eufemismo e código pelo qual os nazistas referiam-se ao genocídio, Reinhard Heydrich, diretor do Departamento Geral de Segurança do Reich e vice de Himmler, presidiu à reunião e "não fez menção nem a câmaras de gás nem a fuzilamentos como meio de eliminar as populações judaicas da Polônia ou da Europa Ocidental. Em vez disso, propôs que fossem evacuados para o leste em gigantescas colunas de construção civil" e usados na construção de estradas. Mas a bem de verdade as minutas da reunião identificaram como inaptos para o trabalho 2,5 milhões de judeus que viviam na parte da Polônia ocupada administrada pelo "Governo-Geral". Ninguém que estava presente à conferência teve dúvidas de que os judeus seriam mortos. Goebbels registrou em seu diário que cerca de 40% dos judeus deveriam ser usados em programas de construção. Desde o princípio, contudo, os judeus eram pessimamente alimentados com rações insuficientes, espancados, abrigados em condições sanitárias desesperadoramente insalubres e, em termos gerais, tidos como tão descartáveis quanto, em grau apenas ligeiramente inferior, os trabalhadores estrangeiros agora trazidos em contingentes cada vez maiores para a economia alemã.

Ao contrário de alguns historiadores alemães que escreveram recentemente sobre esse tópico, Tooze é sensível à ideologia e tem consciência do papel de Hitler com relação à condução do programa de extermínio. Todavia, há aqui o perigo de fazer que tudo pareça instrumental demais. Se, por exemplo, a escassez de comida em abril e maio de 1942 foi o principal fator a instigar a liderança nazista a matar os judeus remanescentes na Polônia e na Europa Oriental ocupada, como explicar o fato de que a essa altura os judeus da Europa Ocidental já estavam sendo enviados para campos de extermínio? A guerra ainda estava indo relativamente bem para Hitler na primavera de 1942. Entretanto, a resiliência da União Soviética era tão desconcertante quanto inesperada. Em larga medida independentes do auxílio dos EUA, as indústrias de Stálin, localizadas em posição segura bem atrás da frente de batalha, estavam sobrepujando em desempenho as congêneres alemãs e produzindo quantidades consideravelmente maiores de armas, munição e equipamentos. Em 1942, a União Soviética conseguia construir quatro tanques para cada blindado alemão, três canhões para cada canhão alemão e dois aviões de combate para cada avião alemão, pois o esforço de guerra soviético concentrava-se de forma bem-sucedida em fabricar uma pequena gama de armamentos em enormes instalações industriais. A produção de guerra alemã já estava consumindo praticamente todos os recursos disponíveis. Porém, de acordo com Albert Speer, arquiteto pessoal de Hitler, que no início de fevereiro de 1942 assumiu o cargo de ministro de Armamentos e Munições, essa produção era caótica e desorganizada, além de desperdiçar recursos em um número excessivo de diferentes produtos. Após a guerra, Speer alegou ter "agarrado pelo cangote" o processo e, com unhas e dentes, revigorou e impulsionou a produção de guerra alemã simplesmente fazendo que ela se tornasse mais organizada. Retratando a si próprio como tecnocrata apolítico, ele demonstra orgulho perverso em suas realizações, realçando-as ainda mais pela alegação de que não tinha conhecimento algum das políticas genocidas empreendidas por seu mestre e senhor, Hitler, e negando qualquer participação na "Solução Final".

De maneira abrangente e exaustiva, Tooze arrasa o mito engendrado com tanta minúcia e esmero por Albert Speer, um mito que ludibriou gerações de historiadores e jornalistas, de Joachim Fest a Gitta Sereny. Claro, ele não é o primeiro a tentar destruir as duvidosas afirmações de Speer, mas, por outro lado, fornece tanta informação, e de forma tão convincente, que não deixa mais margem para dúvidas. Speer, Tooze demonstra, não apenas manipulava as estatísticas para dar a impressão de que alcançava realizações mais competentes e extraordinárias do que de fato eram, mas também mexia os pauzinhos para assumir o crédito pelas melhoras na produção que já estavam sendo planejadas quando ele assumiu o cargo. Outros organizadores econômicos e donos de altos cargos estratégicos, notadamente Erhard Milch, um dos mais poderosos homens na hierarquia da Luftwaffe e virtual ditador de todo o transporte aéreo na Alemanha, e o ministro da Economia Hans Kehrl, desempenharam aqui um papel importante, que Speer habilmente conseguiu ocultar em seu testemunho pós-guerra. Ele jamais foi o comandante supremo dos armamentos que mais tarde asseverou ter sido. De fato a produção armamentista aumentou em 1943 e 1944. Em boa medida isso se deveu ao emprego de mão de obra escrava, o que incluía judeus e prisioneiros dos campos de concentração, nas fábricas de armas, onde tenebrosas condições de vida causavam altas taxas de mortalidade e regras e regulamentos draconianos determinavam fuzilamento ou decapitação como castigo para os delitos mais triviais. Além disso, a qualidade era sacrificada em prol da quantidade: os recursos eram desviados para a produção em massa de tanques e aviões inferiores que não eram páreo para os equipamentos bélicos construídos por britânicos, americanos e soviéticos.

Naturalmente, havia uma fieira de armamentos novos e tecnicamente sofisticados em desenvolvimento, como caças a jato, foguetes, *U-boots* capazes de permanecer submersos por prolongados períodos de tempo e, notadamente, a bomba atômica. Mas a pesquisa e o desenvolvimento dessas "armas prodigiosas" inevitavelmente demorava anos, e a Alemanha não dispunha de anos. Na maior parte dos casos o aprimoramento técnico foi apressado e malfeito, desmazelo por conta do qual essas armas jamais chegaram a fazer muita diferença na guerra; mesmo os foguetes V-2 que eram despejados sobre Londres na fase final da guerra não conseguiam carregar as ogivas que necessitavam para ter um efeito decisivo no resultado do conflito. De qualquer maneira, a essa altura a Alemanha precisava realmente de algum mecanismo de defesa contra os raides aéreos dos Aliados do oeste e a marcha do Exército Vermelho do leste. Os primeiros causaram uma verdadeira devastação nas fábricas de armas e instalações militares em áreas pesadamente industriais como o Ruhr, e progressivamente minaram o ânimo da população civil até que por fim o povo começou a perder a confiança em Hitler, cuja resposta foi intensificar aos poucos a repressão contra sua própria população nos derradeiros meses da guerra. As condições se deterioraram rapidamente nas grandes e pequenas cidades alemãs, com inflação galopante, mercado negro em franca expansão e padrões de vida desabando.

Tooze não dá muito crédito ao argumento do historiador alemão Götz Aly de que até esse ponto o regime havia feito o melhor que podia a fim de salvaguardar a população civil contra os efeitos da guerra. Porém ele próprio admitiu que o governo nazista adiou o aumento de impostos sobre a renda das pessoas físicas, preferindo em vez disso colocar o fardo sobre as empresas e o comércio. O fracasso do regime no que tange a mobilizar as mulheres para o trabalho nas sobrecarregadas fábricas de armamentos tem sido o foco de boa dose de atenção de historiadores feministas. Tooze ignora isso, apontando o fato de que a participação de mulheres na força de trabalho já era bastante alta na Alemanha, de modo que o espaço para aumentar a mão de obra feminina era extremamente limitado. É claro que há muito mais a dizer a respeito do que isso. A ideologia nazista não permitia campanhas para o recrutamento do equivalente alemão de "Rosie, a Rebitadeira".* E aqui também Hitler teve

---

* Ícone cultural dos EUA, representa as mulheres que durante a Segunda Guerra Mundial trabalharam em estaleiros e fábricas na produção de armas, munições e suprimentos, substituindo os homens que haviam partido para o teatro de guerra. "Rosie, a Rebitadeira", tornou-se símbolo do feminismo americano, e na vida real era Rose Will Monroe, de 22 anos, natural do condado de Pulaski, no Kentucky. Realocada para contribuir com o esforço de guerra trabalhando nas linhas de montagem de aviões B-24 e B-29 em Willow Run, Ypsilanti, em Michigan, foi transformada em estrela de um filme de propaganda e, em maio de 1943, imortalizada numa pintura de Norman Rockwell publicada como capa da revista *Saturday Evening Post*. Em 1944, 20 milhões de americanas trabalhavam, um aumento de 57% em relação a 1940. (N. T.)

a perspicácia de evitar descontentamentos no *front* doméstico oferecendo às esposas dos soldados subsídios, pensões e auxílios suficientemente generosos para dissuadi-las de procurar emprego. Não obstante, por mais que tentasse, o regime não seria capaz de proteger as pessoas dos bombardeios, do racionamento de comida e da crescente penúria econômica. Aly está evidentemente errado em sua alegação de que, mesmo durante a guerra, o povo alemão jamais "desfrutou uma vida tão próspera e boa". A ideologia, como Tooze demonstra, era a força motriz por trás do que Speer estava tentando fazer. Os analistas e administradores econômicos mais realistas já tinham concluído em 1942 que seria impossível vencer a guerra. Para Speer, no entanto, tudo era possível por meio do "triunfo da vontade". De todos os fanáticos do primeiro escalão do regime que se mostravam mais inflexíveis quanto à noção de que era preciso lutar até o fim, Speer era o mais eloquente e persistente, o que menos tinha papas na língua.

Sem dúvida, *The Wages of Destruction* despertará discussões e debates por muitos anos. Em seu inexorável foco sobre o ângulo econômico dos armamentos, Tooze talvez negligencie outros aspectos, como o papel das grandes empresas e corporações, a "arianização" das empresas judaicas e o padrão de vida da população civil e militar. Todos esses elementos, é claro, são mencionados, mas o leitor fica com o desejo de que o autor tivesse mais a dizer sobre eles. Para o momento, porém, o livro de Tooze imediatamente figura como a principal investigação da história econômica da Alemanha nazista em qualquer língua, inclusive o alemão. Partes do livro são inevitavelmente um tanto técnicas, ou entupidas de detalhes estatísticos, e é impossível impedir o uso de alguns jargões especializados. Ainda assim, Tooze tem talento para a narrativa e a habilidade de cunhar frases e expressões surpreendentes, e poucos chegaram mais perto de produzir uma obra de história econômica genuinamente agradável de ler. Se o enfoque de Tooze faz com que o resultado da guerra pareça por demais predeterminado, isso é pelo menos uma valiosa correção aos livros que pouco ou nada têm a dizer sobre os "tendões da guerra" – os fundos e as reservas para a fabricação e a compra de armas e suprimentos –, sem os quais nenhuma batalha poderia ser travada e nenhuma vitória seria obtida.

O "Carro do Povo"

Quando visitei a Alemanha pela primeira vez, no início da década de 1970, ruas e estradas estavam fervilhando de pequenas criaturas atarracadas e disformes que se moviam em alvoroço pelas vielas da cidade ou sacudindo-se ao longo das *Autobahnen* com seus barulhentos motores resfriados a ar, seus tetos abobadados que se afilavam na traseira e, nos modelos mais antigos, suas janelinhas ovais, tão pequenas que eu me perguntava como é que o motorista conseguia enxergar alguma coisa no espelho retrovisor. A feiura da aparência exterior do carro, contudo, não era nada em comparação com o horror de ser efetivamente transportado dentro de um deles: sentado no banco traseiro, como invariavelmente tinha de fazer quando era levado em passeios com um grupo de amigos, eu me sentia oprimido pela sensação de claustrofobia imposta pelo teto baixo, ao passo que o estrondoso ruído e o zumbido do motor atrás de mim rapidamente me davam dor de cabeça, agravada pelo cheiro repugnante do sistema de aquecimento quando este era acionado durante os meses de inverno. Dobrar as esquinas em alta velocidade – quer dizer, pelo menos a máxima velocidade a que o veículo conseguia chegar – era um pesadelo, pois a cada sacudida e chacoalhada o carro fazia meu estômago revirar.

Eu preferia mil vezes mais o Morris Minor azul-pálido do meu pai, com seu *design* aprumado, interior espaçoso e um silencioso motor encaixado na frente. Com o carro inglês havia o charme adicional do pitoresco estilo semafórico dos pisca-piscas direito e esquerdo, que emergiam da funilaria para projetar-se horizontalmente feito minúsculos braços reluzentes de âmbar (que, porém, sempre pareciam ameaçados de quebrar toda vez que o motorista ou o passageiro abriam a porta da frente). Diante de um carro prático e no entanto elegante como esse, quem ia querer comprar um Volskwagen Fusca? Entretanto, o Fusca foi o carro mais bem-sucedido de seu tempo, vendendo mais do que qualquer outro, como Bernhard Rieger demonstra em seu novo estudo, um livro divertido, iluminador e elegantemente bem escrito. Enquanto o Morris Minor vendeu ao todo mais de 1,3 milhão de unidades ao longo das décadas, as vendas do Fusca ultrapassavam 1 milhão *por ano* no final da década de 1960 e no início da de 1970, quando um a cada três carros nas ruas e estradas da Alemanha Ocidental era um Volskwagen. Em 1972 o Fusca superou inclusive as vendas daquele que até então tinha sido o mais popular dos veículos de passageiros do século, o Modelo T de Henry Ford.

Como outros carros pequenos e populares, é claro que o Morris Minor era exportado e fabricado sob licença no exterior, mas era tão enfaticamente inglês em estilo e concepção que sua popularidade restringia-se basicamente ao Império Britânico e à Comunidade Britânica de Nações, a exemplo da Nova Zelândia, onde as últimas unidades saíram da linha de produção em 1974 e uma porção deles ainda trafegava pelas ruas e estradas quando visitei pela primeira vez o país em meados da década de 1980 (hoje em dia todos os carros lá parecem ser japoneses). O Fusca, em contraste, era um veículo verdadeiramente global, que se tornou um sucesso de vendas nos Estados Unidos e ainda era fabricado no México após a virada do século.

Qual era o segredo dessa extraordinária popularidade? As origens do Fusca estão longe de ser auspiciosas. Embora depois da guerra a maior parte das pessoas tenha preferido ignorar o fato, o Volkswagen Fusca começou a ganhar vida em 1930. Quando assumiu o poder, Hitler estava determinado a alçar a Alemanha ao patamar de modernidade que ele considerava comum em outras economias avançadas como Inglaterra e Estados Unidos (a análise de Rieger é outro golpe fatal na antiga interpretação do nazismo como força sociopolítica atávica e retrógrada). Relativamente poucas pessoas tinham um rádio, por exemplo: assim, o ministro da Propaganda Joseph Goebbels introduziu o Receptor do Povo (*Volksempgänger*), um pequeno e alegre aparelho sem fio no qual os ouvintes não conseguiam sintonizar emissoras e transmissões estrangeiras. As geladeiras eram artigo ainda mais raro, por isso o governo nazista introduziu o Refrigerador do Povo (*Volkskühlschrank*). Não demorou muito para que surgissem muitos outros produtos com nomes e propósitos similares. O Carro do Povo (*Volkswagen*) pertencia a esse contexto; de fato, embora na maior parte das vezes fosse conhecido por esse nome, a nomenclatura oficial era "Carro da Força por meio da Alegria" (*KdF-Wagen*),* significando sua associação com os programas de Frente de Trabalho (ainda que, para qualquer pessoa que já tenha estado dentro de um Fusca, nem força nem alegria pareçam termos apropriados para descrever a experiência).

Acima de tudo, Hitler estava determinado a modernizar as ruas e estradas do país. No início da década de 1930 a Alemanha era uma das sociedades menos motorizadas da Europa. Em parte isso se devia ao fato de que o transporte público alemão era inigualável – eficiente, rápido, consistente, onipresente e abrangente. A sensação da maioria dos alemães era a de que não precisavam de carros. E, de qualquer forma, mesmo que quisessem automóveis, não teriam dinheiro para comprar um. Os desastres econômicos da República de Weimar haviam debilitado a demanda doméstica. A bem da verdade, tão vazias eram as ruas e estradas alemãs que Berlim, a animada metrópole da República de Weimar, só considerou necessário instalar semáforos em 1925.

Três quartos da população alemã compunham-se de trabalhadores braçais, lavradores e camponeses, sem condições financeiras de comprar um dos caros produtos da Daimler-Benz ou de qualquer outro dos 27 fabricantes automotivos do país, cujos ineficientes métodos de fabricação e reduzida capacidade produtiva resultavam em modelos que somente a intermitentemente abastada burguesia poderia adquirir. Em termos de proprietários de automóveis, para alcançar os mesmos níveis dos americanos, disse Hitler na exposição automobilística de Berlim de 1934, a Alemanha teria de aumentar o número de veículos nas ruas e estradas do país de meio milhão para 12 milhões de unidades. Na proporção entre número de automóveis e população, até os ingleses tinham seis vez mais carros que os alemães.** Para desalento ainda maior dos nacionalistas alemães, as duas mais bem-sucedidas fabricantes de veículos automotores em massa do país eram ambas estrangeiras – a Ford, que abrira uma fábrica em Colônia em 1931, e a General Motors, que operava a Opel em Rüsselsheim.

---

* O município criado para servir de morada dos trabalhadores da então pequena fábrica da Volkswagen foi inicialmente batizado de *Stadt des KdF-Wagen* (Cidade dos Carros KdF). (N. T.)
** Em 1933, quando Hitler foi eleito chanceler, a Alemanha andava a pé. Tinha apenas um automóvel para cada cem habitantes, enquanto a vizinha França tinha um para cada 28 e os EUA, um para cada seis. (N. T.)

No início da década de 1930, os carros da marca Opel dominavam o mercado de veículos de passageiros, com 40% das vendas anuais.

Hitler empenhou-se em seu projeto de motorização em diversos níveis. Um deles foi a construção das afamadas vias expressas, as *Autobahnen*, embora os trombeteados benefícios por elas trazidos tenham sido tremendamente exagerados pela máquina de propaganda de Goebbels. Outro foi a promoção de corridas de carros, em que robustos subsídios governamentais levaram as velocíssimas máquinas alemãs construídas pela Daimler-Benz e pela Auto--Union à vitória em dezenove dos 23 Grandes Prêmios (*Grand Prix*) realizados entre 1934 e 1937. A ideologia desempenhou papel relevante aqui. Em busca de sua declarada e almejada unidade nacional, em 1934 o governo substituiu as normas e regulações locais por um código rodoviário válido em todo o Reich. Longe de impor uma camisa de força de restrições aos motoristas como era de esperar, o código depositava confiança na determinação individual ariana, conscientemente subordinada aos interesses da comunidade racial. Os proprietários de automóveis caros tinham de colocar "disciplina" e "cavalheirismo" em primeiro lugar, e assim resolver antiquados antagonismos de classe nas ruas e estradas. Os judeus, claro, não eram confiáveis a esse ponto e por isso, a partir de 1938, foram proibidos de ter, dirigir ou comprar carros.

O automóvel, declarou Hitler, respondia à vontade individual, ao contrário da ferrovia, que "acabara com a liberdade individual nos transportes". Assim, o novo código rodoviário aboliu todas as restrições quanto aos limites de velocidade nas estradas. Os resultados foram catastróficos. Nos primeiros seis meses do Terceiro Reich o número anual de mortes nas rodovias subiu para quase 8 mil, com quase 40 mil acidentados graves a cada ano, os piores índices de acidentes automobilísticos na Europa (piores inclusive do que as cifras da Grã-Bretanha, onde os limites de velocidade haviam sido abolidos em 1933, sob a convicção de que os britânicos se comportariam como cavalheiros ao volante – eles não se comportaram, é claro, e os limites de velocidade foram reintroduzidos em 1934, no exato momento em que os alemães extinguiam os seus). Em maio de 1939 o regime nazista teve de admitir a derrota e reimpôs restrições de velocidade em todas as rodovias, exceto nas vias expressas, onde ainda hoje não existem limites de velocidade, o que faz delas as mais aterrorizantes de toda a Europa.

Os carros, proclamou Hitler, tinham de perder seu "caráter de classe social, e, como triste consequência, de divisão de classes". Os automóveis tinham de ser acessíveis a todos.

Hitler encomendou ao projetista Ferdinand Porsche um protótipo de carro popular, acessível ao bolso do povo comum (em um adendo tipicamente nazista, dirigentes do partido incluíram uma lista de exigências a serem cumpridas por Porsche: entre elas, o carro deveria ser capaz de carregar uma metralhadora montada sobre o capô se necessário). Ambicioso e politicamente hábil, Porsche assegurou o respaldo de Hitler para a construção de uma imensa fábrica nova com os mais modernos padrões, de modo a simplificar, agilizar e reduzir os custos de produção. A Frente Alemã do Trabalho (*Deutsche Arbeitsfront*, DAF) colocou vultosos fundos à disposição de Porsche e o enviou em viagem de inspeção a fábricas de carros nos Estados Unidos, onde contratou diversos engenheiros de origem alemã e os levou de volta consigo para trabalhar no novo carro. Hitler inaugurou a fábrica estatal da Volkswagen nos arredores de Fallersleben, na atual Baixa Saxônia, em 1938. Uma nova cidade surgiu para acomodar os operários, e tudo parecia pronto para deslanchar.

A Frente do Trabalho deu início a uma vigorosa campanha de propaganda para convencer as pessoas a aderir a um esquema de poupança para comprar o novo carro – Rieger mostra uma ilustração da caderneta de poupança oficial, em que a pessoa interessada deveria pagar 5 *Reichsmarks* (marcos imperiais) semanais na forma de selos, e só receberia o veículo quando a cartela estivesse completa com os 990 marcos imperiais necessários para a aquisição do Volkswagen. Mais de 250 mil trabalhadores alemães aderiram à proposta em menos de um ano e meio. Por mais impressionante que parecesse esse número, ficava muito aquém dos milhões de inscritos previstos pelo regime. Com esse nível de adesão, o programa jamais chegaria nem sequer remotamente perto de cobrir os custos de produção. A maioria dos poupadores era da classe média, e um terço deles já tinha um carro; as massas simplesmente não tinham condições de economizar a quantia de dinheiro exigida. Ademais, como Rieger aponta, as abstenções em massa do programa refletiam a aflição generalizada com relação ao futuro, causada pela política externa cada vez mais belicosa dos nazistas. Em vez de investir seus suados marcos imperiais no que ainda era, para eles, um carro relativamente caro, as classes operárias preferiam a muito mais barata motocicleta, cujas vendas tiveram um salto vertiginoso de 894 mil unidades em 1934 para 1.582.872 em 1939. Esse era o verdadeiro "veículo do povo", embora sua popularidade fosse sobrepujada pela humilde bicicleta – havia cerca de 20 milhões delas em circulação na Alemanha nas vésperas da guerra, salientando mais uma vez que a maior parte dos alemães pedalava para o trabalho e, quando pensava em automóvel, considerava-o um veículo de lazer.

Os alemães comuns tinham razão de expressar ceticismo com relação ao programa de poupança. Nenhum dos que aderiram ao "consórcio" jamais colocou as mãos no Volkswagen próprio, pelo menos não graças aos fundos investidos na era nazista. O dinheiro foi todo destinado para a produção de armamentos. A fábrica teve o mesmo destino e foi rapidamente integrada às ambições militares de Hitler. Somente 630 unidades do Fusca foram produzidas antes da guerra, quase todas distribuídas entre autoridades do alto escalão do regime. Uma vez que em 1939 os operários da fábrica da Volkswagen foram transferidos para labutar nas linhas fortificadas ocidentais do Reich, o regime só teve condições de manter a produção em andamento depois de tomar emprestados 6 mil operários da Itália de Mussolini. Eles foram abrigados em alojamentos de madeira, uma vez que até setembro de 1939 apenas 10% das acomodações planejadas na nova cidade foram concluídas. O produto em que trabalharam era uma versão militar do Fusca, com o chassi usado como base para uma versão alemã do jipe, o *Kübelwagen* – "carro balde", "carro banheira" ou "carro caixote" –, basicamente um Fusca com carroceria angulosa e aberta, que esteve em serviço em todas as partes onde as Forças Armadas atuaram, do Norte da África à Frente Oriental.

A fábrica da Volkswagen não figurava no topo da lista do Comando de Bombardeiros como uma das instalações militares a serem destruídas. No fim da guerra, o major-engenheiro Ivan Hirst chegou da Inglaterra para inspecioná--la. Constatou que 70% das edificações e 90% do maquinário estavam intactos. A Zona de Ocupação Britânica tinha de atender às necessidades de transporte de cerca de 22 milhões de habitantes com meros 61 mil veículos motorizados, quase dois terços dos quais foram descritos como "sem condição de uso". A linha férrea e o equipamento ferroviário, que constavam da lista do Comando de Bombardeiros, estavam em ruínas. Necessitando rápidos incrementos no sistema de comunicações, o governo deu ordens para que Hirst retomasse a produção do Fusca, que seria usado pelas forças de ocupação e pelo serviço público alemão. Aplicando as ideias e métodos de "curadoria" derivados da experiência colonial britânica na África, Hirst pôs mãos à obra, empregando o estafe existente da própria fábrica. Quando mais de duzentos experientes gerentes de produção e técnicos especialistas foram demitidos pelos tribunais de desnazificação, Hirst encontrou substitutos ou empregou ardis para a anulação dos veredictos, em um triunfo da necessidade sobre a legalidade ou a moralidade típico da Alemanha ocupada do final da década de 1940. No final de 1946 ele também havia conseguido recrutar mais de 6 mil operários. Contudo, a ressurreição da Volkswagen foi precipitada demais. Os carros teimavam em enguiçar em decorrência de defeitos mecânicos e outros problemas. Engenheiros automobilísticos ingleses que visitaram a fábrica concluíram que o barulhento, fedido e pouco potente Fusca não tinha futuro. A ideia de transferir a imensa fábrica para a Inglaterra foi considerada impraticável. Por isso, ela foi passada para os alemães.

O "salvador da pátria" foi Heinrich Nordhoff, executivo e engenheiro da Opel que dispunha de contato direto com os donos da General Motors nos Estados Unidos. Embora não fosse membro do partido nazista, Nordhoff havia contribuído para a economia da guerra administrando a fábrica de caminhões da Opel, a maior da Europa, e fora proibido de atuar no setor americano porque fazia amplo uso de mão de obra estrangeira escrava. Os britânicos não se incomodaram. O próprio Nordhoff entregou-se com intensidade maníaca a seu novo emprego, labutando catorze horas por dia para tornar mais eficiente o processo produtivo, eliminar as deficiências técnicas do carro, expandir a rede de concessionárias e estabelecer na fábrica uma eficiente estrutura hierárquica de gerenciamento. O carro passou a ser vendido em novas opções de cores, ou, como disse Nordhoff, recebeu "uma pintura absolutamente característica dos tempos de paz". A produtividade começou a subir e as vendas melhoraram.

Mas não foi tão fácil desvencilhar-se do passado nazista do Volkswagen. Após a guerra o município industrial em que ficava a fábrica foi renomeado Wolfsburg, referência a um castelo nos arredores (embora algumas pessoas talvez se recordassem de que o apelido de Hitler entre seus amigos íntimos era "Wolf", "lobo", de modo que o nome da cidade poderia ser traduzido como "Fortaleza de Hitler"). Ao mesmo tempo em que tomavam forma os projetos habitacionais na cidade, Wolfsburg se viu abarrotada de refugiados e indivíduos expulsos do Leste Europeu – alguns dos 11 milhões de alemães étnicos enxotados da Polônia, da Tchecoslováquia e de outros países da Europa Oriental no fim da guerra. Ardendo de ressentimento, eles se mostraram presas fáceis para agitadores ultranacionalistas, e em 1948 o neonazista Partido da Justiça já obtinha quase dois terços dos votos locais, ao passo que os muros das fábricas eram repetidamente pichados com suásticas e muitas cédulas eleitorais rabiscadas com as palavras "Queremos Adolf Hitler". Na condição de cidade nova, Wolfsburg não tinha políticos com experiência para refrear esse tipo de nostalgia extremista. Somente aos poucos os partidos políticos estabelecidos conseguiram empurrar os neonazistas de volta para as sombras.

Nessa tarefa contaram com o auxílio de Heinrich Nordfhoff, que insistia em que as agruras por que os alemães passavam no final da década 1940 eram o resultado de "uma guerra que nós começamos e nós perdemos". Essa insólita franqueza tinha seus limites: ele não mencionou o extermínio em massa dos judeus tampouco qualquer outro dos crimes cometidos pelos nazistas. Nordhoff chegou inclusive, sem dúvida de modo inconsciente, a ecoar a linguagem nazista ao instigar os trabalhadores a superar as dificuldades que tinham diante de si e concentrar-se em "realização" (*Leistung*), exatamente como Hitler em 1942 tinha incitado "uma batalha de realização para os empreendimentos alemães" na produção de guerra. Quaisquer que fossem as ressonâncias da retórica, os trabalhadores certamente "realizaram". Enquanto as fábricas da Opel e da Ford, gravemente afetadas por danos causados pela guerra, pelejavam para retomar a produção, as instalações da Volkswagen já estavam produzindo Fuscas em larga escala. A eficiência melhorou durante a década de 1950 à medida que Nordhoff introduziu a automação total, com base nos pioneiros modelos das linhas de montagem de Detroit. Em agosto de 1955 saiu da linha de produção o milionésimo Fusca, pintado de dourado, com o para-lama incrustado de seixos do Reno (diamantes artificiais), diante de uma plateia de 100 mil pessoas. Esse jubileu foi comemorado em grande estilo: doze bandas marciais tocaram melodias de Johann Strauss, uma trupe do Moulin Rouge dançou o cancã, um coral de negros sul-africanos entoou canções sacras, 32 dançarinas escocesas apresentaram a dança folclórica *Highland*

Fling ao som de um conjunto de gaitas de foles. Os jornalistas foram seduzidos pelo prodigioso entretenimento, enquanto o evento e a realização da fábrica da Volkswagen eram transmitidos para o público mais amplo em um filme de uma hora e quinze minutos de duração.

O Fusca, segundo argumenta Rieger de maneira plausível, atingiu *status* icônico na Alemanha Ocidental durante a década de 1950 ao assumir seu lugar de típico produto do "milagre econômico": nem ostentoso nem glamoroso, mas robusto, funcional e confiável, barato, de baixo custo e fácil de manter: tudo o que o Terceiro Reich não era. O Fusca era tão desprovido de adornos desnecessários que nem sequer saía de fábrica com marcador de combustível: os motoristas tinham de manter o registro da quilometragem ou corriam o risco de pane seca. Ao longo das décadas foram introduzidas modificações, entre elas freios hidráulicos, caixa de câmbio totalmente sincronizada e motor maior e mais potente, mas o encanto básico foi mantido. Nordhoff continuou obsessivamente encontrando e solucionando pequenos problemas técnicos, ao mesmo tempo em que estabeleceu uma ampla rede de concessionárias e postos de serviço e centros automotivos onde os carros poderiam ser rapidamente consertados caso alguma coisa desse errado. À medida que a Alemanha Ocidental se tornava uma "sociedade de classe média nivelada", o Fusca se converteu no carro preferido dessa classe.

Desprovida de símbolos óbvios de identificação nacional, a Alemanha a oeste do Muro que a dividia e separava do leste comunista aferrou-se ao Fusca como um ícone da nação. A posse de um automóvel era adequada ao movimento de recolhimento da sociedade alemã em uma vida privada e familiar em reação à esfera pública excessivamente acalorada e por demais politizada da era nazista. A autonomia da pessoa de dirigir para qualquer lugar, onde e quando quisesse, foi celebrada pelos políticos como um dos mais importantes aspectos da liberdade ocidental na era da Guerra Fria. As associações nazistas do Fusca foram esquecidas, em uma "lavagem a jato histórica" que atribuiu suas origens ao gênio individual de Ferdinand Porsche. Os veteranos de guerra gostavam do Fusca porque se lembravam com carinho de ter dirigido, em campanha, seu primo, o jipe Kübelwagen. Os alemães mais jovens gostavam dele por sua sobriedade utilitária. O Fusca representava para os alemães a "nova paisagem do desejo" dos sóbrios e conservadores anos 1950.

Entretanto, em pouco tempo os donos de Fusca estavam personalizando seus carros, comprando acessórios, colando fitas adesivas cromadas, pintando o exterior com tinta *spray* em cores espalhafatosas ou acrescentando tantas decorações que o carro parecia "uma árvore de Natal ambulante", como definiu um crítico. Vasinhos instalados no interior para carregar flores colhidas nos passeios tornaram-se adornos populares. Em tom divertido, os jornalistas escreviam sobre o ritual dos donos do Fusca de lavar seus carros, devotando à tarefa "um grau de amor e carinho que [poderia] levar observadores imparciais a acreditar que estavam flertando com uma nova amante". Rieger é particularmente bom em registrar o forte componente "constituído em gênero" da posse de um Fusca, ou seja, ter um Fusca aparentemente era algo característico do sexo masculino. Em uma época na qual apenas 20% das carteiras de habilitação na Alemanha Ocidental pertenciam a mulheres, o Fusca tornou-se um veículo para "misoginia automotiva", uma vez que os homens faziam tudo o que podiam para manter as mulheres longe do volante. As campanhas publicitárias realçavam a natureza machista da posse do carro retratando a porção esquerda do rosto de um homem fundida à parte direita da dianteira de um Fusca sob o *slogan*: "A sua cara-metade". Apenas gradualmente, durante a década de 1960, as mulheres começaram a se afirmar, mas é provável que o Fusca sempre tenha continuado a ser em larga medida um objeto de desejo especificamente masculino.

Desejos de outra espécie encontraram expressão no interior do carro, à medida que os jovens casais usavam o Fusca como "zona de privacidade", longe dos apartamentos abarrotados e da desaprovação dos adultos. Um manual do carro apontava solenemente que a relação sexual dentro de um Fusca não se qualificava como indecência aos olhos da lei, desde que o carro não estivesse estacionado em local notório. Trinta anos depois de haver tido relações sexuais com sua namorada na traseira de um Fusca, um jornalista de Bremen confessou ainda se sentir arrebatado por "uma fraqueza estranhamente fascinante na virilha" toda vez que avistava um desses carros na rua. Coube aos mexicanos, contudo, descobrir o pleno potencial erótico do Fusca (lá conhecido como *vocho* ou *vochito*). "Não é apenas que muitos *vochitos* foram feitos no México", disse mais tarde um proprietário de Fusca: "muitos mexicanos foram feitos dentro de um *vochito*". É difícil imaginar: eles devem ser todos contorcionistas.

O carro começou a ser fabricado sob licença no México em 1967, e a milionésima unidade saiu da linha de produção em 1980. Como seu congênere alemão, a crescente classe média-baixa mexicana encontrou no Fusca uma alternativa atraente aos importados beberrões americanos, inclusive os incorretamente chamados "compactos". Quando a crise econômica atingiu o país na década de 1980, os fabricantes diminuíram em 20% o preço do carro, abrindo a oportunidade para novos compradores. O Fusca tornou-se o veículo favorito dos taxistas. O *vochito* não apenas representava os ideais pequeno-burgueses de confiabilidade e sobriedade, mas também atingia o âmago do orgulho nacional mexicano: fabricado no México por mexicanos, precisava de muito pouco para continuar funcionando e sobrevivia em condições adversas e brutais, exatamente como os próprios mexicanos. De acordo com a explicação de um fã, o *vochito* era como um "pequeno tanque de guerra". Essa definição tinha a intenção de ser um elogio e não uma crítica.

Os Fuscas também foram fabricados no Brasil, e é uma pena que Rieger nada diga sobre a imagem e a popularidade do carro no maior país da América do Sul. Mas ele é muito bom em retratar o fascínio que o Fusca exerceu nos Estados Unidos, onde se tornou o segundo carro na predileção de muitos moradores nos subúrbios que se expandiram nas décadas de 1950 e 1960, uma vez que as fábricas automotivas americanas eram incapazes de acompanhar o ritmo acelerado da crescente demanda por veículos. Em 1968 a Volkswagen despachava para o outro lado do Atlântico mais de meio milhão de Fuscas por ano, o que equivalia a 40% da produção total. Ao todo, o Fusca foi vendido para nada menos que 5 milhões de americanos. Em agudo contraste com a situação na Alemanha, nos EUA o Fusca era dirigido majoritariamente por mulheres e usado para propósitos práticos, como a ida ao *shopping center*. Na década de 1970 o Fusca tornara-se inclusive um ícone da contracultura – o livro de John Muir, *How to Keep Your Volkswagen Alive: A Manual of Step-by-Step Procedures for the Complete Idiot* [Como manter vivo seu Fusca: Um manual de procedimentos passo a passo para o completo idiota], vendeu mais de 2 milhões de exemplares. Muir incentivava seus leitores a "sentir o seu carro"; o "carma do carro", ele escreve, "depende do seu desejo de mantê-lo... VIVO". O ponto máximo desse processo de antropomorfização ocorreu com o filme da Disney *Se meu Fusca falasse*, de 1968, em que um Fusca cheio de personalidade propiciava a seu dono, um fracassado piloto de corridas, o sucesso e, no fim, o amor. A improvável associação entre o veículo e o sexo acabou chegando à tela grande.

Tudo isso ilustrava a extraordinária capacidade global do robusto e confiável Fusca de se adaptar a qualquer ambiente. As vendas no exterior mantiveram a empresa firme e forte mesmo quando a era do Fusca chegou ao fim na própria Alemanha, quando a crise do petróleo de 1973-74, juntamente com as mudanças na moda, novas e mais rígidas regras de segurança e a dificuldade de acompanhar o ritmo da automação fizeram com que as vendas domésticas despencassem. Com o fim do "milagre econômico" veio o fim do Fusca, seu principal símbolo. A Alemanha Ocidental começou a exigir carros mais rápidos, mais espaçosos, mais confortáveis, de *design* mais elegante. O novo Volkswagen atendeu a essas necessidades, juntamente com sua versão menor e mais barata, o Polo. Em 1978, Wolfsburg parou de vez de fabricar o Fusca. No devido tempo a Volkswagen apresentou o novo *Beetle* (nome em inglês do Fusca), para satisfazer à moda americana retrô-chique mas também deixando claro que se tratava de um veículo que satisfazia às exigências dos motoristas do século XXI (*"Less Flower – More Power"*: "Menos flor, mais potência" – dizia um *slogan* publicitário). O carro era fabricado no México, e os modelos à venda na Alemanha eram agora importados através do Atlântico. "Era como se um filme estivesse rodando para trás", comentou um jornalista ao ver os carros sendo descarregados no porto de onde no passado tantos Fuscas haviam partido para venda fora do país. O novo *Beetle* era um símbolo não apenas de ironia pós-moderna, mas também de transnacionalismo e globalização. O *design* da silhueta em linhas curvas foi deliberadamente pensado para ecoar o modelo original.

Mas os proprietários do velho Fusca sabem que não é a mesma coisa. Agora eles se reúnem, em diversos lugares do mundo, em encontros, festas e clubes nos quais podem entregar-se à nostálgica admiração de modelos históricos e imaginativas customizações. Um desses encontros se repete todos os anos desde a década de 1980 no antigo local onde o próprio partido nazista realizava os Comícios de Nuremberg, defronte ao palanque de onde Hitler costumava proferir seus discursos. Ninguém parece notar. A roda da história ainda não deu uma volta completa para fechar o círculo, todavia; o

Beetle/Fusca há muito tornou-se um produto globalizado, para a maioria das pessoas – senão todas – completamente desvinculado de suas origens nazistas. Em 1998, quando o colunista do jornal *The New York Times* Gerald Posner contou a sua sogra, que ele descreveu como uma "judia conservadora", que tinha comprado um Novo *Beetle*, ela respondeu: "Parabéns, querido. Talvez a guerra tenha finalmente acabado".

As armas da Krupp

"De todos os nomes que ficaram associados aos Julgamentos de Nuremberg", declarou o promotor durante os procedimentos do tribunal militar internacional formado para julgar o alto escalão nazista por crimes contra a humanidade ao final da Segunda Guerra Mundial, "creio que nenhum outro tenha sido uma palavra tão incontornável por tantas décadas – de fato, por quase um século – como o de Krupp". A história desse nome, continuou a promotoria, fez da firma "o foco, o símbolo e a beneficiária das mais sinistras forças que já se mobilizaram para ameaçar a paz da Europa". A Krupp era em larga medida um empreendimento familiar. "Quatro gerações da família Krupp", salientava a peça de acusação, "eram proprietárias das imensas fábricas de armamentos e munições que compunham a principal fonte de abastecimento bélico da Alemanha na guerra". A tradição da família Krupp e a postura "social-política" que ela representava eram perfeitamente adequadas ao clima moral do Terceiro Reich. Não houve nenhum crime cometido pelo Estado – fosse guerra, fosse pilhagem, fosse escravidão – de que esses homens não tenham participado. Muito antes de os nazistas subirem ao poder, a Krupp era um "modelo de fábrica nacional-socialista".

Nos Julgamentos de Nuremberg, e nos processos posteriores dos principais industriais realizados em 1947-48, o nome "Krupp" passou a significar não apenas o nazismo, mas também o impulso econômico por trás de forças mais profundas do militarismo que os Aliados estavam igualmente determinados a expulsar da política, da cultura e da sociedade alemãs. Dada a sinistra reputação internacional da firma como fabricante de armas subjacente à agressão militar alemã desde as guerras de unificação de Bismarck até as duas guerras mundiais, não admira que tenha atraído a atenção de muitos diferentes historiadores a partir de diferentes pontos de vista. O estudo de maior repercussão é *The Arms of Krupp: The Rise and Fall of the Industrial Dynasty That Armed Germany at*

War [As armas da Krupp: Ascensão e queda da dinastia industrial que armou a Alemanha na guerra], o épico de mil páginas publicado em 1968 por William Manchester, autor mais conhecido por seu relato do assassinato de seu colega de tempos de guerra John F. Kennedy, *Death of a President* [A morte de um presidente]. Escrito em estilo vigoroso, por vezes sensacionalista, o livro era repleto de generalizações radicais sobre a Alemanha e os alemães, de quem Manchester, em particular como resultado de suas experiências de guerra, claramente não gostava. Os Krupp eram demonizados do início ao fim do livro, e todo o enfoque de Manchester cheira a escandaloso. O livro teve recepção crítica ambivalente mesmo na imprensa popular; os resenhistas mostraram-se insatisfeitos com seu estilo sarcástico e com o que a revista *Time* chamou de "profusão de erros" que atulhavam suas páginas. Não obstante, com sua costumeira meticulosidade, Manchester trabalhara com afinco, debruçando-se sobre os arquivos da Krupp, dados de outras empresas, os documentos dos Julgamentos de Nuremberg e muitas outras fontes, além de ter entrevistado um número substancial de pessoas. Ele desencavou imensa quantidade de material, boa parte até então inédito, e acerca de algumas questões específicas, como a atitude de Krupp com relação a Hitler em 1932-33, antes da ascensão nazista ao poder, claramente aferrou-se ao registro documental e não apresentou nenhuma afirmação que fosse além disso.

Manchester não era um historiador econômico, e estava mais interessado na personalidade dos Krupp do que em seus negócios. Antes da publicação de *The Arms of Krupp*, praticamente não existiam estudos históricos sobre as grandes empresas alemãs e seu papel no Terceiro Reich; o livro de Manchester não foi apenas o pioneiro nesse campo, mas manteve essa posição durante muitos anos, até que outros estudos começaram a vir a lume a partir de 1990 (uma das razões para essa demora foi o fato de que as corporações alemãs, inclusive a Krupp, ficaram tão encolerizadas pelo livro de Manchester que, após a publicação, durante bom tempo dificultaram o acesso de historiadores a seus arquivos). Nos últimos anos, entretanto, análises sérias sobre a história da empresa começaram a aparecer, e agora ganharam a companhia de um panorama cronológico da autoria do britânico Harold James, historiador econômico de Princeton. O estilo sóbrio do livro de James não poderia ser mais diferente do texto de Manchester, e seu foco na história tecnológica e econômica dos negócios está a léguas de distância do implacável desmascaramento que Manchester faz das fraquezas, delitos e desvios de conduta pessoais dos sucessivos donos da corporação.

Tal qual Manchester, James começa do início, embora sua cobertura seja mais ou menos uniforme em termos temporais, ao passo que *The Arms of Krupp* concentra-se pesadamente nos anos do nazismo. Como aponta James, os primórdios da empresa não poderiam ter sido mais agourentos. Seu fundador, Friedrich Krupp era um aventureiro de índole temerária, e a maior parte de suas apostas no ramo industrial redundou em abjeto fiasco. Sua avó, Helene Amalie Krupp, a primeira de uma série de mulheres poderosas que desempenhariam papel crucial na história da dinastia, deixou-lhe uma fortuna baseada em seus astutos investimentos no varejo, no comércio e na posse de propriedades. Entre os interesses dela estava uma siderúrgica pequena e pouco lucrativa, em que Friedrich deu os primeiros passos no mundo dos negócios e adquiriu experiência; embora tenha sido vendida, a fundição deixou em Friedrich um forte desejo de fabricar aço e produtos de aço "à maneira inglesa", combinando dureza e maleabilidade.

Em busca de sua obsessão, Friedrich dilapidou a herança da avó. Fez experimentos com diferentes matérias-primas, em diferentes localidades e usando diferentes técnicas. As dívidas se acumularam, ele teve o nome extirpado da lista de empresários locais em 1824 e morreu em 1826, exausto, aos 39 anos de idade. Sua viúva Teresa, porém, manteve a fé na visão de Friedrich e deu continuidade ao negócio, auxiliada pelo filho Alfried, de 14 anos, que anglicizou o nome para Alfred em homenagem à dominação inglesa da indústria e tecnologia à época. Com efeito, em 1838 ele viajou para a Inglaterra (incógnito, como "*Herr* Shropp"), regressando em 1843 e continuando a enviar agentes para lá a fim de aprender as mais recentes técnicas industriais, estudar as mais modernas instalações, conquistar novos clientes e espalhar sua reputação naquele que então era o país mais rico do mundo.

Alfred era um viciado em trabalho que mais tarde fazia questão de lembrar para quem quisesse ouvir que nesses primeiros dias "eu era o executivo-chefe, o escriturário, o tesoureiro, o ferreiro, o fundidor, o misturador de coque, o vigia noturno no forno de cimento, e muito mais, um pangaré cansado atendia às nossas necessidades de transporte". O único sucesso incontestável do pai tinha sido no desenvolvimento de um processo de fundição de aço para a fabricação de cunhos usados na produção de moedas. Em pouco tempo Alfred estava fornecendo cilindros de cunhagem para a casa da moeda austríaca; diversificando os negócios, entrou na produção de cilindros para a manufatura de colheres, que ele comercializava na França, na Rússia e até no Brasil. Seu verdadeiro salto qualitativo se deu com a rápida e abrangente expansão ferroviária da década de 1840, quando começou a fornecer eixos de rodas e de manivela para as ferrovias estatais prussianas. Graças às contínuas inovações técnicas, Alfred pôde produzir anéis de aço fundidos para uso nas rodas de trens – três anéis entrelaçados tornaram-se o que ainda é o logotipo da empresa –, depois trilhos, bem como placas de aço, propulsores e rodas de pás para navios a vapor. Tudo isso permitiu a Krupp comprar outras firmas e adquirir minas de minério de ferro, ao passo que a introdução dos processos Bessemer e Siemens-Martin lhe permitiu fabricar mais e maiores produtos de aço, empregando 12 mil trabalhadores em uma área de 35 hectares em Essen, três vezes maior que o tamanho da fábrica uma década antes.

Alfred Krupp tinha plena consciência de que muitas vezes era difícil encontrar trabalhadores hábeis e confiáveis nas condições de rápido crescimento industrial que caracterizavam o Ruhr no período. Os operários trocavam frequentemente de emprego a fim de obter melhores salários e condições de trabalho. Precisavam de disciplina e organização para operar o perigoso processo de fundição de ferro com a precisão que era exigida. Contudo, Krupp queria "trabalhadores leais [...] que sejam agradecidos de coração e em seus atos pelo fato de que lhes oferecemos pão". Para instigar as pessoas a trabalhar para ele e a permanecer lá, Alfred criou um fundo de pensão e um plano de saúde para seus funcionários, construiu blocos de alojamentos nos quais, no final do século, residiam mais de 25 mil pessoas, abriu 55 lojas exclusivas para compras dos funcionários da empresa, cantinas e escolas, e, por fim, financiou a construção de um hospital, uma casa de repouso e uma biblioteca.

Contudo, havia o lado ruim desse paternalismo. Alfred declarou que "ninguém ousará insurgir-se contra um jugo benevolente; prefiro que vá tudo pelos ares". Para impingir a disciplina, ele decretou em 1871: "Eu desejo introduzir para sempre a prática de fotografar trabalhadores, e um controle muito mais rigoroso da mão de obra, de seu passado, de seus impulsos, de sua vida. Devemos ter uma polícia privada muito mais bem informada do que o serviço da guarda municipal". Com efeito, fotografias eram usadas para lidar com o que James chama de "encrenqueiros". Krupp dizia a seu estafe que "mesmo o melhor e mais qualificado trabalhador ou mestre será demitido assim que possível tão logo dê ao menos a impressão de incitar a oposição ou pertencer a uma associação": com esse termo, queria dizer "sindicato".

Os trabalhadores da Krupp eram os *Kruppianer*, e Alfred pretendia supervisionar até o estado de ânimo de seus trabalhadores: "A moralidade", declarava o Regulamento Geral da Krupp de 1872, "aliada à ordem e à lealdade, tem efeito benéfico – sem ela haverá trapaça, fingimento, desordem, depravação e deslealdade, com a ruína em sua esteira". Em 1877, antes de uma eleição nacional, conforme observou Manchester, a Krupp afixou cartazes em todas as suas fábricas orientando os trabalhadores a deixarem a política para seus superiores. "Questões de alta política requerem mais tempo e conhecimento do que o trabalhador comum domina." Após as eleições, ele dispensou sumariamente trinta funcionários sob a acusação de supostamente disseminarem propaganda socialista. Ele exigia que seus funcionários prestassem um juramento de lealdade, e só foi dissuadido da ideia de distribuir uniformes com galões dourados para os empregados com histórico de bons serviços prestados pelo argumento de que o ar pestilento da fábrica rapidamente os arruinaria. O efetivo de sua polícia privada era mais numeroso que o da guarda municipal de Essen, e estava acostumado a aplicar multas em quem chegava atrasado ao trabalho ou era insolente com seus superiores, e muitos outros delitos. Os agentes da polícia eram instruídos a vasculhar as latas de lixo defronte às fábricas da Krupp e os blocos de alojamentos à procura de literatura socialista e "papel higiênico usado" com textos sediciosos impressos. Ele chegava a dizer aos empregados que se casassem e tivessem muitos filhos para "fornecer ao Estado um bocado de súditos leais e desenvolver uma raça especial de trabalhadores para a fábrica". A bem da verdade esse estilo neofeudal de gerenciamento prefigurou o desdobramento posterior da "fábrica-modelo do nazismo", com seus "líderes", "seu séquito" e sua combinação de medidas de bem-estar social e autoritarismo.

James diz muito pouco sobre esse aspecto da empresa de Krupp, que é dissecado em detalhes por Manchester; de fato, os trabalhadores mal são mencionados, e quando há referência a eles é somente para enfatizar o paternalismo da corporação, não sua quase totalitária organização dos funcionários. Trata-se enfaticamente de uma história "de cima para baixo" da empresa. James padece para salientar também que os armamentos compunham apenas uma parte da produção da Krupp, exceto em tempos de guerra. No entanto, mesmo que Krupp não tenha começado como fabricante de armas, havia, James aponta, "uma sinergia entre a produção militar e a não militar" que agora escorava a rápida expansão da empresa através de todos os imprevistos econômicos das décadas seguintes. À medida que o *boom* ferroviário começava a perder fôlego, a crescente tensão internacional levou os países europeus a se armarem, e Krupp estava em excelente posição para tirar vantagem da marcha dos acontecimentos.

Ao contrário de seu pai, Alfred era um hábil promotor de seus próprios produtos, um homem-espetáculo que acreditava que a publicidade era capaz de conquistar consumidores. Ele usou múltiplos caldeirões simultaneamente para revestir um bloco de aço de 1.950 quilos que exibiu na Grande Exposição de 1851, o que lhe rendeu uma medalha. Mas apresentou também um reluzente canhão de aço, solapando a declaração propagada no catálogo da exposição de que o "Palácio da Indústria era um Templo da Paz". "Os ingleses abrirão os olhos", afirmou Alfred, exultante. A seguir a fábrica produziu o Canhão de Paris – também chamado de *"Kaiser* Wilhelm Geschütz" ("Canhão do Kaiser Guilherme") –, que bombardeou a capital francesa com projéteis de 94 quilos disparados por um cano de 34 metros de comprimento a uma distância de 120 quilômetros nos últimos meses da Primeira Guerra Mundial, e um canhão ferroviário de 80 centímetros chamado "Dora", montado sobre um imenso carril, na Segunda Guerra. Essas gigantescas armas tiveram pouco impacto, mas serviram a seu propósito de manter a empresa visível aos olhos do público.

Na década de 1870, Alfred começou a construir uma casa de campo no alto de uma colina a 12 quilômetros da fábrica, com vista para o vale do Ruhr: a Villa Hügel, baseada em um projeto arquitetônico de lavra própria e usando imensas quantidades do ferro da Krupp. Não era exatamente apenas um lar, mas sim um lugar onde poderia hospedar clientes e dignitários em visita, mantendo-os longe dos segredos técnicos da fábrica. "O grande industrial", declarou Alfred, "deve ser um esbanjador de dinheiro aos olhos do mundo". Para realçar seu argumento, ele chegava a contratar o compositor Engelbert

Humperdinck para tocar piano e entreter suas visitas. Na Feira Mundial de Chicago de 1893, Krupp gastou 1,5 milhão de marcos para criar uma réplica da Villa Hügel com seu nome na fachada; do lado de dentro, os visitantes podiam inspecionar um canhão capaz de disparar um projétil contra um alvo a 20 quilômetros de distância.

A cidade de Essen recebia visitantes vindos de todas as partes do mundo, inclusive a China e o Japão. Krupp vendia armas para os russos, incorporando inovações sugeridas por seus consultores técnicos militares, bem como equipamentos ferroviários para o Brasil. Em 1879, convidou representantes de dezoito países para uma demonstração de artilharia, e distribuía entre os membros do parlamento britânico folhetos publicitários de seus produtos. Entre seus projetos visionários, imaginava fornecer equipamentos ferroviários para o mundo inteiro, com linhas férreas – disse ele em 1875 – "interligando e cruzando os grandes continentes da África, da América e da Ásia de modo que alcancem o *status* de países civilizados e com linhas de conexão e ramais que manterão a indústria atarefada até o fim do mundo – contanto que nenhum falastrão pretensioso destrua essa expectativa desenvolvendo o transporte aéreo".

No entanto, a despeito do escopo global de sua empresa, repetidamente realçada por James, em última análise Krupp vinculou sua sorte aos destinos do Estado prussiano, primeiro com relação às prósperas ferrovias, depois ao Exército, a instituição que desempenhou papel decisivo nas guerras de unificação de Bismarck em 1864, 1866 e 1870. Krupp fazia um pesado *lobby* para receber encomendas de armamentos, e entre 1861 e 1870 construiu quatro novos pavilhões para a produção de canhões, a fim de atender à demanda crescente e acelerada. James descreve Krupp como um "alemão apolítico", mas ele cultivava relações de proximidade com o *Kaiser* Guilherme I e disse a seu filho Friedrich Alfred: "Você deve ser para o futuro *Kaiser* o que eu sou para o atual, para que assim nenhum trapaceiro prejudique a fábrica". Em 1871, Alfred declarou: "A minha realização acompanhará o sucesso e o fracasso da grandeza e da supremacia militar da Prússia".

Friedrich Alfred, que assumiu o controle dos negócios por ocasião da morte do pai em 1887, era um entusiástico modernizador, sob cuja influência entraram em produção a blindagem de aço-liga, detonadores elétricos e muito mais. Ele orquestrou fusões e aquisições em ritmo frenético e supervisionou uma substancial ampliação no tamanho da fábrica, cujo número de funcionários subiu de 13 mil em 1887 para 25 mil em 1899. Friedrich Alfred não teve escrúpulos em usar a nova imprensa de massa e a mobilização política popular para incrementar seus interesses comerciais. Uma grande oportunidade apresentou-se no final do século com a decisão do *Kaiser* Guilherme II de construir uma nova e imensa esquadra. Krupp não apenas adquiriu um enorme estaleiro, triplicando o efetivo de operários em poucos anos, mas também contratou um jornalista, Victor Schweinburg, para publicar artigos favoráveis aos seus negócios. Schweinburg fundou a Liga Naval para estimular a pressão popular pela construção de uma armada de guerra. Em um ano, a liga já contava com quase 250 mil membros. A ligação entre Krupp e Schweinburg, bem como a presença do próprio Alfred na diretoria da liga, não passou despercebida, e ambos foram obrigados a pedir demissão sob pesada pressão política. Descobriu-se que a empresa vinha lucrando 60% como única fornecedora de blindagem para a nova esquadra. Friedrich Alfred nunca teve boa saúde (quando criança, padeceu de graves crises de asma) e fugia desses turbilhões políticos passando períodos cada vez mais longos na ilha de Capri, onde se entretinha como apreciador da zoologia marinha e distribuía generosos presentes para os moradores.

Quando rumores de desenfreadas orgias homossexuais com rapazes italianos chegaram a Berlim, seguiu-se uma sucessão de escândalos, alimentados por um vaivém de acusações e contra-acusações na imprensa e no Reichstag. A tempestuosa repercussão midiática refletia o generalizado horror à homossexualidade, que era ilegal de acordo com o Código Criminal alemão; em especial para os puritanos e pudicos social-democratas, era evidência da profunda torpeza moral da elite capitalista predominante. Sob tamanha pressão, o casamento de Alfred se esfacelou. Ele internou a esposa em um hospital psiquiátrico e pouco depois, em 22 de novembro de 1902, morreu – fulminado de apoplexia, segundo seus médicos, ou tirando a própria vida, segundo boatos.

James descarta as alegações de que Friedrich Alfred praticava a pederastia, acusações que a seu juízo eram produto da oposição política enfrentada por Alfred em Capri e "um ataque persistente e cruel que usou todos os instrumentos da nova política de sensacionalismo e escândalo" na própria Alemanha, mas Manchester apresenta uma grande quantidade de evidências circunstanciais, entre elas o hábito de Krupp de convidar rapazes italianos para ficar com ele no Hotel Bristol, onde se hospedava em Berlim. Manchester não tem dúvida nenhuma de que Krupp se suicidou, apontando o fato de que não houve autópsia oficial e os médicos imediatamente colocaram o cadáver em um caixão lacrado, que nem mesmo os parentes foram autorizados a abrir. Qualquer que seja a verdade, James atenua os eventos e os pinta com as tintas mais favoráveis, passando ao largo da controvérsia e atribuindo aos críticos socialistas de Krupp qualquer tentativa de vincular à infâmia o nome do empresário.

Com a morte do último Krupp do sexo masculino, a empresa familiar foi convertida em uma companhia de capital social, embora uma a cada quatro das 160 mil ações pertencessem à filha de Friedrich Alfred, Bertha, de 16 anos. Os executivos manobraram para assumir o controle da firma, que continuou a inovar e a se expandir, alcançando um triunfo particular com o patenteamento de um novo tipo de aço inoxidável (4.500 placas do qual revestiram o pináculo do edifício Chrysler, em Nova York, a partir de 1929). Em 1906, a situação mudou quando Bertha casou-se com o diplomata Gustav von Bohlen und Halbach. Encantado, o *Kaiser* emitiu uma patente real autorizando-o a adotar o nome Krupp. Em 1909, Gustav Krupp von Bohlen und Halbach, como ele agora se chamava, já era o presidente do conselho fiscal da empresa. No mesmo ano, o empresário pangermânico e magnata da mídia Alfred Hugenberg, que em 1933 viria a tornar-se o principal parceiro da coalizão de Hitler, assumiu a presidência da diretoria executiva. Essa foi a equipe que conduziu a Krupp para dentro da Primeira Guerra Mundial.

A Krupp logo ajustou-se à nova situação em 1914. O estaleiro da empresa passou a fabricar *U-boots* e, aproveitando-se do auxílio de vultosos subsídios do Programa de Hindenburg de 1916, teve acentuada expansão da produção armamentista. "A empresa", comenta James, tornara-se na prática uma parte do Estado alemão". A mão de obra cresceu exponencialmente, chegando a quase 170 mil empregados em meados de 1918. A essa altura, porém, o descontentamento dos trabalhadores também aumentava. Enquanto o bloqueio dos Aliados estrangulava os estoques de comida do país, os preços começaram a subir vertiginosamente, e um vasto mercado negro emergiu. Inquietos, os trabalhadores começaram a se mobilizar reivindicando aumentos salariais para poder alimentar suas famílias, e Gustav demonstrou preocupação com "a derrocada da nossa autoridade monárquica e estatal ladeira abaixo rumo à democracia". Aflito por estancar o processo de desintegração, o *Kaiser* visitou a fábrica e proferiu um discurso tipicamente bombástico para os operários. Mas era tarde demais.

Em novembro de 1918 o *Kaiser* foi derrubado e a Alemanha tornou-se república. Agora poderosos, os sindicatos negociaram acordos com a empresa, que criou um conselho de trabalhadores. Uma reduzida força de trabalho voltou a labutar na produção de equipamentos para as ferrovias estatais. Nesse ínterim, na tentativa de impor as políticas de desmilitarização do Tratado de Versalhes, um destacamento de oficiais franceses e ingleses foi até a fábrica de Essen e ordenou a destruição de 10 mil máquinas usadas na produção de equipamentos militares. A Krupp não apenas conseguiu escapar ilesa dessas medidas de controle como também começou a fabricar armas secretamente, com o incentivo do Exército alemão, o Reichswehr, em colaboração com a fabricante sueca de armas Bofors. De 1926 em diante, a Krupp passou a construir tanques de guerra ("tratores"), que eram testados pelo Exército Vermelho na União Soviética.

Nesse meio-tempo, a Krupp estava lucrando com a hiperinflação que assolou a Alemanha na década de 1920. No verão de 1922, por exemplo, a empresa contraiu empréstimos bancários de 1 bilhão de marcos, equivalentes a 1.140.000 marcos em ouro; quando a empresa pagou a soma em outubro de 1923, o valor da dívida havia diminuído para meros 53 mil marcos. Quando a França ocupou o Ruhr depois que a Alemanha atrasou os pagamentos de reparações, a produção minguou; Gustav foi preso por organizar a resistência à ocupação e permaneceu encarcerado por sete meses. Nos últimos estágios do período inflacionário a economia entrou em colapso e a Krupp sofreu expressivos prejuízos. A empresa teve de negociar a obtenção de um polpudo crédito junto aos americanos e recorreu à ajuda adicional do governo alemão.

A recuperação mal havia dado os primeiros passos quando o *crash* de Wall Street em 1929 levou a economia alemã a afundar na Depressão. A Krupp ainda não havia resolvido o problema da sobrecapacidade que fora um flagelo para a empresa durante a década de 1920. Pagamentos e salários sofreram repetidos cortes, as jornadas de trabalho foram reduzidas e entre 1928 e 1932 a força de trabalho havia sido cortada pela metade. Em 1928, a Krupp juntou-se às outras fabricantes de aço em um locaute espontâneo de trabalhadores no

Ruhr, na tentativa de reduzir ainda mais os salários; como de hábito, James dedica a maior parte de seu livro a enfatizar as reservas de Gustav a respeito dessa atitude, embora a verdade seja que ele participou efetivamente da greve patronal e 250 mil homens perderam o emprego em uma época em que mal conseguiam se sustentar mesmo tendo um.

Apesar de seu novo cargo como presidente da Associação da Indústria do Reich, Gustav, segundo aponta James, teve papel pequeno nas complexas negociações de bastidores que levaram à nomeação de Hitler como chanceler do Reich em 30 de janeiro de 1933. Gustav inclusive recusou o convite para conhecer pessoalmente Hitler, e não doou dinheiro para a campanha eleitoral do líder nazista quando solicitado. Embora concorde com essa descoberta, Manchester destaca que Gustav considerava os partidos políticos incapazes de solucionar os problemas da Alemanha, e queria que Hindenburg nomeasse um governo que desse conta do recado. Krupp juntou-se a um grupo de industriais que subscreveu um abaixo-assinado submetido a Hindenburg pelo banqueiro nazista Kurt von Schröder em novembro de 1932, no qual insistiam em que nomeasse Hitler. E Gustav acolheu de bom grado a extinção dos sindicatos e o ataque ao comunismo que se seguiu à nomeação de Hitler.

Krupp cedeu com extrema facilidade à pressão nazista para a demissão dos funcionários judeus, e sua empresa se beneficiou quase que imediatamente com o ímpeto do novo regime de rearmar o país. "Os próximos cinco anos", declarou Hitler a seu gabinete em 8 de fevereiro de 1933, "deverão ser dedicados ao rearmamento do povo alemão". Começaram a chover encomendas. Em 1934-35 a empresa estava fabricando artilharia pesada novamente. Seu estaleiro, que durante um bom tempo havia enfrentado enormes dificuldades para se manter, lançou seu primeiro submarino novo em 1935. A eclosão da Segunda Guerra Mundial em setembro de 1939 aumentou a pressão sobre os fabricantes de armas. O argumento que James defende com vigor é o de que, longe de ter impelido o Terceiro Reich para a guerra, a Krupp foi arrastada pelo regime, que certamente tomou a iniciativa. Não obstante, o Estado nazista propiciou excelentes oportunidades para a expansão da Krupp, e a empresa obteve lucros substanciais com o rearmamento.

A tradição da Krupp de ser uma empresa familiar administrada por uma única pessoa e não um conselho de diretores combinava bem com as ideias nazistas de liderança (*Führerschaft*) e hereditariedade. Em 12 de novembro de 1943, Hitler decretou que "o proprietário da fortuna da família Krupp está autorizado a criar um empreendimento familiar com uma regulação particular de sucessão". Bertha transferiu a posse do debilitado Gustav para seu filho mais velho Alfried, que anos antes tinha assumido o papel de administrador dos negócios. Em 1931 Alfried havia se filiado à SS, numa indicação precoce de suas simpatias políticas – e se tornou membro do partido nazista em 1938. Ele removeu com cuidado o diretor administrativo, Edwald Löser (nacionalista da velha guarda que havia sido vice-prefeito de Leipzig durante o mandato de Carl Goerdeler, figura central na resistência conservadora a Hitler), e se devotou a servir ao regime. De maneira característica, James salienta sua relativa falta de dinamismo e comprometimento, além da crescente interferência governamental na produção, especialmente depois que Albert Speer tornou-se ministro dos Armamentos e Munições. Mas o fato inconteste é que Alfried Krupp era o presidente da diretoria executiva e, portanto, o maior responsável pelas decisões da empresa.

Em retrospecto, a mais controversa dessas decisões foi o uso cada vez maior de mão de obra estrangeira escrava. Nessa área a Krupp não continuou a ser agente passivo das diretrizes políticas do governo como era em outros campos. A partir do outono de 1941, à medida que trabalhadores alemães eram recrutados aos borbotões para o *front*, a empresa passou a fazer um vigoroso *lobby* de modo a assegurar a alocação de operários oriundos dos campos de prisioneiros do Reich e de seus satélites; a bem da verdade a Krupp foi criticada pelo regime, que considerava excessivas as solicitações da empresa. James afirma que a Krupp não tinha outra alternativa a não ser recorrer à mão de obra escrava, mas as exigências de Alfried iam muito além do necessário. "As requisições de Krupp eram feitas à base de especulação, sem que ele soubesse ao certo do que realmente precisavam", apontou Ulrich Herbert em *Hitler Foreign Workers* [Os trabalhadores estrangeiros de Hitler] (1997), ao passo que suas demandas recebiam resposta positiva principalmente porque a empresa "tradicionalmente desfrutava de excelentes relações com as autoridades centrais de Berlim".

Antes de qualquer acordo sobre o aporte de trabalhadores, as empresas deveriam garantir o fornecimento de alimentação e acomodação, mas os números exigidos por Krupp ultrapassavam em muito a capacidade da empresa de dar atendimento decente aos operários. Os agentes da empresa selecionavam homens aptos dos campos da Holanda e tomavam todas as providências para que os operários franceses fossem bem cuidados, mas os muitos trabalhadores soviéticos eram mantidos atrás de cercas de arame farpado e recebiam rações tão escassas que sua saúde rapidamente se deteriorava. Os administradores locais tentavam melhorar a situação a fim de obter melhor desempenho dos homens, mas certa feita o escritório central da Krupp declarou que "os prisioneiros de guerra russos não podem ter a permissão de se acostumar à comida da Europa Ocidental", e uma queixa a respeito das rações inadequadas apresentada pela junta de diretores à seção de prisioneiros de guerra do comando supremo das Forças Armadas foi rechaçada com a contraqueixa de que os prisioneiros "estão sendo espancados" e não estão "recebendo a comida e o tempo livre a que têm direito".

James admite que a Krupp fez "extraordinariamente pouco" para melhorar as tenebrosas condições dos operários submetidos a trabalhos forçados, mas as evidências mostram que os pecados da empresa iam além da mera omissão. Por fim, diz ele, as rações foram aumentadas e o arame farpado foi removido do perímetro das instalações em que os operários soviéticos estavam alojados. Contudo, de acordo com Herbert, "o antigo arame invariavelmente era mantido no lugar", e os raides aéreos de bombardeio anulavam as pequenas tentativas de melhoria por parte dos aflitos dirigentes do alto escalão da Krupp a fim de não perder o direito de obter mais trabalhadores estrangeiros. Alguns dos campos de prisioneiros em Essen, afirma Herbert, tornaram-se "viveiros para a corrupção e crimes de pequena monta", o que incluía a apropriação indevida de rações de comida destinada aos trabalhadores e a exploração sexual das operárias.

Em um porão do prédio central da administração, a equipe de segurança da empresa, 2 mil homens armados com porretes de couro, aplicava furiosas surras nos trabalhadores estrangeiros que causavam problemas. Um prisioneiro soviético, flagrado na tentativa de roubar um pão, foi fuzilado por um guarda da empresa, que recebeu punição. Muitos eram "espancados simplesmente por serem trabalhadores do Leste Europeu, e os seguranças da fábrica tinham poder sobre eles". Manchester oferece páginas e páginas de evidências retiradas dos documentos dos Julgamentos de Nuremberg que registram o regime de horrível brutalidade exercido pela força de segurança da Krupp. No fim da guerra, Gustav Krupp von Bohlen und Halbach foi chamado a juízo em Nuremberg, mas a essa altura estava senil; após sofrer uma série de derrames, as acusações contra ele foram abandonadas. Por sua vez, Alfried e quase todos os diretores da Krupp foram acusados no julgamento dos industriais em 1947-48. Condenados por fazer uso de trabalho escravo e saquear a Europa ocupada, receberam sentenças de prisão que variavam em termos de anos de encarceramento. A fortuna de Krupp foi confiscada. Algumas pessoas podem considerar que nada poderia ser mais justo e que justiça foi feita, mas James mostra-se indignado com o julgamento dos industriais. "Parecem terem havido [sic] muitas e algumas instâncias de múltiplas violações da prática judicial ortodoxa", afirma ele. A única concessão que James faz é admitir que a Krupp foi "um dos partícipes de uma gigantesca rede de imoralidade" motivada ideologicamente e pela qual o regime arca com a responsabilidade.

Outros industriais alemães, também profundamente envolvidos nos crimes do nazismo, ficaram previsivelmente ultrajados pelo julgamento. Em janeiro de 1951, enquanto a Guerra Fria ganhava força, o Alto-Comissário Aliado, general John McCloy, anistiou Alfried Krupp – que, mais tarde ele alegou, "exerceu mínima, ou nenhuma, influência na administração da empresa" – e revogou o confisco de suas propriedades. McCloy anistiou também os outros diretores, embora eles houvessem tido, parece razoável supor, influência mais considerável no gerenciamento da empresa. Isso era parte de uma iniciativa americana de perdoar e esquecer, dada a percebida necessidade de impulsionar o estado de ânimo da Alemanha Ocidental em face da ameaça comunista do leste – a rápida recuperação da economia superou o declinante desejo de acertar as contas com os criminosos de guerra.

Como muitas outras empresas alemãs, a Krupp adaptou-se facilmente ao novo mundo do milagre econômico pós-guerra. Como um símbolo do militarismo alemão, de início supôs-se que a corporação seria dividida, mas, embora tenha havido a cisão de algumas partes, manteve-se essencialmente intacta. O jovem banqueiro Berthold Beitz, nomeado gerente administrativo principalmente porque, durante a guerra, salvara diversos trabalhadores judeus atuando como gerente de uma petrolífera perto de Lodz, conseguiu assegurar a protelação do processo de venda das subsidiárias de aço e carvão da Krupp, ao mesmo tempo em que a empresa expandia a produção nessas áreas e investia em novas tecnologias.

Agora livre da prisão e de volta ao comando, Alfried começou a pensar no futuro. Seu filho, Arndt, não tinha o menor interesse em assumir o comando da empresa, preferindo, segundo James, "cultivar uma vida de ostentação e hedonismo como *playboy* homossexual". Em 1966, Alfried encontrou uma solução para o problema convertendo a empresa em companhia pública controlada por uma fundação filantrópica. Arndt vendeu o seu direito à herança por uma renda anual de 2 milhões de marcos. Isso teve o efeito de manter a empresa intacta e protegê-la de investidas corporativas e aquisições. Também protegeu, é claro, a fortuna da família. O que a essa altura pouco significava, uma vez que o nome Krupp, acrescido por uma proclamação real do *Kaiser* em 1906 unicamente aos sobrenomes de Gustav e seu herdeiro, Alfried, prescreveu com a morte deste último em 1967. Na ocasião adequada, Beitz anunciou: "Não existe mais o nome de família Krupp". No devido tempo, a empresa foi incorporada a outras, notadamente o conglomerado industrial Thyssen, embora sempre tenha permanecido ciente de sua singular tradição.

Foi a fim de celebrar tal tradição que a fundação contratou Harold James para escrever esse livro, cuja primeira edição veio a lume em alemão em formato maior, com riquíssimas ilustrações coloridas, em comemoração ao aniversário de duzentos anos da Krupp em 2011. Sem dúvida, exemplares dessa edição alemã agora adornam mesas de centro na Villa Hügel e são distribuídos como presente a clientes importantes e visitantes ilustres. Embora James agradeça, na versão em inglês, à fundação por seu apoio financeiro, em seu prefácio ele não revela essa informação, tampouco a existência da versão comemorativa alemã. Deveria tê-lo feito. A verdadeira natureza do livro como história oficial celebratória é traída pela página de dados bibliográficos, em que a imprenta revela que os direitos autorais não pertencem ao autor tampouco ao editor, mas sim à Fundação Alfried Krupp von Bohlen und Halbach. James insiste em que todos os pontos de vista e interpretações presentes na obra são dele próprio, mas a todo momento, sempre que oportuno, o livro nega o lado sombrio da história da empresa, ou passa brevemente por cima desses aspectos. O leitor fica com a impressão de que o autor levou a sério demais sua instrução de apresentar uma história oficial que não causasse nenhum aborrecimento na Villa Hügel.

O simpatizante

I

Quando eu estava apenas começando como aluno de pós-graduação em Oxford em 1970, fui procurado por um decano professor de história que me perguntou se eu gostaria de me candidatar a uma nova bolsa que havia sido criada pela Fundação F. V. S. de Hamburgo. Eu já era bolsista do Conselho de Pesquisa em Ciências Sociais e não precisava do dinheiro, mas não quis ofendê-lo, por isso me candidatei e fui agraciado – havia duas bolsas à disposição e a concorrência era pequena.

Eram as chamadas Bolsas Hanseáticas e ofereciam um ano de estudos em Hamburgo e um segundo ano na Alemanha em qualquer lugar para onde eu precisasse ir (fui para Berlim). O fundador da instituição financiadora que concedia a bolsa de estudos era um homem chamado Alfred Toepfer, abastado empresário e magnata industrial que, conforme sua secretária me explicou durante um jantar de boas-vindas na casa de hóspedes de Toepfer em Hamburgo alguns meses depois, tinha sido inspirado pelo exemplo de Cecil Rhodes e convertera sua fortuna em uma fundação durante a República de Weimar. As experiências juvenis de Toepfer no célebre movimento da juventude alemã *Wandervogel* antes da Primeira Guerra Mundial levaram-no, ainda segundo a secretária, a devotar a vida ao fomento da compreensão entre a juventude de diferentes nações.

Nos primeiros dias do apaziguamento entre as guerras, a Fundação Rhodes havia restabelecido as duas Bolsas Rhodes oferecidas a alemães (que tinham sido expulsos do clube anglo-saxão em 1914), e agora, depois que a visita de Estado da rainha à Alemanha em 1965 havia selado a renovação da amizade entre as duas nações, o subsídio pago a estudantes e pesquisadores foi retomado novamente depois de ter sido suspenso por uma segunda vez em 1939. Em ambas as ocasiões – a primeira após um intervalo de poucos anos –, a Fundação de Toepfer instituíra as duas Bolsas Hanseáticas como uma espécie de troca justa ou compensação, tendo as Bolsas Rhodes em contrapartida. Até o valor em dinheiro pago pelas Bolsas Hanseáticas era o mesmo, convertido para marcos alemães. Até aqui, muito admirável.

Mas, à medida que o jantar avançava, logo comecei a me dar conta de que o significado que Toepfer atribuía a "amizade internacional" não era exatamente o mesmo conceito que predominava no entendimento das outras pessoas de modo geral na década de 1970. Aquele era o período em que o governo *tory* (conservador) de Edward Heath estava assegurando a entrada do Reino Unido na Comunidade Europeia (mais tarde União Europeia), e, ao acolher a mim e ao meu colega bolsista na Alemanha, Toepfer declarou que se tratava de mais um passo para promover e ampliar a cooperação entre as diferentes nações da raça anglo-saxã (e ele realmente falou nesses termos, impensáveis na Alemanha hoje).

Em particular, Toepfer lamentou o fato de tal cooperação infelizmente não ter existido no passado. Se ao menos a Inglaterra, como ele a chamava, tivesse ingressado na Comunidade Europeia nos anos de 1950, com as nações escandinavas! A preponderância da raça latina na Comunidade Europeia, disse ele, havia criado muitas dificuldades e fora um entrave para seu desenvolvimento. Isso deixou visivelmente constrangido o cônsul-geral britânico, o senhor Purves, que a essa altura estava segurando a cabeça entre as mãos, e com efeito incomodou quase todos os presentes. Achei melhor não mencionar que eu era galês, portanto não me incluía entre os anglo-saxões.

Mais tarde, vi-me entabulando um animado debate com Harald Mandt, presidente da comissão das Bolsas Hanseáticas e ele próprio um ex-bolsista Rhodes, sobre o *apartheid* da África do Sul, que Mandt apoiava com todas as forças e todo o coração. A seguir falei com o segundo na hierarquia de comando da fundação de Toepfer, *Herr* Riecke, que disse ter cumprido pena de quatro anos de prisão na esteira dos Julgamentos de Nuremberg. Perguntei a ele como se sentia agora a respeito disso. Encolhendo os ombros, ele respondeu que pagara suas dívidas. Mais tarde, depois que todos os convidados já tinham ido embora, passei os olhos pelas estantes de livros da casa de hóspedes da fundação, onde ia dormir. Com uma sensação de náusea ligeiramente incômoda, notei diversas obras sobre o que hoje chamaríamos de negação do Holocausto.

E a coisa piorou. Na manhã seguinte, ao assinar o livro de visitas, a governanta gabou-se sobre outro visitante que recentemente tinha se hospedado lá: Albert Speer, amigo de Hitler e ministro dos Armamentos e Munições durante a guerra, e que havia pouco tempo fora libertado depois de cumprir a pena de vinte anos de prisão imposta pelos Julgamentos de Nuremberg por ter cometido crimes de guerra. Um cavalheiro, com perfeitas boas maneiras.

Isso significava que Toepfer era neonazista? Não era algo fácil de descobrir em 1970. Os historiadores da Alemanha Ocidental não haviam empreendido nenhuma pesquisa sobre os ex-nazistas em sua própria sociedade – isso demoraria décadas para acontecer. Bastava apenas consultar o *Livro marrom* publicado pelo regime comunista da Alemanha Oriental, que listava centenas de criminosos de guerra nazistas nas elites política, judicial e econômica da Alemanha Ocidental. O nome de Toepfer não estava lá. Ademais, seu estafe nos havia assegurado de que Toepfer não tivera envolvimento algum com o regime nazista, e na verdade os nazistas o aprisionaram durante um curto período porque ele se opunha a Hitler. E a empresa que ele mantinha não estava fazendo nada de insólito na Alemanha Ocidental no período, como indicava o *Livro marrom*; toda a economia do pós-guerra fervilhava de criminosos de guerra nazistas de primeira grandeza, entre eles varejistas como Josef Neckermann, que lucrara com a "arianização" de lojas e estabelecimentos comerciais judeus nos anos do nazismo; industriais como Krupp e Flick, condenados pelos Julgamentos de Nuremberg pela utilização de mão de obra escrava; diretores executivos do conglomerado IG Farben como Fritz ter Meer, que abrira em Auschwitz uma fábrica cujos trabalhadores de desempenho abaixo do esperado eram periodicamente "selecionados" para as câmaras de gás; dirigentes do alto escalão da Degusa, fornecedora de Zyklon-B para as câmaras de gás, e muitos outros mais. Toepfer aparentemente não pertencia a esse grupo. De fato, seus asseclas apontaram que ele fora completamente inocentado por um processo de desnazificação após a guerra, ao contrário de muitos outros homens de negócios.

Verdade seja dita, Toepfer parecia quase fazer questão de empregar ex--nazistas na fundação. Mas isso não queria dizer que ele próprio fosse nazista. Mesmo os mais respeitáveis alemães-ocidentais pareciam não se importar em estar na companhia de ex-nazistas. Por muitos anos o próprio chanceler [Konrad] Adenauer empregara como chefe de seu escritório Hans Globke, o advogado, político e servidor público do alto escalão que escrevera o comentário-padrão sobre as leis raciais de Nuremberg na década de 1930. De fato, uma das preocupações de Adenauer era fazer com que os antigos nazistas se comprometessem com a democracia integrando-os ao *establishment* da Alemanha Ocidental, sem fazer perguntas, de modo que não guardassem ressentimentos tampouco tendessem para o neonazismo. E aqui não havia sinal nenhum de que Toepfer estivesse disseminando alguma espécie de ideologia neonazista. Suas concepções racistas, percebi à medida que aprendia mais sobre o mundo intelectual e político da Alemanha antes de 1914, eram comuns entre as elites do país muito antes de o nazismo sequer existir. E muito provavelmente os livros sobre a negação do Holocausto não haviam sido lidos. Topfer não me deu a impressão de ser um homem versado ou de educação refinada; a bem da verdade, acerca da maior parte das questões além dos negócios ele me pareceu, como dá a entender o discurso que fez no jantar inaugural da Bolsa Hanseática, bastante ingênuo.

Toepfer e a fundação tampouco tentaram influenciar de alguma forma as nossas opiniões políticas ou históricas. A fundação parecia ter pouca ideia do que fazer conosco, os bolsistas da Hanseática, e certamente não deu nenhuma indicação de qualquer intenção política em sua administração das bolsas. A expectativa era a de que estudássemos na Universidade de Hamburgo, mas jamais nos dávamos ao trabalho, uma vez que, na condição de alunos de doutorado, estávamos mais preocupados em fazer a nossa pesquisa e escrever a tese do que em frequentar aulas e palestras. Sem contar à fundação, passávamos boa parte do tempo em arquivos longe da cidade, e a fundação só parecia demonstrar interesse em nós quando solicitava a nossa presença em algum jantar, o que não acontecia com muita frequência.

O meu projeto de doutoramento pretendia desmascarar a cumplicidade da burguesia liberal alemã, ou pelo menos a metade feminina, na ascensão do nazismo. Meu colega de Bolsa Hanseática estava investigando os hábitos sexuais dos camponeses bávaros no início do século XIX. Bolsistas posteriores também se debruçaram, sem quaisquer restrições, sobre outras investigações críticas acerca do lado mais sombrio da moderna história alemã. O meu projeto de doutoramento examinava a cumplicidade da burguesia liberal alemã, ou pelo menos a metade feminina, na ascensão do nazismo. A minha inspiração era a obra de Martin Broszat acerca do apoio que as elites alemãs deram a Hitler. A ideia de que a fundação pudesse tentar interferir em nossa pesquisa ou vida extracurricular era simplesmente absurda. Tão logo retornei a Oxford, perdi contato com a fundação, e, acima de tudo, a principal razão da minha gratidão a ela era por ter-me apresentado a algumas das ambíguas realidades do *establishment* da Alemanha Ocidental dos anos 1970.

Nesse meio-tempo, a fundação deu continuidade a seu incansável trabalho educacional e cultural. Ao longo das décadas seguintes, mais de oitenta estudantes de pós-graduação e doutorandos de Oxford – e, mais recentemente, de Cambridge – beneficiaram-se das Bolsas Hanseáticas. A fundação estabeleceu muitos intercâmbios mais com outros países, em especial do Leste Europeu. Distribuiu prêmios para diversos tipos de realizações culturais, alguns a partir da década de 1930, outros desde a guerra. A lista de agraciados compõe uma espécie de galáxia de astros e estrelas da política e da cultura do século XX. O Prêmio Shakespeare de Realização Cultural já foi dado, por exemplo, a Ralph Vaughan Williams, Benjamin Britten, Ian McEwan e A. S. Byatt, entre outros.

II

No entanto, alguns anos após o memorável jantar de acolhida em Hamburgo, os prêmios da fundação começaram a enfrentar problemas. Uma controvérsia em especial girou em torno do Prêmio Cultural do Alto Reno, criado em 1996 e conferido a figuras de proa da França, da Alemanha e da Suíça. A ideia era apoiar a ideia de uma identidade cultural comum que ultrapassava as fronteiras artificiais entre os Estados dessa área. Vieram à tona alegações de que o endosso da Fundação F. V. S. a laços culturais transfronteiriços fazia parte de uma tradição imperialista alemã do pré-guerra cujo propósito era, em última instância, a anexação dessas áreas.

As acusações foram feitas por um professor de escola primária francês, Lionel Boissou, que alegou que o Prêmio Cultural do Alto Reno era dado por um "descarado agitador" para o enaltecimento alemão na Suíça e na Alsácia – a saber, Alfred Toepfer, um homem, segundo ele, "de passado duvidoso". Isso levou não apenas ao cancelamento do prêmio em 1996, mas também à revogação do Prêmio Basel Burckhard do ano anterior. Em 1999, Boissou persuadiu o Senado francês a impedir o uso de suas dependências para a realização da cerimônia de entrega do Prêmio Robert Schumann a um ex-primeiro-ministro polonês.

A bem da verdade, Boissou era um fanático nacionalista francês que fazia campanha pelo uso compulsório do idioma francês como meio de instrução em todas as escolas francesas, e considerava que as campanhas em defesa do uso de línguas minoritárias na Bretanha e no País Basco francês faziam parte de um complô alemão para desmembrar a França, o que lembrava complôs similares nos anos do entreguerras. Em 1997, Boissou declarou que a Europa pós-1990 corria o risco de ser "completamente subjugada pela dominação alemã". A insistência do Tratado de Maastricht nos direitos das línguas minoritárias em uma "Europa de regiões" simplesmente alimentou essa paranoia. A campanha de Boissou, portanto, a despeito de ter obtido resultados, em muito se assemelhava à de um lobo solitário à margem da política.

Entretanto, Boissou recebeu o apoio do geógrafo histórico alemão Michael Fahlbusch, que publicara um estudo da Associação de Pesquisa do Povo Alemão no período nazista. Essa organização patrocinou a elaboração de mapas étnicos da Europa, que mais tarde foram usados pelos nazistas na limpeza étnica e em operações de assassinatos em massa na Europa Oriental. A Associação de Pesquisa do Povo Alemão tinha estreitos laços pessoais e financeiros com Toepfer e suas fundações. Mas a tese de Fahlbusch de que esses mapas foram desenhados com o propósito específico de facilitar o extermínio não é corroborada por provas. Os planos e as intenções genocidas do nazismo tiveram uma gênese inteiramente espontânea. Assim, ao fim e ao cabo estava longe de ser legítimo afirmar, a partir disso tudo, que Toepfer financiou "o respaldo acadêmico do Holocausto" como asseverou Falbusch.

Na Áustria desenrolou-se outra campanha contra Toepfer. Quando, em 1990, a fundação criou o Prêmio Grillprazer por realizações culturais notáveis, vinculado a duas bolsas de estudos no exterior para jovens austríacos, o estudante de dramaturgia Christian Michaelides lançou uma empreitada contra o que chamou de "forma neogermânica de política de poder, e um desavergonhado ato de colonização cultural". Michaelides foi duramente criticado pelo jornalista austríaco Ulrich Weinzierl, que qualificou sua campanha como "um caldo de meias verdades, exageros e insinuações", que eram por sua vez "um sintoma do latente desconforto na Áustria em face da nova e ampliada Alemanha". Não obstante, quando o romancista austríaco Hans Lebert ganhou o prêmio em 1992, enviou à cerimônia um ator para repetir uma litania de acusações similares de imperialismo cultural alemão ("Primeiro vêm os missionários e mudam o nosso mundo, depois chegam os homens de negócios e com presentes mais ou menos valiosos corrompem os chefes das tribos, e por fim vêm as forças de ocupação e hasteiam a bandeira estrangeira").

A Áustria é um país germanófono, no qual a maioria esmagadora de habitantes aceitou de bom grado a anexação alemã de 1938 e desde a Segunda Guerra Mundial peleja para encontrar uma identidade nacional convincente. Não admira que os austríacos tenham ficado preocupados com a reunificação alemã em 1992. A bem da verdade o prêmio era dado por recomendação da Academia Austríaca de Ciências [*Österreichische Akademie der Wissenschaften*, ÖAW] (razão que explica a zombaria com que o prêmio é tratado por um de seus ganhadores, o escritor Thomas Bernhard, em um hilariante relato incluído no romance *O sobrinho de Wittgenstein*). Mas a paranoica campanha contra Toepfer e sua fundação continuou e culminou no envio, pelo correio, de cartas forjadas a inúmeros escritores avisando que eram os ganhadores do Prêmio Grillparzer. Não surpreende que a essa altura a fundação tenha se enfastiado e acabado por interromper a outorga da distinção.

Claramente, portanto, a fundação estava sendo colocada na defensiva na década de 1990. Após a morte de Toepfer, em 1993, a direção da fundação contratou uma equipe para elaborar uma minuciosa investigação acerca do que as empresas de Toepfer e a própria fundação tinham feito durante o período nazista, sem dúvida na expectativa de que os historiadores contratados – sob a liderança do alemão Hans Mommsen, renomado especialista em Terceiro Reich, e alguns de seus colaboradores franceses, suíços e também alemães – os isentassem de culpa. Mas não foi o que aconteceu. Pelo contrário, os resultados das investigações, quando vieram a lume em 2000, foram devastadores. Revelaram que o envolvimento de Toepfer com o regime nazista havia sido bem maior do que o admitido. Até o estafe dele ficou perplexo e precisou de algum tempo para se resignar com as revelações, que só foram publicadas em forma de livro em 2006. Dois anos depois um dos colaboradores, Jan Zimmermann, publicou uma biografia de Toepfer contendo as novas e recentes descobertas e acrescentando mais material sobre a história da fundação após 1945.

De início essas descobertas foram ignoradas por Oxford e Cambridge. Mas, na edição de abril de 2010 da revista mensal *Standpoint*, o animado periódico intelectual conservador editado por Daniel Johnson, foram apresentadas ao público leitor de língua inglesa em um extenso artigo de Michael Pinto-Duschinsky, autor especializado em eleições e financiamento de partidos, com alguns achados adicionais de sua própria lavra. Sob as manchetes "As mentiras do prêmio de um magnata nazista" e "Uma sombra nazista paira sobre Oxford", Pinto-Duschinsky descreveu Toepfer como um "membro patrocinador" da SS que foi tremendamente útil a Hitler. Na década de 1930, afirmou ele, Toepfer destinou dinheiro, por meio de suas fundações, para influenciar a opinião pública na Inglaterra e em outras partes da Europa em favor do Terceiro Reich e desempenhou importante papel na subversão nazista na Áustria, na região dos Sudetos* na Tchecoslováquia, na Alsácia-Lorena e em outros lugares.

Ademais, acusou ele, "seus capangas mais próximos eram nazistas impenitentes que tinham sido figuras decisivas no assassinato de centenas de milhares de judeus e na morte por inanição de um sem-número de prisioneiros de guerra russos". Desde a morte de Toepfer em 1993, ele alega, a fundação vem assiduamente "caiando de cinza" o Holocausto e o papel de seu fundador nele. "Os atuais dirigentes da fundação usaram essa infeliz metáfora de cor

---

* A minoria étnica dos Sudetos (*Sudetendeutsche*) era um conjunto de populações germanófonas da Europa Central, compostas por alemães residentes na Boêmia, na Morávia e na Silésia Oriental. (N. T.)

para evitar a realidade de que, se houve crimes irredimíveis e completamente malignos, foram os da Alemanha nazista". O dinheiro de Toepfer era severamente "maculado e corrompido". "Caiar de cinza torna-se pintar de branco." A inevitável conclusão é a de que Oxford e Cambridge deveriam cortar seus vínculos com a fundação e que as "bolsas de estudo maculadas e corrompidas" financiadas pela fundação deveriam ser canceladas.

III

Quem foi Alfred Toepfer? Tanto o relatório da comissão histórica como a biografia escrita por Zimmermann apresentam imensa quantidade de material sobre o homem e suas concepções, o que permite ao leitor cuidadoso chegar a um juízo abalizado. Nascido em 1894 de pais humildes (um marinheiro e a filha de um lavrador), abandonou os estudos precocemente para trabalhar no comércio, serviu no Exército durante a Primeira Guerra Mundial e ganhou a Cruz de Ferro de Primeira Classe, e foi ferido em três ocasiões, uma delas com gravidade. Antes da guerra, como de fato sua secretária me contou, foi inspirado por sua participação no movimento rebelde da juventude alemã chamado *Wandervogel*, que contestava, por meio do retorno à natureza, a sociedade industrial; a forma de os rapazes da classe média se oporem à intensa disciplina associada à industrialização e ao mundo adulto era ir para as colinas e caminhar pelas florestas em comunhão com a natureza, entoando canções patrióticas em volta da fogueira. Se isso deu ao nacionalismo de Toepfer uma espécie de condimento, outro tempero foi dado por sua leitura juvenil de um livro a que ele se referiu durante toda a vida como uma enorme influência, *Rembrandt als Erzieher* [Rembrandt como educador, 1890], de Julius Langbehn, obra tremendamente popular que tratava o pintor holandês Rembrandt como um alemão racial, via a comunhão com a natureza como a essência da alma alemã e condenava judeus e eslavos como povos pouco criativos e merecedores da destruição.

Com essas convicções, não surpreende que após a guerra Toepfer tenha se prontificado a atuar como voluntário nos *Freikorps* do general Georg Ludwig Rudolf Maercker, grupos armados não oficiais que "restauravam a ordem" em diversas cidadezinhas alemãs na esteira da Revolução Alemã de 1918-19. Assim que as coisas se acalmaram, Toepfer entrou no mundo dos negócios e rapidamente fez fortuna comerciando grãos e fornecendo matérias-primas para obras de construção. Ele teve sorte com as taxas de câmbio na inflação alemã do início da década de 1920. Como outros nacionalistas-conservadores alemães, recebeu de bom grado o gabinete de coalizão de Hitler de janeiro de 1933, em que, afinal, os nacionalistas-conservadores eram a maioria. Contudo, como a maior parte deles, não apresentou objeções quando Hitler estabeleceu a ditadura nazista. Toepfer viu com satisfação a restauração da economia, e aprovava a organização e a disciplina dos jovens da Juventude Hitlerista. A ordem que ele viu emergir – ignorando a violência em larga escala com que foi estabelecida – parecia-lhe uma base indispensável para a expansão dos negócios. Como fizeram outros empresários, ele começou a forjar uma série de contatos úteis e conexões com o regime e seus servidores.

Toepfer era antissemita? Pinto-Duschinsky não afirma que era, e de fato não há um único exemplo de que Toepfer tenha nem sequer proferido um comentário implicitamente antissemita no decorrer de toda a sua longeva vida. Nesse sentido, não era tão diferente da elite empresarial hamburguesa, que durante a República de Weimar incluía muitos judeus. Foi somente de forma gradual, durante o período nazista, que os homens de negócios da cidade começaram a manobrar a fim de tirar proveito comercial da "arianização", por exemplo. No início de 1933, é relevante notar, Toepfer defendeu abertamente a eleição de judeus para o conselho diretor da divisão de comerciantes de grãos da Bolsa de Valores de Hamburgo, para o horror dos nazistas linha-dura. Não existe evidência alguma que corrobore a suposição de Pinto-Duschinsky de que a outorga de prêmios a judeus como Martin Buber após a guerra tencionava ser uma cínica "folha de figueira", uma evasiva que tornaria mais fácil conferir prêmios também a antigos nazistas. Toepfer simplesmente não era tão sofisticado. E, de todas as mensagens transmitidas por *Rembrandt como educador*, o antissemitismo parece ter tido o menor dos efeitos sobre ele.

O que Toepfer fez de insólito, e de fato bastante singular, foi a decisão de converter sua fortuna em uma fundação e usá-la para outorgar prêmios e distribuir bolsas de estudo. Como o historiador suíço George Kreis tinha notado, "Toepfer era um idealista um tanto ingênuo, um homem completamente autodidata que combinou, novamente de maneira algo estranha, uma reverência pelos gigantes notáveis e reconhecidos dos mundos contemporâneos da arte e das ciências com uma espécie de atitude de posse em relação a eles". Por meio do trabalho da fundação, Toepfer buscou angariar o respeito que suas humildes origens sociais familiares de início lhe haviam negado. A bem da verdade, ele sonhou em obter o *status* e o respeito de um Cecil Rhodes.

No entanto, durante o Terceiro Reich essa ambição estava quase fadada a lhe causar problemas. Depois da rápida *Gleichschaltung* ou "coordenação" de quase todas as organizações da Alemanha exceto as Forças Armadas e as Igrejas, a Fundação F. V. S. era, em meados da década de 1930, uma instituição peculiar e sem igual, a única do tipo na Alemanha. Os nazistas começaram a pressionar Toepfer, exigindo que transferisse para eles a propriedade da fundação, espalhando rumores sobre ele e coligindo todo tipo de informação que conseguiam amealhar para incriminá-lo. Em 14 de junho de 1937, com base em complexas transações financeiras internacionais, que incluíam transferências de fundos entre a Fundação F. V. S. e sua fundação irmã, a J. W. G., na Suíça, a Gestapo prendeu Toepfer por supostos crimes cambiais. Pinto-Duschinsky aceita a alegação da Gestapo de que ele estava envolvido em "evasão fiscal" e violações dos controles cambiais e que a fundação e sua irmã suíça eram elaborados mecanismos e esquemas de sonegação e evasão fiscal. Ele sustenta que "o peso das evidências não corrobora" o argumento de que isso fosse um pretexto ou de que a prisão de Toepfer tivera motivação política.

Mas ele não fornece nem sequer um fiapo de evidência para dar sustentação a essa afirmação. A bem da verdade era uma tática tipicamente nazista forjar acusações de evasão fiscal e fraude financeira contra as pessoas de que o regime não gostava, mas estas também não foram acreditadas. Em 23 de maio de 1938, Toepfer foi solto sem que as acusações tivessem sido provadas, a despeito de uma meticulosa auditoria dos registros contábeis de sua fundação e de sua empresa. Tampouco há evidências que ratifiquem a afirmação de Pinto--Duschinsky de que, transferindo dinheiro entre bancos de diferentes países – certamente uma atividade corriqueira para qualquer empresário internacional –, Toepfer estava colaborando com o regime nazista. As circunstâncias de sua prisão refletiam a hostilidade nazista para com a sua fundação. E de que modo Toepfer conseguiu assegurar a sua soltura? Aqui Pinto-Duschinsky está em terreno mais firme e tem mais certeza do que está falando, pois Toepfer agiu da mesma forma que muitos outros empresários do Terceiro Reich: trabalhou para cair nas graças de protetores e benfeitores poderosos dentro do regime nazista, por exemplo cultivando a influente amizade de Hermann Göring, e nomeando homens da SS para cargos de alto escalão na fundação. Também em nada o prejudicou ter doado dinheiro para o fundo em benefício de Heinrich Himmler (foi graças a essa doação que, como ocorreu com outros empresários, Toepfer tornou-se "membro patrocinador" da SS, o que não significava, porém, que ele fosse efetivamente um oficial da SS ou coisa parecida). Em maio de 1938, Toepfer cedeu seus "direitos de fundador" na fundação a Werner Lorenz, importante oficial da SS que chefiava a Associação de Alemães no Exterior, organização com a qual Toepfer tinha estreitas ligações. Isso era suficiente para providenciar sua soltura do cárcere. A impressão era a de que agora a SS havia assumido o comando. Mas a verdade é que Lorenz concordara em não exercer esses direitos sob nenhuma hipótese, e em 1942 Toepfer os recuperou. A história toda tinha sido uma manobra que dizia muito sobre a determinação de Toepfer de fazer qualquer coisa para manter a fundação em funcionamento, mas pouco acerca de suas próprias convicções ideológicas.

Pinto-Duschinsky está sem dúvida detalhando a maneira como Toepfer disponibilizou suas casas de campo em Gut Siggen e Kalhorst aos nazistas da Áustria e da região dos Sudetos, que passavam seu tempo tramando a incorporação de suas terras ao Terceiro Reich. Muitos dos que lá permaneceram distinguiram-se, mais tarde, como assassinos em massa, e muitos deles foram condenados após a guerra. Alguns, como no caso de Konrad Henlein, o líder dos alemães dos Sudetos na Tchecoslováquia, ou figuras de proa do clandestino partido nazista na Áustria, já estavam envolvidos com violência e terrorismo na ocasião em que Toepfer lhes deu apoio prático. Toepfer estava envolvido, por meio de membros da diretoria da fundação, também na subversão nazista na Suíça e na Alsácia-Lorena, financiando nazistas locais por intermédio da Fundação J. W. G., administrada por seu irmão Ernst.

Ao fazer tudo isso, Toepfer parece estar agindo por sua própria iniciativa e não por ordens de autoridades nazistas. Dizer, como faz Pinto-Duschinsky, que ele era "tremendamente útil a Hitler" leva a crer numa relação pessoal entre os dois homens; não existia relação nenhuma. Pelo contrário, Toepfer estava indo ao encalço da sua própria convicção alemã-nacionalista, perfeitamente compatível com a política externa nazista – de que os germanófonos da Áustria, da Tchecoslováquia, da Alsácia-Lorena e da Suíça deveriam ser "trazidos de volta ao Reich", crença compartilhada não apenas pela vasta maioria dos alemães de todos os matizes políticos do período, mas até certo ponto também pelo menos por políticos e estadistas de fora da Alemanha, como o primeiro-ministro Neville Chamberlain, que aceitou a *Anschluss** da Áustria e, por meio do Acordo de Munique, negociou a incorporação dos Sudetos à Alemanha.

Ao readquirir sua fundação em 1942, Toepfer usou suas conexões pessoais a fim de obter uma nomeação para atuar na divisão de contraespionagem das Forças Armadas alemãs (a *Abwehr*, "defesa") em Paris, onde fez parte de uma divisão responsável pela captura de armamentos para a Alemanha e por lidar com operações de sabotagem e subversão em Estados inimigos. Ainda é incerto se ele efetivamente fez alguma coisa ativa. A *Abwehr* era uma organização estranha, repleta de adversários de Hitler que desempenhariam papel importante no complô que culminou na tentativa de mandar o *Führer* pelos ares em 20 de julho de 1944. Toepfer certamente não era um dos conspiradores, mas talvez tenha compartilhado do ponto de vista do escritório de Paris de que fuzilar reféns era contraproducente. De qualquer maneira, Toepfer deixou a *Abwehr* em meados de 1942, no momento em que a SS assumiu o combate à Resistência, em vista do que era considerado a brandura da *Abwehr*.

A partir do início de 1943, Toepfer recebeu do Ministério da Economia a incumbência de adquirir moeda forte para o Reich, vendendo secretamente para outros países mercadorias que a Alemanha não necessitava. Sua primeira iniciativa foi a venda na Espanha de meio milhão de garrafas de champanhe que haviam sido confiscadas pelas Forças Armadas alemãs. Depois seguiram-se transações de outros produtos confiscados: veículos a motor, papéis para cigarro, antenas de rádio, turbinas e muito mais. Toepfer não embolsou um único centavo desse dinheiro, embora dessa forma tenha feito uma contribuição para a exploração nazista da economia francesa – bastante patética, dada a ampla escala dessa exploração em outros âmbitos.

---

* O termo *Anschluß* ou *Anschluss* significa conexão, anexação, afiliação ou adesão. É utilizado para referir-se à anexação político-militar da Áustria pela Alemanha em 1938; seu oposto é *Ausschluß*, que caracteriza a exclusão da Áustria do Reino da Prússia. (N. T.)

Há alguma evidência de que Toepfer tenha lucrado com o extermínio em massa de judeus? Pinto-Duschinsky observa que uma subsidiária das empresas de Toepfer fornecia cal hidratada para a administração alemã do gueto de Łódź, e que essa cal era "usada entre outras coisas para cobrir cadáveres". Entretanto, não existem provas de que o próprio Toepfer tivesse conhecimento dessa venda, e nenhuma razão para que se envolvesse no gerenciamento cotidiano de seus negócios, embora certamente visitasse suas filiais em Posen e em Cracóvia e se mantivesse informado sobre o dia a dia das atividades comerciais, além de fazer questão de preservar nelas seu interesse financeiro como controlador. A subsidiária em questão era uma construtora, e cal hidratada é uma substância usada para caiação da argamassa e do gesso, bem como um elemento para o tratamento de esgoto. Não existem indícios de que tenha sido usada para cobrir cadáveres de judeus assassinados – a bem da verdade, não se trata nem sequer de uma suposição razoável.

Pinto-Duschinsky não menciona que a cal hidratada não era a única coisa que a subsidiária de Toepfer entregava para os administradores do gueto de Łódź: também fornecia cimento, o que indica seu envolvimento na construção lá, bem como em outras partes do Leste Europeu, e víveres como farinha e ervilhas. Nos comentários jornalísticos ao artigo de Pinto-Duschinsky, por exemplo no *Cherwell*, o jornal de estudantes de Oxford, uma possibilidade hipotética torna-se um fato, em "o fornecimento de cal hidratada para cobrir cadáveres no gueto da cidade polonesa de Łódź". Além disso, é interessante notar que, quando a Gestapo prendeu todos os poloneses empregados no pátio compartilhado pela empresa de Toepfer e várias outras construtoras em Posen depois que a resistência polonesa a havia incendiado, foi a empresa de Toepfer que intercedeu por eles e ajudou a assegurar a sua soltura.

Com efeito, as empresas Toepfer estavam envolvidas em atividades políticas de outra maneira, pois fornecendo materiais de construção para os assentamentos alemães na Polônia ocupada, ou organizando o despacho de gêneros alimentícios da Turquia para a Alemanha, ajudando na construção de instalações militares no Governo-Geral Polonês ou realizando "obras culturais" na região, estavam a um só tempo dando sustentação à germanização da Polônia conquistada e contribuindo para o esforço de guerra alemão de modo mais geral. Negócios e ideologia andavam de mãos dadas com Toepfer, assim como também andavam lado a lado para outros empresários alemães do período. Mas, para homens como ele, era o nacionalismo alemão e não o nazismo que propiciava a ideologia; por mais intimamente interligados e sobrepostos que pudessem ter sido, não eram idênticos.

IV

Depois da guerra, Toepfer passou por um período de dois anos de confinamento, detido pelas autoridades de ocupação britânicas, que por fim decidiram, de forma bastante sensata, classificá-lo como "simpatizante" dos líderes nazistas antes de entregá-lo a um tribunal de desnazificação – comandado por alemães. Como muitos outros na mesma situação, ele tinha obtido testemunhos de uma gama de figuras respeitadas, e fez alegações no mínimo exageradas acerca de seu envolvimento na resistência ao regime nazista. Assim, providenciou um "atestado de boa conduta" ou "certificado de inocência" para servir de álibi mais tarde. Nas décadas de 1950 e 1960, Toepfer reconstruiu seus negócios e amealhou uma polpuda fortuna, que destinou à reconstrução e à expansão da fundação e ao estabelecimento de novos prêmios e bolsas de estudo. Toepfer adaptou-se tranquilamente e sem problema algum ao novo mundo do "milagre econômico" da Alemanha Ocidental, e logo fez amizade com o *establishment* cristão democrático de Konrad Adenauer e Ludwig Erhard – do partido União Democrata-Cristã; um *establishment*, como já apontei, que estava apinhado de ex-nazistas com histórico muito pior que o dele.

Pinto-Duschinsky insinua que, às escondidas, Toepfer continuou a ser um aliado dissimulado dos nazistas enquanto na superfície levava "vida dupla" por meio de uma fingida conversão à unidade europeia e outorgava prêmios "a um punhado de judeus" de modo a criar um subterfúgio para os prêmios que dava a diversos "colegas nazistas e uma série de escritores e acadêmicos antissemitas e racistas (*völkisch*)". Mas não existe evidência alguma que corrobore a acusação de "vida dupla". O entusiasmo europeu de Toepfer era genuíno, embora ainda tivesse continuidades significativas com as convicções a que ele se apegava antes de 1945.

Toepfer parece ter pensado à época que a "nova ordem" estabelecida na Europa com as vitórias nazistas de 1940 pavimentaria o caminho para uma nova era de cooperação europeia sob a liderança alemã. O fato de que isso envolvia o extermínio de milhões de judeus e eslavos, sobre o qual ele devia ter conhecimento, já que a esmagadora maioria de alemães sabia a respeito, aparentemente não o incomodava. Pinto-Duschinsky cita uma publicação de 1940 em que Toepfer enaltecia o nazismo por ter conquistado a "justiça social" na Alemanha, abolindo o desemprego e educando, no corpo e na alma, os jovens de todas as classes. O nazismo, disse Toepfer, havia alcançado a unidade *völkisch*, com o que parece ter tido a intenção de se referir à absorção Reich adentro dos elementos supostamente alemães em outros países europeus. Ele não dá sinais de se importar com o fato de que isso se deu ao custo de muitas vidas e enorme sofrimento para outros.

Já em 1943 o sonho de uma cooperação europeia encabeçada pela Alemanha fora bruscamente abalado pela implacável exploração nazista dos países conquistados. Como muitos outros apoiadores da "nova ordem", Toepfer parece ter se voltado à ordem do pós-guerra que, depois que a Batalha de Stalingrado claramente anunciou a inevitabilidade da derrota alemã, ressuscitaria a cooperação europeia em uma nova forma. Pensar nesse sentido era tolerado pelo regime, que na última parte da guerra apresentou-se como um paladino da luta em nome da Europa contra a ameaça de dominação americana e soviética. Essas ideias desaguaram com facilidade na forma de euroentusiasmo ligeiramente modificada de Toepfer após a guerra.

Até que ponto eram profundas as simpatias de Toepfer pelo nazismo depois de 1945? Uma das descobertas incontestáveis de Pinto-Duschinsky é a de que a filha de Toepfer, Gerda, visitou Oxford em 1951 para entregar o Prêmio Shakespeare de 1938 a John Masefield, o poeta laureado. Enquanto estava em Oxford, ela conversou com Carlyle Aylmer Macartney, pesquisador da faculdade All Souls e destacado historiador da moderna Hungria, que queria entrevistar três oficiais alemães de alta patente em serviço na Hungria durante o breve período em que a ocupação alemã levou ao poder o fascista e antissemita Partido da Cruz Flechada (*Nyilaskeresztes Párt – Hungarista Mozgalom*), o que resultou diretamente no assassinato de mais de 400 mil judeus húngaros em Auschwitz. Pinto-Duschinsky alega que correspondência posterior indica que Gerda Toepfer queria que Macartney usasse seus bons contatos junto ao governo britânico para fazer pressão pela soltura da prisão de um desses oficiais, Edmund Veesenmayer, em retribuição por ter tido acesso a ele.

Pinto-Duschinsky não apresenta evidência nenhuma para corroborar essa alegação. Ele está certo ao dizer que, depois de ser solto, Veesenmayer juntou-se ao estafe da fundação de Toepfer, mas a bem da verdade apenas como representante da filial dos seus negócios que existia em Teerã; e em todo caso Toepfer o demitiu depois de dois anos. Isso estava longe de serem "intimamente associados" conforme afirmou-se no jornal *Cherwell*; entretanto, a secretária pessoal de Veesenmayer de 1940 a 1945, Barbara Hacke, tornou--se secretária particular de Toepfer. Pinto-Duschinsky cita uma carta de 1952 em que, diz ele, Hacke "efetivamente justificava o Holocausto", e de fato a carta implicitamente defende o extermínio alemão-húngaro dos judeus como parte de um empreendimento pan-europeu em vez de nacionalista. Além disso, o vice de Veesenmayer, Kurt Haller, também se integrou ao estafe de Toepfer, tornando-se seu advogado e consultor jurídico em 1947.

Quanto a *Herr* Riecke, que conheci pessoalmente naquele jantar em 1971, Pinto-Duschinsky menciona que era um major-general da SS que tinha sido secretário de Estado no Ministério da Alimentação e membro do alto escalão do Ministério para os Territórios Ocupados do Leste; nesses cargos, ele fora responsável por planos para matar por inanição a população local. Além disso, Toepfer escreveu uma carta de recomendação para um velho conhecido, o major-general da SS Hermann Lauterbacher, para usá-la caso conseguisse escapar do esconderijo a fim de juntar-se a outros nazistas procurados na Argentina. Ademais, Toepfer ajudou a custear a defesa de Werner Lorenz – o oficial da SS que havia ajudado a resgatar a fundação quando Toepfer foi preso em 1937 – perante um tribunal americano em Nuremberg. Toepfer tinha laços com Werner Best, oficial de alta patente da SS, e com o reitor nazista da Universidade de Hamburgo, Adolf Rein (responsável por demitir judeus de seu estafe), e ajudou o ex-prefeito nazista de Hamburgo, Carl Vincent Krogmann, quando este enfrentou dificuldades financeiras.

Por que Toepfer prestou apoio a esses criminosos? Em suas memórias, Riecke comenta que depois de 1945 ele deu emprego a quatro (não necessariamente excludentes entre si) categorias de pessoas: contadores profissionais e empresários; antigos companheiros de seus tempos de Exército na Primeira Guerra Mundial e da Corporação Livre imediatamente depois; homens que tinham se comportado "decentemente" durante seu encarceramento no pós-guerra; e homens do Terceiro Reich que haviam caído na miséria porque foram tratados de forma injusta pelos Aliados. Riecke e Veesenmayer eram sem dúvida experientes e altamente qualificados em questões de negócios, caso contrário Toepfer não os teria empregado; mas eles também se encaixavam nas últimas duas das quatro categorias que Riecke mencionou, de modo que está claro, como apontou o historiador Christian Gerlach, que Toepfer lhes deu emprego tanto por razões políticas como comerciais. Isso não equivale a dizer que os contratou por serem nazistas. Como a maioria dos conservadores nas décadas de 1950 e 1960, Toepfer fazia distinção entre nazistas e alemães, e desculpou os últimos pelos crimes dos primeiros – crimes que ele reconhecia como tais mas tratava como se tivessem sido cometidos por uma diminuta força de ocupação que nada tinha a ver com a verdadeira Alemanha de homens como ele e os que ele contratava. Como a vasta maioria dos alemães, ele se ressentia dos crimes de guerra e dos procedimentos de desnazificação dos Aliados, e considerava que homens como Best e Riecke eram vítimas da justiça dos vitoriosos. Ao contrário da maior parte dos alemães, porém, ele estava em posição de ajudá-los. Por isso os ajudou.

V

E quanto às Bolsas Hanseáticas? Toepfer parece ter considerado o ressurgimento das Bolsas Hanseáticas em 1970 como um gesto de reconciliação entre Inglaterra e Alemanha, e, embora o pano de fundo racista dessa iniciativa fosse claro para os que o conheciam, ainda assim basicamente não tinha diferença alguma em relação às circunstâncias das Bolsas Rhodes originais quando foram instituídas antes da Primeira Guerra Mundial, tendo como objetivo primordial possibilitar que homens do mundo "anglo-saxão" branco – de países como Estados Unidos, Canadá, Austrália, Nova Zelândia, África do Sul e Alemanha – estudassem em Oxford. Mas na década de 1970 essas concepções havia muito tinham perdido qualquer relevância para Oxford ou

Cambridge, e nessa época os bolsistas Rhodes já incluíam mulheres e estudantes não brancos, que por sua vez também não eram nem um pouco relevantes para as Bolsas Hanseáticas.

É óbvio que as Bolsas Hanseáticas em vigor em meados dos anos 1930 eram uma questão diferente. Era o mundo do apaziguamento, em que a compensação política simbólica a ser obtida com seu estabelecimento estava clara para Joachim von Ribbentrop, embaixador para assuntos especiais de Hitler antes de sua nomeação para a embaixada de Londres em agosto de 1936. Pinto-Duschinsky está indubitavelmente correto ao apontar o incentivo dado por Ribbentrop à Bolsa, que ele via claramente, ao lado de muitas outras iniciativas (como a fundação da Sociedade Anglogermânica em 1935) como um meio de melhorar a imagem da Alemanha nazista no Reino Unido. Mas não há evidências de que as bolsas hajam tido grande efeito nesse quesito; pelo contrário, após uma série de humilhações como embaixador, Ribbentrop começou a odiar os britânicos e passou a trabalhar em favor da guerra contra eles. E o nazismo já estava morto e enterrado havia muito quando as bolsas foram retomadas em 1970. Embora o dinheiro para o pagamento das Bolsas Hanseáticas seja fornecido exclusivamente pela fundação, a comissão de seleção que se reúne todo ano é inteiramente independente; a fundação não é diretamente representada e não tem direito a veto sobre os candidatos selecionados. A visão racial de Toepfer de uma comunidade de jovens "anglo-saxões" já não é mais relevante; os atuais estatutos das bolsas declaram que seu propósito é "servir ao desenvolvimento e fortalecimento das relações entre alemães e britânicos, ao mesmo tempo em que inspiram e promovem a solidariedade europeia".

Um dos principais argumentos de Pinto-Duschinsky ao instar as universidades a encerrar o programa das Bolsas Hanseáticas é que "a maneira como o Holocausto é ensinado – ou, em termos mais precisos, relativamente pouco ensinado – em Oxford [é] afetada pelas fontes de financiamento da universidade". Ele alega que os "perigos" de "financiar [...] a história e a política modernas alemãs" são "particularmente pronunciados" porque "a fonte de financiamento afeta as opiniões e os resultados das pesquisas" nesta e em outras áreas. Em artigo publicado sob o título "Negação do Holocausto" no jornal *Jewish Chronicle* em 10 de junho de 2010, ele define a história da comissão histórica como "apologética", um dos "exemplos mais fundamentais das distorções que desfiguram boa parte da recente história do Holocausto". "Em Oxford", ele acrescenta, "[...] os estudos acadêmicos da história e da política modernas europeias são pesadamente dependentes de dinheiro de empresas e fundações alemãs com fortes motivos para lavar seu passado". Lavar, ele supõe, era o trabalho dos "historiadores patrocinados" da fundação, que propiciavam uma "versão seletiva da história maculada". Ao fazê-lo, ele acusa, estão disseminando uma forma respeitável de negação do Holocausto.

Mas onde estão as provas para dar fundamentação a essas alegações? Pinto-Duschinsky não apresenta nenhuma sombra de evidência para corroborá-las. Nem mesmo a minha própria experiência como beneficiário, no início da década de 1970 ou depois, de bolsas de pesquisa financiadas pelos governos britânico e alemão, respalda essa bizarra insinuação. A bem da verdade, embora há muito tempo uma ampla gama de instituições de fomento – de agências governamentais alemãs como a DAAD (*Deutscher Akademischer Austauschdienst*, Serviço Alemão de Intercâmbio Acadêmico) ou a *Deutsche Forschungsgemeinschaft* (Fundação Alemã de Pesquisa) a fundações privadas como a Fundação Volkswagen – financie pesquisas sobre a história da Alemanha, elas não tentam influenciar a forma como essas pesquisas são conduzidas ou as conclusões a que elas chegam. Nada foi capaz de impedir os historiadores alemães de revelar os crimes do nazismo e a cumplicidade de muitas instituições e indivíduos alemães, desde o princípio. Dos dias de Alan Bollock, A. J. P. Taylor, Hugh Trevor-Roper e mais tarde Tim Mason, Jane Caplan e Nicholas Stargardt, Oxford sempre foi um importante centro de pesquisas sobre a Alemanha nazista, como de fato Cambridge foi durante o mesmo período, quando historiadores – de Jonathan Steinberg a mim mesmo – escreveram amplamente não apenas sobre o extermínio nazista de judeus e supervisionaram inúmeras teses de doutorado acerca da Alemanha nazista, mas também atuaram em diversos tipos de comissões de restituição e reparação.

Os pesquisadores e professores Jane Caplan e Nicholas Stargardt, que oferecem em Oxford um curso sobre "Alemanha nazista: Uma ordem racial", refutaram violentamente as acusações de Pinto-Duschinsky, apontando que o antissemitismo e o Holocausto figuram em cada uma das oito semanas do curso, três das quais dedicadas unicamente ao tópico. Os estudantes enfrentam 2 mil páginas de documentos (em tradução para o inglês) com os detalhes mais aflitivos e devastadores a respeito do tema. Como se trata de um curso universitário avançado, obviamente evita obras como a de Gilbert, voltadas para o leitor geral, e que meramente reproduziria o que os estudantes já teriam aprendido – em parte nos cursos panorâmicos de história moderna da Europa que eles frequentam no primeiro ou no segundo ano de graduação. Caplan e Stargardt consideram "verdadeiramente perturbador que um colega acadêmico sinta-se no direito de manchar historiadores de Oxford e sua docência com essas insinuações ultrajantes e acusações infundadas de culpa por associação", e se declararam "pessoal e profissionalmente ofendidos diante da imputação de que o nosso ensino tenha a mais remota associação com a tentativa de negação do Holocausto".

Ao longo dos anos, tive experiências diretas com diversas formas de negação do Holocausto. Na virada do século, envolvi-me na condição de testemunha especialista no processo por difamação movido pelo escritor David Irving contra a historiadora americana Deborah Lipstadt e sua editora Penguin Books por conta da alegação de Lipstadt de que ele era um negacionista que manipulava e distorcia as evidências do extermínio de judeus europeus perpetrado pelos nazistas. Pesquisando sobre o tema para o julgamento – a ação judicial terminou com a acachapante derrota de Irving –, entrei em contato com inúmeras variedades da negação do Holocausto, muitas delas nauseantes, todas elas perturbadoras. Nem o trabalho da comissão histórica independente da fundação de Alfred Toepfer nem a obra de Jan Zimmermann nem o *website* nem as publicações da própria fundação, tampouco o ensino e a pesquisa sobre a história alemã em Oxford e Cambridge, têm alguma coisa a ver com a negação do Holocausto.

Pinto-Duschinsky compreende mal o processo que obrigou as quase sempre relutantes empresas e fundações alemãs a, na década de 1990, contratar pesquisadores e encarregá-los de elaborar histórias independentes sobre o papel que tiveram no Terceiro Reich. À medida que o Holocausto ganhou notoriedade pública, especialmente nos Estados Unidos, tornou-se cada vez mais danoso aos interesses comerciais internacionais dessas empresas e fundações serem vistas como instituições que acobertavam o papel por elas desempenhado no nazismo. Ademais, em quase todos os casos, do Banco Dresdner à Mercedes--Benz, da editora Bertelsmann a empresas constituintes da IG Farben, muitas delas nomes conhecidíssimos hoje, esse papel foi bem mais visível e muito mais homicida do que o de Toepfer e sua fundação, que não tiveram participação direta no extermínio em massa tampouco financiaram o Holocausto.

No que diz respeito à comissão histórica, suas queixas são dirigidas principalmente contra a introdução de seu relatório, a única parte a ter sido traduzida para o inglês; ele se queixa, por exemplo, de que o fato de Toepfer ter dado emprego a Veesenmayer no pós-guerra é mencionado "apenas em nota de rodapé". A bem da verdade, é discutido à página 378; de modo similar, ele reclama que a cal hidratada não é mencionada na introdução, mas não menciona que o tema é efetivamente discutido no texto. Sua alegação de que fatos significativos estão enterrados "em partes obscuras de um tomo túrgido" é sem sentido: eles estão lá para ser lidos por qualquer pessoa capaz de ler em alemão, e a turgidez de estilo em que estão escritos, característica de boa parte da escrita acadêmica alemã, não faz a menor diferença.

Era o relatório da comissão histórica independente um exemplo de "caiar de cinza?". Era de fato independente? Posteriormente, um de seus autores, Christian Gerlach, queixou-se de que houvera "esforços assombrosos para me influenciar" e "tornar meu texto inofensivo (em particular, cortando-o)". Ademais, a fundação demonstrou "uma atitude completamente defensiva" acerca das interpretações do papel de Toepfer no Terceiro Reich. E, de fato, foi sem dúvida o que ocorreu no ano 2000. Mas a pressão sobre Gerlach, e possivelmente sobre outros, foi exercida não pela fundação mas em âmbito pessoal, pelo arquivista da fundação, um amigo de longa data de Toepfer, que de forma clara e evidente tentava restringir o acesso de pesquisadores a documentos, e furiosamente exigiu que a contribuição de Gerlach fosse podada por completo. Ele teve o apoio de um dos historiadores mais respeitados da comissão, Arnold Sywottek. A independência da comissão também era comprometida pela presença de membros da família Toepfer nas reuniões.

No entanto, Gerlach publicou seu capítulo tal qual foi escrito, depois de ameaçar publicá-lo na íntegra em outro lugar. Não existem evidências que endossem a concepção de que as descobertas da comissão foram expurgadas pela fundação. Ao contrário, eram desconcertantes tanto para o estafe da fundação quanto para a família de Toepfer. Não é à toa que precisaram de tempo para se ajustar. Mas, no fim das contas, a fundação se ajustou. Disponibilizou as principais descobertas da comissão em seu *website* em inglês e francês e as distribuía de graça para bibliotecas e partes interessadas, entre elas os beneficiários da Bolsa Hanseática. A fundação aponta para o fato de que mudou seus programas à luz das descobertas da comissão histórica. Desenvolveu um apoio ativo a iniciativas de recordações e tolerância na região de Hamburgo, como a colocação de pequenas placas redondas de metal conhecidas como *Stolpersteine* [pedras do tropeço] nas calçadas defronte a antigas casas de proprietários judeus, com os nomes dos donos ou inquilinos mortos gravados;* financiou publicações sobre perseguição e assassinato de judeus de Hamburgo sob o jugo nazista; apoiou organizações judaicas e outorgou bolsas de estudo, inclusive as Bolsas Hanseáticas, a estudantes que pesquisavam a história da Alemanha e de outros países na era nazista. "A afirmação aventada por Pinto-Duschinsky, em sua carta aos editores do *Frankfurter Allgemeine Zeitung*, de que essa fundação outorga bolsas, auxílios, subvenção e verbas *pro forma* a organizações judaicas por razões puramente cosméticas é, portanto, tão insultuosa e inapropriada quanto sua ainda mais absurda insinuação de que essa organização pretende trivializar o Holocausto."

Por que então, em face de tudo isso, a fundação continua a incluir o nome de Toepfer em seu título e documentos? Não poderia simplesmente voltar a usar "Fundação F. V. S.", título que ostentava antes da morte do fundador em 1993? Fazê-lo certamente suscitaria a acusação de que estava tentando acobertar o fato de que o próprio Toepfer o havia estabelecido em primeiro lugar. No entanto, usar o nome enseja a acusação de que continua a homenagear alguém que não deveria merecer honrarias. A expressão coloquial "cara eu ganho, coroa você perde" vem à mente aqui. A fundação decidiu manter o nome de Toepfer "mais como um ato de transparência do que numa tentativa de homenagear Toepfer". Longe de glorificá-lo, como Pinto-Duschinsky alega, agora a fundação usa essa associação para sinalizar sua responsabilidade originada de seu passado. Seu *website* contém grande quantidade de informação, que ajuda

---

* Essas plaquinhas memoriais às vítimas dos nazistas costumam lembrar de forma sucinta o destino de pessoas que foram mortas, deportadas ou que tiveram que fugir durante o regime nazista. São bem pessoais, contendo informações como "aqui morava" ou "aqui vivia", o nome da pessoa, a data de nascimento e "foi deportado para...", "assassinado na data...", "humilhado e difamado", "se suicidou", "assassinado na data" etc. (N. T.)

potenciais pesquisadores e ganhadores de prêmios a tomar suas próprias decisões, inclusive o artigo da *Standpoint* do próprio Pinto-Duschinsky, e informa os ganhadores sobre a história da fundação antes de decidirem se aceitam um prêmio oferecido por ela.

Tudo isso parece admirável. O amparo financeiro à pesquisa que a fundação propicia para que jovens acadêmicos e alunos de pós-graduação possam estudar na Alemanha não é "dinheiro maculado e corrompido"; o dinheiro não veio da "arianização" de lojas e indústrias judaicas ou do fornecimento de gás venenoso para Auschwitz ou do emprego de mão de obra escrava ou da pilhagem de países ocupados ou qualquer coisa parecida. A fundação reconheceu francamente a cumplicidade de seu fundador, Alfred Toepfer, com o regime nazista, e é absolutamente transparente ao disponibilizar informações com as quais as pessoas podem fazer sua própria ideia acerca dos limites até onde se estendeu essa cumplicidade. Essa sinceridade é um modelo que outros poderiam imitar.

NOTA
Este artigo desencadeou uma prolongada controvérsia com Michael Pinto-Duschinsky, que pode ser acompanhada na animada revista direitista *Standpoint*, editada por Daniel Johnson: para o artigo original, ver Michael Pinto-Duschinsky, "The Prize Lies of a Nazi Tycoon" [As mentiras dignas de prêmio de um magnata nazista], edição 21 (abril de 2010), pp. 39-43; idem, "The Holocaust: Excusing the Inexcusable" [O Holocausto: Desculpando o indesculpável], edição 34 (julho/agosto de 2011), pp. 34-9; e "An Exchange: Toepfer and the Holocaust" [Um diálogo: Toepfer e o Holocausto], edição 35 (setembro de 2011), pp. 16-8, com artigos de Pinto-Duschinsky e de minha autoria. Nesse momento, sabiamente talvez, o editor encerrou o debate. No entanto, o desfecho deixou sem resolução alguns pontos da discussão em pauta. Em sua derradeira contribuição para a polêmica, Pinto-Duschinsky acusou-me de "não estar disposto a enfrentar o desdenhoso desrespeito e as desculpas da fundação de Toepfer". No entanto, a fundação demonstrou pesar por aquilo que ele chama, com razão, de "passado duvidoso" de seu fundador, e confrontou esse passado nebuloso com admirável honestidade, mesmo que só tenha passado a fazer isso nos últimos anos. Ninguém que esteja familiarizado

com o *website* da Fundação Alfred Toepfer poderia pensar que a instituição está dando desculpas ou mostrando desdém ou desrespeito com relação às críticas ao fundador. Não há nenhuma razão possível pela qual eu não estaria disposto a criticá-la se esse não fosse o caso.

Do mesmo modo, Pinto-Duschinsky acredita que tenho "uma visão por demais complacente sobre a historiografia alemã do Holocausto". Ele não tem fundamento para fazer essa afirmação. Se ele realmente pensa que a historiografia alemã não confrontou abertamente e de maneira crítica o Holocausto, então precisa citar a literatura que justificaria essa categórica asserção. Na verdade ele não pode, porque, claro está, há muitos anos os mais importantes historiadores profissionais do Holocausto na Alemanha têm estado na vanguarda da descoberta dos horrores do massacre dos judeus e outras minorias. Ele afirma que revisei meu parecer acerca do relatório da comissão histórica independente criada pela Fundação Alfred Toepfer para investigar sua relação com o nazismo porque, se antes descrevi as descobertas da fundação como "devastadoras", agora uso de rodeios e "amenizei a força das críticas".

Não mudei de ideia. Não há contradição alguma entre essas duas afirmações. Como apontei na *Standpoint*, o verniz editorial sobre as conclusões da comissão conclui de fato (erroneamente, a meu juízo) que Toepfer não era simpatizante dos nazistas. E o fez, sem dúvida, porque esse foi o veredicto do tribunal de desnazificação alemão após a guerra. Mas vou além e continuo dizendo que o erro dessa afirmação torna-se evidente pelos capítulos individuais da comissão. São esses capítulos que contêm as descobertas devastadoras. E eram devastadoras porque, até então, a alegação de Toepfer de que ele não apenas se mantivera distante dos nazistas mas a bem da verdade fizera oposição aos hitleristas tinha sido aceita pela fundação e até mesmo pela própria família de Toepfer.

Pinto-Duschinsky persiste em chamar o relatório de "história oficial" e seus autores de "historiadores patrocinados". Isso é truque retórico; o relatório foi submetido a uma investigação independente e compilado por um grupo independente de historiadores profissionais. É claro que eles receberam facilidades e tiveram acesso a instalações de pesquisa e aos documentos da fundação. Mas Pinto-Duschinsky também teve, e seu trabalho também aparece no *website* da fundação. Isso faz dele um "historiador patrocinado"? Ele traz o relatório da comissão em combinação com um relatório encomendado anteriormente pela fundação junto a uma agência de relações públicas, mas deveria saber que as recomendações da agência de relações públicas não sofreram influência do trabalho da comissão, nem o afetaram.

Pinto-Duschinsky faz enorme estardalhaço com o fato de que me recusei a levar a cabo uma verificação completa dos documentos, com verificação de fontes, *e-mails* e correspondências gerados no curso da investigação da Universidade de Oxford sobre as acusações que ele aventou contra a Fundação Alfred Toepfer quando me pediu para fazê-lo. Recusei, no entanto, não apenas porque estava relutante em gastar a considerável quantidade de tempo que teria sido necessária para empreender essa averiguação, mas também porque ele próprio tem todo esse material em sua posse. Talvez ele pudesse dizer por que estava tão pouco disposto ou por que era incapaz de fazer por sua própria conta a verificação?

Pinto-Duschinsky assevera que confiei "em resumos preparados pela fundação de Toepfer e seus acadêmicos patrocinados, bem como em documentos disponíveis no *website* da fundação". A insinuação aqui é que usei esse material de forma acrítica. Posso assegurar-lhe que não o fiz, e a bem da verdade ele não apresenta nenhuma evidência para concluir que isso tenha ocorrido. O material em questão inclui, é claro, o capítulo do relatório da comissão de autoria do "historiador patrocinado" Christian Gerlach, a que o próprio Pinto-Duschinsky recorre repetidamente (é o único no livro que ele usa de forma consistente). Os documentos no *site* da fundação incluem os artigos do próprio Pinto-Duschinsky, que, claro, também usei. Ele não apresenta evidência alguma para respaldar sua afirmação de que os materiais disponíveis no *website* da fundação são "enganadores e seletivos", tampouco que o relatório da comissão tenha sido em algum aspecto significativo "expurgado" ou "censurado".

Para dar um exemplo: Pinto-Duschinsky afirma que Gerda Toepfer, filha de Alfred, visitou C.[arlile] A.[ylmer] Macartney, especialista em história da Hungria, em Oxford para persuadi-lo a usar sua influência a fim de assegurar a libertação do criminoso de guerra Edmund Veesenmayer. A fundação desenterrou e disponibilizou a correspondência dela com Macartney, na qual não há nenhuma menção a essa suposta intenção; a correspondência deixa claro, ao contrário, que Macartney só estava interessado em entrevistar Veesenmayer para sua pesquisa. Portanto, torna-se patente que as alegações de Pinto-Duschinsky são completamente sem fundamento. Se ele quiser corroborá-las, terá que mostrar uma carta devidamente incriminatória ou comprometedora. Até agora ele não o fez. Assim, a minha conclusão é a de que a fundação está certa a esse respeito. Não consigo ver como isso significa que "engoli" de maneira acrítica o ponto de vista da fundação ou acreditei cegamente nela. Só porque a fundação diz algo não significa que esse algo esteja necessariamente errado.

É lamentável que, para fundamentar alguns de seus argumentos, Pinto--Duschinsky tenha acreditado no ultranacionalista francês Lionel Boissou. É uma pena que um historiador sério como Pierre Ayçoberry tenha endossado as exageradas críticas de Boissou à Fundação Alfred Toepfer, que Boissou retratou como uma instituição envolvida em uma trama para separar a Alsácia-Lorena da França (na década de 1990!). A Universidade de Estrasburgo não deveria ter cedido à pressão exercida por Boissou. Pinto-Duschinsky também alega que a comissão deliberadamente ignorou um artigo crítico sobre a Fundação Alfred Toepfer publicado em 1999 pelo ativista de esquerda, médico e pesquisador histórico Karl-Heinz Roth. Verdade seja dita, o artigo é mencionado no relatório da comissão, inclusive na introdução (notas 21 e 24, página 27).

Na cuidadosa e equilibrada análise que faz das alegações de Pinto--Duschinsky, Zimmermann observa que suas descobertas, escassas em número, pouco acrescentam de importante ao que a comissão e (em sua posterior biografia) o próprio Zimmermann já haviam revelado sobre Toepfer; a comissão não havia abolido a investigação, mas simplesmente (e, em retrospecto, de maneira impensada) foi desleixada e tratou com negligência a averiguação do fato de que no pós-guerra a fundação deu emprego a ex-nazistas (o que reflete a concepção que a comissão tinha acerca de sua missão: investigar as atividades de Toepfer e da fundação *durante* o período nazista). Zimmermann fornece apoio detalhado para sua alegação em sua correspondência com Pinto-Duschinsky e em sua análise do primeiro artigo da *Standpoint*.

A extensão da associação pós-guerra entre Toepfer e ex-nazistas, criminosos de guerra e facínoras do Holocausto não foi maior do que a de muitos empresários conservadores renomados, políticos importantes e funcionários públicos graduados na Alemanha de Adenauer. O fato de Toepfer e sua fundação terem se comportado da forma típica do *establishment* alemão-ocidental após a guerra não torna seu comportamento menos censurável, é claro, mas faz com que seja totalmente indefensável a tentativa de Pinto-Duschinsky de alegar que as práticas de Toepfer a esse respeito eram de alguma forma excepcionais, incomuns ou extremas em sua natureza e extensão.

A afirmação de Pinto-Duschinsky de que o arquivo de Toepfer foi extirpado a fim de que se "arrancasse pela raiz" material incriminatório sofreu alteração em sua derradeira contribuição para a *Standpoint* com referência a uma declaração do filho de Toepfer de que parte dos papéis *privados* de Toepfer (especificamente, documentos que revelaram suas opiniões *particulares* sobre o nazismo) foi destruída depois de 1945. Isso não é a mesma coisa. Não sabemos como ou por que esses papéis foram destruídos. E destruição não é a mesma coisa que extirpação. Não há prova alguma de qualquer "manipulação" subsequente dos arquivos das *empresas* e da *fundação*, utilizados livremente pelos pesquisadores da comissão. Como Zimmermann observa, o material neles contido, especialmente com relação ao período pós-guerra, é comprometedor o bastante para deixar claro que nenhuma extirpação foi levada a cabo.

As empresas da Toepfer não fabricavam munições nem tanques ou gases venenosos; não construíram campos de concentração nem câmaras de gás nem crematórios; na verdade, não produziram nada que fosse especificamente projetado para uso na guerra ou no Holocausto. Não empregaram mão de obra escrava nem prisioneiros de campos de concentração, embora centenas de outras firmas alemãs, a exemplo da Krupp, fizessem isso na época. Ao contrário de muitas empresas alemãs, as de Toepfer não se beneficiaram com a "arianização" de propriedades judaicas. Ele não cometeu nenhum crime de guerra, tampouco lucrou com crimes de guerra. Toepfer era dono de construtoras, mas elas não se envolveram em projetos de construção militar, e muito menos trabalharam para a SS. O máximo que se pode dizer é que atuaram em uma parte da Polônia que havia sido reintegrada ao Reich após a invasão do território polonês, sem dúvida para a satisfação de nacionalistas como Toepfer, uma vez que essa porção do país fizera parte da Prússia antes de 1918. Por operar lá, é claro, as empresas endossaram os objetivos de guerra da Alemanha e implicitamente apoiaram a ocupação. Mas isso não faz que o dinheiro por elas gerado seja indelevelmente "manchado". Ademais, esse dinheiro constituía apenas uma fração diminuta da fortuna de Toefper, boa parte da qual amealhada após a guerra e proveniente do comércio de cereais.

E, para reiterar um fato que, ainda que seja um pormenor, é crucial: a cal hidratada (ou apagada) é diferente da cal viva. Gerlach está errado ao afirmar que a primeira era usada para cobrir e dissolver cadáveres. E ele tampouco afirmou que a cal hidratada que Toepfer fornecia à administração da SS do Gueto de Łódź foi usada para cobrir cadáveres; sua alegação tinha apenas aplicação geral para o produto químico em geral, e aqui, como observei, estava, de qualquer forma, equivocada.

Quanto a Edmund Veesenmayer, que durante breve período após a guerra trabalhou para Toepfer atuando como representante comercial e fazendo negócios para ele em Teerã, não o descrevi de forma "eufemística". Eu o descrevi como "ex-nazista" e "funcionário graduado alemão na Hungria" (numa época em que, como todos sabem, a administração alemã enviava mais de 400 mil judeus húngaros para Auschwitz), e apontei que depois da guerra seu ex-secretário escreveu justificando implicitamente o Holocausto. E, embora Pinto-Duschinsky afirme que não descreveu Edmund Veesenmayer como funcionário bastante próximo de Toepfer, na página 327 da edição alemã de seu primeiro artigo para a *Standpoint* ele diz o seguinte: "Assim, *três* [itálico dele] dos colaboradores mais íntimos [*Mitarbeiter*, literalmente "colegas de trabalho"] de Toepfer haviam tipo papel coadjuvante em atos de assassinato: *Edmund Veesenmayer* [itálico meu], Kurt Haller e Hans Joachim Riecke, bem como Barbara Hacke como sua secretária particular". Na verdade, a associação de Veesenmayer com Toepfer era tão tênue que Toepfer nem sequer é mencionado na biografia crítica-padrão de Veesenmayer escrita por Igor-Philip Matic e publicada em 2002.

Uma das táticas favoritas de Pinto-Duschinsky é estabelecer culpa por associação. Ele se refere às minhas recordações de que a casa de hóspedes de Toepfer em Hamburgo continha literatura de negação do Holocausto em 1971, de que conheci pessoalmente o ex-major-geral da SS Hans-Joachim Riecke na casa e de que Albert Speer tinha sido um convidado recente da fundação, mas, ainda que essas coisas tenham sido realmente perturbadoras para mim na condição de jovem estudante britânico que visitava pela primeira vez a Alemanha, não caí no erro de supor que isso fizesse de Toepfer um negacionista do Holocausto, um ex-membro da SS ou um pró-nazista. Cheguei inclusive a tentar descobrir mais sobre ele, mas o pessoal da fundação me garantiu que Toepfer fizera oposição aos nazistas e que Riecke já não trabalhava mais para ele. Speer, cujas memórias haviam sido recentemente publicadas, era naquela época visto por boa parte dos alemães como "a face aceitável do nazismo", por assim dizer, e de maneira geral acreditava-se em sua afirmação de que nada sabia sobre o Holocausto.

Mesmo experientes jornalistas antinazistas, a exemplo de Gitta Sereny, foram incapazes de penetrar a máscara. Somente de forma gradual, e muito mais tarde, ficou claro quantas mentiras, evasões e meias verdades ele vinha contando ao mundo sobre seu papel no Terceiro Reich e seu conhecimento acerca dos crimes dos hitleristas. Ademais, à medida que eu mergulhava na história do estabelecimento da Alemanha Ocidental com a ajuda das listas do *Livro marrom* (da Alemanha Oriental) de ex-nazistas proeminentes em suas fileiras, ficou claro que, muito bem, todas as instituições da Alemanha Ocidental estavam fervilhando de ex-nazistas. Apesar disso, o nome de Toepfer não estava nas listas.

Isso, é claro, levanta uma questão mais geral sobre pesquisa histórica e seu financiamento. Eu deveria, por exemplo, ter aceitado, como fiz em meados da década de 1980, uma bolsa de intercâmbio do governo da Alemanha Oriental para trabalhar no antigo arquivo do Reich em Potsdam e em arquivos locais e regionais em Leipzig e Dresden, embora o regime fosse responsável pela morte de muitos cidadãos infelizes que tentaram escapar à liberdade através do Muro de Berlim? A resposta certamente deve ser sim. Era impossível trabalhar na história alemã sem fazer tais compromissos, e eles, fundamentalmente, não tinham influência no que escrevi sobre o regime com base em minhas pesquisas. Os marxistas na década de 1960 costumavam falar de "idiotas úteis", capitalistas e seus companheiros de viagem que poderiam fornecer dinheiro e recursos para aqueles que estavam dispostos a tirar proveito deles e usá-los para minar o capitalismo, e isso é muito como, *mutatis mutandis*, jovens historiadores como eu consideravam instituições como o regime da Alemanha Oriental ou, de fato, a Fundação Toepfer e seu tipo. Nossa agenda na época, seguindo a liderança do historiador alemão Martin Broszat em seu brilhante livro *The Hitler State* [O Estado de Hitler], foi descobrir a verdadeira amplitude e profundidade da cumplicidade das elites alemãs, econômicas e políticas na ascensão, triunfo e domínio dos nazistas. Parte da excitação estava no conhecimento de que essas elites ainda eram muito responsáveis pela Alemanha Ocidental, embora 1968 e a mudança geracional associada a esse ano começassem a afrouxar seu controle. Toepfer e sua fundação pertenciam diretamente a esse quadro de referência.

É difícil ver por que Pinto-Duschinsky perseguiu a Fundação Toepfer tão obsessivamente. Ele inicialmente afirmou que Toepfer e sua fundação forneceram "enorme ajuda a Hitler" e desempenharam papel fundamental no Terceiro Reich. De fato, nem a fundação, nem seu fundador, nem suas atividades, nem os negócios da Toepfer foram particularmente significativos ou importantes durante a era nazista. Sua contribuição para o Terceiro Reich e seus crimes eram, no mínimo, menores e marginais. A fundação nem fornece fundos para a Universidade de Oxford — o dinheiro das Bolsas Hanseáticas é entregue diretamente aos destinatários, e o comitê de seleção é totalmente independente da fundação e da universidade. Ao perseguir os legados restantes não resolvidos do passado nazista na atual Alemanha, é importante escolher os alvos certos. No final, apesar de toda a sua tolerância do nazismo, seus servos e seus crimes, Toepfer e sua fundação são os alvos errados.

4 Política externa

O aliado de Hitler

Pouco depois de ter sido forçado a renunciar, abdicando do poder em novembro de 2011, Silvio Berlusconi, o primeiro-ministro da Itália que mais tempo ficou no cargo no pós-guerra, disse à imprensa que vinha dedicando seu tempo à leitura das últimas cartas escritas pelo ditador fascista Benito Mussolini, que comandara o país de 1922 a 1943, a sua amante Claretta Petacci. "Devo dizer", confessou ele, "que vejo a mim mesmo em muitos aspectos naquelas cartas". Na visão do ditador, a Itália era ingovernável. Quando um dos jornalistas sugeriu a Berlusconi que talvez não fosse inteiramente correto descrever a Itália de Mussolini como uma democracia, o ex-primeiro-ministro rebateu: "Bem, era uma democracia em uma pequena medida".

Os partidos de direita que dominaram a política italiana desde o fim da Guerra Fria rejeitaram, de forma consistente, o legado de resistência ao fascismo representado pelos democratas-cristãos e pelos comunistas, os dois partidos que dominaram a política italiana do final dos anos 1940 ao início da década de 1990. Explorando em benefício próprio a profunda frustração dos italianos com a caótica instabilidade e a corrupção do sistema político do pós--guerra, a Nova Direita baseou sua capacidade de exercer fascínio e apelo notadamente em sua alegação de que representava a lei e a ordem, a Itália para os italianos, o respeito pela Igreja Católica e seus valores, e, não menos importante, a retidão financeira e a estabilidade política. Grupos políticos neofascistas e autoproclamados pós-fascistas tiveram papel fundamental nas manobras e fusões que caracterizaram a política italiana ao longo das duas últimas décadas, moderando suas diretrizes e sua retórica quando necessário a fim de obter uma fatia do poder.

Nessa situação, as críticas públicas sérias a Mussolini tornaram-se cada vez mais raras na Itália. De maneira geral seu governo é retratado como tendo sido relativamente benigno. "Mussolini", disse Berlusconi em entrevista à revista

The Spectator em setembro de 2003, "nunca matou ninguém". Se mandava para o exílio interno seus adversários, o destino deles era um *resort* de férias. Políticos como Gianfranco Fini, que iniciaram sua carreira no neofascista Movimento Social Italiano, o MSI, não tiveram problemas em obter altos cargos políticos durante o governo Berlusconi (Fini foi ministro das Relações Exteriores por vários anos na primeira década deste século). Em 1992, Fini declarou que o fascismo tinha sido "parte da história da Itália e a expressão de valores permanentes". Alessandra Mussolini, a neta do ditador, atua na legislatura italiana como parte da aliança direitista de Berlusconi, depois de ter tido papel de destaque, mas reiteradamente destrutivo, na política pós-fascista. Em 2008, Gianni Alemanno, ex-secretário da ala jovem do MSI, foi eleito prefeito de Roma com a promessa de expulsar da cidade os imigrantes ilegais. Seu discurso de vitória foi saudado por uma multidão entusiasmada e satisfeita, que ergueu os braços na saudação fascista aos brados de *"Duce! Duce!"*.

Na cidade natal de Mussolini, Predappio, lojinhas de suvenires margeiam a rua principal e vendem camisetas pretas, bandeiras e faixas fascistas, estatuetas do *Duce*, livros e DVDs celebrando a vida do ditador e, o mais perturbador, *manganelli*, tacos e cassetetes em que se liam a inscrição *molti nemici, molto onore* ("muitos inimigos, muita honra"). Todo ano, nos aniversários do nascimento e morte de Mussolini e na data da marcha do ditador sobre Roma, milhares de simpatizantes, muitos deles vestindo camisas pretas ou distintivos fascistas e entoando cânticos fascistas, marcham do centro da cidade até o mausoléu onde seu corpo está enterrado. Dezenas, por vezes centenas, de pessoas vão diariamente ao mausoléu e deixam seus comentários no livro de visitas diante da tumba. De forma esmagadora, o que elas têm a dizer é extraordinariamente positivo; quase sempre, suas palavras são endereçadas ao próprio *Duce*: "O senhor acreditou sozinho em uma Itália forte e livre e amou seu povo até a morte" (2007). "Foi somente sob a sua liderança que a Itália se tornou de fato uma 'nação', uma nação que era temida, respeitada, próspera e invejada" (2008). "Se o senhor estivesse aqui, não estaríamos nesta bagunça" (2011). Muitas dessas mensagens têm uma qualidade íntima, pessoal, e frases e sentimentos religiosos são comuns: "Se o senhor pudesse ver a que nível desceu a nossa pobre Itália", escreveu um visitante em 2007. "Retorne, reencarnado em um de nós! Agora e para sempre."

Seria impossível imaginar alemães expressando sentimentos similares por Hitler, antigos nazistas e neonazistas fazendo parte do governo da Alemanha de hoje, políticos alemães alegando que Hitler nunca matou ninguém, a neta de Hitler sendo eleita para o parlamento, um chefe de governo alemão vendo a si mesmo nas cartas de Hitler para Eva Braun, multidões alemãs entoando *slogans* nazistas, ou lojinhas de suvenires vendendo bugigangas nazistas. Enquanto os italianos estão tremendamente insatisfeitos com seu sistema político e ainda mais com a situação de sua economia, poucas vezes houve um sistema político que tenha desfrutado de apoio tão amplo como aquele criado em 1949 pela Lei Fundamental da República Federal da Alemanha: a Constituição propiciou estabilidade e prosperidade, e incutiu nos alemães uma presunção palpável que às vezes é difícil de suportar, por mais justificada que possa ser. A destruição da Alemanha no fim da guerra foi quase total; na Itália, apesar dos muitos danos infligidos pelos conflitos militares da fase final da guerra, depois que o país ficou sob ocupação alemã e foi invadido pelos Aliados, a destruição não chegou nem perto de ser tão generalizada ou severa. A Alemanha foi ocupada durante anos por numerosos contingentes aliados, ao passo que a ocupação pós-guerra da Itália foi apenas breve. Em termos territoriais a Itália permaneceu basicamente intacta, ao passo que a Alemanha perdeu imensas fatias de suas terras tradicionais e foi dividida em dois Estados mutuamente hostis por mais de quarenta anos após a guerra; para a esmagadora maioria dos alemães, o destino de seu país era inescapavelmente a consequência das insanas ambições militares e políticas de Hitler.

Na ausência de uma política consistente de instauração de processos criminais contra os italianos por crimes de guerra, simbolizada por uma anistia geral para presos políticos e militares decretada em junho de 1946, burocratas e administradores fascistas continuaram no poder: sessenta dos 64 prefeitos regionais em 1960 e todos os 135 chefes de polícia no mesmo ano tinham iniciado suas carreiras durante o governo de Mussolini. O juiz nomeado em 1937 presidente do Tribunal Constitucional tinha sido presidente do tribunal criado em 1938 para julgar questões jurídicas originadas das leis raciais fascistas. Veteranas figuras sobreviventes do regime ficaram impunes. Não houve acerto de contas geral com os crimes do fascismo nem em âmbito doméstico nem no exterior. Tudo isso estava em agudo contraste com a situação na Alemanha, onde somente um punhado de antigos nazistas escapou da malha da desnazificação, e os julgamentos por crimes de guerra continuaram por diversos anos, alardeando com chocante publicidade as malfeitorias do Terceiro Reich e de seus servidores.

Acima de tudo, talvez, a reorientação de memória pública alemã desde o fim da Guerra Fria, refletindo uma tendência bem mais generalizada, especialmente nos EUA, no sentido de colocar o que àquela altura passou a ser chamado de Holocausto no centro de qualquer avaliação retrospectiva do Terceiro Reich, como um aspecto definidor do governo de Hitler, criou um abismo entre passado e presente cuja transposição nenhum alemão é capaz de conceber. Com efeito, tamanho é seu poder que mesmo os neofascistas italianos sentiram-se obrigados a se distanciar da introdução por Mussolini de leis raciais e antissemíticas no final da década de 1930. Entretanto, o fato de que durante a maior parte do tempo em que ocupou o poder Mussolini não perseguiu os judeus italianos, que foram encaminhados para Auschwitz apenas depois que os alemães ocuparam a Itália na esteira da queda do *Duce* em 1943, preservou a memória de seu regime de ter o mesmo destino que se abateu sobre sua contraparte alemã, cuja responsabilidade primordial pelo Holocausto é inegável.

Se hoje existe considerável repertório documentando a natureza e a extensão do apoio dado por alemães comuns a Hitler durante o Terceiro Reich, não há nada comparável na Itália fascista. Em seu livro *Fascist Voices* [Vozes fascistas] (2012), Christopher Duggan preenche a lacuna examinando uma ampla gama de diários e as inúmeras cartas enviadas a Mussolini por cidadãos individuais durante as duas décadas de governo do *Duce*. Em meio ao material mais impressionante está a correspondência entre Petacci e Mussolini, acrescida de excertos dos diários de Claretta. Esse material invariavelmente expressava os mesmos sentimentos íntimos espontâneos com relação ao *Duce* e seu regime, evidentes nas mensagens deixadas mais recentemente em seu túmulo. Esse conjunto de informações permite a Duggan elaborar não apenas uma análise detalhada das atitudes populares acerca do regime, mas também, muito além disso, uma história geral do fascismo que pela primeira vez o trata não como uma tirania que não deu aos italianos comuns possibilidade alguma de se expressarem livremente, nem como a brutal ditadura de uma classe capitalista que reduzia a vasta maioria dos cidadãos do país ao *status* de vítimas, e sim como um regime firmemente enraizado em aspirações e desejos do povo.

Contudo, esse material, por sua própria natureza, muito possivelmente exagera o grau de popularidade de que Mussolini desfrutava. Em *The Fascist Party and Popular Opinion in Mussolini's Italy* [O Partido Fascista e a opinião popular na Itália de Mussolini] (2012), Paul Corner pinta um quadro bastante diferente, argumentando que por conta da corrupção e da má administração o partido fascista tornara-se profundamente impopular em 1939. E outras fontes usadas por Duggan revelam um cenário muito mais complexo do que os diários e cartas que ele cita querem fazer acreditar.

A bem da verdade, Mussolini foi cauteloso para não contrariar os fiéis, e sua Concordata com o Papado em 1929, dando fim às hostilidades mútuas entre Igreja e Estado – iniciadas com a unificação da Itália no século XIX – e implementando medidas que perduram até hoje, marcou a simbiose entre os dois que fez do catolicismo um dos mais importantes esteios do regime. Isso se estendia inclusive às leis raciais antissemíticas de Mussolini, que foram respaldadas por importantes periódicos católicos e enaltecidas pelo reitor da Universidade Católica de Milão, o padre Agostino Gemelli, como a aprovação da "terrível sentença que o povo deicida infligiu a si mesmo" uma vez que "as consequências daquele horrendo crime o perseguem em todos os lugares e todos os tempos". Nem mesmo a conversão eximia os judeus dessa condenação. Sua raça significava que jamais seriam assimilados ao que Gemelli chamou de nova unidade fascista da Itália, "de descendência, de religião, de língua, de costumes, de esperanças, de ideais". O próprio Mussolini era repetidamente objeto de extática adulação das massas quando discursava em público, o que ele fazia amiúde, no que o *Duce* descreveu para Claretta como "cenas fanáticas, delirantes, loucas: as pessoas choravam, ajoelhavam-se, gritavam, braços abertos [...]". O entusiasmo expresso nas cartas que as pessoas comuns lhe enviavam deixa claro que isso era bem mais que teatro ou encenação.

Todavia, Duggan deixa claro também o extraordinário grau de vigilância e repressão imposto pelo regime a dissidentes reais ou potenciais. Críticos notórios do fascismo tornavam-se alvos: em novembro de 1926 a residência do filósofo liberal Benedetto Croce foi invadida por milicianos "camisas-

-negras" e teve todo o seu conteúdo revirado e destruído diante dos olhos da aterrorizada família. Daí por diante um destacamento da polícia ficou em vigília permanente diante da casa, menos para a segurança do filósofo do que para anotar os nomes das pessoas que o visitavam, cujo número então rapidamente minguou. Não demorou muito para que seus amigos se vissem obrigados a encontrar-se com ele em "ruas desertas e corredores solitários". O isolamento ainda maior era o quinhão dos indivíduos mandados para o exílio nas áreas rurais mais remotas do sul da Itália – 13 mil ao todo, entre eles não apenas críticos e oponentes políticos, mas encrenqueiros de todos os tipos, bem como homossexuais e infratores de pequenos delitos. Longe de serem *resorts* de férias, os vilarejos para onde iam os desterrados eram lugares desolados, como admitiam seus próprios habitantes – *Cristo si è fermato a Eboli* (*Cristo parou em Eboli*), o clássico relato de Carlo Levi, tira seu título de um ditado dos moradores da área ao sul da cidadezinha de mesmo nome. Absorvidos na luta cotidiana pela existência em um ambiente rural inóspito e inclemente, os camponeses tinham pouco tempo para intelectuais, políticos ou mesmo o Estado italiano, fosse qual fosse a sua compleição política; para eles, Roma, como observou Levi, "é a capital dos *Signori* [cavalheiros], o centro de um Estado estrangeiro e maligno".

A Polícia Política, ou *Pol Pol*, formada em 1926, recebeu um volumoso orçamento de 50 milhões de liras, metade da verba destinada a toda a força policial do país, e foi articulada à polícia local por meio do que Duggan chama de "outra vasta organização tentacular", a OVRA (abreviação de *piovra*, "polvo"), abrindo e copiando a correspondência de dissidentes políticos. Um Serviço Confidencial Especial grampeava os telefones não apenas dos dissidentes, mas também de importantes dirigentes do movimento fascista, para o caso de Mussolini precisar usar seus escandalosos segredos a fim de chantageá-los. Em 1938 o Serviço empregava 642 estenógrafos apenas para transcrever as conversas que ouvia secretamente. A OVRA – de acordo com Mussolini, "a mais poderosa organização do mundo" – empregava um numeroso contingente de espiões, recrutados de todas as classes sociais, quase sempre sob a ameaça de terem seus próprios vícios pessoais revelados. Alguns eram antigos socialistas ou comunistas persuadidos a trabalhar para o regime em troca de pagamentos que os salvavam da ruína financeira em que muitos tinham caído.

O resultado de tudo isso era uma impregnante atmosfera de suspeição e desconfiança generalizadas, em que até as crianças pequenas, cujos diários Duggan cita, tinham cautela com relação a expressar qualquer crítica ao regime. Uma lei de novembro de 1926 proibiu declarações que fossem "sediciosas ou danosas ao prestígio das autoridades" e a demonstração de símbolos de subversão social, embora (ao contrário da Alemanha) piadas políticas do tipo que prolifera sob toda ditadura aparentemente passaram impunes. Mas a detenção e o encarceramento estavam longe de ser as únicas sanções contra a dissidência: na depressão econômica do final das décadas de 1920 e 1930, a demissão de um emprego, ainda que pessimamente remunerado, poderia significar a ruína, e era uma punição usada com frequência. Como na Alemanha, também, muitas pessoas encaminhavam denúncias à polícia quando testemunhavam comentários ou comportamentos imprudentes, embora Duggan afirme, de maneira bastante benevolente, que isso ocorria principalmente por conta da preocupação de que, caso não denunciassem às autoridades, corriam o risco de serem elas mesmas acusadas de cumplicidade.

Contudo, essa repressão não se estendia à esfera moral, a despeito dos fortes vínculos do regime com a Igreja Católica. De fato, tão notória naquela época como mais recentemente, a libertinagem sexual parece ser uma característica que salta à vista na vida política italiana. Quando Silvio Berlusconi declarou que podia ver a si mesmo nas cartas trocadas entre Mussolini e sua amante Claretta Petacci, talvez estivesse se referindo também ao conteúdo por vezes altamente sexual das missivas. A mal disfarçada voracidade sexual do *Duce*, tal qual a de Berlusconi, projetava uma imagem de virilidade que muitos italianos, em ambos os casos, consideravam profundamente impressionante. Se por um lado houve um sem-número de relatos de que Berlusconi, já septuagenário, entregava-se reiteradamente a orgias com montes de mulheres bonitas – dançarinas e prostitutas jovens, às vezes muito jovens –, Mussolini dedicava uma significativa quantidade de tempo a sua vida sexual, com sua imagem oficial de carinhoso e fiel pai de família em paralelo com a imagem extraoficial de homem devasso de incontroláveis desejos priápicos.

As mulheres, Mussolini gostava de gabar-se, atiravam-se para cima dele, e o *Duce* nem sequer fingia que as rechaçava. Algumas das cartas que

Duggan cita devem tê-lo deixado sem dúvida alguma em relação ao que estava sendo oferecido, já que conseguiram abrir caminho em meio às 1.500 peças de correspondência enviadas por cidadãos individuais que chegavam todo dia ao escritório do líder italiano. "Tantos beijos e carícias eu daria no meu querido Benito", escreveu uma delas, "eu o abraçaria bem forte pra que ele não pudesse escapar!" Com a maioria dessas mulheres, Mussolini dizia a Claretta, ele fazia amor uma única vez e nunca mais as via. Ele simplesmente as usava "para a minha satisfação carnal"; a fim de tranquilizá-la, depois que seu relacionamento com Claretta teve início em 1936, Benito telefonava ou escrevia para ela uma dezena de vezes ou mais por dia.

A natureza libidinosa dos déspotas do regime também era uma questão de conhecimento público. Durante a desastrosa campanha militar na Grécia no inverno de 1940-41, o genro de Mussolini Galeazzo Ciano instalou-se com sua comitiva em um enorme hotel em Bar, para onde funcionários do alto escalão do governo levavam vinte ou mais mulheres toda semana para orgias em que as participantes eram divididas em grupos e esguichavam água de sifões de soda nas genitálias uma das outras enquanto rasgavam suas roupas com tesouras. Para assegurar-se de que todos soubessem o que estava acontecendo, as janelas eram deixadas escancaradas. Tudo isso era completamente distinto do puritanismo de Hitler, que ocultava dos olhos do público a sua própria vida sexual monogâmica e absolutamente convencional com Eva Braun, até casar-se com ela às vésperas do suicídio mútuo no fim da guerra. Quando descobriu que o ministro da Propaganda Joseph Goebbels estava tendo um apaixonado caso amoroso com a atriz tcheca Lida Baarova, Hitler aplicou-lhe uma furiosa descompostura e o obrigou a romper com ela.

Nada disso arranhou ou prejudicou a imagem e a reputação de Mussolini diante da opinião pública italiana. As pessoas talvez resmungassem sobre uma ou outra coisa, mas, como na Alemanha nazista, o Líder tornou-se uma figura integrativa, uma bem-sucedida ponte que transpunha diferenças sociais, culturais, geracionais e regionais para ajudar a unir a nação. "Se o *Führer* soubesse!" era uma exclamação proferida com frequência por cidadãos do Terceiro Reich indignados por mais um pecadilho de um *Gauleiter* (líder distrital ou provincial do partido nazista) corrupto, e tinha paralelo exato na expressão fascista "Se o *Duce* soubesse!". Mussolini parecia sacrossanto, por mais que seus subordinados tivessem comportamento ignominioso.

Mussolini chegou ao ápice da popularidade com a invasão da Etiópia em outubro de 1935, enquanto o regime perseguia absurdas fantasias de riqueza imperial e expressava sua determinação de exigir vingança pela derrota da Itália liberal nas mãos de Menelik quarenta anos antes. Decidido a evitar a repetição do desastroso massacre de 1896, Mussolini ordenou que aviões usassem gás venenoso contra as forças inimigas, despejando-o indiscriminadamente sobre alvos tanto militares como civis. Tudo isso também recebeu amplo apoio popular. Todos os meios justificavam punir o "povo abissínio desumano [...] vil, bestial", disse-lhe um grupo de estudantes: "Armas químicas são caras, é verdade, mas o povo italiano está disposto a fazer os sacrifícios financeiros necessários para salvar seus filhos". Aos críticos em Genebra e alhures chegou a notícia de que os produtos químicos apenas nocauteavam as pessoas por um curto período, ao passo que as legendas das fotografias dos jornalistas que registraram as vítimas de gás mostarda informavam que elas tinham morrido de lepra.

Duggan cita um par de trechos de diários de pessoas que expressavam dúvidas sobre a conduta das tropas italianas ao longo da guerra, durante a qual, por exemplo, o secretário do partido, Achille Starace, usava prisioneiros etíopes para a prática de tiro ao alvo, mirando primeiro os testículos e depois disparando no peito das vítimas. Mas a maioria esmagadora das reações era de êxtase. Inúmeros testemunhos citados por Deggan demonstram que a essa altura Mussolini chegara ao paroxismo absoluto de sua popularidade, a personificação do orgulho nacional e do senso de realização italianos. "É correto que procuremos por um lugar ao sol", lia-se no diário de um italiano. "Hoje a Itália é uma nação, um povo, consciente de seu valor, que sabe o que quer e como obter o que quer. A Itália de quinze anos atrás está morta e enterrada."

A guerra na Etiópia acendeu no regime um novo otimismo sobre a ideia de remodelar os italianos e transformá-los em membros agressivos, bem disciplinados e fanáticos de uma nova raça superior. Entre outras coisas, isso significava reformar as maneiras italianas, livrando-se de costumes "burgueses" como o aperto de mãos (apontado como "frouxo" e "anglo-saxão" e substituído pela saudação fascista) e a forma de tratamento de cortesia, *Lei*

(rotulada como "importação estrangeira" com conotações de "servilismo").*
O consumo de café foi condenado como decadente (uma causa ainda mais perdida do que as outras reformas comportamentais). Mussolini anunciou sua intenção de tornar os italianos pessoas "menos agradáveis" e mais "detestáveis, duras e implacáveis: em outras palavras, superiores". Em abril de 1937, o *Duce* tornou ilegais as relações sexuais entre italianos brancos e negros, medida suscitada pela desenfreada exploração sexual das mulheres etíopes por soldados italianos após a invasão. Como escreveu Indro Montanelli, jornalista fascista de 26 anos que se alistara como voluntário para a campanha de 1935: "Jamais seremos dominadores sem um forte senso de nossa superioridade predestinada. Não é possível fraternizar com negros [...] Nada de misericórdia, nada de casos de amor [...] Os brancos devem comandar". Isso não o impediu de comprar para si uma esposa – uma menina etíope de 12 anos de idade –, pagando ao pai dela 500 liras, embora haja tido a prudência de deixá-la na África quando voltou para sua terra natal.

No entanto, tudo isso vinha a um alto custo. Simultânea à intervenção em larga escala de Mussolini na Guerra Civil Espanhola, a conquista da Etiópia impôs ao Estado italiano fardos financeiros insustentáveis, impossibilitando grandes investimentos em equipamentos militares ou a expansão das Forças Armadas. Mussolini julgava-se militarmente imbatível, e ninguém ousava dizer-lhe o contrário. Em suas conversas com Claretta ele zombava dos outros povos da Europa: os ingleses eram ridicularizados como "um povo nojento [...] Pensam apenas com o próprio rabo". Eram covardes que tinham medo de molhar suas roupas quando chovia: "As pessoas que carregam guarda-chuva jamais serão capazes [...] de compreender o significado moral da guerra". Dos espanhóis ele escarnecia como "preguiçosos, letárgicos", e os franceses não passavam de "uma barafunda de raças e escória, um refúgio de covardes [...] fracotes e maricas sem força moral" corrompidos por "álcool e sífilis". Somente os italianos e os alemães tinham a capacidade de "amar aquela suprema e inexorável violência que é a força motriz da história do mundo".

---

* O tratamento de cortesia *Lei*, sempre com *L* maiúsculo para diferir de *lei* ("ela"), é usado toda vez que se fala com alguém que não seja íntimo, mesmo em alguns ambientes de trabalho. Equivale a Vossa Mercê, ou senhor/senhora, em português. (N. T.)

Em 1939, Mussolini finalmente se deu conta de que as Forças Armadas italianas estavam deploravelmente despreparadas para uma guerra europeia, com equipamentos obsoletos, tropas mal treinadas e severa escassez de armas e munição. Ele não teve outra alternativa a não ser adotar uma postura de "não beligerância" quando a guerra eclodiu em setembro, para alívio da maior parte dos italianos. À medida que as vitórias alemãs se multiplicavam, porém, Mussolini foi ficando cada vez mais irritado diante da evidente aversão de seus conterrâneos por uma guerra europeia. "Devo dizer que isso me causa náuseas. São uns covardes e fracotes [...] É decepcionante e destrói a minha alma ver que falhei na tentativa de mudar essas pessoas e transformá-las em um povo de aço e coragem!" A reação popular à declaração de guerra da Itália à França e à Inglaterra em 10 de junho de 1940 foi ambivalente; alguns mostraram entusiasmo; outros, apreensão. Os céticos estavam certos de se preocupar.

Se o ataque italiano à França foi um fiasco, a invasão italiana à Grécia foi catastrófica. Em vez de obter uma vitória-relâmpago, os despreparados Exércitos italianos foram humilhados nos Bálcãs pelas tropas gregas, que lhes eram superiores, ao passo que os britânicos rapidamente derrotaram e puseram para correr os italianos na Líbia e Etiópia. Hitler teve de entrar em cena para salvar a situação, e a facilidade com que os alemães expulsaram os britânicos da Grécia, combinada às formidáveis vitórias de Rommel no Norte da África, somente jogou mais sal nas feridas do orgulho fascista. As cartas e diários citados por Duggan agora mesclavam engajamento patriótico e fascista a dúvidas e ceticismo crescentes. Quando Mussolini visitou soldados feridos no hospital, foi recebido com gritos de "assassino!" (uma segunda visita rendeu melhor publicidade, já que os feridos acamados foram substituídos por policiais). As pessoas recusavam-se a comprar os selos de 50 centavos com a fotografia de Hitler e Mussolini na efígie, queixando-se de que "estão nos forçando até a lamber o traseiro deles".

Quando Benito Mussolini foi retirado do poder seguindo votação do seu próprio Grande Conselho Fascista na esteira da invasão aliada em 1943, houve, segundo o relato de Duggan, "explosões de alegria coletiva" em toda parte. O movimento fascista desapareceu sem deixar vestígio. Os italianos saudaram com imenso alívio a rendição aos Aliados em setembro de 1943, mas tiveram uma brusca desilusão quando os alemães ocuparam a Itália e prenderam a maior parte dos soldados italianos, mandando-os de volta a casa para serem submetidos a trabalhos forçados nas fábricas e campos da pátria. O regime terminou da mesma forma como havia começado: com violência civil. Enquanto Mussolini era resgatado do cativeiro por alemães e instalado no regime fantoche de Salò no norte do país, surgia um movimento de guerrilha de resistência, os *partigiani*, que sofreram brutais represálias dos seguidores de Mussolini que permaneciam leais ao *Duce*, com respaldo alemão. Mais de 50 mil pessoas foram assassinadas, entre elas Mussolini e Claretta, fuzilados por *partigiani* quando tentavam fugir para o norte. Seus corpos foram pendurados de cabeça para baixo em um guindaste junto a um posto de gasolina de Milão, depois de ficarem expostos à execração pública durante vários dias – alvos de insultos, cusparadas e jatos de urina – pelas multidões em festa, grande parte das quais provavelmente haviam aplaudido efusivamente o Duce poucos anos antes.

Rumo à guerra

"É com Hitler e as intenções de Hitler", comenta Zara Steiner no início de sua magistral contribuição para a série da Oxford sobre a Europa Moderna, *The Triumph of the Dark: European International History 1933-1939* [O triunfo das trevas: História internacional da Europa 1933-1939] (2011), "que qualquer estudante da história internacional da Europa deve começar". A partir do momento em que se tornou chanceler, Hitler agia e outros estadistas reagiam.

Suas intenções estavam determinadas muito antes de ele assumir o poder. Eram estonteantes em termos de ambição. Hitler não era um estadista europeu convencional. Movido nos assuntos internacionais pela convicção social--darwinista de uma luta perpétua entre raças por sobrevivência e supremacia, o *Führer* repetidamente dizia a seus comandantes militares e navais que a Alemanha conquistaria o Leste Europeu, ampliando para seu próprio usufruto aqueles vastos recursos naturais e enxotando os que lá viviam de modo a abrir caminho para a expansão do "espaço vital" da raça alemã. A França, tradicional inimiga dos alemães no oeste, seria subjugada para permitir que a Alemanha se tornasse a nação dominante da Europa. Ao contrário do que já se alegou, não era, em sentido algum, uma política externa convencional; tampouco era determinada por fatores estruturais inerentes ao sistema internacional da Europa desde o século XIX.

É claro, Steiner admite, a Alemanha nazista não era controlada por uma estrutura monolítica de concepção e elaboração de políticas, e diferentes grupos e indivíduos nos mais altos escalões do regime invariavelmente perseguiam seus próprios projetos, interesses e prioridades. Era particularmente o caso de Joachim von Ribbentrop, que de chefe do Departamento de Assuntos Internacionais do partido nazista foi alçado a embaixador na Inglaterra e depois ministro das Relações Exteriores. "Vaidoso, agressivo e arrogante", nas palavras de Steiner, Ribbentrop desenvolveu uma anglofobia fanática e radical, e fez o que estava ao seu alcance para demover Hitler da ideia de buscar uma aliança anglo-germânica. A Inglaterra, dizia ele, era "o nosso mais perigoso inimigo". Impelido por situações que a seu ver eram afrontosas e desrespeitosas durante o período que passou em Londres, em que sua grosseria e falta de tato renderam-lhe o apelido de "Von Brickendrop" ["aquele que deixa cair tijolos"], o ministro das Relações Exteriores por fim conseguiu persuadir Hitler a abandonar a ideia (contudo, o líder nazista continuou alimentando esperança na neutralidade britânica na guerra vindoura).

Outros, como Hermann Göring, de tempos em tempos também cuidavam de seus próprios interesses, ou influenciavam Hitler em uma outra direção. Em última instância, contudo, era Hitler – e não uma vaga e imprecisa "policracia" – quem determinava a política externa da Alemanha. "Se a Alemanha foi conduzida por Bismarck, por Guilherme II ou por Hitler, fez uma diferença vital para as políticas do país", Steiner observa. A Alemanha, declarou Hitler em *Minha luta*, seu tratado autobiográfico escrito em meados da década de 1920, "ou seria uma potência mundial ou deixaria de existir". Tão logo alcançou a hegemonia na Europa, Hitler prenunciou em seu inédito *Segundo livro*, a Alemanha entraria em uma luta por poder com os Estados Unidos, pela dominação mundial. A fim de atingir isso, os alemães, que Hitler equiparava à raça "ariana", teriam de lidar com seus arqui-inimigos, os judeus, que as paranoias políticas de Hitler retratavam como agentes engajados em uma conspiração global para corromper a civilização alemã.

De forma progressiva, Hitler passou a identificar os Estados Unidos como o epicentro dessa suposta conspiração, com o capital judaico atuando por meio de Franklin D. Roosevelt. Tudo isso envolveria a guerra – não uma guerra limitada por objetivos provavelmente racionais, mas a guerra em escala inimaginável, travada pelo menos em parte em função de si mesma. "Somente o combate pode nos salvar", disse Hitler aos comandantes das Forças Armadas em fevereiro de 1933. As regras normais de diplomacia consideravam que seus objetivos fundamentais eram evitar o conflito e solucionar, por meio de negociação, as disputas internacionais. Hitler não jogava segundo essas regras, embora repetidas vezes tenha tentado reassegurar às pessoas publicamente que tinha a intenção de fazê-lo. Outros estadistas europeus precisaram de longo tempo para perceber isso. Os juízos errôneos deles formam o âmago desse importante livro.

Neville Chamberlain, primeiro-ministro britânico de 1937 a 1940, teve diversos defensores, mas Steiner não é um deles. O domínio completo e meticuloso que Steiner tem da literatura e de fontes de pesquisa alemãs e francesas lhe permite chegar a uma crítica adequadamente contextualizada da política de apaziguamento de Chamberlain de dar a Hitler o que ele exigia na esperança de que isso o satisfaria. Chamberlain, Steiner argumenta de forma persuasiva, era um homem de imaginação e perspicácia limitadas, repetidamente propenso à distorção da realidade. Durante a crise de Munique ele julgou equivocadamente que tudo o que Hitler queria era absorver a parte germanófona da Tchecoslováquia, quando na verdade o que o *Führer* realmente queria era a total destruição do país, o que ele realizou em violação ao Acordo de Munique apenas seis meses depois.

Chamberlain também colocava um fardo por demais pesado sobre suas próprias habilidades. Conforme Steiner, suas "ambições, repletas de húbris, e sua autoconfiança eram extraordinárias". Teimosamente, ele se recusava a reconhecer a realidade. Até o fim, viu Mussolini como uma influência calmante e restringente sobre Hitler – "um juízo", Steiner comenta, "que era totalmente equivocado". Ele não fazia ideia de quais eram as ambições de Mussolini no Mediterrâneo. É verdade que Chamberlain foi ao encalço de uma política de rápido rearmamento a partir de 1936, mas o fez para deter Hitler, e não a fim de se preparar para uma guerra. Já em 23 de julho de 1939, ele disse a sua irmã que "Hitler concluiu que estamos falando sério e que a época não é oportuna para a guerra de grandes proporções. A esse respeito", ele concluiu com inefável presunção, "ele está atendendo às minhas expectativas [...] quanto mais tempo a guerra for protelada, menos provável é que ela venha a acontecer". Menos de dois meses depois a Inglaterra estava em guerra.

Anthony Eden, o secretário de Estado para os Assuntos Estrangeiros britânico que mais tarde descreveu a si próprio como um resoluto adversário dos nazistas e da política de apaziguamento, não se sai muito melhor no texto de Steiner. No desenvolvimento de uma diretriz política com relação aos alemães, Eden era "oscilante e pouco nítido em sua própria mente" e "não oferecia um exemplo consistente", de modo que não chega a ser surpresa que Chamberlain "ficou completamente aborrecido com seu secretário de Estado, que precisava de constantes estímulos para tomar alguma ação positiva". Vacilante e indeciso, ele não se juntou aos antiapaziguadores em torno de Winston Churchill nem mesmo depois que ele (Eden) tinha saído do cargo em 1938. Lorde Halifax, sucessor de Eden, era mais fácil de ser manejado por Chamberlain, especialmente uma vez que o primeiro-ministro havia reestruturado os mecanismos de elaboração de políticas para dar a si mesmo o controle deles. Obediente, Halifax foi ao encalço da visão quimérica de Chamberlain de um acordo europeu geral envolvendo pactos de não agressão, segurança coletiva e desarmamento (em 1938!), diretriz que levou Hitler a comentar francamente na cara do próprio Halifax que o governo britânico estava vivendo em uma "terra de faz de conta de estranhas, ainda que respeitáveis, ilusões". Steiner observa que Halifax, "embora tratando com desdém Hitler e seus conselheiros, não tinha o menor preparo para lidar com eles".

Os defensores de Chamberlain e Halifax por vezes argumentavam que a paz que eles obtiveram sacrificando a integridade da Tchecoslováquia deu à Inglaterra e à França tempo para se rearmarem. É um dos muitos pontos fortes desse livro a inclusão de detalhadas avaliações do estado da prontidão militar e da produção de armas das grandes potências europeias em vários estágios da escalada que levou até a guerra. Os números mostram que a bem da verdade foi a Alemanha que se beneficiou do ano de paz que se seguiu ao Acordo de Munique. A *Wehrmacht** estava tão mal preparada para uma guerra geral em setembro de 1938 que os principais generais cogitavam prender Hitler e orquestrar a desistência de uma guerra europeia geral caso ela se tornasse uma perspectiva séria. Muitas vezes as pessoas se esquecem de quanto a Europa esteve próxima de um massacre naquela época. As crianças foram evacuadas para a zona rural, e os londrinos receberam máscaras de gás, em precaução contra o risco de raides aéreos de bombardeio alemães.

---

* Termo alemão para "Força de Defesa", designa o conjunto das Forças Armadas da Alemanha durante o Terceiro Reich entre 1935 e 1945 e englobava Exército (*Heer*), Marinha de Guerra (*Kriegsmarine*), Força Aérea (*Luftwaffe*) e tropas das *Waffen-SS*. Substituiu a anterior *Reichswehr*, criada em 1921, após a derrota alemã na Primeira Guerra Mundial. Em 1955, as novas Forças Armadas alemãs foram reorganizadas sob o nome de *Bundeswehr*. (N. T.)

Steiner especula que, se Chamberlain tivesse juntado forças com os franceses e ameaçasse a intenção de declarar guerra em vez de abrir negociações, Hitler talvez houvesse sido forçado a recuar. A opinião pública, fortemente contrária à guerra, talvez tivesse mudado de opinião em apoio aos governos britânico e francês. É muito provável que um conflito militar resultasse em impasse, especialmente se o moderno e eficiente Exército tcheco tivesse mantido suas bem preparadas posições defensivas contra um ataque alemão. Mas "como tantas hipóteses contrafatuais", Steiner admite, "os argumentos favoráveis à guerra em 1938 parecem muito mais robustos em retrospecto do que eram à época". Os britânicos e os franceses não realizaram as reuniões de Estado-Maior necessárias para coordenar a ação militar, e ambos superestimaram tremendamente o poderio da máquina militar alemã. Em última instância, Chamberlain ainda acreditava na possibilidade de um acordo de paz europeu. E estava comprometido em evitar a guerra, quase que a qualquer custo.

O principal estadista francês do período, Édouard Daladier, não compartilhava dessas ilusões. A seu ver estava claro que Hitler pretendia destruir a Tchecoslováquia e que a palavra do líder nazista não era digna de confiança. "Em seis meses", ele previu corretamente depois do Acordo de Munique, "a França e a Inglaterra se veriam cara a cara com novas exigências alemãs". Do início ao fim da crise ele tentou persuadir Chamberlain a manter-se firme. Um dos funcionários graduados do Ministério das Relações Exteriores britânico chamou seu argumento de "porcaria medonha". Tendo fracassado na construção de um sistema de alianças viável com os países menores do Leste Europeu, os franceses se fizeram dependentes dos britânicos. Depois do acordo, Daladier disse a seus colegas: "Não estou orgulhoso". Ele sabia que era uma capitulação abjeta, e tinha razão.

A relativa clarividência de Daladier não foi compartilhada pelo líder da outra grande potência europeia que deparou com o implacável expansionismo de Hitler na segunda metade da década de 1930, a União Soviética. Iosif Stálin buscou, tanto quanto possível, manter seu país fora de qualquer guerra vindoura. Ele vinha acelerando a fabricação de armas em larga escala, em velocidade vertiginosa, desde meados da década de 1930, mas ainda se sentia despreparado, em parte devido aos danos que ele próprio infligira aos escalões mais altos da liderança militar nos expurgos e no terror de 1937-38.

Ele considerava que as potências capitalistas na Europa Central e Ocidental estavam ligadas por interesses comuns, e foi persuadido, pela fraqueza de Chamberlain diante das exigências de Hitler, de que a Inglaterra e a Alemanha por fim chegariam a um acordo entre si. A tentativa do governo britânico de atrair a União Soviética para integrar uma coalizão anti-Hitler fracassou principalmente por conta dos preconceitos anticomunistas de Chamberlain e Halifax, mas o compreensível nervosismo dos países menores do Leste Europeu também teve papel importante.

"O bom senso indica que teria sido um ato de desespero [para Hitler] atacar a Polônia em face de uma aliança anglo-francesa-soviética", Steiner conclui. Mas bom senso não era uma das características de Hitler. Ele se autodescrevia como um jogador que sempre apostava tudo e ia até as últimas consequências. De qualquer maneira, a ideia da aliança não foi em frente. Stálin concluiu que era melhor ganhar tempo fechando um acordo com Hitler e deixando que as potências capitalistas lutassem entre si. Na mente de Stálin predominavam interesses pragmáticos e defensivos. Aquilo não era um prelúdio a uma revolução mundial. Era importante, disse ele ao líder da Internacional Comunista, não cair de novo no estado de espírito exageradamente otimista mostrado pelos bolcheviques na "Primeira Guerra Imperialista". "Todos nós agimos de forma precipitada e cometemos erros! [...] Hoje é nossa obrigação não repetir a posição mantida pelos bolcheviques". Se ele não provocasse Hitler, Stálin pensava, o pacto seria mantido. Tudo isso eram ilusões que, Steiner comenta, "custariam caro ao país em 1941", quando os alemães invadiram a União Soviética sem aviso e seguiram adiante para conquistar imensos nacos de território, infligindo severas perdas ao povo soviético, militares e civis, antes de serem finalmente repelidos.

Por ocasião do Pacto Hitler-Stálin, o sistema de relações internacionais havia mudado a ponto de ser irreconhecível em comparação ao que era duas décadas antes. Após a Primeira Guerra Mundial, os vitoriosos esperavam criar uma nova maneira de fazer negociações, com o fim dos acordos secretos e dos pactos bilaterais, além da criação de Liga das Nações para monitorar as disputas internacionais e resolver crises diplomáticas. As discussões sobre desarmamento fariam do mundo um lugar mais seguro e contribuiriam para evitar outra guerra geral destrutiva. A ascensão de Hitler ao poder acabou com as conversas sobre desarmamento: depois que ele as abandonou em 1933, não fazia sentido continuar, e a Conferência sobre o Desarmamento Mundial foi adiada indefinidamente em junho de 1934. A invasão italiana da Etiópia em 1935 "causou danos irreparáveis à Liga das Nações", observa Steiner. Antes de 1914 a invasão teria sido apagada da memória como uma aventura colonial de pequenas proporções, mas as novas regras de comportamento asseguraram que ganhasse um significado bem maior. Enquanto estadistas emitiram expressões rituais de indignação moral, os britânicos e os franceses, de cuja cooperação a Liga em última instância dependia, aprovaram a imposição apenas das mais brandas das sanções contra os italianos, ao passo que nos bastidores concordaram em propor a repartição da Etiópia, com uma grande porção do país ficando com a Itália.

Quando o acordo – o Pacto Hoare-Laval – vazou para a imprensa francesa, a efervescente onda internacional de protestos e comoção quase derrubou o governo britânico. Se realmente quisessem deter a Itália, os britânicos e os franceses poderiam ter fechado o Canal de Suez para interromper a rota italiana de abastecimento de suprimentos. O fiasco do Pacto Hoare-Laval deixou claro que a Liga já não era mais um fórum internacional efetivo para a resolução de disputas ou a imposição da paz. Reconhecendo as realidades da situação, ela votou pelo fim das sanções. A Itália, depois de usar bombas aéreas de gás venenoso para destruir o Exército etíope, ocupou o país inteiro, impunemente. Isso convenceu Hitler de que a essa altura ele nada precisava temer com relação a britânicos e franceses, e o *Führer* apresentou seus planos para a remilitarização unilateral da Renânia, outro golpe fatal no Acordo de Paz de 1919. De sua parte, Mussolini estava convencido de que sua ambição de criar um novo Império Romano no Mediterrâneo era agora plausível e factível. Isso, também, era uma ilusão: os recursos da Itália simplesmente não o permitiam, como ficaria claro mais tarde, quando tropas italianas fracassaram vergonhosamente na tentativa de conquistar a Grécia, a Iugoslávia e o Norte da África.

Daí por diante, as relações internacionais foram conduzidas por meio de negociações bilaterais secretas à moda antiga, do mesmo tipo que o Acordo de Paz tinha buscado abolir em 1919. A escala da intervenção praticamente irrestrita da Alemanha, da Itália e da União Soviética na Guerra Civil Espanhola serviu para sublinhar a impotência da Liga. A organização ainda dava continuidade a seus programas de direitos humanos, saúde e bem-estar social. Mas mesmo aqui se viu diante do fracasso quando confrontou o maior dos desafios do final da década de 1930: o afluxo crescente e intenso de grandes contingentes de refugiados. É importante, aponta Steiner, não sermos anacrônicos em nossa avaliação dessa questão: "Poucos estadistas acreditavam que a violação dos direitos humanos fosse preocupação da comunidade internacional". As urgentes questões de guerra e paz relegaram o tema dos refugiados para a parte de baixo da lista de prioridades internacionais.

Contudo, alguma coisa precisava ser feita. A perspectiva de multidões de refugiados judeus vindo não apenas da Alemanha e particularmente da Áustria na esteira da *Anschluss* de março de 1938, mas também da Hungria e da Romênia, ensejou a convocação de uma conferência internacional em Evian em julho de 1938. A conferência não foi convocada por iniciativa da Liga, mas a convite de Roosevelt. Os resultados foram parcos. Um após o outro, os países se declararam saturados de imigrantes e incapazes de fazer o que quer que fosse. "Discursos abertamente antissemitas propiciaram o deleite da imprensa nazista", Steiner escreve. No final de 1938 a Liga centralizou sua plataforma de ação sob um Alto-Comissariado para Refugiados, mas o organismo contava com recursos insuficientes e não dispunha dos meios para negociar com os alemães. Outras instituições com papel potencial na ajuda humanitária, como o Papado, não acreditavam que os judeus fossem sua preocupação.

As atitudes só começaram a mudar com os *pogroms* de âmbito nacional levados a cabo pelos nazistas na noite de 9 para 10 de novembro de 1938, quando, por toda a Alemanha, sinagogas foram incendiadas, milhares de lojas pertencentes a judeus foram destruídas e 30 mil homens judeus detidos e levados para campos de concentração, onde sofreram brutais maus-tratos e foram libertados somente após a promessa de que emigrariam. Esses eventos chocaram a opinião internacional. Chamberlain os descreveu como "barbaridades", mas essa indignação não resultou em nenhuma ação conjunta concreta, e a Liga das Nações tampouco tomou alguma medida efetiva. A Inglaterra abrandou as restrições para a obtenção de vistos, e nos meses seguintes indivíduos e organizações não governamentais no Reino Unido e em outros países europeus implementaram diversos planos e programas para salvaguardar os judeus alemães, especialmente as crianças. Muitos foram salvos. Mas isso ainda se dava em escala extremamente modesta. Para Hitler, o conflito era desde o início, como Steiner corretamente aponta, uma "guerra de motivação racial" contra o que a propaganda nazista já em setembro de 1939 estava chamando de "judeu internacional e plutocrático" mundo afora. A opinião internacional jamais reconheceu verdadeiramente esse fato.

Se a Primeira Guerra Mundial provavelmente começou em agosto de 1914 como resultado de incompreensões e falhas de comunicação, o mesmo não se pode dizer da Segunda Guerra Mundial. Embora Hitler quisesse a guerra, Steiner escreve, o conflito que se seguiu "não era a guerra que ele queria nem aquela para a qual a Alemanha estava preparada". Hitler estava determinado a evitar a repetição do Acordo de Munique; nada o impediria de invadir e conquistar a Polônia, como o haviam impossibilitado, pelo menos por certo tempo, de levar adiante a invasão da Tchecoslováquia. Já abalados por uma visão menos otimista da Alemanha nazista e de suas intenções por conta da selvageria do *pogrom* de 1938, britânicos e franceses compreenderam de vez – quando os Exércitos nazistas tomaram de assalto o restante da Tchecoslováquia em março de 1939, pela primeira vez conquistando um território onde a maioria dos habitantes não era de alemães – que Hitler de fato pretendia fazer mais do que simplesmente apenas revisar as cláusulas e disposições legais do acordo de paz de 1919 a favor da Alemanha. Provou-se que Daladier tinha razão.

Surgiram então as garantias anglo-francesas à Polônia e a outros países do Leste Europeu para a eventualidade de uma invasão alemã. Ambos os governos perceberam que Munique tinha sido em vão. Planos militares concretos foram delineados a sério. Os britânicos chegaram a uma estimativa mais realista, portanto menos exagerada, do poderio militar alemão. Todavia, britânicos e franceses decidiram não desferir um ataque independente contra a Alemanha caso a Polônia fosse invadida, embora tenham deixado os poloneses com a impressão de que o fariam. Os franceses prometeram enviar algumas aeronaves de combate obsoletas como auxílio militar. Involuntariamente, as autoridades polonesas encorajaram esse enfoque despreocupado ao se gabar para os ingleses de sua própria força militar, política que Steiner descreve como temerária. Na realidade, tão logo foi firmado o pacto Hitler-Stálin, selou-se também o destino da Polônia.

Nas derradeiras semanas que antecederam a deflagração da guerra, a opinião pública na Inglaterra e na França, ainda que apreensiva, reconheceu que era necessário parar Hitler. No entanto, Chamberlain e Daladier ainda hesitavam. Mussolini estava claramente relutante em tomar o partido de Hitler – na verdade os italianos esperaram diversos meses até se decidirem por ficar do lado do *Führer* –, então talvez pudesse ser usado como um intermediário honesto para ocasionar um acordo que evitaria a guerra? Mais uma vez, Steiner comenta acidamente, Chamberlain e Halifax compreenderam mal a natureza das intenções de Hitler. Porventura as diferenças entre Alemanha e Polônia poderiam ser resolvidas sem derramamento de sangue? Eles simplesmente não viram que na verdade Hitler queria um banho de sangue. Como nota Steiner, "racional até demais, Chamberlain não era capaz de imaginar que uma pessoa em sã consciência [...] poderia na verdade querer a guerra. Até o fim, esse homem intransigente, controlado e teimoso buscou convencer a si mesmo de que existia algum modo de evitar a catástrofe iminente".

Chamberlain interpretou pessimamente mal a mudança de humor na Câmara dos Comuns em 1939. Quando ele apareceu por lá, imediatamente após a invasão alemã da Polônia, foi para anunciar em termos vagos que estava buscando a mediação por intermédio da influência de Mussolini. A grita foi tamanha que praticamente abafou a voz de Chamberlain. O gabinete reuniu-se às pressas, sem ele, e o forçou a enviar um ultimato exigindo que os alemães retirassem suas tropas. O prazo do ultimato expirou sem que houvesse a retirada; consequentemente, Chamberlain comunicou ao povo britânico – em uma transmissão radiofônica cujo tom sepulcral denunciava a sua profunda decepção com o fato de que dessa vez a mediação não tinha sido possível – que a Inglaterra agora estava em guerra com a Alemanha. "Tudo aquilo por que trabalhei, tudo o que eu esperava, tudo em que acreditei durante a minha vida pública", disse ele à Câmara dos Comuns, "desmoronou".

Hitler tampouco queria essa guerra específica. Até o fim, contou com a neutralidade, ou pelo menos a inação, anglo-francesa. As ações de Chamberlain e Daladier apenas fortaleceram nele esse ponto de vista. Quando a situação beirou o limite, ele ficou apreensivo e na última hora adiou a invasão. Mas, no fim, correu o risco. A Inglaterra e o Império Britânico, com a França e o Império Francês, e com o apoio tácito dos Estados Unidos – apenas começando a sair do isolamento a partir da percepção de que as ambições de longo prazo de Hitler afetariam seriamente os interesses americanos de longo prazo –, seriam, como os conselheiros de Hitler alertaram, os inevitáveis vencedores em uma guerra de atrito (ou guerra de desgaste). No longo prazo os recursos da Alemanha simplesmente não conseguiriam estar à altura dos recursos de ingleses, franceses e americanos. A melhor possibilidade de sucesso era agora, antes que os inimigos da Alemanha estivessem plenamente preparados. E assim teve início a maior guerra da história, uma guerra que duraria até 1945, uma guerra em que mais de 50 milhões de pessoas perderiam a vida, uma guerra que terminaria com a destruição da Alemanha e o colapso dos impérios europeus ultramarinos, entre eles o britânico e o francês. À época poucos poderiam ter antevisto esses resultados; mas no fim das contas poucos julgaram que a guerra pudesse ser evitada.

The Triumph of the Dark, de Zara Steiner, é uma continuação perfeita para *The Lights that Failed: European International History, 1919-1933* [As luzes que falharam: História internacional da Europa, 1919-1933], seu igualmente perfeito estudo de relações internacionais que vai da Primeira Guerra Mundial até a tomada nazista do poder. Sua análise em dois volumes resistirá ao teste do tempo. É tão impressionante em amplitude quanto em profundidade, cobrindo com igual autoridade desdobramentos e relações econômicos, produção de armas, negociações diplomáticas, política e guerra. O domínio que Steiner demonstra ter da literatura e da documentação acadêmicas em diversas línguas é quase espantoso. Seu livro é escrito de forma brilhante, repleto de ponderações pungentes, frases cativantes, comentários e digressões sarcásticos, e amiúde descreve com clareza límpida complicadas sequências de eventos. É um magnífico trabalho de erudição acadêmica, narrativa e abalizado discernimento histórico, e por muitas décadas vindouras continuará a ser o relato-padrão e a obra de referência acerca desses terríveis anos.

Nazistas e diplomatas

I

Quando o diplomata de carreira Curt Prüfer, nascido em 1881, sentou-se, no fim da Segunda Guerra Mundial, para pensar em sua carreira e no que ele havia feito durante o Terceiro Reich, pôde rememorar quase quatro décadas de constante ascensão nos escalões do Ministério das Relações Exteriores alemão. Arabista que trabalhou como oficial de inteligência no Oriente Médio durante a Primeira Guerra Mundial, Prüfer atuara como segundo-secretário da Divisão Anglo-Americana e Oriental do Ministério das Relações Exteriores em Berlim de 1930 a 1936, quando foi incumbido de dirigir a divisão de pessoal, antes de ser designado embaixador da Alemanha no Brasil em 1939. Em 1942, depois da entrada do Brasil no lado dos Aliados, Prüfer regressou a Berlim, mas a saúde debilitada, a idade e o medo de que a Alemanha logo fosse derrotada levaram-no a obter uma licença para sair do país e viver com a família na Suíça, onde recebeu a confirmação de sua aposentadoria oficial pouco antes do término do conflito.[1]

Prüfer não reviu sua vida nem com nostalgia nem com satisfação. A despeito de sua origem relativamente humilde, ele rapidamente se tornara, graças a seu domínio do idioma árabe e seu conhecimento a respeito do mundo árabe, parte da elite conservadora cujos valores e convicções dominavam o Ministério das Relações Exteriores durante a década de 1920. Mas, dizia ele, ao longo dos anos de Hitler essa elite tinha sido ignorada e deixada de lado por jovens recém-chegados enfiados ministério adentro pelos nazistas. Esses novatos ganharam evidência especialmente na Divisão da Alemanha (*Abteilung Deutschland*), que era responsável entre outras coisas pelas articulações e contatos com o partido nazista e a SS. Na opinião de Prüfer, isso criava papelada desnecessária e atravancava o funcionamento adequado do serviço diplomático. Os nazistas levados para o Ministério das Relações Exteriores por Joachim von Ribbentrop – o homem do partido que em 1938 havia substituído o conservador Konstantin von Neurath como ministro das Relações Exteriores, cargo que ocupou até 1945 – eram, segundo Prüfer, meros diletantes nomeados por seu engajamento ideológico e não por sua competência ou conhecimentos. Homens como o subsecretário de Estado Martin Luther nada sabiam acerca de relações exteriores, e funções importantíssimas do ministério, como as divisões de Informação e Oriental, estavam sendo arruinadas pelos recém-chegados. A velha elite diplomática, insistiu Prüfer, mantivera-se profissional e correta, hostil a Hitler e desconfiada do aventureirismo do *Führer*. O povo alemão não deveria ser culpado pela eclosão da guerra; pelo contrário, vinha sendo sistematicamente preparado para o conflito por uma facção de nazistas fomentadores da guerra. Se pudessem dar continuidade ao seu trabalho, sugeriu Prüfer, os diplomatas do Ministério das Relações Exteriores teriam conseguido resolver pacificamente a crise da Europa.[2]

Ao recordar o seu passado, Prüfer contava com a enorme vantagem de poder consultar os diários que ele havia mantido ao longo de toda a vida. Prüfer era praticamente o único entre os veteranos diplomatas de elite a manter um diário íntimo, que portanto é extremamente valioso como fonte. Em muitas das anotações citadas no livro que ele preparava para publicação no fim da guerra, transparece com destaque a desilusão de Prüfer com o regime nazista e seu líder. Registrando em 19 de julho de 1943 o dramático declínio da sorte das Forças Armadas alemãs, sobretudo na Itália, ele anotou:

> Talvez a razão essencial para essa pavorosa reversão seja que o crepúsculo dos deuses agora está prestes a se abater sobre a massa de pessoas que seguiu Hitler com tamanha fé cega. Tornou-se claro que a estrada equivocada foi a escolhida; que todos foram ludibriados; e que todos os sacrifícios inimagináveis foram oferecidos a um falso ídolo, sacrifícios que não nos trarão recompensa alguma, apenas punição. Essas compreensões drenaram a nossa coragem, sufocaram o nosso entusiasmo e suscitaram dúvidas acerca da justiça de nossa causa.[3]

Prüfer também era bastante crítico acerca das políticas nazistas com relação aos judeus, sobre as quais, ele anotou em 16 de junho de 1942, as histórias que ouvia eram "tão medonhas que as consideramos 'relatos de atrocidade' ou, no mínimo, muito exagerados".[4] Em 21 de novembro de 1942 ele registrou que as histórias sobre o extermínio dos judeus causariam à Alemanha "danos inomináveis" "se essas histórias realmente corresponderem aos fatos". No que dizia respeito aos judeus, "todos falam deles com a maior das simpatias".[5] Em outra ocasião, ele anotou: "A perseguição dessas pessoas inocentes, que estão sendo aniquiladas unicamente porque sua existência não está de acordo com a projeção ideal da '*Weltanschauung*' [cosmovisão] nacional-socialista, afligiu como um fardo a consciência de todo indivíduo que tinha conhecimento a respeito". Lamentavelmente, a coerção e "o juramento de lealdade" mantiveram as pessoas (entre elas, é claro, o próprio Prüfer e seus colegas diplomatas) na linha. A maior parte dos alemães, ele escreveu em 19 de julho de 1943, queria que Hitler fosse retirado do poder, "mas enquanto o inimigo insistir em rendição incondicional [...] a nação continuará resistindo".[6] Assim, a ausência de resistência era principalmente culpa dos Aliados.

Infelizmente, na verdade Prüfer jamais escreveu essas palavras em seus diários originais. Ele as inseriu para o benefício de seus leitores posteriores, em 1946. Na versão original da anotação no diário em 19 de julho de 1943 citada anteriormente, ele escreveu apenas: "O *Führer* é um grande, grande homem, que transformou a nossa nação – à época à beira da ruína – no país mais poderoso da Terra". O declínio da Alemanha era "terrível de ver", ele escreveu, "porque eu estava sinceramente convertido a algumas das belas ideias do nacional-socialismo".[7] A anotação de 16 de outubro de 1942 em que ele descreve seu ceticismo acerca do extermínio dos judeus jamais existiu no original; ele a escreveu em 1946. Da mesma forma, a entrada de 21 de novembro de 1942 não contém uma única palavra sobre os judeus.

Prüfer adulterou seus diários principalmente para ocultar o fato de que ele próprio era profundamente antissemita. Sua convicção de que havia uma conspiração judaica para subverter a Alemanha já se manifestara durante a greve geral que resultou no fracasso do *Putsch* de Kapp em 1920. Caminhando pelas ruas de Berlim durante a greve, ele encontrava grupos de pessoas "paradas por toda parte, debatendo. Os oradores são quase exclusivamente judeus, comportando-se como se fossem amigos do povo. É repugnante ver como os estúpidos alemães se permitem seduzir e enganar pelo judeu internacional". Para Prüfer, a greve era "a questão judaica".[8] Seu antissemitismo tinha também um lado prático. Durante a era nazista, Prüfer teve de se apressar para encobrir o fato de que um dos ancestrais de sua esposa era um judeu batizado: subornou um alto funcionário para apagar dos registros oficiais essa informação, ao passo que mais tarde não teve remorso algum em comprar uma propriedade "arianizada" em Baden-Baden.[9]

Em 14 de abril de 1943, ele escreveu sobre o "ódio abismal dos judeus contra todos os gentios europeus" e perguntou: "Como pode um dia haver paz se os judeus são os conselheiros dos nossos inimigos?"[10]

Na anotação de 22 de novembro de 1942, Prüfer informa que tinha ouvido a notícia do assassinato em massa de judeus no leste ("hoje, toda criança sabe disso nos mínimos detalhes"), mas esse registro não vem acompanhado de comentário sobre a moralidade do acontecimento, e na versão revisada foi substituída pela expressão de dúvida ("se essas histórias realmente corresponderem aos fatos") e a história inventada sobre a simpatia das pessoas pelas vítimas.[11]

Uma das principais tarefas de Prüfer durante a guerra, depois de retornar do Brasil, foi, na qualidade de especialista em assuntos árabes, lidar com o grande mufti de Jerusalém, Haji Amin al-Husseini, a quem defendeu contra as intrigas de seu rival Rashid Ali al-Gailani, o nacionalista iraquiano que fugira para a Alemanha após uma malograda insurreição contra os britânicos em 1941. O mufti, Prüfer escreveu em seu diário original em 17 de julho de 1943, "continuou insistindo em 'se livrar dos assentamentos judaicos na Palestina', com o que queria dizer, conforme o mufti dissera a Hitler em outra ocasião, exterminar os judeus de lá. Essa anotação foi simplesmente cortada das edições revisadas.[12]

Prüfer nunca publicou seus diários; quando os concluiu, percebeu que incriminariam seu antigo chefe Joachim von Ribbentrop, que foi a julgamento em Nuremberg, respondendo a processo por crimes de guerra. Mas ele os guardou consigo e, após a morte do chefe, entregou-os em 1959 a seu filho, que por fim os disponibilizou para pesquisa acadêmica. São interessantes em particular porque mostram como Prüfer conscientemente falsificou os registros históricos de modo a dar a impressão de que ele, e a elite diplomática profissional a que pertencia, tinham sido politicamente neutros durante o Terceiro Reich; que haviam desprezado Hitler e as autoridades nazistas; que pouco ou nada sabiam com certeza acerca do extermínio dos judeus; e que, com base no mínimo que chegaram a saber, tinham condenado os nazistas por seu antissemitismo – valores de que eles, como a esmagadora maioria dos alemães, não compartilhavam. A biografia de Prüfer, e a história de seus diários adulterados, pode ser tomada como exemplo dramático de como a historia pode ser manipulada e as lendas, fabricadas. Prüfer não só foi incapaz de aprender com o passado, mas também empenhou-se ativamente em acobertá-lo.

II

Até que ponto o caso de Curt Prüfer foi típico? Até que ponto os diplomatas alemães de carreira, que serviam no Ministério das Relações Exteriores durante o período nazista, encobriram seu próprio envolvimento nos crimes do nazismo? Seja como for, com que grau de profundidade os diplomatas da velha guarda se envolveram? Por décadas a fio após a guerra, o Ministério das Relações Exteriores alemão mostrou pouca ou nenhuma propensão para enfrentar essas questões. Reconstituído na Alemanha Ocidental em 1951, o órgão descreveu em três frases, em um panfleto publicado em 1979, a sua história nos anos de 1933-34:

> O Ministério das Relações Exteriores se pôs de sentinela e ofereceu resistência robusta e persistente aos planos do regime nazista, sem ser capaz, no entanto, de evitar o pior. Por um bom tempo o ministério permaneceu uma instituição "apolítica" e foi considerado pelos nacional-socialistas um viveiro de oposição. No saguão de entrada do novo Ministério das Relações Exteriores há uma placa memorial em celebração à memória dos diplomatas que deram a própria vida na luta contra o regime de Hitler.[13]

Essa descrição tornou-se mais ou menos dogma no Ministério das Relações Exteriores e assim permaneceu até o final do século XX, e inclusive além. Em diversas ocasiões foi questionada, mas as tentativas de ridicularizar o ministério e expô-lo ao sarcasmo público como uma ferramenta do nazismo aparentemente não tiveram influência alguma sobre sua memória coletiva.

Em 2003, como era seu costume, o Ministério das Relações Exteriores alemão publicou em sua revista interna o respeitoso obituário de um diplomata de carreira recém-falecido, no caso o antigo cônsul-geral em Barcelona, Franz Nüßlein. Ao ler o obituário, Marga Henseler, tradutora aposentada da instituição, protestou junto ao ministério, ao político do Partido Verde e ex-ativista radical Joschka Fischer e ao líder social-democrata do governo de coalizão, Gerhard Schröder, apontando que o necrológio negligenciava o fato de que durante a guerra Nüßlein servira como promotor público na Praga ocupada pelos alemães, onde, entre outras coisas, tinha sido responsável por julgar recursos de clemência dos tchecos condenados à morte por seu envolvimento na resistência; segundo Marga, Nüßlein havia negado mais de cem desses recursos. Em 1948, Nüßlein foi condenado a vinte anos de prisão por um tribunal tcheco, antes de ser mandado de volta para a Alemanha em 1955 como criminoso de guerra não anistiado. Nüßlein alegou ter sido meramente "internado" e de fato entrou com processo judicial por compensação como prisioneiro de guerra tardiamente libertado. Graças a sua rede de conexões pessoais, quase que imediatamente obteve uma vaga no Ministério das Relações Exteriores, onde exerceu diversas funções, entre elas cuidar dos casos de solicitação de indenização por demissão sem justa causa.[14] A despeito da ampla publicidade que no final da década de 1950 e no início da de 1960 foi dada ao seu passado nazista – orquestrada por propaganda do Leste Europeu mas respaldada por um ex-diplomata exonerado pelos nazistas e que teve seu pedido de indenização negado por Nüßlein –, ele permaneceu no cargo até aposentar-se em 1974.

O ministro das Relações Exteriores Joseph Martin "Joschka" Fischer, chocado com o fato de que um homem com tal passado pudesse receber um obituário respeitoso, que além de tudo não fazia menção alguma a seus crimes, proibiu a elaboração de novos elogios fúnebres a antigos membros do partido nazista no ministério. No ano seguinte, outro diplomata aposentado, Franz Krapf, ex-embaixador da Alemanha no Japão e chefe da delegação alemã no quartel-general da OTAN, morreu, e, uma vez que tinha sido membro não apenas do partido nazista mas também da SS, não poderia ser homenageado por um obituário na revista interna do Ministério das Relações Exteriores, em virtude da proibição de Fischer. A reação entre os diplomatas aposentados foi furiosa. Era uma conduta desonrosa por parte do ministro, queixou-se um. Os próprios membros da resistência a Hitler no âmbito do ministério, como Adam von Trott zu Solz, tinham sido membros do partido. Também a eles teria sido negada a homenagem de um obituário caso houvessem sobrevivido? O próprio Krapf, alegaram eles, fora amigo íntimo de um outro diplomata, Erich Kordt, que durante toda a vida fez oposição a Hitler e depois da guerra deu depoimentos que comprovaram as simpatias de Krapf com a resistência ao nazismo. Indignados pela proibição de Fischer, 128 diplomatas aposentados subscreveram um extenso obituário publicado no jornal conservador *Frankfurter Allgemeine Zeitung*, honrando em termos respeitosos a memória de Krapf.[15]

Foi um ato de insubordinação tão notório que o ministro das Relações Exteriores não podia dar-se ao luxo de ignorá-lo. A reação de Fischer foi, em 2005, contratar um grupo independente de historiadores para investigar a "história do Ministério das Relações Exteriores no período nacional-socialista, a forma como o órgão lidou com esse passado após a refundação do ministério em 1951 e a questão das continuidades ou descontinuidades pessoais após 1945". Entre os membros originais da comissão estavam dois estadistas conservadores mais velhos, Henry Ashby Turner e Klaus Hildebrand, mas por conta da saúde fragilizada ambos foram obrigados a abandonar a empreitada, deixando os alemães Eckart Conze e Norbert Frei, o americano Peter Hayes e o israelense Moshe Zimmermann incumbidos de organizar a pesquisa e a redação do texto. Todos eles tinham experiência em trabalhar com diversos aspectos do período nazista e dos anos do pós-guerra. Entretanto, eram todos homens atarefadíssimos, por isso tiveram de subcontratar doze colegas mais jovens para fazer o trabalho e um décimo terceiro para levar a cabo a tarefa de editar o texto. O papel dos quatro tarimbados historiadores no projeto é incerto, mas na prática parece ter sido mínimo; de fato, com uma honestidade louvável, no final eles enumeram os nomes de todos os efetivos autores e as respectivas partes pelas quais cada um foi responsável. Ao mesmo tempo, porém, a saída fortuita dos dois historiadores mais velhos e conservadores da comissão original

(Turner e Hildebrand) colocou a direção do projeto nas mãos de uma geração mais jovem de historiadores com um conjunto de atitudes bastante diferente, ao passo que a pesquisa e a escrita foram realizadas por homens e mulheres predominantemente de uma geração ainda mais jovem. Isso teria profundas consequências nas interpretações postas em consideração pelo livro quando finalmente foi publicado no outono de 2010.[16]

A essa altura, a coalizão Social-Democrata / Partido Verde havia muito dera lugar a um governo mais conservador, e Fischer tinha deixado o Ministério das Relações Exteriores; porém na ocasião do lançamento do livro ele declarou, triunfante, que a obra era o obituário que os diplomatas realmente fizeram por merecer. Em entrevista à *Der Spiegel*, Eckart Conze sumarizou suas descobertas. O Ministério das Relações Exteriores, disse ele, "participou como instituição de crimes nazistas de violência que incluíram o assassinato de judeus. Dessa forma, pode-se dizer: o Ministério das Relações Exteriores era uma organização criminosa". Isso o colocava no mesmo patamar da SS, condenada como uma organização criminosa nos Julgamentos de Crimes de Guerra de Nuremberg. Conze foi além para afirmar que a maior parte dos diplomatas e funcionários graduados "já considerava que a ascensão dos nazistas ao poder em 1933 era uma espécie de redenção".[17] Longe de serem "apolíticos", eles eram adversários da democracia e suficientemente antissemitas para simpatizar com as medidas antijudaicas tomadas pelos nazistas. A substituição de Neurath por Ribbentrop não fez a menor diferença. A velha guarda de diplomatas profissionais era tão malévola quanto os dirigentes nazistas, e somente uma proporção ínfima deles envolveu-se em algum tipo de resistência.

A publicação do livro causou enorme turbilhão na mídia. A tremenda publicidade dada ao lançamento da obra, especialmente com a presença de Fischer e outros políticos renomados – somada ao estilo inegavelmente claro e agradável de ler do texto – ajudaram a fazer de *Das Amt* um sucesso de vendas. As reações iniciais na imprensa foram esmagadoramente positivas.[18] Todavia, logo os críticos começaram a atacar o livro, acusando-o de apresentar conclusões por demais abrangentes, uma pesquisa eivada de inúmeros erros de detalhes, argumentos consistentemente enviesados e carentes de corroboração com base em evidências. Jan Friedmann e Klaus Wiegrefe, redatores da *Der Spiegel*, queixaram-se de que o livro fazia reiteradas referências a "os diplomatas", como se todos eles tivessem tido o mesmo grau de envolvimento com o nazismo, ou que o livro equiparava o conhecimento sobre o extermínio em massa com aprovação ou mesmo responsabilidade.[19]

O trabalho da comissão, queixou-se o historiador e jornalista Rainer Blasius, "viola padrões acadêmicos e fomenta preconceitos". Praticamente ignorava o papel dos diplomatas na resistência a Hitler, e consistentemente apresentava a pior interpretação possível acerca de sua conduta. Repetia as velhas histórias de propaganda engendradas pela República Democrática Alemã (Alemanha Oriental) em um esforço de jogar no descrédito a República Federal (Alemanha Ocidental).[20] Outros críticos apontaram para o fato de que, embora a comissão tenha alardeado a sua pesquisa como algo inovador que pela primeira vez quebrava uma série de tabus, a bem da verdade já existiam diversos estudos acadêmicos sobre o envolvimento do Ministério das Relações Exteriores no Holocausto, notadamente de autoria de Christopher Browning[21] e Hans-Jürgen Döscher, que também publicara uma importante análise sobre o ministério nos anos do pós-guerra.[22]

Os críticos consideram uma grave falha do livro a falta de referências a outras fontes secundárias relevantes.[23] Hans Mommsen e Johannes Hutler criticaram a estreiteza de foco da comissão, que se concentrou no Holocasuto e negligenciou outras questões, e queixaram-se mais uma vez da tendência do livro a tecer juízos generalizantes e ponderações banais.[24] Mommsen acrescentou que nenhum dos quatro editores era especialista em história do Holocausto – comentário claramente injusto,[25] uma vez que Peter Hayes publicou relevantes pesquisas sobre o envolvimento de empresas como a IG Farben e a Degussa, e Norbert Frei é um dos poucos historiadores veteranos remanescentes na Alemanha que escreveram extensamente acerca do Terceiro Reich, ao passo que a parte essencial do livro, sobre o período pós-guerra, certamente exigia o conhecimento especializado de um historiador como Eckart Conze, autor de um recente compêndio sobre a Alemanha pós-1945.[26] Ainda assim, o argumento de Mommsen poderia ser aplicado a uma gama de pesquisadores que efetivamente escreveram o texto do livro, entre eles jovens acadêmicos que nem sequer haviam concluído o doutoramento.

O fato de que os quatro historiadores responsáveis não escreveram verdadeiramente o livro não os impediu de saírem em defesa da obra. Moshe

Zimmermann acusou Hürter em particular de falar em nome do conservador Instituto de História Contemporânea [*Institut für Zeitgeschichte*] de Munique, que, alegou ele, nessa época vivia constantemente tentando eximir de culpa a velha elite alemã. Era abstruso acusar os autores de se concentrarem demais no Holocausto, disse Zimmermann. Os críticos estavam empreendendo uma campanha política para reabilitar o Ministério das Relações Exteriores da década de 1950 e difamar os editores de *Das Amt* porque eles eram forasteiros sociais.[27]

Talvez pudesse muito bem haver alguma plausibilidade nessas acusações no que dizia respeito aos críticos, contudo não é plausível acusar Hürter de falar em nome do *Institut für Zeitgeschichte* ou de tentar perdoar as velhas elites – ele é autor de um estudo de fôlego e relevo sobre o corpo do oficialato militar no Terceiro Reich que é qualquer coisa menos escusatório – e de qualquer modo outros críticos, particularmente Mommsen, não têm ligação nenhuma com o instituto e nenhum interesse pessoal conservador. Atribuir motivos políticos aos críticos do livro não é uma resposta às críticas. Os argumentos que ele apresenta são sérios e precisam ser enfrentados. Qualquer discussão sobre o livro precisa perguntar, portanto: os críticos têm razão? E, se tiverem, suas críticas apontam para uma defesa da posição do tradicional Departamento de Assuntos Internacionais no papel do Ministério das Relações Exteriores no Terceiro Reich e como esse papel foi tratado em décadas posteriores?[28]

III

A seção de abertura, escrita por Lars Lüdicke, que à época redigia uma tese de doutorado na Universidade de Potsdam e já era autor de um breve estudo sobre a política externa alemã de 1933 a 1945 publicado em 2009[29] – e que, obviamente tem estreitas ligações com sua portentosa contribuição a *Das Amt* –, trata do período que vai até a eclosão da guerra. Devotando boa dose de atenção às estruturas pessoais internas e políticas do Ministério das Relações Exteriores, Lüdicke argumenta de maneira convincente que as tentativas feitas na República de Weimar para modernizar o serviço foram um fracasso. Em 1933, especialmente os escalões mais altos do ministério ainda eram dominados por diplomatas que tinham aprendido seu ofício sob o *Kaiser*. Muitos deles eram aristocratas e compartilhavam dos preconceitos da aristocracia contra a democracia, o igualitarismo, a reforma – e os judeus. Pouquíssimos funcionários graduados no Ministério das Relações Exteriores optaram por pedir exoneração quando os nazistas chegaram ao poder – Friedrich von Prittwitz und Gaffron, embaixador em Washington e democrata convicto, era uma solitária exceção nos níveis mais avançados do serviço diplomático, pois, embora alguns de seus colegas também tenham cogitado pedir demissão, ele foi o único que de fato colocou em ação seus princípios. Uma vez que eram rematados imperialistas e expansionistas, na vasta maioria os diplomatas receberam de bom grado o advento dos nazistas, a quem viam não como membros de um "partido político" no mesmo sentido que eram, digamos, os social-democratas. O Ministério das Relações Exteriores colaborou voluntária e entusiasticamente com os nazistas na identificação dos funcionários judeus e na aplicação da lei de 7 de abril de 1933, que forçou a maioria deles a abandonar o serviço; agradava o regime emitindo refutações a matérias da imprensa estrangeira sobre arbitrariedades antissemíticas na Alemanha; e participou ativamente não apenas da revogação da cidadania de antinazistas como Albert Einstein, mas também mantendo rigorosa vigilância sobre suas atividades no exílio.

No entanto, à época todas essas atividades poderiam ser defendidas como parte do trabalho normal de um Ministério das Relações Exteriores. O anormal não eram as atividades, mas a natureza do regime a que serviam. Como em outras instituições importantes, a exemplo do corpo de oficiais das Forças Armadas, o Judiciário ou o professorado universitário, parece legítimo, a despeito de todo o terror e coerção em operação na Alemanha na primeira metade de 1933, usar o termo *Selbstgleichschaltung* para descrever esse processo de adaptação mais ou menos voluntária.[30] Logo, também, os diplomatas e os funcionários graduados do ministério estavam usando a "saudação alemã" e prestando um juramento de lealdade pessoal a Hitler. Nada disso deveria ser particularmente surpreendente. A comparação entre a carreira jurídica, em que 4 mil advogados perderam o emprego em 1933, ou a medicina, em que 2 mil médicos foram demitidos, mostra meramente como poucos judeus e poucos ativistas políticos esquerdistas ou liberais ingressavam no Ministério das Relações Exteriores, em cotejo com a medicina ou o direito.[31]

Entretanto, esse conformismo não era suficiente para os nazistas, em especial Joachim von Ribbentrop, o autoproclamado especialista em relações exteriores do partido. De 1933 em diante o Ministério das Relações Exteriores cresceu rapidamente em tamanho, chegando a um quadro de 2.665 funcionários em 1938 e 6.458 integrantes quatro anos depois.[32] O número de homens no serviço diplomático superior saltou de 436 em 1933 para 596 em 1939.[33] No decorrer dessa expansão, muitos jovens nazistas engajados ingressaram no serviço. Na maioria, assumiam cargos relativamente subalternos e exerciam funções inferiores; contudo, conforme Jan-Erik Schulte, especialista em SS que escreveu uma excelente monografia sobre o império econômico da organização paramilitar,[34] mostra na seção final de seu trabalho, que cobre os tempos de paz, Ribbentrop tinha laços mais estreitos com os novatos do que com os mais velhos.[35] Nada menos que 28 membros do Birô Ribbentrop (o *Dienstelle Ribbentrop*, organização vinculada ao partido nazista) ingressaram no serviço diplomático no período de paz. Progressivamente, um número cada vez maior de homens dos escalões mais altos do serviço filiavam-se ao partido nazista, mas isso não necessariamente sinalizava adesão às convicções centrais do nazismo. Heinrich Himmler e a SS tentaram exercer influência nomeando diplomatas importantes para posições de destaque na Schutzstaffel, o que os obrigava, é óbvio, a elogiar, pelo menos da boca para fora, as ideias e princípios da SS.[36] Lüdicke conclui sua contribuição argumentando que, a despeito dessas mudanças, a antiga elite permaneceu dominante nos níveis mais altos, sobretudo nos consulados e embaixadas. Foi somente durante a guerra que o número de pessoas alçadas por motivos ideológicos a posições de autoridade e relevo teve drástica expansão. Ao mesmo tempo, a velha elite não continuou imune à influência do nazismo, e muitos dos diplomatas veteranos – pode-se citar o exemplo de Curt Prüfer – ou aplaudia ou aprovava as políticas antissemíticas do regime – ou permanecia em silêncio enquanto continuava a justificá-las no exterior.

Essas descobertas são persuasivas e iluminadoras, embora nada tenham de surpreendentes. Não obstante, a porção escrita por Lüdicke tem um sem-número de pontos fracos. Em primeiro lugar, de tempos em tempos o autor exagera a importância do Ministério das Relações Exteriores em áreas fundamentais da política nazista. Depois de descrever os relatórios sobre as ações, informes, notícias, comunicados à imprensa e ações antinazistas nos EUA nos primeiros meses de 1933, por exemplo, Lüdicke conclui que esse material propiciou a desculpa decisiva para o boicote antijudaico lançado em 1º de abril de 1933 por ordens de Hitler e Goebbels, a bem da verdade o gatilho indireto para o boicote.[37] Mas, a bem da verdade, nem Goebbels nem Hitler precisavam ler os relatórios do Ministério das Relações Exteriores para saber o que estava acontecendo nos Estados Unidos: era só ler os jornais diários. Lüdicke não apresenta evidências diretas para respaldar seu argumento. A ideia de um boicote já circulava fazia no mínimo dois anos; e quando os despachos que Lüdicke cita como decisivos foram enviados, entre 26 e 29 de março de 1933, preparativos para o boicote já estavam em andamento havia uma quinzena, o gabinete já o discutira em 24 de março e a decisão final tinha sido tomada dois dias depois.[38]

De modo similar, Lüdicke atribui ao Ministério das Relações Exteriores parte considerável da responsabilidade pela introdução das Leis de Nuremberg em setembro de 1935, citando a declaração do secretário de Estado Bülow em uma reunião em 20 de agosto de 1935 de que ações antissemíticas espontâneas estavam arruinando a imagem da Alemanha no exterior.[39] Ainda assim, não existem evidências diretas para essa ligação. Na volumosa literatura acadêmica que trata da gênese das Leis de Nuremberg, o Ministério das Relações Exteriores tem o mais diminuto dos papéis, se é que teve algum. Se havia uma força motriz no âmbito da administração civil, era o ministro da Economia do Reich, [Hjalmar Horace Greeley] Schacht, mas o papel fundamental era exercido pelo próprio Hitler, que já tomava medidas enérgicas em oposição à violência individual contra os judeus em 8 de agosto de 1935 e via essas leis como forma de neutralizar os "radicais" remanescentes dentro do partido.[40]

O tratamento que Lüdicke dá a esses dois casos aponta uma expressiva fragilidade em sua contribuição, o que ocorre em muitos (mas não todos) dos outros capítulos em *Das Amt*: a falha no que diz respeito a consultar a literatura secundária relevante. A documentação de arquivo usada como base para a pesquisa deveria ter sido corroborada por uma avaliação sistemática da obra acadêmica realizada por outros autores acerca dos temas discutidos. Particularmente frágil é a abordagem da literatura em língua inglesa. Há muito as pesquisas sobre a Alemanha nacional-socialista são internacionais –

e, obviamente, em nenhuma outra área tanto quanto na sua política externa. No entanto, mesmo obras-padrão que deveriam ter sido citadas não o são, ao passo que, com frequência, textos mais especializados também estão ausentes. Um exemplo que confirma isso é dado pelo diário e pela biografia de Prüfer, com os quais o presente capítulo foi iniciado. Apesar de sua óbvia relevância e importância, nem um nem outro aparecem em parte alguma das notas e da bibliografia de *Das Amt*, cujos autores, ao que tudo indica, os desconhecem por completo. Talvez seja um reflexo dos prazos apertados dentro dos quais os pesquisadores tiveram de trabalhar; talvez seja resultado de sua concepção sobre como dar conta de sua tarefa, a saber, labutar vasculhando os arquivos do Ministério das Relações Exteriores; de uma forma ou de outra, significa que o livro deixa a desejar e fica aquém em um aspecto crucial dos padrões acadêmicos que seria de esperar do relatório de uma comissão dessa importância.

Um terceiro e igualmente problemático aspecto da contribuição de Lüdicke é seu fracasso no que diz respeito a lidar com a política externa e a diplomacia. É um déficit específico no tratamento dos anos de paz porque foi crucial para os processos e ações penais nos julgamentos de crimes de guerra de 1945 em diante. Como Astrid Eckert salienta em seu relato dos julgamentos dos principais criminosos de guerra em Nuremberg, entre eles os dois ministros das Relações Exteriores nazistas Neurath e Ribbentrop: "No cerne do processo havia o conceito de uma conspiração criminosa que preparava a guerra de agressão alemã e tinha a intenção de levar ao domínio alemão da Europa e, no final, do mundo". As manobras diplomáticas empreendidas pelo Ministério das Relações Exteriores sob a direção desses ministros não eram necessariamente criminosas em si, mas adquiriram caráter criminoso em virtude de terem sido incorporadas a essa conspiração. Dois anos depois, no "Processo Wilhelmstraße", diplomatas renomados viram-se diante da mesma acusação. A essa altura, a incipiente Guerra Fria já exercia sua influência, e os acusados – o ex-secretário de Estado Ernst von Weizsäcker na dianteira, seguido por muitos outros exemplos da velha elite diplomática – conseguiram mobilizar inúmeros apoiadores para atestar sua inocência, de modo a assegurar que somente três deles fossem condenados por iniciar uma guerra de agressão, e dois desses veredictos foram revogados mais tarde. O tribunal abandonou a acusação da conspiração. As 48 acusações contra oito incriminados resultaram em meras quinze condenações, na maior parte dos casos por crimes contra a humanidade.⁴¹

Contudo, dado o fato de que Eckart critica com justeza o "Processo Wilhelmstraße" por sua extrema leniência, e assim, supostamente, considera que os acusados, a par de muitos outros funcionários graduados do ministério, eram na verdade culpados de conspiração para lançar uma guerra de agressão, em violação ao Pacto Kellogg-Briand (ou Briand-Kellog), do qual a Alemanha era signatária, é espantoso constatar que nas seções iniciais do livro não há menção alguma ao envolvimento do ministério nessas atividades nem antes de setembro de 1939 nem depois. Mesmo que se leve em consideração que os autores do livro tiveram de cumprir a instrução de pesquisar os crimes cometidos pelo Ministério das Relações Exteriores e seus membros em vez de escrever uma história geral da instituição, ainda é surpreendente que não tenham tratado da preparação de uma guerra de agressão ilegal e criminosa, em comparação com a qual as questões a que Lüdicke dedica tanto tempo – a sobrevivência de emigrantes, e mesmo a demissão de diplomatas que o regime considerava judeus – empalidecem e descambam para a relativa insignificância. A razão para essa surpreendente omissão, como apontou Johannes Hürter, é ainda mais extraordinária uma vez que o clássico reino da diplomacia que constituía o fulcro dessa atividade criminal ainda era dominado pelas antigas elites.⁴²

IV

O estreito foco do livro no envolvimento do Ministério das Relações Exteriores na perseguição e, em última instância, no assassinato em massa dos judeus da Alemanha e, depois, da Europa, torna-se ainda mais inexorável nas seções que tratam da guerra. Em sua introdução a essa parte do relatório da comissão, Jochen Böhler, autor de um livro importante embora controverso sobre a invasão e a ocupação alemã da Polônia,⁴³ aponta que o Ministério das Relações Exteriores estava envolvido na requisição compulsória de mão de obra escrava, no roubo de objetos culturais e obras de arte e no extermínio dos judeus;⁴⁴ porém, na abordagem da guerra os dois primeiros pontos mal são mencionados. Como observa Böhler, o *Sonderkommando Künsberg*, que em

1941-42 saqueou em larga escala territórios ocupados de uma ponta à outra do leste e do sudeste da Europa, concentrando-se particularmente em livros de bibliotecas e em caixas de champanhe, estava diretamente subordinado ao Ministério das Relações Exteriores, e levou a cabo inúmeras tarefas para Ribbentrop.[45] Mas as depredações culturais das forças de ocupação alemãs em muitos outros países, em especial na França e na Itália, também tiveram escala colossal, e pouquíssimo espaço é dado no restante do livro para a tentativa de elucidar o papel do Ministério das Relações Exteriores no que provavelmente foi o maior ato de pilhagem da história em tempos de guerra.

Na Polônia, conforme indicam Jochen Böhler e Irith Dublon-Knebel, editores de *German Foreign Office Documents on the Holocaust in Greece, 1937-44* [Documentos do Ministério das Relações Exteriores alemão sobre o Holocausto na Grécia, 1937-44], o Ministério das Relações Exteriores e seus representantes exigiam moderação, preocupados com o fato de que as brutais medidas das forças de ocupação estavam inimizando a população local.[46] De modo análogo, o embaixador Otto Abetz – que não era membro da elite tradicional – tentava abrandar a severa política repressiva aplicada pela SS contra a resistência e desacelerar o ritmo da requisição de mão de obra escrava, mais ou menos pela mesma razão. Sabemos pouco, entretanto, das atividades mais amplas dos embaixadores na França, Holanda, Bélgica, Dinamarca ou Noruega, e quase nada sobre o envolvimento dos enviados do Ministério das Relações Exteriores na ocupação da Tunísia e outras partes do Norte da África, ou seu papel, quase sempre exercido em conjunção com unidades do Exército como o *Panzerarmee Afrika*, na guerra política e de propaganda. O foco é predominantemente no envolvimento do Ministério das Relações Exteriores na deportação dos judeus. Em inúmeros exemplos, a bem da verdade isso transborda para a defesa ativa dos assassinatos em massa.

Assim, na Sérvia, por exemplo, Felix Benzler, o plenipotenciário do Ministério das Relações Exteriores, incitado pelo acúmulo de preocupações do Exército sobre a crescente resistência militar à ocupação alemã – preocupações expressadas pelos fuzilamentos em larga escala de judeus como os supostos originadores dessa resistência –, repetidamente pressionou Berlim exigindo a deportação de judeus sérvios. Quando isso foi descartado por ser impraticável, Ribbentrop despachou Franz Rademacher, chefe do Departamento Judaico do Ministério das Relações Exteriores, a fim de que tomasse as providências para – segundo Rademacher preencheu em seu requerimento de autorização de viagem – a "Liquidação dos Judeus de Belgrado". Uma vez na Sérvia, Rademacher fez pressão para o extermínio imediato de todos os judeus. Mesmo que a força propulsora e principal influência tenha sido o Exército, auxiliado e instigado pela SS, não resta dúvida de que, como afirmam seus autores: "A fronteira entre o tratamento de aspectos de política externa da Questão Judaica e a participação ativa em assassinatos é destruída – e ela foi cruzada". Em contraste, o plenipotenciário do Reich em Atenas, o diplomata Günther Altenburg, distanciou-se das ações realizadas contra os judeus gregos e tomou providências, durante algum tempo auspiciosas, para reduzir a severidade das ações da SS contra a população local.[47] Havia, portanto, escolhas que poderiam ter sido feitas.

Todavia, o ministro das Relações Exteriores Ribbentrop era, por temperamento e ideologia, inclinado a sempre tomar as medidas mais duras contra os judeus. Até que ponto esse fato era significativo? Na página 185 encontramos esta extraordinária afirmação:

> Os mais altos escalões do Ministério das Relações Exteriores tiveram participação direta na decisão sobre a "Solução Final". O destino dos judeus foi selado em 17 de setembro de 1941: nesse dia, Hitler realizou uma reunião com Ribbentrop. Imediatamente antes da reunião, Hitler emitiu a ordem de deportação dos judeus – que havia pouco tinham sido obrigados a cumprir a regra de usar a "estrela judaica" – para o Leste. O que já se tornara claro em conexão com o Plano de Madagascar agora continuou, após a invasão alemã da União Soviética: o Ministério das Relações Exteriores tomou a iniciativa da "Solução da Questão Judaica" em um âmbito europeu.

Por certo não deveria ser necessário chamar a atenção para o fato de que existe uma enorme e dificultosa – quase impossível de manejar – literatura acadêmica sobre a questão de quando, como e de quem partiu a decisão de exterminar os judeus da Europa. Essa literatura não é mencionada nem discutida no livro: a bem da verdade, a ousada alegação anteriormente citada não aparece nem sequer como nota de pé de página. Não há referências à literatura de pesquisas-padrão sobre a prisão e deportação dos judeus da Holanda, Bélgica, França e outros países ocupados. Em toda essa literatura, e nas sínteses mais importantes sobre o extermínio dos judeus, o Ministério das Relações Exteriores é citado como um dos envolvidos, mas nunca como a principal força propulsora e principal influência.

Conforme demonstra essa volumosa literatura, a reunião de Ribbentrop com Hitler foi apenas um de toda uma série de encontros ao longo de vários dias envolvendo Hitler, o chefe da SS Heinrich Himmler e seu vice Reinhard Heydrich e outros oficiais da SS, juntamente com o embaixador Abetz. De acordo com o abalizado relato que Christopher Browning faz dessas reuniões, o genuíno ímpeto de deportar judeus alemães e franceses e, potencialmente, todos os judeus do Leste Europeu veio do Ministro do Leste, [Alfred] Rosenberg (ávido por retaliação contra Stálin, que deportara os alemães do Volga), Otto Abetz (que em conjunção com os oficiais do Exército e da SS queria se vingar dos atos de resistência na França, pelos quais culpavam os judeus) e os *Gauleiters* de Hamburgo e Colônia (que queriam expulsar judeus para realojar os não judeus agora desabrigados por causa dos raides aéreos de bombardeio). Todos os relatos concordavam, porém, em que a intervenção decisiva veio de Himmler. Ribbentrop não estava nem sequer informado da decisão de deportar os judeus alemães – soube apenas quando ela foi tomada –, embora, como aponta Browning, tenha tido "papel pouco relevante no processo de tomada de decisões".[48] O relato de Peter Longerich acerca da mesma série de reuniões dá a entender que em essência Hitler já havia decidido iniciar as deportações mesmo que suas intenções tenham sido confirmadas por intervenções de Himmler, Ribbentrop e outros.[49] Assim, a negligência da literatura secundária alimenta a tendência dos autores de superinterpretar as fontes. Se eles se dessem ao trabalho de colocá-las em seu contexto histórico, teriam estado em posição de elaborar uma análise mais nuançada e mais precisa do papel do Ministério das Relações Exteriores. Isso não teria evitado que ecoassem a conclusão de Döscher, já inferida em meados da década de 1980, de que "a colaboração do Ministério das Relações Exteriores com o Escritório Central da Segurança do Reich na "Solução Final da Questão Judaica" funcionou bem e sem qualquer atrito perceptível desde o início e daí por diante", e, de maneira crucial, "Em sua maioria os funcionários graduados responsáveis pelo Ministério das Relações Exteriores que participaram não eram antigos nazistas, mas diplomatas de carreira que, na maior parte dos casos, só se filiaram ao NSDAP ou a uma de suas organizações depois de 1933".[50]

A julgar pelos comentários de Irith Dublon-Knebel e Lars Lüdicke, foi – é óbvio – no Ministério das Relações Exteriores que se urdiram planos para deportar os judeus para Madagascar, mas eles deram em nada em face da dominação britânica dos mares.[51] A efetiva implementação do extermínio era uma questão muito diferente da elaboração desse tipo de plano impraticável. E aqui o papel do Ministério das Relações Exteriores, como mostram os pormenorizados relatos do livro, foi bem menor. Para começar, na Dinamarca e na Noruega a influência do ministério era ínfima em comparação com a SS e o partido nazista, e, tal qual o Ministério do Leste de Rosenberg, foi sobrepujada por essas instituições e pelas Forças Armadas na Polônia e nas áreas ocupadas da União Soviética após a invasão desta em 1941. A influência do Ministério das Relações Exteriores era maior, conforme mostram os autores, na Hungria, especialmente à medida que Hitler e Ribbentrop intensificaram a pressão sobre o líder húngaro, o almirante [Miklós] Horthy [de Nagybánya], em 1943-44, e na Croácia e na Eslováquia. Na França, o embaixador Abetz teve papel significativo nas deportações. Em algumas dessas áreas, como Grécia ou Hungria, os representantes do Ministério das Relações Exteriores colocaram-se contrariamente a retaliações rigorosas contra atos de resistência, a fim de não afugentar a população local. Mas, como os autores corretamente apontam, essa política de brandura jamais se estendeu aos judeus, a menos que fossem nativos de países estrangeiros não combatentes, caso no qual deveriam ser protegidos, em nome dos bons interesse das relações bilaterais.[52]

Nada disso indica que o Ministério das Relações Exteriores fosse um viveiro de resistência ao regime e suas políticas. Em um tratamento marcadamente breve da resistência, os autores (Jan-Erik Schulte, Irith Dublon-Knebel e Andrea Wiegeshoff – outra aluna de doutorado) apontam que os poucos homens no âmbito do Ministério das Relações Exteriores que tinham contato com os líderes militares da resistência em suas várias fases eram na maioria funcionários graduados do departamento de informação, que se expandira rapidamente e recrutava pessoas de formação e credenciais pouco convencionais em comparação com diplomatas de carreira mais tradicionais. Alguns poucos tinham ligações com o Círculo de Kreisau, em que se realizavam discussões privadas acerca dos contornos de uma Alemanha pós-nazista. Um pequeno número, entre eles o jovem Adam von Trott zu Solz, o diplomata aposentado Ulrich von Hassell e o chefe do departamento russo, Friedrich Werner von der Schulenburg, estavam envolvidos no complô para matar Hitler, mas fracassaram em alcançar seu objetivo em 20 de julho de 1944.[53]

Os autores dão igual *status* a outros indivíduos, como Fritz Kolbe, mais um diplomata forasteiro que aconselhava Ribbentrop sobre economia de guerra e regularmente fornecia informações secretas ao Serviço Secreto dos Estados Unidos, ou Gerhart Feine, diplomata mais convencional que não obstante trabalhou incansavelmente, desde seu escritório em Budapeste, contra o extermínio dos judeus na Hungria e fez o melhor que podia para salvar o maior número possível deles. Essa amplitude de cobertura está certamente correta. Tem o efeito de minimizar a singularidade do complô da bomba de julho e, portanto, solapar ainda mais o relato de seu passado construído no âmbito do Ministério das Relações Exteriores após o fim da guerra. Mesmo antes de 20 de julho de 1944, Hitler e Ribbentrop tinham começado a expurgar o Ministério das Relações Exteriores de homens com "conexões internacionais" e o que o regime considerava ligações dúbias, por exemplo as famílias da alta nobreza. Diversos foram demitidos. No entanto, isso não configurava evidência alguma de que o Ministério das Relações Exteriores desempenhasse papel decisivo na resistência. Pelo contrário, uma minúscula minoria de figuras em grande medida isoladas ou *groupuscules* havia dado uma série de passos e tomado diversas medidas para se distanciar do regime, opor-se a ele e, em raríssimos casos, tentar derrubá-lo ou burlar suas diretrizes políticas. Todos eles merecem celebração, talvez em uma escala maior do que a recebida aqui, mas seu comportamento e suas atitudes não deveriam de forma alguma ser interpretados como típicos do Ministério das Relações Exteriores como um todo.

V

Os últimos capítulos do livro são dedicados à segunda parte do sumário do ministro das Relações Exteriores [Joseph] Fischer, a saber como o ministério lidou após 1945 com seu papel no período nazista e o grau de continuidade que houve dessa era aos anos de 1951 em diante, quando foi refundado na República Federal, em termos de pessoal. Conforme mostra Katrin Paheler, acadêmica alemã que se debruçou sobre o estudo acerca do cerco a Stalingrado e seu papel na memória e agora leciona nos EUA, o Ministério das Relações Exteriores foi rapidamente dissolvido como instituição em 1945, seus funcionários graduados espalhados aqui e ali, alguns em prisões soviéticas (especialmente se fossem membros da SA), alguns em centros de interrogatório, outros detidos e julgados por crimes de guerra; alguns participaram da onda de suicídios que sacudiu o mundo da burocracia oficial na Alemanha na primeira metade do ano.[54] Muitos encontraram novas carreiras na indústria, na universidade, no direito, no funcionalismo público, em governos locais ou na Igreja. Sua alta posição social, educação e habilidades os colocavam em posição vantajosa, útil no futuro. O processo de desnazificação, conforme demonstra Thomas Maulucci, professor americano cujo tema de estudo é a linha de ação política americana na Guerra Fria, resultou em 108 funcionários graduados do Ministério das Relações Exteriores absolvidos (*entlastet*), setenta neutros (*nicht betroffen*), quinze classificados como simpatizantes (*Mitläufer*), cinco anistiados e 39 não afetados por todo o processo. Contudo, em sua correspondência uns com os outros, ex-diplomatas continuaram a se queixar do que viam como o insensato e absurdo preconceito das Potências de Ocupação contra os diplomatas alemães.[55]

Analisando o "Processo Wilhelmstraße", que julgou supostos criminosos de guerra nazistas no Ministério das Relações Exteriores (1947-1949), Astrid Eckert, mais uma historiadora alemã lecionando em uma universidade americana, autora de um estudo utilíssimo sobre a devolução de arquivos alemães capturados à República Federal,[56] cobre em detalhes os autos do processo. Ela mostra claramente como o julgamento concentrou-se nos escalões mais altos da diplomacia, notadamente os secretários de Estado e subsecretários, que os promotores americanos consideravam os responsáveis pelos crimes do Ministério das Relações Exteriores, de modo que muitos diplomatas de nível médio diretamente envolvidos em crimes como o assassinato de judeus da Europa (Rademacher, por exemplo) não foram arrastados de roldão. O único que teve envolvimento direto nos assassinatos e acabou sendo levado a julgamento foi Edmund Veesenmayer, que fora emissário itinerante de Ribbentrop na Iugoslávia e na Eslováquia e plenipotenciário do Reich na Hungria no crucial período de 1944, e enviou para a morte numerosos contingentes de judeus, inclusive sugerindo métodos para aperfeiçoar o sistema de transporte dos prisioneiros até as câmaras de gás. Veesenmayer era responsável entre outras coisas pela subversão em países prestes a serem invadidos pelo regime nazista, e teve envolvimento estreito na instauração dos genocidas governos fantoches na Croácia e na Eslováquia. A despeito da pressão dos que queriam que esses crimes específicos fossem salientados, a ênfase recaiu principalmente sobre a questão da conspiração para lançar uma guerra de agressão. Isso, de acordo com o que Annette Weinke – autora de diversos estudos sobre processos judiciais contra criminosos de guerra alemães – mostra em sua excelente discussão sobre a criação do mito do Ministério das Relações Exteriores como um centro de resistência, permitiu a antigos diplomatas, mais uma vez retomando seus laços sociais e profissionais informais, organizar uma defesa particularmente centrada em torno da decisiva figura do ex-secretário de Estado Ernst von Weizsäcker, cuja família desempenhou papel significativo em tudo isso.[57]

    O retrato que esses homens arquitetaram era muito parecido com o que o próprio Curt Prüfer havia pintado para si mesmo em seus diários adulterados imediatamente após a guerra. Eles descreviam as figuras marginais que haviam tomado parte da resistência ativa a Hitler com as mesmas tintas que punham em relevo as figuras de proa do Ministério das Relações Exteriores. Apresentaram os difusos e isolados resistentes e dissidentes como se estes tivessem trabalhado juntos em um grupo coordenado centrado em Weizsäcker. E distinguiram-se dos "traidores" que vazaram informações para os americanos ou os soviéticos. Auxiliados por jornalistas influentes como Marion Gräfin Dönhoff e Margaret Boveri, convenceram o tribunal e o público de que a esmagadora maioria dos diplomatas permaneceu no cargo em vez de pedir demissão, a fim de moderar as políticas extremistas dos nazistas. Foram os novos homens ideológicos instalados no ministério depois que Neurath deu lugar a Ribbentrop que sobrepujaram os duradouros escrúpulos dos veteranos, forçando-os a assinar documentos incriminadores a fim de se proteger de prejuízos. Eles alegaram que o Ministério das Relações Exteriores apresentou os mais elevados índices de execuções de funcionários graduados de todos os ministérios após o Complô da Bomba. Obtiveram inúmeros *Persilscheine**de antigos funcionários judeus e de membros da resistência aristocrático-militar para asseverar sua oposição ao regime. Fizeram o melhor que podiam, invariavelmente das mais inescrupulosas maneiras, para manchar a reputação do promotor Robert Kempner, experiente advogado judeu-alemão que tinha sido preso e exilado pelos nazistas. Por fim atribuíram todo o processo, como o dos industriais e dos oficiais do Exército, a uma tentativa por parte de americanos igualitaristas de desmoralizar as tradicionais elites aristocráticas alemãs.

Para seu crédito, o filho de Weizsäcker, Richard von Weizsäcker, importantíssimo membro da equipe de defesa e mais tarde presidente da República Federal (1984-94), considerava contraproducentes essas táticas de manipulação e tentou moderá-las. Mas agora a Guerra Fria estava em vigor, e o sentimento americano havia mudado de rumo e pendia para a leniência, de modo a não aborrecer os alemães-ocidentais com a aparência de vingança. Ernest von Weizsäcker foi devidamente libertado, apenas para morrer pouco depois, vitimado por um derrame. Como aponta o historiador americano William Gray, autor de *Germany's Cold War* [A Guerra Fria da Alemanha] (Chapel Hill, 2007), mesmo as sentenças lenientes proferidas no "Processo Wilhelmstraße" logo passaram a ser consideradas severas demais, e uma comissão de investigação recomendou uma redução. Até a pena de prisão do odioso Veesenmeyer, por exemplo, foi diminuída pela metade, com base na alegação de que ele tinha sido "apenas embaixador itinerante" e meramente havia transmitido informações a Berlim e comunicado aos húngaros os pontos de vista do governo alemão, como faria qualquer embaixador. Seu único

---

* Nos anos que se seguiram à derrota da Alemanha na Segunda Guerra Mundial e ao processo de desnazificação, o *Persilschein* era um certificado por meio do qual assegurava-se a *confiança política* do titular, garantindo que ele atravessara o período do Terceiro Reich (1933-45) imune às *seduções* do nazismo. A relativa facilidade com que o documento era obtido junto às autoridades levou a que ele viesse a receber a designação irônica de *Persilschein*, inspirado no nome do detergente mais popular da Alemanha ("Persil"), porque o uso desse "atestado de limpeza" conferia uma *brancura irrepreensível* à carreira política passada do titular. (N. T.)

crime tinha sido pertencer a uma organização proscrita – a SS. As verdadeiras atividades de Veseenmeyer agora foram convenientemente esquecidas.[58]

A República Federal recebeu a devida permissão para estabelecer primeiro um serviço consular e a seguir, em 1951, um Ministério das Relações Exteriores completamente desenvolvido. Como em outras áreas da vida profissional, a Alemanha Ocidental constatou que precisava de homens competentes, com qualificação e *know-how*, qualquer que tivesse sido o papel deles antes de 1945. Para representar no exterior a emergente República Federal, eram necessárias pessoas com conhecimento técnico e linguístico, além de experiência na área da diplomacia e suas quase sempre enigmáticas regras e convenções. Como mostra Weinke, o chanceler federal Konrad Adenauer estava avidíssimo para evitar qualquer tentativa de ressurreição da antiga Wilhelmstraße, mas na prática faltavam-lhe as informações minuciosas sobre o pessoal para impedir isso. Aqui uma figura fundamental foi o chefe da divisão política do Ministério das Relações Exteriores, Herbert Blankenhorn, que de alguma forma no final da guerra tinha conseguido convencer seus interrogadores americanos de que havia sido membro da resistência. Ganhando a confiança de Adenauer a ponto de tornar-se seu assistente pessoal antes de sua transferência em 1951 para o Ministério das Relações Exteriores, Blankenhorn propiciou os meios pelos quais um número substancial de "cobras criadas" do antigo ministério nos anos do nazismo voltassem para o serviço diplomático e consular e sua administração em Bonn. Um após outro, eles foram apresentados como indivíduos que tinham estado distantes do nazismo ou até envolvidos no Complô da Bomba de julho de 1944.[59]

Extraordinariamente, como mostra Weinke, isso suscitou críticas sobretudo de um grupo de ex-membros do *Sicherheitsdienst* (SD),* homens que haviam sido deliberadamente recrutados para a *Der Spiegel* por seu editor Rudolf Augstein. Uma série em dezesseis partes sobre o novo Ministério das Relações Exteriores, escrita por Horts Mahnke, que trabalhara no Escritório Central da Segurança do Reich, na seção para pesquisa sobre adversários ideológicos do nazismo, e considerava que os homens de julho de 1944 eram "traidores",

---

* Literalmente, "Serviço de Segurança"; era o setor primário do serviço de inteligência da *Schutzstaffel* e do NSDAP. Todo oficial do *Sicherheitsdienst* tornava-se automaticamente oficial da polícia. Uma de suas subdivisões era a Gestapo. (N. T.)

ridicularizou as alegações dos diplomatas de que tiveram envolvimento na resistência. Mas houve também outras críticas, de jornais de inclinações esquerdizantes, como o *Frankfurter Rundschau*, ao aparato de propaganda da República Democrática Alemã, que jamais se cansava de revelar e denunciar antigos nazistas em altos escalões do poder no oeste, culminando, em 1965, na publicação da obra de Albert Norden, o *Livro marrom: Guerra e criminosos de guerra nazistas na Alemanha Ocidental, Estado, economia, administração, Exército, justiça, ciência*. Depois de tentativas fracassadas de proibir a publicação, as autoridades da Alemanha Ocidental descartaram a obra como uma coleção de mentiras e invencionices. No fim, ficou claro que o livro estava em larga medida correto.

No entanto, o Ministério das Relações Exteriores foi capaz de se desvencilhar de todos esses ataques. Em 1953, por exemplo, reempregou Otto Bräutigam, diplomata de carreira que durante a guerra havia trabalhado no confisco de propriedades polonesas – "um dos mais graves atos de pilhagem na história do mundo e um escárnio do direito internacional", como ele o caracterizou com suas próprias palavras e extraordinária honestidade em suas memórias.[60] Atrelado ao Ministério do Leste de Rosenberg, Bräutigam tornou-se vigoroso porta-voz de sua concepção de que seria mais proveitoso para a Alemanha no longo prazo não maltratar a população eslava das áreas ocupadas, uma ideia que exerceu pouca influência sobre o efetivo curso dos acontecimentos em si. Com relação aos judeus a questão era diferente. Durante a guerra, Bräutigam havia feito pressão em favor da deportação dos judeus, como retaliação pelos maus-tratos a que Stálin submetera os alemães do Volga; participou de uma reunião acerca do uso de câmaras de gás móveis (caminhões com câmara hermética na traseira para a qual a descarga do motor é canalizada para sufocar as pessoas trancadas dentro da câmara) para assassinatos em massa, e presidiu um debate realizado na esteira da Conferência de Wannsee para lidar com a definição e o tratamento dos judeus e meio-judeus no Leste Europeu, na qual o ministério de Rosenberg declarou que estes últimos eram "racialmente tão indesejáveis quanto os 100% judeus".[61] Em 1950, contudo, um tribunal distrital em Nuremberg isentou Bräutigam da acusação de ter participado do extermínio. Mas as evidências sobre seu papel começaram a ganhar notoriedade, em especial por meio da pioneira obra de Gerald Reitlinger sobre o Holocausto.⁶² No Ministério das Relações Exteriores, laboriosos esforços foram empreendidos para extirpar o nome de Bräutigam da edição alemã do livro, juntamente com outras provas danosas, mas o furor da imprensa levou o gabinete a desistir da nomeação de Bräutigam como enviado ao Brasil em 1955 e a suspendê-lo de suas funções no ano seguinte. Embora os alemães-orientais tenham tirado o máximo capital político do episódio, e questionamentos sobre o passado de Bräutigam tenham vindo à baila na Câmara dos Comuns britânica, Bräutigam foi reintegrado à vida diplomática em 1957, com base na alegação de que ele tentara evitar os excessos da política genocida, e terminou sua carreira como cônsul-geral em Hong Kong.⁶³

A bem da verdade, no novo Ministério das Relações Exteriores, conforme demonstra Andrea Wiegeshoff, quanto mais alto o escalão, mais provável era encontrar diplomatas e funcionários graduados da velha Wilhelmstraße. Entre um quarto e um terço dos embaixadores e cônsules pertenciam a essa categoria; e, com a rápida expansão do Ministério das Relações Exteriores durante esses anos (mil funcionários em 1951, mais de 4.500 em 1955), em pouco tempo havia mais membros do partido nazista no novo ministério do que chegaram a existir no antigo antes de 1945. Alguns deles inclusive faziam as vezes de professores para os jovens diplomatas nos países onde tinham servido durante o Terceiro Reich: assim, por exemplo, Werner von Bargen, que havia passado os anos de guerra na Bélgica, dava palestras sobre os Estados da Benelux, ao passo que Werner von Grundherr, diretor do Departamento Escandinavo do Ministério das Relações Exteriores durante a guerra e envolvido no financiamento do regime fantoche de [Vidkun] Quisling na Noruega e na fracassada tentativa de deportar os judeus da Dinamarca, ministrava um curso sobre a Escandinávia. Herbert Müller-Roschach, responsável por "questões judaicas" na Divisão da Alemanha durante o período nazista, se viu lecionando sobre a integração europeia. No fim das contas, portanto, não restam dúvidas de que muitos ex-nazistas engajados, que tiveram sério e profundo envolvimento na perseguição e no extermínio dos judeus e em outros crimes da era nazista, foram reempregados em posições de responsabilidade e prestígio no Ministério das Relações Exteriores depois de 1951.⁶⁴

Isso nem sempre é fácil de encontrar em detalhes nas páginas desse livro. Um dos mais sérios problemas para o leitor, e um sintoma do desleixado controle editorial que pode ser detectado ao longo do volume, está no fato de que muitas das figuras mencionadas nas seções sobre o pós-guerra não aparecem de forma alguma, ou na melhor das hipóteses aparecem de forma fugaz, nos capítulos que tratam do pré-guerra. Assim, há pouca ou nenhuma continuidade, e é difícil obter ideia clara de até que ponto essas pessoas foram importantes na década de 1930 e no início da de 1940. O nome de Werner Blankenhorn, por exemplo, não aparece nenhuma vez até chegarmos às seções do pós-guerra; o mesmo acontece com Müller-Roschach e muitos outros. Isso torna ainda mais difícil obter um retrato claro e nítido. Teria sido bastante simples assegurar que figuras que desempenharam papel decisivo nas seções do livro sobre pós--1945 recebessem tratamento adequado nas seções pré-1945. Mas os editores falharam nesse quesito.

VI

Com o tempo, a proporção e a influência da velha guarda no âmbito do Ministério das Relações Exteriores diminuíram. Ao mesmo tempo, contudo, a antiga geração foi bem-sucedida em alguns aspectos no que diz respeito a imprimir seus conceitos nos sucessores. Assim, muito tempo depois de essa geração já ter se retirado do mundo da diplomacia, a forma como o Ministério das Relações Exteriores lidava com o passado permaneceu profundamente problemática. Annette Weinke demonstra que as velhas "cobras criadas" da Wilhelmstraße agora reeditavam convenientemente suas memórias, da mesma maneira como fizera Curt Prüfer, dedicando considerável empenho a pesquisar a história da resistência e daqueles poucos colegas que de fato tinham tomado parte dela, silenciosamente ignorando a história dos diplomatas demitidos ou perseguidos em virtude de suas convicções políticas ou sua raça, e tratando como traidores os que haviam colaborado com o inimigo, a exemplo de Fritz Kolbe.[65] Astrid Eckert tem algumas histórias perturbadoras para contar sobre ex-diplomatas nessa categoria, ou sobre suas viúvas, mulheres que tiveram negado o direito ao reconhecimento ou à indenização porque seus maridos haviam sido demitidos ou executados pelos nazistas – e particularmente se esses homens tivessem ligações com a chamada Orquestra Vermelha, agora considerada uma rede de espiões soviéticos e não uma rede de organização mais ou menos desestruturada de resistentes de vários matizes ideológicos.[66]

A presença de uma rede de ex-nazistas no Ministério das Relações Exteriores teve algum efeito sobre a conduta concreta e efetiva da política externa? Certamente foi um aspecto relevante para questões como as relações com Israel ou a obrigação legal do Ministério das Relações Exteriores de oferecer assistência a cidadãos alemães judicialmente processados e levados a julgamento em tribunais estrangeiros (por exemplo, Adolf Eichmann em Israel). Teve participação significativa no cancelamento do auxílio financeiro que subsidiava uma turnê de palestras do historiador Fritz Fischer, cujo livro sobre os propósitos da Alemanha na Primeira Guerra Mundial foi descrito pelo historiador conservador Theodor Schieder em um telefonema para o ministério como uma *"national Katastrophe"*.[67] O relato que Eckert faz dos debates internos no Ministério das Relações Exteriores proporciona um fascinante retrato da instituição em um momento de transição. Ainda que no fim os conservadores tenham vencido, o muito alardeado protesto de veteranos historiadores americanos e teuto-americanos como Gordon Craig, Fritz Stern, Klaus Epstein e Hans Rosenberg, que tomaram providências para arrecadar o dinheiro graças ao qual a turnê de palestras pôde acontecer, propiciou precisamente o tipo de publicidade ruim que o Ministério das Relações Exteriores esperava evitar.

Até que ponto tudo isso era realmente relevante? Os ex-nazistas no Ministério das Relações Exteriores não reavivaram ideias e iniciativas do nazismo. A Guerra Fria lhes possibilitou traduzir suavemente seu anticomunismo nazista em uma defesa da orientação ocidental da nova República Federal. Eles não conspiraram contra a democracia tampouco tentaram revisar o acordo de paz. Se um dos propósitos de Adenauer era reintegrar os ex-nazistas ao *establishment* da Alemanha Ocidental e convertê-los a uma nova maneira de pensar, mais em sintonia com o mundo pós-guerra, o que acabou ocorrendo no Ministério das Relações Exteriores faz crer que ele foi bem-sucedido. Todavia, ao mesmo tempo, a presença no Ministério das Relações Exteriores de muitos ex-diplomatas e funcionários graduados dos anos do nazismo e o relativo sucesso que alcançaram em termos de acobertar seu passado e o da instituição a que pertenciam teve sérias implicações para a conduta da política externa da Alemanha Ocidental. A memória do nacional-socialismo e seus muitos crimes permaneceu vivíssima fora da Alemanha, por mais que possa ter sido obscurecida ou manipulada no âmbito do próprio ministério, e continuou, como de fato continua até hoje, a moldar as atitudes do mundo com relação à República Federal. A reputação da Alemanha no mundo dependia, e depende, especialmente de sua capacidade de convencer o mundo de que chegou a bom termo com o passado nazista e fez as pazes aberta e honestamente com ele. A duradoura presença no Ministério das Relações Exteriores de homens implicados nos crimes do nazismo e a persistência de uma cultura de exculpação em suas atitudes acerca do passado tornou mais difícil atingir esse propósito.

Tal objetivo foi alcançado por esse livro? Não se trata de "uma representação totalizante, sistemática e integradora" da história do Ministério das Relações Exteriores de 1933 até o fim do século XX, "baseada na investigação a fundo de fontes e no exame atento de literatura secundária", embora os quatro editores responsáveis afirmem que é.[68] Tanto o contexto imediato – o estabelecimento da comissão por iniciativa do ministro das Relações Exteriores Fischer – como os termos em que ele articulou a tarefa da comissão priorizaram a questão de até que ponto o Ministério das Relações Exteriores e seus funcionários estavam envolvidos nos crimes do nazismo ou por eles foram responsáveis, até que medida esses responsáveis ressurgiram para atuar no Ministério das Relações Exteriores na década de 1950 e posteriormente, e qual foi a atitude do ministério com relação ao seu envolvimento no passado nazista. Assim, o enfoque dos pesquisadores e autores não é necessariamente apenas seletivo, é também moldado em termos morais ditados pelas questões suscitadas no presente, e não em aspectos puramente históricos denotados por uma perspectiva mais estritamente acadêmica. A carga moral carregada pela comissão original de Fischer não poderia deixar de encontrar seu caminho na pesquisa e na escrita do livro. Em termos de seus efeitos *políticos*, que foram consideráveis, isso não é uma coisa ruim.

Ainda assim, não há dúvida de que esse livro é profundamente defeituoso e imperfeito como obra acadêmica. A pesquisa não é adequadamente inserida no contexto de literatura secundária, e a negligência quanto ao atual estado do conhecimento em diversos dos tópicos leva a erros e a interpretações equivocadas. Há uma persistente tendência a exagerar a participação ativa do Ministério das Relações Exteriores em diversas atividades criminosas dos nazistas. Ao mesmo tempo, o campo de visão é por demais estreito, de modo que o belicismo, um aspecto fundamental dos indiciamentos de Nuremberg, fica quase que inteiramente fora de cena, embora por certo tenha relevância direta no presente; outros crimes, como a pilhagem e espoliação em tempo de guerra, também desaparecem no pano de fundo. A concentração quase exclusiva no Holocausto talvez reflita a maneira como o regime nazista é visto pela geração mais jovem de historiadores e pelo público no início do século XXI, mas isso não ajuda o leitor a chegar a uma compreensão mais ampla do nazismo, o que o regime fez e como funcionou.

Não resta dúvida de que esse livro era necessário. Obras anteriores de Browning, Döscher, Mckale e outros, mencionadas nesta resenha, tocaram nos problemas de que trata o livro e exploraram alguns aspectos deles com exemplar minúcia, mas eram dirigidas a um público leitor acadêmico e tiveram pouca ressonância mais ampla. O déficit agora foi remediado por *Das Amt und die Vergangenheit*. A despeito da irregularidade e das inadequações, o livro inquestionavelmente tem êxito no sentido de provar para além da dúvida razoável que o Ministério das Relações Exteriores era parte essencial do maquinário do governo no Terceiro Reich; que o ministério endossou e levou a cabo iniciativas e diretrizes ideologicamente motivadas do nazismo, entre elas a perseguição e o extermínio dos judeus, na medida em que se situavam no âmbito de sua área de competência, o que ocorria em momentos particulares e locais particulares; que em sua esmagadora maioria os diplomatas e os funcionários graduados acreditaram e de bom grado implementaram essas medidas e diretrizes; e que depois da guerra esses mesmos diplomatas e funcionários graduados se desdobraram para encobrir o que eles e o Ministério das Relações Exteriores fizeram durante os anos do nazismo. O mito da resistência do Ministério das Relações Exteriores foi publicamente implodido por esse livro.

É ainda mais lamentável, portanto, que as falhas e os exageros do livro tornem mais fácil para os que ainda acreditam nesse mito tentar depreciá-lo. A importância do tópico de que trata a obra merecia coisa melhor. A culpa é diretamente dos editores. Se você vai empregar alunos de doutorado como pesquisadores, então é sua obrigação como historiador tarimbado revisar minuciosamente o trabalho deles a fim de assegurar-se de que o livro faz as referências adequadas à literatura secundária, evita a superinterpretação e alcança o equilíbrio adequado no tratamento dos temas. Os editores fracassaram nessa tarefa. Outras histórias departamentais foram encomendadas mais recentemente, em especial a do Ministério das Finanças e a do Serviço de Inteligência. Esperemos que haja mais cuidado na pesquisa e na apresentação, de modo que se evitem algumas das falhas do trabalho aqui abordado. Pois, ao empreender uma pesquisa dessa espécie, os historiadores devem ser justos e precisam ser rigorosos, meticulosos. Há no livro um leve indício de caça às bruxas, como se os autores assumissem para si a incumbência de perseguir a cumplicidade dos diplomatas e funcionários graduados quanto ao Holocausto e lançassem as acusações mais sérias que fossem capazes de encontrar. Apesar da obrigação de seguir instruções, deveriam ter se lembrado de que o historiador não é um promotor público e a história não é um tribunal. E, mesmo que fosse uma corte de justiça, resta o fato de que ainda é importante ser exato e evitar generalizações abrangentes. Como escreveu certa vez um dos mais formidáveis historiadores do nazismo, Tim Mason:

> A exatidão da identificação é importante [...] Embora sistemas de dominação e exploração não possam ser representados como atores morais individuais, pode-se demonstrar que geram barbárie. A demonstração de como exatamente o fizeram é invariavelmente complexa, mas argumentos históricos complexos não são indiferentes a questões morais apenas porque são complexos. Se os historiadores têm de fato uma responsabilidade pública, se odiar é uma parte de seu método e parte vigorosa de sua tarefa, é necessário que odeiem com exatidão.[69]

NOTA

Dois dos editores de *Das Amt und die Vergangenheit*, Peter Hayes e Norbert Frei, publicaram uma espirituosa réplica a estas e outras análises no *Bulletin of the German Historical Institute, Washington*, vol. 49 (outono de 2011), p. 55, juntamente com contribuições de Johannes Hürter, Christopher R. Browning, Holger Nehring e Volker Ullrich ("Forum: The German Foreign Office and the Nazi Past" ["Fórum: Ministério das Relações Exteriores e o passado nazista"], pp. 53-112).

Frei e Hayes seguiram a má prática acadêmica estabelecida na tentativa de desmoralizar e jogar no descrédito os críticos do livro ao apontar pequenos erros e deslizes, embora no caso do artigo acima só tenham conseguido encontrar um (o equívoco de trocar o nome de Herbert Blankenhorn por Werner). No entanto, eles apresentam três argumentos em defesa do livro que vale a pena comentar.

Começam afirmando que Curt Prüfer não era uma figura expressiva e, portanto, não merecia receber uma análise exaustiva em seu volume. Mas, é claro, a questão não é que ele fosse irrelevante, nem, de forma mais séria, que não tenha desempenhado papel importante na criação de mitos sobre o Ministério das Relações Exteriores no pós-guerra: o ponto é que sua atitude em relação ao passado era típica da postura de todos os diplomatas de carreira da Alemanha após a guerra, e as falsificações demonstráveis e concretas em que se envolveu fornecem um exemplo dessa atitude que é inigualável em sua clareza, apresentando evidências diretas da adulteração do passado nazista por obra de um ex-diplomata que são eloquentes demais para ignorar. O fato de Prüfer não ter servido no Ministério das Relações Exteriores da Alemanha Ocidental após 1951 é irrelevante no que concerne a esse aspecto fundamental. Verdade seja dita, *Das Amt* de fato menciona na bibliografia os dois livros de McKale sobre Prüfer, mas em nenhum lugar os cita nas notas, e tampouco os usa no texto; um mero registro não é prova de que os livros foram efetivamente lidos. Portanto, a minha acusação não é "espúria" como alegam os editores, mas inteiramente justificada.

Em seus interessantes *Nachwort und Dank* ("posfácio e agradecimentos"), os editores descrevem entre outras coisas o processo por meio do qual o volume foi compilado. Eles apontam que cada um assumiu a responsabilidade por um determinado segmento do livro, e que algumas das entrevistas da história oral foram realizadas por ambos, ou tiveram sua participação. Eles fazem referências em termos muito gerais ao fato de que "em todos os momentos os membros da comissão e seus assistentes trabalharam em conjunto de forma construtiva", e a seguir enumeram as páginas que cada um dos últimos escreveu. Não há aqui absolutamente menção alguma às alegações posteriores dos professores Frei e Hayes de que "cada capítulo surgiu por meio de um processo de repetidas trocas de ideias entre os redatores dos rascunhos nomeados aqui e o membro da comissão fundamentalmente responsável pelo período de tempo ou tópico relevante e depois em sucessivas sessões da comissão". Nenhum leitor do livro poderia ter sido capaz de supor isso a partir da forma como a composição do volume é apresentada. Em entrevistas posteriores, o professor Conze em particular afirmou que os editores e seus assistentes escreveram juntos o livro (<http://www.zeitgeschichte-online.de/thema/die-debatte-um-das-amt-und-die--vergangenheit>, que propicia um excelente relato da controvérsia e lida com todas as críticas, bem como com as respostas dos editores a elas). Continua extremamente difícil acreditar que as mesmas seções fraquíssimas a respeito do período do nacional-socialismo, em especial sobre a guerra, tenham sido discutidas a sério em sessões da comissão, ou que os editores responsáveis, historiadores tarimbados com bom conhecimento sobre o período, hajam submetido os rascunhos elaborados por seus assistentes às criteriosas leituras críticas que ele deveriam ter feito, e muito menos que eles próprios tenham tomado parte da escrita dos esboços.

Os professores Frei e Hayes, em sua obsessão com o papel do Ministério das Relações Exteriores alemão na "Solução Final da Questão Judaica na Europa", queixam-se ainda de que é injusto acusar o volume e seus autores de não terem lidado com os preparativos de uma guerra de agressão ilegal e criminosa. Eles se refugiam no fato de que apenas Ribbentrop e Neurath, os dois ministros das Relações Exteriores nazistas, foram condenados por essa acusação depois da guerra. Certamente não estão afirmando que isso exime os funcionários públicos que trabalharam para Ribbentrop e Neurath? Ou talvez que eles estavam "apenas obedecendo a ordens"? Tal argumento é uma defesa indigna de um livro que em outras áreas se debruça com exagerada preocupação sobre minúcias de crimes cometidos pelos diplomatas e administradores do Ministério das Relações Exteriores, embora aqui ainda estivessem sob o comando do ministro. Permanece o fato de que *Das Amt und Die Vergangenheit* se concentra de maneira muito escassa sobre o papel do ministério na elaboração de políticas antissemitas e sua implementação. Ainda há um bocado de trabalho a ser feito acerca do papel mais amplo do ministério em outras áreas.

Vitória e derrota

Decisões fatídicas

A guerra que teve início em setembro de 1939 não era o conflito que Hitler havia previsto. O Reino Unido entrou na luta armada; a Itália ficou de fora. No oeste, houve um período de inatividade, conhecido como "a falsa guerra". No início do verão de 1940, no entanto, as coisas estavam saindo a seu modo, após uma série de assombrosas vitórias militares. No entanto, isso não resultou na paz com a Grã-Bretanha. Um ano mais tarde, a Alemanha também estava em guerra com a União Soviética; e no final de 1941 os Estados Unidos também entraram no conflito. Dentro de mais um ano, a Alemanha estava claramente perdendo a guerra. Até que ponto esses reveses da fortuna foram decorrentes de "decisões fatídicas" tomadas por Hitler e os outros líderes da guerra como Stálin, Churchill e Roosevelt? Ou eles simplesmente foram levados de roldão ao sabor da maré dos eventos?

Essa é a questão que Ian Kershaw se propõe a responder em *Fateful Choices: Ten Decisions that Changed the World, 1940-1941* (2007).* Na porção inicial de sua obra, Kershaw se debruçou sobre uma imensa variedade de respostas e reações populares a Adolf Hitler e ao regime nazista, reações que iam de resistência e oposição, passando por dissidência e indiferença, e chegavam a entusiasmo e adoração. Seu livro *Popular Opinion and Political Dissent in the Third Reich* [Opinião popular e dissidência política no Terceiro Reich] (1983) atacou o clichê da obediência universal a Hitler. De acordo com essa visão, relativamente pouquíssimos alemães eram nazistas engajados; a maioria foi ludibriada, seduzida à aquiescência por intermédio da propaganda nazista e de realizações nazistas em uma ou outra área, contestando o regime – às vezes com sucesso – somente quando ele interferia diretamente nos valores mais

---

* Edição brasileira: *Dez decisões que mudaram o mundo. 1940-1941*. Tradução: Celso Mauro Paciornik, Berilo Vargas, Fernanda Abreu e Clóvis Marques. São Paulo: Companhia das Letras, 2008.

íntimos de sua vida cotidiana, mais acentuadamente em questões de prática religiosa. Tudo isso, é claro, suscitou a questão de como o regime conseguiu colocar em vigor suas diretrizes políticas. Em *The Hitler Myth* [O mito de Hitler], Kershaw mostrou de que forma a imagem de propaganda do *Führer* propiciou até quase o fim da guerra um repositório para as esperanças e aspirações do povo que desviava boa parte do descontentamento popular para seus subordinados ou apresentava a perspectiva de que, no final das contas, ele encontraria um remédio para a situação. As pessoas relutavam em acreditar que na realidade Hitler era um homem impelido por um ódio fanático dos judeus, um desejo irrefreável de conquista e, no fundo, um profundo desprezo pela massa de alemães comuns.

Assim, o estudo pioneiro de Kershaw sobre a imagem de propaganda de Hitler parecia apontar naturalmente para o passo seguinte, uma biografia do próprio homem. Depois de uma década de pesquisa, os dois volumes resultantes – *Hitler 1889-1936: Hubris* (1998) e *Hitler 1936-1945: Nemesis* (2000),* totalizando 2 mil páginas – estabeleceram-se de imediato como as obras-padrão sobre o ditador alemão. Entre as muitas virtudes da obra estavam a erudição e a qualidade acadêmica, sua meticulosa separação entre fato e mito, e notadamente, talvez, o novo e mais relaxado estilo de escrita de Kershaw, demonstrando um até então insuspeitado talento para a narrativa bem-acabada, a descrição envolvente e a recriação atmosférica de eventos e situações passados.

Kershaw chegou à biografia, ele mesmo confessou à época, a partir da "direção errada": não desde a história da alta política e dos altos escalões da tomada de decisões, mas a partir da história da vida e das opiniões cotidianas na Alemanha nazista. O resultado foi um livro que pela primeira vez relacionou Hitler a seu contexto histórico de maneira convincente, que o mostrou como uma criação de seu tempo e não como um indivíduo que agia de forma independente sobre ele. A biografia, de fato, passa rapidamente e com impaciência sobre os obscuros primeiros anos de vida de Hitler, descarta especulações psicológicas sobre seus motivos (os supostos temores de ancestralidade

---

* No Brasil foi publicada uma edição em volume único a partir da versão condensada elaborada pelo autor, que eliminou cerca de quatrocentas páginas de notas e referências destinadas sobretudo ao público acadêmico: *Hitler*. Tradução: Pedro Maia Soares. São Paulo: Companhia das Letras, 2010. (N. T.)

judaica, a suposta homossexualidade, o fracasso como pintor na juventude etc.) e, com certa irritação, dedica o mínimo de atenção aos poucos episódios que conhecemos sobre sua vida pessoal.

No relato de Kershaw, Hitler aparecia, em muitos sentidos, como uma espécie de espaço em branco no qual os alemães, ou, antes, grupos deles, projetaram suas ambições e aspirações. À medida que o tempo passou e ele passou a acreditar em seu próprio mito, em larga medida engendrado para ele por outros, Hitler assumiu papel mais decisivo – e em última instância desastroso – na formulação da diretriz política, especialmente com relação à guerra. Esse enfoque estruturalista do papel do ditador no Terceiro Reich levou à acusação, mais recentemente apontada sem rodeios por Christopher Browning em *The Origins of the Final Solution* [As origens da Solução Final], de que "Kershaw retrata o papel de Hitler na efetiva tomada de decisão acerca do plano de ação sobre os judeus", tal qual em outras áreas, como "passivo, simplesmente cedendo a pressões e propostas de outrem".

Talvez, então, não surpreenda que em seu livro mais recente Kershaw retorne ao tema da tomada de decisões, dessa vez em escala muito mais ampla. Aqui ele oferece uma narrativa e uma análise de dez decisões, cada qual influenciando as seguintes, a começar pela decisão da Inglaterra de continuar lutando na primavera de 1940 e a decisão de Hitler de invadir a União Soviética, passando pelas decisões do Japão de aliar-se à Alemanha e depois atacar Pearl Harbor, a decisão um tanto tardia do líder fascista Benito Mussolini de entrar na guerra, as decisões do presidente dos EUA Franklin Delano Roosevelt de ajudar os britânicos, o que depois se intensificou até a guerra não declarada contra a Alemanha, e as decisões de Hitler de declarar guerra aos Estados Unidos e tentar exterminar os judeus da Europa. Como seria de esperar a partir do histórico de Kershaw, ele não empreende uma investigação profunda da psicologia dos líderes do mundo cujas ações em 1940 e 1941 moldaram o curso da Segunda Guerra Mundial e, portanto, os parâmetros da ordem pós-guerra. Como Hitler na biografia em dois volumes, eles continuam extraordinariamente insípidos e vagos. A bem da verdade, por vezes praticamente desaparecem por completo como atores individuais. Assim, por exemplo, Kershaw conclui que "os colossais riscos que tanto a Alemanha como o Japão estavam preparados para correr, em última instância, eram enraizados na compreensão por parte das elites do poder em ambos os países do imperativo da expansão de modo a adquirir um império e sobrepujar seu *status* de "nações 'desprivilegiadas'", como eram percebidas.

Até o ponto em que Kershaw tem interesse nos líderes como indivíduos, o que mais o fascina são as restrições sob as quais atuavam e os fatores mais amplos que limitavam sua liberdade de ação. Assim, quando Hitler rejeitou o conselho de seus comandantes militares de dar prioridade ao Norte da África e ao Mediterrâneo depois das impressionantes vitórias contra a França e outros países da Europa Ocidental em 1940, ele certamente estava sendo movido pela prioridade ideológica que sempre dera à conquista da União Soviética. Ao mesmo tempo, Kershaw argumenta, "a decisão de atacar e destruir a União Soviética [...] foi estrategicamente imposta a ele. Ele tinha de obter a vitória no leste antes que Stálin conseguisse organizar suas defesas e antes que os americanos entrassem na guerra".

Tais decisões, sublinha Kershaw, dependiam em particular das decisões prévias tomadas por outros, e algumas delas eram menos regidas pela força das circunstâncias do que outras. A decisão com que ele abre o livro é um exemplo. No final de maio de 1940, quando se tornou claro que a França tinha sido derrotada e a impressão era a de que as tropas britânicas enviadas para ajudar os franceses seriam mortas ou capturadas antes que pudessem ser evacuadas do continente, vozes poderosas no âmbito do gabinete britânico, encabeçadas pelo secretário para Assuntos Externos, lorde Halifax, começaram a se erguer em favor da tentativa de mediação por intermédio dos italianos, primeiro por meio de Roosevelt e, depois que isso deu errado, por uma aproximação anglo-francesa direta com Mussolini. O recém-nomeado primeiro-ministro Winston Churchill teve de usar toda a força retórica de que dispunha para aniquilar a ideia:

> O *Signor* Mussolini, se chegasse a ser mediador, teria nos dado uma surra. Era impossível imaginar que *Herr* Hitler teria sido tolo a ponto de nos permitir continuarmos o nosso rearmamento. Com efeito, seus termos nos deixariam completamente à sua mercê. Jamais chegaríamos a piores termos, caso seguíssemos lutando, mesmo que fôssemos derrotados, do que os que nos foram oferecidos agora.

Se a Inglaterra implorasse pela paz, disse ele, seria forçada a se desarmar e tornar-se um Estado escravo, sob um governo fantoche comandado pelo líder britânico fascista *Sir* Oswald Mosley. Na ocasião, os franceses decidiram agir por conta própria; seus emissários da paz foram violentamente rechaçados por Mussolini, que de fato queria "dar-lhes uma surra". Quase 225 mil soldados britânicos foram evacuados do continente em Dunquerque, um evento que a emocionante retórica de Churchill extraordinariamente converteu de derrota calamitosa em uma espécie de vitória. E a Inglaterra seguiu combatendo.

O que teria acontecido se Halifax e seus aliados levassem a melhor no Gabinete? Aqui, seguindo o exemplo de Churchill, Kershaw entabula uma fascinante especulação contrafactual. Certamente, ele argumenta, na eventualidade de uma paz entre Inglaterra e Alemanha em maio ou junho de 1940, Hitler teria exigido a derrubada da administração de Churchill. Porém mais provável como sucessor do que o impopular e desacreditado Mosley teria sido um político amplamente admirado como David Lloyd George, o primeiro-ministro britânico na Primeira Guerra Mundial e autodeclarado admirador de Hitler. De fato, Lloyd George contemplou um papel dessa espécie, possivelmente sob o restaurado Eduardo VIII, cujas simpatias pela Alemanha nazista e a convicção na necessidade de uma paz em separado também eram conhecidas e foram registradas. Isso teria sido algo parecido com o regime instalado na França em 1940 sob o marechal Philippe Pétain, herói do Exército francês na Primeira Guerra Mundial, embora de início sem suas inclinações fascistas. Um governo rival, possivelmente comandado por Churchill, talvez tivesse sido instalado no Canadá. Mas, com a Inglaterra efetivamente do lado da Alemanha, a gigantesca maré de auxílio americano seria interrompida, e Hitler estaria livre para conduzir todos os seus Exércitos aonde quisesse ir, para a tão desejada invasão da União Soviética. E, o que quer que ele dissesse, Hitler não teria esperado muito tempo antes de dar início ao desmembramento do Império Britânico, ao contrário da visão expressada mais tarde por alguns historiadores como Maurice Cowling, Alan Clark e John Charmley, que argumentaram que uma paz em separado com a Alemanha em 1940 teria sido a melhor maneira de preservá-lo.

Até que ponto é legítimo esse tipo de especulação? Kershaw toma o cuidado de não ir longe demais; de fato, ele não vai além dos cenários esboçados pelo próprio Churchill nessa ocasião. Em vez de desenhar quadros imaginativos sobre o que poderia ter acontecido, Kershaw procura avaliar as alternativas abertas aos tomadores de decisões. Ele não faz mais do que supor que uma paz com a Inglaterra em 1940 talvez tivesse aumentado as chances de Hitler de derrotar a União Soviética. Mas, a bem da verdade, essas chances jamais foram muito grandes. Ainda que a Alemanha pudesse ter "todos os recursos materiais do continente à sua disposição" nessa eventualidade, a exploração nazista dos derrotados franceses e de outras economias era tão implacável que no longo prazo teve valor relativamente pequeno. Essencialmente a União Soviética derrotou sozinha a Alemanha. A decisão de Hitler de invadir a Rússia foi tomada no verão e outono de 1940, suscitada, de acordo com Kershaw, em especial por conta do conhecimento do ditador de que, com a Inglaterra ainda na guerra, os vastos recursos da economia dos EUA logo seriam despejados em quantidades cada vez maiores no esforço de guerra britânico. É possível imaginar, como faz Kershaw, que se os conselhos dos generais alemães tivessem prevalecido e o esforço de guerra alemão fosse dirigido para a conquista do Norte da África e do Oriente Médio, obtendo as vastas reservas de petróleo que a economia nazista desesperadamente necessitava e interrompendo a principal rota de abastecimento para o Oriente através do Canal de Suez, o confronto fatal com a União Soviética poderia ter sido adiado, talvez indefinidamente.

Por assim dizer, Hitler ficou com o pior de dois mundos. Voltando as atenções para a decisão de Mussolini de entrar na guerra do lado alemão depois da acachapante derrota da França, Kershaw retrata as elites italianas como ávidas por um quinhão dos espólios. Permanecer neutra possibilitaria à Itália poupar seus parcos recursos à maneira tradicional, jogando um lado contra o outro. Talvez Mussolini devesse ter se lembrado do sarcástico comentário de um negociador russo em uma conferência de paz no final do século XIX de que, já que os italianos estavam exigindo um aumento de seu território, ele supunha que deviam ter perdido outra batalha. Decepcionado com a recusa de Hitler de ceder a suas exigências no oeste, Mussolini tomou a decisão fatal de invadir a Grécia. Em pouco tempo os fiascos militares italianos lá e no Norte da África arrastaram os alemães para um teatro de guerra em que eles na verdade não queriam lutar.

Hitler mais tarde se queixaria de que o desvio de recursos alemães custou-lhe a guerra por obrigá-lo a adiar a invasão da Rússia, oficialmente conhecida como Operação Barbarossa. Se a invasão tivesse acontecido antes, ele alegava, os alemães poderiam ter derrotado o Exército Vermelho antes que os atoleiros causados pelas chuvas atravancassem o avanço alemão no outono. Mas, Kershaw aponta, o mau tempo em maio e início de junho teriam postergado a invasão de qualquer forma. Ademais, nas primeiras semanas da campanha russa, Hitler antecipou a vitória muito antes da queda. Centenas de milhares de soldados soviéticos foram cercados e mortos ou capturados em meio aos amplos movimentos de ofensiva dos velozes blindados alemães, apoiados pela completa dominação alemã dos céus. O colapso do regime soviético parecia iminente.

A responsabilidade pela quase derrota russa, argumenta Kershaw, cabe principalmente ao ditador soviético Iosif Stálin, cuja decisão de ignorar os abundantes alertas dos agentes de inteligência sobre a iminente invasão alemã em junho de 1941 forma o tema de outro capítulo. Que alternativas estavam abertas a Stálin? Uma delas, proposta um mês antes por seus mais importantes generais, era desferir um ataque preventivo. Os vestígios documentais disso forneceram combustível para os que tentaram argumentar que Hitler procedeu à invasão no intuito de impedir que o Exército Vermelho marchasse rumo ao oeste. Mas, de forma persuasiva, Kershaw rejeita essa "interpretação forçada e absurda". A Operação Barbarossa já estava em preparação meses antes de a ideia de um ataque preventivo pelo Exército Vermelho ter sido aventada e discutida pela primeira vez. Portanto, a investida teria sido uma manobra defensiva.

Depois da guerra, um de seus principais autores, o general [Gueórgui] Júkov, admitiu que, em todo caso, provavelmente teria sido um retumbante fracasso. O Exército Vermelho e seus comandantes tinham sido bastante debilitados pelos expurgos de Stálin no final da década de 1930. O frenético programa de armamentos lançado em 1939 não chegara muito longe; até 1942 Stálin não considerava que o Exército Vermelho estaria em posição de combater com êxito os alemães. Ele rejeitou completamente a ideia. "Vocês enlouqueceram?", explodiu Stálin. "Querem provocar os alemães?" Stálin sabia como seus Exércitos estavam despreparados, e tentou desesperadamente ganhar tempo; inclusive manteve os envios de víveres e matérias-primas acordados no Pacto Nazi-Soviético em 1939 até seis dias antes da invasão.*

Ideologicamente limitado, o ditador soviético não tolerava discordâncias com relação a sua própria avaliação complacente da situação. Kershaw não diz quais eram as preconcepções ideológicas de Stálin, mas, como bom marxista-leninista, Stálin estava convencido de que o regime de Hitler era a ferramenta do capitalismo monopolista alemão, de modo que, se disponibilizasse tudo o que os interesses comerciais alemães quisessem, não haveria razão imediata para a invasão. Ademais, a seu ver era inconcebível que Hitler lançasse uma invasão enquanto a guerra contra a Inglaterra ainda estava em curso. O ditador alemão tinha consciência da loucura que seria travar uma guerra em duas frentes, certo? Mas Hitler nutria pela União Soviética um desprezo infinito. Um empurrão, pensava ele, e todo o edifício do comunismo desmoronaria.

Não desmoronou. No fim de 1941 os exaustos Exércitos alemães perderam o ímpeto e ficaram estagnados às portas de Moscu, e, embora tenham feito novos e significativos avanços em 1942, o fator mais temido por Hitler, o aumento da ajuda americana à Inglaterra e, em menor grau, à União Soviética, entrou no jogo de maneira crescente e decisiva. Kershaw dedica dois capítulos a decisões tomadas por Roosevelt. Em 30 de outubro de 1940, o presidente prometeu às mães e aos pais americanos: "Seus rapazes não serão enviados para uma guerra estrangeira". A essa altura, ele já tinha sido convencido havia muito de que o expansionismo alemão representava uma ameaça fundamental aos Estados Unidos. Ele estava certo.

De acordo com o comentário de Kershaw, Hitler sempre tinha imaginado e previsto no longo prazo uma "guerra dos continentes", em que uma Europa dominada pela Alemanha lançaria uma batalha final contra os Estados Unidos pela supremacia mundial. Mas Roosevelt sabia que jamais conseguiria convencer o Congresso a apoiar uma declaração de guerra à Alemanha. Por isso agiu

---

* O Pacto Mólotov-Ribbentrop, também conhecido como Pacto Nazi-Soviético, Pacto de Não Agressão Germano-Soviético ou Pacto de Não Agressão Germano Nazi-Soviético (oficialmente: Tratado de Não Agressão entre a Alemanha e a União das Repúblicas Socialistas Soviéticas), assinado em Moscou em agosto de 1939 pelos ministros dos Negócios Estrangeiros Joachim von Ribbentrop e Viátcheslav Mólotov, respectivamente. (N. T.)

com cautela, passo a passo, para apoiar primeiro o esforço de guerra britânico e depois o soviético. "Não creio que haja necessidade de nos preocuparmos com qualquer possibilidade de dominação russa", declarou ele pouco depois da Operação Barbarossa. A Lei de Empréstimo e Arrendamento, que disponibilizou para a Inglaterra e mais tarde para a Rússia vastas quantidades de material bélico, foi seguida pela Carta do Atlântico, implicitamente aliando os Estados Unidos e a Inglaterra ao asseverar os princípios democráticos que ambos buscavam defender, ao passo que um embate entre um *U-boot* alemão e um destróier americano forneceu o pretexto para persuadir o Congresso dos EUA a autorizar que embarcações de guerra americanas protegessem navios mercantes e comboios aliados na metade americana do Atlântico, em prol dos interesses da "liberdade dos mares".

A decisão de Roosevelt de travar uma guerra não declarada contra a Alemanha teve impacto em duas decisões cruciais tomadas por Hitler. A primeira delas foi a declaração alemã de guerra contra os Estados Unidos em 11 de dezembro de 1941. A introdução da Lei de Empréstimo e Arrendamento já havia convencido Hitler de que a União Soviética precisava ser derrotada rapidamente, antes que as toneladas de recursos americanos pudessem entrar na luta do lado dos Aliados. Quanto mais as forças navais dos EUA intervinham para proteger a Marinha Mercante britânica, mais Hitler começou a temer que, a menos que lançasse contra eles um ataque com a força total de sua esquadra de submarinos, a batalha do Atlântico estaria perdida e a sua tentativa de cortar o abastecimento essencial de víveres, armas e matérias-primas das ilhas Britânicas fracassaria. Contudo, ele continuou hesitante até que os japoneses bombardearam a base naval americana de Pearl Harbor, no Pacífico, em 7 de dezembro de 1941. Esse episódio foi, nas palavras de Hitler, "uma salvação". "Não podemos perder a guerra", foi a resposta dele. Em 11 de dezembro a Alemanha fez a declaração formal de guerra contra os Estados Unidos.

A declaração de guerra dos alemães livrou Roosevelt de seu dilema. Agora os Estados Unidos poderiam entrar no conflito abertamente, sem reservas nem restrições. Kershaw se pergunta: isso foi um ato de loucura megalomaníaca por parte de Hitler? Não, é sua resposta. De qualquer maneira, a guerra com os Estados Unidos era inevitável, e a agressão japonesa bloquearia os recursos americanos no Pacífico, permitindo à Alemanha vencer a guerra na Europa antes que o maciço poderio bélico americano fizesse a balança pender para o lado anglo-soviético. Mesmo se Hitler não tivesse feito a sua declaração de guerra, a cada vez mais intensa batalha de submarinos no Atlântico teria arrastado os EUA para o conflito mais cedo ou mais tarde. A decisão de Hitler, portanto, nada teve de fatídica, afinal – um veredicto que, embora bastante convincente, seguramente solapa sua inclusão em um livro intitulado *Fateful Choices* [Decisões fatídicas].

Contudo, a segunda decisão suscitada, pelo menos até certa medida, pelo crescente envolvimento dos Estados Unidos na guerra foi, verdadeiramente, fatídica: a decisão de Hitler de exterminar os judeus da Europa. Em um aspecto, afirma Kershaw, não havia decisão que pudesse ser "remontada a uma única ordem em um dia específico". Certamente, sobreviveram ordens explícitas de Hitler determinando o assassinato em massa de intelectuais poloneses e a limpeza étnica de judeus das áreas da Polônia incorporadas à Alemanha após a invasão alemã de setembro de 1939.

Em outubro de 1941 as ordens de Hitler eram menos explícitas, mas, de acordo com Kershaw, os amplos poderes que ele deu ao chefe da SS Heinrich Himmler para "pacificar" as áreas recém-conquistadas e matar os comissários políticos soviéticos e judeus que representassem uma ameaça à segurança foram decisivas. No início de agosto as forças-tarefa e as unidades de polícia de Himmler estavam indiscriminadamente massacrando uma pletora de homens, mulheres e crianças judeus, em um processo sobre o qual Hitler mantinha-se bem informado e do qual estava perfeitamente a par. Em outubro de 1941 as autoridades nazistas começaram a deportação para o leste de judeus de Berlim, Praga, Viena e outras cidades das Potências Centrais, enviando-os para guetos onde já se aglomeravam milhares de judeus poloneses e da Europa Oriental, que para lá tinham sido obrigados a se mudar e onde viviam em condições cada vez mais degradantes. Nesse meio-tempo, os fuzilamentos de judeus pelas "forças-tarefa" e pelas unidades de polícia atingiram novos píncaros. Himmler começou a tentar resolver a situação usando gás venenoso como um método mais rápido de cometer assassínios em massa: primeiro com câmaras de gás móveis, depois por meio da construção de instalações fixas (câmaras de tijolos ao lado de fornos crematórios) em campos de extermínio, a começar por Belzec em novembro de 1941. Em todo caso, nesse nível o ritmo dos eventos estava começando a forçar a liderança nazista a tomar uma decisão fundamental e coordenar o programa de matança de maneira metódica e ordenada – daí a decisão de convocar uma conferência reunindo os oficiais do alto escalão do partido nazista, líderes do governo alemão e as principais agências envolvidas, em Wannsee, área nobre nos arredores de Berlim, em novembro de 1941, adiada para janeiro de 1942 por causa da declaração de guerra aos Estados Unidos.

Em conversa reservada com líderes nazistas um dia depois da declaração de guerra aos Estados Unidos, Hitler deixou claro que "a guerra mundial está aqui. A aniquilação dos judeus deve ser a consequência necessária". Relatando o discurso a seus subordinados dias depois, Hans Frank, governador-geral da Polônia, foi brutalmente explícito: "Devemos destruir os judeus onde quer que os encontremos". Havia 3,5 milhões somente nessa área. "Não podemos atirar nesses 3,5 milhões de judeus", disse ele; "não podemos envenená-los, mas devemos ser capazes de tomar medidas que de alguma forma levem ao sucesso no extermínio". A decisão tinha sido claramente tomada, e foi tomada por Hitler.

É surpreendente, dada a estrutura desse livro, que ao explicar a invasão alemã da Rússia, ordenada por Hitler, Kershaw não dê mais destaque à decisão de Roosevelt de levar a cabo a entrada *de facto* dos Estados Unidos na guerra. Ao longo do verão e do outono de 1941, Hitler fez repetidas referências ao que via como uma conspiração judaica maligna em âmbito mundial que impelia Roosevelt a uma aliança profana com Churchill e Stálin para ocasionar a destruição da Alemanha. Todos esses estadistas, ele acreditava, estavam sob a influência judaica; e suas declarações privadas eram corroboradas pelo bombardeio de propaganda antiamericana orquestrado pelo ministro da Propaganda, Goebbels, em Berlim. Aí está um elo que Kershaw poderia ter explorado mais a fundo.

Ao fim e ao cabo evidencia-se, portanto, que nem todas as decisões analisadas nesse livro foram fatídicas, e nem todas foram, estritamente falando, decisões. Mas todas estavam de uma forma ou de outra inter-relacionadas entre si, e não há dúvida de que, em conjunto, ajudaram a determinar os rumos da guerra. Por óbvio, seria fácil escolher opções alternativas às dez decisões analisadas no livro, da declaração de guerra contra a Alemanha anunciada pelo primeiro-ministro Neville Chamberlain em setembro de 1939 à recusa de Hitler de permitir que o 6º Exército batesse em retirada de Stalingrado no fim de 1942; da ordem de Churchill de bombardear cidades alemãs no ano seguinte às várias decisões tomadas pelos principais conspiradores no complô da resistência alemã para matar Hitler em 1944, e assim por diante. No fim, a bem da verdade Kershaw não se dá ao trabalho de apresentar argumentos em defesa da importância fundamental do período de maio de 1940 a novembro de 1941 no que diz respeito a moldar o curso da guerra; ele sabe que a história não é tão simples assim. Dessa forma, de fato, aparentemente está em aberto a possibilidade de que ele escreva uma continuação, ou mesmo duas sequências, cobrindo os anos de 1942-43 e 1944-45. São obras que valeria a pena ler.

Tais livros, concentrando-se na tomada de decisões por parte dos líderes do tempo de guerra, à primeira vista dão a impressão de serem muito distantes do tipo de história social em que Kershaw iniciou sua carreira. Mas em muitos aspectos esse contraste é enganoso. Kershaw acena na direção do individual na história. As "decisões fatídicas" de Mussolini, Churchill, Hitler, Stálin e os demais, diz ele, "foram diretamente determinadas pela espécie de indivíduos que eles por acaso eram. Ao mesmo tempo, contudo", ele vai adiante, "não foram tomadas no vácuo de arbitrários caprichos e impulsos de personalidade. Foram decisões tomadas sob precondições e sob restrições e limitações externas". Não se pode evitar a sensação de que, a bem da verdade, no fundo a personalidade dos homens que tomaram as decisões e fizeram as escolhas não interessa muito a Kershaw. No fim, então, esse seu livro é menos sobre as decisões fatídicas que eles tomaram e mais sobre os fatores que lhes impuseram condições e limitações. Isso é precisamente o que o distingue do enfadonho filão da história militar comum e o coloca numa classe própria e única.

Engenheiros da vitória

Diferentes espécies de historiadores tenderam a enfatizar diferentes razões para a derrota imposta pelos Aliados às potências do Eixo na Segunda Guerra Mundial. Os historiadores militares mais tradicionais realçaram as diversas qualidades de liderança dos dois lados, a inspiração propiciada por Churchill e Roosevelt e, de maneira bastante diferente, Stálin contrastando com o distanciamento de Hirohito ou a desequilibrada tomada de decisões e a progressiva retirada de Hitler da vida pública durante a guerra. Nessa perspectiva o generalato teve papel extremamente relevante, com brilhantes figuras militares alemãs como Rommel, Guderian ou Manstein tolhidas e frustradas pelas constantes interferências de Hitler e pela rígida insistência do *Führer* na vitória imediata ou derrota total, e superadas em manobras estratégicas por nomes como Júkov ou Montgomery ou Patton, todos eles tendo recebido carta branca de seus comandantes políticos para adotar suas próprias táticas à luz da situação militar do momento.

Historiadores econômicos, naturalmente, apontaram para a imensa disparidade de recursos entre os dois lados, com os Aliados produzindo quantidades muito maiores de armas e munição do que as potências do Eixo, ao passo que o Japão ficou sem comida e a Alemanha sem combustível. Mais recentemente, tão logo os registros dos serviços secretos durante a guerra tornaram-se disponíveis, "historiadores da inteligência" apresentaram argumentos para defender a ideia da virada da maré graças a inovações cruciais na coleta de informações, decifração de códigos do inimigo e elaboração de intricados exercícios de embuste e trapaça. Muitos historiadores buscaram identificar os "momentos decisivos e pontos de inflexão" no conflito, das "decisões fatídicas" de Kershaw tomadas pelos líderes das potências beligerantes à lista de Philip Bell das batalhas e conferências que colocaram os Aliados no caminho da vitória. Em uma base mais ampla, Richard Overy, cujos textos abrangem tanto a história militar quanto a econômica, examinou uma variedade de razões "por que os Aliados venceram", para citar o título de seu livro de 1995, *Why the Allies Won*, e chegou à conclusão de que "Os Aliados venceram a Segunda Guerra Mundial porque converteram sua força econômica em efetivo poderio de combate, e transformaram as energias morais de seus povos em efetivo desejo de vencer".

Como Overy, Paul Kennedy é um historiador que sempre tentou analisar a guerra e as relações internacionais de todas as formas e em todos os detalhes. Ele é devidamente cético quanto a algumas das alegações mais exageradas feitas por partidários de um enfoque ou de outro. As repetidas afirmações dos "historiadores da inteligência" de que uma ou outra "inovação revolucionária de inteligência" mudou o curso da batalha são, ele acredita, improváveis a menos que avaliadas em um contexto mais amplo. A lista de falhas de inteligência na guerra, ele aponta, é longa, da ignorância francesa acerca do avanço alemão através das Ardenas em 1940 à cegueira americana em face do planejado ataque japonês a Pearl Harbor. Os principais comandantes por vezes recusavam-se a acreditar nos relatórios de inteligência; segundo uma história famosa, quando um soldado alemão ex-comunista atravessou as linhas na noite da véspera da Operação Barbarossa para alertar Stálin da iminente invasão, o ditador soviético mandou fuzilá-lo por espalhar falsos boatos.

Kennedy poderia ter acrescentado também que o sistema de decodificação Ultra, graças ao qual os oficiais britânicos de inteligência em Bletchey Park conseguiam monitorar as comunicações por rádio dos alemães e alertar as tropas em solo sobre quando seriam os próximos ataques, era tolhido pelo temor de que um deslocamento tão óbvio de tropas alertasse os alemães para o fato de que seus planos passaram a ser conhecidos de antemão; assim, em maio de 1941, embora o comandante das tropas britânicas na ilha de Creta tivesse sido avisado por Bletchey Park do local em que as forças da vindoura invasão de tropas aerotransportadas alemãs pousariam, ele foi proibido de postar seus homens lá, de modo a evitar que os alemães suspeitassem de trapaça e complô, assim anulando a vantagem que a informação de inteligência poderia ter proporcionado. Em contraste, Kennedy argumenta, "as inovações de inteligência que resultaram em vitórias no campo de batalha que encurtaram a duração da guerra [...] compõem um cardápio pequeno". A mais óbvia foi a Batalha de

Midway, em que a inteligência localizou os porta-aviões inimigos ao mesmo tempo em que foi capaz de ocultar a localização das tropas americanas; talvez a destruição que a Marinha Real Britânica impôs à frota italiana no Mediterrâneo se enquadre na mesma categoria; talvez, também, o afundamento do cruzador de batalha *Scharnbost* em dezembro de 1943. De resto, Kennedy argumenta, a inteligência geralmente era um fator dentre muitos, e via de regra não o mais importante, embora ao longo do livro ele mencione outras contribuições de grande envergadura dos serviços de inteligência, minando seu próprio argumento em muitos pontos.

O que fez a diferença, então, de acordo com Kennedy? Ele aponta para diversos fatores que influenciaram os rumos tomados pela guerra. O mais óbvio era a disparidade em recursos e na capacidade produtiva entre as potências do Eixo e os Aliados. Quando muito, isso foi ainda mais significativo do que Kennedy admite; assim, longe de chegar à "superioridade produtiva em 1943-44", os Aliados já tinham situação vantajosa em 1940, mesmo antes de os EUA entrarem na guerra – os soviéticos produzindo, por exemplo, 21 mil aviões de combate e os britânicos 15 mil, contra 10 mil fabricados pelos alemães; em 1941, a Inglaterra e os Estados Unidos, somados, fabricavam mais que o dobro de aeronaves de combate do que Alemanha e Japão combinados. E nem de longe é válido afirmar que somente os Aliados aprenderam com seus erros a aperfeiçoar seus métodos de produção, pois foram os alemães que conseguiram fazer isso de forma mais impressionante, quando Albert Speer, baseando-se nos alicerces lançados por seus antecessores, impulsionou a indústria bélica até atingir seu apogeu em 1944, com novos e extraordinários produtos como os blindados Tiger e Panther.

Contudo, no fim isso fez pouca diferença. A disparidade de recursos foi reconhecida logo no início por generais bem-pensantes como Fritz Todt, que no princípio de 1942 disse a Hitler que a guerra estava perdida por essa mesma razão. "A guerra no Norte da África", lamentou o general Erwin Rommel após sua derrota, "foi decidida pelo peso dos equipamentos bélicos anglo-americanos". E não era apenas a capacidade produtiva que faltava ao Eixo; reiteradas vezes suas forças foram derrotadas por conta da escassez de combustível; o [marechal de campo Friedrich] Paulus não conseguiu escapar do cerco do Exército Vermelho em Stalingrado, embora, desafiando Hitler, tenha tentado, porque seus tanques e caminhões não tinham combustível para percorrer a distância, e houve muitos outros episódios desse tipo. Do início ao fim da guerra, a Alemanha nunca teve mais do que 1 milhão de toneladas em reservas de petróleo, ao passo que a Inglaterra tinha 10 milhões em 1942 e mais de 20 milhões dois anos depois. As tentativas alemãs de conquistar os campos de petróleo do Cáucaso e do Oriente Médio deram em nada, a exemplo dos pesados investimentos da IG Farben na produção de combustível sintético.

No entanto, Kennedy está correto ao criticar a "rudimentar explicação econômica determinista do resultado da guerra". Alemanha, Itália e Japão dissiparam seus recursos ao combater em múltiplas frentes ao mesmo tempo (exemplos perfeitos do conceito de "excesso de extensão imperialista"* de Kennedy, concepção que ele desenvolveu um quarto de século atrás em seu clássico livro *The Rise and Fall of the Great Powers* [Ascensão e queda das grandes potências]. Contudo, enquanto a União Soviética pôde se concentrar quase exclusivamente em derrotar o invasor nazista, os americanos e os britânicos também enfrentaram os problemas resultantes de travar uma guerra em muitas frentes diferentes. Kennedy supõe que a experiência britânica de comandar um império global deixava a Inglaterra em boa e vantajosa posição aqui, mas, de maneira mais importante, diz ele, "os líderes britânicos *sabiam* que tinham se expandido em excesso", especialmente após a derrota de seus Exércitos na Grécia e em Creta, Toburk e Cingapura e seus reveses na Batalha do Atlântico, todos no ponto mais crítico da guerra, em 1941-42, mesmo com a participação de forças de muitas partes diferentes do império; assim, empreenderam todos os esforços para compensar essas vicissitudes desenvolvendo novas tecnologias para reduzir perdas.

São essas tecnologias e seu emprego que formam o foco central do envolvente livro de Kennedy. Ele divide seu material em cinco capítulos. No primeiro, "Como conduzir comboios em segurança através do Atlântico", ele começa em 1942, quando esquadras mercantes aliadas transportando suprimentos para a Inglaterra perderam 7,8 milhões de toneladas, a maior parte afundada por submarinos alemães. Tecnólogos e engenheiros aliados contornaram essa difícil

---

* Trata-se do conceito de *overreach* ou *overstretch*, segundo o qual quando uma potência mundial se expande em excesso, incorrendo em atividades altamente custosas ao redor do planeta, começa a enfrentar debilidades internas que levariam ao declínio da hegemonia. (N. T.)

situação desenvolvendo bombardeiros de longo alcance que eram capazes de acompanhar os comboios através do Atlântico; radares centimétricos para localizar os *U-boots*, que geralmente tinham de deslocar-se pela superfície porque não dispunham do sistema de ar-condicionado necessário para permanecer submersos por longos períodos de tempo; o Hedgehog (morteiro antissubmarino múltiplo de granadas de curta distância que diminuía o tempo do disparo contra o inimigo), com o qual as escoltas de comboios conseguiam destruir os submarinos inimigos; e grupos de apoio a comboios mais eficientes e mais bem organizados que incluíam pequenos porta-aviões, capazes de espreitar, perseguir e eliminar as "matilhas" ou "alcateias" alemãs.* Ele minimiza o papel da inteligência, aqui e em outras instâncias, mas papel significativo nas derrotas de 1942 foi desempenhado pela capacidade dos alemães de decodificar as transmissões de rádio dos Aliados, ao mesmo tempo em que bloqueavam as tentativas dos criptógrafos aliados de decifrar as suas próprias transmissões; o êxito dos Aliados na reversão dessa situação em dezembro de 1942 foi sem dúvida um ponto de inflexão no conflito, possibilitando aos comboios reajustar suas rotas para escapar dos submarinos e localizar os *U-boots* – tanto por meio da decodificação de seu tráfego de rádio como determinando a localização dos submarinos alemães na superfície.

Kennedy se afasta dessa história já contada mil vezes para lidar com a pergunta: "Como conquistar o domínio aéreo?". Quando os bombardeiros dos Aliados aumentaram seu alcance e aperfeiçoaram a capacidade de localizar seus alvos em comparação com o início da guerra, já era 1943, e nessa ocasião os raides aéreos em massa sobre Hamburgo e o Ruhr causaram imensos danos não apenas à indústria alemã como também ao estado de ânimo dos alemães. Foi um erro visar a distante Berlim como alvo, onde os apoios navegacionais dos Aliados eram ineficazes, os caças de curto alcance não conseguiam acompanhar os bombardeiros e os alemães tiveram tempo para organizar suas defesas. As tripulações dos bombardeiros sofreram perdas substanciais, e a escala da campanha foi reduzida. A solução foi encontrada no P-51 Mustang, caça de longo alcance com fuselagem americana e motor Rolls-Royce britânico. As

---

* O conceito tático de "alcateia" consistia no ataque simultâneo de submarinos a um comboio, deslocando os *U-boots* em formação em grandes filas de patrulha; por sinal de rádio os submarinos se reuniam e atacavam. (N. T.)

novas escoltas de caças eram eficazes na proteção aos bombardeiros, cujo alcance também havia aumentado; os Aliados obtiveram o comando dos céus, e no último ano e meio da guerra houve raides cada vez mais devastadores que debilitaram a indústria alemã e afundaram ainda mais o moral dos alemães. Muitos historiadores já contaram essa história antes, e Kennedy pouco acrescenta de novo, mas ainda assim sua análise é clara e convincente.

Partindo dessa história conhecida, Kennedy segue adiante para contar de que forma os Aliados aprenderam a "como deter uma *Blitzkrieg*", ou, em outras palavras, como derrotar a tática alemã de combinar infantaria, aviação e blindados em um único ataque total. A resposta está na meticulosa preparação de defesas com bastante tempo de antecedência, como aconteceu em El Alamein e Kursk. Aqui Kennedy não tem muita certeza sobre os fatos de que está falando, por não ter consultado a pioneira série de estudos de Karl-Heinz Frieser sobre a *Blitzkrieg*, culminando em sua dramática reinterpretação da Batalha de Kursk, em que, ele calcula, foram perdidos 760 tanques alemães, e não 1.600 como alega Kennedy; 170 mil soldados foram mortos, feridos ou desapareceram em combate, não 50 mil – números essenciais, mas não mencionados no livro de Kennedy –; 524 aeronaves de combate foram perdidas. Mais uma vez, se foi importante que os soviéticos tenham aprendido a resistir à tática alemã e a usar a inteligência, a supremacia aérea, a tecnologia e a logística para virar a maré, a disparidade de recursos era fundamental, pois, se as baixas e perdas do Exército Vermelho foram bem mais significativas do que as das *Wehrmacht*, também era muito mais fácil compensar esses prejuízos.

Ao explicar "como avançar numa praia dominada pelo inimigo", o livro examina em particular os desembarques da Normandia, à luz de desastres anfíbios anteriores, como o ataque a Galípoli na Primeira Guerra Mundial. Os Aliados aprenderam a importância de desembarcar longe de áreas bem defendidas, e de assegurar de antemão o comando aéreo e marítimo. Também era fundamental manter estrito sigilo acerca dos planos de invasão, o que os Aliados desastrosamente não fizeram antes dos desembarques em Salerno em setembro de 1943 ou Anzio em janeiro de 1944. Todas essas condições estavam presentes nos desembaques da Normandia em junho de 1944, juntamente com as elaboradas medidas de embuste em virtude das quais a maior parte das forças de defesa alemãs foi enviada para outros lugares e os alemães foram levados a esperar a invasão em um momento diferente; outro triunfo de inteligência. A chave, porém, diz Kennedy, a exemplo da maioria de outros historiadores do Dia D, foram o planejamento meticuloso e um consistente e bem azeitado sistema de comando e controle, ao qual seria possível acrescentar, novamente, a esmagadora superioridade de homens e material.

Em seu último capítulo substancial, Kennedy aborda outro tópico conhecido quando pondera sobre "como derrotar a tirania da distância". Se os japoneses se excederam na vastidão das áreas por eles conquistadas em 1941-42, também dificultaram concretamente a vida das Forças Aliadas quando começaram a tentar reduzi-las. A China era distante demais do continente americano para ser viável como base de lançamento de uma contraofensiva, e a topografia da Birmânia (atual Mianmar) era inapropriada. Isso tinha de ser feito através do Pacífico. O desenvolvimento de grupos de porta-aviões velozes, a produção de bombardeiros B-29 de longo alcance voando a 30 mil pés (9.144 metros) de altitude, fora do alcance de caças e armamentos antiaéreos inimigos; o uso de aviões de combate rápidos e manobráveis como os caças Hellcat, e a habilidade e experiência em táticas de guerra anfíbia do Corpo de Fuzileiros Navais dos EUA deram às forças americanas a supremacia no mar e no ar e lhes permitiram resistir aos japoneses e empurrá-los para trás até que na fase final da guerra começaram a devastar cidades grandes e pequenas do Japão, pondo fim à guerra ao lançar bombas atômicas sobre Hiroxima e Nagasáqui. Submarinos americanos dizimaram a frota japonesa por meio do uso de novos e aperfeiçoados torpedos, ao passo que os imensos e desengonçados submarinos japoneses eram facilmente detectados e destruídos, e nenhuma tentativa efetiva foi empreendida para proteger a Marinha Mercante japonesa, o que resultou em um devastador colapso de víveres para a população das ilhas japonesas e as forças de ocupação de uma ponta à outra do Pacífico.

A afirmação de que Aliados venceram principalmente porque possuíam uma "cultura de incentivo" ou "cultura de inovação" é central para seu argumento. Ele cita exemplos das melhorias tecnológicas e invenções que incrementaram o esforço de guerra dos Aliados, mas o Terceiro Reich era igualmente eficiente na elaboração e no desenvolvimento de novas armas e tecnologias, do foguete V-2 a caças com motores a jato, dos velozes submarinos equipados a bateria e com sistema de ar-condicionado ao míssil terra-ar Wasserfall

("Cachoeira"). A ciência e a tecnologia alemãs eram inigualáveis quanto à capacidade de inovação. É perfeitamente válido dizer, como faz Kennedy, que essas tecnologias não puderam ser empregadas de maneira eficaz porque, quando chegaram a ser colocadas nas linhas de produção, a Alemanha tinha perdido o comando aéreo e marítimo, de modo que fábricas e instalações de transporte eram repetidamente postas fora de combate. No fim das contas, entretanto, o que exerceu impacto decisivo foi não a superioridade dos Aliados em resolver problemas militares e logísticos por meio da tecnologia, mas a sua descomunal superioridade em recursos e, de modo crucial, a forma como foram capazes de concentrar esses recursos onde era importante.

Assim – como é notório –, as estruturas alemãs de tomada de decisões eram caóticas e ineficazes na esfera econômica. Como em muitos outros aspectos da administração, o enfoque predileto de Hitler era nomear diferentes pessoas para fazer a mesma coisa, na convicção de que a pessoa que chegasse ao topo na darwiniana luta por supremacia institucional seria a mais implacável e a mais competente. Isso, ficou provado, mostrou ser uma grave desvantagem durante a guerra, quando nem mesmo Speer foi capaz de centralizar com eficiência a produção dos principais armamentos. Havia equipes rivais trabalhando em diferentes tipos de foguetes, e até em diferentes tipos de bomba atômica, e recursos eram dissipados em uma ampla gama de projetos, muitos deles sem futuro real, em vez de serem concentrados em um ou dois. Para tornar as coisas ainda piores, Hitler era, de hábito, hesitante e constantemente mudava as prioridades. Por exemplo, o Messerschmitt Me2626, avião de combate bimotor, estava pronto para a produção em julho de 1943, mas Hitler primeiro negou o apelo de seus consultores para que fosse equipado como um caça (teria causado grandes estragos aos bombardeiros dos Aliados em toda a Alemanha) e ordenou que fosse construído como bombardeiro (condição em que surtiria pouco efeito concreto), depois acabou por banir todas as discussões sobre o projeto do avião, porque interpretou as tentativas de fazê-lo mudar de ideia como afrontas à sua autoridade.

Isso leva a uma questão mais ampla acerca do papel da liderança durante a guerra. Kennedy reconhece, é claro, que "os homens no topo fizeram a diferença". A alegação de Hitler de que era "o maior comandante de todos os tempos" (*Grösster Feldherr aller Zeiten*, ironicamente abreviado como *Gröfaz* por alguns de seus subordinados) foi aceita por muitos após o triunfo inicial do *Führer* sobre a convencionalidade militar na derrota da França em 1940, mas o epíteto foi sendo cada vez mais questionado por seus generais no decorrer do tempo. Foi Hitler, notadamente, quem dividiu as forças alemãs na Frente Oriental no final do outono de 1941, retirando tropas do ataque a Moscou e desviando o ímpeto da invasão no Cáucaso. Mas isso não foi, como Kennedy parece pensar, um ato de loucura. Hitler considerava prioridade ocupar as regiões de cultivo de grãos na Ucrânia e tomar posse da Crimeia a fim de impedir que os soviéticos a usassem como base para raides aéreos sobre os campos de petróleo romenos, dos quais a Alemanha dependia excessivamente, e havia algo a ser dito sob esse ponto de vista.

Kennedy afirma que, ao concordar com essa decisão, "a liderança das *Wehrmacht* [...] havia, ironicamente, se esquecido da ênfase dada por Clausewitz à importância de se concentrar nos *Schwerpunkte* ("centros de gravidade", ou "pontos-chave") do inimigo, mas a bem da verdade eles não existiam; o general no comando do Grupo de Exércitos Centro, Fedor von Bock, opôs-se ferrenhamente, comentando para o chefe do Estado-Maior do Exército alemão, Franz Halder, que "a guinada para o sul é um espetáculo secundário". "Não quero capturar Moscou", protestou ele, à luz das constantes Diretivas de Guerra de Hitler alertando que a tomada de Moscou não era prioridade absoluta. "Quero destruir o Exército inimigo, e a massa desse Exército está parada bem diante de mim!". O enfraquecimento de suas forças por conta do deslocamento de boa parte delas para o sul significava que "um ponto de interrogação surgiu quanto à execução da operação principal, a saber a destruição das Forças Armadas russas antes do inverno".

Nenhum dos dois cálculos parecia particularmente racional. Ambos, Hitler e Bock, aparentemente esperavam que a União Soviética se desintegraria e descambaria facilmente para a anarquia e o caos, Bock porque a doutrina militar prussiana lhe ensinara que um inimigo podia ser derrotado por um único golpe fatal, Hitler porque julgava a União Soviética um Estado instável e periclitante, em ruínas, cuja unidade era mantida somente pelo terror de uma facção judeu-bolchevique. A bem da verdade, na esteira de uma série de formidáveis vitórias no sul, Hitler transferiu enormes quantidades de homens e equipamento militar para Bock, que desferiu uma nova investida em outubro, capturando 673 mil prisioneiros e avançando ainda mais na direção de Moscou. Mas a liderança militar soviética havia repensado sua tática, Stálin conseguira insuflar nos russos o desejo de resistir, e o espião soviético em Tóquio, Richard Sorge, o convencera de que os japoneses não atacariam a Rússia, o que lhe possibilitou transferir 400 mil soldados experientes para o *front* de Moscou. A União Soviética não desmoronou; seus recursos eram tão vastos que um único golpe fatal simplesmente não foi possível; e o Exército de Bock estacou diante dos portões de Moscou, recuando para uma posição defensiva em que muitos dos homens morreram congelados porque haviam recebido apenas os uniformes de verão, dada a expectativa de vencer a guerra antes da chegada do inverno.

Esses desdobramentos lançaram dúvidas sobre a racionalidade de todo o esforço de guerra do Eixo. Pois, no fim das contas, em qualquer guerra o sucesso e o fracasso devem ser medidos pelos objetivos com que os beligerantes entram no conflito, e esses objetivos precisam ser realistas para que haja alguma chance de sucesso. Os propósitos iniciais do Japão, embora ambiciosos, eram relativamente limitados; o estabelecimento da "Esfera de Coprosperidade da Grande Ásia", ou, em outras palavras, um império econômico japonês que tiraria vantagem dos recursos de uma imensa porção da Ásia Oriental e do Pacífico em uma situação na qual o abastecimento de petróleo e outros suprimentos havia sido interrompido pelo embargo imposto pelos EUA em julho de 1941. Talvez tivesse sido possível assegurar isso contra a retaliação do já excessivamente estendido Império Britânico, cuja fácil derrota pressagiava sua subsequente dissolução após a guerra. Mas era totalmente irrealista imaginar que depois de Pearl Harbor os EUA adotariam postura submissa e passiva, só observando sem fazer coisa alguma, e negociariam um acordo de paz que deixaria em mãos japonesas a maior parte da "Esfera de Coprosperidade". Ademais, o comportamento brutal e sádico dos conquistadores nipônicos nas áreas ocupadas condenava, desde o princípio, qualquer ideia de "coprosperidade". Com seu comportamento os japoneses instigaram a guerra total, e a conseguiram; era uma guerra que jamais poderiam ter a esperança de vencer.

Os objetivos de Hitler eram ilimitados, expressando um grau de ilusão ainda maior que o dos japoneses no que dizia respeito à sua capacidade de alcançá-los. Os nazistas acreditavam sobretudo na supremacia de força de vontade; o triunfo de sua própria determinação varreria a Alemanha e seria seguido por um triunfo similar sobre as frágeis e degeneradas nações do Ocidente e as primitivas e retrógradas sociedades eslavas do leste. Na esteira da vitória ocorreria um reordenamento racial da Europa, com 30 milhões a 45 milhões de eslavos exterminados para dar lugar a fazendeiros alemães, e então os recursos de uma Europa dominada por nazistas seriam mobilizados para um novo confronto com os EUA. Aqui, também, em função do comportamento implacável e exploratório dos alemães nos países ocupados, os recursos da Europa rapidamente minguaram, à medida que as economias subjugadas logo mergulharam rumo ao esgotamento e ao colapso.

Desse modo, não faz sentido falar, como faz Kennedy, da "loucura do cruel tratamento nazista aos ucranianos e outros grupos étnicos no âmbito do abominável império de Stálin" – tal tratamento foi incorporado aos objetivos de guerra nazistas. De modo análogo, seria incompreensão e falha de entendimento lamentar a transferência de recursos alemães para o extermínio dos judeus. Na visão demente dos nazistas, a guerra da Alemanha estava sendo travada acima de tudo em oposição a uma conspiração mundial contra a raça "ariana" orquestrada pelos judeus internacionais, dos quais Churchill, Roosevelt e Stálin eram as solícitas e voluntárias ferramentas. Tratava-se de uma guerra racial, em que o extermínio de 6 milhões de judeus europeus, tema que não é minimamente abordado nesse livro porque não parece pertencer ao arsenal normal de estratégia militar, era um objetivo de guerra primordial, a ser estendido em última instância da Europa para os Estados Unidos, a partir de onde, Hitler supunha, era orquestrada a conspiração global contra a Alemanha.

Luta, conflito, agressão e violência eram fundamentais para a ideologia nazista, que previa a guerra incessante como a única maneira de manter a supremacia da raça "ariana". Em face da irracionalidade dessa ordem, é um tanto irrelevante supor, como faz Kennedy, que os alemães poderiam ter vencido a guerra, ou afirmar que sem a contribuição desta ou daquela inovação, organização logística, organizacional ou tecnológica, a "vitória continuaria fora do alcance". A derrota estava pré-programada para o Eixo pela própria natureza de seus propósitos de guerra, não apenas pelos meios através dos quais as potências do Eixo buscaram realizá-los. Tal qual todo livro que trata a Segunda Guerra Mundial em seu todo como um conflito racional parecido com a Guerra dos Sete Anos ou a Guerra Franco-Prussiana ou a Guerra de Secessão dos EUA, que foram travadas por fins bem definidos que cada um dos lados envolvidos poderia ter alcançado, *Engineers of Victory* é fundamentalmente equivocado desde o princípio.

A despeito de suas afirmações iniciais, a bem da verdade essa obra não é de fato sobre tecnologias, mas dá atenção a seus temas em uma base muito mais ampla. Recentemente foram publicados muitos livros excelentes acerca da Segunda Guerra Mundial, mas seu foco é predominantemente a experiência da guerra, qual era a sensação de ser soldado em Stalingrado, marujo em Midway, civil na *Blitz*. *Engineers of Victory* destaca-se dos demais porque, ao contrário deles, tenta examinar a fundo a história da guerra, responder a grandes perguntas e apresentar proposições sensatas e objetos de discussão cuidadosamente bem argumentados sobre o curso e os resultados do conflito. Infelizmente, muito pouco do que o livro tem a dizer é novo, e os detalhados estudos de caso que ele apresenta já foram bem analisados em muitas outras obras sobre a guerra.

O alimento da guerra

Os Quatro Cavaleiros do Apocalipse – peste, guerra, fome e morte – sempre cavalgavam juntos. Ao longo da história, a guerra trouxe a morte não apenas no campo de batalha mas também em decorrência de inanição e doenças. Nos conflitos pré-industriais, os Exércitos em marcha esmagavam lavouras, apoderavam-se dos estoques de comida, convocavam à força os jovens lavradores para o serviço militar e submetiam à morte por fome as populações de cidades sitiadas. Imensos contingentes de soldados, percorrendo grandes distâncias e vivendo lado a lado em condições provisórias, precárias e insalubres, disseminavam epidemias, causando sofrimento ainda maior.

Na Guerra dos Trinta Anos, de 1618 a 1648, estima-se que quase metade da população da Alemanha tenha morrido de uma letal combinação de causas. A Primeira Guerra Mundial foi o primeiro conflito internacional em que mais soldados morreram pela ação do inimigo do que por doenças. No mesmo combate, mais de meio milhão de alemães perderam a vida por desnutrição como resultado do bloqueio pelos Aliados dos suprimentos de comida que a Alemanha recebia de outros países. Epidemias raramente foram usadas como arma de guerra, em especial porque costumam se disseminar sem levar em consideração qual é o lado pelo qual lutam as vítimas. Mas matar de fome o inimigo sempre foi.

As nações combatentes da Primeira Guerra Mundial aprenderam, por meio de erros logísticos e terrível sofrimento, a importância de assegurar suprimentos de comida adequados em um conflito armado de prolongada duração. Particularmente como resultado dessa experiência, conforme Lizzie Collingham mostra em seu soberbo novo livro, *The Taste of War* [O sabor da guerra] (2012), essas mesmas nações não mediram esforços para manter seus Exércitos e populações civis vivos e bem alimentados durante a Segunda Guerra Mundial. Para a Alemanha e em especial seu líder, Adolf Hitler, a memória da fome em massa e da desnutrição generalizada durante o conflito anterior era um trauma onipresente. Desde o início de sua vida política, Hitler quis conquistar um "espaço vital" (um vasto espaço físico para o seu pleno desenvolvimento) para a Alemanha no Leste Europeu e fiava-se nos imensos recursos de grãos da Ucrânia para alimentar as Forças Armadas alemãs. Os nazistas não tinham a menor intenção de repetir o erro da Primeira Guerra Mundial, quando o racionamento fora introduzido tarde demais para salvar a situação. De fato, embora Collingham afirme que o racionamento foi introduzido na Alemanha em agosto de 1939, já estava em vigor dois anos antes disso. Em meados da década de 1930, o recrutamento compulsório de trabalhadores para o Exército e a indústria bélica, a requisição compulsória de imensas extensões de terras agrícolas para propósitos militares e a imposição de controles do comércio exterior a fim de refrear a importação de víveres levaram a uma drástica queda na produção de alimentos e o concomitante aumento nos preços da comida. Em 1936 os preços foram congelados, e em 1º de janeiro de 1937 passou a vigorar o racionamento de manteiga, margarina e banha; o consumo de café e frutas cítricas sofreu restrições no início de 1939. A economia da Alemanha estava em uma situação de guerra muitos anos antes do início da guerra propriamente dita.

Hitler conseguiu manter a população alemã razoavelmente bem alimentada até os últimos estágios da guerra. Collingham calcula que cerca de 40% do pão e da carne consumidos pelas Forças Armadas e pelos civis no Reich eram produzidos nos territórios ocupados ou por trabalhadores braçais deportados desses países para labutar em fazendas alemãs. Entretanto, a afirmação de Collingham de que "na Alemanha a população só começou a sentir na pele a fome após 1945" baseia-se na aceitação por demais ingênua de memórias do pós-guerra, quando muitos alemães culparam a ocupação dos Aliados pelas deficiências de alimentação da população. O abastecimento de comida na Alemanha já começara a entrar em crise no outono de 1944, à medida que as Forças Armadas perderam o controle sobre a Europa Oriental com o avanço do Exército Vermelho para o oeste, e as comunicações rodoviárias e ferroviárias dentro da Alemanha estavam sendo severamente desarticuladas ou destruídas pelos bombardeios dos Aliados. O regime nazista reduziu as rações domésticas diárias de pão de 12,45 gramas em maio de 1944 para 9,7 em agosto, 8,9 em dezembro e 3,6 em abril de 1945. Ninguém seria capaz de continuar vivo comendo apenas o que era permitido comprar; surgiu um imenso mercado negro, operado por prisioneiros estrangeiros fugidos; gangues descontroladas envolviam-se em frequentes tiroteios com a Gestapo. Em 1944 verificou-se o aumento abrupto na incidência de doenças como a tuberculose, intensificadas pela desnutrição e debilitação. E, de fato, Collingham admite que houve "piora na escassez de comida nas cidades alemãs até que, nos últimos meses antes da vitória dos Aliados, o sistema de abastecimento entrou em colapso".

Se na Alemanha a escassez de comida era ruim, no Leste Europeu era catastrófica. A Alemanha, Collingham aponta, "exportava para os países que ocupava a fome de tempo de guerra". Começando com o "Plano de Fome" concebido pela principal figura do Ministério da Alimentação, Herbert Backe, e expandindo-se em escopo e ambição na forma do "Plano Geral para o Leste", elaborado por ordem do chefe da SS Heinrich Himmler, a diretriz política nazista para a alimentação previa a morte deliberada por inanição de cerca de 30 milhões a 45 milhões de eslavos (a afirmação de Collingham de que seriam 100 milhões parece exagerada), com os efeitos da matança a serem acelerados impedindo que essas pessoas tivessem acesso a assistência médica. Quando a Alemanha invadiu a União Soviética em junho de 1941, cidades como Kharkov, bombardeada e arruinada por ataques aéreos e incêndios casa a casa, foram abandonadas à própria sorte sem serviços básicos como água, esgoto, gás e eletricidade. A infraestrutura estava destruída. As forças de ocupação alemãs proibiam os civis de entrar ou sair da cidade. As tropas russas já haviam implementado uma política de terra arrasada, destruindo todos os recursos locais à medida que iam batendo em retirada: incendiando ou arruinando todos os depósitos e armazéns com estoques de grãos, milho, farinha, legumes e verduras, negavam aos alemães a possibilidade de obter mantimentos. Metade da população foi evacuada; os russos que permaneceram eram acusados de traidores. "Não há depósitos", escreveu um morador da cidade contemporâneo, "não há mercados, nem lojas de nenhuma espécie [...] a cidade está desprovida de comida, feito um deserto". No fim de 1942, um terço dos 450 mil residentes remanescentes estavam mortos, quase todos de fome. Em Leningrado (atual São Petersburgo), sitiada ao longo de mais de dois anos por tropas alemãs sob ordens para matar de fome a população da cidade em vez de tomá-la de assalto, com todas as pesadas perdas militares que isso implicava, pelo menos 1 milhão de pessoas morreram de fome, e havia um sem-número de relatos de indivíduos comendo cadáveres, no desespero para se manter vivos.

Os assassinatos em massa de "gente inútil que comia" tiveram início ainda em setembro de 1939, quando os invasores alemães apinharam os judeus da Polônia em guetos abarrotados e insalubres, onde eram forçados a viver à base de, literalmente, rações de fome. No Gueto de Varsóvia, um observador viu apenas "figuras de pesadelo, fantasmas do que outrora eram seres humanos" sofrendo de "emagrecimento extremo, palidez e debilidade". Moradores desesperados engalfinhavam-se na disputa por restos, perdendo toda a dignidade humana. Milhares morriam toda semana; ao todo, mais de 100 mil perderam a vida, de acordo com Collingham, embora na verdade muitos tenham sucumbido a doenças como o tifo, que eram consequência mais da falta de higiene pública do que da escassez de comida. O pior estava por vir. A invasão alemã da União Soviética foi seguida por vitórias substanciais e a captura de milhões de prisioneiros de guerra, que eram agrupados em alojamentos cercados improvisados a céu aberto e abandonados à míngua para morrer de fome. Casos de canibalismo também foram relatados aqui. Collingham diz que morreram 2,35 milhões de prisioneiros, mas isso é uma subestimação: o número consensual geralmente fica em torno de 3,3 milhões.

A invasão e a guerra em geral tiveram enorme impacto sobre a União Soviética. Collingham estima que um terço de todas as pessoas que morreram na guerra, no mundo todo, vivia na União Soviética. Pelo menos 15% da população soviética não sobreviveu à guerra – 85 soviéticos mortos para cada britânico e americano morto. Cerca de 9 milhões de combatentes do Exército Vermelho perderam a vida, reflexo principalmente do impiedoso desdém de Stálin pela vida, uma vez que reiteradamente obrigava seus generais a lançar as tropas na refrega. Em Moscou em 1942, depois que a investida alemã foi rechaçada, dizia-se que "a visão de homens e mulheres caindo mortos de fome nas ruas tornou-se lugar-comum tão trivial que já era insuficiente para atrair multidões". Por conta da ruptura nas comunicações causada pela invasão alemã, o fornecimento das rações de comida para as tropas, parco no melhor dos casos, frequentemente era interrompido durante dias a fio. Os soldados do

Exército Vermelho tornaram-se especialistas em forragem, colhendo lavouras, roubando mel e batatas dos camponeses, confiscando animais e matando-os para comer. Alguns preparavam ensopado de urtiga cozida ou carumas para evitar o escorbuto.

    Não eram apenas os camponeses que sofriam, mas padeciam também os moradores das cidades. Toda a economia foi implacavelmente engrenada e ajustada para a produção de guerra. A produção civil praticamente entrou em colapso. Isso aconteceu em especial porque tudo, inclusive a produção e distribuição de alimentos, era inteiramente estatal. Não obstante, o regime espremeu o setor agrícola a fim de direcioná-lo para o fornecimento de alimentos aos trabalhadores do setor de fabricação de munições e armamentos e suas famílias – a esmagadora maioria da população –, sobretudo de pão, que era distribuído em fábricas e não em centros de distribuição, de modo a assegurar que servisse para sustentar o esforço de guerra ao alimentar diretamente os operários em primeiro lugar. Às pessoas marginais à produção de guerra – os idosos, os doentes, os deficientes, os muito jovens – negava-se o acesso a condições básicas de existência, e como consequência elas morriam. Ao todo, talvez 3 milhões de cidadãos soviéticos tenham morrido de fome durante a guerra, embora seja difícil fazer com que essa cifra esteja de acordo com a alegação de Collingham de que o número total de civis mortos na União Soviética chegou a 20 milhões.

    Preocupados com a capacidade dos soviéticos de sobreviver sob tais condições, os Estados Unidos despacharam para lá enormes quantidades de comida sob a Lei de Empréstimo e Arrendamento. Um oficial americano que acompanhou uma dessas remessas de navio ficou perplexo pela visão de grupos de "farrapos humanos famintos e desgraçados" que se reuniam na beira do cais onde os suprimentos estavam sendo descarregados para recolher com as mãos em copa o que pudessem e comer ali mesmo "carne crua, restos e pedaços de vísceras de frango cozido no meio do lixo que a cozinha do navio jogava fora". Porém, por mais precária que fosse a vida sob o regime soviético, era muito pior sob a ocupação alemã. A morte aguardava os soldados do Exército Vermelho que se rendiam, por isso eles seguiam lutando. A fome não destruiu o estado de ânimo. A União Soviética estava "lutando de barriga vazia", mas continuava lutando até o fim, rumo à vitória. A tentativa da esquadra de submarinos alemães de impedir os navios americanos que transportavam víveres de chegar aos portos marítimos do norte da União Soviética obteve alguns êxitos, mas em última análise sucumbiu ao sistema de comboios aliado, à superioridade, no fim, da inteligência dos Aliados e à sua capacidade de decifração de códigos secretos, além das inadequações da frota de *U-boots*. Aos poucos a situação melhorou: em 1943 a União Soviética estava recebendo mais comida do que a Inglaterra pelo programa da Lei de Empréstimo e Arrendamento.

No entanto, não foram apenas os alemães que usaram a comida como arma de guerra e tentaram negá-la aos seus inimigos. O ímpeto por autossuficiência escorado na captura de áreas de produção de alimentos no exterior era parte também do pensamento militar japonês. A Manchúria, já ocupada na década de 1930, era vista como um terreno fértil para o assentamento de agricultores japoneses, o que forçou os camponeses chineses e coreanos lá fixados a vender barato suas terras. Mas o plano de povoamento não foi um sucesso, e a pesada dependência nipônica da importação de gêneros alimentícios significou que quando teve início a guerra no Oriente, em 1941, os suprimentos foram rapidamente interrompidos pelos Aliados, no exato momento em que o recrutamento militar obrigatório e uma drástica redução no rendimento da pesca de águas profundas causaram uma queda na produção agrícola japonesa.

As forças japonesas no exterior dependiam quase que exclusivamente das provisões de comida obtidas nas áreas ocupadas. Mas, assim como a austeridade da política de ocupação alemã na Europa provocou a antipatia dos produtores de alimentos e causou a queda na produção, o mesmo resultado tiveram os massacres japoneses de lavradores chineses, particularmente nas áreas de cultivo de arroz da Malásia, combinados ao recrutamento compulsório dos lavradores, convocados para trabalhar na construção de estradas e edifícios, e a imposição de pesadas multas indenizatórias à população chinesa no sul da Birmânia, o que deixou os camponeses remanescentes pouco dispostos ao trabalho e determinados a esconder dos conquistadores a sua produção.

Intensificando o desastre, os japoneses tentaram introduzir a autossuficiência regional em uma região onde o abastecimento de víveres dependia decisivamente do comércio inter-regional. O bloqueio americano estabelecido em 1943 aplicou o *coup de grace* no comércio de arroz asiático, com submarinos americanos afundando quantidades cada vez maiores de navios mercantes nipônicos. A subnutrição tornou-se carestia extrema; a carestia extrema tornou-se penúria absoluta e morte por inanição. Em Manila o preço do arroz aumentou dez vezes entre 1941 e meados de 1943; no fim de 1944 estava quarenta vezes mais caro; em meados de 1945 quadruplicou de novo. O caos e a má administração tiveram mais culpa por essa situação do que qualquer política deliberada da parte dos japoneses de morte provocada por fome. Mas, como os alemães, os japoneses priorizavam a sua própria sobrevivência à das populações que eles subjugavam.

Collingham explica que o alto-comando japonês começou a guerra com a convicção de que o "Exército nipônico [seria capaz de] [...] continuar lutando sem comida, se mantivesse um forte estado de ânimo". Mas a fome invariavelmente exaure o moral e solapa o espírito combativo, como as tropas japonesas logo descobririam; e no teatro asiático da guerra não havia ameaça de aniquilação pelo inimigo para manter os soldados ativos e diligentes, o que acontecia no caso do Exército Vermelho na Europa. Como aponta Collingham, "No decorrer da guerra com a China e os Estados Unidos os japoneses passaram de uma das Forças Armadas mais bem alimentadas do mundo ao estado de penúria extrema". Ao longo das décadas os especialistas em nutrição desenvolveram um regime dietético inovador e altamente eficaz que envolvia comida não japonesa e o artigo básico mais importante – e gênero de primeira necessidade da alimentação japonesa –, o arroz (muitas vezes misturado com cevada para propiciar vitamina B). Porém os efeitos destrutivos da guerra com a China e depois o bloqueio americano forçaram o corte pela metade das rações militares; e isso ainda equivalia ao dobro das porções de comida permitidas aos civis japoneses.

Enquanto os submarinos americanos destruíam as linhas de abastecimento, os soldados japoneses nas ilhas do Pacífico foram severamente afetados – 15 mil deles morreram de fome somente em Guadalcanal. Os sobreviventes que se renderam estavam macilentos, sofrendo de escorbuto, "finos como fios", de acordo com as palavras de seu comandante. Do total de 158 mil soldados japoneses em ação na Nova Guiné, 90% morreram de inanição e doenças tropicais, e houve diversos relatos de que estavam matando e comendo alguns dos prisioneiros capturados. Nas Filipinas, 400 mil soldados nipônicos – de um total de quase meio milhão – morreram de fome. O bloqueio americano mostrou-se uma arma altamente eficaz. Do outro lado do globo, os alemães nutriam a esperança de que medidas similares surtiriam o efeito de matar de fome os britânicos. A história da Batalha do Atlântico, quando submarinos alemães buscaram interromper as linhas de abastecimento entre a América do Norte e o Reino Unido, foi contada muitas vezes, mas geralmente de um ângulo naval; Collingham dá à história um novo frescor ao se concentrar mais no que os navios carregavam do que no modo como atravessavam o oceano. Mais de metade das calorias consumidas pelos britânicos estava contida em comida importada, mas a confusão administrativa, uma depressão pré-guerra na indústria da construção naval e a transferência dos navios mercantes mais velozes para usos militares – a exemplo do transporte de tropas – criaram um gargalo severo no abastecimento de víveres no intervalo de dois anos após a eclosão da guerra, senão antes.

No inverno de 1942-43, a ameaça dos *U-boots* havia agravado a situação. Cerca de 860 mil toneladas de cargas foram perdidas apenas em novembro de 1942, chegando a 9% dos carregamentos de comida despachados para a Inglaterra. Problemas adicionais foram causados pela destinação de recursos para abastecer os desembarques aliados no Norte da África. "O país jamais percebeu quanto o perigo dos submarinos quase nos levou ao desastre", escreveu em suas memórias o ministro da Alimentação britânico durante a guerra, lorde Woolton. Todavia, graças à improvisação a comida geralmente conseguia ser levada aos lugares certos quando os suprimentos tardavam a chegar. Os britânicos não morreram de fome.

Mas a história era diferente nos remotos e esparsos territórios ultramarinos do Império Britânico. O Centro de Abastecimento do Oriente Médio reorganizou com êxito o comércio e a agricultura na região para assegurar que as populações continuassem a ser alimentadas a despeito da chegada de enormes contingentes de tropas britânicas. Porém esforços similares não foram empreendidos em outras plagas. Na ausência de racionamento e de controles de preços como os que haviam sido impostos na Inglaterra, a crescente demanda causada pela necessidade de comprar víveres para os soldados britânicos impulsionou a inflação, que logo fez com que diversos gêneros alimentícios desaparecessem de circulação e se tornassem inacessíveis para os pobres em partes do império. O abastecimento de comida foi interrompido pela atividade típica de tempo de guerra – algumas colônias africanas, por exemplo, dependiam pesadamente do arroz importado da Birmânia e de outros territórios britânicos no Extremo Oriente, agora não mais disponíveis por causa da invasão japonesa a esses países. Uma seca na África Oriental piorou ainda mais as coisas, e a consequência foi a fome, a penúria alastrando-se para além dos territórios britânicos e reivindicando 300 mil vidas somente em Ruanda. Territórios insulares isolados, a exemplo das Ilhas Maurício, eram particularmente vulneráveis, e seus habitantes começaram a sofrer severa desnutrição.

A pior de todas as situações era a de Bengala. A administração colonial na Índia, complacente e incompetente, nada fez para refrear a inflação, a especulação e a concentração de recursos, mesmo quando a Birmânia caiu em mãos japonesas privando o subcontinente de 15% de seus suprimentos de arroz. Os governos provinciais na Índia reagiram proibindo a exportação de comida para outras províncias, estrangulando o maquinário de compra e venda de alimentos, no que um fiscal de regulação do comércio de alimentos definiu como a eclosão de um "insano protecionismo provincial". A colheita de arroz de inverno foi um fiasco em decorrência de uma doença fúngica que se alastrou de forma acelerada em um clima excepcionalmente úmido. Nenhuma medida foi tomada para impor o racionamento ou obrigar os acumuladores a entregar, ainda que de forma relutante, os estoques, por receio de provocar a dissidência política junto às elites econômicas que se beneficiavam financeiramente da situação.

Churchill ordenou o corte de 60% nas remessas de cargas para o oceano Índico, comentando que os indianos não deveriam se beneficiar de suprimentos que poderiam ser usados pela metrópole. Assim, tanto a Inglaterra como a Alemanha exportaram para seus impérios a escassez de comida. Mesmo que isso não tenha sido, como no caso da Alemanha, o produto de uma política deliberada de matança por fome, o resultado foi mais ou menos o mesmo: as vítimas da fome convergiram em massa para Calcutá no verão de 1943, um vasto, lento, inaudível e esmorecido exército de esqueletos apáticos, como um observador os descreveu. Quase 3 milhões de pessoas talvez tenham morrido de inanição e doenças como cólera, associadas aos movimentos de multidões de uma ponta para a outra do país.

O governo impôs rígida censura para impedir que as notícias sobre a fome tivessem ampla divulgação, e somente quando o visconde Wavell foi nomeado vice-rei da Índia em setembro de 1943 é que se tomaram ações concretas e decisivas. Preocupado com o estado de ânimo das tropas indianas, eletrizadas pela retomada da Birmânia, Wavell passou por cima da desastrosa política de protecionismo regional e introduziu um eficiente sistema de racionamento e distribuição. Ainda assim, Wavell teve que superar uma considerável resistência de Churchill e do governo em Londres. De modo talvez surpreendente, a memória da fome quase não teve papel relevante na exigência, por parte do Partido do Congresso, de independência da Índia após a guerra; a maioria de seus líderes estava na prisão e não testemunhou a severidade do desastre. E as elites indianas que apoiaram a independência tinham sido parcialmente responsáveis pela fome, uma vez que ocupavam posições de destaque nas administrações provinciais durante a guerra, sobretudo em Bengala, principal foco de concentração da penúria.

Nesse meio-tempo, outras partes do Império Britânico foram mobilizadas para incrementar a produção de comida para o esforço de guerra. A Austrália duplicou a quantidade de terras destinadas ao cultivo de legumes e verduras e fornecia enormes quantidades de gêneros alimentícios secos e enlatados para as Forças Armadas americanas no Pacífico. Os Estados Unidos dispunham de excedentes de comida tão abundantes que conseguiram propiciar uma dieta rica para as ilhas do Pacífico tão logo as retomaram dos nipônicos. "Nós alimentávamos os japoneses", recordou um nativo das ilhas de Tuvalu, "os americanos nos alimentaram". Soldados, marinheiros e fuzileiros navais afluíram para as ilhas, gastando generosamente e fomentando um rápido surto de prosperidade. Contudo, tão logo o conflito amainou, a fome grassou por toda parte, especialmente nas nações derrotadas. No fim da guerra, de fato, a produção de alimentos tinha diminuído 36% em comparação com os níveis pré-guerra.

A desesperada situação da União Soviética foi agravada pelo fiasco da colheita em 1946. Um ano depois, talvez 2 milhões de cidadãos soviéticos tinham morrido de fome e doenças associadas à desnutrição, e em muitos locais o racionamento foi mantido em vigor até fins da década de 1950. Os americanos viam a privação na Alemanha como uma punição pelos crimes do nazismo, e impediram a entrada de ajuda humanitária de alimentos no país até que perceberam que a descontente e desalentada população talvez pudesse tornar-se nostálgica em relação a Hitler ou sucumbir à sedução do comunismo, uma vez que Stálin, mesmo que ao custo da sobrevivência de sua própria população, buscava angariar apoio nos países-satélites e na zona soviética da Alemanha ocupada despejando nessas áreas imensas quantidades de comida. Somente aos poucos, à medida que a economia do mundo gradualmente se recuperava para logo passar por um rápido período de prosperidade, a situação melhorou.

Examinar em detalhes o papel desempenhado pela comida no maior e mais intenso de todos os conflitos políticos, a Segunda Guerra Mundial, foi uma ideia brilhante da parte de Collingham. *The Taste of War* é deslumbrante na amplitude e no escopo, de abrangência global e ainda assim ancorado em minuciosa pesquisa. A despeito dos inevitáveis erros e imprecisões de pormenores, que deverão ser corrigidos na edição em brochura, trata-se de um livro que qualquer pessoa interessada no papel exercido pelo controle do fornecimento de alimentos na guerra vai querer ler. A maior parte do material é nova, com frescor envolvente, e muitos dos relatos, fatos curiosos, vinhetas e citações individuais são enternecedoramente comoventes em seu retrato da imensidão do sofrimento que muitas pessoas tiveram de enfrentar.

No entanto, ao procurar em toda parte qual foi o impacto da "batalha por comida", o livro de Collingham tem a tendência inerente de minimizar outros aspectos do conflito. Quase sempre isso envolve escolher um lado, tomar partido em uma área controversa simplesmente porque corrobora o argumento de que a provisão de alimentos era de crucial importância histórica. Por exemplo, a abrupta aceleração do ritmo dos assassínios em massa de judeus no final da primavera e no início do verão de 1942 foi justificado por alguns oficiais nazistas como uma necessidade por causa da situação crítica dos estoques de comida para as Forças Armadas alemãs e a população civil no período. Contudo, é possível que os dirigentes nazistas estivessem simplesmente apresentando o que lhes parecia uma racionalização militar conveniente para uma diretriz política de motivação ideológica. Afinal, há evidências de que os oficiais de alta patente da SS já tinham decidido no outono de 1941 que os judeus da Europa deveriam ser levados para o leste: as primeiras instalações de intoxicação por gás de larga escala começaram a ser construídas em outubro e novembro desse ano; a Conferência de Wannsee, realizada no início de 1942 após várias semanas de adiamento, já previa o extermínio total dos judeus do mundo. Tudo isso foi impulsionado pela paranoica convicção da liderança nazista e de Hitler de que Roosevelt e Stálin eram fantoches de uma conspiração judaica internacional contra a Alemanha, complô que tinha de ser contido a qualquer custo.

Seria lamentável se a única coisa que os leitores tirassem desse livro impressionante fosse a convicção de que a batalha por comida "moldou os eventos da Segunda Guerra Mundial", para citar o texto do exemplar promocional, ou que "o acesso a comida impeliu à ocupação tanto a Alemanha nazista como o Japão Imperial". Outros fatores, mais significativos, estavam envolvidos; as provisões de alimentos do Leste Europeu, por exemplo, eram importantes para os nazistas principalmente como forma de salvaguardar a Alemanha para a vindoura batalha de maior envergadura contra os Estados Unidos. *The Taste of War* é, assim, um livro que tem de ser lido em conjunção com outras obras históricas sobre a guerra; Collingham examina o conflito a partir de um único ângulo, e a guerra precisa ser analisada de todos os lados e pontos de vista, como um todo.

Derrota na vitória

No dia 22 de junho de 1941, às 3h15 da madrugada, o maior contingente de invasão militar jamais reunido marchou União Soviética adentro a partir do oeste para dar início à Operação Barbarossa, lançando o maior e mais violento combate bélico da história. Três milhões de soldados alemães, outro meio milhão de soldados de países aliados à Alemanha, como a Hungria e a Romênia, 3.600 blindados, 600 mil veículos motorizados, 7 mil peças de artilharia e 2.700 aeronaves de combate abriram a investida. Enquanto as bombas fustigavam cidades e campos de pouso soviéticos, os alemães avançavam até 50 quilômetros por dia, surpreendendo o Exército Vermelho, matando e capturando uma infinidade de soldados soviéticos. Pego de surpresa, confuso e desorientado, o Exército Vermelho foi praticamente esfacelado. A retirada foi dificultada pelo fato de que os alemães destruíam estradas, ferrovias e as comunicações atrás do *front* soviético. Em 3 de julho, o chefe do Estado-Maior do Exército alemão anotava em seu diário que "a campanha contra a Rússia foi vencida em catorze dias", opinião ecoada triunfalmente pelo ditador Adolf Hitler. Em 11 de julho, tanques alemães romperam as fronteiras e chegaram aos arredores de Kiev, capital da Ucrânia. A euforia no quartel-general de Hitler era imensurável.

Hitler e a liderança nazista na Alemanha consideravam a União Soviética uma entidade frágil e artificial, consistindo em uma vastíssima massa de camponeses broncos e oprimidos por uma pequena facção de comunistas judeus. Um bom empurrão e todo o edifício desmoronaria. Como tantos outros aspectos da ideologia nazista, isso estava tão remotamente distante da realidade que parece justificado chamar de fantasia. A bem da verdade a União Soviética não ruiu. Stálin – que, ironicamente, era antissemita até a raiz do cabelo – recobrou as forças após um instante inicial de pânico e convocou o povo soviético a resistir em um famoso discurso transmitido pelo rádio em 3 de julho. Abandonando por ora a retórica do comunismo soviético, ele declarou que a defesa da pátria contra os alemães era uma "Grande Guerra Patriótica". Compreendendo o que o destino lhes reservava caso se rendessem aos alemães, e conscientes do fato de que seriam fuziladas pela polícia secreta soviética se demonstrassem o menor sinal de hesitação, as tropas de Stálin mobilizaram-se em apoio ao seu líder.

A pilhagem alemã das provisões de comida e a destruição que os nazistas causaram às cidadezinhas e aos vilarejos soviéticos serviam para os soldados russos como um lembrete das razões pelas quais eles estavam lutando. Suas famílias certamente pereceriam se os alemães vencessem. Havia reservas de homens e munição disponíveis em quantidades que os alemães nem sequer eram capazes de imaginar: 5 milhões de reservistas foram convocados e mobilizados poucos dias depois da invasão, e com presteza quase 10 milhões de outros já estavam se preparando para lutar. Não demorou muito para que ficasse difícil obter equipamento militar, uma vez que as indústrias de guerra estavam sendo deslocadas para uma área longe do perigo, a leste dos montes Urais, em uma operação de tamanha magnitude e complexidade que só pôde ser concluída no final de novembro. A reestruturação do comando do Exército Vermelho e a reorientação das táticas de batalha que Stálin concluiu serem necessárias só chegariam a termo depois de diversos meses. Não obstante, em um intervalo de poucas semanas o Exército Vermelho começou a revidar.

Muito antes do fim de julho, oficiais e soldados alemães queixavam-se em seus diários e em cartas enviadas para casa de que a resolução dos russos de resistir parecia inquebrantável. As tropas estavam exaustas depois de semanas de velozes marchas forçadas percorrendo longas distâncias e constantes combates ao longo do caminho. As baixas chegavam a mais de 200 mil homens no fim do mês. O avanço começou a desacelerar, obstruído por comunicações esparsas, estradas em péssimo estado e ausência de uma malha férrea na densidade necessária para transportar com rapidez grandes quantidades de homens, combustível e equipamentos (os alemães eram obrigados a depender de cavalos, 600 mil dos quais foram utilizados na campanha). Em 30 de julho, o Comando Supremo do Exército ordenou a suspensão temporária da invasão a fim de se recuperar, reagrupar-se e se reabastecer.

A divisão das forças alemãs invasoras em três Grupos de Exércitos – Norte, Centro e Sul, em parte ditada pela vastidão do terreno a ser transposto, em parte pela necessidade de circundar os imensos e praticamente impenetráveis pântanos de Pinsk –, somada às severas baixas e à contínua chegada ao *front* de novas reservas soviéticas, tornou cada vez menos provável que o inimigo pudesse ser eliminado pela única investida fatal, concepção privilegiada pela teoria militar alemã que em última instância remontava ao tratado *Sobre a guerra*, obra do início do século XIX escrita pelo intelectual oficial do Exército prussiano Carl von Clausewitz.

Com o avanço estagnado, Hitler e seus generais debateram o que fazer a seguir. Tornara-se óbvio que a dissipação do poderio militar alemão estava atravancando o ímpeto da vitória. O peso da campanha tinha de ser concentrado em um dos três principais Grupos de Exércitos. Os generais privilegiavam o fortalecimento do Grupo de Exércitos Centro para o rápido avanço sobre Moscou, onde acreditavam que a principal força inimiga estava localizada. Lá o adversário poderia ser destruído, julgavam os generais alemães, ocasionando uma vitória clausewitziana instantânea e total. Mas Hitler recusou a ideia. Em vez disso, ele fortaleceu o Grupo de Exércitos Sul, tirando homens e recursos do Grupo de Exércitos Centro a fim de prepará-lo para o ataque a Kiev. Ainda na expectativa de que o edifício do comando soviético desmoronasse, Hitler não considerava que a investida contra a capital de Stálin deveria ser a mais alta das prioridades militares. Por isso, aferrou-se a seu plano original de se concentrar na aquisição das provisões de comida e dos recursos industriais da Ucrânia. Depois disso, o Grupo de Exércitos Sul continuaria avançando na direção do Cáucaso, de cujos campos de petróleo os blindados, canhões, armas de assalto e veículos de transporte alemães necessitavam com extrema urgência, ao passo que o Grupo de Exércitos Centro retomaria a marcha para Moscou. Intimidados por Hitler, a quem consideravam o arquiteto da rápida conquista da Europa Ocidental no ano anterior em uma situação na qual muitos nutriam sérias dúvidas sobre a sensatez de atacar através das Ardenas, os generais alemães sentiram-se incapazes de contrariar seu líder.

Em 21 de agosto de 1941 a decisão foi finalmente tomada, e logo as forças alemãs começaram a cercar a cidade, os *panzers* do general Heinz Guderian, do Grupo de Exércitos Centro, avançando a partir do nordeste e o marechal de campo Gerd von Rundstedt deslocando tanques através do rio Dnepr na direção sul; em 15 de setembro de 1941 os vários contingentes alemães juntaram forças. A cidade estava cercada, com quatro Exércitos soviéticos ao redor.

Muito antes disso, o chefe do Estado-Maior soviético, o general Gueórgui Júkov, exigiu que as forças soviéticas abandonassem a cidade a fim de evitar o desastre. Mas Stálin revogou essa ordem e exonerou Júkov do cargo em 29 de julho. O comandante das tropas no local, o marechal Semion Mikháilovitch Budioni, apoiou Júkov e também foi destituído, sendo substituído pelo mais maleável e complacente marechal Timochenko.

Como Hitler, Stálin considerava a retirada um sinal de covardia, ou pior, traição. Kiev, em particular, tinha enorme importância simbólica para Stálin, como capital russa na Idade Média e principal cidade da Ucrânia. O chefe do partido local, Nikita Khrutchev, que se tornaria o líder da União Soviética após a morte de Stálin, instigou a cidade a manter-se firme, talvez percebendo que era isso o que Stálin queria ouvir. A perda de Kiev, pensava Stálin, desmoralizaria os defensores de Leningrado, sitiada pelos alemães no norte, e abriria o caminho para os alemães ameaçarem Moscou. Também mandaria a mensagem errada para os Aliados ocidentais, a quem ele estava tentando persuadir a abrir um segundo *front* invadindo a França. Por isso, ordenou aos generais que resguardassem a cidade. A decisão foi fatal. Em resposta à ordem de Stálin de que persistissem e "aguentassem firme", o general Túpikov, chefe do Estado-Maior do Grupo de Exércitos Sudoeste, replicou asperamente: "Isso é o começo, o senhor sabe, de uma catástrofe – em questão de um par de dias". Stálin ignorou esse comentário, que a seu ver era um "ataque de pânico".

O avanço alemão encontrou feroz resistência e repetidas contraofensivas. "O comportamento dos russos em ação é simplesmente incompreensível", escreveu um soldado alemão. "Eles são incrivelmente teimosos e se recusam a se esquivar mesmo que sob o mais intenso fogo cerrado". Outro relato alemão mencionava fieiras de cadáveres de soldados russos que se estendiam feito um "tapete" ao longo de quilômetros. As tropas soviéticas sabiam que sua única chance de sobrevivência estava na ruptura das linhas alemãs, e se lançavam com impressionante temeridade contra os Exércitos invasores, resultando em "baixas tão numerosas", registrava o relato alemão, "que é espantoso como eram capazes de encontrar a coragem e os homens para continuar combatendo". Pouco dispostos a fazer prisioneiros, matavam a tiros qualquer alemão que conseguissem capturar, invariavelmente dando vazão a sua fúria, medo e frustração em relação ao inimigo por meio de horrendos atos de vingança. Os alemães revidavam na mesma moeda. Em outra parte do *front*, tropas alemãs encontraram mais de uma centena de corpos de seus camaradas pendurados em árvores com as mãos amarradas nos galhos e os pés encharcados com gasolina, aos quais depois os soviéticos ateavam fogo e deixavam que as chamas consumissem o prisioneiro, em um método de morte lenta conhecido como "meias de Stálin". Após a descoberta, 4 mil prisioneiros de guerra do Exército Vermelho foram executados sumariamente por pelotões de fuzilamento alemães.

Em torno de Kiev, aviões alemães bombardeavam posições e comunicações soviéticas, os incansáveis *panzers* e a infantaria nazista abriam caminho e avançavam implacavelmente; as forças do Exército Vermelho recuavam em ritmo constante até que por fim os alemães tomaram a cidadela em 19 de setembro de 1941. A escala absoluta da vitória era inaudita. De acordo com estimativas alemãs, eles haviam capturado 665 mil prisioneiros, além de impressionantes quantidades de tanques, canhões e equipamentos. Em sua detalhada narrativa e avaliação da campanha, David Stahel considera que isso é exagero, ou mesmo uma "manipulação dos fatos" propagandista. Ainda assim não havia dúvida alguma acerca da derrota total do Exército Vermelho. No fim das contas, o estado de ânimo havia finalmente esmorecido. Um morador local, observando um grupo de soldados do Exército Vermelho capturados, relatou que estavam reclamando de Stálin e seus lacaios: "Eles querem que a gente morra por eles – não, não somos tão estúpidos como eles pensam". "Infestados por piolhos, famintos, desesperados, com trapos enrolados nos pés no lugar de seus coturnos destruídos e sem condições de uso", os prisioneiros soviéticos estavam suscetíveis aos agrados dos alemães, que despejavam ou afixavam panfletos ou transmitiam mensagens com alto-falantes ao longo das linhas prometendo pão e cigarros a quem se rendesse. As tropas soviéticas estavam tão desmoralizadas que muitos soldados se entregavam em multidões, apesar do conhecimento generalizado sobre o que tinha acontecido com os soldados capturados como prisioneiros de guerra pelos alemães.

Tão logo os alemães se instalaram na cidade, a polícia secreta soviética detonou inúmeras bombas que seus homens haviam plantado no entorno dos principais edifícios e escritórios públicos, matando duzentos alemães, entre eles dois coronéis do Estado-Maior, ao passo que explosões desencadearam incêndios que se alastraram de maneira incontrolável, atiçados pelos fortes ventos e instigados por coquetéis mólotov lançados sub-repticiamente por agentes soviéticos. Uma vez que o avariado abastecimento de água estava praticamente desativado, foram necessários cinco dias para debelar os incêndios. Indignados e enfurecidos, os invasores alemães, que depois de anos a fio de doutrinação nazista acreditavam que os bolcheviques e seus agentes eram parte de uma conspiração judaica mundial para destruí-los, atribuíram a culpa aos judeus da cidade e, em 29 de setembro, agruparam 34 mil homens, mulheres e crianças e os conduziram até a ravina de Babi Yar; durante dois dias, esquadrões da morte fuzilaram todos eles, no maior extermínio em massa antissemita da guerra até então. A essa altura as forças da SS já perambulavam pelo interior rural do país reunindo e fuzilando dezenas de milhares de outros judeus. Em poucas semanas, as câmaras de gás começariam a implementar o que os nazistas já vinham chamando de "Solução Final da Questão Judaica na Europa".

Kiev era uma cidade grande, com 815 mil habitantes, cerca de metade dos quais já havia fugido do avanço dos Exércitos alemães. Para os que lá permaneceram, a vida sob o jugo nazista tornou-se cada vez mais impossível. Os alemães rapidamente interromperam o fornecimento de comida que chegava da área rural para a cidade. "Kiev deve morrer de fome", diziam os especialistas em agricultura em reuniões de planejamento secretas, com o intuito de que os recursos da Ucrânia fossem devotados exclusivamente à alimentação de tropas e civis alemães. Logo as pessoas estavam reduzidas a comer panquecas feitas de casca de batata moída ou pão feito de forragem de gado. As pessoas estavam "macilentas ou inchadas de tanta fome", anotou um observador, vagando pelas ruas à procura de comida. Era, nas palavras de Anatóli Kúznetzov, autor do clássico romance *Babi Yar*, uma "cidade de mendigos". Em outubro de 1943, restavam apenas 295 mil pessoas na cidade. Centenas de milhares tinham morrido de desnutrição e doenças associadas. "Primeiro eles acabaram com os judeus", ouvia-se as pessoas dizerem, "mas eles [...] nos exterminam todos os dias às dezenas, estão destruindo a gente em morte lenta". A ordem original de Hitler era que a cidade fosse arrasada e apagada do mapa, e há relatos de que ficou furioso por ter sido desobedecido; mas a morte lenta de Kiev era de fato o futuro que ele havia antevisto para todas as cidades russas na esteira da conquista, para em algum momento no futuro não tão distante dar espaço para ondas de colonos alemães à medida que a população "eslava" ia sendo extinta.

Pelo menos em termos de escala absoluta, a Batalha de Kiev foi a maior vitória alemã na guerra. Joseph Goebbels, ministro da Propaganda, não perdeu tempo em alardear o êxito como um formidável triunfo para as Forças Armadas alemãs e uma justificativa para a mudança de estratégia de Hitler na Frente Oriental. O estado de ânimo na Alemanha, esmorecido por conta do lento progresso da investida alemã nas semanas anteriores, melhorou drasticamente, mas somente porque, segundo relatórios da SS, muitas pessoas agora esperavam o "colapso final do regime soviético" e "o fim da guerra contra a Rússia" em "quatro a seis semanas". "Kiev", concorda Stahel, "foi singularmente um triunfo de Hitler". A estratégia do *Führer* havia sofrido ferrenha oposição dos generais de mais alta patente antes do evento. Mas Hitler tinha sido favorecido e instigado pela intransigência de Stálin, cuja decisão de destituir os próprios generais mais a insistência na defesa a qualquer custo resultaram em substancial contribuição para a vitória alemã. Os dois ditadores, entretanto, chegaram a conclusões opostas a partir do resultado da batalha. Enquanto Stálin reconheceu tardiamente que no futuro seria sábio deixar a maioria das questões a cargo de seus generais, Hitler viu seu triunfo como a confirmação de seu próprio gênio militar, ignorando seus generais com um desprezo cada vez maior e cada vez mais indisfarçado.

No entanto, como aponta Stahel, foi uma vitória de Pirro, um triunfo ilusório. Imediatamente após a tomada de Kiev, as forças alemãs rumaram para Moscou. Mas já era tarde demais. Ao longo do verão, devido à insuficiência de linhas férreas que chegassem até a zona de combate, os alemães tinham de usar as empoeiradas e desmanteladas ferrovias russas para a maior parte de seus transportes; imensas nuvens de poeira erguiam-se dos estrondeantes blindados e caminhões e das colunas de homens em marcha, entupindo os motores e dificultando a respiração. As chuvas de outono chegaram cedo em 1941; em 11 de setembro os índices pluviométricos já eram os piores desde 1874. "É assim a guerra nas estepes da Ucrânia", escreveu uma testemunha ocular: "poeira, lama, poeira, lama". A "terra negra" da Ucrânia, relatou Rundstedt, "podia se converter em lama depois de dez minutos de chuva", interrompendo toda a movimentação até secar. Em meados de outubro, outro oficial notou "uma fila contínua de veículos a motor quebrados, atolados, afundados" nas estradas, "irremediavelmente emperrados". O avanço rumo a Moscou foi interrompido por três semanas.

O exonerado Júkov, que voltou a cair nas graças de Stálin e foi reinstalado no cargo depois que se confirmaram seus funestos alertas sobre Kiev, aproveitou a oportunidade para trazer novos contingentes de reservistas e reorganizar as defesas de Moscou. Em 11 de novembro, com a chegada do inverno, o solo ficou suficientemente sólido e firme para que os alemães retomassem a investida. Mas logo começou a nevar, e as enregeladas tropas alemãs, que não haviam recebido uniformes de inverno porque Hitler e os generais tinham a expectativa de vencer a guerra no outono, começaram a sofrer ulcerações em temperaturas de -40 °C; alguns soldados chegaram a morrer congelados. O Exército Vermelho, mais bem equipado, contra-atacou e deteve o avanço. A consternação diante dessa derrota levou diversos generais a colapsos nervosos; Hitler aproveitou a oportunidade para reestruturar o comando do Exército, culpando os oficiais pela catástrofe. Depois da guerra os generais sobreviventes revidaram alegando que poderiam ter tomado Moscou se não tivessem sido deslocados para Kiev, o que causou a fatal postergação de várias semanas no avanço. Mas Júkov salientou, não sem razão, que a existência de diversos Exércitos soviéticos na área de Kiev deixaria exposto o flanco alemão a ataques que ele certamente teria ordenado contra as tropas alemãs que marchavam na direção de Moscou.

O clima não era o único problema. Cada vitória alemã era comprada a um preço que os Exércitos alemães mal tinham condições de pagar. Em 16 de setembro eles já haviam perdido quase meio milhão de homens desde a invasão. Em algumas divisões o índice de baixas beirava os 17%. O 2º Panzergruppe (Grupo de Panzer) Guderian tinha perdido um total de 32 mil homens. Somente em setembro, durante e imediatamente após a Batalha de Kiev, as forças alemãs no leste sofreram mais de 50 mil baixas fatais. Os efetivos substitutos demoravam muito tempo para ser treinados e agrupados, e as unidades de combate já estavam exauridas quando a batalha por Moscou teve início. Isso significa que os comandantes tinham de instruir os soldados remanescentes a lutar e marchar com afinco ainda maior. Como era de esperar, os batalhões alemães tornaram-se cada vez mais extenuados. Os progressivos ataques dos *partisans* russos na retaguarda apenas aumentavam as vicissitudes e contribuíam para as mazelas dos alemães. Cansados, esgotados, infestados de piolhos, doentes e congelados, os soldados alemães que enfrentaram as tropas de Júkov diante de Moscou em dezembro de 1941 eram muito diferentes dos homens vigorosos e otimistas que tinham adentrado a União Soviética seis meses antes.

Igualmente nociva era a pressão que os contínuos combates e as operações de grande envergadura, como a Batalha de Kiev, exerciam sobre os suprimentos alemães. Bombardeiros Stuka (nome popular dos Junkers Ju 87) e outras aeronaves de combate causavam consideráveis estragos na batalha, mas aviões estavam sendo derrubados e suas tripulações morriam ou eram capturadas. No leste as condições das pistas de pouso eram tão precárias que 246 caças monomotores foram danificados em ação na Frente Oriental em 1941 e nada menos que 813 foram avariados em atividades não relacionadas a combates. Todo mês perdia-se 14% da tripulação das aeronaves. A situação no solo era ainda pior. Comandada pelo general [Otto Moritz Walter] Model, a 3ª Divisão Panzer, que começara a invasão com uma força de pouco menos de duzentos tanques, tinha apenas dez em operação em meados de setembro. Guderian concluiu que "Esses números mostram quanto as tropas precisavam de descanso e de um período para manutenção". O tempo inclemente dificultava a chegada de peças sobressalentes e combustível para a frente de batalha.

A produção de guerra e o recrutamento alemães não conseguiam acompanhar por muito tempo o ritmo das baixas, perdas e danos nessa escala. Em contraste, a economia soviética estava superando o desempenho dos alemães em todos os aspectos, fabricando o dobro de aeronaves de combate e o triplo de blindados. No início de fevereiro de 1942, Fritz Todt, ministro de Armamentos e Munições alemão [até 1942], chamou a atenção para o fato de que a Alemanha não seria capaz de acompanhar o ritmo nem mesmo da União Soviética, muito menos de todo o Império Britânico e dos Estados Unidos. Cada uma dessas três potências inimigas superava a produção da Alemanha: juntas, seu poderio econômico era incomparável. E os recursos da União Soviética em termos de efetivo das Forças Armadas eram praticamente inexauríveis, em particular depois que o bombardeio a Pearl Harbor e suas consequências concentraram a atenção dos japoneses na guerra contra os EUA e assim permitiram a Stálin despachar gigantescos reforços através do Pacífico para a defesa de Moscou.

O ano de 1942 veria novas vitórias alemãs. Mas os triunfos seriam efêmeros. Os sinais de maus tempos e de perigo iminente já eram claros. De fato, Stahel argumenta, já eram óbvios desde o início de agosto, quando a Operação Barbarossa havia tido sua primeira interrupção temporária. Toda a campanha dependia de vitória rápida, colocando a União Soviética de joelhos em poucas semanas, exatamente como tinha acontecido com as conquistas imediatas da Alemanha no oeste, contra França, Bélgica, Holanda, Dinamarca e Noruega no ano anterior. Mas a tática de *Blitzkrieg*, que funcionara espremendo os inimigos ocidentais da Alemanha contra o mar do Norte e o canal da Mancha, não daria certo na infinita vastidão da estepe da Europa Oriental. Pequenas e médias potências europeias eram uma coisa: subjugar o poderio da União Soviética, que cada vez mais contava com a ajuda dos suprimentos transportados por comboios desde os EUA, era um problema inteiramente distinto.

A história da Batalha de Kiev foi contada muitas vezes, mas raramente com tantos pormenores como no livro de Stahel. Calcado principalmente em fontes alemãs, ele apresenta novas evidências sobre o conflito relacionadas com os diários de guerra oficiais das divisões alemãs, bem como faz bom uso de edições publicadas de cartas e diários privados que soldados alemães de todas as patentes postavam e recebiam em unidades do correio militar durante a guerra. Trata-se enfaticamente de uma história militar, repleta de complexos (e nem sempre facilmente decifráveis) mapas de movimentação e disposição de tropas, termos técnicos, títulos e abreviações e nomes completos de todas as unidades de tropas envolvidas. Em alguns casos isso impede a legibilidade (particularmente irritante é o uso de numerais romanos, como em "a XXXXVII Divisão Panzer"), mas no geral Stahel retrata com exemplar clareza ações militares extremamente complexas.

Ao contrário de historiadores militares mais tradicionais, ele tem aguda consciência do contexto mais amplo da ação, dos objetivos gerais de Hitler para a guerra à importância da logística para o resultado; do racismo homicida e do pragmatismo implacável com que os lideres alemães, tanto militares como políticos, condenaram tantos civis soviéticos a morrer de fome e tantos habitantes judeus da área a uma morte terrível, às disputas do pós-guerra entre historiadores e generais reformados acerca da estratégia de Hitler; das condições que as tropas tiveram de enfrentar no outono e no inverno ucraniano e russo às realidades básicas dos alicerces econômicos do esforço de guerra alemão, alicerces que, ele argumenta de maneira convincente ainda que não inteiramente original, estavam começando a desmoronar quase que a partir do momento em que a Operação Barbarossa foi lançada.

De modo revigorante, o realismo de Stahel o impede de imitar o exemplo das descrições quase sempre exageradamente positivas e simplistas que os historiadores militares tradicionais fazem dos "grandes" generais e das batalhas "decisivas". Kiev foi, conforme ele aponta corretamente, apenas uma parte de um conflito muito mais amplo, e a impressão, divulgada com tanto entusiasmo por Hitler e seu ministro da Propaganda Goebbels, de que se tratava de um passo decisivo na conquista da União Soviética não passava, na realidade, de uma ilusão. Em âmbito privado, Goebbels era bem menos otimista do que dizia para sua domesticada imprensa quanto ao resultado da guerra. Já em meados de setembro de 1941, às vésperas da tomada de Kiev, ele anotava em seu diário que a guerra no leste não terminaria tão rapidamente quanto Hitler supusera de início. A guerra de *Blitzkrieg* havia dado o lugar a uma guerra por recursos. "Depois que se tornou notório que a campanha no leste não poderia ser encerrada no intervalo de tempo que efetivamente esperávamos, as pessoas também deveriam tomar consciência das dificuldades que enfrentamos [...] Agora depende de quem é capaz de resistir por mais tempo [...] A bem da verdade, estamos lutando de costas contra a parede."

Declínio e queda

Por que os alemães continuaram lutando até o trágico fim em 1945, muito depois de ficar claro para quase todos que a guerra estava perdida? Da catastrófica derrota do 6º Exército em Stalingrado no início de 1943 aos devastadores raides aéreos de bombardeio dos Aliados em Hamburgo no verão de 1943, relatórios sobre a opinião popular arquivados por agentes secretos do regime nazista registram a crescente convicção de que a Alemanha ia perder. Então por que os alemães não se insurgiram e forçaram o regime a implorar pela paz? Perto do fim da Primeira Guerra Mundial, o reconhecimento da derrota levara os generais de mais alta patente a se sentar à mesa de negociações. Mas não foi o que aconteceu em 1944-45. Por que não?

A maior parte das guerras entre Estados na era moderna, de acordo com *The End: Hitler's Germany 1944-45* (2011)*, de Ian Kershaw, termina com um acordo de paz tão logo um dos lados admite a derrota. É possível pensar em consideráveis exceções a essa regra, da França de Napoleão em 1814 ao Iraque de Saddam Hussein dois séculos depois. Às vezes, também, há uma mudança de regime antes que a paz seja concluída, caso da Guerra Franco--Prussiana de 1870-71 ou, de fato, a Primeira Guerra Mundial. Ainda assim, a determinação dos alemães de continuar lutando na Segunda Guerra Mundial foi extraordinária e exige explicação – ainda mais levando-se em conta que a morte e destruição que sofreram aumentou imensamente nos meses derradeiros. Em seu novo livro, Keshaw, que iniciou a carreira como historiador nazista com obras pioneiras sobre a opinião popular alemã no Terceiro Reich antes de escrever uma biografia rica e portentosa de Hitler e estudos sobre

---

* Edição brasileira: *O fim do Terceiro Reich – A destruição da Alemanha de Hitler, 1944-1945*. Tradução: Jairo Arco e Flexa. São Paulo: Companhia das Letras, 2015.

tomada de decisões e diplomacia nas décadas de 1930 e 1940, retorna a seu foco de interesse original e tenta encontrar uma resposta para a desconcertante pergunta: por que a Alemanha se recusou a desistir?

A primeira e mais óbvia razão está, claro, na natureza do próprio regime nazista. O Terceiro Reich não era um Estado normal. Não era nem sequer uma ditadura normal, se é que existe esse tipo de coisa. Desde o início da carreira, Hitler estava possuído por uma concepção social-darwinista do mundo que via as relações entre os Estados como uma luta pela sobrevivência e supremacia entre as raças. Não havia meio-termo: ou a Alemanha alcançava a hegemonia global ou afundaria. Seus propósitos de guerra não eram racionais tampouco limitados. À medida que a situação militar se deteriorava, ele insistia com veemência ainda maior em que a luta tinha de continuar. Nos meses derradeiros, apartou-se cada vez mais da realidade, na esperança de salvação por meio da intervenção de armas milagrosas como o V-1 e o V-2, na expectativa de que viessem à tona desentendimentos entre as potências ocidentais e a União Soviética, ou à procura de um final rápido para a guerra após a morte do presidente Roosevelt. Um retrato de Frederico, o Grande, que havia dado uma guinada no destino da Prússia após a ocupação russa de Berlim, propiciava ao *Führer* esperança intermitente.

Vez por outra, historiadores – notadamente o americano Gerhard Weinberg – atribuem a Hitler o crédito de ter exercido algum grau de flexibilidade em seu comando das Forças Armadas alemãs durante os anos de derrota e retirada, mas nos meses finais do regime isso deu lugar à insistência obstinada na ideia de que retirada era traição, recuo tático era covardia militar, realismo era fraqueza da força de vontade. Exalando confiança na vitória suprema, ele continuou a mover seus Exércitos de um lugar para outro mesmo muito depois que os batalhões já tinham sido tomados pelo desespero e se transformado em uma desorganizada multidão de exauridos. De tempos em tempos a máscara da autoconfiança caía, e ele confessava que tudo estava perdido; no fim, anunciou para os íntimos que meteria uma bala na cabeça. "Não capitularemos. Nunca. Podemos afundar. Mas levaremos o mundo conosco." O povo alemão, Hitler continuou, não merecia sobreviver. Eles tinham fracassado no teste da História. Em 19 de março de 1945, Hitler expediu a infame "Ordem de Nero", que instruía seus comandantes a destruir tudo aquilo que pudesse cair nas mãos do inimigo que avançava.

Mas em muitos aspectos a autodestrutividade de Hitler e seu desprezo pelo povo alemão apenas aprofundam o mistério acerca dos motivos pelos quais os alemães seguiram lutando. Parte da resposta está claramente no poder psicológico que Hitler ainda exercia. Fosse pela força da personalidade, fosse pelo hábito da parte de seus subordinados, ou ainda como resultado do prestígio que amealhou ao longo dos anos de sucesso, Hitler manteve a capacidade de persuadir os subalternos imediatos a segui-lo abismo adentro. "Mesmo em suas últimas semanas", escreve Kershaw, "algumas pessoas que iam vê-lo chegavam desanimadas e desconsoladas e iam embora com entusiasmo e determinação renovados". Albert Speer, por exemplo, cujo empenho nos três anos finais da guerra teve significativo impacto para o incremento e a manutenção da produção de armamentos diante dos raides aéreos de bombardeio dos Aliados, continuou a servir Hitler embora tenha compreendido, com maior clareza que os demais, que tudo estava perdido.

Foi somente no fim que começaram a abandonar o *Führer*: Hitler demitiu Göring por supostamente tentar assumir o poder do Reich, e Himmler por negociar em segredo com os Aliados. Mesmo aí, um número extraordinário de subordinados preferiu optar por seguir Hitler até a morte, em uma onda de suicídios que tem poucos paralelos – não apenas Goebbels e Bormann e mais tarde Göring, Himmler e Ley, mas também veteranos ministros do governo como Bernhard Rust e Otto Georg Thierack, 10% dos generais do Exército, 14% dos generais da Aeronáutica e 20% dos *Gauleiters* do partido e muitos mais nas escalas mais baixas da hierarquia. Essa autoimolação era testemunho de sua lealdade a Hitler e também de sua convicção de que a vida não faria sentido sem o *Führer*. A prisão e julgamento os colocaria frente a frente com seus crimes e os privaria de sua convicção de que tinham feito o que era historicamente necessário. O suicídio, julgavam alguns, era uma morte honrosa, uma saída romana, um gesto heroico que serviria como o exemplo que os alemães deveriam seguir no futuro. O mundo da ilusão não era habitado apenas por Hitler.

Sob a liderança de um chefe de Estado diferente como Göring ou Himmler, a Alemanha talvez tivesse pedido a paz muito antes de maio de 1945. Mas, em Casablanca, em janeiro de 1943, os Aliados concordaram em exigir nada menos que a rendição incondicional da Alemanha. O armistício na Primeira Guerra Mundial tinha sido um erro dispendioso, concluíram.

Permitira à extrema direita, em particular os nazistas, alegar que a Alemanha não havia sido derrotada militarmente, mas que suas Forças Armadas foram esfaqueadas pelas costas por judeus revolucionários em âmbito doméstico. Não deve haver dúvidas possíveis acerca disso.

Depois da guerra, muitos oficiais alemães de alta patente sobreviventes culparam a política da rendição incondicional pela continuidade da guerra. A exigência, disse um deles, "até certo ponto nos fundiu ao regime nazista", já que deixava o povo alemão sem garantia alguma sobre seu futuro". Essa alegação, todavia, foi refutada por historiadores como uma desculpa frágil e inconsistente. O alto-comando "praticamente não deu atenção alguma" à exigência de rendição incondicional, de acordo com um general veterano, e não se discutiram suas possíveis consequências militares. A razão pela qual os alemães continuaram lutando, conforme Kershaw aponta com correção, deve ser procurada na própria Alemanha, não nas políticas adotadas pelos Aliados.

Certamente, a exigência aliada de rendição incondicional deu aos propagandistas nazistas uma útil justificativa para continuar lutando. Os mecanismos de persuasão organizados e conduzidos por Goebbels, o ministro da Propaganda, funcionaram até o fim. Muito antes disso, a iminente chegada de novas armas prodigiosas que mudariam o rumo da guerra, sua cada vez mais estridente insistência na ideia de que o espírito combativo do povo alemão por fim prevaleceria, seu otimismo forçado e suas exortações ao sacrifício estavam caindo em ouvidos moucos, não davam em nada. As pessoas consideravam que o coro de transmissões radiofônicas de propaganda, os artigos de jornal e cinejornais que emanavam do ministro da Propaganda soavam como a banda tocando no convés do *Titanic*. "Para onde quer que se vá", escreveu um oficial de baixa patente em seu diário após a queda de Colônia, "um único comentário: um fim para a insanidade". Quase todas as fontes concordam em que o moral estava em colapso no início de 1945. No final de março, interrogatórios de soldados capturados pelos Aliados ocidentais constataram que somente 21% deles ainda tinham fé em Hitler, uma queda abrupta em comparação com os 62% que professavam lealdade em janeiro. Mais importante talvez na mente de muitos oficiais do Exército era o juramento de fidelidade pessoal a Hitler que eles tinham sido obrigados a fazer. Mais tarde muitos usaram esse fato como justificativa para sua duradoura lealdade. Não era necessariamente uma desculpa retrospectiva. O treinamento militar e os hábitos de obediência tinham sido amplificados pelo Terceiro Reich em um senso de lealdade a Hitler como o supremo comandante das Forças Armadas. Certamente, nem a exigência dos Aliados de rendição incondicional nem o juramento militar de fidelidade pessoal evitaram que um grupo de oficiais de alta patente conspirassem para derrubar Hitler em julho de 1944. Mas a bomba do coronel Von Stauffenberg falhou na tentativa de matar o ditador, e em todo caso a maioria dos comandantes militares nazistas recusou-se a fazer parte do complô, ou porque consideravam pequenas as possibilidades de sucesso, ou porque a seu ver era uma traição à nação em um momento difícil, ou porque se sentiam genuinamente inibidos por seu juramento de lealdade. Após o atentado, o drástico expurgo das Forças Armadas empreendido por Hitler e Himmler manteve no cargo apenas os oficiais de lealdade inquestionável. Mesmo o relativamente sensato general Gotthard Heinrici, incumbido da defesa de Berlim, julgou que seria traição recusar-se a obedecer às ordens de Hitler, embora confidenciasse a seu diário que eram despropositadas ou insanas.

Para os funcionários públicos, administradores municipais, juízes e promotores, professores e servidores estatais de todo o país, um arraigado senso de dever assegurou que seguissem realizando seu trabalho. Inclusive quando suas decisões já não podiam mais ser implementadas, continuaram emitindo ordens que não tinham a menor chance de ser colocadas em vigor, julgando e condenando infratores criminalizados por medidas legais nazistas porque era isso que a lei exigia que fizessem. Que a própria lei havia sido pervertida pelo nazismo não lhes ocorreu. Eles haviam se adaptado irrefletidamente ao Terceiro Reich porque o nazismo se apropriara da administração do Estado; continuaram a trabalhar para o Reich até o fim porque consideravam que esse era o seu trabalho. Um funcionário graduado da Chancelaria do Reich, questionado após a guerra sobre por que continuou trabalhando, não foi capaz de compreender as implicações da pergunta: "Como funcionário público longevo", ele deu de ombros, "por dever do ofício eu estava obrigado a manter lealdade ao Estado".

Característica dessa quase completa alienação da realidade foi o pedido apresentado aos principais ministros em 23 de fevereiro de 1945, apenas dois meses antes do fim, pelo conde Schwerin von Krosigk, solicitando reduções nos gastos governamentais e aumento dos impostos sobre propriedade, tabaco e álcool, serviços públicos e outros itens de consumo na tentativa de cobrir o crescente déficit orçamentário. Sua iniciativa culminou na declaração, como uma Alice no País das Maravilhas, de que "não se pode negar que as provisões essenciais para a população estão dessa forma se tornando mais caras", uma vez que "já faz meses que larga fatia da população está inteiramente sem acesso regular, ou tem acesso apenas restrito, a água, gás e eletricidade". Schwerin ainda estava trabalhando em suas propostas um mês depois, quando praticamente inexistia uma área do país que não estivesse sob ocupação dos Aliados.

O Estado continuou a funcionar, ainda que nos meses derradeiros tenha outorgado o poder ao partido nazista em todos os níveis. Era, comentavam os ativistas do partido, uma "época de luta", como nos velhos dias antes de 1933. A traição dos oficiais no malogrado complô de Von Stauffenberg deixou Hitler e os líderes do Reich profundamente desconfiados das antigas elites. Os subordinados imediatos de Hitler, Goebbels, Himmler e Bormann, agiram para mover o partido, seus *Gauleiters* e ativistas para o espaço institucional previamente ocupado pela burocracia estatal. Novas leis e regulamentos deram aos dirigentes do partido poderes ampliados sobre a vida civil. Eles recrutavam mão de obra, organizavam mutirões de limpeza depois dos raides aéreos de bombardeio, coordenavam a defesa civil e mobilizavam o *Volkssturm*, o "exército de papais", milícia de civis conscritos criada para servir como último bastião de resistência à invasão do Reich. Mal equipados e sem treinamento, nem sequer tinham uniformes, não eram páreo para as experientes tropas dos Aliados e do Exército Vermelho calejadas por batalhas, e 175 mil deles foram mortos em ação nos últimos meses da guerra. Contudo, em geral esses grupos eram encabeçados por ativistas nazistas linha-dura, e propiciaram mais um instrumento por meio do qual o partido assumiu o controle sobre a massa de povo alemão. Uma das funções do *Volkssturm* era punir o derrotismo e a renegação do nazismo entre a população. Fuzilamentos e cortes marciais informais que resultavam em execuções de "traidores", realizadas com frequência cada vez maior em público, tornaram-se comuns nas cidadezinhas alemãs no inverno de 1944-45. Kershaw apresenta muitos exemplos horríveis da crueldade com que o partido e seus adeptos puniam os que renunciavam aos valores nazistas ou os rejeitavam. As pessoas que queriam evitar derramamento de sangue eram enforcadas nos postes de iluminação pública com um cartaz em volta do pescoço: "Eu queria um acordo com os bolcheviques". "Em qualquer casa onde aparecer uma bandeira branca", Himmler ordenou em 3 de abril de 1945, "todos os moradores homens devem ser fuzilados". Para completar, o *Gauleiter* da Francônia acrescentou: "Vilarejos que hastearem bandeiras brancas coletivas serão inteiramente incendiados".

Essa ordem parece não ter sido levada a cabo, mas restava um número suficiente de dirigentes nazistas de médio e baixo escalão em posições de poder para instituir um reinado de terror que acossou a maior parte da população civil, sujeitando-a e forçando-a a concordar com sua insensata determinação de seguir lutando. Os inúmeros casos de brutalidade nazista de última hora variavam de um líder local do partido em Heilbronn que, ao passar de carro por uma rua em cujas casas viu diversas bandeiras brancas penduradas nas janelas para saudar os soldados americanos que se avizinhavam, ordenou que seus homens saltassem e fuzilassem todas as pessoas que estavam à vista, a uma unidade da corte marcial comandada pelo major Erwin Helm, que prendeu um fazendeiro de 60 anos de idade por ter feito comentários sarcásticos para o *Volkssturm* local; os dois outros membros do tribunal foram pressionados a condenar o homem e pendurá-lo "em um galho de pereira exatamente debaixo da janela da casa da fazenda, enquanto sua horrorizada esposa era insultada com uma saraivada de ofensas".

Esses fanáticos comportavam-se assim principalmente porque sabiam que, por conta de seus crimes, não teriam futuro algum se a Alemanha perdesse. Os líderes nazistas exploraram essa sensação. Himmler já tinha reunido generais e oficiais de alta patente em Posen e Sonthofen para lhes contar explicitamente sobre o extermínio dos judeus, destarte transformando-os em cúmplices do que ele e eles sabiam ser considerado crime no mundo inteiro. Os *Gauleiters* nada faziam que pudesse indicar fraqueza; inclusive recusavam-se a evacuar áreas ameaçadas pelas forças do Exército Vermelho, ainda que, quando se tratava de sua própria segurança, na maioria das vezes estivessem despreparados para respaldar com ações as suas próprias palavras; muitos, como no caso de Arthur Greiser, faziam retumbantes exortações ao povo para defender sua posição até o fim e depois evadiam-se do local.

Os nazistas não fuzilaram nem enforcaram somente "fujões", "derrotistas", "desertores" e "covardes"; também evacuaram campos de concentração e prisões para impedir que os prisioneiros fossem libertados pelos Aliados e os conduziram em desorganizadas e muitas vezes sem destino "marchas da morte", atirando para matar nos que se extraviavam. Centenas de milhares de pessoas morreram nesse processo de deslocamento; dos 715 mil prisioneiros dos campos de concentração no início de 1945, menos da metade ainda estavam vivos seis meses depois. Nos campos ainda não libertados pelos Aliados, o imenso número de prisioneiros famintos e maltratados que chegavam de outros campos logo criou condições impossíveis, em que o tifo e outras doenças disseminavam-se rapidamente, e dezenas de milhares de pessoas morreram.

O terror também aumentou drasticamente nas Forças Armadas. Dezenas de milhares de soldados desertaram – de acordo com uma estimativa esse número chega a 250 mil mesmo antes dos meses finais de caos –, mas os que cogitavam fugir sabiam que, se fossem surpreendidos por uma das patrulhas que faziam a ronda nas ruas, estações de trem e artérias de comunicação para verificar os documentos das pessoas, encontrariam a morte certa. Pelo menos 30 mil soldados foram condenados à morte por deserção, derrotismo e crimes semelhantes durante a guerra – cerca de 20 mil foram fuzilados, em contraste com os 150 condenados da Primeira Guerra Mundial, dos quais somente 48 foram executados. Oficiais de média e alta patente continuaram operando cortes marciais e proferindo sentenças de morte mesmo depois do término oficial da guerra.

O medo em relação ao regime nazista e aos que serviam ao regime era o que movia muitas pessoas, mas papel idêntico teve também o medo do inimigo, sobretudo o Exército Vermelho, que nos meses finais avançava arrasando tudo o que encontrava pelo caminho no leste e no centro da Alemanha, lançando mão de estupros e saques. A máquina de propaganda de Goebbels usou de modo eficaz incidentes como o massacre empreendido pelo Exército Vermelho no vilarejo de Nemmersdorf, no leste da Prússia. Os alemães comuns de outros lugares reagiram, de acordo com a polícia de segurança, comentando melancolicamente que estupros, assassinatos e pilhagem eram o que eles poderiam esperar, dadas as atrocidades cometidas por suas próprias tropas no Leste Europeu ocupado. "Não massacramos judeus aos milhares?", um oficial de segurança registrou as pessoas perguntando-se em Stuttgart. "Os judeus são seres humanos também. Fazendo tudo isso, mostramos aos inimigos o que eles podem fazer conosco se vencerem." Os temores, que em grande medida se mostraram justificados, foram acentuados por aquilo que parecia ser a ampla aceitação popular da linha de pensamento da propaganda de Goebbels de que os Aliados – Churchill, Roosevelt, Stálin – estavam sendo manipulados por uma conspiração mundial de judeus em busca de vingança contra o povo alemão. Para muitos soldados e civis, continuar lutando parecia melhor do que se entregar à mercê dos russos.

Pedir ao povo que se insurgisse contra o regime, derrubasse o Reich e firmasse a paz com os Aliados era pedir o impossível. Os alemães comuns, cujas cidades grandes e pequenas tinham sido bombardeadas e reduzidas a escombros, com seus serviços de gás, eletricidade e água funcionando apenas de forma intermitente quando funcionavam, suas fábricas e locais de trabalho destruídos, as provisões de comida e o abastecimento de combustível minguando, tinham de se concentrar em simplesmente manter-se vivos e garantir a sobrevivência de seus familiares. De qualquer forma, a presença incisiva e universal do partido e seus agentes nos últimos meses da guerra significava que qualquer tipo de ação coletiva estava fora de questão. O que aconteceria foi ilustrado nitidamente pelo destino das gangues de trabalhadores estrangeiros envolvidas no mercado negro em cidades industriais da Renânia, que travaram encarniçadas batalhas com a polícia em meio aos destroços e mataram a tiros o chefe da Gestapo em Colônia; detidos e aprisionados, foram enforcados em praça pública como ostensiva advertência aos demais.

A ação coletiva nos escalões mais altos era igualmente impossível após o fracasso do complô da bomba de Von Stauffenberg. No âmbito do partido nazista e do governo, as instituições capazes de formular uma política planejada que divergisse das diretrizes de Hitler tinham deixado de existir havia muito; o gabinete do Reich não se reunia fazia anos, e não havia nada que se assemelhasse ao Grande Conselho Fascista que depusera Mussolini em 1943. Hitler se apropriara de todo o poder institucional: ele era o chefe de Estado, o chefe do governo, o chefe do partido, o supremo comandante das Forças Armadas, o comandante em chefe do Exército – em suma, ele era "O Líder". Todo o poder emanava dele; todos os que ocupavam posições de autoridade deviam a ele o poder que lhes fora concedido; todos sabiam que só conseguiriam prosperar e sobreviver se realizassem os desejos do *Führer* e se sujeitassem aos seus ditames ideológicos.

Embora Hitler tenha progressivamente se isolado em seu *bunker* subterrâneo e deixado de se dirigir ao povo, perdendo o comando e a influência que obtivera sobre os alemães por meio de seus discursos e transmissões radiofônicas cuidosamente orquestrados, seu estilo pessoal de jugo continuou a controlar as ações dos que detinham o poder na Alemanha nazista. Houve, nos derradeiros meses, de acordo com Kershaw, "governo carismático sem carisma. O carismático apelo de massa de Hitler se dissolvera havia muito, mas as estruturas e mentalidades de seu carismático mando duraram até sua morte no *bunker*". De forma correspondente, assim que ele se foi, todo o edifício se esfacelou. Hitler já não estava lá para que se lutasse por ele. Apesar de todos os esforços de Goebbels para criar a *Werwolf*, um movimento de resistência que hostilizasse as forças de ocupação aliadas, não existia resistência digna de nota.

The End: Hitler's Germany, 1944-45 é um relato nítido e intenso dos últimos dias do Reich de Hitler, com uma percepção real das mentalidades e situações de pessoas enredadas em uma calamidade à qual muitas não sobreviveram – e muitos dos sobreviventes da catástrofe levaram diversos anos para superá-la. Talvez o livro não dê peso suficiente aos sentimentos de nacionalismo dos quais estavam imbuídos tantos alemães, especialmente no corpo de oficiais; era mais do que mera desculpa quando alegavam estar lutando pela Alemanha a fim de proteger a civilização alemã contra as hordas bolcheviques. Os efeitos da alegação de Goebbels de que não era apenas a Alemanha mas a civilização europeia que estava em jogo poderiam ter sido explorados mais a fundo. O medo e o ódio do leste não tiveram início com os nazistas. Para muitas pessoas, as convicções nacionalistas, mescladas a forte dose de desprezo pelos "eslavos", fundamentaram o nazismo e tiveram importância vital para os indivíduos cujo nazismo era apenas superficial.

A política de genocídio

6

Império, raça e guerra

Na juventude, Adolf Hitler tornou-se devotado apreciador das óperas de Wagner e gastava boa parte de sua parca renda em ingressos para apresentações de *Lohengrin* e outras fantasias pseudomedievais. Os historiadores gastaram boa dose de energia tentando mapear os *efeitos* dessa paixão juvenil nas ideias e convicções posteriores do ditador. Mas ele tinha também outros entusiasmos e encantamentos, menos comentados e menos dispendiosos: os romances de aventuras de Karl May, livros populares impressos em papel barato cujos contos ambientados no Velho Oeste em meio às guerras indígenas e protagonizados por caubóis – na maioria de ascendência alemã, como o Velho Shatterhand [Mão que Estilhaça], nome que fazia referência ao poder de seu soco – e Winnetou, nativo americano que se converte ao cristianismo. May tornou-se o centro de um escândalo literário quando se revelou que ele tinha antecedentes criminais e jamais pusera os pés nos Estados Unidos (só fez sua primeira visita pouco antes de sua morte em 1912). Porém, longe de solapar a admiração de Hitler, isso apenas confirmou sua convicção de que não era necessário ir pessoalmente a um país para conhecê-lo. Mesmo durante a Segunda Guerra Mundial, Hitler ainda recomendava os romances de May a seus generais, e ordenou que 200 mil exemplares fossem impressos para os soldados.

Para May, os nativos americanos eram nobres selvagens, concepção sobre os indígenas da qual Hitler certamente não compartilhava. Subjacente aos romances há um darwinismo social implícito que retrata Winnetou e sua cultura como fadados à destruição pelas mãos de uma civilização superior e mais poderosa – a dívida de May para com *O último dos moicanos* era óbvia aqui e em outros aspectos de sua obra. Os social-darwinistas e racistas do final do século XIX e do início do século XX olhavam com inveja para o outro lado do Atlântico, especificamente os Estados Unidos, onde milhares de colonos europeus haviam feito uma jornada rumo ao oeste para formar uma sociedade nova, próspera e extraordinária, processo em que expulsaram e por fim marginalizaram os habitantes originais do continente, até que a vasta maioria deles acabou perecendo. A superioridade racial, acreditavam eles, destinava os colonos europeus ao papel de domínio, assim como condenava à extinção os povos primitivos e atrasados, tais quais os aborígines australianos; se alguém protestasse, os social-darwinistas simplesmente desqualificavam os queixosos, acusando-os de anticientíficos, desatualizados e retrógrados.

Mas se uma raça mostrava sua superioridade conquistando e subjugando outras, que parte do mundo estava disponível para que os alemães demonstrassem suas capacidades? Durante o século XIX, miríades de alemães tornaram-se colonizadores, mas foram para áreas que a Alemanha não controlava (5 milhões emigraram para a América, compondo 40% de todos os emigrantes entre as décadas de 1840 e 1890). O fracasso na expansão foi profundamente decepcionante para os nacionalistas extremistas. "Não deveria a Alemanha ser uma rainha entre as nações", perguntava-se um entusiástico colonialista já em 1879, "regendo totalmente infinitos territórios, como fazem os ingleses, os americanos e os russos?". Uma fatia cada vez maior da elite alemã anterior a 1914 claramente concordava, e a partir de 1898 o governo do *Kaiser* despejou vastos recursos na construção de uma enorme Marinha de Guerra que por fim enfrentaria os britânicos em alto-mar e abriria o caminho para a criação de um império ultramarino.

A Primeira Guerra Mundial destruiu tais ambições. A esquadra alemã fracassou na tentativa de abalar a dominação naval britânica, e como consequência da derrota alemã suas possessões coloniais ultramarinas foram repartidas entre outras potências. Porém, mesmo antes da guerra alguns nacionalistas vinham voltando suas atenções para uma área mais óbvia onde estabelecer a dominação colonial alemã: o Leste Europeu. Mark Mazower inicia *Hitler's Empire* [O império de Hitler], seu abrangente estudo sobre o jugo nazista na Europa, com um relato da emergência na Alemanha e na Áustria em fins do século XIX da ideia de que a luta entre raças para a sobrevivência do mais apto exigia a criação de um *Lebensraum* [espaço vital], nos limites do qual a raça alemã poderia expandir-se para assegurar seu futuro, exatamente como tinham feito os imigrantes europeus que foram viver nas Américas. Os nacionalistas de extrema direita consideravam que poloneses, russos e outros eslavos eram atrasados e incivilizados; sem dúvida, seu destino era cumprir o papel de servos e escravos da raça superior, não?

A catastrófica derrota da Alemanha em 1918 abriu o caminho para que essas ideias radicais se generalizassem e penetrassem nas tendências e correntes predominantes da política. Depois de 1933, tornaram-se a doutrina oficial do Estado. Ao longo de todas as guinadas, reveses e reviravoltas da política externa nazista, à medida que Hitler rearmava febrilmente o país em preparação para uma grande guerra europeia, o objetivo máximo e primordial permanecia o mesmo: a conquista do Leste Europeu e a criação, lá, de um "espaço vital" para as futuras gerações de alemães. Hitler e os nazistas não abandonaram a ideia de criar um império colonial ultramarino, mas primeiro a Alemanha tinha de tornar-se uma potência mundial, e o caminho para isso era através da Europa.

O livro de Mazower concentra-se, então, em Hitler como um construtor de impérios. Talvez não seja um tema tão novo ou desconhecido como ele parece pensar, mas certamente ganha aqui seu primeiro tratamento ampliado, sistemático, de âmbito europeu. O que teria significado o império nazista no Leste Europeu em termos práticos ficou brutalmente claro nas primeiras semanas de guerra. Como Mazower mostra em detalhes, a conquista alemã da Polônia trouxe em sua esteira a cruel e implacável expulsão de centenas de milhares de poloneses de suas fazendas e estabelecimentos comerciais para dar espaço aos colonos alemães étnicos do leste, onde, eles foram persuadidos, o jugo de Stálin não prometia um futuro cor-de-rosa. A cultura polonesa foi esmagada, milhares de profissionais e intelectuais foram detidos, aprisionados e fuzilados, e a numerosa população judaica foi agrupada e confinada em guetos abarrotados e insalubres, enquanto os ocupantes nazistas resolviam o que fazer com eles.

Que a morte era o que em última análise aguardava essas pessoas tornou-se claríssimo com a invasão da União Soviética em junho de 1941. Hitler falava em tom efusivo e entusiasmado sobre os benefícios civilizatórios que o jugo alemão traria. Novas e cintilantes cidades alemãs seriam criadas, atuando como centros e entroncamentos para as comunidades agrícolas alemãs baseadas no solo oriental e interligadas por linhas férreas e vias expressas de alta velocidade. Os então habitantes da área não fariam parte desse admirável mundo novo. As suas próprias cidades, como Moscou e Leningrado (São Petersburgo), seriam abandonadas para que apodrecessem, enquanto os camponeses ucranianos e russos seriam arrancados de suas terras exatamente como os seus homólogos poloneses haviam sido. Os planejadores estimavam que milhões de pessoas morreriam de desnutrição e doenças. Os acadêmicos da SS fantasiavam sobre a deportação de dezenas de "eslavos racialmente indesejáveis" para a Sibéria, ou mesmo para o Brasil. E o prêmio final aguardava Hitler. "Uma vez que somos os senhores da Europa", disse ele em outubro de 1941, "então vamos desfrutar a posição dominante no mundo". O novo império alemão seria, finalmente, igual aos existentes impérios da Grã-Bretanha e dos Estados Unidos. O confronto internacional para a supremacia mundial poderia começar.

Por um breve momento no verão de 1941, pareceu viável à liderança nazista que esses sonhos pudessem tornar-se realidade. França, Bélgica, Holanda, Dinamarca e Noruega tinham sido derrotadas no ano anterior, e os vitoriosos Exércitos alemães estavam arrasando tudo o que encontravam pela frente no leste, ocupando imensas porções do território na Ucrânia, os Estados Bálticos e a Rússia Branca (Bielorrússia), ao passo que no sul da Europa tinham estabelecido controle sobre os Bálcãs. No entanto, tudo isso era uma ilusão.

Não era apenas o fato de que a União Soviética, com seus vastos recursos materiais e de efetivo humano e de Forças Armadas e material, se mostrava impossível de derrotar. Mais importante era o fato de que os alemães não tinham uma ideia coerente sobre como seu novo e gigantesco império serviria aos propósitos globais a que era destinado. Mazower aponta a grande variedade de esquemas e arranjos administrativos sob a qual o império era governado, de regimes colaboracionistas como a Eslováquia e a França de Vichy, passando por governança militar ao lado do serviço público nativo sobrevivente, como na Bélgica, até um aparato alemão de governo especialmente criado, caso do Comissariado do Reich da Ucrânia ou do Governo-Geral Polonês. Algumas áreas foram incorporadas diretamente ao território do próprio Reich, entre elas largas porções do oeste da Polônia, ao passo que outras, julgava-se, provavelmente seriam absorvidas em alguma data futura, como os Países Baixos, cujo povo a liderança nazista considerava predominantemente "ariano".

Esse colossal império não tinha direção central alguma, e não havia coordenação na forma como era administrado. Os alemães jamais criaram um equivalente ao Ministério da Grande Ásia do Leste por meio do qual o Japão governava suas conquistas. Isso, argumenta Mazower, em parte devia-se ao fato de que Hitler negligenciava o funcionalismo público em favor de fanáticos nazistas engajados em quem ele poderia confiar para construir a nova Grande Alemanha adotando uma política em termos raciais. Como consequência, o partido nazista, liderado pelos "velhos combatentes" que eram membros desde a década de 1920, e particularmente pelos líderes regionais, os *Gauleiters*, ganhou poder à custa da expansão do Ministério do Interior, cujos dirigentes começaram a lamentar a ausência de administração centralizada dos novos territórios. De sua parte, Hitler queixou-se de que "entre nós a concepção do Estado monolítico faz supor que tudo deveria ser dirigido a partir de um centro [...] os ingleses na Índia fazem exatamente o oposto". "Não existe possibilidade alguma", concluiu ele, "de reger esse gigantesco império desde Berlim".

Agravando a confusão, o inexorável crescimento da SS de Himmler, que ignorava a administração civil e partidária no encalço de seu propósito abertamente autoproclamado de redesenhar o mapa racial da Europa. Da Holanda à Ucrânia, os administradores militares e civis viram-se diante da opção de ou fazer vistas grossas enquanto a SS chegava aos borbotões para massacrar ou deportar os judeus sob seu controle, ou oferecer os próprios recursos de que dispunham para o genocídio. Insatisfeitos com os arranjos em vigor e desesperados por alguma espécie de direção central, alguns funcionários do alto escalão do serviço público, a exemplo do ministro do Interior, Wilhelm Stuckart, recorreram a Himmler: se deveria haver uma nova elite colonial no longo prazo, então talvez os grupos de cúmplices de Himmler, jovens da SS com alto grau de instrução formal e organizados de forma eficiente, formariam essa elite.

A realidade continuou sendo teimosamente distinta. Mazower exagera quando afirma que foram as "colônias da Alemanha pré-1914 que forneceram a pouca competência administrativa existente no Terceiro Reich". Certamente alguns ex-dirigentes coloniais desempenharam papel importante, como Viktor Bottcher, governador de Posen, que tinha ajudado a administrar os Camarões alemães antes de 1914, mas eles eram inevitavelmente uma minúscula minoria, dado o reduzidíssimo tamanho da administração colonial alemã antes da Primeira Guerra Mundial. A experiência administrativa vinha majoritariamente do serviço civil doméstico, que, contudo, se viu cada vez mais marginalizado pelos representantes da "liderança política" que tinham a predileção de Hitler. Assim, o caos permaneceu, e observadores perspicazes continuaram a queixar-se de que o supostamente centralizado Reich era na prática dividido em dezenas de obstinadas satrapias; fundamentalmente, um deles apontou, desesperado, "faltava ao conjunto um governo que funcionasse".

Mazower está em terreno um pouco mais seguro e em situação ligeiramente mais confortável quando salienta que as leis raciais alemãs em colônias como a Namíbia propiciaram uma base para normas semelhantes na Europa de dominação alemã após 1939, de acordo com as quais poloneses e outros eslavos estavam sujeitos a uma severa discriminação – especialmente quando recrutados para trabalhar no Reich –, uma vez que os alemães eram a raça superior. Todavia, alegações recentes de alguns historiadores de que a guerra de aniquilação conduzida pela Forças Armadas alemãs para sufocar a revolta dos hereros e namas na Namíbia em 1905-06 – quando dezenas de milhares de membros de tribos foram levados para o deserto ou isolados em ilhas e lá abandonados à míngua para morrer de fome – forneceu o modelo para a política nazista com relação aos judeus não são convincentes porque não existem evidências de uma conexão direta entre uma e outra coisa.

Havia diversos outros modelos de discriminação racial de que Hitler poderia valer-se, entre eles o dos EUA, onde até 1924 os nativos americanos eram definidos como "nacionais" mas não "cidadãos", ou os de praticamente qualquer colônia ou dependência dos britânicos, onde as terras eram confiscadas para distribuição entre os colonos brancos e africanos eram recrutados em programas de trabalhos forçados. Na África do Sul em particular havia uma rígida opressão racial e a abolição dos direitos dos grupos raciais supostamente inferiores. O principal contraste aqui era que o império nazista aplicava tais diretrizes na própria Europa, onde se acreditava que padrões mais altos deveriam ser implementados. Mas havia também outras diferenças. Nos anos do entreguerras, como Mazower aponta, as potências imperialistas em geral mantinham a perspectiva de um eventual governo autossuficiente dos povos colonizados, mesmo que apenas no futuro distante, e incentivavam a formação de elites nativas educadas. Para Hitler, contudo, povos conquistados como os poloneses, os tchecos ou os russos estavam fadados à extinção de modo a dar lugar à raça alemã superior, e quanto antes isso acontecesse melhor.

Nos monólogos que proferia à mesa das refeições, registrados para a posteridade por ordens de Martin Boorman, Hitler repetidamente retornava ao exemplo da Índia britânica. "Aprendamos com os ingleses", dizia ele, "que, com 250 mil homens ao todo, entre eles 50 mil soldados, governam 400 milhões de indianos". "O que a Índia é para a Inglaterra", comentou ele em outra ocasião, "os territórios da Rússia serão para nós". Hitler não se perguntava como os britânicos conseguiam manter seu domínio do subcontinente indiano com os recursos tão limitados que tinham à disposição; ele simplesmente pressupunha que era resultado da superioridade racial britânica. "O espaço da Rússia", diz ele, "é a nossa Índia. Como os ingleses, com um punhado de homens comandaremos o nosso império". Ele julgava que o colonialismo alemão havia fracassado principalmente porque transplantara para as colônias a função de mestre-escola. "Seria um erro tentar educar o nativo. No máximo poderíamos transmitir a ele um conhecimento pela metade – exatamente o que é necessário para fazer uma revolução!" Na Europa Ocidental ocupada, as afinidades raciais supostas e aceitas pelos nazistas poderiam levar a um governo que operasse por meio dos canais administrativos existentes. Mas no novo império no Leste Europeu, a Alemanha governaria por meio da força.

Assim, qualquer chance de cooptar grupos nacionalistas em países como a Ucrânia, onde o jugo soviético havia causado sofrimento e fome incalculáveis e onde o povo local recebeu de bom grado as tropas alemãs invasoras, acolhidas como libertadoras com seus tradicionais presentes de pão e sal, foi firmemente rejeitada, ainda que defendida por homens como o ideólogo nazista Alfred Rosenberg, que comandava o Ministério para os Territórios Ocupados do Leste, em larga medida impotente. Mazower discute em detalhes as propostas alternativas apresentadas por Rosenberg e outros para o governo do leste. Alemão báltico movido pelo ódio ao comunismo, Rosenberg concebia os alemães como libertadores das massas oprimidas da maldição do stalinismo. Ele recomendava com insistência a criação de Estados independentes expurgados de suas administrações comunistas, e alertava para o fato de que "o território conquistado como um todo não deve ser tratado como objeto de exploração". Mas Hitler, e Himmler ainda mais, refutavam a ideia de que "subumanos" como os ucranianos pudessem ter qualquer afinidade racial com os alemães: eram eslavos, a serem usados e depois descartados tão logo tivessem servido ao seu propósito. O resultado, de acordo com o que apontou um dos subalternos de Rosenberg em fevereiro de 1944, foi que os ocupantes alemães haviam, "em um ano, expulsado para as florestas e os pântanos, na condição de *partisans*, um povo que era absolutamente pró-alemão e que nos recebera com júbilo como seus libertadores".

As políticas brutais e homicidas que alcançaram esse resultado estavam em gritante contraste com as diretrizes relativamente brandas impostas na Europa Ocidental. Após a derrota da França em 1940, os planejadores nazistas tiveram a ideia de uma "Nova Ordem na Europa", em que os franceses e outras economias da Europa Ocidental seriam mobilizados em uma esfera mais ampla de cooperação econômica para rivalizar com os gigantescos blocos econômicos dos EUA e do Império Britânico. Ao longo do verão e do outono de 1941, na esteira da declaração de Hitler de que a economia alemã não poderia sobreviver à base de "autarquia" ou autossuficiência, economistas e planejadores encetaram detalhadas discussões sobre a integração econômica europeia a serviço das ambições globais da Alemanha, ao passo que grandes empresas como a IG Farben previram a criação de cartéis pan-europeus como sua contribuição para a concretização dessa ambição. "Não estamos sozinhos na Europa", alertou o ministro da Economia do Reich em outubro de 1940, "e não podemos gerir uma economia com nações subjugadas".

Mazower talvez menospreze de modo um tanto brusco essas elaboradas discussões quando comenta que a visão nazista de uma nova ordem europeia "desapareceu quase tão rapidamente como surgiu". Mas ele tem razão ao apontar que os efeitos práticos dessas discussões foram limitados e efêmeros. Muito antes do fim de 1940, Hitler e Goebbels insistiam em que tudo o que importava era a Alemanha, e o restante da Europa deveria ser explorado o máximo possível em nome dos interesses do esforço de guerra alemão. O Reich pode não ter imposto reparações financeiras à França e às outras nações derrotadas, mas aplicou "custos de ocupação", fixou taxas de câmbio para dar aos soldados e administradores alemães um poder de compra com que franceses ou belgas não poderiam nem sequer sonhar em competir, e arruinou os sistemas de transporte ao despachar locomotivas e equipamentos ferroviários de volta para a Alemanha. No fim, as abastadas regiões industriais da Europa Ocidental contribuíram bem menos para o esforço de guerra alemão do que Berlim esperava.

Em algumas de suas páginas mais interessantes e originais, Mazower indica que a própria crueldade e brutalidade do império alemão na Europa servira para deslegitimar a ideia de impérios mundiais geridos por autoproclamados senhores raciais supremos. O triunfal ressurgimento de movimentos de resistência nacionalista na segunda metade da guerra não parou nas fronteiras da Europa. Em 1918, as potências vitoriosas não eram imperialistas, mas anti-imperialistas: Estados Unidos e União Soviética. E, nas metrópoles imperiais, as dúvidas acerca da legitimidade da dominação imperial avolumavam-se em ritmo acelerado. Mazower cita Orwell, que escreveu: "Que sentido haverá, mesmo que a ação seja bem-sucedida, em derrubar o sistema de Hitler para estabilizar algo que é muito maior e, de maneira diferente, igualmente ruim?".*

A era do imperialismo tinha chegado ao fim. A ideia que em última instância triunfou na Europa era uma versão modificada da "Nova Ordem", que economistas como Ludwig Erhard, futuro chanceler da Alemanha Ocidental, discutiram no início de 1940, desperdiçando futilmente imensa quantidade de energia intelectual. Alguns desses homens voltaram à cena após a guerra para assumir papel importante (principalmente nos bastidores) no planejamento e na montagem dos primeiros blocos de edificação da União Europeia. "Nenhuma ordem política", escreve Mazower, "começa a partir do nada". Mas os novos europeus acreditavam que a cooperação econômica não poderia mais ser uma folha de figueira propagandista para ocultar as intenções exploratórias de uma nação. Tampouco a ideia de uma esfera pan-econômica poderia ser calcada na oposição aos interesses dos Estados Unidos. Juntamente com o imperialismo, a ideia de um mundo dividido entre vastos impérios competindo entre si por sobrevivência e dominação também tinha desaparecido.

Mais breve, e última, de todas as criações imperiais, o império de Hitler desapareceu rapidamente, na mesma velocidade com que surgiu. Mark Mazower escreveu uma análise empolgante e instigante de sua ascensão e derrocada, um livro que faz pensar. Ao situar o império de Hitler no contexto global dos impérios, Mazower faz que o vejamos com frescor, e isso é uma façanha considerável. Paradoxalmente, talvez, o livro nos faz ver os impérios europeus mais antigos sob uma luz relativamente favorável. Expandindo-se no decorrer de décadas, ou mesmo séculos, eles só continuaram existindo por

---

* *O que é fascismo? – E outros ensaios.* Tradução de Paulo Geiger. São Paulo: Companhia das Letras, 2017. (N. T.)

meio de uma complexa estrutura de ligação e colaboração, transigência, conciliação e acomodação. Talvez tenham sido racistas, vez por outra homicidas, ocasionalmente até exterminatórios, mas nenhum deles foi criado ou mantido com base em um nacionalismo tão estreito ou exploratório como o que animava o império nazista.

A "Solução Final" foi singular?

Quando Hitler tentou colocar em prática o que ele chamava de "Solução Final da Questão Judaica na Europa", por meio do assassinato sistemático de cerca de 6 milhões de judeus, parecia estar fazendo algo sem precedente ou paralelo na história. Tão horrendo era esse crime que alguns comentaristas argumentaram ser ilegítimo compará-lo a qualquer outra coisa. Contudo, a menos que o comparemos a outros eventos, não podemos estabelecer sua singularidade. A comparação não significa simplesmente extrair e estabelecer similaridades, significa também isolar diferenças, e avaliar uma e outra coisa. Há um problema óbvio se negarmos qualquer espécie de comparabilidade de um evento como a tentativa de extermínio dos judeus na Europa. Se não puder ser legitimamente comparado a qualquer outro processo ou evento histórico, então ele é de fato único, singular, não pode ser repetido de nenhuma forma, e portanto o *slogan* "nunca mais de novo" é sem sentido, já que o Holocausto não tem relevância para mais nada e nenhuma lição a nos ensinar no presente. A meu ver, postular ou pressupor uma singularidade categórica leva a questão para os domínios da teologia, e, embora isso possa ser legítimo ou compensador para os teólogos, o historiador tem de abordá-lo da mesma maneira que faria com qualquer outro fenômeno histórico de larga escala, o que significa formular perguntas básicas e comparativas e tentar respondê-las no nível da racionalidade secular.

Um óbvio ponto de partida comparativo apresenta-se com a invasão da Polônia, em setembro de 1939. Muito rapidamente, os conquistadores começaram de modo sistemático a sufocar a língua e a cultura dos derrotados poloneses. Bibliotecas e instituições culturais polonesas foram fechadas, monumentos, memoriais e placas de rua foram destruídos. Meio milhão de poloneses foram detidos e confinados em campos de concentração e prisões, onde muitos deles foram maltratados e assassinados. Cerca de 20 mil oficiais e supostos nacionalistas poloneses foram fuzilados. Cerca de 1,5 milhão de membros da elite cultural e intelectual foram presos e, em 1940, levados para fora do país em caminhões de transporte de gado sem aquecimento; um terço deles não sobreviveu às privações da jornada.

Essa tragédia humana foi a consequência não da invasão alemã das áreas central e ocidental da Polônia, mas o resultado da conquista soviética das províncias do leste polonês. Os paralelos com as políticas da Alemanha nazista eram óbvios e, do ponto de vista das vítimas, é igualmente óbvio que não era fácil distinguir entre as duas ocupações. No entanto, havia diferenças. O propósito da União Soviética na Polônia ocupada era levar a cabo uma revolução social nos mesmos moldes já alcançados por Lênin e Stálin na Rússia. A porção leste do país foi incorporada ao sistema soviético com base em um plebiscito fraudulento. As autoridades de ocupação nacionalizaram as propriedades da elite polonesa, especialmente, é claro, as indústrias e as instituições bancárias. Elas lotearam os latifúndios e as grandes propriedades da nobreza polonesa e os distribuíram para os pequenos camponeses, de maioria não polonesa, e incitaram as classes inferiores da Ucrânia e da Bielorrússia, que constituíam a maior fatia da população nessa parte da Polônia, a orquestrar violentas insurreições contra as elites da Polônia. Portanto os poloneses não foram atacados com base em questões raciais, mas de classe, em evidente paralelo com a campanha do "terror vermelho" conduzida na Rússia em 1918, imediatamente após a Revolução Bolchevique.

Ademais, aqueles que os invasores soviéticos consideravam ser membros das elites burguesas nacionalistas e reacionárias foram deportados não para fora do território soviético, mas para os rincões do seu próprio interior, indicando que o propósito da deportação, ainda que tenha sido posta em prática de forma brutal, não era a completa eliminação de uma minoria nacional, mas sua neutralização política e, se possível, sua conversão ao comunismo – objetivos reconhecíveis também nas outras deportações determinadas mais tarde na guerra. Nesse sentido, de fato, os grupos deportados não eram separados do restante da população soviética, mas compartilhavam seu destino e seu sofrimento. Em sentido formal e constitucional, a conquista soviética da Polônia oriental trouxe consigo a introdução de direitos políticos iguais para todos os adultos, independentemente de sua etnicidade. Para muitos judeus, isso significava a libertação da discriminação antissemita praticada pelo regime pré-guerra das coronéis poloneses.

Todavia, claro, não há dúvidas quanto à natureza homicida da tomada soviética do leste da Polônia. Foi a bem da verdade apenas um episódio em meio a um sem-número de assassinatos em massa e brutais transferências de população realizados por ordens de Stálin. De setembro de 1941 em diante, a polícia secreta soviética deportou mais de 1,2 milhão de alemães étnicos originários da Ucrânia, da região do Volga e de diversas cidades soviéticas para a Sibéria, sob condições acentuadamente desumanas; 175 mil deles não sobreviveram à experiência. Meio milhão de membros de várias outras minorias étnicas do Cáucaso também foram encaminhados para o exílio siberiano. E, à medida que os Exércitos alemães avançavam, a polícia secreta soviética sistematicamente assassinava os supostos nacionalistas e os contrarrevolucionários trancafiados em presídios russos que cruzavam seu caminho; 100 mil prisioneiros foram fuzilados, mortos a golpes de baioneta ou explodidos com granadas de mão somente nas prisões do oeste da Ucrânia. Tudo isso foi feito em nome da segurança militar da União Soviética; o desconfiado Stálin considerava todas essas pessoas ameaças à segurança nacional.

A despeito de toda a violência aplicada contra os desgraçados deportados, não se tratou de uma tentativa de exterminar povos inteiros. Em um caso, contudo, argumentou-se que Stálin de fato empreendeu um programa genocida de assassinatos em massa cujo alvo deliberado era um único grupo étnico. Foi o que ocorreu na fome na Ucrânia do início da década de 1930, a que alguns grupos ucranianos querem agora atribuir o mesmo *status* do Holocausto. Em 2006 o parlamento do país inclusive aprovou uma lei tornando ilegal negar que a fome ucraniana tenha sido genocídio. Associações de imigrantes ucranianos no Canadá e nos Estados Unidos agora usam para o evento o termo *Holodomor*, que significa "deixar morrer de fome", "morte por inanição". Todo ano, na Ucrânia e em comunidades ucranianas de todo o mundo, comemora-se um dia relativo à lembrança do *Holodomor*, e museus e memoriais que evocam o episódio começaram a ser construídos.

Muitas pessoas, entre elas Viktor Iuchtchenko, presidente da Ucrânia quando da aprovação da lei em 2006, alardearam a informação de que o total de mortes chegou a 10 milhões, superando portanto o número de judeus mortos no Holocausto. Em 2003, 25 países, entre eles Rússia e EUA, emitiram uma declaração nas Nações Unidas mencionando o septuagésimo aniversário da fome ucraniana e calculando o número de vítimas entre 7 milhões e 10 milhões. Grupos ucranianos do Canadá fizeram campanha para equiparar o *Holodomor* ao Holocausto e para que ambos tivessem o mesmo *status* no novo Museu dos Direitos Humanos. A Associação Ucraniano-Canadense dos Direitos Civis emitiu um cartão-postal com a imagem de um porco, tirada de *A revolução dos bichos*, de George Orwell, com as palavras: "Todas as galerias são iguais, mas algumas galerias são mais iguais que as outras". Há claramente uma suposição, intencional e bastante ofensiva, de que os apoiadores da galeria do Holocausto no Museu dos Direitos Humanos, em especial os judeus, são porcos. A associação havia sido alvo de críticas apontando que ela deixou de mencionar o papel que os nacionalistas ucranianos tiveram no fornecimento de auxiliares e ajudantes que atuaram no Holocausto e em campos da morte como Treblinka, ou o fato de que 9 mil ucranianos da SS emigraram para o Canadá no final da Segunda Guerra Mundial, sem dúvida afetando a maneira como as organizações ucraniano-canadenses trataram essas questões delicadas e emocionais.

A cifra de 7 milhões a 10 milhões de mortes tem a evidente intenção de colocar o *Holodomor* acima do Holocausto. É plausível? Robert Conquest, em seu pioneiro *Harvest of Sorrow* [Colheita do sofrimento], o primeiro livro a chamar a atenção do público geral para a fome ucraniana, calcula 5 milhões de vítimas fatais. Historiadores demográficos como Stephen Wheatcroft estimam 3 milhões de mortos. Arquivos soviéticos recentemente abertos registram um total de 1,8 milhão de mortos, mas em adição houve mais de 1 milhão de mortes por tifo, doença epidêmica transmitida por parasitas do corpo humano, como os piolhos, comuns em condições de superlotação e pouca higiene; é preciso atentar para o fato de que houve muitas mortes comparáveis de tifo em campos de concentração nazistas durante a guerra, e é claro que a desnutrição torna as pessoas menos resistentes a tais epidemias. Encontrar um número confiável é extremamente difícil, mas a cifra de 3 milhões parece ser a mais plausível. Essas mortes foram deliberadamente infligidas por Stálin? Há um bocado de evidências que mostram que, embora as colheitas do início da década de 1930 não tenham sido exatamente ruins e em condições normais teriam sido suficientes para alimentar a população, as autoridades soviéticas confiscaram a produção de grãos dos agricultores, recusaram-se a fornecer comida aos famintos, proibiram as pessoas de abandonar as áreas afetadas e chegaram a deportar algumas para locais onde não havia comida. A fome, portanto, foi fabricada pelo homem, não acidental ou natural.

Foi genocídio? Cerca de 80% das vítimas foram ucranianas. No entanto, a fome tem de ser vista em contraste não com o racismo russo, mas levando-se em conta o contexto da política stalinista de industrialização forçada, em que uma das medidas empregadas consistia em controlar a produção de cereais dos países da União Soviética por meio da "requisição compulsória", isto é, um artifício burocrático que permitia ao governo apropriar-se da produção de alimentos obrigando os camponeses a entregarem a comida ao Estado, que a repassava para as novas cidades industriais; nos anos seguintes, Stálin reorganizou a agricultura implementando uma política de coletivização forçada das propriedades agrícolas a fim de centralizar a produção – cuja administração passou a ser completamente racionalizada pelo Estado –, alcançar economia de escala e, principalmente, facilitar a coleta e requisição compulsória de alimentos. A quantidade de alimentos confiscada era tão grande que faltava comida para dar de comer ao gado. Os agricultores que resistiam eram fuzilados ou deportados aos milhares como *kulaks* – camponeses supostamente capitalistas e voltados ao mercado, portanto inimigos da revolução. Um número considerável de camponeses mostrava sua resistência destruindo lavouras e matando o gado. Sabedores de que as lavouras seriam confiscadas, muitos deles nem sequer davam-se ao trabalho de semear para a estação seguinte.

Stálin imputou essa resistência não apenas aos *kulaks* capitalistas, mas também ao nacionalismo ucraniano. O Partido Comunista Ucraniano foi expurgado, e em 1933 lançou-se uma campanha de russificação cultural, principalmente em resposta à criação da ditadura nazista na Alemanha, uma vez que o militarismo alemão havia encorajado o nacionalismo ucraniano durante a Primeira Guerra Mundial e Stálin temia uma repetição da história. Contudo, essas medidas coincidiram com a redução das detenções e das requisições compulsórias, além da realização de progressivos esforços humanitários de alívio da fome por parte do regime soviético. Em essência, a fome alcançara seu principal objetivo, despedaçando a determinação dos camponeses independentes. Em 1936, mais de 90% das famílias camponesas haviam sido coletivizadas. Um quarto de milhão de fazendas coletivas substituíram 25 milhões de pequenas propriedades rurais privadas. Elas asseguraram o suprimento de comida para as cidades industriais, para as quais nada menos que 25 milhões de pessoas se mudaram entre 1926 e 1939. Ao fim e ao cabo, portanto, a fome, ainda que sem dúvida tenha sido criada deliberadamente, não teve como alvo os ucranianos por serem ucranianos, tampouco tentou matá-los a todos sem exceção.

O que motivou desde o início os assassinatos em massa perpetrados pelos nazistas foi uma ideologia racista que tinha na alça de mira vítimas definidas por etnia. Esses grupos incluíam não apenas os judeus mas também os eslavos. Nas partes ocidentais da Polônia, ocupadas por alemães a partir de setembro de 1939, critérios raciais mostraram-se decisivos para a formulação da diretriz política nazista. Assim, embora as propriedades polonesas e judaicas tenham sido confiscadas sem indenização, não foram nacionalizadas; em vez disso, eram redistribuídas a donos alemães sem um sistema econômico capitalista duradouro. Somente as partes ocidentais da República Polonesa foram incorporadas ao Reich alemão; os poloneses e os judeus que lá viviam foram levados para a área a eles reservada, o chamado Governo-Geral, administrado pelo jurista nazista Hans Frank. No longo prazo havia a intenção de germanizar também o Governo-Geral, e aqui também as autoridades começaram a expulsar e expropriar poloneses e a trazer colonos alemães étnicos para iniciar o cultivo agrícola e criar comunidades alemãs em pequenas cidades. Mais de 1 milhão de trabalhadores braçais poloneses foram deportados para a Alemanha, mas por razões puramente econômicas, e não políticas.

Essas transferências de população só podem ser plenamente compreendidas, e o mesmo vale para aquelas realizadas no território soviético ocupado após junho de 1941, no contexto dos ambiciosos planos de longo alcance do regime nazista para o reordenamento étnico do Leste Europeu, desenvolvido sobretudo pelo chefe da SS, Heinrich Himmler, em sua função de Comissário do Reich para o Fortalecimento da Raça Alemã. Meio milhão de alemães étnicos do leste da Polônia, da Romênia, da União Soviética e de outras partes do Leste Europeu foram levados como colonos para a Polônia ocupada pelos nazistas, tomando o lugar de mais ou menos o mesmo número de agricultores poloneses desapropriados e banidos. Esse processo já vinha em curso havia alguns meses, quando a SS e seus especialistas em planejamento começaram a desenvolver, em

1940, o chamado Plano Geral para o Leste. Em sua forma final o *Generalplan Ost* previa que até 85% da população polonesa, 64% dos ucranianos e 75% dos bielorrussos, além de 85% dos estonianos e 50% dos lituanos e dos letões, morreriam de fome e doenças, deliberadamente privados de medicação e comida. Entre 30 milhões e 45 milhões de eslavos dessas áreas e da própria Rússia perderiam a vida, de acordo com o plano, em poucos anos. A área em que eles viviam seria povoada por milhões de agricultores alemães. A fronteira oriental do Grande Reich Alemão seria estendida em cerca de 1.000 quilômetros a leste. Se esse plano tivesse se tornado realidade, entraria para a história como o maior genocídio de todos os tempos. Por assim dizer, o início foi quando 3,3 milhões de prisioneiros de guerra soviéticos foram assassinados, na maioria abandonados à própria sorte, vítimas de morte provocada por fome, juntamente com outros milhões de civis soviéticos – 1 milhão apenas na cidade de São Petersburgo, chamada pelos soviéticos de Leningrado, sitiada pelos alemães em um bloqueio que durou por quase três anos, intencionalmente evitando os custos em homens, armas, munição e outros materiais bélicos que uma invasão irrestrita e em escala total lhes teria ocasionado.

O Plano Geral para o Leste deveu sua existência à ambição de Hitler – que o *Führer* alimentava havia muito tempo – de criar um "espaço vital", ou *Lebensraum*, no Leste Europeu. Seu propósito era principalmente evitar o destino da Alemanha na Primeira Guerra Mundial, quando 600 mil alemães tinham morrido de fome e doenças associadas devido ao bloqueio pelos Aliados e à incapacidade da agricultura alemã de alimentar a população do país sem importar suprimentos de comida. Havia de fato uma estreita conexão entre esse planejamento geral para uma área alemã de dominação e povoamento no Leste Europeu e o mais específico "Plano de Fome" que foi discutido em maio de 1941 em uma reunião entre representantes das Forças Armadas e secretários de Estado de vários ministérios governamentais. De acordo com as atas da reunião, para que as tropas alemãs no campo de batalha e a população civil na Alemanha continuassem bem alimentadas, "incontáveis milhões" de pessoas nos territórios ocupados do leste teriam de morrer de fome.

O extermínio dos judeus europeus pelo regime nazista deve, creio, ser compreendido nesse contexto mais amplo de reorganização racial e genocídio. Ao mesmo tempo, porém, seria equivocado reduzi-lo a apenas mais uma faceta desse processo mais amplo. Os judeus da Polônia e do Leste Europeu em geral eram extraordinariamente pobres, com poucas propriedades, poucos recursos e bens, e na maioria residiam em cidades pequenas. As vantagens econômicas que a detenção, encarceramento em guetos e por fim assassinato de judeus trouxeram ao Reich Alemão foram minúsculas. As propriedades rurais destinadas à ocupação de colonos alemães pertenciam quase que exclusivamente a não judeus. Entre os milhões de pessoas que o Plano Geral para o Leste previa matar ou deixar que morressem de fome e doenças incluíam-se judeus, mas em sua esmagadora maioria eram eslavos. De fato, representantes das Forças Armadas alemãs e burocratas do Ministério da Agricultura justificavam a matança de judeus com base no argumento de que eles consumiam comida sem nada produzir para a economia de guerra, portanto eram "comedores inúteis", para citar uma expressão usada com frequência. Nos lugares onde os judeus foram colocados para trabalhar a serviço da economia de guerra alemã, como no caso do Gueto de Łódź, puderam continuar vivendo. Mas, uma vez que as condições nas quais os nazistas os forçavam a trabalhar eram deliberadamente precárias, uma outra expressão entrou no jargão burocrático ao mesmo tempo: "extermínio por meio do trabalho". No fim, as justificativas para o assassinato em massa de judeus em termos da situação do abastecimento de comida ou dos interesses econômicos do Reich não refletiu a razão central para o massacre, embora seja possível que o programa de extermínio tenha sido acelerado no final da primavera e no início do verão de 1942 em decorrência de uma crise nos suprimentos de comida para a Alemanha e suas forças de ocupação. Mesmo que tenha sido o caso, ainda precisa ser explicado por que os nazistas sempre colocaram os judeus do Leste Europeu no ponto mais baixo da pilha quando estabeleciam cotas para racionamento, regras e regulamentos para o trabalho e muito mais: abaixo dos russos, abaixo dos tchecos, abaixo dos ucranianos, abaixo dos poloneses e abaixo até dos ciganos.

A propaganda e a ideologia nazistas consideravam e retratavam o "judeu", *Judentum*, o coletivo de judeus, em termos bastante diferentes daqueles que usavam para representar a "condição dos eslavos", *Slaventum*. Eslavos, poloneses, tchecos, russos e assim por diante eram subumanos retratados como primitivos, atrasados, passivos e estúpidos, e não representavam ameaça à Alemanha a menos que fossem comandados por judeus mais espertos e cruéis.

Em si, os eslavos eram descartáveis, mas não colocavam em perigo a existência da Alemanha e da raça alemã. Mesmo na fase final da guerra, quando a propaganda nazista concentrou-se em instilar nos alemães comuns o temor da "ameaça bolchevique", ela consistentemente retratava o bolchevismo e o stalinismo como ferramentas de uma conspiração judaica internacional. Em última instância, os eslavos eram um obstáculo regional à ampliação do império alemão na Europa; os judeus eram uma ameaça de âmbito mundial à própria existência dos alemães. "O judeu", como a máquina de propaganda de Goebbels jamais se cansava de afirmar, era, ao contrário do "russo" ou do "polonês", nada menos que o "inimigo do mundo", o *Weltfeind*.

Aqui, como em outras áreas, os propagandistas e os ideólogos valeram-se da experiência da Primeira Guerra Mundial, ou, antes, de sua paranoica compreensão da derrota alemã. Tratava-se da infame lenda da "punhalada pelas costas", de acordo com a qual em 1918 os judeus da Alemanha haviam explorado a insatisfação popular com as miseráveis condições em que o país estava mergulhado, vivendo em meio a um surto desenfreado de fome e doenças, a escassez de comida alcançando níveis insuportáveis, a fim de fomentar uma revolução socialista, que então derrotou de dentro para fora as até então imbatíveis Forças Armadas. A bem da verdade, em sua maioria os judeus alemães nada tinham de revolucionários, mas eram, sim, nacionalistas liberais e conservadores, bem integrados à sociedade alemã, e que apoiavam totalmente o esforço de guerra.

No entanto, entre janeiro e setembro de 1939, os alemães foram bombardeados pela constante propaganda antissemita de todos os órgãos da mídia controlada pelos nazistas, enquanto de forma inexorável o regime expulsava os judeus da economia e da sociedade alemãs por meio de uma longa série de leis e regras discriminatórias, expropriações e agressões. O objetivo era preparar a Alemanha para uma nova guerra europeia reduzindo ao máximo possível a suposta ameaça potencial judaica dentro do país. Cerca de metade da pequena população judaica que residia na Alemanha havia deixado o país quando a guerra começou. Com a invasão da Polônia, porém, pela primeira vez os soldados alemães viram-se frente a frente com uma população judaica pobre e humilhada em larga escala. Na Polônia vivia meio milhão de judeus; quase todos eles eram praticantes do judaísmo, falavam iídiche, vestiam-se de maneira diferente de seus vizinhos poloneses e, em conjunto, como muitas cartas enviadas por soldados alemães faziam questão de anotar, pareciam caricaturas tiradas do jornal antissemita *Der Stürmer*.

Soldados e oficiais nazistas, milícias de alemães étnicos e, sobretudo, membros das forças-tarefa da SS enviadas Polônia adentro para providenciar "segurança" agrediam os poloneses, que eram presos, tinham suas terras confiscadas, sofriam ataques, eram deportados em caminhões de gado sem aquecimento, confinados em campos de concentração, espancados até a morte, fuzilados e em geral maltratados como seres inferiores a humanos, exatamente como os nazistas fizeram mais tarde com os habitantes das outras áreas da Europa Oriental por eles conquistadas. Mas seu comportamento com relação aos judeus que encontravam tinha um diferencial, uma nota extra de sadismo: soldados paravam os judeus nas ruas, puxavam sua barba e lhe ateavam fogo, obrigavam-nos a lambuzar-se uns aos outros com excremento, reuniam judeus em praça pública e os forçavam a realizar exercícios físicos sob a mira de uma arma até caírem de exaustão; coagiam as meninas judias a usar a própria blusa para limpar as latrinas de banheiros públicos, submetiam todos eles a rituais de humilhação e à sádica degradação pública de uma forma que não faziam com os poloneses e outros eslavos.

Esse comportamento sádico com relação aos judeus também era evidente nos dois outros Estados europeus que participaram do genocídio em larga medida, senão totalmente, por sua própria iniciativa, a saber a Croácia e a Romênia. Estima-se que por volta de 380 mil judeus tenham sido mortos por forças romenas durante a guerra, em circunstâncias que até a SS alemã descreveu em termos desaprovadores como "sádicas"; por exemplo, inúmeros judeus eram deliberadamente confinados em cercados numa fazenda de criação de porcos, enquanto os fascistas romenos, a Guarda de Ferro, submetiam outros deles a todas as etapas do processo de matança em um matadouro estatal, terminando por pendurar seus corpos em ganchos de carne. Na Croácia, Estado fantoche da Alemanha, 30 mil judeus de uma população total de 45 mil foram mortos pela milícia Ustasha* – que agia sob ordens do governo –, muitos deles

---

* O Ustasha (também conhecido como Ustaše) foi um partido nacionalista de extrema direita fundado em 1929 que assumiu o poder do Estado Independente da Croácia em abril de 1941, durante a Segunda Guerra Mundial (a Croácia foi um Estado fantoche criado pelos nazistas após invadirem a Iugoslávia). O Ustaše esteve à frente da Croácia até 1945 e, nesse período, espalhou o terror pelo país, matando indiscriminadamente sérvios, judeus e ciganos. (N. T.)

espancados até a morte com martelos e barras de ferro ou encarcerados em campos de concentração, onde eram propositadamente infectados com doenças e abandonados para morrer de desnutrição.

Na Croácia, padres católicos e especialmente frades franciscanos instigavam a milícia a matar os infiéis, ao passo que na Romênia o chefe de Estado, o marechal Ion Antonescu, justificou os assassinatos de judeus definindo-os como "criaturas de Satanás". No entanto, o uso de argumentos religiosos, totalmente ausentes do antissemitismo nazista, não significa que estejamos lidando aqui com duas variedades essencialmente distintas de antissemitismo, o religioso e o racial. A despeito de toda a sua retórica religiosa, o antissemitismo de Antonescu era de fato fundamentalmente racista, considerando os judeus de todos os tipos como a força por trás do comunismo, definindo os judeus para fins legislativos em termos raciais e proclamando a necessidade de livrar a Romênia de seus judeus de modo a alcançar a limpeza *racial* da sociedade. A diferença está no fato de que para Antonescu os judeus eram um problema local ou no máximo regional, não o inimigo mundial, por isso ele expulsou muitos milhares de judeus através da fronteira para a Ucrânia simplesmente para se ver livre deles e empurrar adiante a purificação racial da Romênia. Não era propósito do regime de Antonescu perseguir e encontrar os judeus onde quer que fossem encontrados.

Analogamente, na Croácia, era objetivo do regime fascista Ustasha purificar o país das minorias raciais, de modo que os croatas fossem seus únicos habitantes: 300 mil sérvios e muitos milhares de ciganos (os últimos na Romênia também) foram assassinados juntamente com os judeus. Tanto na Croácia como na Romênia, portanto, o genocídio foi dirigido para dentro. Ambos os regimes acreditavam na fantasia de uma conspiração mundial de judeus usando a ferramenta do comunismo internacional, mas nem um nem outro foram tão longe ao ponto de afirmar que o principal propósito dessa conspiração era a destruição da Croácia ou da Romênia. Na análise final, ambos os antissemitismos eram um aspecto de uma forma mais ampla, virulenta e extrema de nacionalismo populista e autoritário, em que as minorias de toda espécie deveriam ser destruídas.

Para os nazistas, em contraste, o extermínio dos judeus tinha importância central. Estava estreitamente associado aos objetivos irrestritos de guerra do

Terceiro Reich. Hitler acreditava que seria somente por meio da destruição universal do "inimigo do mundo", os judeus, que a Alemanha poderia obter o domínio sobre a Europa e, no longo prazo, a superioridade *vis-à-vis* o mundo inteiro. A Romênia e a Croácia eram, claro, potências apenas regionais, e não estavam em posição de lançar uma guerra pela dominação da Europa. Uma parte substancial da singularidade do genocídio nazista dos judeus derivava do fato de que a Alemanha tinha sido potência mundial ascendente antes da Primeira Guerra Mundial, e passara por uma crise tão profunda e abrangente em seu sistema político, sua sociedade, sua economia e sua cultura – como resultado da derrota em 1918 – que um número significativo de alemães acreditava que a única resposta à pergunta de como a Alemanha poderia erguer-se novamente de modo a tornar-se potência mundial era apocalíptica. Uma crise extrema exigia medidas extremas para solucioná-la. Essas pessoas sempre foram minoria, mas em 1933 chegaram ao poder, e em 1939 estavam começando a pôr em prática as suas ideias.

Assim, as recentes tentativas reducionistas de alguns historiadores de retratar o que os nazistas chamavam de "a Solução Final da Questão Judaica na Europa" em termos de racionalidade econômica relativa à guerra não são capazes de abranger a profundidade e a amplitude do antissemitismo nazista. Não só os judeus foram expropriados, detidos e deportados para campos de extermínio no Leste Europeu a partir de países como França, Bélgica, Holanda, Itália e, pelo menos na intenção, Dinamarca, muito pouco tempo depois de estes terem sido invadidos pela Alemanha nazista; Hitler pressionou seus aliados, como a Hungria, a entregar sua população judaica para o extermínio, e Heinrich Himmler, chefe da SS, chegou inclusive a ir à Finlândia especificamente com a finalidade de pedir ao governo que cedesse sua minúscula e completamente desimportante comunidade judaica para que esta fosse encaminhada para Auschwitz e aniquilada. As minutas da Conferência de Wannsee, realizada no início de 1942 com o propósito de coordenar as medidas para o massacre dos judeus da Europa, também listavam outras comunidades judaicas insignificantes em países a serem conquistados pela Alemanha, como Irlanda ou Islândia, marcando-as também para posterior extermínio.

Essa obsessão, esse desejo de ser completamente abrangente e não abrir exceções em parte alguma, é um fator que distingue a guerra racial empreendida pelos nazistas de todas as outras guerras raciais da história. Houve, por óbvio, diversos conflitos raciais na Europa e em outras partes do mundo antes e depois da Segunda Guerra Mundial. Alguns deles foram corretamente chamados de genocidas. Um, em particular, foi escolhido como aquele que abriu um precedente e talvez um impulso para o Holocausto: o extermínio dos hereros na colônia alemã do Sudoeste Africano, atual Namíbia, em 1905-06. Após uma rebelião dos hereros, uma força militar alemã chegou com a autoproclamada intenção oficial de exterminar a tribo, cujo povo foi fuzilado, conduzido ao deserto para morrer de fome ou encarcerado em condições homicidas e brutais em campos de concentração. Dos 80 mil hereros, 65 mil morreram. Os hereros, como outro grupo vítima da violência genocida das tropas alemãs, os namas, eram vistos pelos alemães como seres racialmente inferiores, a serem varridos do mapa para dar lugar para a colonização alemã. Se havia um paralelo com a política racial nazista, era um paralelo com a política racial nazista em relação aos eslavos, não com a política racial nazista relacionada aos judeus. Nesse sentido, a guerra racial alemã no Leste Europeu de 1939 a 1945 foi também uma guerra colonial. Hitler, de fato, em seus monólogos à mesa do almoço e do jantar, amiúde traçava paralelos entre a aniquilação de milhões de eslavos prevista no Plano Geral para o Leste e a aniquilação da população nativa por colonos europeus na Austrália ou na América do Norte. O extermínio dos judeus, contudo, não pode ser compreendido dessa maneira.

Para Hitler, a Segunda Guerra Mundial era desde o início uma guerra racial, conforme ele enfatizou já em agosto de 1939 em uma conversa com os principais comandantes das Forças Armadas. Ele considerava o aperfeiçoamento eugênico da raça alemã como parte integral dessa guerra, assim como julgava crucial a remoção dos judeus da Alemanha e, em mais longo prazo, da Europa. Foi significativo o fato de que, quando assinou a ordem que deu início aos (planejados havia muito) assassinatos em massa dos deficientes físicos e mentais na Alemanha em outubro de 1939, ele antedatou a ordem como sendo de 1º de setembro de 1939, o primeiro dia da guerra; ainda mais significativo foi o fato de que – como fez em muitas ocasiões ao longo da guerra –, quando Hitler relembrou sua "profecia" pré-guerra de "se o judeu das finanças internacionais dentro e fora da Europa tiver êxito em precipitar mais uma vez os povos para uma guerra mundial, então o resultado não será a bolchevização do planeta e com ela a vitória do judeu, mas a aniquilação da raça judaica na Europa", ele a datou incorretamente, não como de 30 de janeiro de 1939, dia em que de fato proferiu a profecia, quando do aniversário de sua nomeação como Chanceler do Reich, mas como de 1º de setembro de 1939, o dia em que a guerra começou. Para Hitler, em outras palavras, a introdução de medidas radicais para a renovação racial da Alemanha, da Europa e do mundo se iniciou no mesmo dia da deflagração de uma nova guerra mundial.

Para os nazistas, um aspecto fundamental de travar a guerra era o fortalecimento da chamada raça ariana e a eliminação não apenas dos deficientes mentais e físicos, mas também dos supostos "associais" e criminosos, a bem da verdade de todos os indivíduos que fossem classificados como "marginais à comunidade nacional". A esmagadora maioria das 16 mil ou mais sentenças de morte emitidas durante o Terceiro Reich foram proferidas no decorrer dos anos de guerra. De setembro de 1942 em diante, mais de 20 mil detentos de presídios estatais encarcerados como criminosos de pequenos delitos reincidentes de acordo com cláusulas legais estabelecidas anteriormente para o "confinamento de segurança" foram retirados da prisão e enviados para o campo de concentração de Mauthausen, onde estiveram submetidos à "aniquilação por meio do trabalho"; ao término da guerra, mais de um terço deles havia morrido. A ideologia nazista classificava a criminalidade como feição hereditariamente determinada, de modo que até os criminosos de pequenos delitos ameaçavam causar a degeneração racial caso fossem deixados vivos.

Essa convicção estendia-se também aos ciganos da Alemanha e da Europa, que foram detidos aos milhares e levados para campos de concentração ou terminaram nas câmaras de gás de Auschwitz. Era significativo que, no sistema de classificação aplicado pela SS aos prisioneiros dos campos de concentração, os ciganos fossem maciçamente registrados como "associais" e obrigados a usar o triângulo preto reservado aos mendigos, andarilhos, alcoólatras e outros que se desviavam das normas comportamentais do nazismo. Mais de 20 mil deles morreram somente em Auschwitz, três quartos dos quais de doença e desnutrição. As forças-tarefa da SS mataram milhares de ciganos em várias partes do Leste Europeu, o Exército alemão matou a tiros muitos mais na Sérvia, e as autoridades croatas e romenas encarceraram um sem-número deles em campos de concentração, ou os fuzilaram em execuções em massa. Aqui também os ciganos eram considerados essencialmente criminosos ou, como na Sérvia, ferramentas dos judeus em movimentos *partisans* e de resistência. A matança dos ciganos, contudo, foi bem menos sistemática do que a dos judeus. Muitos sobreviveram, particularmente os que trabalhavam em atividades relacionadas à guerra. Entre 5 mil e 15 mil permaneceram na Alemanha até o fim da guerra, embora 2.500 deles tenham sido esterilizados à força.

Matar ciganos era uma tarefa urgente a que os nazistas se lançaram ao pensar em vencer a guerra. Ainda mais urgente, todavia, era a aniquilação dos judeus. Imediatamente após a invasão da União Soviética em 22 de junho de 1941, Hitler, Goebbels e todo o aparato de propaganda nazista implementaram uma intensa campanha antissemita que retratava Churchill, Stálin e Roosevelt como ferramentas do judeu internacional, engajados em uma conspiração mundial para destruir a raça alemã. Tendo durado até o fim da guerra, essa ofensiva de propaganda criou um clima genocida em que nazistas de muitos níveis diferentes de hierarquia, particularmente na SS, encorajados pessoalmente por Himmler e seu vice Reinhard Heydrich, competiam entre si nos assassinatos em massa dos judeus do Leste Europeu.

Ao mesmo tempo, porém, estava claro também que o que Hitler chamou de "aniquilação da raça judaica na Europa" seria de fato um programa pan-europeu de assassinatos. Já em setembro de 1941, o Departamento Geral de Segurança do Reich, quartel-general de Himmler, percebeu que esse intento não poderia ser alcançado por meio dos fuzilamentos em massa do tipo que já vinha sendo implementado pelas forças-tarefa da SS atrás da Frente Oriental. Os especialistas técnicos da chamada Ação T-4, a morte por intoxicação por gás de milhares de pacientes de hospitais psiquiátricos, agora estavam disponíveis para prestar consultoria prática, uma vez que a primeira fase da ação, em que 70 mil deficientes físicos e doentes mentais tinham sido assassinados, fora encerrada após um protesto público do bispo de Münster. Seria equivocado ver um vínculo causal aqui; se a Ação T-4 tivesse de fato continuado nas câmaras de gás dos hospitais para doentes mentais alemães em vez do que de fato aconteceu, a saber sua continuação de maneira bem menos patente, por meio de injeções letais e da morte de pacientes provocada por fome, isso certamente não teria evitado o uso de intoxicação por gás em larga escala no assassinato dos judeus.

No fim de dezembro de 1941, todas as quatro forças-tarefa da SS atrás da Frente Oriental contavam com uma câmara de gás móvel, em que pequenos grupos de homens, mulheres e crianças judeus eram eliminados em caminhões de transporte, trancados em caçambas seladas que recebiam monóxido de carbono do escapamento. Em março, maio e julho de 1942, respectivamente, os três campos de extermínio da chamada Ação Reinhard, que obviamente foi elaborada com antecedência ao longo de vários meses, teve início a matança em massa dos habitantes judeus dos guetos criados pelos nazistas em Varsóvia, Łódź e outras cidades polonesas, por meio do bombeamento de fumaça de escapamento em salas trancadas. De março de 1942 em diante o maior dos campos de extermínio, em Auschwitz-Birkenau, também entrou em operação, usando o Zyklon-B, gás desinfetante tóxico à base de cianeto, para matar ao todo mais de 1 milhão de judeus não apenas do Leste Europeu mas também das áreas oeste e sudeste do continente.

Gases venenosos já tinham sido usados como arma de guerra em conflitos internacionais: pelos dois lados na Primeira Guerra Mundial, pelos espanhóis para sufocar uma rebelião no Marrocos Espanhol e pelos italianos na conquista da Etiópia. Mas todos esses exemplos envolveram o uso de gás tóxico contra combatentes ativos. Na Alemanha, bem como na Inglaterra, o temor do governo de que bombas de gás fossem despejadas sobre as cidades mais importantes em raides aéreos era tão grande que milhões de máscaras de gás foram fabricadas e distribuídas para a população. Mas esses raides jamais foram realizados, provavelmente porque ambos os lados receavam o agravamento do conflito que isso acarretaria. Não havia paralelo, portanto, com o uso de gás venenoso de que os nazistas lançaram mão para matar civis judeus não combatentes.

Ao mesmo tempo, no entanto, não seria correto reduzir a singularidade do extermínio nazista dos judeus ao mero fator técnico do uso de gás tóxico para levá-lo a cabo. Os campos de extermínio foram apenas um instrumento de um programa mais amplo de matança por meio do uso de uma variedade de métodos. Quando a guerra chegou ao fim, os nazistas e seus aliados tinham matado quase 6 milhões de judeus. Nas câmaras de gás morreram 3 milhões; 1,3 milhão foram fuzilados pelas forças-tarefa da SS e de unidades da polícia e do Exército; 700 mil foram assassinados em câmaras de gás móveis, e cerca de 1 milhão como vítimas de morte provocada por fome deliberada, doenças e maus-tratos recebidos nos campos de concentração, nos guetos criados pelos nazistas a partir de fins de 1939 no Leste Europeu, ou em trânsito. Nenhum outro genocídio na história inclui entre seus métodos o uso de gás tóxico em instalações especialmente construídas. No entanto, para identificar o que havia de singular sobre o genocídio dos judeus *em geral, como um todo*, é mais importante especificar por quê, e não como. Suas características peculiares derivavam do fato de que os nazistas consideravam os judeus da Europa e, de fato, do mundo uma ameaça letal e universal à sua existência e à da Alemanha em termos mais gerais, ameaça que deveria ser eliminada de qualquer maneira possível, o mais rápido possível e do modo mais completo possível.

As intoxicações por gás em larga escala, por óbvio, pertenciam sem dúvida à moderna era industrial. Contradiziam o pressuposto, ou a esperança, de que o progresso tecnológico levaria ao aperfeiçoamento moral da sociedade humana. Seria errôneo afirmar, porém, que o uso de métodos técnico-industriais indicava existir nos assassínios nazistas de judeus algo de mecânico, impessoal ou automático que os distinguia como uma forma singularmente moderna ou modernista de genocídio. As ondas de prisões nos guetos, as condições de vida neles e nos campos de trânsito, as terríveis circunstâncias em que as vítimas eram transportadas, a brutalidade da polícia e da SS que os vigiava, tudo isso significava que as tentativas de alguns oficiais da SS de enganar as vítimas eram gestos tíbios que ludibriavam pouquíssimos, conforme simbolizado no relógio da estação ferroviária de Treblinka, com seus ponteiros pintados que jamais se moviam. Os mecanismos de matança eram descomplicados, improvisados, e invariavelmente enguiçavam e quebravam sob a pressão de lidar com o imenso número de vítimas, mesmo em Auschwitz. E a desenfreada violência que os ordenanças da SS e os funcionários dos campos de concentração aplicavam às vítimas a caminho das câmaras de gás certamente apagava em todas elas qualquer dúvida acerca do destino que as aguardava. Nada havia de clínico ou impessoal nos assassinatos nem quanto à motivação dos antissemitas fanáticos como Adolf Eichmann, que os organizavam.

O Holocausto localiza-se no meio de um século que testemunhou uma gama de genocídios em uma variedade de lugares. Em 1916, os chamados Jovens Turcos, nacionalistas que tomaram o poder no Império Otomano depois que este perdera 40% de seu território durante as Guerras dos Bálcãs, lançaram uma campanha de genocídio contra a minoria armênia cristã na Anatólia. Já houvera *pogroms* e massacres, notadamente em 1894-96 e de novo em 1909, mas dessa vez a escala foi muito maior, servindo aos interesses de uma ideologia panturca que considerava que as minorias não turcas eram agentes da potência inimiga, a Rússia, e obstáculos à criação revolucionária de um novo Estado panturco que incluiria áreas à época controladas por outras potências, em especial a Rússia czarista. Armênios foram deportados do leste da Anatólia para o deserto sírio, sendo muitos assassinados ao longo do caminho e muitos mais morrendo de doenças e fome no trajeto ou depois de chegarem. Esquadrões da morte oficialmente patrocinados pelas autoridades foram formados para massacrar armênios, em assassinatos quase sempre acompanhados por horrendas atrocidades. Cerca de 1 milhão de armênios morreram, e entre 1918 e 1923 mais meio milhão perderam a vida, ao todo três quartos de toda a população armênia do Império Otomano.

Da mesma forma que os judeus, os armênios eram especializados em comércio e finanças, e grande proporção deles praticava uma religião diferente da de seus perseguidores. Como os nazistas, os Jovens Turcos tinham como propósito criar um Estado eticamente homogêneo. Como os nazistas, chegaram ao poder por meio de uma revolução violenta. Como os nazistas, alegavam que a minoria a cuja eliminação visavam era agente de uma potência estrangeira – no caso alemão, uma conspiração judaica mundial, liderada pelos Estados Unidos; no caso turco, os russos. Como os nazistas, os Jovens Turcos intentavam invadir outros países a fim de criar um novo e poderoso império. Como na Alemanha, o genocídio ocorreu no meio de uma guerra mundial. Os paralelos não terminavam aí. A extrema direita na República de Weimar, inclusive os nazistas, via com bons olhos a matança dos armênios, a quem se referia como "os judeus da Turquia"; correta ou incorretamente, essa extrema direita via o massacre de modo favorável, como a expressão de um governo militarista e nacionalista bem mais forte e determinado do que a tíbia democracia da República de Weimar, algo a ser traduzido dentro da política alemã e copiado em vez de ser criticado.

Ao mesmo tempo, contudo, havia diferenças significativas. Os armênios estavam geograficamente concentrados no leste da Anatólia, junto à fronteira russa, ao passo que os judeus da Alemanha e da Europa não estavam. Os

Jovens Turcos não acusavam os armênios de fomentar um espírito subversivo e degenerativo entre a maioria da população, crime que os nazistas imputavam aos judeus. Os armênios foram assassinados principalmente por causa das deportações realizadas sob condições mortíferas, não em campos da morte ou em fossas de fuzilamento, embora tenham ocorrido execuções em escala considerável. Tampouco eram vistos como os agentes de uma conspiração mundial para minar a Turquia. De forma análoga, os turcos não tinham intenção alguma de aniquilar armênios que viviam fora da Turquia, ou antes, fora da grande Turquia que eles planejavam. Os judeus, pelo menos na Alemanha, não eram, como às vezes tem sido afirmado em estudos comparativos, uma minoria de baixo *status* e pobre como os armênios, mas, pelo contrário, um grupo bem estabelecido e bem aculturado, do qual muitos membros eram abastados e desempenhavam papel de relevo na vida e na cultura nacionais; em 1941 a religião judaica estava em declínio na Alemanha, e os casamentos inter-raciais entre judeus e protestantes chegavam a cerca de 50% de todos os casamentos de judeus em uma cidade como Hamburgo, por exemplo. A matança dos armênios não era parte de um programa mais amplo de reorganização étnica e limpeza eugênica dirigida como o que os nazistas empreenderam, mas uma campanha nacionalista de limpeza étnica dirigida contra uma minoria religiosa, social e territorial específica, comparável aos posteriores massacres genocidas de judeus e ciganos na Romênia ou de judeus, ciganos e sérvios na Croácia.

Na outra ponta do século, em 1994, após uma breve guerra civil étnica no início da década que terminou em uma frágil paz negociada e intermediada pela Tanzânia, os habitantes da maioria hutu de Ruanda mobilizaram-se para matar todos os membros da minoria tútsi que conseguissem encontrar, munidos de machadinhas, revólveres, granadas e porretes, em uma orgia de violência homicida cara a cara. Ideólogos hutus alegaram que os tútsis eram contrabandistas que os haviam escravizado durante séculos, pastoreadores que não pertenciam a uma sociedade agrícola estabelecida. Durante o massacre, transmissões de rádio incitavam os hutus a "exterminar os tútsis do planeta" e a invadir os países vizinhos para fazê-lo. Em poucas semanas, pelo menos sete de cada dez tútsis foram brutalmente assassinados, com o número total de mortos chegando a pelo menos 800 mil. No entanto, a despeito de toda a sua ideologia e ambição genocidas, também foi um ato de limitação regional.

O que fez do Holocausto um evento único e singular foi, entre outras coisas, o fato de ter sido geográfica e temporalmente ilimitado. A visão nazista do futuro previa um mundo de luta infinita e contínua, de luta pela luta, em que um triunfo levaria somente a um outro conflito ainda maior. A visão suprema de Hitler de um conflito global entre uma Europa comandada pela Alemanha e os Estados Unidos já estava prenunciada em seu *Segundo livro* de 1928. Desde o princípio Hitler já considerava que os judeus dos Estados Unidos eram o inimigo implacável da Alemanha, alertando-os por meio do boicote de 1º de abril de 1933 às lojas de judeus na Alemanha, depois por meio de seu discurso de 30 de janeiro de 1939 e em todas as suas referências posteriores a isso. A conquista nazista da Europa, portanto, provavelmente teria sido o trampolim para uma guerra contra os Estados Unidos, em que a vitória nazista também teria levado ao extermínio dos judeus.

Jamais houve a menor possibilidade de isso acontecer. Mas o *status* de "judeu do mundo", *Weltjudentum*, na ideologia nazista não tinha paralelos, digamos, nos conceitos dos Jovens Turcos acerca dos armênios, nas concepções dos hutus com relação aos tútsis. O Holocausto foi um genocídio entre muitos, e cada genocídio foi diferente. O extermínio dos nativos americanos ou dos aborígines australianos não foi menos genocídio simplesmente por ter sido levado a cabo em grande medida por meio de doenças. A ideologia é crucial aqui. As "marchas da morte" que partiram dos campos de concentração nazistas em face do avanço do Exército Vermelho, na terrível fase final da existência dos campos, mataram mais da metade dos 715 mil prisioneiros confinados neles no início de 1945. A vasta maioria desses prisioneiros não era de judeus, mas isso não significa que as marchas da morte não fossem genocidas: a SS considerava todos os judeus racialmente inferiores e os fuzilou, queimou, deixou que morressem de fome ou de doenças, ao contrário das dezenas de milhares de britânicos e outros prisioneiros de guerra evacuados de seus campos ao mesmo tempo que não foram sujeitos a tal tratamento.

Se o Holocausto foi um genocídio entre muitos, teve características graças às quais se distinguiu dos demais. Ao contrário de todos os outros, não foi limitado nem pelo espaço nem pelo tempo. Foi dirigido não contra um obstáculo local ou regional, mas contra um inimigo mundial visto como uma ameaça que operava em escala global. Estava vinculado a um plano ainda mais amplo de reorganização e reconstrução racial envolvendo novas matanças genocidas em escala quase inimaginável, visando, contudo, a limpar o caminho em uma região particular – o Leste Europeu – para uma luta adicional e mais ferrenha contra os judeus e aqueles que os nazistas consideravam fantoches judaicos. O Holocausto foi desencadeado por ideólogos que viam toda a história mundial em termos raciais. Todas essas coisas fazem dele um evento único e singular.

Mas a singularidade do Holocausto nesse sentido não significa que não possamos aprender com ele, embora desde 1945 venha sendo retumbante o nosso fracasso em fazê-lo. Podemos olhar para o nacionalismo extremista e as ideologias racistas e constatar, a partir da experiência do Holocausto, quando é que dão a impressão de que vão descambar para o genocídio e os assassinatos em massa, e nesse ponto intervir para que não avancem nessa direção. A jurisdição criminal internacional formulada em Nuremberg não foi criada para lidar com o Holocausto, mas à medida que se tornar mais forte pode representar um obstáculo cada vez mais poderoso a eclosões de violência genocida, especialmente onde sejam patrocinadas ou endossadas pelo Estado, mundo afora. As sociedades humanas têm uma habilidade duradoura, ao que parece, de gerar ódios étnicos, mas os meios para impedir que se agravem até ganhar a configuração de genocídios tornaram-se mais efetivos no século XXI, acima de tudo por causa da recuperação da memória cultural do Holocausto na última década do século XX.

NOTA

Este ensaio originou-se de uma palestra proferida (em alemão) na embaixada francesa em Berlim, no início de uma conferência internacional sobre o uso de gás venenoso como meio de realizar assassinatos em massa em campos de prisioneiros nazistas; uma vez que se tratava de um texto de palestra, não tinha notas de rodapé. Para esta versão revisada, aqui publicada pela primeira vez em língua inglesa, talvez seja útil acrescentar uma breve discussão da literatura acerca dos vários tópicos abordados.

Um bom ponto de partida é a coletânea de ensaios editados por Alan S. Rosenbaum, *Is the Holocaust Unique: Perspectives on Comparative Genocide* [O Holocausto é singular? Perspectivas sobre o genocídio comparativo] (3ª edição, Boulder, Colorado, 2009), prejudicada, no entanto, pelo excessivo moralismo e, em algumas partes, por mistificação (incluindo o argumento de que é sacrílega ou imoral a própria ideia de estabelecer uma comparação). Entre as contribuições mais convincentes estão Vahakn N. Dadrian, "The Comparative Aspects of the Armenian and Jewish Cases of Genocide: A Sociohistorical Perspective" [Os aspectos comparativos dos casos de genocídio de armênios e judeus: Uma perspectiva sócio-histórica], pp. 139-74, Barbara B. Green, "Stalinist Terror and the Question of Genocide: The Great Famine" [Terror stalinista e a questão do genocídio: A grande fome], pp. 175-200, e Scott Straus, "The Promise and Limits of Comparison: The Holocaust and the 1994 Genocide in Rwanda" [A promessa e os limites de comparação: O Holocausto e o genocídio de 1994 em Ruanda], pp. 245-57. Para uma introdução geral útil, ver Dan Stone, *Histories of the Holocaust* [Histórias do Holocausto] (Oxford, 2010), pp. 206-44, que levanta algumas das questões centrais dos modernos estudos de genocídio em relação ao extermínio nazista dos judeus e os vincula a recentes estudos de assassinatos em massa coloniais, particularmente dos hereros e, de uma maneira diferente, dos nativos americanos.

Sobre os assassinatos em massa cometidos na Polônia sob Stálin, ver Jan T. Gross, *Revolution from Abroad: The Soviet Conquest of Poland's Western Ukraine and Western Belorussia* [Revolução desde o estrangeiro: A conquista soviética da Ucrânia ocidental e da Bielorrússia ocidental tomadas da Polônia] (Princeton, NJ, 1988), e, para uma boa comparação com as políticas nazistas na parte da Polônia ocupada por eles, Mark Mazower, *Hitler's Empire*** (Londres, 2008), pp. 96-101. O volume de Richard J. Evans *The Third Reich in War*** (Londres, 2008), pp. 3-47, abrange a parte do país ocupada pela Alemanha e fornece mais referências. O clássico *The Great Terror* [O grande terror], de Robert Conquest (Londres, 1968), é o ponto de partida indispensável para uma reflexão mais ampla sobre os assassinatos em massa comandados por Stálin. O caso das transferências de população e dos assassinatos em massa stalinistas tratados como genocídio é discutido em Steven Rosefielde, *Red Holocaust* [Holocausto vermelho] (Londres, 2009) e Norman Naimark, *Stalin's Genocides* [Os genocídios de Stálin] (Princeton, 2010). Sobre a fome ucraniana, Robert

---

* Edição brasileira: *O império de Hitler. A Europa sob o domínio nazista*. (N.T.)
** Edição brasileira: *O Terceiro Reich em guerra – Como os nazistas conduziram a Alemanha da conquista ao desastre – 1939-1945*. (N.T.)

Conquest, *Harvest of Sorrow* [Colheita do sofrimento] (Londres, 1986), continua a ser o relato clássico. Stephen G. Wheatcroft, "The Scale and Nature of Stalinist Repression and Its Demographic Significance" [A escala e a natureza da repressão stalinista e seu significado demográfico], *Europe-Asia* 52 (2000), pp. 1143-59, e idem, "Towards Explaining the Soviet Famine of 1931-33" [Para uma explicação da fome soviética de 1931-33], *Food and Foodways* 12 (2004), pp. 107-36, fornecem algumas evidências concretas de números; no entanto, ver também Robert Conquest, "Comment on Wheatcroft" [Comentário sobre Wheatcroft], *Europe-Asia Studies* 51 (1999), pp. 1479-83. A melhor maneira de acompanhar o debate quase sempre cáustico sobre as comemorações em torno do período de fome, tanto na Ucrânia quanto em outros lugares (especialmente no Canadá), é acessando artigos sobre o *Holodomor* na internet, que fornecem resumos de matérias jornalísticas e polêmicas originalmente publicadas em ucraniano e também em inglês.

O Plano Geral para o Leste dos nazistas é delineado e discutido em Götz Aly e Susanne Heim, *Architects of Annihilation* [Arquitetos da aniquilação] (Princeton, 2003), pp. 234-82, e os planos alemães de reassentamento são analisados no clássico de Robert K. Koehl, *RKFDV: German Resettlement and Population Policy 1939-1945* [Reassentamento e política populacional alemães 1939-1945] (Cambridge, MA, 1957). O tratamento nazista dos poloneses e as muitas atrocidades cometidas durante e após a invasão são tema de *Hitler Strikes Poland* [Hitler ataca a Polônia] (Lawrence, KS, 2003), de Alexander Rossino. O clássico estudo da "Solução Final da Questão Judaica na Europa" é *The Years of Extermination: The Third Reich and the Jews 1939-1945* [Os anos de extermínio: O Terceiro Reich e os judeus 1939-1945], de Saul Friedländer (Nova York, 2007); os detalhes das atrocidades antissemitas podem ser encontrados em Ernst Klee *et al.* (eds.), "Those Were the Days": The Holocaust as Seen by the Perpetrators and Bystanders" [Aqueles foram os dias: O Holocausto visto pelos criminosos e pelos espectadores] (Londres, 1991); a propaganda antissemita é examinada por Jeffrey Herf em *The Jewish Enemy* [O inimigo judeu] (Londres, 2006).

Os genocídios subsidiários dos judeus na Croácia e na Romênia, facilitados pela conquista alemã do Leste Europeu mas com sua própria dinâmica autônoma, são descritos por Jozo Tomasevich em *War and Revolution in Yugoslavia 1941-1945* [Guerra e revolução na Iugoslávia 1941-1945 (Stanford, CA, 2001); Edmond Paris, *Genocide in Satellite Croatia 1941-1945* [Genocídio no satélite Croácia 1941-1945] (Chicago, 1961), e no excelente *Hitler's Forgotten Ally: Ion Antonescu and His Regime: Romania 1940-44* [O aliado esquecido de Hitler: Ion Antonescu e seu regime: Romênia 1940-44 (Londres, 2006).

O argumento de que o extermínio nazista dos judeus foi impulsionado por considerações econômicas é aventado em *Hitler's Beneficiaries: Plunder, Racial War, and the Nazi Welfare State* [Os beneficiários de Hitler: Pilhagem, guerra racial e estado de bem-estar social nazista], de Götz Aly (Nova York, 2007), discutido com mais detalhes no capítulo 8 do presente volume.

O extermínio da tribo herero na África do Sudoeste Alemã em 1905-06 foi trazido à luz no primeiro, e ainda o melhor, tratamento dado ao tema, por Helmut Bley em *South-West Africa under German Rule 1894-1914* [*O Sudoeste Africano sob o jugo alemão 1894-1914*] (1968). Jürgen Zimmerer, "Annihilation in Africa" [Aniquilação na África], *Bulletin of the German Historical Institute London* 37 (2005), pp. 51-7, e Benjamin Madley, "From Africa to Auschwitz" [Da África a Auschwitz], *European History Quarterly* 35 (2005), pp. 429-64, argumentam no sentido de um vínculo direto com o extermínio nazista dos judeus; Robert Gerwarth, em "Hannah Arendt's Ghosts" [Fantasmas de Hannah Arendt], *Central European History* 42 (2009), pp. 279-300, apresenta bons argumentos no sentido oposto.

Para o assassinato nazista dos (supostamente) enfermos e portadores de deficiência mental, ver Henry Friedlander, *The Origins of Nazi Genocide* [As origens do genocídio nazista] (Chapel Hill, NC, 1995). Para o de presidiários reincidentes, Nikolaus Wachsmann, *Hitler's Prisons* [Presídios de Hitler] (Londres, 2004), pp. 284-318. A aniquilação dos ciganos é analisada de forma abrangente em *The Nazi Persecution of the Gypsies* [A perseguição nazista dos ciganos], de Guenter Lewy (Nova York, 2000). Não existe um bom estudo da perseguição nazista aos homossexuais.

A pesquisa mais atualizada sobre o extermínio em massa por meio do uso de gás venenoso infelizmente está disponível apenas em alemão, no volume em que o presente ensaio foi originalmente publicado: Günter Morsch e Bertrand Perz (eds.), *Neue Studien zu nationalsozialistischen Massentötungen durch Giftgas* (Berlim, 2011). A mais útil fonte de informação em língua inglesa é o admirável Projeto Nizkor (acessível no *site* do projeto, <www.nizkor.org>). As "marchas da morte" realizadas durante a evacuação dos campos são apresentadas de forma persuasiva como genocidas em *The Death Marches* [As marchas da morte], de Daniel Blatman (Cambridge, MA, 2011).

Muitas obras recentes situam o extermínio nazista dos judeus no contexto mais amplo dos genocídios do século XX. Entre as mais úteis estão Donald Bloxham e Dirk Moses (eds.), *The Oxford Handbook of Genocide Studies* [Manual de Oxford dos estudos de genocídios] (Oxford, 2010); e Dan Stone (ed.), *The Historiography of Genocide* [A historiografia do genocídio] (Londres, 2008). *A Century of Genocide* [Um século de genocídio], de Eric D. Weitz (Princeton, NJ, 2003), é uma introdução sólida. *The Final Solution: A Genocide*, de Donald Bloxham (Oxford University Press, 2009) é representativo dessa tendência geral. Entre outros genocídios, o armênio é examinado por Raymond Kevorkian em *The Armenian Genocide: A Complete History* [O genocídio armênio: Uma história completa] (Londres, 2011), e o ruandês é alvo da reflexão de Philip Gourevitch na dramática narrativa *We Wish to Inform You That Tomorrow We Will Be Killed with Our Families** (Londres, 2000), bem como em *Conspiracy to Murder: The Rwandan Genocide* [Conspiração para assassinato: O genocídio ruandês] (Londres, 2004).

---

* Edição brasileira: *Gostaríamos de informá-lo de que amanhã seremos mortos com nossas famílias*. Tradução de José Geraldo Couto. São Paulo: Companhia das Letras, 2006. (N.T.)

Os campos da morte da Europa

"Quem, afinal, ainda fala na aniquilação dos armênios hoje?", perguntou Adolf Hitler a seus generais em 1939, quando os instruiu a "fechar seus corações para a piedade", "agir brutalmente" e comportar-se "com a maior rispidez" na vindoura guerra no leste. Muitas vezes supõe-se que, ao lembrá-los do genocídio de pelo menos 1 milhão de armênios pelos turcos otomanos durante a Primeira Guerra Mundial, Hitler se referia ao que ele pretendia fazer com os judeus da Europa. Mas ele não estava se referindo aos judeus: estava aludindo aos poloneses. "Mandei minhas unidades da Divisão SS *Totenkopf* (Cabeça da Morte) para o leste com a ordem de matarem sem piedade homens, mulheres e crianças de raça ou língua polonesa. Somente assim conquistaremos o *Lebensraum* [espaço vital] de que precisamos".

No decorrer das duas últimas décadas, historiadores vêm continuamente revelando a verdadeira extensão das ambições genocidas do nazismo no Leste Europeu. Um mês antes da invasão da União Soviética em junho de 1941, as principais autoridades militares, econômicas e agrícolas da Alemanha, seguindo instruções de Hitler e Göring, adotaram um "Plano de Fome" que prescrevia a remoção de suprimentos de comida das áreas que em breve seriam conquistadas a fim de alimentar soldados e civis alemães; os habitantes do leste da Polônia, da Ucrânia e da Rússia Branca (Bielorrússia) foram submetidos à morte provocada por inanição. Isso logo seria superado por um plano mais ambicioso, levado adiante pelo chefe da SS, Heinrich Himmler, e oficialmente adotado cerca de um ano depois. De acordo com o Plano Geral para o Leste, alemães étnicos seriam assentados em cidades germanizadas e conectadas ao Reich por vias férreas de alta velocidade e *Autobahnen*. Entre 30 milhões e 45 milhões de eslavos que viviam na região seriam abandonados à própria sorte para morrer de fome, deliberadamente privados de comida e assistência médica. O plano previa que 85% dos poloneses, 64% dos ucranianos e 75% dos bielorrussos perderiam a vida dessa forma.

Como Timothy Snyder nos lembra em seu livro *Bloodlands: Europe between Hitler and Stalin* [Terras sangrentas: A Europa entre Hitler e Stálin] (2010), os nazistas deram início a esse plano de aniquilação racial com o cerco a Leningrado, que resultou na morte de 1 milhão dos habitantes da cidade e no deliberado assassinato por fome e doença de mais de 3 milhões de prisioneiros de guerra do Exército Vermelho que caíram em mãos alemãs durante os gigantescos movimentos circundantes com que a *Wehrmacht* derrotou as forças soviéticas nos primeiros meses da Operação Barbarossa. Muitos outros civis pereceram em cidadezinhas, áreas rurais e vilarejos invadidos pelos nazistas na segunda metade de 1941. Centenas de milhares de poloneses já tinham sido expulsos de suas casas, escravizados, deportados para a Alemanha ou assassinados.

Mas de forma alguma os nazistas foram os únicos arquitetos do sofrimento que o povo que vivia nessa parte da Europa teve de suportar nas décadas de 1930 e 1940. O inimigo de Hitler no leste, Iosif Stálin, era igualmente homicida em sua busca de um programa utópico, por mais diferenças que o comunismo stalinista pudesse ter em comparação com a ideologia racista e hierárquica dos nazistas. Cerca de 3 milhões de pessoas, na maioria ucranianos, foram sacrificadas no plano bolchevique de coletivizar a agricultura no início da década de 1930; na mesma década, 750 mil cidadãos soviéticos perderam a vida nos expurgos de Stálin; durante a guerra, a transmutação da visão de Stálin de revolução social em defesa patriótica da pátria russa levou à deportação forçada de milhões mais – poloneses, alemães do Volga, tártaros da Crimeia e outras minorias étnicas – sob condições tão pavorosas que centenas de milhares morreram.

Ao todo, Snyder avalia, cerca de 14 milhões de pessoas pereceram nessa parte da Europa nas décadas de 1930 e 1940 como resultado de medidas e políticas promulgadas pelos nazistas e seus aliados, ou decretadas pelos comunistas soviéticos e seus parceiros. Snyder descreve esses países – Polônia, Bielorrússia, Ucrânia, Estados Bálticos e as bordas ocidentais da Rússia – como as "terras de sangue" da Europa. Era onde vivia a maior parte dos judeus da Europa, e eles também sofreram os piores impactos da investida genocida da política nazista. Inicialmente, Snyder argumenta, eles foram mortos como consumidores inúteis dos víveres de que os nazistas tanto necessitavam. Mas assim que a Barbarossa começou a enfrentar dificuldades um mês após a invasão da União Soviética em 22 de junho de 1941, Hitler passou a ver o assassinato em massa de judeus como um fim em si mesmo, um ato de vingança contra a imaginada conspiração judaica internacional. A essa altura, as forças-tarefa da SS de Himmler começaram a fuzilar judeus – homens, mulheres e crianças; à medida que as forças alemãs sofriam os primeiros reveses sérios no leste em dezembro, Hitler iniciou uma desenfreada política de aniquilação, resultando na criação dos campos da morte e no massacre de praticamente toda a população judaica das "terras de sangue".

Tanto Hitler como Stálin, argumenta Snyder, iniciaram pela tentativa de implementar visões irrealizáveis, respectivamente: a conquista da União Soviética e a criação de um "espaço vital" de ocupação alemã no Leste Europeu; e a rápida coletivização da agricultura, principalmente na Ucrânia, a fim de alimentar a população urbana criada pela precipitada e impetuosa corrida modernidade industrial adentro. Ambos os programas fracassaram; os Exércitos de Hitler se paralisaram em julho de 1941, depois estagnaram às portas de Moscou em dezembro; a coletivização de Stálin enfrentou enorme resistência do campesinato e se mostrou impossível de implementar no curto espaço de tempo que ele havia permitido. Ambos os ditadores reagiram culpando as minorias por seu fracasso: Hitler os judeus, Stálin sobretudo os ucranianos, bielorrussos e poloneses; e ambos descarregaram sua fúria matando esses povos aos milhões.

Snyder traça muitos outros paralelos entre a motivação e o comportamento dos dois ditadores em suas políticas de genocídio e assassinato em massa. São convincentes? Certamente, a prática da escolha de bodes expiatórios desempenhou papel importante no terror de Stálin, mas função relevante teve também o seu desejo de criar uma nova elite por meio da eliminação da antiga, e sua determinação de modernizar o país a qualquer custo. Essas políticas não se restringiam à campanha de coletivização na Ucrânia, mas foram dirigidas contra toda a população da União Soviética. A alegação de Snyder de que o povo da Rússia Soviética tinha chances muito menores de ser tocado pelo terror de Stálin que as minorias nacionais das "terras de sangue" não resiste a escrutínio. A política de morte provocada por fome na década de 1930 não teve como alvo específico os ucranianos, mas sim os *kulaks*, camponeses supostamente abastados, dos quais muitos eram habitantes da Rússia Soviética – e por sua vez os camponeses ucranianos eram incitados pela polícia política de Stálin a matar aos milhares os mais prósperos cossacos do rio Don.

Outros grupos também, caso dos cazaques nômades, morreram aos milhares por inanição provocada por fome. Os expurgos de Stálin afetaram milhões de russos; a taxa de mortalidade de 10%-15% que Snyder menciona para os prisioneiros das *gulags* é fornecida por Robert Conquest em seu clássico *The Great Terror* [O grande terror] como número mínimo, ultrapassado muitas vezes ao longo de alguns anos; citando documentos oficiais soviéticos, Anne Appelbaum registra que o total de 2,75 milhões de pessoas morreram nos campos e acampamentos de exílio sob Stálin, mais uma vez muito provavelmente uma subestimativa. A vasta maioria dos mortos era de russos, uma vez que também eram russos a maioria dos mais de 28 milhões de cidadãos soviéticos submetidos a trabalhos forçados no tempo de Stálin. Por conta de seu inflexível foco na Polônia, na Bielorrússia e na Ucrânia e, em menor medida, nos Estados Bálticos, e sua ampla argumentação sobre a vitimização dos habitantes desses países, Snyder deixa de lado o destino de milhões de russos que morreram nas mãos de Stálin.

Historiador da Europa Central e Oriental, o fato é que Snyder realmente não domina a volumosa literatura sobre a Alemanha de Hitler. Isso o leva a cometer erros em diversos pontos do livro. Ele afirma de maneira equivocada, por exemplo, que Hitler surpreendeu seus aliados conservadores em 1933 ao convocar uma eleição instantânea (a convocação de eleições tinha sido parte do acordo de coalizão original); que nesse momento Hitler dissolveu o Reichstag (não foi Hitler, mas Hindenburg, na condição de presidente, quem o fez); que a "arianização" de propriedades judaicas na Alemanha teve início em escala substancial somente em 1938 (começou imediatamente, em 1933); que os campos de extermínio "Reinhard" foram fechados em 1944, quando a bem da verdade foram fechados no ano anterior porque haviam cumprido sua função de matar os habitantes judeus dos guetos poloneses para abrir espaço aos recém-chegados do oeste, e não porque, conforme Snyder assevera, o Exército Vermelho estava se aproximando; que as pessoas eram "sentenciadas ao campo de concentração de Belsen" (não é verdade; Belsen não foi um campo de concentração para o qual as pessoas eram encaminhadas para cumprir sentença, mas uma instalação de detenção, ou *Aufenthaltslager*, que ganhou notoriedade no fim da guerra, quando ficou superlotado com a chegada de milhares de prisioneiros evacuados de outros campos); e assim por diante.

Em termos muito mais sérios, a afirmação de Snyder de que o lançamento da "Solução Final da Questão Judaica na Europa" foi o resultado da fúria e da frustração de Hitler por não ser capaz de vencer a guerra contra a União Soviética não resiste a uma análise mais detida; embora houvesse debates inflamados no âmbito da liderança alemã no fim de julho, agosto e setembro de 1941 acerca da melhor maneira de derrotar a União Soviética, com base na percepção entre alguns veteranos generais de alta patente de que o conflito estava mostrando ser mais difícil do que esperado, ninguém, muito menos Hitler, achava que o avanço alemão havia estagnado, quiçá sido derrotado. Centenas de milhares de prisioneiros continuavam a ser capturados pelos Exércitos alemães (e deliberadamente negligenciados para morrer de fome), grandes cidades como Kiev continuavam a sucumbir, e Hitler continuou a julgar que a guerra no leste em breve seria vencida. "Nunca antes", declarou ele em 8 de novembro de 1941, "um gigantesco império foi atacado e derrotado em tão pouco tempo quanto a Rússia Soviética". Em certo ponto o próprio Snyder admite que é perfeitamente possível que Hitler tenha sido instigado a dar a ordem de matança dos judeus em um momento de euforia pela escala e rapidez das vitórias alemãs, e não em um clima de desespero ensejado por fiascos alemães.

Somente quando o Exército Vermelho paralisou a ofensiva alemã na Batalha de Moscou e depois forçou as tropas nazistas a recuar até linhas defensáveis para o inverno é que Hitler admitiu que a Barbarossa tinha dado errado e procurou bodes expiatórios; mas as pessoas que ele culpou foram os generais, não os judeus. Fiando-se em um artigo escrito em 1990 pelo historiador alemão Christian Gerlach, Snyder assevera que foi nesse momento que Hitler tomou a decisão de aniquilar os judeus da Europa, em cumprimento da sua "profecia" de janeiro de 1939 segundo a qual, se os judeus iniciassem uma guerra mundial, eles é que morreriam. Mas, se por um lado certamente existem evidências de que ele informou seus despóticos dirigentes de que os judeus seriam assassinados, isso não equivale a uma decisão. Em seu argumento de que a decisão de matar os judeus foi tomada em 12 de dezembro de 1941, Gerlach apontou para a entrada dos Estados Unidos na guerra um dia antes como o gatilho, não o êxito do Exército Vermelho em repelir a *Wehrmacht* dos portões de Moscou (o que só começou em 16 de dezembro). De qualquer maneira, poucos historiadores aceitaram a afirmação de Gerlach, e ele posteriormente distanciou-se dela.

Snyder retrata o processo de tomada de decisões dos nazistas como uma série de ações muito mais bem definidas do que a maior parte dos historiadores de hoje considera que tenha sido. A busca por um único e distinto momento em que se tomou a decisão da Solução Final foi há muito tempo abandonada em favor de uma compreensão mais sofisticada de um processo impulsionado a partir de cima por uma incessante barragem de propaganda antissemítica emanando de Hitler e Goebbels, com início imediato após a invasão da União Soviética e continuando incólume, sem decrescer, até o fim do ano; e implementada por Himmler, seu vice Heydrich e seus agentes no campo de maneira relativamente fortuita, embora sempre visando ao objetivo da aniquilação total.

Não foram apenas os eventos no leste, mas também no oeste, que dirigiram a atenção de Hitler para sua "profecia" e intensificaram seu ímpeto de vê-la realizada. O mês de junho de 1941 testemunhou não apenas o começo do titânico embate entre o Terceiro Reich e a União Soviética, mas também o início da entrada dos americanos na guerra, com o abrupto aumento na quantidade de suprimentos militares enviados dos EUA para a Inglaterra e depois para a União Soviética, seguido pela assinatura da Carta do Atlântico em agosto. A partir desse ponto a propaganda antissemita foi dirigida em igual medida aos três principais inimigos da Alemanha, retratando Stálin, Churchill e Roosevelt como ferramentas de uma conspiração judaica de âmbito mundial. Em meados de agosto, Hitler estava dizendo a Goebbels que futuramente os judeus dos Estados Unidos seriam obrigados a pagar, assim como os judeus da Europa já estavam recebendo a devida punição; no início de outubro, Heydrich já dizia às pessoas que todos os judeus da Europa seriam "evacuados" para o leste.

Foi a abrangente escala europeia, e inclusive global, das intenções nazistas com relação aos judeus que diferenciou o genocídio do Holocausto de outros extermínios em massa do período, ou a bem da verdade de qualquer período. Ao analisar o antissemitismo nazista quase que inteiramente no contexto dos planos de Hitler para o Leste Europeu, e traçando paralelos retóricos com os assassinatos em massa levados a cabo por ordens de Stálin na mesma área,

Snyder desvia a atenção daquilo que era único e singular acerca do extermínio dos judeus. Essa singularidade consistia não apenas na escala de sua ambição, mas também na profundidade do ódio e do medo que a impulsionavam. Havia algo de estranhamente sádico no desejo dos nazistas de não apenas torturar, mutilar, aleijar e matar os judeus, mas também de humilhá-los. Homens da SS, e, não raro, soldados rasos também, ateavam fogo à barba dos judeus ortodoxos na Polônia e os obrigavam a realizar exercícios físicos até desmaiarem de exaustão; forçavam as meninas judias a usar a própria blusa para limpar as latrinas de banheiros públicos; praticavam muitos outros atos de humilhação ritual que eles não impunham aos prisioneiros eslavos, por mais que os maltratassem de outras maneiras. Os eslavos, ao fim e ao cabo, eram para os nazistas um obstáculo regional a ser removido; os judeus eram um "inimigo mundial" a ser pulverizado.

Ao concentrar-se exclusivamente no que ele chama de "terras de sangue", Snyder também avilta, trivializa ou ignora o sofrimento dos muitos outros europeus que tiveram o infortúnio de cair em mãos nazistas. Assim, os 8 milhões de estrangeiros trabalhando no Reich nos últimos estágios da guerra não eram todos "do leste" como Snyder alega – 1,25 milhão deles eram franceses, mais de meio milhão eram italianos e quase meio milhão eram belgas ou holandeses. O massacre de cerca de 200 mil deficientes mentais e doentes por médicos alemães merece apenas um breve parágrafo em *Bloodlands*; as centenas de milhares de judeus alemães e da Europa Ocidental que foram assassinados são descartadas em pouco mais de uma página; locais em que ocorreram assassinatos em massa e que ficavam fora dos limites das "terras de sangue" de Snyder e onde a matança não foi empreendida pelos nazistas ou pelos soviéticos são tratados de maneira igualmente superficial, negligente e desinteressada. Os 300 mil sérvios massacrados pelo governo, e, indo um pouco mais longe, as dezenas de milhares de prisioneiros republicanos espanhóis executados pelos franquistas, as muitas centenas de milhares confinadas em brutais campos de trabalhos forçados após o fim da Guerra Civil, ou os ciganos assassinados não apenas pelos alemães mas também pelos croatas e pelos romenos – todos eles recebem breve menção, ou nem sequer são mencionados. Todavia, também foram vítimas dos assassinatos em massa que assolaram a "Europa entre Hitler e Stálin".

Essas omissões revelam outra séria fraqueza de *Bloodlands*: a bem da verdade Snyder não está seriamente interessado em explicar qualquer coisa que esteja fora do escopo do que ele chama de "terras sangrentas". O que ele de fato quer é nos contar os sofrimentos dos povos que viviam na área que conhece sobremaneira. Pressupondo que nada sabemos acerca disso, ele nos fustiga com fatos e cifras sobre atrocidades e assassinatos em massa, até deixar o leitor chocado e cambaleante, com uma sensação vertiginosa. O estilo da prosa em que ele expressa seus fatos não ajuda: a incessante sucessão de frases curtas nos martela como uma série de golpes de porrete até que por fim tem início a morte cerebral. As mesmas expressões e formulações são repetidas à exaustão de modo quase encantatório, como se Snyder não quisesse que o leitor pense de forma crítica no que ele está nos dizendo, mas que apenas sinta a dor que ele está descrevendo.

Entretanto, sua constante estratégia de traçar paralelos e contrastes retóricos, e acima de tudo sua obsessão com estatísticas, calculando com implausível exatidão os números dos deportados e mortos, torna difícil fazer isso. Como se percebesse o efeito desumanizador de seu enfoque, Snyder insere, em vários pontos, breves relatos de alguns dos que caíram vítimas das políticas homicidas adotadas pelos dois ditadores. Alguns desses relatos aparecem no início do livro sem que os nomes das vítimas sejam mencionados; então, em um truque retórico barato, no parágrafo de abertura do último capítulo, intitulado "Humanidade", Snyder restaura a identidade delas, fornecendo-nos seus nomes. Mas meramente nomear as vítimas não lhes devolve a humanidade.

Para que isso acontecesse, precisaríamos saber muitas outras informações a respeito delas do que as que podem ser expressas em um único parágrafo de uma das pontas do livro, um parágrafo que cobre nada menos que cinco vítimas individuais. Elas continuam essencialmente sem contornos humanos, como ocorre com todas aquelas pessoas cujo destino é mencionado nesse livro: apenas nomes, nada mais. Como o resultado da inserção de suas histórias na narrativa, parece meramente gratuito. "Os regimes soviético e nazista transformaram indivíduos em números", diz Snyder no fim do livro. "Cabe a nós, humanistas, transformar os números novamente em pessoas." Mas, apesar de toda a autocongratulação exibida nessa portentosa exortação, e no sentimentalismo com que ele relata brevemente as histórias de vítimas individuais,

Snyder fracassa nessa tarefa. Para ter êxito, ele precisaria ter explorado a vida de suas emblemáticas vítimas com muito mais pormenores, usando diários, cartas e testemunhos pessoais, e tendo como modelo o recente e comovente *The Years of Extermination*, de Saul Friedländer.*

Igualmente anônimos são os homens que planejaram e executaram as atrocidades. Snyder não demonstra interesse algum em seu caráter ou motivação, no que os transformou em torturadores, em qual foi a força motriz dos assassinatos em massa nos casos soviético e nazista. E o livro não nos propicia a mínima noção das "terras de sangue" como região; suas características físicas, sociais e culturais não são descritas em parte alguma do livro; elas também não têm identidade real aqui. Isso porque se trata de um construto inteiramente artificial – um rótulo para o local dos assassinatos em massa, nada mais.

Snyder alega que seu propósito ao descrever "todas as principais e mais importantes diretrizes de matança em seu contexto europeu comum" era "introduzir à história europeia seu evento central". Mas ele não descreveu todas as principais e mais importantes diretrizes de matança, e elas não tiveram minimamente um contexto comum. E asseverar que são o evento central em toda a história europeia é exagero retórico, para dizer o mínimo. Inúmeros outros historiadores escreveram recentemente, e de maneira mais perspicaz, sobre esse mesmo tópico, de Richard Overy em *The Dictators* a Robert Gellately em *Lenin, Stalin and Hitler* – alguns, como Norman Davies em *Europe at War 1939-45*,** a partir de uma perspectiva similar à do próprio Snyder. A despeito da aplicação indevida (e bastante difundida) da declaração de Hitler sobre os armênios, poucas alegações apresentadas no livro de Snyder são menos plausíveis hoje em dia do que a afirmação de que, "fora da Polônia, a extensão do sofrimento dos poloneses é subestimada e menosprezada". A bem da verdade, já sabemos sobre os eventos que Snyder descreve, apesar de suas repetidas declarações de que não sabemos. Não precisamos ouvir de novo

---

* Edição brasileira: *A Alemanha nazista e os judeus – Volume II – Os anos de extermínio, 1939-1945*. Tradução de Josabe Barbosa, Maria Clara Cescato e Fany Kon. São Paulo: Perspectiva, 2012. (N. T.)
** Edições brasileiras: *Os ditadores – A Rússia de Stálin e a Alemanha de Hitler*. Tradução de Marcos Santarrita, Rio de Janeiro: Jose Olympio, 2009; *Lênin, Stálin e Hitler*. Tradução de Vitor Paolozzi. Rio de Janeiro: Record, 2010; edição portuguesa: *A Europa em guerra 1939-1945*. Lisboa: Edições 70, 2008. (N. T.)

os fatos sobre os assassinatos em massa, mas sim compreender por que razões eles ocorreram e como as pessoas puderam levá-los a cabo, e nessa tarefa o livro de Snyder é inútil. Em vez disso, faz parte de uma narrativa pós-Guerra Fria que homogeneíza a história dos assassinatos em massa ao igualar as diretrizes políticas de Hitler às de Stalin.

7
Consequências e desdobramentos

O outro horror

No fim da Segunda Guerra Mundial, entre 12 milhões e 14 milhões de alemães étnicos foram violentamente expulsos do Leste Europeu; os que já tivessem fugido acabaram sendo impedidos de voltar para casa. Muitos deles foram simplesmente amontoados em caminhões de gado do mesmo tipo anteriormente usado para transportar os judeus da Europa até seu destino nas câmaras de gás de Auschwitz e Treblinka, e despachados oeste adentro para a Alemanha sem comida, água ou roupas adequadas de inverno. Outros foram detidos durante semanas a fio em campos de concentração em condições pavorosas, sofrendo de doenças, fome e maus-tratos antes de serem brutalmente levados à força para o oeste. Longas filas arrastavam-se na direção da Alemanha, os fracos sucumbindo à hipotermia e à desnutrição. Ao todo, provavelmente meio milhão – e talvez 1 milhão – de pessoas pereceram naquela que foi a maior ação da história do que mais tarde ficou conhecido como "limpeza étnica".

Esse gigantesco ato de expulsão e migração forçada ainda é em larga medida desconhecido fora dos países mais afetados por ele. Nos manuais tradicionais e nos livros de história da Alemanha e da Europa no século XX o evento aparece como pouco mais que uma nota de rodapé. Chamar a atenção do público geral para ele questiona a amplamente difundida compreensão da Segunda Guerra Mundial como uma luta dos completamente bons e benévolos Aliados contra o maligno nazismo e a maléfica agressão alemã. Infelizmente, a história quase nunca é tão simples assim. Até recentemente, poucos historiadores davam-se ao trabalho de investigar com o mínimo de profundidade as expulsões, e os textos existentes sobre o tópico eram atrapalhados por narrativas unilaterais sobre o sofrimento alemão ou a autojustificação polonesa ou tcheca. Mas, desde a queda do comunismo e a abertura dos arquivos nesses países, o trabalho de pesquisa sério e razoavelmente objetivo de uma nova geração de jovens historiadores menos afetados que seus predecessores por preconceitos nacionais ou étnicos começou a vir à tona. O livro *Orderly and Humane: The Expulsion of the Germans After the Second World War* [Ordeira e humanitária: A expulsão dos alemães após a Segunda Guerra Mundial], de R. M. Douglas, se vale desse trabalho recente e incorpora pesquisas em arquivos na Alemanha, na Polônia e na República Tcheca, bem como em documentos do Comitê Internacional da Cruz Vermelha, da Administração das Nações Unidas para Assistência e Reabilitação e nos registros dos governos britânico e americano. É uma realização de grande envergadura: pela primeira vez o tema como um todo é situado sobre uma base acadêmica.

As expulsões, como Douglas aponta, não eram mero ato de vingança levado a cabo por povos do Leste Europeu que tinham sofrido sob as medidas extremas do jugo nazista. Pelo contrário, foram ordenadas pelos Aliados, e planejadas com antecedência muito antes do término da guerra. Os maus-tratos impingidos às minorias étnicas antes e durante a Primeira Guerra Mundial nos impérios Habsburgo e Otomano levaram não apenas à determinação da comunidade internacional de assegurar os direitos dessas minorias, mas, de forma mais importante, à decisão de resolver o problema por meio da criação de Estados nacionais unitários. Quando o império czarista, que em si mesmo não era um opressor cruel de minorias como os poloneses, desmoronou, os Aliados ocidentais encontraram sentido no longevo conflito declarando como um de seus objetivos a materialização do princípio democrático da "autodeterminação nacional".

Na Conferência de Paz de Paris em 1919, contudo, a aparentemente simples e óbvia ideia de que todas as nações deveriam ter o direito democrático de eleger seu próprio governo naufragou nas intratáveis realidades de padrões seculares de diversidade étnica e religiosa na Europa Central e Oriental, e se defrontou com as exigências de segurança e viabilidade para os novos Estados criados a partir dos escombros dos velhos. Quase todos eles continham substanciais minorias nacionais. Naturalmente os pacificadores fizeram o melhor que podiam para incorporar ao acordo garantias de direitos das minorias, mas elas mostraram-se impossíveis. Um exemplo era o caso da minoria germanófona na Tchecoslováquia – 3 milhões de pessoas que compunham quase um quarto da população total da nova república. As fronteiras históricas do Reino da Boêmia incluíam essas pessoas, e sem elas o novo Estado não teria atividades econômicas vitais e fronteiras defensáveis. O nacionalismo tcheco, já bastante inflamado antes de 1914, era uma força poderosa demais para conceder à minoria germanófona direitos iguais, embora os políticos liberais tchecos fizessem o melhor que podiam para limitar a discriminação. E, quando Edvard Beneš assumiu como presidente em 1935, ouviu-se uma nova e mais dura nota do nacionalismo tcheco, desencadeando um novo radicalismo entre a minoria alemã, que logo se reuniu para apoiar o Partido Alemão dos Sudetos (em alemão: *Sudetendeutsche Partei*, SdP; em tcheco: *Sudetoněmecká strana*), de Konrad Henlein. Em 1937 o partido se tornara uma frente nazista, dedicada a subverter a integridade da república e abri-la para a invasão e a ocupação alemãs.

Durante as guerras, Beneš ignorou os alemães social-democratas dos Sudetos, liderados por Wenzel Jaksch, cuja defesa de um Estado multinacional pós-guerra foi efetivamente sufocada. Jaksch é um herói para Douglas, embora seja preciso dizer que a quantidade de apoio que ele tinha à disposição entre os alemães dos Sudetos em 1939 havia encolhido para um mínimo quase irredutível, e é duvidoso se sua política teria angariado apoio considerável junto a eles mais tarde, depois da guerra. Beneš convenceu os Aliados de que a continuada presença de uma numerosa minoria na Tchecoslováquia sobrecarregaria o Estado com 1 milhão ou mais de "nazistas jovens e incorrigíveis" que se tornariam uma expressiva fonte de desestabilização. "As minorias nacionais", declarou ele em 1942, "são sempre – e na Europa Central especialmente – uma verdadeira pedra no sapato das nações individuais. Isso é especialmente verdadeiro quando se trata de minorias alemãs". Ele angariou simpatia ainda maior para esse argumento após a destruição alemã da cidade de Lidice e o massacre de seus habitantes como retaliação pelo assassinato de Reinhard Heydrich em 1942. Em meados daquele ano, o governo britânico aceitara o princípio da transferência das minorias germanófonas do Leste Europeu, um princípio vigorosamente respaldado pelo Partido Trabalhista que chegou ao poder em 1945.

A exploração que Hitler fez dos ressentimentos das minorias nacionais também se estendeu à Polônia, que antes de 1918 havia sido dividida entre Rússia, Alemanha e Áustria. O Estado da Polônia no entreguerras incluía uma população ucraniana que chegava a 14% do total, ao lado de 2,3% de falantes de alemão, que sofreram discriminação cada vez maior por parte do regime nacionalista polonês. Eles também tinham sido usados por Hitler como uma "quinta-coluna" de subversivos cuja opressão, cinicamente exagerada pela propaganda nazista, forneceu a desculpa para a invasão em 1939. Tudo isso fez a presença de recalcitrantes minorias nacionais parecer uma ameaça permanente à paz e integridade dos Estados nacionais na visão retrospectiva de planejadores dos Aliados para a ordem da Europa pós-guerra.

Hitler também planejava criar uma Alemanha etnicamente homogênea expulsando os judeus, e então, durante a guerra, estendê-la 1.000 quilômetros a leste, exterminando milhões de judeus e permitindo que entre 30 milhões e 45 milhões de eslavos morressem por meio de fome e doenças de acordo com o infame "Plano Geral para o Leste", que se tornou a política nazista oficial em 1942. Como parte das diretrizes nazistas mesmo antes da invasão da União Soviética em junho de 1941, centenas de milhares de poloneses foram arrancados de suas fazendas e lojas sem receber indenização, de modo a abrir espaço para um potencial meio milhão ou mais de alemães étnicos levados do Leste Europeu e dos Estados Bálticos "de volta para o Reich" sob o pacto Nazi-Soviético de agosto de 1939, juntamente com 250 mil da Hungria e da Romênia.

Cada vez mais expostos a ataques de *partisans* poloneses ou comunistas, os colonos começaram a fugir aos borbotões para o oeste, à medida que mais para o fim da guerra as forças soviéticas avançavam, seguindo os alemães étnicos que já tinham escapado para a região do mar Negro, Ucrânia, Romênia e Iugoslávia em 1943-44 a fim de se livrar das retaliações do Exército Vermelho. Os alemães nas terras tchecas ocupadas, conquistadas pelos americanos apenas no fim da guerra, não tiveram tempo de fugir, e de qualquer maneira a maioria não via a necessidade disso. Conforme Douglas aponta, eles fracassaram inteiramente em compreender que sua invasão, com a tomada de posse de propriedades confiscadas, e seu *status* privilegiado sob a ocupação nazista, em que não alemães sofriam discriminação, eram expropriados, mortos de fome e aterrorizados, "tinham traumatizado e radicalizado as sociedades das quais eram uma parte".

O caos e a violência que tinham acompanhado as transferências forçadas de população ocorridas anteriormente no século XX, em particular entre a Grécia e a Turquia no início da década de 1920, deveriam ter enviado um sinal de alerta para os políticos dos Aliados que agora começaram a organizar a remoção de alemães étnicos da Europa Central e Oriental. Mas isso não ocorreu. Douglas descreve em detalhes de que modo a diretriz política foi formulada às pressas e passou por constantes revisões à medida que negociações sobre as fronteiras europeias pós-guerra evoluíam. Os alertas acerca dos sofrimentos que as transferências acarretariam foram menosprezados por políticos ávidos de não dar a impressão de que estavam sendo bondosos ou complacentes com os alemães, ou descartados por eles como excessivamente pessimistas. Somente alguns poucos comentaristas, caso de George Orwell, advertiram que um "enorme crime" estava prestes a ser cometido, "equivalente à transplantação de toda a população da Austrália". Ninguém lhe deu ouvidos.

Tarde demais, já no fim de 1944, tornou-se claro que Stálin não abriria mão do território no leste da Polônia por ele anexado em 1939 sob os termos do Pacto Nazi-Soviético, e que não havia alternativa nenhuma a não ser compensar o Estado polonês pós-guerra com os territórios do oeste, na Silésia e até os rios Oder e Neisse, que tinham sido parte da Prússia e mais tarde da Alemanha ao longo de anos, décadas ou até séculos. O Exército Vermelho estava em ocupação e Stálin tinha todos os trunfos na mão. Tudo o que os Aliados puderam fazer na Conferência de Potsdam em julho de 1945 foi ratificar um *fait accompli*, um fato consumado.

A essa altura, milhões de alemães étnicos tinham fugido da investida do Exército Vermelho, em cujo avanço os soldados estupravam, saqueavam e matavam civis alemães. A situação tornou-se ainda mais desesperada devido à expulsão ordenada pelo próprio Stálin dos poloneses das áreas anexadas pela União Soviética, que agora haviam passado a ser majoritariamente ucranianas na composição étnica. Forçados a rumar para o oeste, os poloneses não tinham para onde ir exceto, na visão das novas autoridades polonesas, as áreas habitadas pelos alemães étnicos remanescentes. Nem o governo tcheco no exílio nem as autoridades polonesas apoiadas por Stálin haviam elaborado planos coerentes para as expulsões. Mas no final da primavera e no verão de 1945 ambos enviaram tropas, polícia e milícias para iniciar um processo que, na opinião de Douglas, tem sido mal interpretado como uma série de atos espontâneos de vingança de habitantes locais, mas na realidade teve planejamento e direção do centro do poder.

Verdade seja dita, houve uma breve onda de violência popular contra os alemães depois que unidades da SS continuaram a lutar até o último sopro da guerra – e em algumas instâncias depois de já terminado o conflito –, mas mesmo isso foi em muitos casos instigado pela polícia ou milícia, como no caso de Brno, onde pelo menos trezentos alemães étnicos foram mortos na Faculdade Kaunitz em maio e junho de 1945, outros foram publicamente torturados até a morte em um campo esportivo e 28 mil deles acabaram agrupados e conduzidos em uma "marcha da morte" até a fronteira austríaca, onde foram abandonados em acampamentos improvisados sem suprimentos ou condições sanitárias. Testemunhas perplexas compararam esses eventos às atrocidades dos nazistas, e alguns políticos fizeram pressão insistindo em moderação, mas nenhuma ação concreta foi tomada para controlar a violência.

Embora Brno, como Douglas aponta, tenha sido excepcional no extremismo de sua violência, políticos como Ludvík Svoboda, ministro da Defesa do governo tcheco e mais tarde presidente do país, exigiu "a completa expulsão da Tchecoslováquia de todos os alemães, inclusive dos supostos antifascistas, para nos salvaguardar da formação de uma nova quinta-coluna". Com esse tipo de apoio, as autoridades locais agiram por sua própria iniciativa, às vezes com o auxílio do Exército Vermelho ou das Forças Armadas tchecas. Os alemães tinham de usar no peito da camisa um quadrado branco com a inscrição "N" de *Nemec* (alemão), ecoando o distintivo amarelo e a estrela ou o "J" que os nazistas tinham obrigado os judeus a usar, mas o processo de identificação era frequentemente arbitrário e envolvia o extravasamento de muitos ressentimentos e rivalidades locais.

Vilarejos e cidadezinhas inteiros de população predominante ou totalmente alemã foram esvaziados e seus habitantes obrigados a sair do país. Na Polônia, onde a ocupação alemã tinha sido mais agressiva, essas represálias foram, talvez de forma surpreendente, bem menos comuns, e tropas polonesas chegaram inclusive a proteger as alemãs das tropas do Exército Vermelho que assolavam o país estuprando todas as mulheres que encontravam pelo caminho, especialmente se fossem alemãs. Bem mais violenta foi a expulsão dos alemães étnicos da Iugoslávia e da Romênia, embora a corrupção endêmica nesta última significasse que era possível subornar os encarregados de modo a permitir que um ou outro passante romeno casual encontrasse um lugar no transporte para a Alemanha.

Em muitos casos, os indivíduos expulsos não eram evacuados diretamente, mas passavam um período de algumas semanas ou meses em campos de confinamento, onde as autoridades já tinham começado a colocá-los muito antes no fim da guerra. Alguns desses locais eram improvisados, ao passo que outros já tinham sido usados com essa finalidade pelos nazistas. Entre eles incluíam-se os campos de concentração de Majdanek e Theresienstadt e até Auschwitz, onde um intervalo de menos de duas semanas separou a libertação, pelo Exército Vermelho, do influxo dos primeiros prisioneiros alemães étnicos. Em pouco tempo havia uma vasta rede desses centros de detenção: 96 somente na Iugoslávia, por exemplo. Cerca de 250 mil alemães étnicos foram aprisionados em campos na Tchecoslováquia. Com frequência eles eram usados em programas de trabalhos forçados para compensar a devastação causada pela guerra. Nesses campos as condições eram atrozes, com escassez de víveres, higiene precária, prática de espancamentos sádicos, tortura, doenças, desnutrição e assassinatos. No campo de Łambinowice, na Polônia, fechado em 1946, morreram por volta de 6.500 prisioneiros, muitos fuzilados arbitrariamente por ordens do comandante.

As administrações dos campos eram tremendamente corruptas; amiúde os comandantes vendiam a mão de obra dos prisioneiros para estabelecimentos comerciais das redondezas ou aceitavam propina em troca de salvo-conduto até a fronteira. Quase sempre, os comandantes e os guardas dos campos tentavam explicitamente reproduzir as mesmas condições dos campos de concentração alemães em que eles próprios haviam sido confinados. Nem mesmo nos campos nazistas a exploração e a violência sexuais, a prática de estupros e de abuso sádico de prisioneiras foram cometidas na escala que Douglas documenta nos campos poloneses e tchecos. Jornalistas e autoridades britânicos e aliados que tentaram divulgar essa situação não exerceram impacto sobre os políticos, aflitos para não serem vistos como condescendentes para com os alemães. As multidões tchecas e polonesas saíam às ruas em manifestações para demonstrar publicamente o apoio às detenções. Somente um punhado de comandantes e guardas foi levado aos tribunais.

Em nenhum país houve resistência séria a nada disso por parte dos alemães, que na maioria eram idosos, mulheres e crianças, a maior parte dos homens tendo morrido ou sido aprisionada na guerra. Em meados do verão, mais de 5 mil chegavam todos os dias a Berlim, vindos da Tchecoslováquia, em trens abarrotados de mortos e agonizantes, doentes e famintos. Mais de meio milhão chegaram apenas em junho. Outros tantos vinham pela estrada; eram arrancados de suas casas e roubados, privados de seus bens em meio a uma saraivada de pancadas, imprecações e ameaças de morte. Essas expulsões e o caos e a violência que as acompanhavam causaram perplexidade generalizada e amplo repúdio entre os observadores ocidentais em Berlim, e ajudaram a persuadir os Aliados na Conferência de Potsdam a somente sancionar novas expulsões com a condição de que fossem realizadas de forma "ordeira e humanitária".

Em 20 de novembro de 1945, concordou-se em que a zona soviética de ocupação da Alemanha traria 2,75 milhões de alemães da Polônia e da Tchecoslováquia; a zona americana, 2,25 milhões da Tchecoslováquia e da Hungria; a zona britânica, 1,5 milhão da Polônia; a zona francesa, 150 mil alemães dos Sudetos; e, também, que as expulsões seriam realizadas gradualmente, em etapas, a serem concluídas em julho de 1946. Esse acordo solapou a posição dos funcionários graduados do Departamento de Defesa que queriam que o governo americano condenasse as expulsões. Em 1945-46, Washington ainda dava prioridade à punição dos alemães pelos crimes do nazismo. Contudo, o acordo prometia marcar uma transição das "expulsões incivilizadas" de 1944--45 para uma fase em que elas seriam realizadas de maneira mais centralizada, mais controlada, e portanto mais racional.

No entanto, as "expulsões organizadas" de 1946-47, como Douglas salienta, "desafiavam os esforços dos países envolvidos no sentido de impor alguma ordem ao processo". Deportar milhões de pessoas no espaço de alguns meses e com o mínimo de recursos disponíveis para a operação era uma receita para o caos. A Executiva Aliada Combinada de Repatriação fez muita coisa, apesar dos entraves e restrições, estabelecendo regras para assegurar o salvo--conduto dos deportados, interromper a transmissão de doenças epidêmicas e providenciar as instalações de recepção adequadas para os banidos. Mas os países que expulsavam estavam com pressa de se livrar das minorias indesejadas antes que os Aliados dessem um basta às deportações, por isso essas condições eram frequentemente desrespeitadas. As expulsões descambaram em bagunça e carnificina, com dezenas de milhares de idosos doentes, desnutridos e debilitados chegando a seu destino em péssimas condições, malvestidos e sem comida, e trens regurgitando cadáveres ou pessoas tão adoecidas que tinham de ser encaminhadas imediatamente ao hospital, para o desgosto de muitas das autoridades aliadas que recepcionavam os deportados.

Volta e meia a bagagem dos deportados era apreendida ou roubada no ponto de embarque. A corrupção vicejava, e equipamentos confiscados eram vendidos para os trens de carga seguintes, abarrotados de deportados; funcionários poloneses recebiam propinas para garantir que alguns deportados viajassem em melhores condições ou fossem isentos de restrições de bagagem ou furassem a fila. Os "antifascistas" eram deportados ao lado da maioria supostamente perigosa, e grupos de sionistas aproveitaram a oportunidade para fornecer dinheiro e documentos falsos para que judeus fossem classificados como alemães e tirados da Polônia para a Alemanha a caminho da Palestina. Os jovens do sexo masculino fisicamente aptos eram frequentemente separados e deixados para trás a fim de serem utilizados no trabalho braçal. Mas estes eram uma ínfima minoria, e a imensa escala das deportações impressionava e desarmava as autoridades encarregadas de recepcionar os banidos, em particular depois que a Hungria, embora tratada como antigo Estado inimigo, aderiu à moda das expulsões.

Em 1947, autoridades americanas queixavam-se do caos e alertavam que era hora de parar de considerar a "Alemanha ocupada como uma lata de lixo com a capacidade infinita de abrigar todos os dejetos indesejados do mundo". A Alemanha tinha seus próprios e colossais problemas de reconstrução, com cidades grandes e pequenas devastadas pelos bombardeios dos Aliados durante a guerra, quantidade insuficiente de suprimentos de comida e combustível, inflação galopante sob a influência do florescente mercado negro, desnutrição generalizada e altos índices de doença e mortalidade grassando entre a população, especialmente durante o inclemente inverno de 1946-47. Os milhões de indivíduos expulsos exacerbavam gravemente esses problemas, desviando os parcos recursos de sua solução em uma época na qual os Aliados ocidentais estavam começando a se preocupar com o fascínio exercido pelo comunismo sobre os alemães e começando a pensar que era mais importante reconstruir a economia e a sociedade da Alemanha, em vez de punir seu povo pelos crimes do nazismo.

Muitas autoridades aliadas mostraram-se enfurecidas e ultrajadas com as terríveis condições a que os deportados eram submetidos nos campos ou que tinham de suportar nos trens de transporte. E, com a rápida intensificação do sentimento anticomunista nos Estados Unidos à medida que a Guerra Fria assumia as rédeas das diretrizes políticas e da opinião pública e a Europa Central e Oriental sucumbia sob ditaduras stalinistas impostas pela União Soviética, os indivíduos expulsos vieram a ser definidos, como declarou o chefe da Comissão Americana de Refugiados, não como potenciais "quinta-colunistas", mas "vítimas oprimidas de uma ditadura impiedosa".

As expulsões geraram um imenso buraco nas sociedades das quais milhões de pessoas haviam sido tão abruptamente removidas. O cultivo agrícola foi abandonado, eram inúmeras as casas desocupadas, e havia inclusive (conforme relatou o correspondente do jornal *London Times* em uma incursão pelos Sudetos no verão de 1947) "vilarejos inteiros sem um único habitante". Em um distrito tcheco, 21 vilarejos de um total de 29 receberam autorização para serem relegados à situação de derrelitos (áreas abandonadas intencionalmente), e em muitas zonas as terras cultiváveis foram convertidas em floresta. As áreas desertas descambaram em pilhagem, banditismo, violência e criminalidade. Os governos tcheco e polonês perderam o controle da redistribuição das propriedades alemãs confiscadas, e muitos ministros do governo apropriaram-se de casas de campo para seu uso privado. Invariavelmente essas mesmas pessoas tornaram-se ricas, conforme apontou a revista *The Economist* em julho de 1946, "despojando as propriedades primeiro dos judeus assassinados, e depois dos alemães expulsos". As tropas do Exército Vermelho também pilhavam e saqueavam, e havia relatos de lutas armadas entre unidades de soldados que brigavam pela posse de propriedades alemãs abandonadas. À medida que os colonos iam gradualmente chegando, os incentivos que recebiam do governo mostravam-se insuficientes, e as áreas evacuadas tornaram-se sinônimos de pobreza agrícola e decadência industrial.

Surpreendentemente, no entanto, em poucos anos os milhões de alemães étnicos expulsos, longe de se tornarem um elemento nocivo na sociedade da Alemanha Ocidental pós-guerra, integraram-se a ela de maneira perfeita e consistente. Claro que na ampla maioria estavam furiosos, ressentidos e desesperados para retornar a seus antigos lares, e o grupo de pressão por eles fundado, a *Bund der Heimatvertriebenen* (literalmente, Liga das Pessoas Expulsas de Seus Lares e Destituídas de Seus Direitos), logo começou a exercer influência na política da Alemanha Ocidental. Porém, engenhosamente, o chanceler Konrad Adenauer tirou vantagem da situação e propôs um novo imposto, o chamado *Lastenausgleich*, para indenizar os expulsos por suas perdas, criando um ministério especial para lidar com eles e conferindo-lhes elegibilidade para seguridade social.

Na política externa, Adenauer, em tom vociferante, exigiu a devolução dos territórios anexados pelos vizinhos do leste e insistiu no direito que os banidos tinham de retornar a eles. Adenauer se deu conta de que essas exigências eram irrealistas, mas persistiu nelas porque sabia que assegurariam o apoio político dos banidos. As intensas campanhas de propaganda salientavam o sofrimento dos banidos, ajudaram a criar um sentimento de empatia entre os alemães-ocidentais e fomentaram a integração. Acima de tudo, contudo, o assim chamado "milagre econômico" na Alemanha Ocidental lhes deu, em pouco mais que uma década, uma vida material muito melhor do que aquela que levavam antes. Inicialmente abrigados em acampamentos, inclusive em antigos de campos de concentração nazistas, receberam auxílio das igrejas (cujo papel é subestimado por Douglas) e do Estado, e se beneficiaram de um colossal programa de construção de casas. No início dos anos 1960 a taxa de desemprego entre os expulsos caíra para um número pouco abaixo da média na Alemanha Ocidental como um todo.

Entretanto, as expulsões deixaram um legado de amargura e ressentimento que perdura até hoje. Douglas refuta as alegações de que as expulsões foram realizadas de forma humanitária, ou de que eram justificadas uma vez que os indivíduos expulsos eram culpados por atrocidades do nazismo contra as populações do Leste Europeu ocupado, ou de que foram inevitáveis consequências do ódio das massas populares contra os alemães desencadeado pela brutalidade do jugo nazista. Pelo contrário, foram o produto de maquinações políticas e medidas governamentais que poderiam ter sido impedidas ou revertidas. Evitando cuidadosamente o uso dos volumosos e evidentemente enviesados materiais produzidos por organizações de deportados e, de fato, pelo governo Adenauer, o autor se vale de fontes polonesas, tchecas e dos Aliados para enfatizar com convicção seu argumento. "As expulsões", ele conclui, "não são praticáveis a menos que sejam realizadas rapidamente; e, se forem realizadas rapidamente, não podem ocorrer de forma humanitária".

Recentes propostas para a criação de populações "etnicamente homogêneas" na Bósnia, na Sérvia e na Croácia, por exemplo, são receitas, diz Douglas, para a repetição do desastre que se abateu sobre a Europa Central no fim da Segunda Guerra Mundial. E, embora ele não o diga com todas as letras, uma lição desse livro é certamente que o princípio da autodeterminação nacional proclamado em Versalhes em 1919 levou a um sofrimento inenarrável na Europa durante os trinta anos seguintes – sofrimento que salienta a necessidade de que todos os Estados e sociedades sejam tolerantes com minorias étnicas, religiosas e afins em vez de tentar expulsá-las, convertê-las ou suprimi-las. Esse livro importante, poderoso e comovente deveria estar sobre a escrivaninha de todos os elaboradores de políticas públicas internacionais, bem como de todo historiador da Europa do século XX. Caracterizado por erudição, sólida pesquisa acadêmica, calculada objetividade e detalhes convincentes, também é um inflamado apelo por tolerância em um mundo multicultural.

Utopias urbanas

Em 1941, o arquiteto Hans Stosberg esboçou planos ambiciosos para uma nova cidade-modelo a ser construída com as linhas mais modernas, dotada de monumentais edifícios públicos agrupados em torno de uma praça central e frondosos bulevares ramificando-se ao longo de uma avenida central que levaria a complexos de fábricas responsáveis pelo fornecimento da maior parte dos postos de trabalho para uma população estimada em 80 mil habitantes. Haveria escolas, seis jardins da infância, vinte campos esportivos, piscinas, escritórios, bancos, lojas e diversos núcleos satélites de povoamento, por sua vez também erguidos em torno de uma praça central e repletos de prédios públicos similares com luxos e confortos modernos. Em seu conjunto, o conglomerado formaria uma "paisagem urbana", dividida em distritos em forma de célula, cada qual formando sua própria subcomunidade dentro da estrutura geral da cidade. As casas, ou "habitações do povo", como eram chamadas, seriam equipadas com aquecimento central, garagens, fogões a gás, lavanderias e hortas. A velha ideia da cidade como concentração de edificações densamente povoadas enfiadas em cenários urbanos de ruas estreitas e vielas sinuosas seria suplantada pelo conceito moderno de complexos de ruas e edifícios espalhados e que se mesclavam perfeitamente ao ambiente natural. As abundantes verbas destinadas ao projeto pelo governo e pela iniciativa privada disputavam lugar privilegiado na nova paisagem urbana. Para celebrar o início das obras de construção, Stosberg mandou fazer cartões especiais de saudação do ano-novo de 1941, que enviou aos amigos, colegas e conhecidos. As palavras abaixo da imagem orgulhosamente anunciavam: "O nascimento da nova cidade alemã de Auschwitz".

Stosberg proclamou em janeiro de 1943 que seu propósito na construção da cidade era "proporcionar ao povo alemão uma extensão de terra que poderá tornar-se um lar para seus filhos e para eles mesmos". Recentemente incorporadas ao Reich de Hitler, Auschwitz e a área subjacente foram habitadas por uma inconveniente mistura de poloneses e judeus antes que Stosberg iniciasse seu projeto. Cerca de 5 mil judeus foram detidos e deportados para os guetos de Sosnowitz e Bendzin e, dentro de algum tempo, assassinados. Os funcionários da fábrica de produtos químicos IG Farben, responsável por dar emprego aos alemães que se mudaram para a cidade, perfilaram-se nas ruas para assistir à partida dos judeus. Os poloneses – 90% dos 7.600 habitantes remanescentes – foram examinados, e os que não mostravam sinais físicos de que eram racialmente alemães, como por exemplo cabelos lisos ou crânio alongado, tiveram os bens expropriados e também foram deportados. Em outubro de 1943, a população inicial de seiscentos alemães do Reich havia decuplicado.

Mas o rústico e ruralizado idílio urbano prometido não se materializou. O ritmo das obras de construção era lento, o abastecimento de água e o sistema de esgoto não funcionavam da forma adequada, as condições eram insalubres, e havia a constante irritação do cheiro adocicado das lufadas de carne queimada que emanavam do adjacente campo de extermínio de Auschwitz-Birkenau. Todavia, de forma geral as relações entre os moradores da cidade, os funcionários da cada vez maior IG Farben e a legião de membros da SS permaneceram cordiais. Em março de 1943, os oficiais da SS responsáveis pelo campo de extermínio chegaram a convidar os colonos para um "banquete comunal seguido por entretenimentos à tarde". Enquanto os trabalhadores em regime servil no contíguo campo de trabalhos forçados da IG Farben em Monowitz e nos dois campos de Auschwitz sucumbiam a doenças causadas por desnutrição, febre maculosa transmitida por fezes de piolhos, espancamentos, fuzilamento e intoxicação por gás, duzentos habitantes alemães da nova cidade celebravam o Ano-Novo no *pub* Ratshof, na praça central da cidade, empanturrando-se de fígado de ganso, *aspic* (geleia de carne) de carpa, *roulade* de lebre assada e panquecas, e entornavam inúmeras garrafas de espumante alemão.

Auschwitz era em muitos sentidos o modelo daquilo que os planejadores de cidades nazistas esperavam ansiosamente ver no mundo pós-guerra, sobretudo no leste da Alemanha: uma nova paisagem urbana habitada por alemães étnicos, que gerenciavam vastos empreendimentos industriais cuja mão de obra era composta por trabalhadores forçados eslavos e de outros grupos raciais supostamente inferiores, ao lado de instalações de extermínio projetadas para lidar com os indivíduos descartáveis, os hostis e os excluídos raciais. Parte do propósito de dividir a nova cidade em pequenas células comunitárias era também tornar mais fácil para o regime nazista controlar a população por meio do trabalho de supervisão exercido pelos "vigias de quarteirão", funcionários de baixo escalão do partido nazista, pelo menos de acordo com um crítico posterior do conceito. Não era apenas aos grandiosos edifícios públicos que Hitler estava se referindo quando comentou: "Nossos prédios são construídos para reforçar a nossa autoridade".

O novo modelo de povoamento de Auschwitz oferecia mais do que um espaço vital e emprego para os alemães, além de oportunidades de afirmação da autoridade e controle para o partido nazista. Seu desenho espalhado tinha em mente uma cidade menos vulnerável a ataques aéreos que as paisagens urbanas convencionais. Milhares de alemães afluíram para a área, vindos de Hamburgo, Essen, Colônia e outras cidades destruídas pela ofensiva de bombardeios estratégicos em 1943. Desde a Primeira Guerra Mundial, a convicção generalizada de que as cidades seriam totalmente aniquiladas por bombardeios aéreos no próximo conflito europeu de grandes proporções tinha inspirado arquitetos e planejadores urbanos a pensar em como construir cidades que fossem menos suscetíveis a ataques vindos de cima. "A guerra do futuro", declarou um arquiteto alemão em 1934, decretaria "a sentença de morte para as cidades em sua forma atual". A resposta estava na "mescla das cidades com a área rural ao redor". De maneira semelhante e na mesma toada, o arquiteto francês modernista Le Corbusier afirmou que "o medo dos torpedos aéreos" levaria à "completa transformação das cidades, por meio de sua demolição e reconstrução". "Idealmente", escreveu um oficial alemão de proteção contra raides aéreos, "as cidades deveriam ser reconstruídas do zero".

Com a substancial destruição imposta a tantas cidades europeias pelas ofensivas de bombardeio na Segunda Guerra Mundial, muitos planejadores urbanos viram a oportunidade de colocar em prática as suas ideias. "A cidade do século passado", disse o arquiteto alemão Konstanty Gutschow em 2 de fevereiro de 1944, "espalhada em um mar de casas infinito e ininterrupto, o objeto da nossa impotente fúria como planejadores urbanos, agora foi superada por seu dantesco destino". Não foram apenas os planejadores urbanos alemães que se lançaram sobre as devastadas cidades da Europa como abutres sobre um cadáver semidevorado. O polonês Jan Chmielewski, ao ver as ruínas de Varsóvia após ter escapado do campo de concentração de Majdanek, expressou seu "alívio" depois de ter sido obrigado, ao longo das décadas anteriores, a testemunhar um "caótico crescimento [...] desprovido de qualquer planejamento". O Arquiteto Oficial da Cidade de Coventry viu a destruição da cidade por bombardeiros alemães como "uma oportunidade a ser agarrada com ambas as mãos". Lewis Mumford, destacado crítico urbanista americano, chegou inclusive a queixar-se em 1942 de que "a demolição que está ocorrendo por meio da guerra ainda não foi longe o bastante", e incentivou a sociedade a "continuar fazendo, de forma mais deliberada e racional, o que as bombas fizeram".

Em *A Blessing in Disguise* [Uma bênção disfarçada], livro fartamente ilustrado, publicado para acompanhar uma exposição de grande fôlego realizada em Hamburgo em agosto e setembro de 2013, diversos historiadores da arquitetura reuniram-se para explorar a relação entre a guerra aérea e o planejamento de cidades na Europa durante as décadas de 1930 e 1940. Os muitos mapas e planos reproduzidos em cores no livro, uma alta proporção deles até então ainda inéditos, atestam o entusiasmo com que faziam o seu trabalho. Seus utópicos projetos, é claro, estavam inseridos em uma longa tradição de planejamento na esteira da catástrofe urbana, da qual o mais famoso exemplo eram os planos de *Sir* Christopher Wren para a reconstrução de Londres após o Grande Incêndio de 1666. Plenamente conscientes dessa tradição, os autores incluíram uma extensa contribuição sobre Hamburgo, a maior cidade da Alemanha depois de Berlim, que foi severamente devastada em seu próprio Grande Incêndio de 1842, colocando a reconstrução do pós--guerra em um profundo contexto histórico. A tarefa de reedificação ficou a cargo de um inglês familiarizado com os planos de Wren, o engenheiro William Lindley, que falava alemão e à época estava supervisionando a construção de uma das primeiras ferrovias da Alemanha, bem perto da cidade semidestruída.

As estreitas ruas foram ampliadas, em parte para dar a um eventual incêndio futuro menores chances de se alastrar, e novas ruas foram abertas através dos escombros dos muitos e velhos becos. Uma segunda catástrofe atingiu a cidade um século mais tarde, na forma de uma epidemia de cólera que matou cerca de 10 mil pessoas em seis semanas, a única cidade da Europa Ocidental a ser gravemente afetada pela doença nesse estágio tardio da história do cólera. A epidemia havia sido causada em parte pela remoção de 20 mil estivadores e suas famílias para abrir espaço à instalação de novos galpões à beira-mar na década de 1880; esses trabalhadores (ao contrário das afirmações dos autores) não foram "realocados", mas simplesmente desalojados à força de suas casas, superlotando outras áreas e facilitando a rápida disseminação da epidemia quando ela chegou em 1892. Na esteira da epidemia, seguiu-se uma "erradicação de cortiços" em escala comparável, mas, novamente ao contrário do que afirmam os autores, isso não se deu pelo fato de que as casas e habitações em questão eram insalubres (embora o fossem), mas porque seus habitantes tinham liderado uma maciça greve portuária quatro anos depois, em 1896: esse foi o momento em que teve início a reconstrução, não em 1892, após a epidemia. Raras vezes a "erradicação de cortiços" era puramente altruísta; o cálculo político sempre teve peso considerável na decisão de levar a cabo programas de "bota-abaixo".

Os supostos centros de criminalidade e radicalismo esquerdista nos "Bairros dos Becos" de Hamburgo continuaram a ser eliminados durante as décadas seguintes, de modo a abrir caminho para imensos e medonhos prédios de escritórios (sendo o mais feioso de todos o muito elogiado edifício Chilehaus, uma agressão degradante para os olhos), refletindo uma mudança mais geral nas estruturas espaciais urbanas no final do século XIX e no início do século XX. As residências estavam se afastando dos centros da cidade, que por sua vez vinham sendo tomados por edifícios comerciais. Os planejadores buscaram tirar vantagem desse processo; os interesses comerciais levaram a melhor. Na Alemanha, contudo, os planejadores encontraram sua oportunidade com a chegada do Terceiro Reich. Hamburgo tinha de ser novamente remodelada, dessa vez como a porta de entrada do Estado nazista para o mundo. O tamanho da área da cidade se expandiu pela incorporação de municípios e vilarejos mais afastados em 1937; a intenção era que a cidade abrigasse alguns dos mais grandiosos projetos de construção de Hitler, entre eles um novo quartel-general para o partido nazista, que ficaria sediado em um arranha-céu mais alto do que o Empire State Building, e uma ponte suspensa sobre o rio Elba ("a maior ponte do mundo", nas palavras de Hitler) mais extensa que a Golden Gate.

Uma área para a realização de desfiles e paradas militares daria a 100 mil pessoas a oportunidade de se reunir para ouvir o *Führer* discursar, e uma nova e formidável *Autobahn* circundaria todo o perímetro da redesenhada cidade.

O plano foi convertido em lei em 1939, mas nunca deu em nada. O solo era macio demais para o arranha-céu, e o trabalho na ponte foi paralisado por causa da guerra. Ademais, outros planos não menos ambiciosos para a cidade previam a criação de mais espaços verdes (substituindo os distritos da classe operária, onde viviam os antigos comunistas e social-democratas, adversários ferrenhos e obstinados do nazismo), a racionalização do sistema de transportes e a desagregação da população em células urbanas de baixa densidade. Os planejadores ainda estavam trabalhando em maio de 1945, traçando linhas sobre seus mapas à medida que Hitler movia exércitos inexistentes de um lado para o outro sobre seus próprios mapas, na derradeira e catastrófica etapa da guerra.

A essa altura, não restava muita coisa de Hamburgo, que tinha sido submetida a alguns dos mais destrutivos raides aéreos da guerra em julho e agosto de 1943. A quantidade de entulho a ser retirada era de 35 milhões de metros cúbicos (em Berlim, foram 55 milhões de metros cúbicos de escombros). Antigos planejadores nazistas como Fritz Schumacher reiteraram sua velha ideia de uma cidade dividida em células semicomunitárias. Em Marselha, de fato, essa ideia já estava sendo posta em prática, pelo menos parcialmente, durante a guerra, pouco depois que os alemães invadiram a Zona Livre da França em novembro de 1942. Os nazistas abominaram a colorida mistura de raças que encontraram nos becos estreitos e nos cortiços da área imediatamente ao norte do Vieux Port. Era um "chiqueiro", e foi demolido no início de 1943 por ordens de Heinrich Himmler. Quatro mil judeus foram deportados para Auschwitz, e os outros habitantes do distrito, expulsos. Para justificar a drástica medida, os alemães alegaram que estavam seguindo um plano urbano pré-guerra traçado pelo arquiteto francês Eugène Beaudoin. Neste caso, a destruição causada por bombardeios aéreos mostrou-se desnecessária. Novos bulevares, rodovias e edifícios modernos substituíram a pitoresca esqualidez da antiga habitação, para o subsequente arrependimento dos que por fim mudaram-se de volta para lá. Uma região outrora abundante de vida perdeu sua alma.

Sem dúvida, algo parecido teria acontecido em muitas cidades europeias se as coisas tivessem saído conforme o desejo dos planejadores. No entanto, na maior parte delas a principal prioridade após a guerra era construir moradias para os habitantes que os raides aéreos de bombardeio haviam transformado em desabrigados. Quando possível, as ruínas eram simplesmente remendadas. Casas baratas eram construídas às pressas, rápido demais para levar em consideração o planejamento de longo prazo. Direitos de propriedade frequentemente obstruíam os planos para a reconfiguração de ruas e praças. O mais importante é que muitos europeus sentiram a necessidade de restaurar a normalidade reconstruindo as cidades tais quais tinham sido antes da guerra. "Não podemos nos conformar com a destruição da nossa herança arquitetônica", declarou um dirigente do alto escalão em Varsóvia em 1946: "Nós a reconstruiremos desde os alicerces, para depois passá-la às mãos das gerações futuras". O centro histórico da cidade de Frankfurt foi reerguido de forma idêntica ao pré-guerra, inclusive com novas casas em estilo enxaimel (obra de alvenaria com vigas de madeira visíveis) no Römerberg (no centro da cidade) idênticas às que haviam sido destruídas pelas bombas. Algumas cidades, como Roterdã, foram reconstruídas com base em um novo plano arquitetônico, mas nas ocasiões em que utopias de planejamento tomavam forma os resultados nem sempre eram bem recebidos pela população. O centro da nova cidade planejada de Cumbernauld, próximo a Glasgow, foi eleito em 2005 a pior edificação da Grã-Bretanha, e os moradores locais expressaram o forte desejo de vê-lo demolido. O livro reproduz muitos dos planos urbanísticos sem alma da era pós-guerra, com habitações semelhantes a caixas dispostas em fileiras simétricas de ambos os lados de amplas vias expressas, separadas por aquilo que Margaret Thatcher mais tarde menosprezou como "praças castigadas pelo vento".

De mal a pior foi a União Soviética, que chegou ao fundo do poço quando cidades arruinadas como Stalingrado (mais tarde renomeada Volgogrado) receberam majestosos edifícios públicos neoclássicos dispostos em torno de uma praça central celebrando o heroísmo do Exército Vermelho e do povo soviético durante a guerra, ao passo que o grosso da população foi enfiado em alojamentos de madeira, gesso e lajes de concreto nos subúrbios. Os dirigentes responsáveis pela reconstrução previram a construção de meio milhão de metros quadrados de espaço residencial por ano, menos de um terço dos quais seriam equipados com água corrente ou instalações de sistema de esgoto, e dos quais somente 30% foram divididos em apartamentos. Todos os projetos foram padronizados conforme a "administração estatal unificada da arquitetura". A padronização talvez tenha abaixado os custos, mas não propiciou nada além do tipo mais básico de habitação; os resultados ainda podem ser vistos hoje de uma ponta à outra da Europa Central e Oriental, em construções como os pavorosos blocos de prédios de apartamentos que desfiguram os arrabaldes de Bratislava ou as casas de baixo custo erguidas às pressas em cidades do antigo Leste Europeu como Leipzig ou Dresden.

Na cidade de Königsberg, capital da Prússia Oriental, raides da Força Aérea Real britânica (RAF) no fim de agosto de 1944 geraram uma tempestade de fogo que incinerou uma larga porção da cidade. O prolongado cerco do Exército Vermelho arrematou a destruição, e no fim da guerra menos de doze em cada cem edificações da cidade continuavam de pé. Ao todo morreram 42 mil habitantes de Königsberg, e a maior parte do restante tinha fugido ou fora evacuada. O vitorioso regime soviético deportou os alemães remanescentes, demoliu boa parte dos edifícios sobreviventes e renomeou a cidade Kaliningrado (em homenagem a Mikhail Kalinin, primeiro chefe de Estado soviético no cargo de presidente do Soviete Supremo), incorporando-a à URSS e russificando-a por completo. Gradualmente emergiu uma nova cidade soviética, dominada por uma "Casa dos Sovietes" de trinta andares rodeada por largas avenidas margeadas por edifícios de múltiplos andares amplamente espaçados. O planejamento aqui visava principalmente a apagar todos os vestígios do passado prussiano de Königsberg, mas produziu algo "muito mais parecido com os 'sonhos' dos planejadores do tempo de guerra e do pré-guerra do que a maioria das cidades reconstruídas da Europa Ocidental". No centro, onde outrora havia ruas de paralelepípedos e edifícios antigos peculiares, agora predominava a quase total ausência de edificações, criando um efeito hostil e anômico em qualquer pessoa que lá estivesse.

Na Europa Ocidental, monstruosidades como a nova torre de Paris, a Tour Montparnasse, pretendiam expressar um novo espírito de otimismo e progressismo após os desastres da guerra. Semelhante espírito de otimismo animava os 150 boletins, publicados entre 1940 e 1952, voltados para a construção, nas ruínas de cidades grandes e pequenas destruídas por bombardeios no Reino Unido, da "Cidade do Amanhã". Proclamou-se que uma Nova Jerusalém surgiria das cinzas das cidades arruinadas do passado. A *Blitz*, segundo comentou Julian Huxley, era "a sorte inesperada de um planejador". Em seus planos para Londres, Ernö Goldfinger e E. J. Carter declararam seu objetivo de dar à capital "ordem e eficiência e beleza e amplidão". Isso inevitavelmente exigiria mais destruição. A *Blitz* havia demolido algumas cidades e "devemos botar abaixo muitas mais", eles alertaram agourentamente.

    Contudo, em 1946 Raymond Postgate e G. D. H. Cole, dois intelectuais do Partido Trabalhista, queixaram-se de que já se tornara claro que qualquer coisa que exigisse compra compulsória "sofreria tenaz resistência de interesses velados". Planos ambiciosos para a Plymouth do pós-guerra, eliminando os confusos desenhos das ruas da cidade destruída e substituindo-os por sistemáticos padrões geométricos, deram em nada. O Plano para Plymouth propunha remover do centro da cidade certas estruturas arquitetônicas famosas, porque "em um projeto dessa magnitude [...] alguns dos prédios importantes vão interferir nas propostas". Mas as pessoas queriam que essas edificações permanecessem no lugar. Os planejadores enfrentaram a opinião popular, e perderam. "A conhecida capacidade inglesa de conciliação triunfará", vaticinou um planejador em tom melancólico, "e teremos uma cidade moderna adornada com ornamentos 'medievais': uma cidade com um modernizado sistema de ruas incongruentemente alinhado com falsas fachadas 'medievais'. Não resta dúvida", concluiu, "de que esse é o tipo de cidade futurística imaginada por muitos cidadãos". Ele estava certo.

    No entanto, esses ajustes de meio-termo amiúde tinham de dar lugar não apenas a interesses velados mas também cediam à voracidade do capitalismo pós-guerra. Na Alemanha, o materialismo do milagre econômico levou à cancerosa proliferação de gigantescas lojas de departamentos, todas idênticas entre si, construídas exatamente no mesmo formato onde quer que fossem abertas, de modo que uma loja de múltiplos pavimentos Horten seria instantaneamente reconhecida por sua fachada de treliça cinza-prateada, e suas rivais Karstadt ou Kaufhof por sua marca ou desenho inconfundíveis. Essas lojas não foram erguidas apenas em locais onde houve bombardeio: o centro medieval da cidade de Constança, por exemplo, que não sofreu danos causados por bombas porque, diz a lenda, durante a guerra o prefeito mantinha as luzes acesas para que os pilotos dos bombardeiros pensassem tratar-se da neutra Suíça, a poucos metros através da fronteira, foi desfigurada por uma colossal loja de departamentos plantada no meio de uma antiquíssima paisagem urbana. Em Londres, Frankfurt e outros centros comerciais, os planejadores não foram capazes de resistir à manhattanização dos cenários urbanos impelida pelo capitalismo global. Somente em alguns poucos lugares, construídos essencialmente em solo virgem, como a Tel Aviv de Patrick Geddes, o planejamento urbano pôde ser considerado um sucesso; onde cidades existentes tiveram de ser reconstruídas, no fim os planejadores foram ignorados por forças mais poderosas.

Desafiando todas as melhores intenções dos planejadores, ficou evidente que era impossível controlar o automóvel e confiná-lo aos limites urbanos, e na segunda metade do século XX o público começou a se voltar de novo para o transporte público. Na Inglaterra, o maciço fechamento de ferrovias na década de 1960, na esteira dos relatórios do Plano Beeching, mostrou-se, em retrospecto, um erro colossal. Movimentos de conservação asseguraram a preservação de edifícios mais velhos, como a Estação St. Pancras em Londres, depois da demolição de uma estação vitoriana quase vizinha, a de Euston, e sua substituição pelos barracões de concreto sombrios, feios e deprimentes de hoje. As utopias de planejamento urbano jamais foram populares exceto junto às elites políticas. Em seu *Family and Kinship in East London* [Família e parentesco no leste de Londres], publicado em 1957, Peter Wilmott e Michael Young pintaram um retrato funesto em que a cordialidade e a afetuosa simpatia do antigo East End deram lugar à anomia e ao distanciamento na nova cidade para onde as famílias vítimas de bombardeios foram obrigadas a se mudar. Ao fim e ao cabo, a destruição de cidades europeias na guerra mostrou ser uma bênção disfarçada, um mal que veio para bem. Os planejadores podiam até reclamar da "desordem das cidades" com sua "grande mixórdia de casas e fábricas", e políticos polemizaram "contra o provincialismo, contra a adoração do antigo", mas a maior a parte do povo gostava.

Os planejadores cuja obra é analisada e ilustrada nesse livro eram utopistas, homens que compartilhavam do radicalismo e dos ideais revolucionários da era modernista. Mas em muitos aspectos eram também parte de um movimento antiurbano mais amplo, documentado minuciosamente pela primeira vez em *Agrarromantik und Großstadtfeindschaft* (Romantismo agrário e hostilidade na cidade grande, obra de Klaus Bergmann publicada em 1970, mas infelizmente não mencionada nesse livro). Muitos deles queriam tornar a cidade mais parecida com a área rural. Tivessem tido liberdade, os estragos por eles causados seriam muito piores que os dos bombardeiros do marechal *Sir* Arthur Harris. A "cidade sustentável" na qual se concentra o planejamento dos dias de hoje tem alguma semelhança com a "paisagem urbana" com que sonhavam os planejadores nas décadas de 1930 e 1940; contudo, seus propósitos são mais modestos e realistas. O planejamento é necessário pelo menos para refrear o desenvolvimento urbano incontido e descontrolado. Uma cidade como Istambul, onde o crescimento foi desenfreado, praticamente não tem um único espaço verde para oferecer a seus habitantes exceto uma estreita faixa ao longo da costa do Bósforo. Não é de espantar que o povo turco tenha protestado contra a perda do último de seus parques.

De maneira geral, entretanto, no conjunto esse livro pode ser lido como uma crítica aos utopistas planejadores modernistas como Le Corbusier ou Fritz Schumacher. Mas o leitor tem dificuldade em extrair de suas páginas algum argumento consistente. Isso se deve em parte ao fato de que os autores volta e meia divagam em excesso, repetem-se, tergiversam, ficam empacados em questões secundárias. Há praticamente uma obsessão, por exemplo, com Schumacher, de cujo nome pouquíssimos leitores não alemães se lembrarão. E esses leitores ficarão espantados com o execrável padrão de boa parte das construções em língua inglesa. Ficamos sabendo, por exemplo, que os nazistas em Hamburgo planejavam uma *"belowground railway"* (ferrovia abaixo da superfície) que *"provided connectivity"* (propiciava conectividade), ao passo que as residências foram *"repurposed as office buildings"* (replanejadas como prédios de escritórios). O Elba seria atravessado por uma *"suspended bridge"* (ponte suspensa) com uma *"new marked-out route for the bridge"* (nova rota traçada para a ponte) proporcionada por uma *"tread road"* (estrada trilhada). Tudo isso baseado em um *"new plan for the destroyed Hamburg"* (novo plano para a destruída Hamburgo). A edição também é desleixada. D. H. Lawrence, por exemplo, é mencionado simplesmente como "D. H."!, Thomas Sharpe torna-se a certa altura Dennis Sharp, os planejadores alertavam a população para a *"inevibility of progress"* ("inevibilidade do progresso"), e a Prússia é confundida com a Rússia, com o ridículo resultado de que o mapa da página 213 supostamente ilustra "o antigo território de Hamburgo, agora incorporado à Rússia", que ficava a centenas de quilômetros de distância, do outro lado da Polônia. Bem mais grave do que esses deslizes invariavelmente cômicos, todavia, está o fato de que *Stadlandschaft* (paisagem urbana, denotando a fusão entre cidade e campo na nova cidade ruralizada) é repetidamente traduzido como "cidade regional", assim privando o conceito de seu significado óbvio ao assimilar a ele o obscuro termo usado nos EUA por Lewis Mumford para descrever sua própria e particular ideia urbana. Isso tudo é bastante lamentável, pois os editores e os autores produziram um volume altamente instrutivo com algumas interessantes citações contemporâneas e grande número de ilustrações lindamente reproduzidas. Talvez seja melhor simplesmente olhar para as figuras e desistir de pelejar para ler o texto.

Arte em tempo de guerra

A pilhagem de artefatos e objetos culturais em tempos de guerra e de insurreições políticas violentas continua a suscitar preocupação internacional no século XXI, exatamente como no século passado. O saque a sítios arqueológicos no Egito durante a recente revolução (depois que foram abruptamente abandonados por equipes de arqueólogos compreensivelmente preocupados com sua segurança pessoal) é apenas o exemplo mais novo. No Afeganistão e também no Iraque, a guerra foi seguida pelo roubo indiscriminado e em larga escala de museus e outros sítios, e não demorou muito para que objetos saqueados aparecessem em coleções do Ocidente.

O que pode ser feito com relação ao mercado de arte saqueada? Como a sociedade lidou com isso no passado e como deveria lidar agora? A história dessa prática é de fato bastante antiga, começando talvez com Jasão e os Argonautas à procura do Velo de Ouro; continuou com o hábito dos romanos de pilhar objetos de arte das cidades conquistadas a fim de desfilar com eles pelas ruas de Roma na procissão cerimonial do triunfo romano antes de exibi-los no Fórum. A pilhagem cultural em grande escala, com objetos roubados confiscados para exposição na capital do conquistador, era no mundo antigo um ato do Estado com o propósito deliberado de ostentar a supremacia do vitorioso e realçar a humilhação do derrotado. Aqui, diziam os objetos em exposição, está uma grande potência cujos generais foram capazes de derrotar potências rivais ricas e dotadas de muitos recursos; para os cidadãos do Estado vitorioso, a arte saqueada, ao ser exibida, alardeava que por meio das conquistas militares era possível obter recompensas, e para o resto do mundo servia como alerta de que era pouco prudente e pouco aconselhável entrar em conflito com um Estado de tanto poderio e esplendor.

Em Bizâncio, o Hipódromo era adornado com arte pilhada, e durante a Quarta Cruzada, em 1204, a própria cidade foi por sua vez saqueada pelos cruzados, com grande quantidade de butim cultural tendo sido levada para Veneza a fim de ornamentar a Basílica de São Marcos – em especial, é claro, os Quatro Cavaleiros do Apocalipse dourados que ainda hoje podem ser vistos na cidade. Durante a Guerra dos Trinta Anos, tropas suecas roubaram coleções de livros de uma ponta à outra da Europa para abastecer a biblioteca da Universidade de Uppsala. Em outros exemplos, como o saque de Magdeburgo, em 1631, quando o Exército do imperador do Sacro Império Romano massacrou os habitantes da rebelde cidade protestante alemã, os soldados saíram de controle e promoveram uma brutal destruição tendo em vista seu enriquecimento pessoal. A bem da verdade, Magdeburgo causou amplo desalento e generalizada perplexidade em toda a Europa; embora alguns dos primeiros advogados modernos, como Grotius, admitissem que, contanto que uma guerra fosse travada por uma causa justa, qualquer propriedade tomada do inimigo tornava-se propriedade do indivíduo ou do Estado que dela se apropriava, também recomendavam moderação e insistiam em que os soldados necessitavam a expressa permissão de seus comandantes antes de praticar qualquer espécie de pilhagem.

De fato, a pilhagem individual sempre andou lado a lado com a espoliação endossada pelo Estado, mas isso também suscitou mais desaprovação e controvérsia. O caso mais notório de todos foi o de Thomas Bruce, sétimo duque de Elgin, embaixador britânico na corte otomana. Elgin obteve permissão do sultão para levar peças do Partenon, em Atenas, então sob o jugo turco, o que ele e sua equipe fizeram com entusiasmo – e descuido, quebrando diversas esculturas no processo de remoção dos mármores; diversos navios carregados de obras de arte levaram essas peças para a Inglaterra, onde Elgin pretendia usá-las para decorar sua própria casa.

Esses são apenas alguns dos exemplos mais notórios de uma vasta série de espoliações de antiquíssimos vestígios arqueológicos no século XIX, muitos dos quais foram levados de territórios ocupados pelo Império Otomano por intermédio de compra ou acordo com as autoridades otomanas, quase sempre por meio de suborno. Mesmo na época, as atitudes de Elgin, tanto na Inglaterra quando no incipiente movimento pela independência grega, geraram uma enxurrada de críticas, corroboradas por lorde Byron em alguns de seus mais mordazes versos satíricos. Os defensores dessas "aquisições" argumentavam sobretudo que as obras de arte não estariam a salvo caso permanecessem em seu próprio local de origem, uma vez que os moradores locais já vinham escavando muitos desses sítios arqueológicos para extrair materiais de construção; os críticos alegavam que as peças sofriam danos mais graves por obra daqueles que as cortavam em pedaços a fim de roubar as partes mais valiosas.

As ações de Elgin refletiam sua convicção de que os ingleses instruídos eram os verdadeiros herdeiros da civilização clássica, cujo legado permeava as mentes das elites refinadas da Europa. Em nenhum outro lugar essa influência foi maior do que na França revolucionária, quando os vitoriosos Exércitos napoleônicos arrancaram uma série de concessões dos Estados europeus conquistados, em especial o Tratado de Tolentino, assinado pelo papa em 1797, que dava aos franceses o direito de apoderar-se de obras de arte para abastecer o Museu do Louvre, fundado em 1793. Em meio ao acervo de bens saqueados que os franceses confiscaram em todo o território italiano e levaram para Paris estavam os Quatro Cavaleiros do Apocalipse da Catedral de São Marcos em Veneza e uma profusão de estátuas da Grécia antiga, que entraram na cidade em uma procissão triunfal de estilo romano, acompanhada de estandartes em que se lia: "A Grécia as abandonou, Roma as perdeu, seu destino mudou duas vezes; nunca mais mudará de novo". Essas peças ganharam a companhia de pinturas renascentistas, além de camelos e leões vivos e de todo o arquivo papal. Tudo isso salientou a reivindicação de Paris à reputação de nova Roma. Somente os franceses, dizia a proclamação, eram suficientemente civilizados para apreciar tamanhos tesouros. Durante a invasão francesa do Egito em 1798, imensas quantidades de antiguidades foram coligidas por uma equipe de 167 cientistas, acadêmicos e artistas enviados para a África por Napoleão. Quando Bonaparte foi derrotado, os britânicos reivindicaram a coleção – inclusive a famosa Pedra de Roseta – como butim, validado pelo Tratado de Alexandria, e a levaram para o Museu Britânico, onde permanece ainda hoje. Ninguém parece ter feito objeções.

Os espólios (ou a decisão acerca do que fazer com eles) ainda ficavam com o vencedor, e, depois da derrota de Napoleão na Batalha de Waterloo, os prussianos recuperaram as obras de arte e os objetos culturais que haviam sido roubados deles à força. No entanto, a essa altura, as atitudes já estavam começando a mudar. O duque de Wellington, comandante dos Exércitos aliados, resistindo a apelos do príncipe regente britânico no sentido de comprar algumas das peças mais requintadas para a coleção real, decidiu tomar providências a fim de que o restante das obras fosse devolvido aos "países dos quais", ele escreveu, "contrariamente à prática da guerra civilizada, elas tinham sido arrancadas durante o desastroso período da Revolução Francesa e da tirania de Bonaparte". "Os mesmos sentimentos que induzem as pessoas da França a desejar manter quadros e estátuas de outras nações", acrescentou ele, "naturalmente induziriam outras nações a desejar, agora que o êxito está ao lado delas, que a propriedade seja devolvida a seus legítimos donos". Em adição, ele apontou, devolvê-las sublinharia para os franceses a escala e o caráter decisivo e final de sua derrota, ao passo que mantê-las em Paris talvez os encorajasse a acreditar que eram de fato os legítimos senhores da Europa.

Na ocasião, apenas pouco mais da metade dos objetos foi devolvida; o restante havia sido enviado para museus provinciais na França sem o conhecimento dos Exércitos de ocupação aliados. Esses eventos suscitaram amplo debate em toda a Europa. Paradoxalmente, resultaram em uma nova determinação por parte dos Estados europeus de fundar ou expandir museus e despachar expedições para adquirir antiguidades e artefatos culturais, seguindo a diretriz de Napoleão em detrimento da orientação de Wellington. Esse novo desdobramento, entre outros, levou, por exemplo, à aquisição dos Mármores de Elgin pelo Museu Britânico em 1816. No entanto, a desaprovação de Wellington em relação à pilhagem militar encontrou, de fato, um número considerável de apoiadores à medida que o século XIX avançava. O próprio duque considerava que os saques distraíam as tropas das operações militares em andamento e inimizavam a população local, cujo apoio, conforme mostrava a experiência do duque na expulsão das forças napoleônicas da Espanha, era muito importante manter (à época, Wellington conquistou a simpatia dos moradores locais mantendo a disciplina dos seus soldados, e, em troca, *guerrilleros* lutaram ao lado dos britânicos na península Ibérica).

Esta última consideração desempenhou papel significativo na Guerra de Secessão dos Estados Unidos, em que a União quis evitar danos permanentes em universidades, museus e suas coleções no Sul, e para tanto ordenou que obras de arte clássicas, bibliotecas, coleções científicas ou instrumentos preciosos, como telescópios astronômicos, bem como hospitais, deveriam ser protegidos contra todos os danos evitáveis, mesmo quando estivessem contidos em locais fortificados sob cerco ou bombardeados. Foi o primeiro reconhecimento formal de que bens culturais eram diferentes de outros tipos de propriedade, formando a base para as declarações internacionais posteriores sobre a questão.

A ascensão do Estado-nação trouxe consigo a conscientização progressiva da necessidade de preservar o patrimônio nacional. Assim, a ideia de que a pilhagem de objetos culturais em tempo de guerra deveria ser banida ganhou força. Nações europeias começaram a catalogar e proteger seus próprios artefatos e artigos de valor, além de tomar medidas para preservar o que cada vez mais passou a ser considerado a herança cultural europeia comum, acima de tudo na Grécia e na Itália. Até a destruição e pilhagem do Palácio de Verão do imperador chinês pelos ingleses e franceses na Segunda Guerra do Ópio, em 1860, despertou críticas generalizadas na Europa. Em 1874, a Declaração de Bruxelas sobre leis e costumes de guerra baniu a destruição de propriedade inimiga a menos que isso fosse uma necessidade do ponto de vista militar. Esses princípios foram elaborados na Primeira Conferência de Haia em 1899 e consagrados na Convenção de Haia de 1907, da qual a Alemanha foi uma das signatárias (ponto significativo em vista dos eventos ocorridos mais tarde no mesmo século).

A Convenção proscreveu explicitamente o que chamou de "pilhagem" e declarou que o país ocupante deveria agir como curador das propriedades e posses dos Estados derrotados e seus cidadãos. O problema estava, contudo, na moderna guerra de artilharia, com projéteis altamente explosivos, e no peso e na massa dos equipamentos militares então disponíveis, que tornavam muito mais fácil do que antes o bombardeio indiscriminado de cidades grandes e pequenas.

Entrementes, o advento da democracia e o nacionalismo de massa tinham começado a transformar a natureza da guerra em um conflito não entre exércitos profissionais mas entre nações e povos inteiros, em que atacar populações civis por meio de bloqueio econômico ou, de fato, bombardeio aéreo ou a partir do solo estava se tornando tacitamente aceito, ainda que, com o estado da tecnologia militar à época, localizar com precisão os alvos de modo a evitar monumentos culturais era mais ou menos impossível.

Na Primeira Guerra Mundial, zepelins bombardearam Londres, e bombardeios alemães e austro-húngaros destruíram o Museu Nacional da

Sérvia em Belgrado. Mostrou-se impossível deter ações como a destruição da Universidade Católica e da Biblioteca de Louvain pelo Exército alemão em 1914, juntamente com diversos outros monumentos menos famosos. Por outro lado, a pilhagem efetiva e em particular o roubo ou a remoção de obras de arte foram realizados em escala razoavelmente limitada durante a Primeira Guerra Mundial, pelo menos em comparação com o que veio depois. O impasse na Frente Ocidental assegurou que houvesse poucas oportunidades, para os alemães, de adquirir ilicitamente obras de arte – Paris localizava-se muito além da zona alemã, por exemplo –, e ao que parece há poucos exemplos conhecidos de roubos na mais móvel Frente Oriental. A Convenção de Haia, assinada tão recentemente, ainda impunha algum respeito.

Não por muito tempo. Na Segunda Guerra Mundial a prática de pilhagem, roubos, saques e espoliação de objetos culturais chegou a um grau que fazia parecer menor qualquer coisa que tivesse sido vista até na França revolucionária e nos períodos napoleônicos. A Primeira Guerra Mundial pode não ter testemunhado uma dose considerável de roubo endossado pelo Estado, mas o caos do conflito abriu um novo mundo para a expropriação em escala geral. A Revolução Bolchevique na Rússia foi seguida pelo confisco amplo e indiscriminado de propriedades privadas. E, na Alemanha, os nazistas acreditavam que tinham o direito de tomar o que seus inimigos – em especial os sindicatos e os socialistas – possuíam, sem indenização ou compensação, o que fizeram tão logo chegaram ao poder, acrescendo a isso a expropriação etapa por etapa dos bens e propriedades dos judeus da Alemanha. Na luta de todos contra todos que esse social-darwinismo (pelo menos na versão em que os nazistas acreditavam) pregava, quem tem a força tem a razão, a razão do forte é sempre a melhor, e os derrotados não tinham direito à propriedade ou nem sequer, em última instância, à vida.

Na prática, é claro, essas convicções legitimaram não apenas práticas formais de pilhagem e expropriação pelo partido nazista e pelo Estado alemão, mas também atos individuais aleatórios e generalizados de roubo, chantagem e extorsão por parte de membros comuns do partido, dirigentes e funcionários de baixo escalão, milicianos das tropas de assalto de baixo escalão e, durante a guerra, membros das Forças Armadas. Não é de espantar que em pouco tempo o Terceiro Reich tenha se tornado sinônimo de corrupção. Alguns poucos oficiais da elite nazista usavam sua fortuna recém-adquirida para começar a formar imensas coleções de arte, tanto pessoais como institucionais. Hermann Göring, por exemplo, era dono de dez casas, castelos e uma residência de veraneio, tudo mantido à custa do dinheiro dos contribuintes. Em todos esses endereços, e particularmente em sua enorme e cada vez maior residência de veraneio em Carinhall, cujo nome era uma homenagem a sua primeira esposa, Göring queria exibir obras de arte, tapeçarias, pinturas, esculturas e muito mais, a fim de enfatizar seu *status* de segundo homem no comando do Reich.

Em contraste, Adolf Hitler, o figurão supremo do Reich, fazia questão de evitar demonstrações ostensivas de riqueza pessoal, preferindo em vez disso acumular uma coleção de arte para uso público. Hitler havia muito tempo planejava converter sua cidade natal – Linz, na Áustria – na capital cultural do novo Reich, inclusive desenhando esboços para os novos edifícios públicos e museus que lá esperava construir. Berlim também teria que ostentar museus condizentes com seu novo *status* de "Germânia", a vindoura capital do mundo. Em 1939, Hitler contratou os serviços de um historiador da arte, Hans Posse, diretor de um museu de Dresden, para compor a coleção necessária a seu propósito. Posse contava com verbas quase ilimitadas, e na metade da guerra estava adquirindo objetos de arte (a preços manipulados e afrontando as leis individuais dos países) de toda a Europa ocupada pela Alemanha, tendo reunido, por ocasião de sua morte, um inacreditável total de quase 8 mil peças.

Em março de 1938, os nazistas invadiram a Áustria. Enquanto soldados alemães e nazistas austríacos arrombavam as casas dos judeus, roubando tudo o que bem quisessem, ou paravam mulheres judias nas ruas e ali mesmo arrancavam suas joias e casacos de pele, a SS e a Gestapo rumaram diretamente para as residências das famílias judaicas mais abastadas de Viena, com ordens de confiscar seu conteúdo. No topo da lista estavam os Rothschild, cujas coleções de arte foram apreendidas e a seguir postas em leilão para quitar supostas dívidas fiscais – uma prática comum na década de 1930, facilitada em 1939 pela imposição de impostos e taxas especiais a judeus austríacos e alemães. Outras leis novas exigiam que os judeus que emigravam deixassem para trás seus bens, que seriam apropriados pelo Reich. Depois da conquista da França em 1940, também, as propriedades dos cidadãos que haviam fugido do país caíram nas mãos do Reich alemão; por fim o mesmo aplicou-se a todos os judeus deportados dos países europeus ocupados para Auschwitz e outros campos de extermínio no leste.

A pilhagem também foi prática bastante corrente em países habitados por povos que os nazistas consideravam "subumanos". Na mente nazista a cultura alemã era intrinsecamente superior às outras, e raças inferiores eram incapazes tanto de manter seu próprio patrimônio cultural quanto de salvaguardar os produtos de outras culturas. Portanto, os artefatos culturais alemães tinham de ser repatriados. Essas convicções eram resquícios da concepção francesa, sob Napoleão, de que somente a França tinha o direito de salvaguardar a cultura europeia, mas é claro que os nazistas levaram esse credo ainda mais longe, deram-lhe um toque racial e o puseram em prática em uma versão extrema da ideologia nazista do século XIX para seu próprio suposto legado histórico em detrimento do legado do mundo clássico.

Depois da tomada alemã, em março de 1939, do que restara do Estado tcheco após o Acordo de Munique de setembro do ano anterior, os invasores começaram a confiscar objetos – sem pagar indenização – de coleções privadas e públicas, entre eles não apenas itens alegadamente alemães do Museu Nacional e da biblioteca da Universidade Carolina em Praga, mas também dos palácios das famílias Habsburgo, Schwarzenberg e Lobkowitz. Contudo, o tratamento que Hitler deu à Tchecoslováquia foi relativamente brando comparado ao que reservou aos poloneses, cujo país ele invadiu em setembro de 1939. Hitler jurou varrer da face da Terra a cultura e a identidade polonesas. Os invasores alemães roubaram enormes quantidades de butim cultural. Casas de campo de aristocratas na rota da invasão foram reviradas, e seus donos pressionados para revelar o paradeiro de tesouros escondidos. Em 16 de dezembro de 1939, as autoridades alemãs ordenaram o registro compulsório de todos os objetos culturais e obras de arte datados de antes de 1850, juntamente com joias, instrumentos musicais, moedas, livros, mobília e muito mais do mesmo período, em áreas da Polônia anexadas ao Reich. Tudo isso foi devidamente confiscado, além da vasta maioria das propriedades polonesas nessas áreas. As ordens em vigor constituíram uma licença aos alemães para saquear o que bem quisessem.

O nazista Hans Frank, jurista e especialista legal, administrou o restante da Polônia, decorando seu quartel-general com obras de arte roubadas e despachando troféus para sua casa na Baviera (quando tropas americanas lá chegaram em 1945, encontraram um Rembrandt, um Da Vinci, uma madona do século XIV de Cracóvia, além de paramentos e cálices roubados de igrejas polonesas). Houve desentendimentos entre os nazistas, pois, enquanto Hermann Göring tentava obter quadros para si próprio, Hans Frank opôs-se à remoção dos achados mais valiosos de seu quartel-general. Talvez não fosse uma ideia tão ruim, visto que Frank não fazia ideia de como expor ou exibir as obras dos antigos mestres, e certa feita foi repreendido pelo historiador da arte nazista Kajetan Mülhmann – delegado especial para a captação de arte nos territórios ocupados – por pendurar um quadro de Leonardo da Vinci acima de um radiador.

Esse processo de pilhagem e expropriação repetiu-se em escala ainda maior quando a Alemanha invadiu a União Soviética em 22 de junho de 1941. Entre os itens roubados mais famosos estava a celebrada Sala de Âmbar dada de presente a Pedro, o Grande pelo rei Guilherme I da Prússia e posteriormente ampliada por novos mimos de seu sucessor. Os soviéticos tinham arrancado todos os móveis e itens removíveis da sala mas deixaram no lugar os painéis de âmbar, e o aposento, instalado na Palácio de Catarina na cidade de Púchkin (Tsárskoie Selo), foi desmantelado e levado a Königsberg, na Prússia Oriental, onde foi colocado em exibição; a maior parte da sala foi destruída na batalha por Königsberg no fim da guerra, e quaisquer itens remanescentes guardados eventualmente em algum depósito terão virado pó. Os soviéticos, é claro, haviam tirado do alcance dos Exércitos invasores um bocado de tesouros culturais. Não havia nenhuma coleção de arte privada formidável na União Soviética, uma vez que tudo havia sido confiscado pelo Estado comunista, e os alemães jamais conseguiram conquistar Moscou ou São Petersburgo; mesmo assim, ainda restava muita coisa a ser saqueada. De Kharkov, então a terceira maior cidade da União Soviética e a mais populosa que os nazistas capturaram, foram roubadas 279 pinturas. O *Reichsführer* Heinrich Himmler confiscou imensas quantidades de telas para decorar e guarnecer o planejado quartel-general da SS em Wewelsburg.

A escala das pilhagens e expropriações praticadas pelos alemães entre 1938 e 1945 era, pois, inaudita – e seu legado continuou muito além da derrota nazista. Os bolcheviques, que tinham usado a ideologia comunista para justificar o confisco em massa de propriedades privadas após 1917, não desconheciam a prática, e as atrocidades nazistas ensejaram a oportunidade, ou desculpa, para atos similares de espoliação (tanto oficial como individual) pelo Exército Vermelho nos estágios finais da guerra. Em sua precipitada retirada, os alemães foram obrigados a deixar para trás inúmeras coleções, como tantas outras que havia pela Europa, a essa altura guardadas em porões, minas e outros esconderijos longe do calor da batalha e dos destrutivos raides aéreos de bombardeio. Unidades soviéticas especiais formadas para missões de recuperação de obras de arte percorriam o interior e as áreas rurais à procura dessas reservas escondidas, e o que conseguiam encontrar era levado para um repositório especial em Moscou. Com o estabelecimento da República Democrática Alemã como um aliado, ou Estado cliente, da União Soviética após 1949, por fim foi devolvido à Alemanha Oriental 1,5 milhão de objetos culturais. Mas boa parte do restante se perdeu. O prefeito de Bremen, cidade alemã no noroeste da Alemanha, por exemplo, havia enviado a coleção de arte municipal para que fosse salvaguardada em um castelo não muito distante de Berlim, onde tropas soviéticas a encontraram. Ao chegar ao local para inspecionar a coleção, Viktor Baldin, arquiteto russo alistado no Exército Vermelho, constatou que havia valiosas obras espalhadas pela zona rural e fez o melhor que podia para recuperá-las; em um dos casos negociou com um soldado russo e trocou com ele um par de botas por uma água-forte de Albrecht Dürer. Enquanto mantinha consigo centenas de gravuras que havia encontrado à espera da oportunidade de devolver sua reserva a Bremen, outros itens da mesma coleção começaram a aparecer no mercado de arte a intervalos; um *marchand* deu a uma mulher de Berlim 150 marcos e meio quilo de café por um Cranach em 1956.

Por fim, quando Mikhail Gorbatchev inaugurou um regime mais liberal na Rússia, Baldin pôde solicitar ao governo que iniciasse negociações para a devolução da coleção. O Conselho Municipal de Bremen ofereceu um painel da Sala de Âmbar surripiado por um soldado alemão que havia sido encarregado de desmontar e acondicionar as partes do aposento, e um pequeno número de outros itens foi restituído, mas isso não era suficiente, e os russos se perguntaram por que motivo deveriam devolver arte saqueada para a Alemanha quando tantos de seus próprios tesouros culturais haviam desaparecido ou sido destruídos como resultado de ações dos Exércitos nazistas invasores. De fato, em 1998 a Duma russa declarou que todas as obras de arte adquiridas como frutos de pilhagem eram propriedade do Estado, exigindo um ato do parlamento para que pudessem ser devolvidas aos alemães. As polêmicas continuam a grassar nos círculos políticos russos, e nesse meio-tempo o grosso da coleção permanece no Ermitage; 1.500 itens do acervo do museu estatal de Bremen ainda são tidos como desaparecidos.

Em meio ao caos e à destruição dos últimos meses da guerra, muitos objetos culturais valiosos de todos os tipos foram perdidos ou destruídos. Os Aliados ocidentais, principalmente como resultado de pressão sobre as autoridades militares por parte de zelosos especialistas em arte ingleses e americanos, tinham aguda consciência da necessidade de preservar o patrimônio cultural da Europa na fase final do conflito – mesmo antes dos desembarques do dia D em 1944. O supremo quartel-general de Einsenhower estabeleceu uma seção ou programa de Monumentos, Belas-Artes e Arquivos (MFAA, na sigla em inglês), incumbido de localizar e salvaguardar objetos culturais e impedir sua pilhagem por soldados dos Aliados. Por toda parte, oficiais dos EUA começaram a inventariar e compilar listas de obras de arte roubadas a fim de evitar que nazistas mantivessem essas obras escondidas e lucrassem com elas no mercado de arte tão logo a memória da guerra desvanecesse. Unidades da MFAA acompanhavam o Exército em incursões a cidadezinhas libertadas, vasculhavam castelos e minas, e começaram a armazenar artefatos culturais, preparando a devolução aos donos originais.

As obras de arte saqueadas encontradas na Alemanha eram armazenadas no ponto central de coleta de Munique. Logo teve início uma operação de grande envergadura para devolver as peças, e caminhões e trens atravessaram a Europa transportando milhares de pinturas, desenhos, esculturas e altares a seus locais de origem. Os pontos de coleta foram finalmente fechados em 1951, quando os objetos remanescentes foram repassados a uma agência da Alemanha Ocidental, que restituiu mais 1 milhão de achados a seus donos, três quartos dos quais fora da Alemanha, no decorrer dos dez anos seguintes. As obras restantes, cerca de 3.500 lotes, foram então distribuídas para museus alemães e outras instituições, a partir das quais poderiam ser, e ainda são, reivindicadas mediante a apresentação da documentação adequada. Inevitavelmente, o paradeiro de grande número de peças continuou ignorado – pelo menos 20 mil itens desaparecidos, de acordo com uma estimativa. Na maioria são pequenos itens – prataria, cerâmica, joias e afins – ou pinturas e croquis de artistas menos famosos, obscuros o suficiente para ter escapado à atenção dos especialistas em arte. Talvez não seja tarefa simples esconder quadros famosos de artistas célebres, mas itens desse tipo eram bem mais fáceis de ocultar até que se apresentasse uma oportunidade de colocá-los à venda. Durante a década de 1950, os *marchands* não estavam exatamente preocupados com a proveniência dos itens que colocavam em leilão: a maior parte do esforço dos negociantes de arte era voltada para o estabelecimento de sua autenticidade. Inúmeras obras de arte foram disponibilizadas no mercado por pessoas que as haviam adquirido de maneiras duvidosas durante a guerra e depois as vendiam para instituições que em muitos casos as compravam sem saber de sua origem.

Na esteira da devolução de uma quantidade tão grande de obras de arte saqueadas a seus donos no rescaldo da guerra, o número de ações de restituição caiu drasticamente no decorrer da década de 1950. Ademais, as limitações de tempo para as reivindicações legais de produtos roubados existiam, e ainda existem, em quase todos os países europeus (Alemanha, trinta anos; Inglaterra, seis anos). Somente dois países na Europa não contam com essa legislação de prazos prescricionais: a Polônia, por causa da colossal escala da espoliação a que as coleções polonesas foram submetidas ao longo da guerra, e a Grécia, por causa dos Mármores de Elgin. Em essência, tornou-se muito difícil para os antigos donos obter reparações legais pela apropriação indevida de seus bens durante uma guerra que durou até 1945, tanto tempo atrás. O interesse na restituição mais ou menos morreu em face de todos esses obstáculos.

Na sequência, em 1989-90, ocorreram a queda do Muro de Berlim e o colapso do comunismo. À medida que os processos judiciais para a restituição de casas e empreendimentos comerciais confiscados pelo comunismo a partir de 1949 aumentaram em número, ações legais de compensação por perdas e danos causados pelo regime nazista começaram a ser movidas, especialmente por ex-trabalhadores forçados. Nos Estados Unidos, e até certa medida também em outros lugares, a memória histórica do Holocausto se popularizou e passou a figurar nas tendências dominantes da cultura nacional: museus memoriais foram fundados em muitas cidades, e a mídia de massa deu mais atenção ao tema, atingindo talvez o ponto mais alto com o filme *A lista de Schindler*, de Steven Spielberg. A década de 1990 viu a renovação dos julgamentos dos crimes de guerra em alguns países (embora tenham sido poucos, e com êxito irregular). E os arquivos da Europa Oriental foram abertos para investigação, permitindo que muitas obras desaparecidas fossem rastreadas.

Assim, o mundo da arte redespertou para o problema da arte saqueada depois de décadas tratando-o como prioridade secundária. Em dezembro de 1998, um novo tom foi estabelecido pela Conferência de Washington sobre os Bens da Era do Holocausto, encabeçada pelo Departamento de Estado dos EUA com a participação de mais de quarenta governos nacionais e inúmeras ONGs convidadas. Essa reunião se valeu da experiência da conferência internacional organizada no ano anterior em Londres para lidar com a questão do destino do ouro roubado pelos nazistas, inclusive o ouro de dentes e obturações removidos das vítimas dos campos de extermínio, boa parte do qual havia ido parar nos cofres de bancos suíços no fim da guerra. A Conferência de 1998 exigiu a pesquisa e identificação de toda a arte que tivesse sido confiscada pelos nazistas, com vistas à devolução a seus legítimos proprietários com base em fundamentos morais, ainda que não tivessem direito legal a isso. Os compromissos firmados na Conferência de Washington foram seguidos por acordos similares entre diretores de galerias de arte e museus. Resoluções de organismos internacionais como o Conselho da Europa tiveram efeito semelhante. Nesse clima, as chances de êxito dos demandantes no sentido de assegurarem a restituição de obras de arte saqueadas aumentaram drasticamente.

Considerando o clima favorável para a devolução da arte saqueada, muitos tinham a expectativa de que museus e galerias do Reino Unido e de outros países seriam inundados com pedidos, reclamações e reivindicações. Mas isso não aconteceu. Em muitos casos a pista havia esfriado, e provas são quase que por definição difíceis de obter, já que em muitos casos nos quais o pedido era claro houvera acordo no imediato rescaldo do pós-guerra. Não raro os proprietários originais já estavam mortos, e por vezes seus herdeiros também foram assassinados por nazistas. Inúmeras famílias pereceram, inteiras, em Auschwitz e em outros campos de extermínio; e, enquanto instituições, museus e galerias dispunham do conhecimento, dos recursos e das evidências para instaurar processos e ações judiciais na tentativa de reaver o que haviam perdido, o mesmo quase nunca se aplicava a pessoas físicas. Assim, apenas uma pequena fração das obras de arte identificadas por museus e outros organismos como sendo de procedência desconhecida entre os anos de 1933 a 1945 foi efetivamente objeto de pedido de devolução. O Painel Consultivo de Espoliação do Reino Unido, criado pelo Departamento de Cultura, Mídia e Esportes, trata desde então de pouco mais de um caso por ano, embora o gotejamento constante de pedidos de devolução não dê sinais de que vá secar. Tendo em vista essa tendência, outros países como os Estados Unidos mostram-se relutantes em seguir o exemplo e criar organismos públicos similares.

Qual é, então, o futuro da preservação e da restituição? No que diz respeito à arte tirada de um país por outro, como princípio geral há claramente um embate entre a necessidade de qualquer nação de preservar e exibir sua própria herança cultural e a necessidade da comunidade global de aprender sobre outras culturas por meio de instituições universais como o Metropolitan ou o Museu Britânico. O próximo passo é certamente aceitar a validade do museu universal, mas abrir exceções onde o roubo de um objeto tenha sido relativamente recente, ou onde o objeto roubado seja de extraordinária importância cultural e histórica para a nação ou região de onde foi, legal ou ilegalmente, removido.

No processo de correção dos erros do passado, claramente não é possível chegar a algo que seja parecido com a restituição adequada em escala global. O principal ímpeto para o esforço de restituição tem sido dirigido à reparação dos crimes cometidos pelos nazistas, principalmente porque os sobreviventes e seus herdeiros imediatos ainda estão entre nós. Como o professor Michael Marrus comentou em seu recente estudo acerca do tema, "a campanha de restituição do Holocausto surgiu em circunstâncias tremendamente insólitas; é improvável que sejam reproduzidas, e portanto é improvável que afetem outras campanhas por justiça para erros históricos". No fim, ele diz:

> A restituição está mais relacionada ao presente do que ao passado: ela fala aos sobreviventes que ainda estão entre nós [...] à sociedade em geral, para a qual pode-se dizer que tais questões são importantes [...] e a um mundo em que a injustiça e o mal ainda são por demais habituais – mas para o qual, pelo menos, devemos ter mecanismos disponíveis, quando a carnificina terminar, para procurar alguma medida de justiça.

Se por um lado existe um esforço sincero e até certo grau eficiente em âmbito mundial de restituir a arte saqueada no período nazista, por outro a comunidade internacional tem sido evidentemente malsucedida quanto à capacidade de evitar a pilhagem e a destruição durante e imediatamente após novos conflitos militares. Embora haja agora uma legislação volumosa e adequada para a preservação de artefatos culturais em tempos de guerra, ainda é muito difícil impor e fazer cumprir essas leis de maneira eficiente. A intervenção internacional em conflitos como o dos Bálcãs na década de 1990 é obviamente difícil de organizar e de lenta implementação. Quando isso ocorrer, talvez seja tarde demais.

Na esteira da desintegração da Iugoslávia, forças sérvias deliberadamente bombardearam a biblioteca pública de Sarajevo, na tentativa de obliterar a memória cultural e histórica da Bósnia, ao passo que artilheiros bósnios derrubaram a histórica e simbólica Ponte de Mostar e, nos locais por eles conquistados, vandalizaram igrejas ortodoxas sérvias.

No caos que se seguiu à invasão do Iraque por tropas americanas e aliadas no início do século XXI, a motivação para a pilhagem e a destruição não foi o genocídio cultural mas o ganho privado, aliado à indiferença militar. De acordo com o que escreveu o repórter Robert Fisk:

> Eu estava entre os primeiros a entrar no saqueado museu arqueológico de Bagdá, abrindo caminho ruidosamente entre pilhas de potes babilônicos estraçalhados e estátuas gregas quebradas. Assisti à biblioteca islâmica de Bagdá sendo consumida pelo fogo – Corões dos séculos XIV e XV abraçados por chamas tão fulgurantes que meus olhos doíam de olhar dentro do inferno. E passei dias caminhando penosamente através dos buracos e túneis dos saqueadores de Samaria, vastas cidades desenterradas, suas preciosas relíquias despedaçadas – milhares e milhares de magníficos jarros de argila, seus gargalos graciosos como pescoços de garça, todos quebrados por quem procurava ouro, ou jogados para o lado enquanto os caçadores escavavam ainda mais fundo à cata de tesouros mais velhos.

Como Fisk relata: "De 4 mil artefatos descobertos em 2005 dos 15 mil objetos saqueados do Museu de Bagdá dois anos antes, mil foram encontrados nos Estados Unidos [...] 600 na Itália", muitos deles saqueados por ordem de colecionadores particulares e seus agentes. A ganância, ele observou, tinha sido globalizada. É difícil resistir à comparação com 1945, quando os cuidadosos preparativos feitos pelo MFAA garantiram que o patrimônio cultural europeu fosse em grande parte preservado e que os bens saqueados retornassem aos legítimos proprietários.

É primordial aprender as lições da Segunda Guerra Mundial e colocar em prática – antecipando-nos a futuros conflitos – mecanismos e medidas eficazes para resgatar e restituir objetos culturais e evitar o saque. Essas providências não foram tomadas no Iraque em 2003, e a devastação foi imensa.

A comunidade internacional não é capaz de evitar o saque e a destruição no decurso de conflitos civis, mas pode tomar medidas para minimizá-los em casos de conflitos entre Estados. Acima de tudo, o mundo da arte e dos museus precisa ser mais vigilante no monitoramento do comércio de bens saqueados na esteira de conflitos como os do Iraque ou do Afeganistão, e as agências de aplicação da lei precisam entrar em cena e intervir com sanções contra aqueles que incentivam isso – ou se beneficiam disso. Em um mundo globalizado, cada Estado tem, como a Convenção da Haia já pediu com insistência mais de um século atrás, o dever de atuar como um curador da cultura de todas as nações, não apenas da sua própria.

Agradecimentos

O autor agradece a Victoria Harris pela assistência na compilação deste volume. Autor e editora são gratos pela permissão para reproduzir os seguintes artigos:

1. "Spot and Sink". Resenha de David Stevenson, *With Our Backs to the Wall. Victory and Defeat in 1918* (Penguin/Allen Lane, 2011), in *London Review of Books*, vol. 33, nº 24 (15 de dezembro de 2011), pp. 31-2.

2. "Gruesomeness Is My Policy". Resenha de Sebastian Conrad, *German Colonialism: A Short History* (Cambridge University Press, 2011), in *London Review of Books*, vol. 34, nº 3 (9 de fevereiro de 2012), pp. 35-7.

3. "The Scramble for Europe". Resenha de Shelley Baranowski, *Nazi Empire: German Colonialism and Imperialism from Bismarck to Hitler* (Cambridge University Press, 2010), in *London Review of Books*, vol. 33, nº 4 (3 de fevereiro de 2011), pp. 17-19. [Edição brasileira: *Império nazista. O imperialismo e o colonialismo alemão de Bismarck a Hitler*. São Paulo: Edipro, 2014.]

4. "The Life and Death of a Capital". Resenha de Thomas Friedrich, *Hitler's Berlin: Abused City* (Yale University Press, 2012), in *The Book: An Online Review at The New Republic* (27 de setembro de 2012).

5. "Social Outsiders in German History: From the Sixteenth Century to 1933", in Robert Gellately e Nathan Stoltzfus (eds.), *Social Outsiders in Nazi Germany* (Princeton University Press, 2001), pp. 20-44.

6. "Coercion and Consent in Nazi Germany", in *Proceedings of the British Academy* 151 (Oxford University Press, 2006), pp. 53-81.

7. "How Willing Were They?". Resenha de Peter Fritzsche, *Life and Death in the Third Reich* (Harvard University Press, 2008), in *New York Review of Books* vol. LV, nº 11 (26 de junho de 2008), pp. 59-61; "All Hailed: The Meaning of the Hitler Salute". Resenha de Tilman Allert, *The Hitler Salute: On the Meaning of a Gesture*, traduzida do alemão por Jefferson Chase (Metropolitan Books, abril de 2008) in *The New York Sun* (16 de abril de 2008); "Parasites of Plunder?". Resenha de Götz Aly, *Hitler's Beneficiaries: Plunder, Racial War, and the Nazi Welfare State* (Metropolitan Books, 2007), in *The Nation*, vol. 284, nº 2 (8 a 15 de janeiro de 2007), pp. 23-8.

8. "Thank You, Dr. Morell". Resenha de Hans-Joachim Neumann e Henrik Eberle, *Was Hitler Ill? A Final Diagnosis*, traduzida por Nick Somer (Polity Press, 2013), in *London Review of Books*, vol. 35, nº 4 (21 de fevereiro de 2013), p. 37.

9. "Adolf and Eva". Resenha de Heike B. Görtemaker, *Eva Braun: Life with Hitler*, in *The National Interest* 115 (Knopf, set./out. 2011), pp. 76-86. Edição original alemã: *Eva Braun – Leben Mit Hitler* (Munique, C. H. Beck, 2010). [Edição brasileira: *Eva Braun – A vida com Hitler*. Tradução: Luiz A. de Araújo. São Paulo: Companhia das Letras, 2011.]

10. "Prophet in a Tuxedo". Resenha de Shulamit Volkov, *Walther Rathenau. Weimar's Fallen Statesman* (Yale University Press, 30 de abril de 2012), in *London Review of Books*, vol. 34, nº 22 (22 de novembro de 2012), pp. 20-2.

11. "Immoral Rearmament". Resenha de Adam Tooze, *The Wages of Destruction: The Making and Breaking of the Nazi Economy* (Viking, 2006), in *New York Review of Books*, vol. LIV, nº 20 (20 de dezembro de 2007), pp. 76-81. [Edição brasileira: *O preço da destruição: Construção e ruína da economia alemã*. Tradução: Sérgio Duarte. São Paulo, Rio de Janeiro: Record, 2013.]

12. "Autoerotisch". Resenha de Bernhard Rieger, *The People's Car: A Global History of the Volkswagen Beetle* (Harvard University Press, 2013), in *London Review of Books*, vol. 35, nº 17 (12 de setembro de 2013), pp. 35-7. [Edição

brasileira: *O carro do povo — A biografia do carro mais popular do planeta*. Tradução: Alexandre Boide. Porto Alegre/São Paulo: L&PM Editores, 2015.]

13. "Nothing They Wouldn't Do". Resenha de Harold James, *Krupp: A History of the Legendary German Firm* (Princeton University Press, 2012), in *London Review of Books*, vol. 34, nº 12 (21 de junho de 2012), pp. 21-4.

14. "Tainted Money?", *Times Higher Education* (16 de março de 2011), pp. 41-4; ver também correspondência em *THE* (14 de abril de 2011), p. 38. "An Exchange: Toepfer and the Holocaust", *Standpoint* 35 (novembro de 2011), pp. 16-7; revisado, com material adicional.

15. "Kisses for the Duce". Resenha de Christopher Duggan, *Fascist Voices: An Intimate History of Mussolini's Italy* (Bodley Head, 2012); e Paul Corner, *The Fascist Party and Popular Opinion in Mussolini's Italy* (Oxford University Press, 2012), in *London Review of Books*, vol. 35, nº 3 (7 de fevereiro de 2013), pp. 6-8.

16. "The Mistakes". Resenha de Zara Steiner, *The Triumph of the Dark: European International History 1933-1939* (Oxford University Press, 2011), in *The Book: An Online Review at The New Republic* (1º de setembro de 2001).

17. "The German Foreign and the Nazi Past", *Neue Politische Literatur* 56 (2011), pp. 165-83.

18. "Why It Happened the Way It Did". Resenha de Ian Kershaw, *Fateful Choices: Ten Decisions That Changed the World, 1940-1941* (Penguin Press, 2007), in *The Nation*, vol. 284, nº 22 (4 de junho de 2007), pp. 29-34. [Edição brasileira: *Dez decisões que mudaram o mundo. 1940-1941*. Tradução: Celso Mauro Paciornik, Berilo Vargas, Fernanda Abreu e Clóvis Marques. São Paulo: Companhia das Letras, 2008.]

19. "Engineers of Victory". Resenha de Paul Kennedy, *Engineers of Victory: The Problem Solvers Who Turned the Tide in the Second World War* (Random

House, 2013), in *New York Review of Books*, vol. LX, nº 19 (5 de dezembro de 2013), pp. 50-4. [Edição brasileira: *Engenheiros da vitória. Os responsáveis pela reviravolta na Segunda Guerra Mundial*. Tradução: Jairo Arco e Flexa. São Paulo: Companhia das Letras, 2014.]

20. "Food Fights". Resenha de Lizzie Collingham, *The Taste of War* (Penguin Press, 2012), in *The Nation* (16 de abril de 2012), pp. 27-32.

21. "Defeat Out of Victory". Resenha de David Stahel, *Kiev 1941: Hitler's Battle for Supremacy in the East* (Cambridge University Press, 2012), in *The Book: An Online Review at the New Republic* (26 de abril de 2012).

22. "Into Dust". Resenha de Ian Kershaw, *The End. Hitler's Germany 1944-45* (Allen Lane/Penguin, 2011), in *London Review of Books*, vol. 33, nº 7 (8 de setembro de 2011), pp. 11-3. [Edição brasileira: *O fim do Terceiro Reich – A destruição da Alemanha de Hitler, 1944-1945*. Tradução: Jairo Arco e Flexa. São Paulo: Companhia das Letras, 2015.]

23. "Let's Learn from the English". Resenha de Mark Mazower, *Hitler's Empire* (Penguin/Allen Lane, 2008), in *London Review of Books*, vol. 30, nº 18 (25 de setembro de 2008), pp. 25-6. [Edição brasileira: *O Império de Hitler. A Europa sob o domínio nazista*. Tradução: Claudio Carina e Lucia Boldrini. São Paulo: Companhia das Letras, 2013.]

24. "Wie einzigartig war die Ermordung der Juden durch die Nationalsozialisten?", in Günter Morsch e Bertrand Perz (eds.), *Neue Studien zu nationalsozialistischen Massentötungen durch Giftgas: Historische Bedeutung, technische Entwicklung, revisionistische Leugnung* (Metropol Verlag, 2011), pp. 1-10 [versão revisada e ampliada em língua inglesa, publicada aqui pela primeira vez].

25. "Who Remembers the Poles?". Resenha de Timothy Snyder, *Bloodlands: Europe between Hitler and Stalin* (Bodley Head, 2010), in *London Review of Books*, vol. 32, nº 21 (novembro de 2010), pp. 21-2. [Edição brasileira: *Terras*

de sangue – A Europa entre Hitler e Stálin. Tradução: Mauro Pinheiro. Rio de Janeiro: Record, 2012.]

26. "The Other Horror". Resenha de R. M. Douglas, *Orderly and Humane: The Expulsion of the Germans After the Second World War* (Yale University Press, 2012), in *The Book: An Online Review at The New Republic* (25 de junho de 2012).

27. "Disorderly Cities". Resenha de Jörn Düwel e Niels Gutschow (eds.), *A Blessing in Disguise: War and Town Planning in Europe, 1939-45* (DOM, 2013), in *London Review of Books*, vol. 35, nº 23 (5 de dezembro de 2013), pp. 27-9.

28. "Art in Time of War", *The National Interest* 113 (maio/junho de 2011), pp. 16-26.

Notas

PARTE 1 – REPÚBLICA E REICH

1. Para um panorama útil, ver Michel Burleigh e Wolfgang Wippermann, *The Racial Germany, 1933-1945* (Cambridge, 1991); o enfoque geral do autor acerca do tema é discutido no final deste capítulo. Uma compilação local utilíssima foi produzida em 1986 pelo *Projektgruppe für die vergessenen Opfer des NS-Regimes*: Klaus Frahm et al. (eds.), *Verachtet Verfolgt--Vernichtet: zu den "vergessenen" Opfern des NS-Regimes* (Hamburgo, 1986).
2. Ulrich Herbert, *A History of Foreign Labor in Germany, 1880-1980* (Ann Arbor, 1990), é o panorama mais proveitoso; a questão mais ampla das atitudes alemãs com relação aos eslavos está além do escopo do presente capítulo.
3. Richard van Dulmen, "Der infame Mensch: Unehrliche Arbeit und soziale Ausgrenzung in der Frühen Neuzeit", in idem (ed.), *Arbeit, Frömmigkeit, und Eigensinn: Studien zur historischen Kulturforschung* (Frankfurt am Main, 1990), pp. 106-40.
4. Wolfgang von Hippel, *Armut, Unterschichten, Randgruppen in der Friihen Neuzeit* (Munique, 1995), pp. 32-43.
5. Richard J. Evans, *Rituals of Retribution: Capital Punishment in Germany, 1600-1987* (Oxford, 1996), pp. 193-201.
6. Ibid., pp. 56-64; ver também Jutta Nowosadtko, *Scharfrichter umd Abdecker: Der Alltag zweier "unehrlicher Beruf" in der Frühen Neuzeit* (Paderborn, 1994); Gisela Wilbertz, *Scharfrichter und Abdecker im Hochstift Osnabrück: Untersuchungen zur Sozialgeschichte zweier "umehrlicher" Berufe im nordwestdeutschen Raum vom 16. biz zum 19. Jarhundert* (Osnabrück, 1979).
7. Evans, *Rituals*; Hippel, *Armut*, pp. 96-101; Isabel v. Hull, *Sexuality, State, and Civil Society in Germany, 1700-1815* (Ithaca, NY, 1996), pp. 349-50.
8. Evans, *Rituals*, pp. 372-83.
9. K. Bott-Bodenhausen (ed.), *Sinti in der Grafschaft Lippe: Studien zur Geschichte der "Zigeuner" im 18. Jahrhundert* (Munique, 1988); H. Lemmermann, *Zigeuner und Scherenschleifer im Emsland* (Sögel, 1986).
10. H. C. Erik, Midelfort, *Mad Princes of Renaissance Germany* (Charlottesville, 1994), pp. 60-70.
11. Carsten Küther, *Menschen auf der Straße: vagierende Unterschichten in Bayern, Franken und Schwaben in der zweiten Hälfte des 18. Jahrhunderts* (Göttingen, 1983); idem, *Räuber und Gauner in Deutschland: Das organisierte Bandenwesen im 18. und frühen 19. Jahrhundert* (Göttingen, 1976); Uwe Danker, *Räuberbanden im Alten Reich um 1700. Ein Beitrag zur Geschichte von Herrschaft und Kriminalität in der Frühen Neuzeit* (Frankfurt am Main, 1988).
12. A melhor análise desse processo ainda é a de Klaus Saul, "Der Staat und die 'Mächte des Umsturzes': Ein Beitrag zu den Methoden antisozialistischer Repression und Agitation vom Scheitern des Sozialistengesetzes bis zur Jarhundertwende", *Archiv für Sozialgeschichte* 12

(1972); e Alex Hall, "'By Other Means': The Legal Struggle against the SPD in Wilhelmine Germany", *Historical Journal* 17 (1974), pp. 365-80. Para os anos de Weimar, ver o clássico de Heinrich e Elisabeth Hannover, *Politische Justiz, 1910-1933* (Frankfurt am Main, 1966).

13. Jürgen Scheffer, "Die Vagabundenfrage: Arbeit statt Almosen: Herbergen zur Heimat, Wanderarbeitsstätten, und Arbeiterkolonien", in *Wohnsitz: Nirgendwo. Vom Lebem und Überleben auf der Strasse*, Michael Haerdter (ed.) (Berlim, 1982), pp. 59-70.

14. Ver Richard J. Evans, *Death in Hamburg: Society and Politics in the Cholera Years, 1830--1910* (Oxford, 1987), pp. 99-100, para uma breve descrição do sistema de Elberfeld; para a postura da polícia com relação aos ciganos nesse período, ver Michael Zimmermann, *Verfolgt, vertrieben, vernichtet: Die nationalsozialistische Vernichtungspolitik gegen Sinti und Roma* (Essen, 1989).

15. Ver Richard J. Evans, *Tales from the German Underworld: Crime and Punishment in the Nineteenth Century* (Londres, 1998), pp. 166-212.

16. Dirk Blasius, *Der verwaltete Wahnsinn: Eine Sozialgeschichte des Irrenhauses* (Frankfurt am Main, 1980); ver também idem, *"Einfache Seelenstörung": Geschichte der deutschen Psychiatrie, 1800-1945* (Frankfurt am Main, 1994).

17. Para um exemplo desses casos, datado de pouco antes da Primeira Guerra Mundial, ver Evans, *Rituals*, pp. 477-84.

18. Anôn. (ed.), *Eldorado: Homosexuelle Frauen und Männer in Berlin 1850 bis 1950. Geschichte, Alltag, und Kultur* (Berlin, 1984); Magnus Hirschfeld, Berlins Drittes Geschlecht (Berlim, 1905).

19. H. Stümke, *Homosexuelle in Deutschland: Eine politische Geschichte* (Munique, 1989); *Fahrende und Vagabunden: Ihre Geschichte, Überlebenskünste, Zeichen, und Strassen* (Berlim, 1980).

20. J. S. Hohmann, *Verfolgte ohne Heimat: Geschichte der Zigeuner in Deutschland* (Frankfurt am Main, 1990).

21. Martin Broszat, *Zweihundert Jahre deutsche Polenpolitik* (Frankfurt am Main, 1972) ainda é o melhor panorama da questão polonesa. Para as prisões, ver Evans, *Tales from the German Underworld*, esp. pp. 61-4.

22. Michel Foucault, *Discipline and Punish: The Birth of the Prison* (Londres, 1975). [No Brasil, disponível em diversas edições, *Vigiar e punir: Nascimento da prisão*. Tradução de Raquel Ramalhete. Petrópolis: Vozes.]

23. Ver Daniel Pick, *Faces of Degeneration: A European Disorder, c. 1848-1918* (Cambridge, 1989).

24. Evans, *Death in Hamburg*, pp. 528-39; Ute Frevert, *Krankheit als politisches Problem, 1770-1880: Soziale Unterschichten in Preussen zwischen medizinischer Polizei und staatlicher Sozialversicherung* (Göttingen, 1984).

25. Richard F. Wetzell, "The Medicalization of Criminal Law Reform in Imperial Germany", in *Institutions of Confinement: Hospitals, Asylums, and Prisons in Western Europe and North America, 1500-1950*, ed. Norbert Finzsch e Robert Jütte (Cambridge, 1996), pp. 275-83.

26. Evans, *Rituals*, pp. 434-45.

27. Henry Friedlander, *The Origins of Nazi Genocide: From Euthanasia to the Final Solution* (Chapel Hill, 1995), p. 9; para prostitutas, ver Evans, *Tales from the German Underworld*, 209, citando Kurt Schneider, *Studien über Persönlichkeit und Schicksal eingeschriebener Prostituierter* (Berlim, 1921), obra baseada em pesquisa realizada antes da Primeira Guerra Mundial.

28. Detlev Garbe, *Zwischen Widerstand und Martyrium. Die Zeugen Jehovas im "Dritten Reich"* (Munique, 1982), pp. 45-6.

29. Hans von Hentig, *Über den Zusammenhang zwischen dem kosmischen, biologischen, und sozialen Ursachen der Revolution* (Tübingen, 1920).
30. Michael Burleigh, *Death and Deliverance: "Euthanasia" in Germany, 1900-1945* (Cambridge, 1994), capítulo 1.
31. Wolfgang Ayaß, *"Asoziale" im Nationalsozialismus* (Stuggart, 1995), pp. 13-8. Ver também Klaus Scherer, *"Asoziale" im Dritten Reich* (Münster, 1990).
32. Nikolaus Wachsmann, *Hitler's Prisons: Legal Terror in Nazi Germany* (Londres, 2004), capítulo 1.
33. Joachim S. Hohmann, *Robert Ritter und die Erben der Kriminalbiologie: "Zigeunerforschung" im Nationalsozialismus und in Westdeutschland im Zeichen des Rassismus* (Berna, 1991); Burleigh e Wippermann, *The Racial State*, pp. 113-7; Rainer Hehemann, *Die "Bekämpfung des Zigeunerunwesens" im Wilhelminischen Deutschland und in der Weimarer Republik, 1871--1933* (Frankfurt am Main, 1987).
34. Günter Grau (ed.), *Homosexualität in der NS-Zeit: Dokumente einer Diskriminierung und Verfolgung* (Frankfurt am Main, 1993); Burkhard Jellonnek, *Homosexuelle unter dem Hakenkreuz: Die Verfolgung von Homosexuellen im Dritten Reich* (Paderborn, 1990), pp. 37--50; Richard Plant, *The Pink Triangle: The Nazi War Against Homosexuals* (Nova York, 1986).
35. Delef Garbe, *Zwischen Widerstand und Martyrium: Die Zeugen Jehovas im Dritten Reich*, capítulo 1.
36. Para detalhes, ver Stümke, *Homosexuelle in Deutschland*.
37. Künstlerhaus Bethanien (ed.), *Wohnsitz: Nirgendwo. Vom Leben und vom Überleben auf der Straße* (Berlim, 1982).
38. Burleigh e Wippermann, *The Racial State*, pp. 128-30; Sally Marks, "Black Watch on the Rhine: A Study in Propaganda, Prejudice, and Prurience", *European Studies Review* 13 (1983), pp. 297-334; Gisela Lebeltzer, "Die 'Schwarze Schmach': Vorurteile-Propaganda--Mythos", *Geschichte und Gesellschaft* 11 (1985), pp. 37-58; Reiner Pommerin, "Sterilisierung der Rheinlandbastarde". *Das Schicksal einer farbigen deutschen Minderheit 1918-1937* (Düsseldorf, 1979).
39. Wolfgang Ayass, "Vagrants and Beggars in Hitler's Reich", in *The German Underworld: Deviants and Outcasts in German History*, ed. Richard J. Evans (Londres, 1988), pp. 210-37; Detlev Peukert, "The Lost Generation: Youth Unemployment at the End of the Weimar Republic", in *The German Unemployed: Experiences and Consequences of Mass Unemployment from the Weimar Republic to the Third Reich*, ed. Richard J. Evans e Dick Geary (Londres, 1987), pp. 172-93; Eve Rosenhaft, "Organizing the "Lumpenproletariat': Cliques and Communists in Berlin during the Weimar Republic", in *The German Working Class, 1888--1933: The Politics of Everyday Life*, ed. Richard J. Evans (Londres, 1982), pp. 174-219.
40. Lynn Abrams, "Prostitutes in Imperial Germany, 1870-1918: Working Girls or Social Outcasts?", in Evans, *The German Underworld*, pp. 189-209; Pommerin, "Sterilisierung der Rheinlandbastarde"; e, para exemplos da arbitrariedade dos diagnósticos, Evans, *Rituals*, pp. 526-3.
41. Karl Heinz Roth (ed.), *Erfassung zur Vernichtung: Von der Sozialhygiene zum "Gesetz über Sterbehilfe"* (Berlim, 1984).
42. Preâmbulo de uma lei jamais promulgada de 1944 acerca do tratamento dado aos "de fora da comunidade", citado em Norbert Frei, *Der Führerstaat: Nationalsozialistische Herrschaft 1933 bis 1945* (Munique, 1987), pp. 202-8.
43. Preâmbulo de uma lei jamais promulgada de 1944 acerca do tratamento dado aos "de fora da comunidade", citado em Norbert Frei, *Der Führerstaat: Nationalsozialistische Herrschaft 1933 bis 1945* (Munique, 1987), pp. 202-8.

44. Para esses vários argumentos, aqui criticados, ver Burleigh e Wippermann, *The Racial State*, p. 2.

PARTE 2 – POR DENTRO DA ALEMANHA NAZISTA

1. Karl Dietrich Bracher, *Die deutsche Diktatur: Entstehung, Struktur, Folgen des Nationalsozialismus*, 1969 (traduzido para o inglês por Jean Steinberg como *The German Dictatorship: The Origins, Structure, and Consequences of National Socialism*, Nova York, 1970); Timothy Mason, "Intention and Explanation: A Current Controversy about the Interpretation of National Socialism", in Gerhard Hirschfield e Lothar Kettenacker (eds.), The *Führer State: Myth and Reality* (Stuggart, 1981), pp. 23-40.
2. Entre os estudos historiográficos proveitosos incluem-se Ian Kershaw, *The Nazi Dictatorship: Problems and Perspectives of Interpretation* (4ª edição, Londres, 2000), e John Hiden e John Farquharson, *Explaining Hitler's Germany: Historians and the Third Reich* (2ª edição, Londres, 1989); entre os estudos clássicos citam-se Franz Neumann, *Behemoth: The Structure and Practice of National Socialism 1933-1944* (2ª edição, Nova York, 1944); Martin Broszat, *Der Staat Hitlers. Grundlegung und Entwicklung seiner inneren Verfassung* (Munique, 1969); idem et al. (eds.), *Bayern in der NS-Zeit* (6 vols., Munique, 1977-83); Jeremy Noakes, "The Oldenburg Crucifix Struggle of November 1936: A Case Study of Opposition in the Third Reich", in Peter Stachura (ed.), *The Shaping of the Nazi State* (Londres, 1983), pp. 210-33; Timothy Mason, *Social Policy in the Third Reich: The Working Class and the "National Community"* (Providence, 1993, publicado pela primeira vez em alemão em 1977). Para os relatos sobre a SoPaDe, ver Klaus Behnken (ed.): *Deutschland-Berichte der Sozialdemokratischen Partei Deutschlands (SoPaDe) 1934-1940* (7 vols., Frankfurt am Main, 1980).
3. Klaus-Michael Mallmann e Gerhard Paul, "Omniscient, Omnipotent, Omnipresent? Gestapo, Society and Resistance", in David F. Crew (ed.), *Nazism and German Society 1933-1945* (Londres, 1994), pp. 66-96, 174-7; Reinhard Mann, *Protest und Kontrolle im Dritten Reich: Nationalsozialistische Herrschaft im Alltag einer rheinischen Großstadt* (Frankfurt am Main, 1987), p. 292; em termos mais gerais, Robert Gellately, "Die Gestapo und die deutsche Gesellschaft: Zur Entstehung einer selbstüberwachenden Gesellschaft", in Detlef, Schmiechen-Ackermann (ed.), *Anpassung, Verweigerung, Widerstand: Soziale Milieus, politische Kultur und der Widerstand gegen den Nationalsozialismus in Deutschland im regionalen Vergleich* (Berlim, 1997), pp. 109-21.
4. Eric A. Johnson e Karl-Heinz Reuband, *What We Knew: Terror, Mass Murder, and Everyday Life in Nazi Germany: An Oral History* (Cambridge, Massachusetts, 2005), pp. 329-33 e texto da sobrecapa; Robert Gellately, *Backing Hitler: Consent and Coercion in Nazi Germany* (Oxford, 2001), pp. 14-6; Hans-Ulrich Wehler, *Deutsche Gesellschaftsgeschichte, IV: Vom Beginn des Ersten Weltkrieges bis zur Gründung der beiden deutschen Staaten 1914-1949* (Munique, 2003), pp. 614, 652.
5. Götz Aly, *Hitler's Beneficiaries: Plunder, Racial War, and the Nazi Welfare State* (traduzido por Jefferson Chase, Nova York, 2007), p. 28.
6. Wehler, *Gesellschaftsgeschichte*, IV, pp. 675-6 (a parte do livro é intitulada "Die Konsensbasis von Führerdiktatur und Bevölkerung").
7. Bill Naven, *Facing the Nazi Past: United Germany and the Legacy of the Third Reich* (Londres, 2002) oferece uma avaliação equilibrada.
8. Robert Gellately, "Social Outsiders and the Consolidation of Hitler's Dictatorship, 1933--1939", in Neil Gregor (ed.), *Nazism, War and Genocide. Essays in Honour of Jeremy Noakes*

(Exeter, 2005), pp. 56-74, na p. 58 (também citando Wehler, *op. cit.*, p. 676); e idem, *Backing Hitler*, p. 257; Frank Bajohr, "Die Zustimmungsdiktatur: Grundzüge nationalsozialistischer Herrschaft in Hamburg", in *Hamburg im "Dritten Reich", Herausgegeben von der Forschungsstelle für Zeitgeschichte in Hamburg* (Göttingen, 2005), pp. 69-131.
9. Wehler, *Gesellschaftsgeschichte* IV, p. 380.
10. Gellately, "Social Outsiders", p. 58.
11. Para esses argumentos, ver Richard J. Evans, *The Coming of Third Reich* (Londres, 2003), 451-6, com referências mais detalhadas. [Edição brasileira: *A chegada do Terceiro Reich – Como tudo começou*. Tradução Lúcia Brito. São Paulo, Crítica, 2017.] Também Norbert Frei, "'Machtergreifung' – Anmerkungen zu einem historischen Begriff". *Vierteljahrshefte für Zeitgeschichte* 31 (1983), pp. 136-45, e Bracher, *The German Dictatorship*, pp. 246-50.
12. Gellately, "Social Outsiders", os resultados das eleições de novembro de 1932 são resumidos em Evans, *The Coming*, e analisados de forma abalizada em Jürgen W. Falter, *Hitlers Wähler* (Munique, 1991), esp. pp. 34-8.
13. Gellately, "Social Outsiders", p. 58 ("um número bem menor de membros do SPD sofreu alguma forma de 'perseguição', *i. e.*, em comparação com os comunistas"); o uso que Gellately faz das aspas para se distanciar do termo "perseguição" dá a entender que, em todo caso, a perseguição seria em larga medida fruto da fantasia ou imaginação das vítimas.
14. Esse e muitos outros episódios similares são detalhados em Evans, *The Coming*, pp. 320, 341, 347, 360-1; para um bom estudo regional, ver Richard Bessel, *Political Violence and the Rise of Nazism: The Storm Troopers in Eastern Germany 1925-1934* (Londres, 1984).
15. Evans, *The Coming*, p. 341. Numerosos e documentados exemplos de violência contra os social-democratas e outros (entre eles, especialmente, os judeus) são dados pelo *Brown Book of the Hitler Terror and the Burning of the Reichstag* (ed. Comissão Mundial para as Vítimas do Fascismo Alemão, presidente [Albert] Einstein, Londres, 1933.)
16. Dick Geary, "Working-Class Identities in the Third Reich", in Gregor (ed.), *Nazism*, 42--55; Ruudiger Hachtmann, "Bürgertum, Revolution, Diktatur – Zum vierten Band von Hans-Ulrich Wehlers 'Gesellschaftsgeschichte'", *Sozial.Geschichte* 19 (2004), pp. 60-87, na p. 80; Geoff Eley, "Hitler's Silent Majority? Conformity and Resistance under the Third Reich", *Michigan Quarterly Review* 42 (2003), pp. 389-425 e 555-9.
17. Detalhes em Evans, *The Coming*, pp. 322-3 e 363-6; também Martin Broszat, "The Concentration Camps 1933-1945", in Helmut Krausnick *et al.*, *Anatomy of the SS State* (Londres, 1968), 397-496, pp. 409-11; de forma mais geral, Günther Lewy, *The Catholic Church and Nazy Germany* (Nova York, 1964), pp. 45-79.
18. Evans, *Coming*, pp. 367-74. O melhor relato sobre a dissolução forçada dos partidos políticos não nazistas e a concomitante violência ainda é a fartamente documentada compilação editada por Erich Matthias e Rudolf Morsey, *Das Ende Parteien 1933: Darstellungen und Dokumente* (Düsseldorf, 1960), em que a análise de Friedrich Freiherr von Gaertingen sobre os nacionalistas (o Partido Popular Nacional Alemão, *Deutschnationale Volkspartei*, o DNVP) é especialmente valiosa.
19. Evans, *The Third Reich in Power* (Londres, 2005), pp. 31-6, com referências adicionais. [Edição brasileira: *O Terceiro Reich no poder: O relato completo e fascinante do regime nazista entre 1933 e 1939*. Tradução Lúcia Brito. São Paulo, Crítica, 2017.] Para uma narrativa bem documentada, ver Heinz Höhne, *Mordsache Röhm: Hitlers Durchbruch zur Alleinherrschaft, 1933-1934* (Reinbeck, 1984).
20. Richard Bessel, "The Nazi Capture of Power", *Journal of Contemporary History* 39 (2004), pp. 169-88, na p. 182 (o itálico é meu).

21. Wehler, *Gesellschaftsgeschichte, IV*, 676; Hachtmann, "Bürgertum", p. 80.
22. Gellately, "Social Outsiders", pp. 63-4.
23. Aly, *Hitler's Beneficiaries*, p. 29.
24. Johnson e Reuband, *What We Know*, p. 354.
25. Ernst Fraenjel, *The Dual State: Law and Justice in National Socialism* (Nova York, 1941).
26. Ulrich Herbert, Karin Orth e Christoph Dieckmann, "Die nationalsozialistischen Konzentrationslager. Geschichte, Erinnerung, Forschung", in idem (eds.), *Die nationalsozialistischen Konzentrationslager*, 2 vols. (Frankfurt am Main, 2002), I, pp. 17-42, na p. 26.
27. Evans, *The Third Reich in Power*, pp. 67-75; Richard J. Evans, *Rituals of Retribution: Capital Punishment in Germany, 1600-1987* (Oxford, 1996), pp. 620-45; Nikolaus Wachsmann, *Hitler's Prisons: Legal Terror in Nazi Germany* (New Haven, Conn., 2004), esp. pp. 165--83; Gerhard Fieberg (ed.), *Im Namen des deutschen Volkes: Justiz und Nationalsozialismus* (Colônia, 1989). Para os primeiros campos, ver Jane Caplan, "Political Detention and the Origin of the Concentration Camps in Nazi Germany, 1933-1935/6", in Gregor (ed.), *Nazism*, pp. 22-41.
28. Evans, *The Third Reich in Power*, pp. 79, 85-7.
29. William Sheridan, *The Nazi Seizure of Power: The Experience of a Single German Town, 1922-1945* (Nova York), pp. 218-32. [Edição brasileira: *A direita toma o poder*. Tradução de Samuel Dirceu. (Série Ideias e fatos contemporâneos, 23), Rio de Janeiro: Saga, 1969.]
30. Evans, *The Third Reich in Power*, pp. 244-7.
31. O clássico estudo de coerção no chão de fábrica é Mason, *Social Policy*, pp. 266-74.
32. Detlef, Schmiechen-Ackermann, "Der 'Blockwart', Die unteren Parteifunktionäre im nationalsozialistischen Terror – und Überwachungsapparat". *Vierteljahrshefte für Zeitegeschichte* 48 (2000), pp. 575-602.
33. Dieter Nelles, "Organisation des Terrors im Nationalsozialismus", *Sozialwissenschaftliche Literatur-Rundschau* 25 (2002), pp. 5-28; Evans, *The Third Reich in Power*, pp. 114-8, 272, 276, 485-6.
34. Eric A. Johnson e Karl-Heinz Reuband, *What We Knew*, pp. 359-60.
35. Otmar Jung, *Plebiszit und Diktatur: Die Volksabstimmungen der Nationalsozialisten. Die Fälle "Austritt aus dem Völkerbunde" (1933), "Staatsoberhaupt" (1934) und "Anschluß Österreichs" (1938)* (Tübingen, 1995); Theodor Eschenburg, "Streiflichter zur Geschichte der Wahlen im Dritten Reich", in *Vierteljahrshefte für Zeitgeschichte* 3 (1955), pp. 311-8; Evans, *The Third Reich in Power*, pp. 109-13.
36. Para evidências detalhadas, ver Evans, *The Third Reich in Power*, pp. 109-13.
37. Johnson e Reuband, *What We Knew*, texto da sobrecapa.
38. Evans, *The Third Reich in Power*, pp. 585-7.
39. Johnson e Reuband, *What We Knew*, pp. 332, 335.
40. Ibid., p. 335.
41. Johnson e Reuband, *What We Knew*, pp. 325-45.
42. Claire Hall, "The Gestapo Spy Network 1933-1945" (tese de doutorado, Universidade de Hull).
43. Bernward Dörner, "NS-Herrschaft und Denunziation. Anmerkungen zu Defiziten in der Denunziationsforschung", *Historical Social Research* 26 (2001), pp. 55-69, Werner Röhr, "Über die Initiative zur terroristischen Gewalt der Gestapo – Fragen und Einwände zu Gerhard Paul", in Werner Röhr e Brigitte Berlekamp (eds.), *Terror, Herrschaft und Alltag im Nationalsozialismus: Probleme der Sozialgeschichte des deutschen Faschismus* (Münster, 1995), pp. 211-24, Gerhard Hetzer, "Die Industriestadt Augsburg. Eine Sozialgeschichte

der Arbeiteropposition", in Broszat *et al.* (eds.), pp. 1-234; Gisela Diewald-Kerkmann, *Politische Denunziation im NS-Regime oder Die Kleine Macht der "Volksgenossen"* (Bonn, 1995); Evans, *The Third Reich in Power*, pp. 96-118.
44. Gellately, "Social Outsiders", p. 59.
45. Allen, *The Nazi Seizure of Power*, pp. 218-32.
46. Evans, *The Third Reich in Power*, pp. 37-8.
47. Ian Kershaw, *Popular Opinion and Political Dissent in the Third Reich: Bavaria, 1933-1945* (Oxford, 1983).
48. Discurso de Goebbels em 15 de março de 1993, in David Welch (ed.), *The Third Reich: Politics and Propaganda* (2ª edição, Londres, 2002); pp. 173-4; sobre os efeitos da propaganda em termos mais gerais, ver a criteriosa avaliação de Ian Kershaw, "How Effective was Nazi Propaganda?", in David Welch (ed.), *Nazi Propaganda: The Power and the Limitations* (Londres, 1983).
49. Hetzer, "Die Industriestadt Augsburg", pp. 146-50; Schmiechen-Ackermann, "Der 'Blockwart'"; Evans, *The Third Reich in Power*, p. 22; Evans, *The Coming of the Third Reich*, p. 383.
50. Assim são os argumentos em Omer Bartov, *The Eastern Front 1941-1945: German Troops and the Barbarization of Warfare* (Londres, 1985); e idem, *Hitler's Army* (Oxford, 1991), datando esses processos a partir da invasão da União Soviética em diante.
51. Richard J. Evans, *The Third Reich at War* (Londres, 2007), capítulo 1, para detalhes. [Edição brasileira: *O Terceiro Reich em guerra – Como os nazistas conduziram a Alemanha da conquista ao desastre – 1939-1945*. Tradução Solange Pinheiro. São Paulo: Planeta, 2012; Crítica, 2017.]
52. Dick Geary, "Working-Class Identities in the Third Reich", in Gregor (ed.), *Nazism*, pp. 42-55, na p. 52.
53. Peter Longerich, "Davon haben wir nichts gewusst!", *Die Deutschen und die Judenverfolgung 1933-1945* (Berlim, 2006), pp. 313-29.
54. Gregor, "Nazism", p. 20.
55. Mason, "Intention and Explanation", p. 229, citado em ibid.
56. Bessel, "The Nazi Capture of Power", *op. cit.*, p. 183.
57. Götz Aly, *Hitler's Beneficiaries: Plunder, Racial War, and the Nazi Welfare State* (traduzido para o inglês por Jefferson Chase, Metropolitan, 2007).
58. Ian Kershaw, "Volksgemeinschaft". *Potenzial und Grenzen eines neuen Forschungskonzepts. Vierteljahrshefte für Zeitgeschichte* (Sonderdruck aus Heft 1).
59. Ibid., p. 10.
60. Citado em ibid, p. 14.

PARTE 4 – POLÍTICA EXTERNA

1. Donald M. Mckale, *Curt Prüfer: German Diplomat from the Kaiser to Hitler* (Kent State University Press, Kent, Ohio, 1987).
2. Ibid, pp. 179-87.
3. Donald M. McKale (ed.), *Rewriting History: The Original and Revised World War II Diaries of Curt Prüfer, Nazi Diplomat* (Kent State University Press, Kent, Ohio, 1988), p. 116. Os diários agora estão guardados junto ao Instituto Hoover em Stanford, Califórnia.
4. Ibid., p. 132.
5. Ibid., p. 151.
6. Ibid., pp. 226-7.

7. Ibid., pp. 114-5.
8. Citado em McKale: *Prüfer* (nota de rodapé 1), p. 61.
9. Ibid., pp. 100-1, 175-6.
10. McKale: *Rewriting History* (nota de rodapé 3), p. 74.
11. Ibid., pp. 11, 151.
12. Ibid., pp. 113, 225.
13. Auswärtiges Amt (ed.), *Auswärtige Politik heute* (Bonn, 1979).
14. Eckart Conze, Norbert Frei, Peter Hayes, Moshe Zimmermann (eds.), *Das Amt und die Vergangenheit: Deutsche Diplomaten im Dritten Reich und in der Bundesrepublik*, pp. 10, 583-5, (Blessing, Munique, 2010).
15. Jan Friedmann e Klaus Wiegrefe, "Angriff aud die 'Mumien'", in *Der Spiegel*, nº 43, 2010, pp. 36-8; Fischer Gedenkpraxis, in *Frankfurter Allgemeine Zeitung*, 10 de fevereiro de 2005.
16. *Das Amt*, p. 16.
17. Jan Friedmann e Klaus Wiegrefe, "Verbrecherische Organisation", in *Der Spiegel*, nº 43, 2010, pp. 40-50.
18. Ver os vários links de internet em: Pressespiegel zur Debatte um das Auswärtige Amt und seine Vergangenheit. Ausgewählte Artikel und Interviews, zusammengestellt von Georg Koch und Matthias Speidel und Christian Mentel, URL: <www.zeitgeschichte-online.de/site/40209125/default.aspx> [acessado em: 13 mai. 2011].
19. Friedmann e Wiegrefe, "Angriff" (nota de rodapé 15), p. 38.
20. Rainer Blasius, Schnellbrief und Braunbuch, in *Frankfurter Allgemeine Zeitung*, 13 de janeiro de 2011.
21. Christopher Browning, *The Final Solution and the German Foreign Office: A Study of Referat D III of Abteilung Deutschland 1940-1943* (Holmer & Meyer, Nova York/Londres, 1978).
22. Hans-Jürgen Döscher, *Das Auswärtige Amt im Dritten Reich. Diplomatie im Schatten der "Endlösung"*, Siedler Verlag (Berlim, 1987); idem, SS und Auswärtige Amt im Dritten Reich. Diplomatie im Schatten der "Endlösung" (Ullstein, Frankfurt am Main, Berlim, 1991); idem, Verschworene Gesellschaft. Das Auswärtige Amt unter Adenauer zwischen Neubeginn und Kontinuität (Akademie, Berlim, 1995); idem, Seilschaften. Die verdrängte Vergangenheit des Auswärtigen Amts (Propyläen, Berlim, 2005).
23. Ver, por exemplo, Stefan Troebst: Rezension zu: Eckart Conze, Norbert Frei, Peter Hayes, Moshe Zimmermann (eds.): *Das Amt und die Vergangenheit: Deutsche Diplomaten im Dritten Reich und in der Bundesrepublik* (Munique, 2010), in H-Soz-u-Kult, 15 de fevereiro de 2011, URL: <http://hsozkurt.geschichte.huberlin.de/rezensionen/2011-1-108> [acessado em: 13 mai. 2011].
24. Hans Mommsen, "Das ganze Ausmaß der Verstrickung", in *Frankfurter Rundschau*, 16 de novembro de 2010; idem, "Vergebene Chancen, 'Das Amt' hat methodische Mängel", in *Süddeutsche Zeitung*, 27 de dezembro de 2010; Johannes Hürter, "Das Auswärtige Amt, die NS-Diktatur und der Holocaust: Kritische Bemerkungen zu einem Kommissionsbericht", in *Vierteljahrshefte fur Zeitgeschichte* 59 (2011), pp. 167-92. Ver também Klaus Wiegrefe, "Historiker zerpflückt Bestseller", *Der Spiegelonline*, 1º de abril de 2011, URL: <www.spiegel.de/politik/deutschland/0,1518,754558,00.html> [acessado em: 12 mai. 2011]. Os editores recentemente publicaram uma resposta à resenha de Hürter: "Zauberwort Differenzierung", *Frankfurter Rundschau*, 3 de maio de 2011.
25. Mommsen, Vergebene Chancen (nota de rodapé 24); para os comentários de Ulrich Herbert sobre a obra de Mommsen, ver: "Am Ende nur noch Opfer. Interview mit Ulrich Herbert", in *Die Tageszeitung*, 8 de dezembro de 2010.

26. Peter Hayes, *Industry and Ideology. IG Farben in the Nazi Era* (Cambridge University Press, arquivos da Universidade de Cambridge, 1987); idem: *From Cooperation to Complicity: Degussa in the Third Reich* (Cambridge University Press, arquivos da Universidade de Cambridge, 2004); Norbert Frei, entre inúmeras publicações, talvez de forma mais relevante: idem, *et al.* [Ralf Ahrens, Jörg Osterloh, Tim Schanetzky], *Flick: Der Konzern, die Familie, die Macht* (Blessing, Munique, 2009); Eckart Conze, *Die Suche nach Sicherheit: Eine Geschichte der Bundesrepublik Deutschland von 1949 bis in die Gegenwart* (Siedler, Munique, 2009). O tema de pesquisa de especialidade de Moshe Zimmermann é o século XIX, embora ele tenha publicado panoramas gerais da história judaico-alemã.
27. Alan Posener, "Das ist eine Kampagne", Das Münchener Institut für Zeitgeschichte greift den Bestseller "Das Amt und die Vergangenheit", in *Die Welt*, 4 de abril de 2011. Ver também a declaração dos editores em *Süddeutsche Zeitung*, 10 de dezembro de 2010.
28. Daniel Koerfer, entrevistado em *Frankfurter Allgemeinen Sonntagszeitung*, 28 de novembro de 2010; ver também Blasius (nota de rodapé 20). Ulrich Herbert comenta sobre Koerfer em: *Am Ende noch Opfer* (nota de rodapé).
29. Lars Lüdicke, *Griff nach der Weltherrschaft. Die Außenpolitik des Dritten Reiches 1933-1945* (Berlim, 2009).
30. *Das Amt*, p. 72.
31. Ibid., p. 51.
32. Ibid., p. 128.
33. Ibid., p. 141.
34. Jan Erik Schulte, *Zwangsarbeit und Vernichtung: Das Wirtschaftsimperium der SS. Oswald Pohl und das SS-Wirtschafts-Verwaltungshauptamt 1933-1945* (Ferdinand Schöningh Verlag, arquivos da Universität Paderborn, 2001).
35. *Das Amt*, pp. 138, 152-3.
36. Ibid., p. 123.
37. Ibid., p. 29.
38. Saul Friedländer, *Nazi Germany and the Jews: Volume 1: The Years of Persecution 1933-1939* (Phoenix, Londres, 1997), p. 19.
39. *Das Amt*, p. 101.
40. Ibid., p. 147; Ian Kershaw: *Hitler 1889-1936* (Hubris, Lane, Londres, 1998), pp. 562-9 (o Ministério das Relações Exteriores é mencionado apenas por ter informado sobre a reunião de 20 de agosto).
41. *Das Amt*, pp. 400-1.
42. Hürler, *Das Auswärtige Amt* (nota de rodapé 24), pp. 174-5. Há uma breve abordagem do papel da embaixada alemã em Varsóvia nos anos que antecederam a guerra (p. 223), mas não muito mais que isso.
43. Jochen Böhler, *Auftakt zum Vernichtungskrieg: Die Wehrmacht in Polen 1939 (Die Zeit des Nationalsozialismus)* (Fischer, Frankfurt am Main, 2006).
44. *Das Amt*, pp. 161-71.
45. Ibid., pp. 200-20.
46. Ibid., pp. 221-86 e 227-94.
47. Ibid., pp. 254-7.
48. Christopher Browning, *The Origins of the Final Solution* (Lincoln, NB, 2004), pp. 323-5.
49. Peter Longerich, *Holocaust. The Nazi Persecution and Murder of the Jews* (Oxford University Press, Oxford, 2010), pp. 265-6.
50. Döscher, *Das Auswärtige* (nota de rodapé 22), p. 255.

51. *Das Amt*, pp. 167-99, 171-85 respectivamente.
52. Ibid., p. 293.
53. Ibid., pp. 295-316.
54. Ibid., pp. 321-42.
55. Ibid., pp. 342-62.
56. Astrid Eckert, *Kampf um die Akten: Die Westallierten und die Rueckgabe von deutschem Archivgut nach dem Zweiten Weltkrieg* (Steiner, Stuggart, 2004).
57. Inclusive Annette Weinke. *Eine Gesellschaft ermittelt gegen sich selbst. Die Geschichte der Zentralen Stelle Ludwigsburg 1958-2008* (WBG, Darmstadt, 2008); Die Nürnberger Prozesse (Beck, Munique, 2006); e *Die Verfolgung von NS-Tätern im geteilten Deutschland: Vergangenheitsbewältigung 1949-1969 oder: Eine deutsch-deutsche Beziehungsgeschichte im Kalten Krieg* (Paderborn, 2002).
58. *Das Amt*, pp. 431-2, 435-48.
59. Ibid., pp. 448-88.
60. Ibid., 201.
61. Browning, *The Origins* (nota de rodapé 35), pp. 303, 307, 324, 326, 368, 414.
62. Gerald Reitlinger, *The Final Solution* (Beechhurst, Nova York, 1953).
63. *Das Amt*, 588-95.
64. Ibid., pp. 489-532.
65. Ibid., pp. 533-58.
66. Ibid., pp. 558–69.
67. Ibid., p. 616.
68. Ibid., p. 11.
69. Tim Mason, "Intention and Explanation: A Current Controversy about the Interpretation of National Socialism", in Gerhard Hirschfeld e Lothar Kettenacker (eds.), *The "Führer State": Myth and Reality. Studies on the Structure and Politics of the Third Reich* (DVA, Stuggart, 1918), pp. 23-40, na p. 40.

Índice remissivo

Abetz, Otto 292-5
Acordo de Munique (1938) 234, 268-70, 274, 447
Adenauer, Konrad 225, 236, 248, 300, 304, 426-7
AEG (*Allgemeine Elektrizität-Gesellschaft*, Companhia Elétrica Alemã) 54-7
Afeganistão 440, 445
África:
    campanha do Norte da África 199, 264, 272, 292, 315, 317, 326
    "disputa pela África" 20, 27
    escassez de comida na Segunda Guerra Mundial 343-4
    império colonial alemão 15-8, 20-2, 55
    planos dos nazistas para 23-4, 35-6, 93
África do Sul 15, 239, 375
al-Gailani, Rashid Ali 280
al-Husseini, Haji Amin (grande mufti de Jerusalém) 280
Allen, William Sheridan, *The Nazi Seizure of Power* [*A direita toma o poder*] 117, 128
alemães dos Sudetos 229, 233, 418, 423
Alemanno, Gianni 255
Alemanha, século XIX:
    emigração para as Américas 371
    industrialização na 74, 79, 80-1, 158, 230
    Partido Nacional-Liberal 20
    Revolução de 1848 26
    subcultura criminosa 85, 91
    surto de expansão ferroviária da década de 1840 210
    tradição militar prussiana 26-7, 332
    unificação de Bismarck 7, 14
    urbanização na 81, 83
Alemanha no início do período moderno 75-79, 95-8
Alemanha no pós-guerra:
    colapso nas condições materiais (1945-47) 38, 110, 134, 140, 155-6
    conceito de culpa coletiva 104
    emigração forçada de alemães étnicos (1945-47) 201, 372, 382, 385, 405, 416, 419, 420-2, 425
    julgamento dos industriais (1947-48) 220
    neonazista Partido da Justiça Alemão 201
    tribunais de desnazificação 200, 224, 236, 239, 246, 257, 297, 299
    ver também Julgamentos de Crimes de Guerra
Alemanha Ocidental:
    Bolsas Hanseáticas 222-3, 239, 240, 244, 252
    ex-nazistas na 224-5, 236, 251, 302, 304
    Lei Fundamental da República Federal da Alemanha (1949) 256
    "milagre econômico" 157, 202, 205, 220, 236, 426, 436
    "sociedade de classe média nivelada" 202
    status icônico do Volkswagen Fusca 202
    visita de Estado da rainha à (1965) 222-3
Alemanha Oriental:
    Livro marrom 224, 251, 301
Alsácia-Lorena 20, 30, 85, 227, 229, 233-4, 248
Altenburg, Günther 293
Aly, Götz, *Architects of Annihilation* (com Susanne Heim); *Hitler's Beneficiaries: Plunder, Racial War, and the Nazi Welfare State* 103, 146-7, 156, 184, 192, 402-3
Antonescu, Ion 390, 403
Apaziguamento 222-3, 240, 268-9
Appelbaum, Anne 408
Argélia 18
Aschaffenburg, Gustav 87
assassinatos em massa pelos nazistas 34, 98, 131-2, 134, 145, 176, 189, 201, 227, 233, 235,

243, 280, 285, 291-2, 301, 321, 339, 346, 353, 385, 387, 393-5, 400-1, 403, 407, 410-4
Associação da Indústria do Reich:
    ver Krupp; Vokswagen – fábrica perto de Fallersleben
Associação de Pesquisa do Povo Alemão 227
Atatürk, Kemal 64
Augstein, Rudolf 300
Auschwitz, cidade de 49, 132, 145, 224, 237, 245, 250, 257, 391, 393, 396, 416, 422, 428-30, 433, 447, 452
Auschwitz-Birkenau 395, 429
Austrália:
    aborígines 371, 399
Áustria:
    Anschluss 234, 273
Ayçoberry, Pierre 248

Baader, Andreas 149
Baarova, Lida 261
Backe, Herbert 338
Baden, Max von 46
Bajohr, Frank 105
Baldin, Viktor 449
Baranowski, Shelley 27, 31-7
Bargen, Werner von 302
"Bastardos da Renânia" 93-5
Bauer, Max 45
Baviera 24, 60, 64, 111, 127, 312, 447
BBC 144-5
Beaudoin, Eugène 433
Beitz, Berthold 220-1
Bélgica 15, 41, 186, 292, 294, 302, 357, 373, 391
Bell, Philip 324-5
Belsen (instalação de detenção) 408-9
Belzec (campo de extermínio) 321
bem-estar social:
    estudo do crime e desvio 90-2, 94
    na era nazista 33, 118, 120, 144, 152, 154, 211, 403
    na República de Weimar 33, 90, 92, 94
    profissão de assistente social 88, 90
    sistema de Elberfeld de assistência aos pobres 82
    sistemas de assistência médica e seguridade social 33, 119, 120, 144, 152 338, 405, 426
    teorias eugenistas e 33, 90, 95
    vasta expansão no período 1890-1930 96

Beneš, Edvard 418
Benzler, Felix 292
Beradt, Charlotte 138
Berghof, Alpes Bávaros 172-8
Bergmann, Klauss, *Agrarromantik und Grossstadtfeindscha* 437-8
Berlim:
    Exposição Colonial (1896) 23
    greve geral (1920) 46, 279
    Kapp-*Putsch* (*Putsch* de Kapp, março de 1920) 49, 62
    monumento e museu em homenagem às principais vítimas do nazismo 104
    planos de Hitler para 63, 65, 71
    radicalismo cultural na década de 1920 61, 63
    reputação conservadora 61
    ruas em 196, 279
    "Semana Sangrenta de Köpenick" (junho de 1933) 108
    subcultura homossexual 84-5, 913
    violência nazista contra comunistas e social-democratas 71, 108
Berlusconi, Silvio 254-5, 260
Bernhard, Thomas, *O sobrinho de Wittgenstein* 228
Bertelsmann 242-3
Bessel, Richard 113, 132
Best, Werner 238-9
Birmânia (Mianmar) 330, 341, 344-5
Bismarck, Herbert von 112
Bismarck, Otto von 20-1, 27, 61, 80-1, 207, 213, 267
Bismarck, arquipélago de 14, 27
Bizâncio 440-1
Blankenhorn, Herbert 300, 303, 308
Blaschke, Hugo 163-4
Blasius, Rainer 285
Blatman, Daniel, *The Death Marches* [As marchas da morte] 404
Blei, Franz, *A Blessing in Disguise* (volume ilustrado) 55
Bley, Helmut, *South-West Africa under German Rule 1894-1914* (1968), 15, 17-9, 403
Blitzkrieg, estratégia 186,-7, 329, 357-8
Bloxham, Donald: *The Final Solution: A Genocide*; *The Oxford Handbook of Genocide Studies* (ed. com Dick Moses) 404

Bock, Fedor von 332-3
Boettcher, Viktor 24
Bofors 216
Böhler, Jochen 291-2
Boissou, Lionel 227, 248
Böll, Heinrich 151-3
Bollock, Alan 241
Bolz, Eugen 111
Bormann, Martin 167, 173-4, 178-9, 361, 364
Bose, Herbert von 113
Bósnia 427, 454
Böttcher, Viktor 374
Boveri, Margaret 298
Bracher, Karl Dietrich 102, 106
Brandt, Karl 164, 179
Braun, Eva 161-2, 167-9, 170-80, 256, 261
Bräutigam, Otto 301-2
Brasil 204, 210, 213, 277, 280, 302, 373
Brecht, Bertolt 63
Bremen:
    brigada Corporação Livre 49, 239
    elefante de tijolos em 24-5
Britten, Benjamin 226
Brno, massacre de (maio-junho de 1945) 421
Broszat, Martin, *The Hitler State* 226, 251
Browning, Christopher 285, 294, 306-7, 314
Brüning, Heinrich 68-9, 113
Buber, Martin 231
Budioni, marechal 351
Bulgária 42-3
Bülow, Bernhard von 16, 55, 289
Byatt, A.[ntonia] S.[usan] 226
Byron, lorde 441

Cambridge, Universidade de 226, 229, 239-42
Camarões 14, 20, 22, 24, 27, 374
campos de concentração:
    alemães étnicos aprisionados no pós-guerra 422, 426
    "aniquilação por meio do trabalho forçado" (*Vernichtung durch Arbeit*) dos 18, 37
    conhecimento e aprovação da opinião pública 105
    evacuação e "marchas da morte" no fim da guerra 365-6, 399
    expansão dos (a partir de 1937) 130, 143, 150
    forasteiros sociais e 73, 107, 127, 393
    mortes por tifo dos 383
    na Namíbia colonial 16-8, 23, 32, 392
    não foram invenção alemã 32
    no início da era nazista 23, 32, 70-1, 105
    pogrom de novembro de 1938 e 177, 273
    poucos prisioneiros na década de 1930 32, 114-5, 143
    sindicalistas nos 71, 109-10, 144
campos de extermínio:
    câmaras de gás 36, 145, 189, 224, 249, 298, 301, 321, 353, 393-6, 416
    gás Zyklon-B 224, 395
    início do extermínio em massa (1942) 145, 189, 190, 201, 235, 243 321, 301, 395, 408, 446-7, 452
    "Reinhard" 189, 294, 394-5, 408
Caplan, Jane 241-2
Caporetto, Batalha de (outubro de 1917) 39
caráter nacional alemão, estereótipos sobre o 134
Carta do Atlântico 320, 410
Carter, E. j. 436
Casablanca, Conferência de (janeiro de 1943) 361-2
catolicismo:
    na Alemanha 80, 84, 111, 113, 118, 127, 134, 137
    na Itália 254, 258, 260
Chamberlain, Neville 234, 268-71, 273, 275, 322-3
Charmley, John 316
China 14, 213, 330, 342
Chmielewski, Jan 432
Chrysler, edifício (Nova York) 215
Churchill, Winston 159, 189, 269, 312, 315-7, 322-4, 344-5, 367, 394, 410
Ciano, Galeazzo 261
ciência: experimentos em colônias alemãs 22-3, 99, 157, 371
ciganos, povo:
    no início do período moderno 33, 73, 75, 7, 79, 82, 84, 90-1, 95-6, 387, 390, 393-4, 398, 403, 411
Clark, Alan 316
classe social e ordem:
    antissemitismo e 34, 55, 87
    apoio nazista e 66, 110, 156
    Ehre (honra social) no início da era moderna 34, 75

em Berlim 64, 66, 433
marginalizadas pela raça 76, 79, 85, 94, 107, 126
guildas 75-9, 81
na Alemanha Imperial 26, 30
na Alemanha Ocidental 156-7, 202
população alemã na década de 1930 156, 197-8
Rathenau e 55, 57
repressão e terror nazistas 110, 120, 146, 381
Stande (ordens baseadas em *status* ou condição social) no início da era moderna 75, 80, 96, 98
transição para a "sociedade de classes" no século XIX 80
unehrliche Leute (os "desonrosos") no início da era moderna 75
Clausewitz, Carl von 16, 322, 350
Clemenceau, Georges 47
Cole, G. D. H. 436
Cólera 86, 344, 431-2
Collingham, Lizzie, *The Taste of War* 336-40, 342-3, 346-7
comida e guerra:
 extermínio de judeus e 36, 190, 387, 416, 423-4
 mercado negro na Alemanha (1944-45) 215
 "Plano de Fome" nazista 338, 353, 386-7, 405
 planos de matar por inanição no Leste Europeu 338-9, 353, 384-6, 387, 405
 políticas de racionamento 43-4, 193, 337
 produção de comida nos territórios ocupados 337, 345
 suprimentos de comida na Primeira Guerra Mundial 30, 42-4, 336, 388
 suprimentos de comida na Segunda Guerra Mundial 7, 153, 190, 215, 343-4, 346-7
Complô da Bomba de julho de 1944 296, 299, 300, 367
"comunidade do povo" 134-5, 156-8
Comunidade Europeia (mais tarde União Europeia) 223, 378
comunistas na Alemanha:
 imediato reaparecimento após a derrota dos nazistas 220, 224;
 política eleitoral e 64-9, 70, 109-10

violência nazista contra 70-1, 107, 113-7, 120, 126, 130
comunistas na Itália: 254, 259
Conferência de Washington sobre os Bens da Era do Holocausto (1998) 452
Conferência sobre o Desarmamento Mundial 272
Conquest, Robert, *The Great Terror*; *Harvest of Sorrow* 383, 401-2, 408
Conrad, Sebastian 19
Constança 436-7
Convenção de Haia (1907) 444-5
Conze, Eckart 283-5, 309
Corner, Paul, *The Fascist Party and Popular Opinion in Mussolini's Italy* 258
corridas de carros 197
Coventry 431
Cowling, Maurice 316
Cracóvia 235, 448
Craig, Gordon 304
Creta 325, 327
crimes de guerra:
 após a queda do comunismo 103, 452
 impacto da Guerra Fria sobre 290, 297, 299
 julgamento dos industriais (1947-48) 9, 224, 280
 Julgamentos de Nuremberg 224, 280, 284, 290, 297
Croácia 295, 298, 389-91, 398, 402-3, 427
Croce, Benedetto 258-9
Cruz Vermelha 417

Dachau, campo de concentração 126
Daimler-Benz 196-7
Daladier, Edouard 270-4
Das Amt (livro sobre o Ministério das Relações Exteriores):
 comentário breve à resistência 295-6
 exagero sobre o papel/influência do Ministério das Relações Exteriores 286, 306, 309
 falha na consulta a obras acadêmicas e literatura secundária 307-9
 falta de controle editorial 289-90, 307-8
 foco estreito sobre a "Solução Final" 284-5, 306
 Frei e a defesa de Hayes do 308
 negligência do aspecto belicista 290-1, 306

período pós-guerra e 284-5
processo de produção/composição 289-90, 307-8
seção de Lüdicke 286, 289
Davies, Norman, *Europe at War 1939-45* 413
deficiência física e mental 34, 73, 83-4, 95, 392, 403, 411
Degussa, empresa 285
Deletant, Dennis, *Hitler's Forgotten Ally: Ion Antonescu and His Regime: Romania 1940-44* 403
democratas-cristãos na Itália 254
Dernburg, Bernhard 55
Devrient, Paul 162
Die Zukun, revista 53-4
Dinamarca 292, 295, 302, 357, 373, 391
doença e guerra 28, 35, 43-4, 153, 184, 188-9, 336, 338-9, 342, 353, 366, 373, 383, 386-8, 390, 393, 395-6, 399, 406, 416, 419, 422-3, 429
Döblin, Alfred, *Berlin Alexanderplatz* 63
Dodd, Martha 162
Dönhoff, Marion 298
Döscher, Hans-Jürgen 285, 294, 306
Douglas, R. M., *Orderly and Humane: The Expulsion of the Germans after the Second World War* 417-23, 426-7
Dresdner, banco 242-3
Dublon-Knebel, Irith 292, 295
Duggan, Christopher 257-64

Eberle, Henrik 163, 166
Ebert, presidente do Reich 59
Eckert, Astrid 290, 297, 303-4
economia, Alemanha:
    "arianização" de propriedades/negócios judaicos 153-4, 185, 193
    construção de *Autobahnen* 183, 194, 197
    comparações com os EUA 42, 182
    crises cambiais (1934/39) 60, 158, 184-5, 337
    economia de guerra nazista 185-8, 190, 192, 199, 201, 340, 287
    escassez de aço 42, 185
    escassez de combustível 187-8
    estabilização em meados da década de 1920 169
    expansão no século XIX 26

Grande Depressão 64, 183-4, 216
hiperinflação (1923) 216
programa de rearmamento 150-1, 183-4, 191
Programa Hindenburg 56
projeto de modernização de Hitler 186-7, 191-2, 196, 198
projeto de motorização 187-8, 191, 194-9, 202
planos coloniais nazistas e 35-7
Primeira Guerra Mundial e 26, 31, 391
Rathenau e 56-7, 60
Edeka, supermercados na Alemanha 19
Eden, Anthony 268-9
Educação 85, 107, 127, 225, 297
Eduardo VIII, rei 316
Egito 440-2
Eichmann, Adolf 304, 396
Einstein, Albert 287
Eisner, Kurt 61-2
El Alamein 329
Elgin, Mármores de 441-3, 451
Engels, Friedrich 99
Epp, Franz Ritter von 24
Epstein, Klaus 304
Erhard, Ludwig 236, 378
Erhardt, Hermann 49, 52
Erzberger, Matthias, assassinato de 49
eslavos:
    extermínio de 35-7, 73, 152, 230, 237, 334, 338, 373, 376, 385-7, 392, 405, 419
    teoria racial e 23-4, 28-9, 34, 88, 96, 130, 187, 368, 375 388, 411
    trabalho forçado durante a Segunda Guerra Mundial 73, 372, 375, 429
Eslováquia 295, 298, 373
Espanha: Guerra Civil 263, 272-3, 411
esquadra de submarinos 320, 340-1
Essen, fábrica da Krupp em 210-6
Estados Unidos da América:
    antinazistas (1933) 288-9, 296
    ascensão ao *status* de superpotência 182
    ataque a Pearl Harbor (dezembro de 1941) 189, 333, 356
    auxílio de guerra à União Soviética 190, 410
    bombas atômicas 330
    campanhas contra americanos nativos 32, 182, 37

como epicentro de "conspiração global" judaica 189, 267, 334, 397, 399
declaração de guerra de Hitler 189, 314, 320-1
"eixo", segundo Hitler: Roosevelt-Stálin--Churchill 189
entrada *de facto* na Segunda Guerra Mundial 322
entram na Segunda Guerra Mundial 189, 314, 320-2
Guerra de Secessão 335
Guerra do Pacífico 320, 330, 333, 345, 356
Holocausto como central na memória pública 242, 257, 451
Lei de Empréstimo e Arrendamento 320, 340
políticas repressivas com relação aos forasteiros sociais 98, 375
ponto de vista de Hitler sobre 7, 68, 187, 267, 320-1, 373, 399
Primeira Guerra Mundial e 43, 45, 93, 378
proteção dos comboios aliados no Atlântico 320, 357
Volkswagen Fusca (*Beetle*) nos 195, 204
política da Guerra de Secessão de "perdoar e esquecer" 220
produção de guerra 320, 326, 330
relatórios sobre as ações, informes, notícias, comunicados à imprensa e ações
teorias eugenistas nos 81, 86, 88, 375
esterilização em massa 34
estudos pós-coloniais 18-9, 20
Etiópia 18, 262-4, 272, 395
Europa Oriental *ver* Leste Europeu
Evian, conferência sobre refugiados (julho de 1938) 273
Exército alemão (*Abwehr*):
  deserções nos últimos meses de guerra 151
  despreparado para a guerra (1938) 183
  divisão de contraespionagem 234
  execuções nazistas de soldados alemães 143-4
  expurgo (1944)
  juramento de lealdade pessoal a Hitler 287
  liderança da *Wehrmacht* 332
  Reichswehr 216

Fahlbusch, Michael 227
Feine, Gerhart 296

Feira Mundial de Chicago (1893) 213
feministas, movimentos 23, 80, 192
ferrovias 14, 24, 157, 197, 210, 212-3, 216, 337, 348, 354, 377, 396, 431, 437-8
Fest, Joachim 191
Filipinas 342-3
Fini, Gianfranco 255
Finlândia 391
Fischer, Eugen 17, 23, 33
Fischer, Fritz 304-5
Fischer, Hermann 48-9
Fischer, Joschka 282-4
Fisk, Robert 454-5
forasteiros sociais:
  assassinatos em massa nazistas 97-8
  assédio da polícia e 84, 96
  "bastardos da Renânia" 93
  crescimento de teorias eugenistas e de "higiene racial" 90, 96
  criminalidade e 73, 76, 80-1, 85, 95-6
  Grande Depressão e 94-5
  inexistência de literatura sobre 73-4
  itinerantes 75, 77-9, 81-2, 139
  na história alemã até a Primeira Guerra Mundial 73-6, 79, 80-1, 86
  na República de Weimar 8, 93-4
  profissionais da medicina e 88
  propostas de esterilização 98
  propostas de eutanásia involuntária 94
  regime nazista e 73, 75, 97, 105, 107, 125-7
  retórica de "degeneração" 81, 85, 88, 96
  sistema de Elberfeld de assistência aos pobres 82
  vadiagem e mendicância 76, 85
Ford Motor Company 196-7, 201
Foucault, Michel 86
Foundation J. W. G. 232-3
Fraenkel, Ernst 115
França:
  depredações culturais nazistas 153, 292, 445
  economia da 30, 18
  embaixadores alemães durante a Segunda Guerra Mundial 292, 294-5
  era colonial 20, 26, 93
  exploração nazista da economia da 152
  invasão nazista e derrota da (1940) 186-8, 264, 266, 315, 332, 373, 377, 433, 446

ocupação do Ruhr (1923) 216
Pacto Hoare-Laval 272
período revolucionário/napoleônico 79, 359, 442-3, 447
Primeira Guerra Mundial 15, 30, 41, 45, 316, 445
prisão e deportação de judeus 294-5, 391
regime de Vichy 188
Resistência francesa 264, 269
tendências autoritárias do século XIX 86
Frank, Hans 322, 385, 447-8
Frankfurt 434, 437
Frei, Norbert 166, 283, 285, 307-9
Frente de Trabalho 119, 128-9, 196-9
Friedlander, Henry, *The Origins of Nazi Genocide* 403
Friedländer, Saul, *The Years of Extermination: The Third Reich and the Jews 1939-1945* 402, 413
Friedmann, Jan 284
Friedrich, Thomas, *Hitler's Berlin* 63-9, 70-2
Frederico II, rei da Prússia 77
Frieser, Karl-Heinz 329
Fritzsche, Peter 141-6
Fromm, Bella 173
Fundação F. V. S., Hamburgo:
    Bolsas Hanseáticas 222-3, 226, 239, 240, 244, 252
    ver também Toepfer, Alfred
Fundo de Amparo de Inverno 118, 143, 149

Gana 14
Geary, Dick 131
Geddes, Patrick 437
Gellately, Robert:
    Lênin, Stálin e Hitler 413
Gemelli, padre Agostino 258
General Motors 196-7, 200
genocídio:
    Alemanha do *Kaiser* e 17-8
    como produto da modernidade 141, 147
    contexto do século XXI 400-1, 454
    de cristãos armênios 397-9, 397, 401, 405, 413
    de sérvios na Croácia 389-90, 402-3
    em Ruanda (década de 1990) 401, 404
    explicações materialistas para o 141, 147, 391, 396
    expressão "aniquilação por meio do trabalho forçado" 37
    extermínio de eslavos 386
    fome ucraniana do início da década de 1930 e 382-4
    memórias nazistas do império e 3, 55
    morte por fome dos *kulaks* 384
    na Namíbia (1904-7) 15-6, 19, 28, 375, 392
    papel dos industriais 9, 217, 220, 224
    políticas nazistas de reorganização racial e 141
    ver também genocídio nazista dos judeus
genocídio nazista dos judeus:
    "Solução Final da Questão Judaica na Europa" 36, 147, 189, 191, 293-4, 309, 314, 353, 380, 391, 402, 309, 410
    abertura dos campos de extermínio (1941) 321-2
    argumentos sobre a racionalidade econômica 391
    assassinatos não clínicos ou impessoais 396
    câmaras de gás móveis 301, 321, 395
    como fundamental para a memória dos .
    crimes da Segunda Guerra Mundial 242-3, 256-7, 451-2
    como geográfica e temporalmente ilimitado 399
    como objetivo de guerra nazista 18, 38, 95, 98, 390-1, 410
    conferência de Wannsee (1942) 36, 189, 301, 322, 346-7, 391
    conhecimento público sobre o 140-1, 237
    diferente do genocídio dos eslavos 23-4
    explicações materialistas para o 147, 387, 403
    Himmler e 189, 321, 338, 365, 374, 391
    historiografia alemã do 114, 246, 404
    Hitler e 32, 35, 189, 190, 347, 391, 405
    judeus da Europa Ocidental 189, 190, 395
    judeus húngaros 237, 250, 296, 391
    Ministério das Relações Exteriores alemão e 291-6, 302, 306
    negação do Holocausto 224-5, 240-2, 250
    no contexto das políticas de reorganização racial 386-7
    número total de vítimas 395, 399
    os hereros como precursores do 15-7, 23-6, 28, 32, 55, 375, 392, 401

paradigma colonial e 36
paralelos em outra épocas e países 8, 36, 396-9, 401
participação de croatas e romenos 389-91, 402-3
singularidade do 380, 391, 395, 400, 411
SS e 140, 353, 374, 395, 391, 395, 399, 405, 411, 429
Toepfer e o 190, 227, 235, 237-8, 243
tomada de decisão nazista sobre o 395
Gerlach, Christian 152, 239, 243 247, 250, 409-10
Germania, cervejaria (China, Qingdao) 14
Gestapo 102-5, 114-5, 119-20, 124-5, 128-9, 141, 149-50, 232, 235, 300, 338, 367, 446
globalização 7, 19, 27, 205
Globke, Hans 225
Goebbels, Joseph:
  Berlim dos anos 1920 e 65-6, 68
  caso amoroso com Lida Baarova 261
  convicção sobre a vitória iminente (a partir de 1942) 127-8, 145
  diários de 68, 72, 178, 190
  discurso de 15 de março de 1933 127-8
  Eva Braun e 167, 171, 174, 178
  filhos de 161, 174
  modernização e 362
  morte de 161, 361
  pé torto de 165
  propaganda antissemita e 65-6, 123, 394, 410
  propaganda da Batalha de Kiev 354, 358
Goebbels, Magda 171
Goerdeler, Carl 218
Goldfinger, Ernö 436
Goldhagen, Daniel Jonah 134
Gorbatchev, Mikhail 449
Gorg, Gregor 92
Göring, Emmy 171
Göring, Hermann 24, 33, 106-7, 154, 160, 164-5, 171, 175, 233, 267, 361, 405, 446, 448
Görtemaker, Heike, *Eva Braun: Life with Hitler* (*Eva Braun – A vida com Hitler*) 168-70, 174, 176, 179
Grande Depressão 66
Gray, William, *Germany's Cold War* 299
Grécia
  herança e patrimônio cultural 442, 444, 451
  transferências forçadas de população a partir da Turquia (anos 1920) 419-20
Gregor, Neil 132
Greiser, Arthur 365
Gross, Jan T., *Revolution from Abroad: The Soviet Conquest of Poland's Western Ukraine and Western Belorussia* 401
Grosz, Georg 63
Grotius 441
Grundherr, Werner von 302
grupos sionistas 424
Guadalcanal 342
Guderian, Heinz 324, 350, 355-6
guerra aérea:
  ataques de bombardeio a Berlim; 71, 153, 155, 167, 433
  bombardeios da infraestrutura pelos Aliados 39, 40-1
  bombardeios maciços dos Aliados contra cidades alemãs 134, 139. 145, 154, 158, 178, 193, 337, 359, 449
  caças e tecnologia de bombardeios 157, 328-33
  durante a Operação Barbarossa 318-20, 325, 348, 357-8, 406
  míssil terra-ar Wasserfall ("Cachoeira") 330-1
  na Primeira Guerra Mundial 212, 430, 444-5
  no teatro do Pacífico 320, 330
  ofensiva estratégica de bombardeios dos Aliados (1943); 145-6, 153, 158, 178
  planejamento urbano e 424, 430-7
  raides de zepelim a Londres 444
Guerra dos Trinta Anos (1618-48) 336, 441
Guerra Franco-Prussiana 20, 335, 359
Guerra Fria:
  fim da 182. 257
  impacto sobre os julgamentos de crimes de guerra 202, 290, 297, 414
guerra naval
  estratégia do *Kaiser* 28-9, 38-9, 42-3, 214, 371
  inteligência na Segunda Guerra Mundial 325-6
  na Primeira Guerra Mundial 187-8, 320-1, 326-9, 340
  rebelião de Kiel (1918) 46-7

sistema de comboios na Segunda Guerra
    Mundial 38-9, 42-3, 45-7, 341
Guilherme I, *Kaiser* 213, 448
Guilherme II, *Kaiser*
    abdicação de 38, 46, 57, 61
    estratégia naval 28, 45, 371
    guerra irrestrita de submarinos 38-9
    Krupp e 213-6, 221
Guilherme, o Moço, duque de Braunschweig-
    -Lüneburg 78
Gutschow, Konstanty 430

Hacke, Barbara 238, 250
Halder, Franz 332
Halifax, lorde 269, 271, 275, 315-6
Haller, Kurt 238, 250
Hamburgo 19, 20, 23, 53, 105, 222, 225-6, 231,
    238, 244, 250, 294, 328, 359, 398, 430-3,
    438-9
Hanfstaengl, Ernst "Putzi" 160-1, 170
Harden, Maximilian 50, 53, 55, 57
Hassell, Ulrich von 296
Hayes, Peter 283, 285, 307-9
Heath, Edward 223
"*Heil Hitler!*", cumprimento e saudação 135-40
Heim, Susanne, *Architects of Annihilation* (com
    Götz Aly) 147, 402
Heines, Edmund 108
Heinrici, Gotthard 363
Helfferich, Karl 51
Hellcat, caças 330
Helm, Erwin 365
Henderson, William Otto 15
Henlein, Konrad 233, 418
Henseler, Marga 282
Herbert, Ulrich, *Hitler's Foreign Workers* (1997)
    218-9
Herf, Jeffrey, *The Jewish Enemy* 402
Hess, Ilse 171
Hess, Rudolf 71, 159, 161, 171
Heydrich, Reinhard 189, 294, 394, 410, 418
Hildebrand, Klaus 283-4
Himmler, Heinrich
    extermínio de judeus e 33, 111, 189, 294,
        321, 365, 376, 391, 394, 405, 407, 410,
        433
    Plano Geral para o Leste 338, 385, 394, 405
    suicídio de 361

Hindenburg, Paul von 39, 40, 59, 69, 113, 116,
    121, 217, 408
Hirohito, imperador 324
Hirschfeld, Magnus 91-2
Hirst, Ivan 199, 200
historiadores da inteligência 324-5
Hitler, Adolf:
    abandona discussões sobre desarmamento
        (1933) 269, 271-2
    Batalha de Kiev como triunfo ilusório 354-7
    Berlim e 63-5, 67-8, 71-2, 155, 160, 167,
        171-3, 177-9, 196, 446
    biografia de Kershaw 313-4, 359-60
    boicote antijudaico (lançado em abril de
        1933) 289
    capaz de amor humano comum 180
    círculo de amizades íntimas 125, 167-9,
        170-1, 173-5, 177, 179
    como diretor das políticas no leste 35,
        405-6
    complô da bomba de julho contra (1944)
        296, 299, 300, 367
    conceito de *Lebensraum* 371, 386, 405
    condição de solteiro e sem filhos 174
    "conspirações judaicas" e 93
    convicção de que judeus eram traidores
        47, 52
    desprezo pelo povo alemão 361
    determinação fanática de lutar até o fim
        178-9
    dieta vegetariana 163
    discurso de 30 de janeiro de 1939 399
    discurso do Sportpalast (1930) 67
    doença de Parkinson e 163
    eleição presidencial (1932) 69, 70
    esperança da neutralidade britânica 267
    estilo pessoal de governar 267, 367-8
    EUA e 7, 43, 68, 182, 187, 189, 195, 267,
        289, 314, 317, 320-2, 334, 373, 375, 399
    Eva Braun e 161-2, 167, 170-7, 180, 256
    exploração das queixas das minorias
        nacionais 112, 418-9
    expurgo das Forças Armadas (1944) 363
    fascínio carismático de 104
    fotografado por Hoffmann 168-9, 174
    genitália 161
    império nazista e 18, 32
    ingestão de drogas por 161-2, 164, 166

ingressa no governo (janeiro de 1933) 70,
    106
juramento de lealdade pessoal a 211, 279,
    287, 363
Leis de Nuremberg e 17, 131, 289
liderança militar de 35, 270
livros sobre o Velho Oeste e 370
Mein Kampf (Minha Luta) 47, 68, 93, 267
morte de (30 de abril de 1945) 160, 167, 361
Munique e 64-5, 68, 170-2, 177-9 268
"Noite das Facas Longas" ou "Noite dos
    Longos Punhais" (1934) 62, 113, 127,
    161
objetivos de guerra de 249, 334
objetivos e ambições da política externa 43,
    198, 234, 264, 266-7, 274
obsessão pelo rearmamento 182-7, 217,
    371-2
onda de suicídios entre o círculo íntimo no
    fim da guerra 160, 261, 297, 361
opta pela guerra imediata (1939) 275-6
"Ordem de Nero" (19 de março de 1945)
    360
paralelos com Stálin 351
plano para a "guerra dos continentes"
    contra os EUA 319-20
plebiscito sobre a nomeação como chefe de
    Estado (1934) 103, 121-2
Primeira Guerra Mundial e 38, 43, 47, 63,
    66, 162
programa de extermínio de judeus e 32
propagação da imagem de 7, 8, 161, 168,
    171
Putsch da Cervejaria (1923) e 60, 64, 69,
    168
reações populares a 103-4, 312
recusa-se a desvalorizar o Reichsmark 185
remilitarização da Renânia 272
retirada como sinal de covardia/traição 351
saúde física de 38, 47, 159, 161-4, 166
saúde mental de 159, 160, 166
Segundo livro (inédito) 182, 267, 399
sexualidade de 159, 160-1, 170, 173 261
supostas causas do antissemitismo de 159
supressão de parceiros de coalizão 67, 112-3
tomada de decisões e 35, 102-3, 150, 153,
    314, 323-4, 331, 360, 410
Hochhuth, Rolf 161

Hoffmann, Heinrich 168-9, 171-4
Hoffmannsthal, Hugo von 54
Holanda 29, 182, 219, 292, 294, 357, 373-4, 391
Homossexuais 73, 84, 88, 91-2, 107, 161, 214,
    259, 403
Horthy, almirante 295
Hugenberg, Alfred 215
Humperdinck, Engelbert (compositor) 212-3
Hungria 42-3, 237, 247, 250, 273, 295-6, 298,
    348, 391, 419, 423-4
Hürter, Johannes 283, 291, 307

ideologia nazista:
    centralidade da violência, coerção e terror
        132
    criminalidade como determinada
        hereditariamente 393
    culto do autossacrifício 154
    distanciamento da realidade 348
    experiência colonial e 19, 24, 29
    extermínio dos eslavos 23-4, 34-7, 152, 230,
        237, 334, 376, 386-9, 392, 411
    igualdade e 103, 148
    liderança (*Führerschaft*) e hereditariedade
        217-8
    papel das mulheres "arianas" 174-5, 192-3
    Plano Geral para o Leste 35, 37, 338, 386-9,
        392, 402, 405, 419
    projeto de motorização e 197
    simbiose de política racial e guerra 34
    supremacia da força de vontade 193
    violência e conflito como essenciais para a
        334
    visão de um império europeu 32, 373,
        377-8, 388, 399
    ver também teorias raciais e racismo
IG Farben 186, 224, 242-3, 285, 327, 377, 429
Iluminismo, racionalismo do 77-9, 81
imperialismo, era do:
    brutalidade durante 17, 21-2, 377, 392, 403
    "disputa pela África" 20, 27-8
Império Austro-Húngaro 39, 43, 417
Império Britânico 15, 187, 195, 275, 316, 333,
    343, 345, 356, 377
Império colonial alemão:
    brutalidade durante 17, 21-2 377, 392, 403
    "disputa pela África" 20, 27-8
    elefante de tijolos em Bremen 25

esfacelado no fim da Primeira Guerra
    Mundial 15
  estudos pós-coloniais e 35, 200
  experimentos científicos no 22-4, 33
  ideologia e 28
  na África 15-8
  na região do Pacífico 21, 27
  origens da ideologia racial e 17-8, 23
  origens do 28, 31
  papel de antigos diplomatas no império
    nazista 373-5
  "política mundial" sob o *Kaiser* 28
  Rebelião Maji-Maji (1905) 21-2, 28
Império Otomano 396-7, 405, 417, 441
Índia, administração colonial na 182, 344-5
indústria do aço 42, 157, 185, 209-10, 213,
    215-7, 220
indústrias; julgamento dos industriais (1947-48)
    9, 207, 220, 227, 299
Inglaterra:
  "Cidade do Amanhã" 435-6
  cultura política 26
  decisão de continuar lutando (primavera de
    1940) 314
  declaração de guerra à Alemanha (1939)
    264, 268
  "disputa pela África" e 27
  economia da 209, 327
  Grande Exposição (1851) 212
  industrialização na 209
  limites de velocidade na 197
  planejamento da cidade pós-guerra 434,
    436
  Plano Beeching de fechamento de ferrovias
    437
  política internacional dos anos 1930 222,
    239, 268-73
  produção de guerra (Primeira Guerra
    Mundial)40-3
  produção de guerra (Segunda Guerra
    Mundial); 326-7
inteligência:
  decodificador Ultra 187
Iraque 188, 359, 440, 454-5
Irlanda 391
Irving, David 242
Isherwood, Christopher 62-3
Islândia 391

Israel 304
Istambul 438
Itália:
  continuação dos fascistas no poder
    pós-guerra 254
  legado cultural 444, 454
  neofascismo na 255, 257
  ocupação alemã (a partir de 1943) 256-7
  Primeira Guerra Mundial 39, 41, 43
  relativa falta de destruição durante a guerra
    256
  rendição aos Aliados (setembro de 1943)
    256, 264
  unificação no século XIX 258-9
Itália fascista:
  a Nova Direita celebra a 254
  derrotas no Norte da África na Segunda
    Guerra Mundial 264, 272
  fracassos militares na Segunda Guerra
    Mundial 264
  Guerra Civil Espanhola e 263, 395
  invasão da Grécia (1940) 264, 272, 317
  na Etiópia 18, 262-3, 272
  regime fantoche de Salò 265
Iuchtchenko, Victor 382
Iugoslávia 272, 298, 389, 403, 419, 421-2, 454

Jaksch, Wenzel 418
James, Harold 208-9, 211-9, 220-1
Japão 213, 282, 314, 324, 326-7, 330, 333, 347,
    373
Jorge VI, rei 137
Jogos Olímpicos (1936) 71
Johnson, Daniel 229, 245
Johnson, Eric 103, 110, 114, 120-4
José II, rei da Áustria 77
judeus
  "arianização" de propriedades/negócios
    judaicos 149, 193, 224, 231, 245, 249
  austríacos 273, 446
  boicote antijudaico (lançado em abril de
    1933) 289
  como *Weltfeind* (inimigo mundial) 37, 388
  "conspiração global" dos 31, 267, 334, 407
  deportação para o leste (a partir de outubro
    de 1941) 151-3, 293, 321, 391, 448-7
  "eixo" de Hitler: Roosevelt-Stálin-Churchill
    189, 334

esquemas para salvar (1938-39) 49, 220, 296
guetos 321, 339, 372, 387, 395-6, 408, 429
"*Heil Hitler!*", cumprimento e saudação 137
"higiene racial" e 32, 88
lei de 7 de abril de 1933 e 287
mito da "punhalada pelas costas" 142, 151, 184, 388
na história da Alemanha até a Primeira Guerra Mundial 47, 52-4, 80, 142, 151, 184, 362, 388
na Polônia 34, 130-1, 140, 146, 189-90, 321-2, 339, 385, 387, 388, 395, 406, 408, 411
na República de Weimar 8, 24-5, 31, 52, 88, 231, 397
na Sérvia 292-3
na União Soviética 34, 152, 187, 301, 353, 357
obras de arte saqueadas pelos nazistas 10, 103, 153, 291
Plano de Madagascar 293-5
pogrom de novembro de 1938 ("Noite dos Cristais") 123, 130-1, 177, 185, 273-4
política de Mussolini com relação aos 257-9
políticas nazistas com relação aos (1933-39) 73, 278-9
processo de assimilação na Alemanha 53
questão dos refugiados (final da década de 1930) 273
violência nazista contra os judeus em Berlim (pré-1933) 8, 9, 18, 23, 24, 36, 65, 67, 73-4, 123, 131-2, 321, 388
ver também genocídio nazista dos judeus
Júkov [Gueórgui] 318, 324, 351, 355-6
Jung, Edgar 113
Juventude Hitlerista 118-20, 123, 129, 139, 231

Kahr, Gustav Ritter von 62
Kehrl, Hans 191
Kempner, Robert 299
Kennedy, Paul, *Engineers of Victory* (*Engenheiros da vitória*); *The Rise and Fall of the Great Powers* 335
Kern, Erwin 48-9, 51
Kershaw, Ian: biografia de Hitler, *The End*; *Fateful Choices (Dez decisões que mudaram o mundo. 1940-1941)*; *The "Hitler Myth":*
Image and Reality in the Third Reich; *Popular Opinion and Political Dissent in the Third Reich: Bavaria 1933-1945* 127, 156, 158, 312-9, 324, 359, 361-2, 364, 368
Kessler, conde Harry 54-5
Kevorkian, Raymond, *The Armenian Genocide: A Complete History* 404
Kharkov 338, 448
Khrutchev, Nikita 351
Klausener, Erich 113
Klee, Ernst, *"Those Were the Days": The Holocaust as Seen by the Perpetrators and Bystanders* 402
Klemperer, Victor 123, 136, 139-40
Koch, Robert 22
Koehl, Robert K., *RKFDV: German Resettlement and Population Policy 1939-1945* 402
Kolbe, Fritz 296, 303
Königsberg 435, 448
Kordt, Erich 283
Krapf, Franz 282-3
Kreis, Georg, 231-2
Kreisau, Círculo de 296
Krogmann, Carl Vincent 238
Krosigk, conde Schwerin 363-4
Krupp:
    como fabricante de armas 207-8, 212-6
    julgamento dos industriais 207-8, 220, 224
    mão de obra 210-1, 214, 216, 217
    prenúncio do "modelo de fábrica nazista" 207, 217-8
    uso de trabalhadores forçados estrangeiros 218-20, 224, 249
    Villa Hügel 212-3, 221
Krupp, Alfred 210-1, 214-5
Krupp, Alfried 218-21
Krupp, Bertha 216
Krupp, Friedrich 209
Krupp, Friedrich Alfred 213-5
Krupp, Helene Amalie 209
Krupp von Bohlen und Halbach, Gustav 215-8, 220-1
Kubrick, Stanley, *Dr Strangelove or: How I Learned to Stop Worrying and Love the Bomb* (*Dr. Fantástico*) 136
Kursk, Batalha de 329
Kúznetzov, Anatóli 353

Laffert, Sigrid von 172
Landauer, Gustav 62
Langbehn, Julius, *Rembrandt as Educator* 230
Langer, Walter C. 160, 170
Lauterbacher, Hermann 238
Le Corbusier 430, 438
Lebensraum (espaço vital) 371, 386, 405
Lebert, Hans 228
Lei de Concessão de Plenos Poderes (Lei Habilitante ou Lei de Autorização) (1933) 107
Leste Europeu (Europa Oriental):
   brutalidade nazista em áreas ocupadas 130, 210
   como as *Bloodlands* ("terras de sangue") de Snyder 407
   conceito de *Lebensraum* (espaço vital) 266, 337, 407
   cruel exploração durante a Segunda Guerra Mundial 372
   cruel jugo alemão durante a Primeira Guerra Mundial 23, 28, 35
   depredações culturais nazistas no 372
   diretrizes políticas nazistas no 150-2, 376
   ditaduras stalinistas pós-guerra 410-1
   expulsão de alemães étnicos do (1945-47) 155, 201, 416-8, 426
   Ministério do Leste de Alfred Rosenberg 294
   modelo americano para a conquista do 182-3
   nacionalismo alemão radical sob o *Kaiser* e 371-2, 400
   número total de mortes em 393-6
   planejamento urbano nazista 157, 435
   plano de matar de fome a população nativa 188-9
   "Plano de Fome" 188-9, 338, 368, 405
   Plano Geral para o Leste 36, 385-7
   princípio da "autodeterminação nacional" pós-Primeira Guerra Mundial 417, 427
   tratamento dos nazistas aos judeus 301, 366-7, 387, 391-2, 394-6, 399, 400
   violência política pós-guerra contra os alemães 416-8, 426
   ver também Operação Barbarossa (invasão alemã da União Soviética, junho de 1941); Polônia; União Soviética
Leutwein, Theodor 16

Levi, Carlo, *Cristo si è fermato a Eboli [Cristo parou em Eboli]* 259
Lewy, Guenter, *The Nazi Persecution of the Gypsies* 403
"limpeza étnica" 10, 120, 227, 321, 398, 416
Liga das Nações 148, 271-3
Liga Naval 214
Liga Pangermânica (*Alldeutscher Verband*, "União de Todos os Alemães") 29
Lindley, William 431
Linz, Áustria 174, 446
Lipstadt, Deborah 242
Lista de Schindler, A (filme de Steven Spielberg) 451
Liszt, Franz von 87
Lloyd George, David 316
Louvain, Universidade Católica de 445
Löbe, Paul 108
Lombroso, Cesare 87, 89
Longerich, Peter 131, 294
Lorenz, Werner 233, 238
Löser, Ewald 218
Ludendorff, Erich 39, 40, 42, 45-6, 57
Lüdicke, Lars 286-91, 295
Lueger, Karl 174
Luftwaffe 51, 186-7, 191, 269
Luther, Martin (subsecretário de Estado) 278

Maastricht, Tratado de 227
Macartney, C. A. 237-8, 247-8
Machtan, Lothar 161
Magdeburgo, saque de (1631) 441
Mahnke, Horst 300
Majdanek, campo de concentração 422, 431
Malásia 341
Manchester, William, *The Arms of Krupp* 208-9, 211 214-5, 217-20
Manchúria 341
Mandt, Harald 223
Manstein, Erich von 324
Marazio, Zelmir
Marrus, Michael 453
Marselha 49, 433
Marx, Karl 99
marxismo 29, 108, 126, 156, 251, 319
Masefield, John 237
Mason, Tim 132, 150-1, 186, 241, 307
Matic, Igor-Philip 250

Maulucci, Thomas 297
Maurice, Emil 161
Maurício, ilhas 34
Mauthausen, campo de concentração 393
May, Karl 182, 370
Mazower, Maderk, *Hitler's Empire (O Império de Hitler. A Europa sob o domínio nazista)* 371-8, 401
McCloy, general John 220
McEwan, Ian 226
McKale, Donald M. 306, 308
medicina:
    carreira médica 83-4, 86, 287
    medicalização da política penal 95-6, 98
    modelo aplicado ao desvio político 83, 88, 97, 119-20
Meer, Fritz ter 224
Meinhof, Ulrike 149
Melvern, Linda, *Conspiracy to Murder: The Rwandan Genocide* 404
Mengele, Josef: 33
mercado de trabalho 111-2, 117-9, 143-4, 209-11, 215-6
Mercedes-Benz 242-3
Messerschmitt ME 331
México 195, 203-5
Mezger, Edmund 97
Michaelides, Christian 228
Midway, Batalha de 325-6, 335
Miihsam, Erich 92
Milch, Erhard 191
Ministério das Relações Exteriores:
    acusações de belicismo contra 306
    colaboração com o antissemitismo nazista 284
    comissão de Fischer sobre a era nazista 283-4, 305
    continuidade entre a era nazista e o período pós-1951 281-3, 286, 300, 308
    Curt Prüfer 277-8, 281, 303, 308
    elite conservadora 277, 304
    encobrimento da era nazista 281, 284, 287, 289, 306, 308
    expurgos de tempo de guerra 292, 297
    extermínio de judeus e 284-5, 287, 289, 291-5, 299, 309
    ministros nomeados pelos nazistas 277-8, 282-3, 286-8, 300, 302
    mito do ministério como centro de resistência 281, 296, 298, 306
    movimentos de resistência e 281, 295-6
    papel do ministério nos territórios ocupados 292, 295
    período pós-guerra e 281-2
    "Processo Wilhelmstraße" 290-1, 297, 299, 302-3
    relações com Israel 304
    ver também Das Amt (livro da investigação de Fischer, 2010)
modernidade, genocídio nazista e 98
Mommsen, Hans 229, 285-6
Montanelli, Indro 263
Montgomery, Bernard Law 324
Morell, Theo 161-2, 164-6
Moringen, campo de concentração 126
Morris Minor 194-5
Morsch, Günter 404
Moses, Dirk, *The Oxford Handbook of Genocide Studies* (ed. com Donald Bloxham) 404
Mosley, *Sir* Oswald 316
movimentos de resistência:
    Ministério das Relações Exteriores alemão e 281-5, 295-9, 300-1
    "Orquestra Vermelha" 303-4
movimento sindicalista 109
Movimento Social Italiano (MSI) 255
Mühlmann, Kajetan 448
Mühsam, Erich 62
Muir, John, *How to Keep Your Volkswagen Alive* 204
Müller-Roschach, Herbert 302-3
Mulheres:
    era bismarckiana e Guilhermina 80
    fracasso na mobilização de mulheres para o trabalho nas fábricas 192
    ideologia nazista e 174-6
    na Berlim dos anos 1920 63
    no início do período moderno 43
    prostituição e 63, 75-6, 83, 94-5
    Volkswagen Fusca e 203-4
Mumford, Lewis 431, 439
Munique:
    Hitler e o *Putsch* da Cervejaria 49, 62, 64-5
Münster, bispo de 394
Museu Britânico 442-3, 453
Mussolini, Alessandra 255

Mussolini, Benito:
  como mediador sugerido (em 1940) 268, 275, 315
  decisão de entrar na guerra 186, 314, 317
  "marcha sobre Roma" (1922) 64, 255
  posição sobre "não beligerância" (1939)264

Naimark, Norman, *Stalin's Genocides* 401
Namíbia:
  atrocidades alemãs (1904-7) 15-6, 25, 35, 375, 392
  "campos de concentração" na 16
  leis antimiscigenação 19, 25, 33, 375
  tribos hereros e namas na 15, 28, 32, 375, 392
Napoleão 359, 442-3, 447
Nauru 27
Neckermann, Josef 224
Nehring, Holger 307
Neumann, Hans-Joachim 163, 166
Neurath, Konstantin von 278, 284, 290, 298, 309
Nova Guiné 21, 27, 342
Norden, Albert, *Brown Book: War and Nazi Criminals in West Germany, State, Economy, Administration, Army, Justice, Science* 301
Nordhoff, Heinrich 200-2
Northeim, norte da Alemanha 117, 126
Noruega 292, 295, 302, 357, 373
Nüßlein, Franz 282
Nujoma, Sam 25
Nuremberg, Comícios de 172, 205
Nuremberg, Julgamentos de 207-8, 219-20, 223-4, 238, 280, 284, 290, 301, 306, 400
Nuremberg, leis raciais de 17, 125, 131, 225, 289

Oberfohren, Ernst 112
obras de arte e propriedade cultural:
  destruição na Primeira Guerra Mundial 445
  devolução de objetos saqueados 10, 103, 449, 451-3
  enormes coleções dos líderes nazistas 446-8, 450
  expropriação soviética de 448-9
  Guerras dos Bálcãs na década de 1990 396-7
  limites de tempo para reivindicação de devolução de 451
  natureza da guerra e 443-4
  Painel Consultivo de Espoliação do Reino Unido (criado pelo Departamento da Cultura, Mídia e Esportes do Reino Unido) 453
  pilhagem no mundo pré-século XX 441-4
  programa Monumentos, Belas-Artes e Arquivos (MFAA) criado por Eisenhower 450, 455
  ressurgimento da questão na década de 1990 449, 450
  Sala de Âmbar do Palácio de Catarina 448
  saqueadas pelos nazistas 10, 130, 153, 291, 445, 447-8
  saques na Segunda Guerra Mundial 445
  saques no século XXI 451
Opel, carros 196-7, 200-1
Operação Barbarossa (invasão alemã da União Soviética, junho de 1941):
  a "Grande Guerra Patriótica" de Stálin 348-9
  abundância de reservas e recursos soviéticos 349
  alemães estagnados diante de Moscou 350, 355-6
  assassinatos da polícia secreta soviética 349
  ataque e captura de Kiev 348, 350-4
  baixas alemãs 349, 355
  brutalidade nazista 348
  depredação e pilhagem cultural dos nazistas 349
  escala das baixas soviéticas 318, 352
  escassez nazista de combustível e munição 349
  expectativa nazista de vitória rápida 348
  extrema brutalidade de ambos os lados 348, 351-3
  falhas da inteligência soviética 318, 325
  fracasso da tática da *Blitzkrieg* 357-8
  Hitler fortalece o Grupo de Exércitos Sul (final do outono europeu de 1941) 350
  Hitler toma a decisão da invasão 348
  morte de civis por inanição 349, 353
  Moscou como baixa prioridade de Hitler 350
  objetivos de longo prazo de Hitler 357
  opinião pública alemã sobre 359

parada temporária do avanço alemão (julho de 1941) 349-50
perspectiva econômica 358
plano de matar de fome os prisioneiros soviéticos 349, 353, 357
quartel-general de campo de Hitler 348
sobrecarga das linhas de comunicação/ abastecimento 348-9
sucesso alemão inicial 348
Organização "A Força por meio da Alegria" 27, 156
"Organização Cônsul" 49, 50-1
Orwell, George 378, 383, 420
Overy, Richard: *The Dictators; Why the Allies Won* 324-5, 413

Pacífico, Guerra do 320, 330, 342, 345
Pacto Kellogg-Briand (1928) 291
Pacto Nazi-Soviético 328-9, 419-20
Paheler, Katrin 297
Panther, blindados 326
Papen, Franz von 69, 70, 106-7, 113
Paris, Edmond, *Genocide in Satellite Croatia 1941-1945* 403
Partido da Cruz Flechada (*Nyilaskeresztes Párt – F Hungarista Mozgalom*), Hungria 237-8
Partido Democrático, Alemanha (Deutsche Demokratische Partei, DDP) 58
Partido do Centro Católico 110-2
Partido Estatal 112
Partido Nacionalista Alemão 66
partido nazista:
    a Grande Depressão como decisiva para o 66
    eleições (1928-32) 31
    eleições (março de 1933) 128
    o "vigia de quarteirão"(Blockwart) 119, 430
    tomada do Estado nos últimos meses da guerra 363-5
    tomada do poder 116
    violência e terror 109, 124, 129, 134
    Volkssturm ("exército de papais" de alistados civis) 364-5
Partido Popular Alemão (*Deutsche Volkspartei*, dvp) 112
Patton, George S. 324
Paulus, Friedrich 326
Perz, Bertrand 404

Petacci, Claretta 254, 257, 260
Pétain, Marechal Philippe 316
Peters, Carl 21
Pinto-Duschinsky, Michael 229, 231-3, 235-8, 240-2, 244-50, 252
planejamento urbano:
    A Blessing in Disguise 431
    ganância do capitalismo pós-guerra 434, 437
    guerra aérea e 430-3
    movimento antiurbano 437-8
    nazista 174, 428-9
    soviético 434-5
    utopias pós-guerra 437-8
Plano Young 66
Plymouth 436
Polônia
    área do "Governo-Geral" 189-90, 235, 373, 385
    brutalidade nazista na 130, 140, 146, 292, 380, 389
    confisco de propriedades pelos nazistas 34, 372, 380, 385, 389
    conquista soviética e brutalidade 34, 130, 381-2, 401, 408, 420-1
    depredação cultural e pilhagem pelos nazistas 153, 291, 372, 380, 447, 451
    determinação de Hitler de invadir 34, 188, 271, 274-5, 402
    garantias anglo-francesas a 271, 274
    Gueto de Łódź 235, 250, 387, 395
    Gueto de Varsóvia 339, 395
    invasão nazista da (1939) 129, 130, 188, 380
    judeus na 34, 130-1, 140, 146, 189-90, 321-2, 339, 385, 387, 388, 395, 406, 408, 411
    minorias nacionais entreguerras na 418-9
    partes incorporadas ao Reich 385
    poloneses como minoria de alemães étnicos 28
    propriedades confiscadas na 34, 372, 380, 385, 389
    retaliações pós-guerra contra alemães étnicos 201, 385
    ruínas de Varsóvia 431
    ultimato britânico sobre a 275
Porsche, Ferdinand 198, 202
Posner, Gerald 206
Posse, Hans 446

Postgate, Raymond 436
Potsdam, Conferência de (julho de 1945) 420, 423
Praga, ocupada pelos nazistas 282, 321
Preisler, Roland 97-8
Primeira Guerra Mundial:
 a Rússia abandona a 39
 agitações trabalhistas na 46, 62-3
 bloqueio aliado 184, 336, 386
 causas da 274
 Conferência de Paz de Paris (1919) 15, 417
 cruel dominação militar nas áreas ocupadas pela Alemanha 417
 desembarques em Galípoli 329
 escassez de comida na Alemanha 336-7, 386
 guerra aérea 45, 430, 444-5
 guerra de blindados na 42
 guerra de gás 160, 162, 395
 guerra irrestrita de submarinos 38, 45-6, 56
 Hitler e 47, 63, 66, 161-2, 174, 183-4, 215, 271, 336-7, 405
 influência brutalizante sobre a vida alemã 24-6
 inteligência militar na 40
 mito da "punhalada pelas costas" e 388
 mito da unidade nacional na eclosão da 80, 86-9, 96-7, 142
 mortes por desnutrição 43, 336, 386
 motins do Exército francês durante 316
 objetivos de guerra alemães 45, 51, 304
 ofensiva alemã na primavera de 1918 38, 391
 pilhagem de obras de arte e propriedade cultural 445
 produção de guerra alemã 45
 Rathenau e 53-7
 rendição e armistício da Alemanha 359, 361
 serviços médicos 161
 superioridade econômica aliada 371
 ver também Tratado de Versalhes (1919)
Prittwitz und Gaffron, Friedrich 287
produção de guerra:
 afirmações de Speer; 190-2
 alemã (Primeira Guerra Mundial) 40-4, 56, 215-6
 alemã (Segunda Guerra Mundial) 190-3, 199, 201, 218-21, 248, 325-6, 330-2, 356-8

 bombardeio aliado da infraestrutura 199, 219, 328, 337-8, 337, 361
 britânica (Primeira Guerra Mundial) 40-3
 britânica (Segunda Guerra Mundial) 199, 324, 326-8, 356
 desenvolvimento de "armas prodigiosas" 191, 362
 desvio de recursos na década de 1930 184-5
 escassez de aço 185
 esquema de poupança para compra de Volkswagen 198
 EUA e 191-2, 324, 326, 328, 330, 356
 falta de recursos nazistas durante a Segunda Guerra Mundial 186-93, 324-31, 356-8
 fracasso de mobilização das mulheres para trabalhar na (Primeira Guerra Mundial) 192
 União Soviética 190-2, 324, 326, 339-40, 356
Projeto Nizkor 404
propaganda, nazista
 antissemita 274, 394, 419
 convicções já existentes e 127
 da imagem de Hitler 122, 167, 312-3
 impacto limitado da 134-5
 mais eficazes entre as gerações mais jovens 123
 temor do Exército Vermelho e 388
 ver também Goebbels, Joseph
prostituição 63, 78, 83, 90, 94, 96
Prüfer, Curt 277-81, 288, 290, 298, 303, 308
Putsch da Cervejaria (1923) 46, 60, 64, 69, 168

Quisling, regime na Noruega 302

Rademacher, Franz 292-3, 298
Rapallo, Tratado de (1922) 50-1, 59
Rathenau, Walther
 assassinato de (24 de junho de 1922) 8, 48-9, 51, 59, 60
 Die neue Wirtschaft (*A nova economia*) 57
 Was wird werden (*Nos dias por vir*) 57
 Zur Kritik der Zeit (*Crítica dos tempos, ensaios de política*) 55-6
Raubal, Geli 170
Redlich, Fritz, *Hitler: Diagnosis of a Destructive Prophet* 166

Rehoboth, Namíbia 17
Reiche, Momoe von 14
Reichstag, incêndio do (1933) 70, 116
Rein, Adolf 238
Reitlinger, Gerald 301-2
Remarque, Erich Maria, *Nada de novo no front* 44
Renânia, ocupação na década de 1920 30, 41
Reuband, Karl-Heinz 103, 110, 114, 120-4
reunificação da Alemanha (1992) 228
Revolução Alemã (1918-19) 46-7, 230-1
Rhodes, Bolsas 222-3, 239-40
Ribbentrop, Joachim von:
    anglofobia de 267
    extermínio de judeus e 293-5, 309
    Julgamentos de Nuremberg 280, 309
Riecke, Hans-Joachim 223, 238-9, 250-1
Rieger, Bernhard 195, 198, 202-4
Ritter, ilha 14
Rohlfs, Gerhard 20
Röhm, Ernst 52, 113, 161
Romênia 29, 273, 348, 385, 389-91, 398, 402, 418-9, 421
Roma antiga 77, 272, 440-2
Rommel, Erwin 264, 324, 326
Roosevelt, Franklin D.:
    tomada de decisão na Segunda Guerra Mundial 314, 319-20, 322
Rosefielde, Steven, *Red Holocaust* 401
Rosenbaum, Alan S., *Is the Holocaust Unique: Perspectives on Comparative Genocide* 400
Rosenberg, Alfred 294-5, 301, 376-7
Rosenberg, Hans 304
Roseta, pedra de 442
Rossino, Alexander, *Hitler Strikes Poland* 402
Roth, Joseph 54
Roth, Karl-Heinz 248
Rothschild, família 446
Roterdã 434
    ruas e estradas 182-3, 195-8
Ruhr, ocupação francesa do (1923) 30, 31, 60, 93, 216
Rundstedt, Gerd von 350, 354
Rússia:
    Brest-Litovsk (março de 1918) 30, 50
    Revolução Bolchevique (1917) 30, 32, 445
    ver também União Soviética
Ruanda 18, 21, 344, 398

SA (Tropas de Assalto, *Sturmabteilung*) 34, 52, 65-6, 69, 112, 118, 121-2, 130, 138, 186, 445
Sacro Império Romano 77, 441
Salomon, Ernst von, *Die Geächteten* 49, 51
Samoa 14, 18, 21
Scharnbost, afundamento do 326
Scheidemann, Phillip 50
Schieder, Theodor 304
Schleicher, Kurt von 113
Schleyer, Hanns Martin 148-9
Schlieffen, Alfred von 16
Schmiechen-Ackermann, Detlef 119
Schneider, Herta 174
Schoenbaum, David, *Hitler's Social Revolution* 156
Schreck, Julius 161
Schröder, Gerhard 282
Schröder, Kurt von 217
Schulenburg, Friedrich Werner von der 296
Schulte, Jan-Erik 288, 295
Schumacher, Fritz 433, 438
Schweinburg, Victor 214
Se meu Fusca falasse (filme da Disney) 204-5
Segunda Guerra Mundial:
    ataque japonês a Pearl Harbor (dezembro de 1941) 189, 314, 320, 325, 333, 356
    avanço alemão através das Ardenas (1940) 186, 325, 350
    Batalha do Atlântico 320, 327, 343
    campanha dos *U-boots* 187, 191, 215, 328, 341, 343
    campanha no Norte da África 264, 272, 292, 315, 317, 326, 343
    colapso do moral do povo alemão 362
    comboios dos Aliados no Atlântico 187, 320, 327-8, 341
    derrota alemã 132, 135, 178-9, 237, 299
    desembarques em Salerno e Anzio 329
    desembarques na Normandia 329
    disparidade em recursos entre o Eixo e aos Aliados 326
    eclosão da 148, 177, 217, 278, 286, 343
    exigência dos Aliados de rendição colonial 361-3
    fracassos militares italianos 264,-5, 317-8, 326
    Hitler declara guerra aos EUA (dezembro de 1941) 189

motivos da vitória dos Aliados 324-35
novas tecnologias e 157, 327
ocupação alemã da Itália (a partir de 1943) 257, 264-5, 292
Oriente Médio e 188, 317, 327, 343
os alemães lutam até as últimas consequências 140
paz anglo-germânica (1940) contrafactual 267
projetada invasão da Inglaterra (1940) 187
táticas defensivas aliadas 330
tomada de decisões durante 152, 313-4, 323-4, 331, 359-60, 410
Sereny, Gitta 191, 251
Sérvia 292-3, 393-4, 427, 444-5, 454
Shark, ilha, Namíbia 16
Shirer, William L. 139
    a lei como principal instrumento do terror nazista 115
    ausência de força de polícia nacional 82-3
    Código Criminal do Reich 84
    escopo da pena de morte na era nazista 59, 77, 83, 115-7, 144, 150
    na era nazista 32, 115, 130, 380
sistema legal e judicial / sistema prisional:
    Tribunais Especiais 116-7, 127
    Tribunal do Povo 59, 116-7
Snyder, Timothy, *Bloodlands: Europe between Hitler and Stalin [Terras de sangue – A Europa entre Hitler e Stálin]* 406-14
social-darwinismo 29, 370, 445
social-democratas, Alemanha:
    em Berlim 61, 64, 70, 433
    governo da Prússia 106-8
    imediato reaparecimento após a era nazista 110
    líderes exilados em Praga 312
    na República de Weimar 61, 64, 69
    nas eras bismarckiana e Guilhermina 80-1
    oposição à ideologia colonial 93, 127
    violência contra 69, 71, 80, 108-9, 113, 117, 120, 126, 130, 144
Sollmann, Wilhelm 109
Sorge, Richard 333
Speer, Albert 164, 174, 176, 190-1, 193, 218, 224, 250-1, 326, 331, 361
SS (*Schutzstaffel*)
    Auschwitz-Birkenau e 395, 429

durante a Operação Barbarossa 406-7
Einsatzgruppen (forças-tarefa) 321, 389, 393-5, 407
extermínio de judeus e 115, 130, 140, 145-6, 189, 338, 346, 353, 374, 389, 391, 394-6, 399, 405, 407, 411
membros ucranianos 383
na França 294
"Noite das Facas Longas" ou "Noite dos Longos Punhais" (1934) 113
no leste ocupado 36, 321, 338, 346, 353, 374, 385, 393-4, 405
Serviço de Segurança da 139, 140, 145-6, 155, 300
Stahel, David, *Kiev 1941: Hitler's Battle for Supremacy in the East* 352, 354, 357-8
Stálin, Iosif:
    demissão de Júkov (julho de 1941) 351
    deportação dos alemães do Volga 294, 301, 382, 406
    despreparada para a guerra (1939) 270-1, 318-9
    desrespeito impiedoso pela vida 339
    espiões de 333
    exportações de comida para países-satélites 346
    expurgos 318-9, 406, 408
    fome ucraniana do início da década de 1930 e 382-4, 406-7
    genocídio de *kulaks* 401, 407
    Kiev e 351, 355
    liderança dos 324, 348-9
    opção por ataque preventivo (1941) 318-9
    paralelos com Hitler 271, 406-7, 411
    política de industrialização forçada 384, 407
    políticas homicidas no Leste Europeu 381-4, 407
    retenção pós-guerra de territórios do leste da Polônia 381, 420
    retirada como sinal de covardia/traição 348-9, 351
    tomada de decisão na Segunda Guerra Mundial 271, 274, 312, 318-9, 323, 348-9, 354
    trabalho forçado de cidadãos soviéticos 407
    transferências brutais de população 382, 401

transmissão radiofônica (3 de julho de 1940) 348-9
Stalingrado 145, 178, 297, 323, 326, 335, 351, 359, 434
Stalingrado, Batalha de 139, 237
Starace, Achille 262
Stargardt, Nicholas 241-2
Stauffenberg, coronel von 146, 164, 178, 364, 367
Stegerwald, Adam 111
Steinberg, Jonathan 241
Steiner, Zara 266-76
Stelling, Johannes 108
Stern, Fritz 304
Stevenson, David, *With Our Backs to the Wall* 41, 44-7
Stinnes, Hugo 54, 57-8
Stone, Dan: *Histories of the Holocaust*; *The Historiography of Genocide* (ed.) 401, 404
Stosberg, Hans 428-9
Strasser, Gregor 66-7
Strasser, Otto 67
Stresemann, Gustav 31, 60
Stuckart, Wilhelm 374
Svoboda, Ludvík 421
Suécia 98
Sywottek, Arnold 243

Tanzânia 14, 18, 21, 398
Taylor, A. J. P. 241
Tchecoslováquia 201, 229, 233-4, 268-70, 274, 417-8, 421-3, 447
Techow, Ernst 49
Tel Aviv 437
teorias eugenistas 23, 33, 73-4, 86-9, 90-2, 97-8, 392, 398
teorias raciais e racismo:
    assassinato em massa de deficientes físicos e doentes mentais alemães (Ação T-4) 34, 98, 176 392-4, 411
    "bastardos da Renânia na década de 1920 93, 95
    "biologia criminal" 90-1
    "Certificado de Ancestralidade" 141
    "comunidade do povo" e 134-5, 156-8
    darwinismo social 29, 370
    distinções entre judeus e eslavos 24, 392, 411
    eslavos como suposta raça inferior 23, 88, 130, 187, 334, 373, 388, 392
    esterilização forçada 32-4, 73, 93, 98
    estudos pós-coloniais e 19
    Eugen Fischer e 17, 23, 33
    "higiene racial" 32-3, 86, 88-9, 90, 96
    ideia de supremacia nórdica 36, 88, 96, 334
    Itália fascista e 86-7, 262-3
    lei de cidadania alemã (1913) 33
    Leis de Nuremberg 17, 131, 289
    no Leste Europeu na Primeira Guerra Mundial 28, 36, 88, 157
    ocupação francesa do Ruhr (1923) e 31, 93
    origens coloniais 17-9, 21-4, 28, 30-1, 33
    Rassenschande ("degradação racial", "aviltamento racial")17, 31
    simbiose de política racial e guerra 34
    símbolos de identificação 17, 421
    termo *Volksschädling* 97
    ver também genocídio nazista dos judeus
Terceiro Reich
    a compreensão da extrema esquerda alemã do 147
    a lei como principal instrumento de terror 115-6
    ampla gama de medidas coercitivas 117, 119
    aparato repressivo/coercitivo 114, 129
    aprovação popular e questões de consentimento 8, 103, 105, 127-8, 132, 140-2, 155, 287
    argumento da "ditadura por consenso" 105-6, 158
    argumentos sobre o "uso limitado do terror" 102-5, 113-4, 140-4
    aumento do terror e da repressão no fim da guerra 10, 134-5, 145 336, 366, 423
    centralidade da violência, coerção e terror 132
    continuidades da Alemanha imperial 18
    Decreto do Incêndio do Reichstag (*Reichstagsbrandverordnung*) (1933) 116
    definição de "os de fora da comunidade" 96-7
    descontinuidades dos períodos anteriores 26, 33, 283
    devastação e caos no fim da guerra 10, 147-8, 179, 336, 423-4, 450

distanciamento da realidade nas últimas
    semanas do 360, 363
ditadura e repressão 10, 98, 102-3, 105,
    116, 144, 150, 174, 183, 360, 393
eleições e plebiscitos durante os anos 1930
    121
enfoque "intencionalista" do estudo do
    102
esmagamento do movimento trabalhista
    33, 112
estruturas de tomada de decisões 28, 102-3,
    150, 154, 331, 359-60
forasteiros sociais e 8, 73-9, 80, 84-6, 88,
    90, 92-8, 105, 107, 126-7
Gleichschaltung 232
Guerra Civil Espanhola e 272-3
"guinada voluntarista" na historiografia
    132, 141-3
identidade nacional pós-unificação e 104
incentivos materiais para apoio ao 146
intimidação dos católicos 110-2
introdução do recrutamento militar
    obrigatório 341
juízos morais e 87, 132
Lei para o Restabelecimento do Serviço
    Público Profissional (abril de 1933) 118
manipulação da história para encobrir
    crimes; 208, 217, 229, 233, 239, 242-3,
    251-2, 257, 261-2, 277, 281, 285, 299,
    306, 314
novas tecnologias e 157, 221, 330
onda de suicídios no fim da guerra 160, 261,
    297, 361
pesquisas de opinião sobre as lembranças
    das pessoas 105, 121
plebiscito do Sarre 172
plebiscito sobre união com a Áustria (1938)
    121-2
popularidade da denúncia dos infratores da
    lei às autoridades 124
punição do derrotismo e da negação do
    nazismo (1944-45) 364
violência e terror no 19, 33, 70, 110, 114-6,
    132, 143, 103-5, 110, 114-5, 127-8, 131,
    134-5, 145, 287
testemunhas de Jeová 89, 92
Thälmann, Ernst 69
Theresienstadt, campo de concentração 422

Thierack, Otto-Georg 97, 361
Thyssen 221
Tiger, blindados 326
Time, revista 173, 208
Timochenko, marechal 351
Tirpitz, almirante von 28
Toburk 327
Todt, Fritz 326, 356
Toepfer, Alfred
    acusações sobre a cal hidratada 235, 250
    alegações contra, na década de 1990 228-30
    associação pós-guerra com os nazistas 236-9,
        243, 247-9
    atitude para com os judeus 224, 231, 235,
        238, 242-3, 245, 249
    envolvimento com o regime nazista 223-5,
        227-36, 246, 252
    euroentusiasmo 236-7
    relatório da comissão histórica 228-30
Toepfer, Ernst 233
Toepfer, Gerda 237-8, 247
Togo 14, 20, 27
Tolentino, Tratado de (1797) 442
Toller, Ernst 62
Tomasevich, Jozo, *War and Revolution in
    Yugoslavia 1941-1945* 403
Tooze, Adam, *Wages of Destruction (O preço
    da destruição: Construção e ruína da economia
    alemã)* 153, 182-93
Tour Montparnasse, Paris 435
trabalho escravo e forçado:
    "aniquilação por meio do trabalho" 37,
        189, 393
    campos pós-guerra para alemães étnicos
        422
    em campos de concentração (1933-34) 32,
        429
    indenização e restituição 220, 451
    judeus durante a Segunda Guerra Mundial
        37
    na era colonial 16-8, 21, 73, 103, 375
    poloneses e eslavos durante a Segunda
        Guerra Mundial 34, 130, 370-1, 429-30
    trabalhadores soviéticos 188, 219, 409
        da Europa Ocidental 411
    em fábricas da Segunda Guerra Mundial
        56, 119, 220, 265, 429
tradição militar prussiana 26

transferências forçadas de população:
    de alemães étnicos do Leste Europeu (1945-
       -47) 201, 372, 382, 385, 405, 416, 419-22,
       425, 429
    Executiva Aliada Combinada de
       Repatriação 423
    Grécia-Turquia (no início da década de
       1920) 419-20
    na União Soviética (depois de junho de
       1941) 382
    pela SS na Polônia 130, 385-6, 418-9
    Stálin e 382, 401
Traven, B. 62
Treblinka 24, 132, 145, 383, 396, 416
Trevor-Roper, Hugh 165, 241
Trotha, general Lothar von 15-7, 24
Trott zu Solz, Adam von 283, 296
Tunísia 292
Túpikov, general 351
Turquia 8, 30, 42, 64, 235, 397-8, 419
Turner, Henry Ashby 283-4

Ucrânia:
    Associação Ucraniano-Canadense dos
       Direitos Civis 383
    "cesto de pão" da Europa 43
    fome do início da década de 1930 382-7,
       402, 405
Ullrich, Volker 307
União Soviética:
    auxílio de guerra dos EUA à 189, 190,
       319-20, 341, 346, 356-7, 410
    avanço para o oeste do Exército Vermelho
       (1944-45) 155, 167, 192, 337, 399, 435,
       420
    Batalha de Stalingrado 139, 237, 326-7
    "campos de concentração" na 32-3
    cerco de Leningrado 189, 338-9, 386, 406
    coletivização da agricultura 346, 384-5, 407
    confisco de propriedade privada 340, 425
    conquista das províncias do leste da Polônia
       (1939) 34, 130
    disparidade de recursos com a Alemanha
       182
    economia da 187, 270, 333, 356
    Guerra Civil Espanhola e; 272-3
    incremento na produção de armas (a partir
       de meados da década de 1930) 270

    massacre de Nemmersdorf pelo Exército
       Vermelho 366
    número total de mortes/assentamentos de
       exílio 339-40, 339, 352, 382, 406
    números da mortandade na Segunda
       Guerra Mundial 339-40, 339, 352 382,
       406
    o povo alemão e o medo do Exército
       Vermelho 146, 155, 366
    Pacto Nazi-Soviético 74, 319
    período pós-Segunda Guerra Mundial 381,
       425, 434, 449
    produção de guerra 190, 216, 270, 356
    queda da (1989-90) 53
    restruturação do Exército Vermelho 318-9,
       329, 349, 355 434
    "terror vermelho" (1918) 381
    teste de armas da *Reichswehr* 50-1
    Tratado de Rapallo (1922) e 50
Universidade de Estrasburgo 248
Universidade de Munique 89
Universidade de Oxford 222, 226, 229-30, 235,
    237, 239-42, 247, 252, 266, 401, 404
universidades 89, 240
Ustasha, regime, na Croácia 389-90

Varsóvia, Pacto de 74
Vaughan Williams, Ralph 226
Veesenmayer, Edmund 238-9, 243, 247-8, 250,
    298
Velho Oeste, romances sobre o 370
Veneza 441-2
Versalhes, Tratado de (1919):
    princípio da "autodeterminação nacional"
       417, 427
    reparações 58
    restrições à atividade militar 46, 51-2, 57,
       69, 216
Vietnã, Guerra do 18
Volkov, Shulamit, *Walther Rathenau. Weimar's*
    Fallen Statesman 52-3, 58-9
Volkswagen:
    fábrica perto de Fallersleben (renomeada
       Wolfsburg) 198, 200-1, 205
    Fusca 9, 194-6, 199, 200-6
    modelos Golf e Polo 205
V, armas 191, 330, 360

Sobre o autor

Richard J. Evans é um dos maiores especialistas em história da Alemanha. Nasceu em Londres, em 1947. Foi professor de história na Universidade Columbia e na Universidade de Londres e atualmente leciona história moderna na Universidade de Cambridge.

Entre seus muitos livros já publicados estão *A chegada do Terceiro Reich*, *O Terceiro Reich no poder* e *O Terceiro Reich em guerra* – trilogia considerada o mais importante estudo sobre o nazismo. A trilogia é publicada no Brasil pelo selo Crítica da Editora Planeta.

Acreditamos nos livros

Este livro foi composto em Horley Old Style MT e impresso pela Geográfica para a Editora Planeta do Brasil em março de 2022.

Wachsmann, Nikolaus, *Hitler's Prisons* 403
Wagner, Richard 19, 370
Wall Street, queda da bolsa (1929) 66, 216
Wandervogel, movimento da juventude alemã 222, 230
Wavell, visconde 345
Wehler, Hans-Ulrich 103-4, 106, 110, 114, 121
Weill, Kurt 63
Weimar, República de:
    bem-estar social e 33, 90, 92, 94
    decreto do presidente Ebert para a proteção da república 59
    forasteiros sociais na 88-9, 90-4, 98
    hiperinflação na (1923) 60, 94
    Putsch de Kapp (março de 1920) 46, 58, 60, 63-4
Weinberg, Gerhard 360
Weinke, Annette 298, 300, 303
Weinzierl, Ulrich 228
Weitz, Eric D., *A Century of Genocide* 404

Weizsäcker, Ernst von 290, 298
Weizsäcker, Richard 299
Wellington, duque de 442-3
Wessel, Horst 66-7
Wheatcroft, Stephen 383, 402
Wiegeshoff, Andrea 295, 302
Wiegrefe, Klaus 284-5
Wilmott, Peter, *Family and Kinship in East London* (com Michael Young) 437
Wirth, Joseph 50-1, 58
Woermann, família 14, 20
Wolfsburg: 200-1, 205
Woolton, lorde 343
Wren, *Sir* Christopher 431

Young, Michael, *Family and Kinship in East London* (com Peter Wilmott) 437

Zimmermann, Jan 229-30, 242, 248-9
Zimmermann, Moshe 283, 285-6